Truman Capote • Die Hunde bellen

Truman Capote
Die Hunde bellen

Reportagen und Porträts

Aus dem Amerikanischen
von Marcus Ingendaay

KEIN & ABER
POCKET

Ebenfalls von Truman Capote:
Werkausgabe in Einzelbänden
Herausgegeben von Anuschka Roshani

Die meisten Texte in dieser Ausgabe wurden in Buchform erstmals in folgenden Sammlungen publiziert: *Local Color*. Copyright © 1950 by Truman Capote. Copyright renewed 1979 by Truman Capote; *The Muses are Heard*. Copyright © 1956 by Truman Capote. Copyright renewed 1984 by Truman Capote; *Observations* (mit Richard Avedon). Copyright © 1959 by Richard Avedon and Truman Capote; *The Dogs Bark: Public People and Private Places*. Copyright © 1973 by Truman Capote; *Music for Chameleons*. Copyright © 1980 by Truman Capote; *A Capote Reader*. Copyright © 1987 by Alan U. Schwartz. Einzelnachweise auf Seite 889.

This translation is published by arrangement with Random House, an imprint of Random House Publishing Group, a division of Random House Inc.

Alle Rechte vorbehalten
Copyright © 2008/2017 by Kein & Aber AG Zürich – Berlin
Satz: Dörlemann Satz, Lemförde
Druck und Bindung: CPI – Ebner & Spiegel, Ulm
ISBN 978-3-0369-5967-2
Auch als eBook erhältlich

www.keinundaber.ch

INHALT

Vorwort 9

BERÜHMTHEITEN

Marlon Brando. Der Fürst in seinem Reich 17
Richard Avedon 73
John Huston 79
Charlie Chaplin 81
Versammlung der Schwäne 83
Pablo Picasso 86
Coco Chanel 88
Marcel Duchamp 89
Jean Cocteau und André Gide 92
Mae West 96
Louis Armstrong 98
Humphrey Bogart 100
Ezra Pound 101
Somerset Maugham 104
Isak Dinesen 106
Marilyn Monroe 112

Jane Bowles 115
Cecil Beaton 121
Colette. Die weiße Rose 128
Elizabeth Taylor 135
Erinnerung an Tennessee Williams 150
Erinnerung an Willa Cather 158

KONVERSATIONEN

Und dann ist eben alles passiert 165
Ein Tagewerk 182
Versteckte Gärten 206
Hallo, Fremder 225
Mutprobe 245
Marilyn Monroe. Ein bildhübsches Kind 264
Nächtliche Unruhe 288

BEGEGNUNGEN

Lola 315
Musik für Chamäleons 331
Geblendet 344
Mr. Jones 362
Ein Licht im Fenster 366
Gastfreundschaft 372

ORTE

New Orleans 383
New York 394
Brooklyn 406
Hollywood 419

Haiti 429
Nach Europa 444
Ischia 453
Tanger 463
Fahrt durch Spanien 476
Fontana Vecchia 484
Stil in Japan 498
Haus auf den Höhen 501
Reise in den Herbst 525
Griechische Skizzen 536

DIE MUSEN SPRECHEN

Mit *Porgy and Bess* durch Russland 549

HANDGESCHNITZTE SÄRGE

Tatsachenbericht über ein amerikanisches Verbrechen 727

CAPOTE ÜBER CAPOTE

Geister am helllichten Tag:
Die Verfilmung von *Kaltblütig* 835
Die Stimme aus der Wolke 849
Selbstporträt 859

ANHANG

Editorische Notiz 881
Anmerkungen 886
Textnachweis 889
Register 894

VORWORT

*I*ch habe meine Notizbücher aus den fraglichen Jahren verloren, aber es muss Anfang 1950 oder 1951 gewesen sein, an einem warmen Tag Ende Februar, was auf Sizilien schon mitten im Frühling ist. Ich unterhielt mich mit einem alten Mann mit mongolisch anmutenden Zügen, der einen Borsalino aus schwarzem Samt trug und – dem milden, mandelblütenduftigen Wetter zum Trotz – einen schweren schwarzen Umhang.

Der alte Mann war André Gide, und wir saßen zusammen auf einer Ufermauer, vor uns das wechselnde Mienenspiel der uralten flammblauen Tiefen.

Der Postbote kam vorbei, ein Freund von mir. Er händigte mir mehrere Briefe aus, darunter einen, der einen ziemlich unfreundlichen literarischen Artikel über mich enthielt. (Natürlich, denn wäre es ein freundlicher Beitrag gewesen, hätte niemand ihn geschickt.)

Nachdem sich Gide eine Weile mein Genörgel über den blöden Artikel und die generell unschöne Verfassung der Feuilletonistenseele angehört hatte, beugte sich der französische Großmeister etwas nach vorn, senkte die Schultern wie ein alter weiser – sollen wir sagen? – Bussard und meinte: »Ach was! Denk an das arabische Sprichwort: *Die Hunde bellen, aber die Karawane zieht weiter.*«

Ich habe oft an diese Bemerkung denken müssen, vor allem wenn ich mich mal wieder – in gaga-romantischer Verklärung – als einsamer Wüstenwanderer sah, der sich in der Dunkelheit unbekannten Beduinenlagern und -feuern näherte, gefährlichen Männern, die aufhorchen, sobald ihre Hunde anschlagen. Mir scheint, ich habe immer viel Zeit und Mühe daran gewandt, Mensch wie Hund entweder zu zähmen oder ihnen aus dem Weg zu gehen, und die Reportagen in diesem Buch legen Zeugnis davon ab. Es sind Souvenirs von Orten und Menschen, die zusammen so etwas ergeben wie eine geschriebene Landkarte meines Lebens während der letzten drei Jahrzehnte, also etwa zwischen 1941 und 1972.

Alles in diesem Buch beruht auf Tatsachen, was nicht bedeutet, dass es sich immer um die reine Wahrheit handelt, aber zumindest um meine größtmögliche, persönliche Annäherung an die Wahrheit. Kein Journalismus ist je ganz rein, selbst der Kamera gelingt kein *ganz* getreues Abbild der Realität. Die Kunst ist eben kein destilliertes Wasser. Persönliche Eindrücke, Vorurteile, die Auswahl, die man unwillkürlich trifft und auch treffen muss, das alles verändert die so genannte reine Wahrheit.

Die frühesten Stücke in diesem Buch sind Jugendimpressionen aus New Orleans, Tanger, Ischia, Hollywood oder erzählen von Eisenbahnreisen durch Spanien und von marokkanischen Volksfesten. Sie sind 1950 in limitierter Auflage und einem schmalen Bändchen mit dem Titel *Lokalkolorit* schon einmal erschienen, aber längst nicht mehr lieferbar. Sie hier noch einmal zu veröffentlichen hat zwei Gründe. Zum einen pure Nostalgie. Die Artikel erinnern mich an eine Zeit, in der ich weniger mit kritischen als mit lyrischen Augen auf diese Welt schaute. Zum anderen aber zeigen sie, wie alles angefangen hat. Diese kleinen Impressionen waren erste Gehversuche auf dem Gebiet einer nichtfiktionalen Literatur, ein Genre, das mich mit dem ebenfalls separat erschienenen *Die Musen sprechen* ganz in Beschlag nehmen sollte.

Die Musen sprechen ist das einzige Werk, von dem ich behaupten kann, es sei mit Vergnügen geschrieben worden – was bei mir normalerweise nämlich nicht der Fall ist. Ich wollte einen kurzen humorvollen Roman. Und »russisch« sollte er sein, nicht im Sinn der russischen Literaturtradition, eher verspielt wie ein Fabergé-Ei aus der Zarenzeit oder eine Spieluhr, die mit großer Präzision kleine freche Melodien herausklimpert.

Viele der amerikanischen, aber auch sowjetischen Ensemblemitglieder waren später mit der Geschichte nicht einverstanden, aber das ist normal. Nach meiner journalistischen Erfahrung hat sich noch jeder, über den ich geschrieben habe, falsch dargestellt gefühlt. Und falls einmal nicht, dann sorgten spätestens Freunde und Verwandte dafür, dass der Betreffende irgendwann doch etwas auszusetzen fand.

Am schlimmsten war es mit Marlon Brando nach *Der Fürst in seinem Reich*. Zwar konnte er in der Story selbst keine Fehler entdecken, argwöhnte jedoch eine grundsätzlich negative Tendenz, ja, beinahe etwas wie Verrat, so, als hätte ich mir den Zugang zu seiner ebenso leidenden wie hochintellektuellen Künstlerseele schnöde erschlichen. Was soll ich dazu sagen? Ich halte die Brando-Story für die zutreffende und nicht einmal unsympathische Beschreibung eines traumatisierten jungen Mannes, der zwar ein Genie ist, aber eben nicht übermäßig intelligent.

Seine Geschichte interessierte mich vor allem aus literarischen Gründen, deshalb habe ich sie geschrieben. An ihr sollte nämlich mein neuer Ansatz deutlich werden: dass eine Reportage ebenso anspruchsvoll geschrieben sein kann wie jede andere Art Prosa, sei es Essay, Kurzgeschichte oder Roman. Im Erscheinungsjahr 1956 war das ein Wagnis, kein Gemeinplatz wie heute, wo jeder Gebrauchstext schon Kunstanspruch erhebt. Ich ging von folgender Überlegung aus: Was ist die niederste Stufe des Journalismus? Anders gefragt, welcher Dreck lässt sich am schwersten zu Gold machen? Antwort, ganz klar: Interviews mit Hollywood-Stars, dieses unerträgliche Promi-Gelaber, das man in Filmzeitschriften wie *Silver Screen* zu lesen kriegt. So etwas zur Kunst zu erheben, wäre eine echte Aufgabe. Nachdem ich Brando als Versuchskaninchen ausgeguckt hatte, überprüfte ich mein Handwerkszeug. Was braucht man für so ein Interview? Zunächst einmal ein Gedächtnis, das zuverlässig funktioniert wie ein Aufnahmegerät – und das ich mir seit *Die Musen sprechen* antrainiert hatte. Ich glaube nämlich, dass Notizblock oder – Gott bewahre! – ein echtes Tonbandgerät eine extrem künstliche Stimmung erzeugen, die jede natürliche Beziehung zwischen den Interviewpartnern (dem nervösen Kolibri und dem Vogelfänger) zerstört. Es gab also viel zu behalten während der langen Stunden mit dem nuschelnden und ewig abschweifenden Brando, doch ich schrieb am Morgen danach alles treulich nieder. Einen ganzen Monat dauerte es, bis der Verlauf des Abends seine endgültige Form gefunden hatte. Ich erfuhr, wie wichtig dabei die Gestaltung jener gewissermaßen »statischen« Textteile war, um den Charakter meiner Hauptfigur und die Stimmung, in der das Interview stattfand, herauszuarbeiten – und zwar unabhängig vom Gang der äußeren Handlung. Dieses erzählerische Gerüst hat etwa dieselbe Funktion wie Seil und Eispickel für den Bergsteiger.

In *Wenn die Hunde bellen* wird der Unterschied zwischen handlungsgetragener und statischer Schreibweise noch deutlicher. *Fahrt durch Spanien* beispielsweise ist in jeder Hinsicht eine leichte Übung, eine Serie von kleinen Anekdoten, die aus dem Stummel eines Blackwing-Bleistifts innerhalb weniger Stunden direkt aufs Papier fließen. In *Haus auf den Höhen* dagegen beruht alles auf dem Schreibprozess selbst, auf Klang, innerer Spannung, dem Widerspiel zwischen Ordnung und ihrer Störung. Ein Stück wie dieses kann die Hölle sein, weswegen es mir heute auch mehr wert ist als die ungleich wirkungsvollere *Fahrt durch Spanien*.

Viele Geschichten in diesem Buch sind über die Jahre bereits irgendwo erschienen, wenngleich nie gemeinsam zwischen zwei Buchdeckeln. Eine davon, *Lola*, hat einen seltsamen Hintergrund. Sie war ursprünglich als eine Art Therapie gegen die quälende Erinnerung an einen verlorenen Freund gedacht. Eine amerikanische Zeitschrift erwarb zwar die Rechte daran, doch dem Herausgeber gefiel sie später nicht mehr. Er verstünde nicht, sagte er, worum es darin eigentlich ginge, außerdem sei alles viel zu düster und negativ. Ich kann ihm zwar nicht zustimmen, dennoch begreife ich, was er meint. Instinktiv muss er hinter der sentimentalen Maske dieser wahren Begebenheit das eigentliche Thema erkannt haben: Wie es nämlich demjenigen ergeht, der seine begrenzte Rolle im Leben, den Spiegel, den ihm die anderen vorhalten, entweder nicht sieht oder nicht akzeptiert. Das kann ein Vogel sein, der sich für einen Hund hält, ein Van Gogh, der glaubt, er sei ein Maler, eine Emily Dickinson, die sich als Dichterin versteht. Allerdings hätte ohne solche Fehleinschätzung, ohne diese enorme Glaubensleistung kein Kiel je den Schlaf der Meere gestört, hätte der Mensch im ewigen Eis keine einzige Spur hinterlassen.

Truman Capote, 1973

BERÜHMTHEITEN

MARLON BRANDO
Der Fürst in seinem Reich

Die meisten japanischen Mädchen sind ausgesprochen lachlustig. Das kleine Dienstmädchen im vierten Stock des Miyako Hotel in Kioto bildete da keine Ausnahme. Eine ununterdrückbare Heiterkeit rötete ihr die Wangen (denn anders als Chinesen haben Japaner durchaus Farbe) und erschütterte den moppeligen Körper unter dem rosengemusterten Kimono. Einen direkten Grund für diese Heiterkeit schien es nicht zu geben, offenbar brauchte das japanische Kichern so etwas nicht. Dabei hatte ich nur nach einem bestimmten Zimmer gefragt. »*You come see Marron?*«, fragte sie sichtlich beeindruckt und zeigte wie so viele ihrer Landsleute eine Batterie von Goldzähnen. Dann führte sie mich – unvermeidlich bei dem engen Kimono – mit winzigen Trippelschritten durch ein Labyrinth von Gängen und versprach: »*I knock you Marron.*« Im Japanischen gibt es keinen L-Laut. Mit »Marron« meinte sie Marlon, Marlon Brando, den amerikanischen Schauspieler, der gerade zu Dreharbeiten für die Warner-Produktion *Sayonara* in Kioto weilte.

Meine Begleiterin klopfte an Brandos Tür, rief: »Marron!«, und ergriff noch im selben Moment mit vogelartig flatternden Ärmeln die Flucht. Die Tür wurde von einem weiteren puppenhaften Miyako-Geschöpf geöffnet, das prompt seinen eigenen Kicheranfall erlitt. Irgendwo aus dem Innern rief Brando: »Wer ist denn da, Honey?« Das Mädchen hingegen, zu keiner Antwort imstande, kniff die Augen zusammen und erstickte ihr Lachen, indem es sich wie ein Baby die kleinen Patschhändchen in den Mund steckte. »He, was ist denn los, Honey?«, frage Brando abermals und erschien in der Tür. »Ach, hallo«, sagte er, als er mich sah. »Stimmt, sieben Uhr.« Wir hatten uns für sieben Uhr zum Abendessen verabredet, und ich war schon fast zwanzig Minuten zu spät. »Okay, dann ziehen Sie mal Ihre Schuhe aus und kommen Sie rein, ich bin gleich fertig. Und du, Honey«, sagte er, »sei so nett und bring uns etwas Eis.« Dem enteilenden Mädchen nachschauend, stemmte er die Hände in die Hüfte und erklärte grinsend: »Also diese Mädchen. Sie schaffen mich immer wieder. Japanische Mädchen, sind sie nicht ein Traum? Man muss sie einfach lieben.«

Das Miyako, wo etwa die halbe *Sayonara*-Truppe untergebracht war, ist das bekannteste der so genannten »westlichen« Hotels in Kioto, mit Zimmern, die mehrheitlich durchaus passabel, wenn auch etwas langweilig und umständlich mit europäischen Tischen und Stühlen, Betten und Sofas ausgestattet sind. Aber es gibt auch Zimmer für Unentschlossene und Grenzgänger. Japaner, die weder auf ihre gewohnte Umgebung noch auf ein prestigeträchtiges westliches Hotel verzichten wollen. Oder Ausländer, die zwar auf japanische Atmosphäre Wert legen, aber geheizte Räume nicht missen wollen, was bei landestypischen Unterkünften so nicht üblich ist. Jedenfalls bietet das Miyako auch mehrere traditionell eingerichtete Suiten an, und in einer davon hatte sich Brando einquartiert. Sie bestand aus zwei Zimmern, Bad und einer verglasten Loggia, und ohne Brandos überall herumliegenden Kram wäre der Raum ein Musterbeispiel für japanische Schlichtheit gewesen. Den Boden bedeckten lohfarbene Tatamimatten samt apart darauf verteilten Kissen aus Rohseide. In einem Alkoven hing ein Bild mit einem Goldkarpfen, und auf der Kommode darunter stand eine Vase mit einem minimalistischen Arrangement aus Lilien und roten Zierblättern. Im hinteren, größeren der beiden Zimmer, das von seinem Bewohner offenbar zugleich als Büro, Ess- und Schlafzimmer genutzt wurde, befand sich ein niedriger Lacktisch sowie eine Schlafmatte. Doch überall stachen die beiden unvereinbaren Konzepte ins Auge, hier die asketische Leere, dort die ungebremste Zurschaustellung persönlichen Besitzes, zumal Brando den durchaus vorhandenen Stauraum hinter den papiernen Schiebetüren konsequent ungenutzt gelassen hatte. Was immer er dabeihatte, lag verstreut im Zimmer. Reinigungswürdige Hemden samt Socken, Schuhen, Pullovern, Jacken, Hüten und Krawatten – Staffage einer gerupften Vogelscheuche. Dazu kamen mehrere Kameras, eine Schreibmaschine, ein Tonbandgerät, ein Elektro-Ofen von geradezu höllischer Wärmeleistung. Hier und da angebissenes Obst; eine Schachtel mit den berühmten japanischen Erdbeeren, jede so groß wie ein Hühnerei. Und Bücher, eine ganze Kaskade des Tiefsinns, darunter *Der Outsider* von Colin Wilson sowie verschiedene Werke über buddhistische Gebetsformen und Zen-Meditation, yogisches Atmen und hinduistische Mystik, allerdings keine Romane, denn Brando liest keine Romane. Seit dem 3. April 1924, dem Tag seiner Geburt in Omaha, Nebraska, behauptet er, habe er noch keinen einzigen Roman angerührt. Die mangelnde Begeisterung für Erzählliteratur hat ihn jedoch nicht davon abgehalten, sich selbst auf diesem Feld zu versuchen, und der lange Lacktisch bog sich, neben überfüllten Aschenbechern, unter seiner jüngsten Hervorbringung, einem Drehbuch mit dem Titel *A Burst of Vermilion*.[1]

Wie es aussah, hatte Brando sogar kurz zuvor noch daran gearbeitet. Jedenfalls saß bei meinem Eintreten ein stiller junger Mensch, den ich Murray nennen will, auf einer Tatamimatte und blätterte durch das Manuskript von *A Burst of Vermilion*. Nach meinen Informationen war das Brandos Schreibknecht. Selbiger nahm jetzt ein paar Seiten in die Hand und sagte: »Tja, Mar, ich schätze, da muss ich in meinem Zimmer noch mal drüber. Vielleicht treffen wir uns dann später, sagen wir um halb elf?«

Brando runzelte ungnädig die Stirn, als sei ihm bereits die Vorstellung nicht recht. Wie ich später erfuhr, hatte er den Tag wegen eines leichten Unwohlseins in seinem Hotelzimmer verbringen müssen und war jetzt entsprechend gereizt. »Was ist denn das schon wieder?«, fragte er und deutete auf ein paar längliche Päckchen zwischen Stößen von Papier auf dem Lacktisch.

Murray zuckte die Achseln. Das Hausmädchen hatte die Päckchen gebracht, mehr wusste er auch nicht. »Mar kriegt dauernd Geschenke von irgendwelchen Leuten«, erklärte er. Meistens wissen wir nicht einmal, von wem. Stimmt doch, Mar, oder?«

»Ja«, sagte Brando und fing an, die Päckchen aufzureißen, die, wie in Japan üblich, aufwendig verpackt waren, selbst wenn sie nur Dinge des täglichen Gebrauchs enthielten. In einem waren Süßigkeiten, in einem anderen weiße Reisplätzchen, die zwar Wattewölkchen ähnelten, sich später jedoch als betonhart erwiesen. Weder dem einen noch dem anderen Päckchen lag eine Karte bei, anhand derer sich der edle Spender hätte identifizieren lassen. »Egal wo du bist, die Japaner haben es mit Geschenken. Ohne das läuft gar nichts«, bemerkte Brando und zerbiss mutig ein Reisplätzchen, während er die Schachtel an Murray und mich weiterreichte.

Murray schüttelte den Kopf, er hatte von seinem Vorhaben einer weiteren Zusammenkunft am selben Abend noch nicht abgelassen. »Schauen wir mal«, sagte Brando schließlich. »Ruf mich an.«

Soweit ich wusste, gehörte Murray zu jenem Personenkreis, der in der *Sayonara*-Truppe als »Brando-Gang« bekannt war. Dazu zählten nicht nur der literarische Assistent, sondern auch Marlon Brando Senior, der als eine Art Manager fungierte, eine hübsche brünette Sekretärin namens Miss Levin sowie Brandos persönlicher Maskenbildner. Reise-, Hotel- und Verpflegungskosten dieser Entourage wurden laut Vertrag von Warner Brothers übernommen, was entgegen der Legende sonst nicht die Regel war, denn die Studios geben sich hier eher knauserig. Ein Warner-Mitarbeiter, mit dem ich später sprach, erklärte das so: »Normalerweise kommt ein Schauspieler damit nicht durch. Und Brandos Forderungen sind sogar besonders happig. Aber was will man machen, dieser Film braucht den Superstar. Das ist alles, was an der Kinokasse zählt.«

Nicht wenige in der *Sayonara*-Produktion hatten dabei den Eindruck, dass die Abschirmung durch die Gang zuverlässig verhindere, dass man Brando je wirklich kennenlernte. Er war jetzt seit mehr als einem Monat in Japan und hatte sich am Set als lockerer junger Mann präsentiert, der sich seiner Bedeutung zwar bewusst, aber auch bereit war, mit allen anderen, besonders aber den Schauspielern, konstruktiv zusammenzuarbeiten. Gleichwohl war er so gut wie nie ansprechbar, sondern blieb in den langen Drehpausen lieber für sich, las in seinen Philosophiebüchern oder machte sich in einer Kladde irgendwelche Notizen. Dasselbe nach Drehschluss: Statt mit seinen Kollegen noch einen trinken zu gehen, begnügte er sich mit einem Teller Sushi in einem Restaurant und einem Spaziergang durch das traditionelle Geisha-Viertel von Kioto, ehe er in sein Hotelzimmer zurückkehrte und auch dort blieb. Zur großen Familie, zu der ein Team bei Dreharbeiten vor Ort für gewöhnlich zusammenwächst, gehörte er nicht, und ihren Partys mit Landschulheim-Stimmung blieb er demonstrativ fern. Da aber die größten Filmfans meist in der Filmindustrie selbst zu finden sind, war Brando innerhalb der *Sayonara*-Belegschaft das Objekt allergrößten Interesses und ungestillten Verlangens, was beides gerade wegen seiner eigentlich ernüchternden Unnahbarkeit nie erlahmte. Selbst Joshua Logan bekannte nach zweiwöchiger Arbeit mit Brando: »Marlon ist sicher die faszinierendste Person, die ich seit der Garbo kennengelernt habe, ein Genie. Aber ehrlich gesagt habe ich nicht die geringste Ahnung, wie er wirklich ist. Im Grunde kenne ich ihn gar nicht.«

Inzwischen war das Dienstmädchen zurück, und Murray wäre beim Hinausgehen beinahe über die Schleppe ihres Kimonos gestolpert. Sie setzte eine Schale mit Eis ab, kicherte errötend und tänzelte wie ein Pony auf ihren weißen, hufartigen Zehensocken, als sie verkündete: »*Appapie!* Heute auf Tageskarte: *Appapie.*«

Brando ächzte. »Apple-Pie, das habe ich gebraucht.« Er streckte sich auf dem Boden aus und löste seinen Gürtel, der tief in seinen Bauch schnitt. »Eigentlich bin ich ja auf Diät. Trotzdem habe ich permanent Lust auf Apple-Pie und solche Sachen.« Sechs Wochen zuvor, noch in Kalifornien, hatte Logan von ihm gefordert, für die Rolle in *Sayonara* zehn Pfund abzuspecken. Sieben davon hatte Brando bei seiner Ankunft in Kioto verloren, doch die Verlockung durch amerikanische Apple-Pies und mehr noch die japanische Küche mit ihren süßen frittierten Sachen führten dazu, dass er nicht nur die sieben Pfund bald wieder drauf hatte, sondern noch sieben weitere. Er lockerte seinen Gürtel noch ein Stück und massierte nachdenklich die Region unterhalb des Zwerchfells, während er die englische Speisekarte studierte, die eine reiche Auswahl an westlichen Gerichten bot. »Ich *muss* unbedingt abnehmen«, betonte er noch einmal – und bestellte: Suppe,

Beefsteak mit Pommes frites und dreierlei Gemüse, dazu Spaghetti, Brötchen und Butter, eine Flasche Sake, Salat und zum Schluss Käse mit Kräckern.

»Und auch *Appapie*, Marron?«

Er seufzte. »Aber wenn, dann mit Eiscreme, Honey.«

Obwohl dem Alkohol grundsätzlich nicht abgeneigt, hält er sich in der Praxis sehr zurück. Während wir auf das Essen warteten, das auf dem Zimmer serviert werden sollte, goss er mir einen doppelten Wodka on the Rocks ein, sich selbst hingegen nicht einmal einen halben. Dann legte er seinen Kopf wieder auf das Kissen am Boden und schloss die Augen. Es kam mir so vor, als sei er in einen beunruhigenden Traum weggedämmert, denn andauernd zuckten seine Lider, und wenn er sprach, mit dieser Stimme, die emotionslos, kultiviert und überraschend erwachsen war und gleichzeitig diese bohrende, jungenhafte Qualität besaß, dann schien sie wie von weit her zu kommen.

»Die letzten acht, neun Jahre waren das reinste Chaos«, sagte er. »Vielleicht die letzten beiden nicht mehr ganz so, aber trotzdem. Haben Sie jemals eine Analyse gemacht? Ich hatte zunächst ja schon Angst davor. Angst, dass sie mir die kreativen Impulse austreiben würde, die mich zum Künstler machen. Ein sensibler Mensch empfängt fünfzig Eindrücke, wo andere gerade einmal auf sieben kommen. Sensible Menschen sind extrem verletzlich. Ihre Empfindsamkeit macht sie empfänglich für Verletzungen aller Art. Je empfindsamer sie sind, desto sicherer erleiden sie diese Verletzungen und desto sicherer bilden sich Narben. Und das wiederum bedeutet, Gefühle am besten gar nicht erst zuzulassen. Denn falls man überhaupt etwas fühlt, dann fühlt man in jedem Fall zu viel. Die Analyse ist da eine Hilfe. Zumindest hat sie mir geholfen. Dennoch, in den letzten acht, neun Jahren lief vieles durcheinander, ein ziemliches Chaos ...«

So sprach die Stimme und sprach so weiter, als wolle sie nur sich selbst reden hören. Ein Eindruck, den man bei Brando öfter hat, denn wie bei vielen extrem selbstbezogenen Menschen bestehen seine Äußerungen vornehmlich aus Monologen. Natürlich weiß er das auch und versucht diesen Umstand zu erklären: »Die Leute in meiner Nähe sagen einfach nie was«, sagt er. »Aber offenbar wollen sie hören, was ich zu sagen habe, deshalb rede ich so viel.«

So wie er jetzt auf dem Boden lag, mit geschlossenen Augen, das faltenlose Gesicht weiß angestrahlt von der Deckenbeleuchtung, erinnerte ich mich an unsere erste Begegnung. Das war im Winter 1947 in New York. Ich bekam die Gelegenheit, eine Probe von Tennessee Williams' *Endstation Sehnsucht* mitzuerleben, in dem Brando den Stanley Kowalski spielte. Mit dieser Rolle schaffte er den Durchbruch, obwohl die New Yorker Theaterszene bereits auf ihn aufmerksam geworden war, als er erstmals in der Schauspielschule von Stella Adler und bei einigen Broadway-Produktionen auftrat, etwa in Maxwell Andersons *Truckline Café* oder, zusammen mit Katherine Cornell, in Shaws *Candida*. Schon damals zeigten sich seine außergewöhnlichen Fähigkeiten, die von Kritikern seither immer wieder besprochen und gefeiert werden. Elia Kazan, der

Regisseur von *Endstation Sehnsucht*, hat mehrmals erklärt, Marlon sei »schlicht der beste Schauspieler der Welt«. Aber vor zehn Jahren, an jenem Nachmittag, war Brando noch relativ unbekannt, zumindest wusste ich nicht, nach wem ich Ausschau halten sollte, als ich etwas zu früh im Theater eintraf. Der Zuschauersaal war leer, und auf einem Tisch auf der Bühne, im trüben Schein der Arbeitsbeleuchtung, lag ein muskulöser junger Mann und schlief tief und fest. Aufgrund seines weißen T-Shirts, der Jeans und seiner durchtrainierten Erscheinung mit den Gewichtheberarmen und seiner Charles-Atlas-Brust[2] (und trotz des Buches mit dem Titel *Basic Writings of Sigmund Freud*, das auf selbiger Brust lag) hielt ich ihn zunächst für einen Bühnenarbeiter. Oder zumindest bis ich sein Gesicht sah. Es war, als hätte man einen fremden Kopf auf diesen muskulösen Körper verpflanzt, wie auf einem gefälschten Foto. Denn dieses Gesicht war so *untough* und lag mit engelsgleicher Zartheit über seiner männlich-harten Knochenstruktur: straffe Haut, eine hohe, breite Stirn, weit auseinanderliegende Augen, die stolz gebogene Nase, die vollen Lippen mit dem entspannten, sinnlichen Ausdruck. Nichts an diesem Gesicht deutete auf Williams' Grobian Kowalski hin. Es war daher schon ein Erlebnis zu beobachten, mit welcher chamäleonhaften Leichtigkeit Brando sich später die proletenhaften bis brutalen Züge dieser Figur aneignete. Wie ein hinterhältiger Salamander schlüpfte er in diese Rolle, sodass von seiner eigenen Persönlichkeit nichts mehr übrig blieb – ähnlich wie in diesem Hotelzimmer in Kioto meine Erinnerung an ihn vollkommen von diesem 1956er

Brando ausgelöscht wurde. Und dieser Brando, der Brando, der gerade auf einer Tatamimatte lag, träge eine Zigarette nach der anderen qualmte und in einem fort redete, war natürlich – wie konnte es anders sein? – ein anderer Mensch. Sein Körper war in die Breite gegangen, seine Stirn in die Höhe, seine Haare waren dünner und seine Brieftasche schwerer als 1947. (Seine Gage für *Sayonara*: stolze 300000 Dollar plus Tantiemen.) Vor allem aber war er, wie ein Journalist es einmal formulierte, zum »Valentino der Bebop-Generation« mutiert, zu einem Weltstar, der selbst hier in Japan gut daran tat, sich nicht nur hinter einer Sonnenbrille zu verstecken, sondern gleich hinter einer OP-Maske. (Letzteres wirkt in Japan längst nicht so überspannt, wie man denken könnte. Aus Angst vor Infektionskrankheiten tragen viele Asiaten diese Dinger.) Aber das vergangene Jahrzehnt hatte noch weitere Veränderungen bewirkt, beispielsweise in seinen Augen. Obwohl der espressodunkle Ton noch derselbe war, war jede Schüchternheit und jede Spur echter Verletzlichkeit, die ihnen einmal eigen gewesen waren, daraus verschwunden. Jetzt blickte er selbstbewusst, ja, beinahe mitleidig auf seine Mitmenschen. Mitleidig, weil sie zu seinem großen Bedauern nicht in denselben erleuchteten Sphären wohnten wie er selbst. Die Reaktionen auf diesen Mitleidsblick reichten von der rückhaltlosen Bewunderung einer jungen Schauspielerin (»Brando ist ja so ein spiritueller Mensch, so weise und dabei so ehrlich. Man kann es in seinen Augen sehen.«) bis hin zum Kommentar eines Bekannten, der gesagt hatte: »Schon die Art, wie er dich anguckt. So, als könntest du ihm nur leidtun.

In diesem Moment möchte man ihm am liebsten den Hals umdrehen.« Dennoch, der fast unmerklich zarte Ausdruck auf seinem Gesicht hatte sich erhalten. Oder fast erhalten. Denn in der Zwischenzeit war etwas geschehen, was seiner Männlichkeit ein weit konventionelleres Gepräge verlieh. Er hatte sich nämlich die Nase gebrochen. Behutsam ließ ich das Stichwort fallen. »Wie war das mit Ihrer Nase?«

»... womit ich nicht sagen will, ich sei *nur* unglücklich. Ich erinnere mich da an einen April in Sizilien. Ein heißer Tag und überall ringsum Blumen. Ich liebe Blumen, vor allem solche, die duften. Gardenien zum Beispiel. Na egal, es war im April, ich war auf Sizilien, und ich ging allein spazieren. Ich legte mich auf eine Wiese voller Blumen, schlief ein. Das hat mich glücklich gemacht. In diesem Moment war ich glücklich. Wie? Haben Sie etwas gesagt?«

»Ja, ich habe mich gefragt, wie Sie sich seinerzeit die Nase gebrochen haben?«

Er rieb sich die Nase und grinste, als erinnere er sich an ein Ereignis, das genauso unbeschwert war wie das Nickerchen auf der sizilianischen Wiese. »Ach, das ist wirklich schon eine Ewigkeit her. Es ist beim Boxen passiert. Es war während der Zeit in *Endstation*. Ein paar von den Backstage-Jungs und ich sind öfter in den Heizungskeller des Theaters gegangen und haben uns da gehauen, nur so zum Spaß. Und eines Abends ist es dann passiert – *knack!* Mehr nicht, das wars. Ich habe dann meinen Mantel angezogen und bin ins nächste Krankenhaus gegangen, irgendwo in einer Seitenstraße des Broadway. Tatsächlich, meine Nase war gebrochen. Sie haben sie dann unter Betäubung wieder gerichtet und mich gleich dabehalten. Im Grunde war mir das gar nicht so unrecht. *Endstation Sehnsucht* lief schon ein geschlagenes Jahr, und ich hatte genug. Aber meine Nase heilte ziemlich schnell, und ich schätze mal, ich hätte gleich wieder auf die Bühne gemusst, wenn ich vor Irene Selznick nicht diese 1-a-Schau abgezogen hätte.« Sein Grinsen wurde noch eine Spur breiter, als die Rede auf die Produzentin des Williams-Stücks kam. »Denn eines ist mal sicher: Irene Selznick ist nicht blöd und weiß, was sie will. Und sie wollte mich auf der Bühne. Als ich hörte, dass sie auf Besuch komme, machte ich mich sofort ans Werk – mit jeder Menge Verbandsmull, Jod und Mercuchrom. Mann, ich sah aus, als sie ins Zimmer kam! Als hätte man mir den Kopf abgeschlagen – mindestens. Und geächzt, geächzt habe ich, als wäre es mein letztes Stündlein. ›O Marlon‹, sagte sie, ›du armer, armer, *armer* Junge!‹ Und ich darauf: ›Keine Angst, Irene, morgen bin ich wieder da.‹ Und sie: ›Untersteh dich. Wir kommen auch ohne dich zurecht ... na ja, zumindest die nächsten Tage.‹ ›Nein, nein‹, sagte ich, ›mir geht's gut. Ich will arbeiten. Sag ihnen, ich wäre heute Abend zurück.‹ Und sie: ›Nein, du Ärmster, das geht auf keinen Fall. Ich verbiete dir aufzutreten.‹ Also blieb ich erst einmal im Krankenhaus und ließ es mir gut gehen.« (Irene Selznick selbst hat den Vorfall jüngst folgendermaßen kommentiert: »Sie haben die Nase völlig vermasselt. Mit einem Mal wirkte sein Gesicht so anders. Irgendwie härter. Monatelang habe ich ihm in den Ohren gelegen: ›Sie haben dein Gesicht ruiniert. Sie müssen die

Nase noch einmal brechen und die Stellung korrigieren.‹ Zum Glück hat er nicht auf mich gehört. Denn zumindest was seine Filme angeht, hat die gebrochene Nase seinen Ruhm erst begründet. Er hatte nämlich plötzlich Sex-Appeal. Vorher war er einfach zu schön.«

1949 reiste Brando zum ersten Mal zu Dreharbeiten an die Westküste. Es ging um die Hauptrolle in *Die Männer*, einem Film über querschnittsgelähmte Kriegsveteranen. In dieser Zeit warf man ihm gern sein rüpelhaftes Auftreten vor und bemängelte seine Vorliebe für schwarze Lederjacken, Motorräder und namenlose Sekretärinnen. Jaguar-Limousinen und Filmsternchen, so glaubte man, wären die standesgemäßen Attribute gewesen. Zudem verübelten ihm viele Hollywood-Kolumnisten seine allgemein ablehnende Haltung gegenüber der Filmindustrie, die er einmal mit den Worten zusammenfasste: »Ich bin nur hier, weil ich nicht den Anstand besitze, die viele Kohle abzulehnen.« Und in Interviews beteuerte er wiederholt, »bloß Filmschauspieler zu sein« sei so ziemlich das Letzte, was er wolle. »Vielleicht ab und zu ein Film, aber eigentlich gehöre ich auf die Bühne.« Gleichwohl drehte er unmittelbar im Anschluss an *Die Männer*, der eher ein Kritikererfolg gewesen war, die Filmversion von *Endstation Sehnsucht*, und sein Kowalski etablierte ihn endgültig als Star. (Nach Studio-Definition ist ein Star jemand, dessen Auftritt allein, ganz unabhängig von der schauspielerischen Qualität, für volle Kassen sorgen kann. Echte Stars sind heutzutage so rar, dass derzeit höchstens zehn Schauspieler für diesen Titel in Frage kommen. Einer davon ist Brando, als Publikumsmagnet im Fach männlicher Held höchstens noch übertroffen von William Holden.) In den vergangenen fünf Jahren hat er gespielt: einen mexikanischen Revolutionär (*Viva Zapata!*), Marcus Antonius (*Julius Caesar*) und den Anführer einer Motorradrocker-Bande (*Der Wilde*). Die Rolle des Schlägers Terry Malloy in *Die Faust im Nacken* brachte ihm einen Oscar ein. Er war Napoleon (*Desirée*) und Berufsspieler (*Schwere Jungs – leichte Mädchen*) und der Dolmetscher Sakini in *Das kleine Teehaus*, das ebenso wie *Sayonara*, sein zehnter Film, teilweise an Originalschauplätzen gedreht wurde. Außer einem kurzen Abstecher ins Sommertheater ist er nie wieder auf die Bühne zurückgekehrt. »Warum sollte ich?«, fragte er gelangweilt, als ich ihn darauf ansprach. »Der Film hat ein viel größeres Potenzial. Filme können viel Gutes bewirken. Also im Sinn einer moralischen Entwicklung. Also zumindest einige von ihnen, die Art Filme, die ich machen will.« Er hielt inne, als müsse er seine Antwort mittels eines inneren Tonbands noch einmal überprüfen. Vielleicht gefiel ihm der Ton nicht. Jedenfalls begann sein Kiefer zu mahlen, als habe er etwas Ekliges im Mund. Sein Blick wanderte in die Ferne, und er fragte unvermittelt: »Außerdem, was ist denn so toll an New York? Oder so toll daran, für Cheryl Crawford oder Robert Whitehead zu arbeiten?« Cheryl Crawford und Robert Whitehead waren New Yorks bekannteste Theaterproduzenten, aber keinem war es je gelungen, Brando zu engagieren. »Und vor allem, was sollte ich da spielen?«, fuhr er fort. »Sie haben sowieso keine Rollen für mich.«

Was so nicht ganz zutraf. Aufeinander gelegt ergaben die Rollenbücher, die ihm Saison für Saison von hoffnungsvollen Broadway-Theatern angeboten wurden, einen

Stapel höher als er selbst. Tennessee Williams hätte ihn in seinen letzten fünf Stücken nur zu gern für die männliche Hauptrolle verpflichtet, und sein neuestes, *Orpheus steigt herab*, das sich zum Zeitpunkt des Gesprächs in der Probenphase befand, war Brando und Anna Magnani sogar direkt auf den Leib geschrieben worden. »Warum ich *Orpheus steigt herab* nicht gemacht habe, kann ich Ihnen sagen«, meinte Brando. »Das Stück hat zwar schöne Szenen, die teilweise zum Besten gehören, was Tennessee je geschrieben hat. Auch der Magnani-Part ist phantastisch. Sie steht für etwas. Man begreift, warum sie tut, was sie tut. Aber damit würde sie mich glatt an die Wand spielen. Dagegen bleibt die Figur, die ich spielen soll, dieser Val, absolut diffus. Ich weiß bis heute nicht, wofür oder wogegen er ist, und so ein Vakuum kann man nicht spielen. Das habe ich auch Tennessee gesagt. Er hat sich hingesetzt und das Ding umgeschrieben, mehrmals sogar. Aber ...« Er zuckte mit den Schultern. »Jedenfalls hatte ich keine Lust, als eine solche Null zusammen mit der Magnani auf einer Bühne zu stehen. Nicht in dieser Rolle. Sonst hätten sie mich hinterher vom Boden aufwischen können.« Nach einer kurzen Pause fügte er hinzu: »Ich glaube, nein, ich *weiß*, dass Tennessee mich immer nur mit Kowalski assoziiert. Ich meine, wir sind befreundet, und er kennt mich als jemanden, der das genaue Gegenteil eines Kowalski ist. Anders gesagt, Kowalski mit seiner Insensibilität, seiner ordinären und grausamen Art verkörpert alles, was ich ablehne. Trotzdem kommt Tennessee irgendwie nicht darüber hinweg, dass ich einmal diese Rolle gespielt habe. Ich bin mir deshalb auch nicht sicher, ob er für mich überhaupt einmal etwas in einem anderen Grundton schreiben könnte. Ich habe ja nur deswegen in *Schwere Jungs – leichte Mädchen* mitgespielt, weil die Rolle einmal eine hellere Farbe hatte, sagen wir Gelb. Das Hellste, das ich davor je gespielt habe, war Rot. Alles von Rot abwärts. Braun. Grau. Schwarz.« Er zerknüllte die leere Zigarettenpackung und jonglierte damit wie mit einem Softball. »Das Theater hat für mich schlicht keine Rollen. Und es gibt weit und breit niemanden, der sie mir schreibt. Mal ehrlich, fällt Ihnen auch nur eine einzige ein?«

Aber wenn ihm die zeitgenössischen Edelfedern schon nichts Adäquates bieten konnten, warum zog er nicht die klassische Theaterliteratur in Betracht? Etliche seiner Schauspielerkollegen aus der Besetzung von *Julius Caesar* hatten ihn in der Rolle des Marcus Antonius erlebt und hielten ihn für durchaus in der Lage – vorausgesetzt natürlich, der Wille war da –, selbst Figuren der Gewichtsklasse eines Ödipus zu meistern.

Brando nahm Lob meist ungerührt zur Kenntnis – oder tat zumindest so, als habe er es nicht nötig, sich derlei anzuhören. Aber sobald Stille eingekehrt war, analysierte er jeden Aspekt genau. »Natürlich altern Filme viel schneller. Neulich habe ich mir noch einmal *Endstation Sehnsucht* angesehen und musste feststellen, der Film war bereits von gestern. Aber wie gesagt, Filme haben das größere Potenzial. Man erreicht eine Menge Leute und kann mit ihnen viel vermitteln. Über Diskriminierung, Hass und Vorurteile. Ich will Filme machen, die aktuelle Probleme aufgreifen – mit den Mitteln des Entertainments. Aus diesem Grund habe ich auch meine eigene Produktionsfirma aufgemacht.« Fast liebevoll griff er nach *A Burst of Vermilion*, das erste Drehbuch für Pennebaker Productions, seine frisch gegründete Firma.

Aber erfüllte *A Burst of Vermilion* denn seine hochgesteckten Ziele?

Er murmelte etwas. Dann noch etwas. Dann, auf meine Bitte nach einer klareren Antwort, sagte er: »Es ist ein Western.«

Er war unfähig, sich ein Grinsen zu verkneifen. Dann wurde das Grinsen zum Gelächter, und prustend rollte er sich über den Boden. »Mein lieber Schwan, bleibt nur noch die Frage: Kann ich meinen Freunden jemals wieder in die Augen sehen?« Als er sich einigermaßen beruhigt hatte, fügte er hinzu: »Im Ernst, es ist so. Der erste Film *muss* Geld in die Kasse bringen, denn sonst wird es keinen zweiten mehr geben. Ich habe bereits ein Jahr und zweihunderttausend Dollar investiert, um einen Drehbuchautor zu finden, der meine Ideen umsetzt. Aber der letzte war so fürchterlich schlecht, dass ich mir überlegte, ob ich das alles nicht besser selber mache. Deshalb werde ich auch Regie führen.«

Das hieß, Produktion, Regie, Drehbuch sowie die Hauptrolle lagen jetzt in einer Hand, seiner. Charlie Chaplin konnte das, konnte sogar noch mehr, denn er war auch noch sein eigener Komponist. Aber selbst Profis mit viel Erfahrung wie Orson Welles sind schon unter geringeren Herausforderungen eingeknickt. Auf meine behutsame Frage, ob das alles noch von einem Einzigen zu bewältigen sei, hatte er gleich eine Antwort parat:

»Nehmen Sie mal die Produktion«, sagte er. »Worum kümmert sich ein Produzent? Doch nur um die Besetzungsliste. Und davon verstehe ich mindestens so viel wie jeder andere. Produktion wäre damit abgehakt.« Allerdings erscheint zweifelhaft, ob auch nur irgendjemand aus der Branche diese Meinung teilen würde. Ein guter Produzent kümmert sich eben nicht nur um die Besetzungsliste, sondern er ist derjenige, der das gesamte Team zusammenführt, angefangen von Drehbuchautor, Regisseur und den Schauspielern bis hin zu Ton- und Kameratechnik, Requisite und so fort. Darüber hinaus muss er ein guter Diplomat sein, Tröster, Vermittler *und* ein Finanzgenie. »Sicher«, sagte Brando ernüchtert. »Aber *A Burst of Vermilion* ist eben kein normaler Western mit Cowboys und Indianern. Es geht um diesen mexikanischen Jungen, um Hass und Diskriminierung. Und wie eine Stadt sich unter solchen Einflüssen verändert.«

Auch die Story von *Sayonara* (amerikanischer Kampfpilot verliebt sich, sehr zum Missvergnügen seiner Vorgesetzten, in japanische Tänzerin) berührt streckenweise das Thema Rassismus. Dass aber der Arbeitgeber des Mädchens an der Liaison etwas auszusetzen hat, liegt weniger an der ethnischen Zugehörigkeit ihres Liebhabers als an der Existenz eines Liebhabers überhaupt. Denn das reine Mädchen-Ensemble im Film war der – echten – Takarazuka Company nachempfunden, dessen Management bewusst die Legende vom männerlosen, geradezu klösterlichen Lebenswandel ihrer Adeptinnen verbreitete. Endete James A. Micheners Roman, auf den das Drehbuch zurückgeht, noch mit einer traurigen Abschiedsszene, in der sich die beiden Liebenden »Sayonara« (»leb wohl«) wünschen, so hat der titelgebende Gruß in der Filmfassung jede Bedeutung eingebüßt. Im Gegenteil, in der Abblende begibt sich das Ost-West-Verhältnis einträchtig zum Standesamt. Später auf der Pressekonferenz in Tokio erklärte Brando vor sechzig Journalisten, er habe sich an diesem Film beteiligt, »weil er sich genau gegen jene Vorurteile wendet, die einer Entwicklung hin zu einer friedlichen Welt entgegenstehen. Mit den Mitteln einer romantischen Liebesgeschichte entlarvt er die rassistischen Denkmuster, die auf beiden Seiten existieren, auf unserer ebenso wie auf der japanischen.« Ein weiterer Grund für sein Mitwirken in diesem Film sei die »unbezahlbare Gelegenheit« gewesen, einmal mit Joshua Logan zu arbeiten, der ihm stets habe sagen können, wie er »vor der Kamera zu agieren habe und wie nicht«.

Doch das lag schon eine Weile zurück. Inzwischen sagte Brando mit verächtlichem Schnauben: »Ach, *Sayonara*! Ich liebe diesen Film. Eine herrliche Herz-Schmerz-Schmonzette über Japan, aber sonst? An der Rolle hat mich nur das Geld interessiert. Ich brauchte es für meine eigene Filmproduktion.« Nachdenklich sog er an seinen Lippen und schnaubte abermals. »Noch in Kalifornien habe ich geschlagene zweiundzwanzig Stunden in Drehbuchkonferenzen gesessen. Logan sagte: ›Wir sind dankbar für jeden Änderungsvorschlag, Marlon. Wenn du etwas ändern willst, Marlon, nur zu. Schreib es so, wie du es haben willst.‹« Freunde von Brando behaupten, er könnte jeden Menschen bereits nach fünfzehnminütiger Bekanntschaft imitieren. Und das ist kaum übertrieben, wenn man erlebt hat, mit welch unheimlicher Präzision er in diesem Moment Logans Südstaatenakzent und seine eigenartige Mischung aus Melancholie und geradezu existenzieller Begeisterung wiedergab. »Also alles umschreiben? Okay, habe ich gemacht, Mann, das ganze verdammte Skript. Und was verwenden sie davon? Ganze acht Zeilen.« Er schnaubte wieder. »Danach habe ich es aufgegeben, habe meinen Part abgespult, und das war's. Manchmal glaube ich, den Unterschied hat sowieso niemand bemerkt. Die ersten Tage habe ich noch ehrlich versucht, meine Rolle zu gestalten, aber dann konnte ich dem Experiment nicht widerstehen. In einer Szene machte ich alles falsch, was man nur falsch machen kann. Also übertriebene Grimassen, Augenrollen, sinnlose Gesten, die mit meiner Rolle nicht das Geringste zu tun hatten. Und was sagt Logan? Er sagte nur: ›Phantastisch. Spitze. Lass es so!‹«

Ein Satz, der bei Brando sehr häufig vorkommt, lautet: »Von allem, was ich sage, meine ich höchstens vierzig Prozent.« Und wahrscheinlich trifft es auch hier zu. Logan, immerhin ein Regisseur von einiger Bedeutung (*Mister Roberts*, *South Pacific*, *Picknick*), braucht die eigene Begeisterung wie der Vogel die Luft zum Fliegen. Wie jeder kreative Mensch muss er an den Wert seiner Arbeit glauben können. Und Logans Begeisterungsfähigkeit näherte sich schon bedenklich der Euphorie, die jeden störenden Zweifel unweigerlich und von vornherein ausschloss. Nach zwei Jahren selbstvergessener Vorarbeit an *Sayonara* war er außerstande zu begreifen, dass sein Star diesen

Enthusiasmus nicht einmal annähernd teilte. Im Gegenteil. »Marlon«, erklärte er, »Marlon sagt, er sei noch in keinem Ensemble so zufrieden gewesen wie bei uns.« Oder: »Ich habe noch nie einen so aufregenden, ideenreichen Schauspieler erlebt. Einerseits lässt er sich hervorragend führen, andererseits fügt er aber der Rolle stets eigene, individuelle Elemente hinzu. Seinen Part in *Sayonara* beispielsweise hat er mit einem Südstaatenakzent ausgestattet. Etwas, auf das ich selbst nie gekommen wäre und das doch einfach passte – eine geniale Idee.« Inzwischen jedoch musste Logan klar geworden sein, dass seine Schilderung nicht die ganze Wahrheit wiedergab. Er führte es darauf zurück, dass bisher hauptsächlich Außenaufnahmen abgedreht worden waren, Straßen- und Naturszenen, die zu Streitereien mit den Akteuren wenig Anlass boten. »Das kommt, wenn wir wieder in Kalifornien sind«, sagte er. »Bei den Innendrehs und den dramatischen Szenen. Brando wird seine ganze Klasse ausspielen, wir kommen prima miteinander aus.«

Und noch etwas anderes hinderte ihn daran, Brando die Art Aufmerksamkeit zu schenken, die womöglich zu einer engeren Zusammenarbeit geführt hätte. Es gab nämlich Spannungen mit den japanischen Partnern, die den Film erst zu dem machen sollten, was ihm von Anfang an vorschwebte. Als Freund des japanischen Theaters wollte er *Sayonara* nämlich mit authentischen Sequenzen aus dem klassischen Kabuki- und Nō-Theater, ja sogar mit Bunraku-Puppenspielen kombinieren, um den Film sozusagen intellektuell aufzuwerten. Zu diesem Zweck führten Logan und sein Produzent William Goetz langwierige Gespräche mit der mächtigen Filmgesellschaft Shochiku, die auch einen Großteil des Theatergeschehens kontrolliert. Herr über Shochiku ist eine kleinwüchsige, humorlose, weit über achtzigjährige Eminenz namens Herr Otani. Herr Otani hat auch einen Vornamen, Takejiro, aber es ist kaum jemand bekannt, der sich untersteht, ihn so anzusprechen. Zusammen mit seinem mittlerweile verstorbenen Bruder hatte der nach buddhistischer Vorstellung verfemte Metzgerssohn Takejiro Otani die Firma Shochiku einst gegründet und zum mitarbeiterstärksten Unternehmen Japans ausgebaut. Etwa gleichauf mit dem früheren Zuchtperlen-Magnaten Kokichi Mikimoto, liegt das Otani-Imperium mittlerweile wie ein düsterer Schatten auf der gesamten japanischen Unterhaltungsindustrie. Die Krake beherrscht nicht nur die klassischen Spielhäuser, Kinoketten und Musiktheater, sie produziert auch ihre eigenen Filme und greift bereits nach Fernsehen und Hörfunk. Im Vergleich dazu musste die Kooperationsidee der Herren Logan und Goetz wie ein ziemlich kleines Schlückchen aus der Sake-Pulle anmuten. Gleichwohl war Herr Otani dem Projekt zunächst gewogen, nicht zuletzt aufgrund Logans ehrlicher Verehrung für die drei großen Gattungen des japanischen Theaters Kabuki, dem Maskentheater Nō und den Puppenspielen des Bunraki, Spielformen, die Experten zufolge ohne Otanis großzügige Unterstützung wohl kaum noch eine Chance gehabt hätten.

Trotzdem gestalteten sich die Rechteverhandlungen mit Shochiku weit weniger menschenfreundlich. Und von

Sozialpreisen konnte weder für die Drehgenehmigung in Tokios berühmtem Kabuki-Theater noch für die Mitwirkung der entsprechenden Kabuki-, Nō- und Bunraki-Ensembles die Rede sein. Zu allem Unglück verweigerte schließlich auch die Takarazuka-Revuetruppe kategorisch jede Zusammenarbeit, weil man so gegen die »verleumderische« Darstellung in Micheners Roman protestieren wollte. Ohne die Musical-Mädchen lief aber gar nichts. Dennoch strotzte Logan vor seinem Abflug nach Japan derart vor Optimismus, dass er beinahe von selbst abgehoben hätte. »Otani gibt uns freie Hand, und wir drehen das Original, nicht diesen zweitklassigen, nachgemachten Mist, das hat es vorher noch in keinem Film gegeben«, sagte er. Und dabei sollte es bleiben, denn auf der anderen Seite des Pazifik erwartete Logan und seine Mitstreiter ihr ganz persönliches Pearl Harbour. Herr Otani war nicht zu sprechen, schickte meist nur höflich-langweilige Vertreter vor. So auch bei der Ankunft am Flughafen, wo Logan und Goetz die Mitteilung gemacht wurde, dass Shochiku bei der Kalkulation leider ein Irrtum unterlaufen und der endgültige Preis nunmehr deutlich höher sei. Natürlich hielt Goetz als Produzent dagegen, doch wähnte sich Otani in der besseren Position. (Immerhin kamen diese Leute aus Hollywood, begleitet von einem Tross aus teuren Schauspielern, Technikern und dem weltbesten Equipment.) Otani verteuerte sein Angebot sogar noch weiter, bis Goetz, selbst ein knallharter Geschäftsmann, die Verhandlungen abbrach und seinem Regisseur sagte, jetzt würden sie sich eben in der freien Theaterszene nach Kabuki-, Nō- und Bunraki-Leuten umsehen und auch nach passenden Takarazuka-Mädchen.

Inzwischen berichtete die Tokioter Presse über das Hickhack. Mehrere Zeitungen, darunter die *Japan Times*, unterstellten Shochiku »unlautere Absichten«, während andere Otani in Schutz nahmen, hauptsächlich weil ihnen das *Sayonara*-Projekt als Ganzes nicht passte. Den Amerikanern, so der Tenor, sollte durch die Verfilmung eines »vulgären und für Japaner nicht gerade schmeichelhaften Romans« nicht auch noch Gelegenheit geboten werden, »die größten künstlerischen Errungenschaften des Landes in den Dreck zu ziehen«. Genüsslich streute man die Nachricht, dass Logan die Hauptrolle in seiner Kabuki-Aufführung mit einem Mexikaner besetzte, Ricardo Montalban. (Traditionell werden im Kabuki alle Rollen von Männern gespielt, wobei das Hauptaugenmerk auf den diffizilen Frauenfiguren liegt. Eine davon sollte Montalban verkörpern.) Als »zusätzliche Dreistigkeit« empfand man dabei, dass lediglich bei den Tanzeinlagen, mit denen Montalban überfordert war, ein echter Kabuki-Star zum Einsatz kam. »Das ist so«, bemerkte ein japanischer Kritiker, »als würde man Ethel Barrymore als Lichtdouble anheuern«.

Auf jeden Fall verfolgte die Lokalpresse genau, was in Kioto weiter vor sich ging, jener Stadt, zweihundertdreißig Meilen südlich von Tokio, die sich das *Sayonara*-Team wegen der vielen Tempel, der pittoresken blauen Berge, der nebelverhangenen Seen und ihrer sorgsam erhaltenen altjapanischen Atmosphäre für die Außenaufnahmen ausgesucht hatte. »Originalschauplatz« sollte das elegante Geisha-Viertel mit seinen von Lampions erleuchteten Straßen sein. Aber genau dort traf das *Sayonara*-Team auf Schwierigkeiten, wie sie ihm auch der missgünstigste Konkurrent nicht größer wünschen konnte. Schon die Suche nach japanischen Komparsen gestaltete sich unerwartet schwierig – ein interessantes Phänomen, wenn man bedenkt, wie fotoverrückt die Japaner ansonsten sind. Zwar stand ein bunt zusammengewürfelter Haufen von Nō-Akteuren und Puppenspielern, die nicht zum Shochiku-Imperium gehörten, inzwischen bereit, aber eine präsentable Takarazuka-Truppe fehlte nach wie vor. (Die ausschließlich von Mädchen aufgeführten Musicals sind in der Tat eine anrührend keusche, pensionatshafte Veranstaltung, denn auch das Publikum ist überwiegend weiblich.) Um dem Mangel abzuhelfen, warb das *Sayonara*-Management mit Plakaten für einen Wettbewerb, auf dem die »einhundert schönsten Mädchen Japans« gesucht wurden. Man versprach sich einiges von dieser Maßnahme, die um zwei Uhr an einem Donnerstagnachmittag in der Lobby des Kyoto Hotel stattfinden sollte. Dummerweise gab es keine Gewinner, denn nicht eine einzige Bewerberin ließ sich blicken.

Goetz, einer der enttäuschten Juroren, verlegte seine Suche daher auf Kiotos Cabarets und Bars, nicht ohne Erfolg. Wie jede japanische Stadt, so ist auch Kioto ein Dorado für Schluckspechte. Bezogen auf seine Einwohnerzahl verfügt Kioto über mehr Schankstätten für Hochprozentiges als New York, angefangen bei der knuffigen Bambusbudike mit Platz für gerade einmal vier Zecher bis hin zu mehrstöckigen, neonbunten Vergnügungstempeln, in denen japanisches Imitationsgenie allerlei westliches Kulturgut präsentiert, mit Cha-Cha-Kombos, Rock'n'Roll-Bands, Hillybilly-Kapellen, existentialistisch angehauchten Chanteusen oder asiatischen Sangeskünstlern, die Cole-Porter-Songs mit original schwarzem Akzent zu Gehör bringen. Aber ganz gleich welche Güteklasse, eines haben alle diese Etablissements gemeinsam. Es sind die Hostessen, die den Gast permanent umschmeicheln. Makellos frisiert, elegant ausstaffiert und gnadenlos gut gelaunt, bevölkern diese *jolies jeunes filles* jeden Saal, süffeln Parfaits d'Armour, einen sirupsüßen lila Modecocktail, und walten ganz allgemein als Geishas des armen Mannes und moralisch unbedenkliche Stimmungsaufheller für erschöpfte Familienväter und amüsierwillige Junggesellen. Nicht selten belagern gleich vier von ihnen einen einzigen Gast. Als aber *Sayonara*-Abgesandte sie ansprachen, sahen sich diese sofort mit dem nächsten Problem konfrontiert. Als Nachtarbeiterinnen hielten die Damen nicht viel von einem frühen Arbeitsbeginn, wie er beim Film üblich ist. Die *Sayonara*-Leute unternahmen das Äußerste, um sie zum Mitmachen zu bewegen, und hätten sie notfalls sogar geheiratet.

Kaum war dieses Problem gelöst, meldete die Air Force, auf deren Mithilfe man dringend angewiesen war, Bedenken gegen einige grundlegende Handlungselemente des Drehbuchs an. Denn dass Soldaten, die während des Koreakriegs japanische Frauen geheiratet hatten, in die Heimat versetzt wurden, habe es »in der Praxis« zwar gegeben, aber die offizielle Pentagon-Linie sah anders aus. Vor die Wahl gestellt, die beanstandete Passage und somit einen bedeutsamen Teil des Buchs herauszuschneiden oder aber auf die Kooperation der Air Force zu verzichten, entschied sich Logan für den chirurgischen Eingriff.

Blieb noch das Problem mit Miss Miiko Taka, welche die Takarazuka-Tänzerin spielen sollte, die das Herz von Luftwaffenoffizier Brando schließlich in Flammen setzt. Eigentlich war Audrey Hepburn für die Rolle vorgesehen, doch als die dankend ablehnte, suchte Logan nach einem unbekannten Gesicht. Er stieß auf die unaufdringlich attraktive Miiko Taka, Japanoamerikanerin der dritten Generation, Actrice ohne Mätzchen, aber auch ohne jede Filmerfahrung. Von ihrem Schreibtischjob in einem Reisebüro in Los Angeles wurde sie direkt in dieses, wie sie es nannte, »Cinderella-Märchen« katapultiert. Obwohl ihre schauspielerische Erfahrung, ebenso wie diejenige des zweiten Mannes auf dem Set, Red Buttons, einem ehemaligen Varietékünstler und TV-Komiker, eher dürftig war, schien Logan keine Bedenken zu haben und soll sogar gesagt haben: »Keine Bange, das kriegen wir hin. Sie sollen bloß ihre Rübe in die Kamera halten und ansonsten den Mund halten. Die eigentliche Action, das ganze Drama kommt von Brando. Er gibt uns alles, was wir brauchen.« Und Brando nahm das Wort auf, nur anders. »Ich geb's ... auf«, sagte er wiederholt. »Ich geb's auf. Ich lass es laufen, wie es läuft, genieße meine Zeit in Japan.«

Derweil im Miyako kam es für Brando wieder zu einem dieser japanischen Momente, die er so genoss: Lächelnd, händereibend und unter zahlreichen Verbeugungen trat nämlich ein Abgesandter der Hoteldirektion ins Zimmer und verkündete: »*Ah, Missa Marron Brando* ...« Worauf es ihm angesichts seines peinlichen Auftrags zunächst die Sprache verschlug. Er war nämlich gekommen, die Präsentschachteln mit Süßigkeiten und Reisplätzchen, in die Brando bereits tüchtig hineingeleuchtet hatte, wieder einzukassieren. »*Ah, Missa Marron Brando, it is a missake. They were meant for derivery in another room. Aporogies! Aporogies!*« Lachend reichte ihm Brando die fehlgeleiteten Schachteln. Und selbst als der Mann den geplünderten Inhalt sah, versiegte sein Lächeln nicht, es erstarrte lediglich. Hier lag fraglos einer jener Fälle vor, die selbst die vielgerühmte japanische Höflichkeit auf eine harte Probe stellen. »Ah«, sagte er, und in seinem Lächeln leuchtete bereits der rettende Ausweg. »*Since you rike them very much, you muss keep one box.*« Er gab Brando die Schachtel mit den Reisplätzchen zurück. »*And they* ...« – offenbar die rechtmäßigen Besitzer – »*they can have the other. So, now everyone is preased.*«

Dass er die Reisplätzchen dalieur, war gut, denn das Essen schmurgelte vermutlich noch in der Küche vor sich hin. Als es schließlich eintraf, war das Gespräch auf einen Bekannten vor mir gekommen, einen jungen amerikanischen Buddha-Jünger, der sich fünf Jahre zuvor in die Tempelanlage von Nishi-Honganji zurückgezogen hatte und dort weitgehend weltabgewandt lebte. Die Idee, dass sich ein Mensch für so ein spirituelles Dasein entschied, zumal in seiner asiatischen Ausprägung, gab Brando offenbar zu denken. Er verfolgte erstaunlich aufmerksam, was ich ihm von diesem mönchischen Dasein erzählte, und war nur verwundert, besser verärgert darüber, dass es sich nicht in innerer Einkehr, Stille und vom ewigen Lotossitz schmerzenden Knien erschöpfte. Im Gegenteil, hinter den Mauern von Nishi-Honganji bewohnte mein buddhistischer Freund drei schnucklige, sonnendurchflutete Zimmer, vollgestopft mit Büchern und Schallplatten, und neben seinen Gebeten und der Tee-Zeremonie war er durchaus imstande, einen Martini zu mixen. Er gebot über zwei Diener und einen Chevrolet, mit dem er gern ins Kino fuhr. Außerdem hatte er von Brandos Anwesenheit in der Stadt gelesen und wollte ihn unbedingt kennenlernen. Brando war nicht begeistert. Sein puritanischer Grundzug, immerhin kein geringer Bestandteil seiner Persönlichkeit, störte sich an der weltlichen Orientierung dieses angeblich so frommen jungen Mannes. »Genau wie neulich am Set«, sagte er. »Wir drehten in einem Tempel, und plötzlich kommt da dieser Mönch und bittet mich um ein Autogramm. Jetzt frage ich Sie: Was um alles in der Welt will ein Mönch mit meinem Autogramm oder einem Bild von mir?«

Ratlos schaute er auf die überall verstreuten Bücher mit ihren oft mystischen Sachgebieten. Bereits auf seiner ersten Pressekonferenz in Tokio hatte er der angetretenen Journaille erklärt, wie froh er sei, wieder in Japan zu sein, denn dies biete ihm einmal mehr die Gelegenheit, »den buddhistischen Einfluss als beherrschenden kulturellen Faktor auf die japanische Gedankenwelt zu studieren«. Und der ausgebreitete Lesestoff bewies, dass er dieses hochakademische, wenn auch leicht wolkige Ziel nach wie vor verfolgte. »Was ich gern mal machen würde ...«, sagte er. »Ich würde gern mal mit jemandem sprechen, der *wirklich* Ahnung hat. Es ist nämlich so ...«, fuhr er fort, doch wurde seine Erklärung vom Dienstmädchen unterbrochen, das auf seinen Strümpfen vorsichtig ins Zimmer gerutscht kam, riesige Tabletts balancierend. Als sie alles auf dem Lacktisch abgestellt hatte, nahmen wir an entgegengesetzten Enden des Tisches und – recht japanisch – auf Kissen Platz.

»Es ist nämlich so«, griff er den angefangenen Satz wieder auf und wischte sich die Hände an einem kleinen dampfheißen Handtuch ab, übliches Ritual vor einer japanischen Mahlzeit. »Ich überlege mir ernsthaft, wirklich *ernsthaft*, ob ich nicht den ganzen Kram hinschmeißen soll. Ich meine als Schauspieler. Was ist der Sinn, wenn man sich ja doch nicht entfalten kann? Okay, man ist ganz erfolgreich. Oder zumindest akzeptiert, man ist überall willkommen. Aber damit hat es sich dann auch, ansonsten führt es nirgendwohin. Du sitzt auf einem Berg von Süßigkeiten und setzt langsam eine Zuckerkruste an.« Er rieb sich das Kinn mit dem Handtuch, als wolle er sich abschminken. »Zu viel Erfolg kann einen genauso ruinieren wie dauernder Misserfolg.« Er senkte den Blick und schaute lustlos auf das Essen, das uns das Dienstmädchen, unausgesetzt kichernd, auf den Tellern anrichtete. »Natürlich«, sagte er zögernd, als betrachtete er die andere, scheinbar hellere Seite der Medaille. »Natürlich kann man nicht immer nur Versager sein. Jedenfalls wenn man überleben will. Schauen Sie sich Van Gogh an! Er ist ein gutes Beispiel dafür, wie sich ein Mensch verändert, der nie irgendwelche Anerkennung bekommt. Man bricht den Kontakt zur Welt ab, man steht außerhalb. Aber ich glaube, Erfolg kann die gleiche Wirkung haben. Wissen Sie, ich habe ziemlich lange gebraucht, bis ich wusste, dass ich genau das war – ein Riesenerfolg. Ich war so mit mir selbst und meinen Problemen beschäftigt, dass ich nie die Augen aufgemacht, nie Bilanz gezogen habe. Ich lief nachts durch die Straßen von New York, ohne irgendetwas wirklich wahrzunehmen. Und ich war auch nie sicher, ob die Schauspielerei wirklich das war, was ich tun wollte, und daran hat sich bis heute nichts geändert. *Endstation Sehnsucht* zum Beispiel lief schon eine ganze Weile, ehe mir der tosende Applaus am Schluss überhaupt auffiel – und auch das nur sehr entfernt. Als wäre ich aus einem Schlaf erwacht und säße plötzlich auf einem Riesenhaufen Süßigkeiten.«

Eine womöglich plausible Darstellung, hatte er zuvor doch ein ganz anderes Leben geführt. Frisch angereist aus dem ländlichen Libertyville, Illinois, ohne Geld, ohne Kontakte, ohne nennenswerte Schulbildung, waren seine Aussichten zunächst eher trübe. (Da er von der Shattuck-Militärakademie in Faribault, Minnesota geflogen war, ein »Irrenhaus«, wie er meinte, verfügte er noch nicht einmal über einen Highschool-Abschluss.) In New York lebte er in möblierten Zimmern oder in Wohngemeinschaften mit Leuten, die auch nicht mehr besaßen als er, besuchte Kurse im Actors' Studio und versuchte, das Ganze mit ergaunerter Sozialhilfe zu finanzieren. Zeitweise arbeitete er sogar als Liftboy in einem Warenhaus.

Ein Freund aus den frühen Jahren in New York bestätigt diese traumwandlerische Eigenart, die Brando für sich in Anspruch nimmt. »Er war ein ewiger Grübler. Er hatte da einen eingebauten Schlupfwinkel in seinem Kopf, in den verkroch er sich, um über seinen Problemen zu brüten wie der Geizige über seinem Gold. Dabei war er eigentlich kein Trauerkloß, konnte, wenn er wollte, auch richtig ausgelassen sein, fast wie ein Kind. Er wohnte damals in einem alten Mietshaus in der 52nd Street, dort, wo auch die Jazzclubs waren. Oft stieg er nachts aufs Dach und warf Wasserbomben auf die Typen, die gerade aus dem Club kamen. Und in seinem Zimmer hing dieser Spruch: ›Nur wer bewusst lebt, lebt überhaupt.‹ Immer war etwas los in seiner Wohnung. Entweder er bearbeitete seine Bongos, oder der Plattenspieler lief, oder Leute vom Actors' Studio waren zu Besuch oder das ganze andere Volk, das er Gott weiß wo aufgegabelt hatte. Er konnte auch wirklich sehr nett sein. Vor allem aber war er kein Opportunist. Ich kenne niemanden, dem es so egal war, ob jemand ihn fördern konnte oder nicht. Man kann sogar sagen, er ging solchen Leuten aus dem Weg, ganz gleich, ob sie ihm sympathisch waren oder unsympathisch. Klar, der Grund dafür war seine Unsicherheit, sein tiefsitzender Minderwertigkeitskomplex. Deshalb umgab er sich auch so ungern mit Menschen, die ihm ebenbürtig waren, also Konkurrenten, an denen er sich messen lassen musste. Lieber waren ihm Bewunderer und solche, die in irgendeiner Weise von ihm abhängig waren. Dasselbe bei seinen Freundinnen, meistens irgendwelche Sekretärinnen. Hübsch anzusehen, sicher, aber nichts, was massenweise Rivalen auf den Plan gerufen hätte.« (Laut seiner Großmutter eine Vorliebe, an der sich bis heute nicht viel geändert hat. »Marlon«, sagte sie, »hat immer nur Mädchen mit Silberblick angeschleppt.«)

Das Dienstmädchen schenkte Sake in die fingerhutgroßen Becher und zog sich zurück. Kenner dieses nicht sonderlich aromatischen Reisweins behaupten, sie könnten anhand von Geschmack und Qualität etwa fünfzig verschiedene Marken auseinanderhalten. Für den Neuling hingegen schmecken sie alle gleich: ein sherryartiges Gesöff, zunächst lebhaft im Geschmack, dann ranzig im Abgang und von erstaunlich wenig Kraft, was bedeutet, dass man schon mindestens einen Liter konsumieren muss, ehe sich im Kopf die gewünschte Wirkung einstellt. Japanische Bonvivants tun genau das. Brando ignorierte den Sake und ging gleich zum Beefsteak über. Dieses allerdings war hervorragend, die Japaner sind nicht umsonst stolz auf die Qualität ihres Rindfleisches. Das ließ sich von den in Japan sehr beliebten Spaghetti hingegen nicht behaupten, genauso wenig wie von den Gemüsebeilagen, eine seltsame Pampe aus Erbsen, Kartoffeln und Bohnen. Trotz unserer zugegebenermaßen unorthodoxen Menüzusammenstellung lässt sich westliches Essen in Japan grundsätzlich nicht empfehlen. Allerdings gibt es Momente, in denen es einem schon bei dem Gedanken an rohen Fisch, Sukiyaki und Reis mit Algen hochkommt, wie lecker sie auch zubereitet und wie hübsch sie auch angerichtet sein mögen. Untrainierte Mägen revoltieren erst recht bei der Aussicht auf Aalsuppe, gebratene Bienen, eingelegte Schlangen und Krakenarme.

Beim Essen sprach Brando abermals seinen möglichen Rückzug vom Star-Rummel zugunsten eines Lebens an, das »noch ein Ziel hat«. Diesmal jedoch war er kompromissbereit. »Das Erste, was ich tue, wenn ich wieder in Hollywood bin: Ich setze meine Sekretärin an die Luft und ziehe in ein kleineres Haus.« Er seufzte, als sei er bereits dieser Altlasten ledig und überblicke entspannt eine stark vereinfachte Situation. Deren Zauber malte er sogar noch weiter aus. »Ich brauche weder einen Koch noch ein Hausmädchen, lediglich zweimal die Woche eine Putzfrau. Aber ...«, sagte er und runzelte die Stirn angesichts der Faktoren, welche die Idylle trüben könnten. »Wo immer dieses Haus auch ist, es muss unbedingt einen Zaun haben. Schon wegen der vielen Reporter. Man macht sich ja keinen Begriff, wozu diese Schreiberlinge imstande sind. Ich brauche einen Zaun, um sie mir vom Leib zu halten. An dem Problem mit dem Telefon werde ich wohl nichts ändern können.«

»Dem Telefon?«

»Ja, es wird angezapft.«

»Wirklich? Von wem?«

Er kaute an seinem Steak und murmelte etwas. Er wollte wohl nicht allzu sehr ins Detail gehen, am Tatbestand selbst aber keine Zweifel aufkommen zu lassen. »Mit meinen Freunden telefoniere ich inzwischen nur noch auf Französisch. Oder wir weichen auf irgendeinen Teenager-Code aus.«

Plötzlich drangen von oben Geräusche durch die Decke, Schritte und gedämpfte Stimmen, die sich anhörten wie rauschende Wasserleitungen. »Schhh«, flüsterte Brando und horchte angespannt, den Blick in die Höhe gerichtet. »Leise. *Sie* können alles hören.« Sie, das waren anscheinend Schauspielkollege Red Buttons mit Gemahlin, die in der Suite darüber wohnten. »Die Wände hier sind aus Papier«, flüsterte er gleichsam auf Zehenspitzen und mit einem Gesicht wie bei einem Kind, das in ein ernstes Spiel vertieft ist. Diese Geheimnistuerei erlebt man bei ihm öfter, was dazu führt, dass ein Gespräch schnell einen konspirativen Charakter erhält, so, als würden auf feindlichem Terrain Umsturzpläne geschmiedet. Brando sagte nichts mehr, ich auch nicht. Und genauso wenig Mr. und Mrs. Buttons, jedenfalls nichts Verständliches.

Während der Schweigeminute entdeckte mein Gastgeber einen Brief, der sich zwischen dem Geschirr auf dem Tisch versteckt hatte, und las ihn kauenderweise und wie eine Morgenzeitung. Dann entsann er sich meiner und bemerkte: »Von einem Freund. Er macht gerade einen Dokumentarfilm über James Dean und will mich als Sprecher haben. Na, vielleicht mache ich das.« Er warf den Brief beiseite und zog den Apple-Pie heran, auf dem eine Kugel Vanilleeis allmählich zerschmolz. »Vielleicht aber auch nicht. Ich kann mich schnell für etwas begeistern, aber es hält selten länger als sieben Minuten vor. Genau sieben Minuten, das ist das Limit. Meistens weiß ich nicht mal, warum ich am Morgen aufgestanden bin.« Als der Apple-Pie gegessen war, nahm Brando auch meine Portion ins Visier. Ich schob ihm den Teller zu. »Aber den Film über James Dean überlege ich mir wirklich. Könnte wichtig sein.«

James Dean, der junge Schauspieler, der 1955 bei einem Autounfall ums Leben kam, wurde von Beginn seiner kurzen kometenhaften Karriere an als *der* amerikanische Problemjugendliche inszeniert und avancierte schnell zur Symbolfigur für alle Hotrodder und Halbstarken, die ihre kleinen Sorgen und Nöte nur mit Gewalt lösen können. Bei seinem Tod war *Giganten*, in dem er die Hauptrolle spielte, gerade fertiggestellt, und man fürchtete, die hässlichen Schlagzeilen könnten den kostspieligen Film mit nach unten ziehen. Also glorifizierte man das tragische Ende von James Dean und schuf dadurch unfreiwillig einen bizarren Totenkult. Denn auch wenn Brando sieben Jahre älter war als Dean und schauspielerisch erheblich sicherer, im kollektiven Bewusstsein der Fans gehörten sie zusammen. Bereits in Deans erstem Film, *Jenseits von Eden*, war Kritikern an zahlreichen Details aufgefallen, wie sehr er Brando kopierte. Und auch in seinem Privatleben praktizierte er diese ehrlichste Form der Bewunderung, heizte, wie Brando, auf Motorrädern durch die Gegend, spielte Bongotrommeln und den Rowdy und hielt die Leute mit pseudointellektuellem Gefasel zum Narren. Kurz, er kultivierte eine exzentrische Medienpersönlichkeit, in der sich böser Bube und sensible Sphinx höchst effektiv miteinander verbanden.

»Nein, Dean war nie ein Freund von mir«, sagte Brando, und schon diese Frage schien ihm komisch vorzukommen. »Deswegen übernehme ich auch nicht den Sprecherjob. Ich kannte ihn ja kaum. Er aber war irgendwie auf mich fixiert, hat mir alles nachgemacht. Immer suchte er meine Nähe, rief sogar an.« Brando nahm einen imaginären Telefonhörer ab und hielt ihn mit einem listigen Lächeln ans Ohr. »Ich hörte mir an, wie er beim Auftragsdienst nach mir fragte und seine Nachricht hinterließ. Aber ich habe mich nie gemeldet, weder gleich noch später. Nur einmal, als ...«

In die Szene hinein klingelte das reale Telefon. »Ja?«, sagte er, nachdem er den Hörer abgenommen hatte. »Am Apparat. Woher? ... Manila? ... Nein, ich kenne niemanden aus Manila. Sagen Sie ihnen, ich wäre nicht da. Aber wie gesagt, einmal bin ich ihm begegnet, also Dean«, sagte er und legte auf. »Es war auf einer Party, wo er wieder mal seine Schau abgezogen hat. Da habe ich mit ihm gesprochen. Habe ihn zur Seite genommen und gefragt, ob er nicht wüsste, dass er einen Schaden hat und dringend Hilfe bräuchte.« Die Erinnerung verstärkte den bekannten Ausdruck erleuchteten Mitleids auf seinem Gesicht. »Er hat mir tatsächlich zugehört. Er wusste, dass ich recht hatte. Ich nannte ihm einen Therapeuten, und er ging. Zumindest seine Schauspielerei wurde daraufhin besser. Ich glaube, gegen Ende fand er allmählich zu seinem Stil. Aber für eine Glorifizierung besteht kein Anlass. Hier könnte ein Dokumentarfilm Abhilfe schaffen. Einfach um den Leuten zu zeigen, dass er nicht der große Held war, den viele in ihm sehen, sondern ein verwirrter Junge auf der Suche nach sich selbst. So müsste das laufen, und dabei würde ich gern mithelfen – schon als Sühne für meine eigenen Sünden, etwa die Rolle in *Der Wilde*.« Er meinte diesen bizarren Film, in dem er den Anführer einer faschistoiden Motorradbande gespielt hatte. »Nun ja, wer weiß? Sieben Minuten sind das Limit.«

Von Dean kam das Gespräch auf andere Schauspieler, und ich fragte, wer davon seine uneingeschränkte Hochachtung hätte. Er überlegte, sein Mund arbeitete sogar an den Anfangsbuchstaben einzelner Namen – die ihm dann doch nicht über die Lippen kamen. Ich schlug ein paar aussichtsreiche Kandidaten vor: Laurence Olivier, John Gielgud, Montgomery Clift, Gérard Philipe, Jean-Louis Barrault. »Stimmt«, sagte er und schien endlich aufzuwachen. »Philipe ist ein guter Schauspieler. Genau so wie Barrault. Gott, was für ein wunderbarer Film, *Die Kinder des Olymp*! Vielleicht der beste Film, der jemals gedreht wurde. Wissen Sie, das war das erste und einzige Mal, dass ich mich in eine Schauspielerin verliebt habe. Ich war verrückt nach Arletty.« Nach der Rolle der betörenden Kurtisane Garance in Marcel Carnés Meisterwerk ist die französische Schauspielerin auch dem internationalen Publikum bis heute in Erinnerung. »Ich meine, ich habe sie wirklich *geliebt*. Und wollte sie bei meinem ersten Besuch in Paris auch sofort besuchen. Das heißt, ich bin zu ihr hingepilgert wie zu einem Heiligenschrein. Meine Traumfrau! Wow!« Er schlug mit der flachen Hand auf den Tisch. »Aber, wow, war *das* eine Enttäuschung. Ich glaube, einen größeren Fehler hätte ich gar nicht machen können. Du lieber Himmel, die hatte ja Haare auf den Zähnen.«

Das Dienstmädchen kam herein, um abzuräumen, und tätschelte Brando leicht auf die Schulter, offenbar weil er so brav sein Tellerchen aufgegessen hatte. Abermals rollte er auf den Rücken und schob sich ein Kissen unter den Kopf. »Ich sag Ihnen was, Spencer Tracy ist die Art Schauspieler, die ich gerne sehe. Diese Disziplin, diese Zurückhaltung. Er gibt nichts preis, lässt sich nicht aus der Reserve locken. Aber dann, plötzlich, ist er voll da und knallt alles auf den Tisch. Nur um sich sofort wieder zurückzuziehen. Tracy, Paul Muni, Cary Grant, das sind Leute, die wissen, was sie tun. Von ihnen kann man was lernen.«

Seine Finger malten Arabesken in die Luft, als vermöchten nur Gesten auszudrücken, was er genau meinte. »Die Schauspielerei ist eine höchst empfindliche Angelegenheit«, sagte er. »Ihr wohnt etwas Scheues, Zerbrechliches inne, das nur ein feinfühliger Regisseur aus einem herauslocken kann. Beim Film kommt der entscheidende, höchst sensible Moment oft bei der dritten Einstellung, dann reicht schon ein Flüstern des Regisseurs, um diesen Augenblick vor einem zu kristallisieren. Gadge etwa ...«, er benutzte Elia Kazans Spitznamen, »... Gadge konnte so etwas. Er weiß, was Schauspieler brauchen.«

Ich vermute aber, nur ein Schauspieler hätte auf Anhieb begriffen, worauf Brando hinauswollte, ich selbst konnte ihm nicht folgen. »Es ist ein innerer Vorgang, und er vollzieht sich beim dritten Take«, fügte er wenig hilfreich hinzu. Eine von Brandos größten Momenten ist die Autoszene aus *Die Faust im Nacken*, in der Rod Steiger, der Bruder und mafiöse Gewerkschaftsmann, Brando gesteht, dass diese Fahrt in den Tod geht. Ich fragte, ob er mir anhand dieser Stelle seine Theorie vom »sensiblen Moment« erläutern könne.

»Natürlich. Obwohl ... eigentlich nicht. Aber versuchen wir's mal.« Er kniff die Augen zusammen und summte vor sich hin. »Also, die Szene mussten wir insgesamt sieben Mal drehen, und mir gefiel schon das Buch nicht. Und dauernd gab es Diskussionen. Eigentlich hatte ich von dem ganzen Film die Nase gestrichen voll. Alle Außenaufnahmen wurden in New Jersey gedreht, es war mitten im Winter. Herrgott, diese Kälte! Außerdem hatte ich private Probleme. Weiberkram. Okay, aber jetzt zu dieser Szene. Wir brauchten sieben Takes. Sieben Takes, weil Rod Steiger nicht aufhören konnte zu flennen. Er gehört zu den Schauspielern, die gern flennen. Wir also die Szene ein ums andere Mal abgedreht. Ich erinnere mich nicht, wann sich das Ganze für mich kristallisierte. Den fertigen Film sah ich mir zum ersten Mal zusammen mit Gadge an, in einem Vorführraum. Der Film war reiner Mist, dachte ich damals, und ich verließ wortlos den Saal.«

Einen Monat zuvor hatte mir ein Freund von Brando verraten: »Egal, woran Marlon gerade arbeitet, früher oder später hat er immer was zu meckern. Entweder das Drehbuch ist schlecht oder der Regisseur oder ein Schauspielkollege. Rational ist das nicht zu erklären, er *will* unzufrieden sein, er *will* meckern. Das ist so eine Art Grundmuster bei ihm. Nehmen Sie *Sayonara*. Jede Wette, er findet auch hier etwas, das ihm nicht gefällt. Das kann alles sein, Logan oder das ganze verdammte Land Japan. Im Augenblick liebt er Japan. Aber bei Marlon weiß man nie. Das kann sich von einer Minute zur nächsten ändern.«

Ich fragte mich, ob Brando dieses »Grundmuster« bestätigen würde. Doch er schien so eine Frage zu erwarten und sagte: »Ich sollte vielleicht besser meinen Mund halten. Ich habe schon viel zu vielen Leuten erzählt, was ich von *Sayonara* halte. Allerdings ändere ich meine Meinung auch sehr schnell.«

Um Punkt halb elf rief Murray an.

»Ich bin mit den Mädchen essen«, sagte er Brando so laut, dass sogar ich es hören konnte, dazu im Hintergrund Tanzmusik und Kneipenlärm. Offenbar war er kein Freund tempelstiller japanischer Restaurants, sondern bevorzugte Gaststätten, in denen man die Schuhe anbehalten durfte. »Wir kommen jetzt zurück. Wie sieht's aus? Bist du durch?«

Brando blickte mich nachdenklich an, und ich schaute entgegenkommend auf meinen Mantel. Er aber sagte: »Nein, wir reden noch. Ruf mich in einer Stunde wieder an.«

»Okay, aber ... Miiko ist hier und will wissen, ob du ihre Blumen bekommen hast.« Träge wanderte Brandos Blick in Richtung der verglasten Loggia, wo auf einem runden Bambustisch eine Vase mit Astern stand. »Ja, habe ich. Sag ihr Dankeschön von mir.«

»Das kannst du ihr auch selbst sagen. Sie steht direkt neben mir.«

»Nein, warte ... Herrgott, bitte nicht.« Aber der Einspruch kam zu spät, Murray hatte den Hörer bereits abgegeben und Brando sagte: »Ich kann das nicht.« Wobei er errötete und nervös wurde wie ein schüchterner Junge.

Die nächste Stimme aus dem Telefon gehörte seiner Filmgeliebten aus *Sayonara*, Miss Miiko Taka. Sie erkundigte sich nach seinem Befinden.

»Schon besser, danke. Hab wohl eine verdorbene Auster gegessen. Miiko? ... Miiko, also das war wirklich lieb von dir, ich meine, mir Blumen zu schicken. Sie sind sehr schön, ich schaue sie gerade an. Astern ...«, fuhr er fort, als müsse er ein Gedicht vortragen, »... Astern sind meine Lieblingsblumen ...«

Ich zog mich auf die Loggia zurück, damit Brando und Miss Taka ungestört reden konnten. Unter mir driftete der Hotelgarten mit seiner geschmackvoll schlichten Anordnung von Baum und Fels durch die Nebelschleier, die von Kiotos zahlreichen Wasserwegen aufsteigen. Denn Kioto ist eine Wasserstadt, durchzogen von seichten Flüssen und zu Tal rauschenden Kanälen. Überall stößt man dort auf Teiche so still wie eine zusammengerollte Schlange und dann wieder auf lustige kleine Katarakte, die klingen wie das Kichern japanischer Mädchen. Als ehemalige kaiserliche Hauptstadt war Kioto schon während des Krieges so etwas wie ein lebendiges Nationalmuseum, weswegen es von amerikanischen Bombern verschont wurde. Doch auch im Umland, hinter den umliegenden Hügeln, hörte das Wasser nicht auf, und lediglich schmale Dammstraßen querten die gefluteten, silbrig glänzenden Reisfelder. Trotz der Nebelschwaden zeichneten sich die Hügel scharf in der Abenddämmerung ab, denn der Himmel war von solcher Klarheit, dass sogar die Sterne und ein Stück Mond deutlich hervortraten. Die aristokratischen Häuser der unmittelbaren Umgebung besaßen geschwungene Dächer und dunkle, polierte Fassaden, die, obwohl nur aus Holz, so erhaben wirkten wie jeder Palazzo in Siena. In leuchtenden Kimono-Farben von Rosa bis Orange, Gelb bis Rot, spiegelten sich auf ihnen die Straßenlaternen und Eingangslampen. Weiter hinten dehnte sich moderne Beton-Ödnis, doch nichts davon, keine breite Straße, kein Neon, kein Wolkenkratzer erschien auch nur annähernd so auf Dauer angelegt wie die papiernen Behausungen, die sich vor ihnen duckten.

Brando beendete sein Telefongespräch und trat ebenfalls auf die Loggia hinaus, wo ich immer noch die Aussicht genoss. Er sagte: »Waren Sie schon einmal in Nara? Ziemlich interessant, nicht wahr?«

Ja, ich war schon einmal in Nara und, jawohl, es war ziemlich interessant. »Das alte, ebenso historische wie geschichtsträchtige Nara«, wie unser Fremdenführer unweigerlich formulierte, liegt etwa eine Autostunde von Kioto entfernt und ist eine Postkartenstadt, eingebettet in eine museale Idylle. Nara ist der Inbegriff jener japanischen Fertigkeit, der Natur per Hypnose ein völlig unnatürliches Verhalten abzuzwingen. Der schreinverseuchte Park ist eine große grüne Wohnlandschaft, wo Schafe grasen und zahmes Rotwild dekorativ durch schmucke Kiefernhaine stakst. Und ganz wie ihre venezianischen Brüder und Schwestern, so stellen sich Tauben auch hier gern mit aufs Hochzeitsfoto. Hier dürfen Kinder den Ziegen getrost am Bart ziehen, die handzahmen Tiere nehmen es nicht krumm. Und alte Männer in schwarzen Umhängen mit Nerzkragen hocken an den Ufern lotosbedeckter Teiche und klatschen in die Hände, bis Schwärme gefleckter, violetter Karpfen, feiste Exemplare, dick wie Forellen, angeschwommen kommen, sich das Maul kitzeln lassen und Futterkrümel aufschnappen, die aus der greisen Hand ins Wasser rieseln. Dass Brando ausgerechnet diesem garantiert schlangenbereinigten Garten Eden etwas abgewinnen konnte, überraschte mich nun doch. Bei seinem Hang zum Naturwüchsigen und Ungezähmten hätte ich nicht gedacht, dass ihm eine derart fügsame, total unterworfene Landschaft irgendetwas sagte. Als wollte er diesen Widerspruch zusätzlich belegen, meinte er: »Ich würde auch gerne heiraten, Kinder haben.« Der Gedanke war nicht ganz abwegig, offenbar war die Vorstellung dieser rundum abgesicherten Parklandschaft nicht ganz ohne Wirkung geblieben und löste entsprechende Wünsche im Hinblick auf die eigene Lebensplanung aus, sprich Ehe und Familie.

»Man kann nicht ohne Liebe leben«, sagte er. »Es gibt keinen anderen Lebenssinn, da unterscheidet sich der Mensch nicht von der Maus. Es geht letztlich immer um Fortpflanzung.« (Wie hatte sein Freund Elia Kazan gesagt: »Marlon ist einer der sanftmütigsten Menschen, die ich kenne. Vielleicht sogar der sanftmütigste.« Und wenn man sah, wie Marlon mit Kindern umging, konnte daran durchaus etwas sein. Zum Beispiel hatte er nie etwas dagegen, wenn japanische Kinder, süße, rotbackige Wonneproppen mit O-Beinen und strubbeligen Ponys, am *Sayonara*-Set herumliefen. Er war immer freundlich zu ihnen, aufmerksam, entspannt und zu Späßen aufgelegt. Fast schien es, als sei er ihr emotionaler Verbündeter und – zumindest in diesen Momenten – nicht älter als sie. Vor allem aber: Diesen Mitleidsblick, den er für manche Erwachsene übrig hatte, richtete er nie auf Kinder.)

Seine Hand strich über die Blumengabe von Miss Taka, als er sagte: »Welchen anderen Lebenssinn außer Liebe gibt es denn? Aber genau das ist mein Problem, meine Unfähigkeit zu lieben.« Er wandte sich wieder dem erleuchteten Zimmer zu und schien nach irgendetwas zu suchen – einer Zigarette? Er nahm eine Packung in die Hand. Leer. Er klopfte die Taschen der Jacken und Hosen ab, die im Zimmer verstreut lagen. Brandos Garderobe riecht längst nicht mehr nach Straßengang, vielmehr hat er sich auf den Gangsterchic der Zwanzigerjahre verlegt: schwarze Schlapphüte, gestreifte Anzüge und dunkle George-Raft-Hemden mit pastellfarbenen Krawatten. Endlich waren die Zigaretten gefunden. Tief inhalierend ließ er sich auf die Schlafmatte fallen. Schweißperlen standen ihm um den Mund. Der Elektro-Ofen brummte, das Raumklima war tropisch, man hätte Orchideen züchten können. Über uns ertönte das Getrampel von Mr. und Mrs. Buttons, doch Brando schien das Interesse daran verloren zu haben. Er rauchte und dachte nach, griff schließlich einen Gedanken auf und sagte: »Ich kann es einfach nicht. Ich kann niemanden wirklich lieben. Ich vertraue niemandem so sehr, dass ich mich fallen lassen könnte. Aber ich bin bereit dazu. Ich wünsche es mir. Und wer weiß, vielleicht bin ich ja bald so weit. Denn ich muss etwas tun ...« Seine Augen verengten sich zu zwei schmalen Schlitzen, doch seine Stimme verriet nichts als Indifferenz und gelangweilte Objektivität, so, als spräche er von einer Rolle in einem Theaterstück, einer Rolle, die er satthatte, aber laut Vertrag weiterspielen musste. »Ich meine, was bleibt uns denn sonst? Worum geht es denn überhaupt außer darum, einen anderen zu lieben?«

(Zu dieser Zeit war Brando natürlich noch Junggeselle, auch wenn er von Zeit zu Zeit eine Verlobte ausführte, die schnell als seine halboffizielle Begleiterin gehandelt wurde – wie die angehende Schriftstellerin und Schauspielerin Blossom Plumb oder, von der Klatschpresse aufmerksam verfolgt, jene Mlle. Josanne Mariani-Bérenger, Tochter eines französischen Fischers. In beiden Fällen wurde nie das Aufgebot bestellt. Vergangenen Monat jedoch heiratete er in einer Nacht-und-Nebel-Aktion im kalifornischen Eagle Rock ein junges, dunkelhäutiges Schauspiel-Sternchen, das sich selbst Anna Kashfi nannte und meist im Sari herumlief. Widersprüchlichen Zeitungsmeldungen zufolge entstammte sie entweder einer buddhistischen Familie aus Darjeeling, war also reinsten indischen Geblüts, oder aber sie war die in Kalkutta geborene Tochter englischer Eheleute namens O'Callaghan, die jetzt in Wales lebten. Brando unternahm nichts, um den rätselhaften Sachverhalt aufzuklären.)

»Na ja, zumindest habe ich *Freunde*«, sagte er, um gleich hinzuzufügen: »Nein, eigentlich auch nicht.« Verbales Schattenboxen. »Oder vielmehr doch«, ergänzte er und wischte sich den Schweiß von der Oberlippe. »Ich habe sogar sehr viele Freunde. Es ist nur, ich pflege diese Freundschaften nicht. Ich sage den Leuten, was los ist, mehr nicht. Irgendjemandem muss man ja vertrauen. Das heißt bis zu einem gewissen Punkt. Das Vertrauen geht aber nie so weit, dass ich von irgendjemandem einen Rat annehmen würde.«

Ich fragte, ob das auch für professionelle Berater galt. Meines Wissens verließ sich Brando stark auf Jay Kanter, einen jungen Mann bei seiner Agentur MCA. »Ach, Jay«, sagte Brando. »Nein, Jay tut nur das, was ich ihm sage. Ich bin auch hier ganz auf mich gestellt.«

Das Telefon klingelte. Offenbar war eine weitere Stunde verstrichen, denn Murray war am Apparat. »Ja, wir sind immer noch dran«, sagte Brando. »Pass auf, ich ruf *dich* an, in einer Stunde ungefähr. Bist du dann wieder auf deinem Zimmer? ... Okay.«

Er legte auf und sagte: »Netter Kerl eigentlich. Er will irgendwann mal Regisseur werden. Aber wo war ich stehen geblieben? Ach so, ja, Freunde. Wollen Sie wissen, wie ich Freunde gewinne?« Er beugte sich vor, als habe er ein amüsantes Geheimnis mitzuteilen. »Ich gehe vor allem sehr vorsichtig zu Werke. Umkreise sie, belauere sie. Dann, ganz allmählich, rücke ich näher und – aber wiederum mit äußerster Vorsicht – *berühre* sie.« Er hielt seine ausgestreckten Finger wie Insektenfühler und kratzte leicht über meinen Arm. »Aber dann ...«, sagte er, ein Auge halb geschlossen, das andere mesmerisch und nach Rasputin-Manier aufgerissen, »ziehe ich mich wieder zurück. Warte ab. Sie sollen sich fragen, was geschehen ist. Und genau im richtigen Moment nähere ich mich ihnen erneut. Berühre sie. Umkreise sie.« Jetzt vollführte seine breite, kurzgliedrige Hand kreisende Bewegungen – wie mit einem Seil, das ein unsichtbares Wesen einwickelte. »Sie wissen gar nicht, wie ihnen geschieht. Wenn sie es begreifen, sind sie bereits umschlungen und Teil von etwas anderem. Dann *habe* ich sie. Und plötzlich – auch das kommt vor – bin ich das Einzige, was *sie* haben. Denn meistens sind es ja Leute, die nirgendwo richtig hinpassen. Ausgestoßene, Gekränkte, die auf die eine oder andere Weise gestört sind. Aber ich will ihnen helfen, und sie können sich an mir orientieren. Ich bin der Fürst, gewissermaßen der Fürst in meinem Reich.«

(Ein ehemaliger Bewohner dieses Fürstentums beschrieb es einmal so: »Das ist, als lebte Marlon in einem Haus, in dem es keine abgeschlossenen Türen gibt. Damals in New York zum Beispiel stand sogar die Wohnungstür immer offen. Alle konnten einfach kommen, egal ob Marlon da war oder nicht. Und alle kamen. Wenn man die Wohnung betrat, waren meist schon zehn bis fünfzehn andere da. Das war seltsam, denn untereinander schienen sie sich gar nicht zu kennen. Sie befanden sich bloß alle an ein und demselben Ort, wie Leute an einer Bushaltestelle. Einer schlief in einem Sessel, andere lasen Comics. Irgendein Mädchen tanzte ganz für sich allein oder lackierte sich die Fußnägel. Ein Alleinunterhalter übte seinen Auftritt. Und in einer Ecke lief gerade eine Schachpartie. Und dann natürlich die Trommeln: bongo-bongo pang-pang! Allerdings, Alkohol wurde keiner konsumiert. Ab und zu fragte mal einer: ›He, wer kommt mit nach unten auf ein Milchmischgetränk?‹ Gemeinsamer Nenner und einzige Verbindung zwischen all den Leuten war Marlon. Er wanderte durch das Zimmer und nahm nacheinander jeden Einzelnen beiseite, um mit ihm persönlich zu sprechen. Vielleicht ist es Ihnen aufgefallen, Marlon spricht nie mit zwei Leuten gleichzeitig, und Unterhaltungen in einer Gruppe sind ihm ein Graus. Er braucht die intime Vier-Augen-Situation. Was auch bitter nötig ist, wenn man jeden auf dieselbe Art und Weise einwickeln will. Aber selbst wenn du den Trick durchschaust, es ändert nichts. Denn sobald die Reihe an dich kommt, gibt er dir das Gefühl, du seist der einzige Mensch im Zimmer, ja, der Einzige auf der ganzen Welt. Er lässt dich glauben, du stündest unter seinem ganz persönlichen Schutz und dass deine Sorgen und Befindlichkeiten auch ihn sehr beschäftigen. Du kommst gar nicht umhin, ihm das abzunehmen, denn Marlon strahlt eine Aufrichtigkeit aus, wie ich es noch bei keinem anderen Menschen erlebt habe. Erst später fragst du dich: ›War das eigentlich alles nur Schau?‹ Aber selbst wenn, was willst du machen? Was hast du ihm schon zu bieten? Doch nichts als – und hier kommt's – nichts als deine Zuneigung. Eine Art Zuneigung, die ihm Macht über dich verleiht. Manchmal glaube ich, Marlon ist wie ein Waisenkind. Ein Waisenkind, das seine traurige Vergangenheit später dadurch kompensieren will, dass es sich zum freundlichen Direktor eines riesigen Waisenhauses macht. Aber sogar außerhalb dieser Institution will er um jeden Preis geliebt werden.« Auch wenn diese Ansicht nicht von allen geteilt wird, soll Brando einmal einem Reporter anvertraut haben: »Wenn ich einen Raum mit hundert Leuten betrete und weiß, dass auch nur ein einziger mich nicht leiden kann, gehe ich sofort wieder.« Als Fußnote sei aber angemerkt, dass Brando im Kreis seiner Anhänger immer zweierlei ist: geistiger Übervater und großer Bruder, bei dem man sich ausweinen kann. Der, der ihn vielleicht am besten kennt, der Komiker Wally Fox, hält ihn für einen »kreativen Philosophen und tiefen Denker« und fügt hinzu: »Für seine Freunde ist er eine wahrhaft befreiende Kraft.«

Brando gähnte, es war mittlerweile Viertel nach eins. In weniger als fünf Stunden musste er geduscht, rasiert und gefrühstückt auf dem Set sein, bereit für den Maskenbildner, der seinem blassen Gesicht jenes knackige Mulattenbraun verpasste, das für Technicolor offenbar unabdingbar ist.

»Rauchen wir noch eine?«, fragte er, als ich meinen Mantel anziehen wollte.

»Meinen Sie nicht, Sie sollten allmählich ins Bett?«

»Ach was, das bedeutet ja bloß, dass ich irgendwann aufstehen muss. Meistens weiß ich gar nicht mehr, warum ich das überhaupt tue. Es ist mir jedenfalls zuwider.« Er schaute auf das Telefon, als sei ihm gerade eingefallen, dass er Murray noch anrufen wollte. »Vielleicht arbeite ich später noch. Noch einen Drink?«

Draußen waren die Sterne erloschen, und es hatte angefangen zu nieseln, deshalb war die Aussicht auf einen Absacker sehr verlockend, zumal ich später zu Fuß in mein Hotel zurückmusste, das etwa eine Meile vom Miyako entfernt lag. Ich goss mir einen Wodka ein, Brando selbst winkte ab. Allerdings nahm er sich später mein Glas, nippte daran und stellte es zwischen uns auf den Tisch. Dann sagte er so beiläufig, dass es nur ernst gemeint sein konnte: »Wissen Sie, meine Mutter ist zerbrochen wie Porzellan.«

Schon mehrmals hatte ich von Brandos Freunden erfahren, wie sehr er seine Mutter verehrte. Doch vor 1947 und der Premiere von *Endstation Sehnsucht* hatte praktisch niemand seine Eltern zu Gesicht bekommen. Von seinem familiären Hintergrund war überhaupt nur das bekannt, was er freiwillig preisgab. »Aber was er von seiner Kindheit in Illinois erzählte, war immer ausgesprochen heiter«, sagte ein Bekannter von ihm. »Deshalb waren wir auch alle sehr gespannt, als seine Eltern zur Premiere von *Endstation Sehnsucht* nach New York kommen wollten. Wir hatten nicht die geringste Vorstellung von ihnen. Für die Premierenparty hatte Irene Selznick den Club 21 reserviert, Marlon erschien zusammen mit seinen Eltern. Ehrlich, ich habe selten so gutaussehende Leute gesehen. Sie alle waren groß, attraktiv und dazu noch außerordentlich sympathisch. Was mich am meisten beeindruckte – und ich glaube, die anderen auch – war, wie sich Marlon in ihrer Gegenwart verhielt. Nichts mehr von dem Großmaul, das wir kannten. Im Gegenteil, er benahm sich wie ein musterhafter Sohn, respektvoll, höflich, jederzeit hilfsbereit.«

Aus seiner Geburtsstadt Omaha, Nebraska, wo sein Vater als Handelsvertreter für Kalksteinprodukte arbeitete, zog die Familie schon bald nach Libertyville, Illinois. Marlon war das jüngste von drei Kindern und der einzige Junge. Auf dem weitläufigen Grundstück hielt die Familie Gänse, Hühner und Kaninchen, aber auch ein Pferd, eine deutsche Dogge, achtundzwanzig Katzen sowie eine Kuh. Das Melken der Kuh gehörte zu den täglichen Aufgaben von Bud, wie Marlon damals genannt wurde. Bud war offenbar ein extrovertiertes und sehr ehrgeiziges Kind, das alle ständig in irgendwelche Wettkämpfe verwickelte: Wer kann am schnellsten essen? Wer kann am längsten die Luft anhalten? Wer die größte Lügengeschichte erzählen? Und Bud war auch aufsässig. Egal ob Sonne, Wind oder

Regen, keinen einzigen Sonntag hielt es ihn zu Hause. Trotzdem standen seine Schwestern und er der Mutter sehr nahe. Stella Adler, Brandos Schauspiellehrerin, beschrieb Mrs. Brando viele Jahre später einmal als »hinreißend schönes, aber auch verlorenes, beinahe kindliches Wesen«. Sie hatte ebenfalls zeitlebens auf der Bühne gestanden, wenn auch nur bei kleinen örtlichen Theatervereinen, und litt unter dieser Beschränkung. Dafür entwickelten ihre Kinder umso mehr Ehrgeiz. Schwester Frances wandte sich der Malerei zu, Jocelyn arbeitet heute als Schauspielerin beim Theater. Auch Bud hatte das Talent seiner Mutter geerbt, verkündete jedoch im Alter von sieben Jahren, Priester werden zu wollen. (Schon damals war Brando ein Suchender. Ein Gefolgsmann drückte es einmal so aus: »Er sucht nach einer ewigen Wahrheit, der er sein Leben weihen kann. Darunter macht es eine so starke Persönlichkeit wie er nicht.« Aber die Jahre gingen ins Land, Brando ließ sich seine göttliche Berufung ausreden, flog von der Schule und entging 1942 wegen eines Kreuzbandrisses auch der Army. Irgendwann packte er seine Sachen und fuhr nach New York. Der dicke, unglückliche Strubbelkopf Bud trat ab, und das Ausnahmetalent Brando kam zum Vorschein.

Doch Brando hat Bud nie vergessen. Sobald er von seiner Kindheit spricht, wird deutlich, wie viel noch immer von dem ungeliebten Kind in ihm steckt. »Mein Vater zum Beispiel hat sich überhaupt nicht um mich gekümmert. Egal was ich tat, ich konnte es ihm nicht recht machen, es interessierte ihn nicht einmal. Heute akzeptiere ich das, und unser Verhältnis ist halbwegs normal.« Was vielleicht auch daran liegt, dass sich Brando Senior als Angestellter von Pennebaker Productions um die Finanzen seines Sohnes kümmert und einen Großteil des verdienten Geldes in einen Viehmastbetrieb in Nebraska investiert hat. »Dagegen war meine Mutter mein Ein und Alles. Sie bedeutete die ganze Welt für mich, und für sie hätte ich alles getan. Aber oft, wenn ich von der Schule nach Hause kam …« Er stockte, als wollte er abwarten, bis in meinem Kopf die imaginäre Diaschau anlief. »… war niemand da. Keiner. Und der Kühlschrank war leer.« Weitere Dias von leeren Zimmern, einer Küche. »Dann plötzlich das Telefon. Jemand von einer Bar, der sagte: ›He, wir haben hier eine Lady. Kann mal jemand kommen und sie abholen?‹« Plötzlich war Brando ganz still, und in dieser Stille verblich auch das Bild, genauer gesagt, es erstarrte: Bud mit dem Telefonhörer am Ohr. Dann ein Zeitsprung, Bud ist achtzehn. »Ich dachte, wenn sie mich nur genug liebt und mir wenigstens ein bisschen vertraut, könnten wir in New York zusammenleben. Ich hätte mich um sie gekümmert. Später ist es sogar mal dazu gekommen. Nachdem sie meinen Vater verlassen hatte, ist sie erst einmal zu mir nach New York gezogen. Ich war damals schon beim Theater. Mein Gott, was habe ich mir für eine Mühe gegeben. Aber meine Liebe hat offenbar nicht gereicht. Und ihr war es weitgehend egal. Sie ist dann bald wieder abgereist. Und eines Tages …«, sagte er mit gleichgültiger Stimme, hinter der sich aber wie auf einer zweiten Tonspur eine quälende Verwunderung verbarg, »eines Tages war es auch mir egal. Ich weiß noch, sie war da in dem Zimmer, klammerte sich an mich. Ich ließ sie fallen. Weil ich das alles nicht mehr ertragen konnte ... zuzusehen, wie sie vor meinen Augen zerbrach wie irgendetwas aus Porzellan. Ich ließ sie liegen wo sie lag und ging einfach hinaus. Seitdem ist mir alles gleich. Ich habe keine Gefühle mehr.«

Das Telefon schrillte und riss ihn aus seiner Benommenheit. Er schaute umher, als sei er plötzlich in einem unbekannten Zimmer aufgewacht, lächelte schief und flüsterte: »Ach, Mist, Mist, Mist.« Dann griff seine Hand nach dem Hörer: »Entschuldige«, sagte er zu Murray. »Ich wollte dich gerade anrufen ... Nein, er geht jetzt. Aber vielleicht lassen wir das heute Abend, es ist schon nach eins. Fast zwei Uhr ... Ja, machen wir ... Bis morgen dann.«

Inzwischen hatte ich meinen Mantel angezogen und wollte mich nur noch verabschieden. Er begleitete mich zur Tür, wo ich mir die Schuhe anzog. »Na dann ... Sayonara«, sagte er ironisch. »Sagen Sie der Rezeption, sie sollen Ihnen ein Taxi besorgen.« Ich war schon auf dem Gang, als er mir hinterherrief: »Und hören Sie: Nehmen Sie nicht alles so ernst, was ich gesagt habe. Ich bin nicht immer so.«

In gewisser Weise war dies nicht meine letzte Begegnung mit Brando an diesem Abend. Die Hotelhalle war verwaist, ebenso wie die Rezeption. Auch draußen vor dem Miyako kein Taxi weit und breit, und selbst bei hellem Tageslicht hatte ich mich im komplizierten Strickmuster von Kiotos Straßen schon öfter verirrt. Trotzdem trat ich in den eiskalten Nieselregen hinaus, in der Hoffnung, schon irgendwie die richtige Richtung einzuschlagen. Noch nie war ich in dieser Stadt so spät unterwegs gewesen. Aber was für ein Gegensatz zum Tag, wenn die gesamte Innenstadt von Menschenmassen überläuft und die Luft sirrt wie im Innern einer Pachinko-Halle. Oder zum frühen Abend, wenn Kioto am exotischsten ist, wenn die Laternen erblühen, ganze Straßenzüge säumen und prächtige Geishas mit ihren Porzellangesichtern und ausladenden, lackierten, mit Silberglöckchen behängten Perücken durch die Dämmerung trippeln, auf dem Weg zu erlesenen, über jeden Verdacht erhabenen Vergnügungen. Doch um zwei Uhr morgens ist es mit diesem phantastischen Zauber vorbei, die Cabarets sind verrammelt und nur die Katzen, Betrunkenen und Straßenmädchen noch da, um mir Gesellschaft zu leisten, dazu die unvermeidlichen Lumpenbündel, Bettler, die in den Hauseingängen liegen. Eine Zeit lang folgte mir ein abgerissener Straßenmusiker und spielte auf seiner Flöte mittelalterliche Weisen. Ich war schon mehr als eine Meile gegangen, als, endlich, eine der kleinen Seitengassen auf bekanntes Terrain führte, die Hauptstraße mit ihren Kaufhäusern und Kinos. Dort sah ich Brando wieder. Zwanzig Meter hoch, mit einem Schädel so groß wie der der mächtigsten Buddha-Statue, aber in grellen Comic-Farben. Er schaute von der Plakatwand eines Kinos herunter, das mit ihm für den Film *Das kleine Teehaus* warb. Auch durch den Lotussitz und das weise Lächeln auf dem regenglänzenden, von den Lichtreflexen einer Straßenlaterne illuminierten Gesicht entsprach er dem Bild eines Buddha. Brando demnach eine Gottheit? Nein, eigentlich noch mehr als das, nämlich ein junger Mann auf einem Berg von Süßigkeiten.

RICHARD AVEDON*

Richard Avedon ist ein Mann mit begnadeten Augen. Im Grunde reicht das als Beschreibung, mehr braucht man nicht zu sagen. Braune, täuschend normale Augen, die Verborgenes erkennen, die fremde Seele, flüchtige Wahrheiten, Stimmungen auf einem Gesicht. Auf diese Augen kommt es an, auf sie und Avedons Hingabe an sein Handwerk, die Fotografie, ohne die selbst seine ungewöhnlichen Augen und sein hochnervöses Einfühlungsvermögen nicht weitergeben könnten, was er zuvor an konzentrierter Erkenntnis gewonnen hat. Obwohl ein gesprächiger Mensch (eine Gesprächigkeit der bienenhaften Art, die am liebsten ein Dutzend Blüten gleichzeitig bestäuben möchte), sagt Avedon eigentlich nicht viel. Sobald er seine Kamera auf etwas richtet, ist seine Sprache die Stille und seine Stimme, diese unglaublich klare Stimme, das weiche Klacken des Verschlusses, welches den *einen,* nur von ihm erkannten Moment für immer festhält.

Man mag es kaum glauben, aber der gebürtige New Yorker Avedon ist heute sechsunddreißig Jahre alt. Schlank und lebhaft, wie er ist, wirkt er noch immer nicht ganz erwachsen, sondern eher wie ein junger College-Absolvent. Dabei war er nie auf dem College, hat nicht einmal die Highschool abgeschlossen, auch wenn er offenbar in jeder

---

* Dieses und alle folgenden Porträts bis Seite 114 stammen aus dem Fotoband *Observations* mit Richard Avedon.

Hinsicht ein Wunderkind war, ein Dichter von einiger Begabung und schon im Alter von zehn Jahren, als er seine erste Box-Kamera bekam, auf dem Weg zum Profi. Schon damals war sein Kinderzimmer von oben bis unten mit Fotos von Muncácsi, Steichen und Man Ray tapeziert, die er aus Zeitschriften ausgeschnitten hatte. Dieses für ein Kind äußerst ungewöhnliche Interesse zeigt nicht nur, wie frühreif er war, sondern wohl auch wie unglücklich. Ganz offen spricht er heute davon, wie oft er von zu Hause weggelaufen ist, er, der Ausreißerkönig. Als er dann auch seinen Highschool-Abschluss verpatzte, sagte sein Vater, ein vernünftiger Mann: »Na dann, mach nur so weiter. Reih dich ein in das Heer der Analphabeten.« Woran Avedon sich aber nur teilweise hielt. Er trat nämlich in die Handelsmarine ein, eine Organisation, bei der er seine erste formale Fotografenausbildung erhielt. Später, nach dem Krieg, studierte er an der New Yorker New School for Social Research, wo Alexey Brodovitch, damals Art Director bei der Zeitschrift *Harper's Bazaar*, eine Meisterklasse in experimenteller Fotografie leitete. Hier traf ein würdiger Meister auf einen würdigen Schüler. Brodovitch mit seinen Verbindungen war es auch, der seinem Ausnahmestudenten die ersten professionellen Aufträge verschaffte. Innerhalb eines Jahres war der Neuling anerkannt, und seine Arbeiten, die jetzt regelmäßig in *Harper's Bazaar, Life, Theatre Arts* oder bei Ausstellungen zu sehen waren, wurden eingehend besprochen und wegen ihrer unkonventionellen Einsichten gefeiert, jener jugendlichen Vitalität, die es vermochte, ein stummes Lichtbild mit einer Dynamik auszustatten, die das Herz des Betrachters schneller schlagen ließ. Niemand hatte zuvor solche Bilder gesehen, und da er nicht nur über Talent verfügte, sondern auch über ein eisernes Arbeitsethos, zählte er schon nach zehn Jahren wie selbstverständlich zu den bestbezahlten, erfolgreichsten und wohl einflussreichsten amerikanischen Fotografen seiner Generation, wie seine vielen Nachahmer bestätigen können.

»Der Erste, der mir Modell saß«, sagt Avedon, »war Rachmaninow. Er hatte eine Wohnung in demselben Gebäude, in dem auch meine Großeltern wohnten. Ich war vielleicht zehn Jahre alt und versteckte mich immer hinter den Mülleimern im Hof und hörte ihm beim Üben zu. Eines Tages aber war mir klar: Ich musste bei ihm klingeln und fragen, ob ich ihn mit meiner Box-Kamera fotografieren durfte. In gewisser Weise war das auch der Anfang dieses Buches.«

Richtig, das Buch. Es sollte Avedons beste Arbeiten zusammenführen, versehen mit seinen Kommentaren und einigen Anmerkungen von mir. Aber eine endgültige Auswahl schien unmöglich, zum einen wegen des Umfangs seines Werks, zum anderen aber auch, weil er den Eindruck hatte, dass noch so viele interessante Persönlichkeiten aus irgendeinem dummen Grund seinem allgegenwärtigen Objektiv entgangen waren – was er vorher noch schnell zu ändern gedachte. Vielleicht ist das der gemeinsame Nenner, auf den alle seine Bilder zu bringen sind, ein höchst persönliches Auszeichnungssystem auf der Grundlage bestimmter Eigenschaften des Modells: Schönheit oder besondere Fähigkeiten. Aber nein, auch in dieser Hinsicht ist die Auswahl völlig willkürlich, seine Modelle verbindet lediglich die Tatsache, dass Avedon sie fotografiert und dadurch auf seine Art kommentiert hat.

Trotzdem fällt auf, dass er immer wieder von bestimmten Gesichtern angezogen wird, vor allem älteren Gesichtern. Sogar in den noch jungen sucht er in erster Linie nach Zeichen des Alters, konzentriert sich auf jede einzelne hart erworbene Falte. Man hat ihm das als bösartige Perspektive verübelt, aber das trifft die Sache nicht. »Die Jugend rührt mich nicht«, sagte Avedon. »In einem jungen Gesicht sehe ich selten etwas Schönes. Da sind die heruntergezogenen Mundwinkel von Somerset Maugham doch etwas ganz anderes. Oder die Hände von Isak Dinesen. In diese Hände hat sich so viel eingeschrieben, so viel ist deshalb in ihnen zu lesen – wenn man sie nur zu lesen versteht. Meiner Meinung nach sind die meisten Menschen in diesem Buch irdischen Heilige. Weil sie besessen sind, meist von dem, was sie tun: tanzen oder einfach nur schön sein, Geschichten erzählen, Rätsel lösen, Straßentheater machen. Der Mund von Zavattini oder die Augen von Escudero, das Lächeln von Marie-Louise Bousquet, alles Predigten über persönlichen Mut.«

Eines Nachmittags lud mich Avedon in sein Studio ein, normalerweise ein geschäftiger Ort unter heißen, summenden Scheinwerfern, wo Modelle schwitzen, Assistenten hektisch hin und her springen und wo dauernd Telefone klingeln, aber an diesem Sonntag im Winter war alles verlassen, weiß und friedlich und so still wie der Schnee, der seine Katzenpfoten auf das Oberlicht setzte. Auf Socken bewegte sich Avedon durch hochglänzende Berge von Gesichtern, lachenden Gesichtern, heiteren, unbeschwerten Gesichtern, aber auch solchen, die alles daransetzten, die Wucht ihres Innenlebens auch zu vermitteln, das konnte die Kunst sein oder auch nur ihre geradezu unmenschliche Schönheit. Wieder andere Gesichter hätten für die Menschheit selbst stehen können, für Einsamkeit oder Wahnsinn. So oder so, dieser Überfluss an Mienen lähmte beinahe jede echte Wahrnehmung. Wie überdimensionierte Spielkarten waren diese Gesichter in langen Reihen auf dem Studioboden angeordnet. Es war seine endgültige Auswahl für das Buch. Und während wir vorsichtig dazwischen auf und ab gingen (gewissermaßen auf Zehenspitzen, so, als könnten die Personen zu unseren Füßen plötzlich aufschreien, weil wir ihnen auf die Nase getreten waren), sage Avedon: »Manchmal glaube ich, es sind alles nur Bilder von mir, von meinem Gesicht. Worauf es mir ankam, war – wie soll ich sagen – die schwierige Situation des Menschen. Aber vielleicht ist das, was ich als schwierige Situation des Menschen ansehe, nur meine eigene schwierige Lage.« Er stützte das Kinn in die Hand und ließ seinen Blick von Dr. Oppenheimer zu Father Darcy schweifen. »Ich hasse Kameras. Immer mischen sie sich ein, immer sind sie im Weg. Ich wünschte, ich könnte einmal nur mit meinen Augen arbeiten!« Dann deutete er auf drei Abzüge ein und desselben Bildes, eines Porträts von Louis Armstrong, und fragte, welcher davon mir am besten gefiel. Zunächst hielt ich die Abzüge für absolut identisch, doch dann zeigte er mir die Unterschiede, Abweichungen in der Helligkeit, ein retuschierter Schatten. »Einen Abzug herzustellen, der wirklich alles wiedergibt, was ich mir bei dem Bild vorgestellt habe, ist oft noch schwieriger und heikler als die eigentliche Aufnahme«, sagte er mit der gepressten Stimme des Perfektionisten. »Beim Fotografieren weiß ich es sofort, wenn ich das Bild habe, das ich haben will. Aber das Bild aus der Kamera heraus und auf Papier zu bekommen, ist etwas völlig anderes. Manchmal mache ich von einem Bild mehr als sechzig Abzüge. Ich würde sogar hundert machen, wenn sich dadurch nur die kleinste Verbesserung erzielen ließe, wenn also das Unsichtbare plötzlich sichtbar und das Innere nach außen gekehrt würde.«

Wir standen am Ende der letzten Reihe und blickten zurück auf die glänzende Strecke von Schwarzweißbildern, die Ernte aus fünfzehn Jahren im Weinberg. Avedon zuckte die Achseln. »Das ist eigentlich alles, mehr ist es nicht. Diese Gesichter sind die visuellen Symbole dessen, was ich sagen will.« Dann verzog er den Mund, und auch das kam mir jetzt vor wie ein visuelles Symbol, Symbol seiner eigenen Künstlernatur mit jenem Grundgefühl von Resignation, jemals zu erreichen, was er *wirklich* wollte – man könnte auch sagen: dem Glück des ewig Unzufriedenen. »Zumindest hoffe ich das.«

JOHN HUSTON

*I*n seinen größten Momenten ist der Film reine Antiliteratur und gehört als Medium nicht in den Arbeitsbereich von Autoren oder Schauspielern, sondern in den von Regisseuren, auch wenn einige, darunter John Huston, einmal als Drehbuchschreiber begonnen haben. Dazu sagte John Huston später: »Ich bin Regisseur geworden, weil ich nicht länger ertragen konnte, wie meine Drehbücher kaputtgemacht wurden.« Allerdings kann das nicht der einzige Grund gewesen sein, denn dieser hochaufgeschossene Dandy mit dem blasierten Akzent – ein Cowboy aus der Feder eines Aubrey Beardsley – besaß Cesare Zavattini zufolge Machthunger im Übermaß.

Hustons Werk ist untrennbar verbunden mit seiner Persönlichkeit, die Filme spiegeln das Innenleben ihres Regisseurs, wie es sonst nur bei Eisenstein, Ingmar Bergman oder Jean Vigo der Fall ist. Das lief eigentlich der Arbeitsweise der großen Hollywood-Studios zuwider, die einen Film als gewissermaßen objektives Vorhaben behandelten, in das möglichst wenig Subjektives einfließen sollte. Deshalb erscheint es mir auch vertretbar, Hustons Selbststilisierung auf ganz intime Weise zu beschreiben. Huston, das war immer eine Mischung aus Falschspieler und Pausenclown, sein Lachen zugleich herzlich wie freudlos, das die zutiefst menschlichen Falten rund um seine harten Augen immer nur annähernd erreichte, nie ganz, Augen, so gelangweilt wie die einer Eidechse in der Sonne. Er war zugleich Verführer wie Condottiere, zu seinem eigenen wie zum Nutzen seines Publikums. Dass er dabei die eigene Gefühlskälte nach Möglichkeit kaschierte, gehört zum Wesen jedes Verführers – oder Zauberers, wenn man so will. Denn die Verführung gelingt nur demjenigen, der seine eigenen Gefühle völlig aus dem Spiel lässt. Jede emotionale Beteiligung würde bedeuten, dass er die Kontrolle über die Situation verliert, sprich den schönen Schein, sprich den Film. Insofern ist der Verführer ein Mensch, der eher von Obsessionen gelenkt wird als von Leidenschaften, ein romantischer Zyniker, der glaubt, der Lohn für seine Mühe sei unabhängig vom Ergebnis sowieso immer gleich, nämlich gleich Null. Aber was hat das jetzt mit Hustons Filmen zu tun? Einiges. Man betrachte nur einmal die Handlung seines ersten und immer noch besten Werks *Die Spur des Falken*, in dem das gesamte Geschehen von einer vermeintlich wertvollen Falkenfigur ausgelöst wird – die sich am Schluss als billige Fälschung aus Blei entpuppt. Dies ist Leitmotiv und letzte gemeine Wendung in den meisten seiner Filme, etwa in *Der Schatz der Sierra Madre,* wo der tödlich umkämpfte Goldstaub am Ende vom Wind davongeweht wird, aber auch in *Asphalt-Dschungel*, *Die rote Tapferkeitsmedaille*, *Schach dem Teufel* und natürlich *Moby Dick,* dieser grandiosen Apotheose des Scheiterns. Es sieht so aus, als hätte sich Huston nur selten für einen Stoff interessiert, der diesen grausamen Witz in der Bestimmung des Menschen nicht enthielte, die ernüchternde Erkenntnis, einem großen Schwindel aufgesessen zu sein. Selbst seine frühen Drehbücher wie *Entscheidung in der Sierra* und *Juarez* scheinen seinen Hang zur finalen Desillusionierung zu belegen. Wie so viele Kunst – und Huston kann auch Künstler sein – ist auch dies eine kompensatorische Reaktion auf irgendeinen Mangel im Menschen John Huston. Die emotionale Leere, die ihn das Leben nur als einen einzigen Betrug sehen lässt, in dem selbst der Betrüger am Ende betrogen wird, sie wird bei ihm zum Sandkorn, das die Perle hervorbringt. Doch der menschliche Preis war hoch und bedeutete wohl, dass er selbst schließlich so etwas wurde wie der Malteser Falke.

CHARLIE CHAPLIN

Kurz vor seiner Ausreise aus Amerika im Jahr 1952 – leider ein Abschied ohne Wiederkehr – ließ Chaplin Richard Avedon noch einige Passfotos anfertigen. Mitten während der Aufnahmen fing er an, Faxen zu machen. Heraus kam unter anderem das Foto eines gehörnten Fauns, der sich über sämtliche Grenzschützer der Welt (territoriale wie geistige) lustig machte. Vermutlich hätte der ewige Tramp dieses Bild auch am liebsten in seinen Pass geklebt, als kleinen Gruß an alle Bürokraten der Welt. Wer erinnert sich nicht an die immergleiche Schlussszene aus Chaplins Stummfilmzeiten, wenn der kleine Landstreicher mit seinem Bündel auf der staubigen Landstraße entschwindet. Doch diesmal führte der Weg in die Schweiz, und in seinem Bündel befand sich ein Dollarvermögen, mit dem sich mühelos ein herrschaftliches Anwesen oberhalb des schmetterlingsblauen Genfer Sees erwerben ließ. Hier, in diesem sicheren Hafen, im Kreis von Frau und sieben Kindern (auch sie herrenlos, heimatlos wie er) hätte er glücklich sein und sich seinen geliebten Blumen im Garten widmen können. Denn das hat sich jemand verdient, der Filme geschaffen hat wie *Lichter der Großstadt*, *Goldrausch* oder *Moderne Zeiten*, Meisterwerke, vollkommen wie Wasser. Und so wäre es – beinahe – auch geworden, hätte sich Chaplin nicht in jüngster Zeit immer wieder in kleinlichen Zwistigkeiten verheddert. Vielleicht fühlt er sich ja zu Recht von Amerika und hier vor allem von der amerikanischen Presse und dem State Department verfolgt; dass er sich deshalb verbittert in seiner Villa verschanzt, wäre nur zu verständlich. Bedauerlich ist es trotzdem, denn es ist verschwendete Energie, wie sein letzter Film, *Ein König in New York*, beweist. Hier hat jemand nur noch seinem Ärger Luft machen wollen, große Kunst ist es nicht mehr.

Dabei besaß Chaplin einst Genie und war darüber hinaus – unschätzbarer Vorteil – immer Herr im eigenen Haus, war sein eigener Finanzier, Produzent, Regisseur, Drehbuchautor, Star. In der Natur hat jedes Kind nur einen Vater, doch die Filmkunst ist ein Gemeinschaftswerk und insofern der Fluch der seltenen Riesen und der nur wenigen erwachsenen Männer auf dieser öden Flur. Allein sie verdienen unsere Hochachtung.

VERSAMMLUNG DER SCHWÄNE

Aus dem Tagebuch eines gewissen Patrick Conway, siebzehn, während eines Aufenthalts in Brügge im Jahr 1800: »Saß auf einer Mauer und betrachtete einen Schwarm Schwäne, eine stolze Armada, die hinter der Biegung des Kanals gemessen in die Dämmerung eintauchte, in ihrem Kielwasser einzelne Federn gleich der Schleppe eines Ballkleides. Der Anblick erinnerte mich an schöne Frauenzimmer; ich dachte an Mlle. de V., und ein kalter, exquisiter Schauer bemächtigte sich meiner, gerade so, als hätte ich soeben ein Gedicht oder den Klang erlesener Musik gehört. Eine schöne, elegante Frau beeindruckt uns nicht weniger als große Kunst und verändert das Wetter in unserer Seele. Sind das Nichtigkeiten? Ich denke kaum.«

Die internationale Schwanenversammlung auf diesen Seiten kann sich einiger Jungtiere rühmen, welche die besten Aussichten haben, eines Tages den ganzen Schwarm anzuführen. Allerdings gilt als ausgemacht, dass ein schönes Mädchen von zwölf oder zwanzig Jahren zwar Aufmerksamkeit auf sich ziehen mag, aber noch keine Bewunderung erwarten darf. Man gewähre ihr diesen Kranz erst Jahrzehnte später, wenn sie ihrem Schwaneneid treu geblieben ist und mit ihren reichen Begabungen noch immer schwerelos dahingleitet. Dann jedoch hat sie ein Publikum verdient, das ihr zu Füßen liegt, für ein Lebenswerk, das nicht nur eiserne Disziplin verlangt, sondern die Geduld eines Nilpferds, die Objektivität eines Arztes und die ganze Hingabe eines Künstlers, der allein an dem eigenen vergänglichen Ich arbeitet. Ihre Leistung geht indes weit über reine Äußerlichkeiten hinaus. Ganz wichtig ist zunächst das Timbre ihrer Stimme und wie und was sie damit sagt. Sollten es Dummheiten sein, dann muss sie diese Schwäche so gut als möglich kaschieren, nicht unbedingt vor Männern (ein bisschen Blödheit schmälert männliche Hochachtung keineswegs, vergrößert sie entgegen dem Mythos aber auch nicht), sondern vor anderen, klügeren Frauen, jenen scharfzüngigen Intelligenzbestien, die stets die Todfeinde der Schwäne sind wie auch deren ehrlichste Bewunderer. Natürlich ist die perfekte Giselle in der Reinform eine kluge Frau, und die klügsten erkennt man nicht daran, dass sie sich sensationell über Politik oder Proust auslassen können oder in der Lage sind, ständig witzige Bemerkungen fallenzulassen. Man erkennt sie eigentlich überhaupt nicht an einer eigenständigen Handlung, sondern im Gegenteil an einer Unterlassung. So agieren sie beinahe wie selbstvergessen. Natürlich erfordert ein stilsicheres Auftreten ein gewisses Maß an Konzentration. Dennoch, merkt man dem Schwan diese Konzentration an oder stellt man gar fest, dass er sich seiner Wirkung auf andere bewusst ist, ist das so, als erführe man mitten in einem Gala-Diner, wie es in der Küche aussieht.

Doch seien wir realistisch – und gerecht gegenüber ihren nicht ganz so prachtvollen Geschlechtsgenossinnen: Ein echter Schwan ist fast niemals eine Frau, die von Natur und Welt kümmerlich bedacht wurde. Gott schenkte ihnen ihr Aussehen, und jemand Geringerer, Vater oder Ehemann, stattete sie mit dem attraktivsten Helfer der

Schönheit aus, nämlich einem dicken Bankkonto. Doch schön zu *sein* ist eines, es zu bleiben, zumal auf diesem Niveau, vor allem teuer. Eine genaue Schätzung der jährlichen Instandhaltungskosten wäre zwar möglich, würde jedoch nur zu einer neuen Neiddebatte führen. Und um es nochmals zu sagen: Wäre der finanzielle Aufwand alles, könnte sich ein gehöriger Teil der Spatzen über Nacht in einen Schwan verwandeln.

Es mag ja sein, dass selbst altgediente Schwäne durchs Leben gleiten wie über flüssiges Licht, aber das erklärt noch nicht jenes Geschöpf an sich oder auch nur das Talent, das dazugehört und das wie alle Talente aus etwas gemacht ist, das sich nicht kaufen lässt. Denn jeder Schwan dokumentiert im Ergebnis so etwas wie die Umsetzung eines ästhetischen Prinzips in der Realität, ist ein im Selbstporträt verwirklichter Code. Was wir sehen, ist die präzise Projektion einer zunächst lediglich imaginierten Gestalt. Das ist auch der Grund dafür, warum es bestimmten, nicht wirklich schönen Frauen gelingt, den Sieg über ihr eher durchschnittliches Aussehen davonzutragen und die perfekte Schwanen-Illusion zu erzeugen. Ihr inneres Leitbild steht so fest und wird durch allerlei äußere Hilfsmittel noch zusätzlich gestärkt, dass wir vor ihrem Anspruch kapitulieren und sogar von dessen Berechtigung überzeugt sind. Das Seltsame: In diesem Moment ist alles so authentisch, dass der gefälschte Schwan (ich wüsste da zwei hervorragende Beispiele) einen stärkeren Zauber verbreitet als das echte Modell, allen voran Mme. Agnelli, Europas Schwan Nummer eins, sowie aus Amerika die unübertroffene Mrs. William S. Paley. Man darf nicht vergessen, dass die von Phantasie und Willenskraft hervorgebrachten Geschöpfe uns oft tiefer faszinieren als die reinen Naturschönheiten.

Ein Wort zum Schluss: Der Auftritt eines Schwans ruft bei einigen Menschen akutes Missbehagen hervor. Diese Reaktion geht aber, wenn man Schwanen-Allergikern glauben soll, nicht auf etwelche Neidgefühle zurück, sondern entsteht aus der »Kälte« und »Unwirklichkeit«, die der Schwan angeblich abstrahlt. Doch ist der Eindruck von Kälte, wie falsch auch immer, nicht die unvermeidliche Begleiterscheinung der Vollkommenheit? Und ist das damit einhergehende Gefühl aller Schwanen-Kritiker in Wahrheit nicht Angst? Ist unsere Reaktion auf die allzu Schönen oder allzu Klugen nicht immer auch von Furcht durchsetzt? Wahrscheinlich ist es gerade die Mischung aus Furcht und Bewunderung, die uns diesen eiskalten Stich ins Herz versetzt, sobald ein Schwan vor unseren Augen auftaucht.

PABLO PICASSO

Sollte die Welt im Jahr 1981 noch existieren, dann feiert sie Picassos hundertsten Geburtstag. Und sollte der Jubilar ähnlich viel Glück haben, dann stünde er wie gewohnt allen Massenmedien zur Verfügung. Gut möglich, dass das Fernsehen ihn sogar mit nacktem Oberkörper zeigt, was für einen Gott wie ihn, der längst über den Verhaltensregeln der Normalbevölkerung steht, nicht einmal unpassend ist. Geboren in Málaga, dem Land der Feigen, Felsen und Gitarren, war er von Anfang an das Wunderkind per se – und ist es geblieben. Ein Mann, beseelt von kindlicher Ungeduld und vitaler Neugier, ein Feind jeder Anpassung. Sein Freund Jaime Sabartés beschreibt ihn so: »Pablo ist in erster Linie die Summe seiner Neugierden. Er ist neugieriger als tausend Millionen Frauen.« Sein Vater, ein verbitterter Kunstlehrer aus Barcelona, der wie am Fließband Stillleben für bürgerliche Wohnstuben produzierte, übergab eines Tages seinem dreizehnjährigen Sohn Palette und Pinsel und hat seitdem selbst nie wieder gemalt. Es war gewissermaßen Picassos erster großer Sieg, dem viele weitere folgen sollten. Beinahe ein ganzes Jahrhundert lang stellte er andere Maler in den Schatten – oder gleich ins Abseits. Mir kommt es verwunderlich vor, dass sich nicht wenigstens einige davon verschworen haben, dieser Kunstkrake den Garaus zu machen. Er war zwar kein Meister wie Matisse, besaß auch nicht Braques kompositorische Kraft, aber mit seiner Vitalität und mit immer neuen »Phasen« hat er sie alle geschafft. Er ist der Sieger.

COCO CHANEL

Chanel, dieser apart heruntergehungerte Spatz unter den Modemachern, meinte in einem ihrer endlos zwitschernden Monologe über ihren sündteuren, aber extrem reduzierten Waisenkind-Stil, den sie in den letzten Jahrzehnten kreiert hatte: »Ach, wissen Sie, wenn man mir den Kopf abschlägt, sehe ich noch immer aus wie dreizehn.« Aber ihr Kopf war nie in Gefahr, im Gegenteil, sie behielt ihn sogar, als sie – da war sie nur wenig älter als dreizehn – von einem »freundlichen Herrn«, dem ersten aus einer ganzen Reihe großzügiger Wohltäter, gefragt wurde, welche Perlen sie schöner fände, schwarze oder weiße. Weder noch, *chéri*, erklärte sie, was sie brauche, sei das Startkapital für einen kleinen Laden. So wurde aus »Coco«, der Tochter eines baskischen Hufschmieds, dem sie immer beim Beschlagen der Pferde hatte helfen müssen, die Visionärin der Haute Couture. Man mag darüber streiten, ob eine Damenschneiderin je große »Kulturleistungen« hervorbringen kann – meiner Meinung nach kann sie sehr wohl, und ein Mainbocher oder Balenciaga haben Bedeutenderes geschaffen als ganze Bataillone von Dichtern und Komponisten, die mir in den Sinn kommen. Doch allein das Faktum, dass so eine Karrierefrau existiert, müsste das Interesse jedes Journalisten wecken. Vielleicht liegt die Summe ihres Lebens in ihren zahlreichen Porträtfotos, die sie in ihrer verwirrenden Doppelnatur zeigen, mal als zarten Engel (womöglich in einem

Herzchen-Medaillon), mal als knochentrockene, rücksichtslose Macherin. Man sehe sich nur diesen Hals an, die gespannten Sehnen, ein Hals wie der harte Stängel einer mehrjährigen Pflanze, die das schon leicht verdorrte Köpfchen stets aufs Neue in die Sonne des Erfolgs reckt. Diese begabten Untröstlichen und untröstlich Begabten, deren Ehrgeiz und Ego uns, den lethargischen Rest, unerbittlich weiterzerren, solche Wesen gedeihen eigentlich nur in den eisigen Höhen grenzenloser Ambition. Coco Chanel lebt allein in ihrer Stadtwohnung gegenüber dem Ritz.

MARCEL DUCHAMP

Duchamp, dritter Spross einer großen Künstlerfamilie aus Rouen, lebt seit 1915 in New York. Während dieser vierundvierzig Jahre hat er lediglich an einem einzigen Bild gemalt (*Die Braut von ihren Junggesellen nackt entblößt, sogar*), Öl auf Glas, ein Werk so groß wie ein Kirchenfenster. 1913, im Entstehungsjahr seines *Akt, eine Treppe hinabsteigend*, gab er aus rein praktischen Gründen die Malerei ganz auf. (Das Bild veranlasste einen Kritiker seinerzeit zu der Bemerkung: »Drehen Sie sich dreimal im Kreis, schlagen Sie zweimal mit dem Kopf gegen die Wand, und je nachdem, wie stark Sie schlagen, geht Ihnen vielleicht der Sinn dieses Kunstwerks auf.«) Vorangegangen war dem Bild die schwindelerregende Zahl von sechzehnhundert ähnlichen Versuchen, die ebenfalls alle in der berühmten Armory-Ausstellung von 1913 präsentiert wurden. »Aber die Entscheidung, nicht mehr zu malen«, sagt Duchamp, »bedeutet nicht, die Kunst insgesamt aufzugeben. Alle guten Maler haben letztlich nicht mehr als fünf echte Meisterwerke zustande gebracht. Alles andere ist dagegen unbedeutend. Aber auf die fünf kommt es an, sie sind die reine Schockbehandlung. Schock ist immer gut. Ich habe fünf gute Sachen gemacht, das reicht. Man könnte auch sagen, statt wie Seurat mit einunddreißig Jahren zu sterben, ist in mir die Inspiration zum Malen gestorben.« Seine Inspiration oder zumindest sein Talent für allerlei Spielchen mit der Kunst, worin heutzutage der Schabernack-Charme seiner vollkommen schockfreien Gemälde besteht, hat ihn allerdings nicht ganz verlassen. In seiner schier unbegrenzten Freizeit hat er surrealistische Parfumflaschen entworfen, einen abstrakten Film gedreht, sich als Inneneinrichter betätigt (Deckenverkleidung aus Kohlesäcken etc.), ein tragbares Duchamp-Museum entworfen, ausgestattet mit Miniaturen seiner bekanntesten Werke (darunter eine Ampulle mit der berühmten »Pariser Luft«) und sich überhaupt jede Menge anderen Kinderkram ausgedacht, der letztlich mit Kunst nicht mehr viel zu tun hat. Sehr viel ernster befasst er sich hingegen mit Schach, ein Thema, über das er auch ein Buch geschrieben hat. Eine echte Rarität übrigens mit einer Auflage von gerade einmal tausend Exemplaren, dafür aber gleich in drei Sprachen, mit dem schönen Titel (Halten Sie Ihr Künstlerbarett fest!) *Opposition et Cases Conjuguées, Opposition und Schwesterfelder, Opposition and Sister Squares*. Duchamp erklärt das so: »Es geht um eine Variante des so genannten Bauernendspiels, bei der alle Bauern blockiert sind und man nur noch den König bewegen kann. Dieser Fall tritt aber nur einmal in tausend Spielen ein. Ich denke, man darf Schach durchaus als Kunstform ansehen. Eine Schachpartie ist höchst plastisch, man selbst konstruiert das Spiel. Es ist eine mechanische Skulptur, und man kann herrliche Probleme erschaffen. Diese Schönheit entsteht in Kopf- und Handarbeit. Außerdem ist Schach gesellschaftlich gesehen viel sauberer als Malerei, denn es lässt sich damit kein Geld verdienen.«

Aber selbst wenn, Duchamp würde sich darauf nicht einlassen. Er reagiert allergisch auf unsere Geldkultur und hat sich auch entsprechend geäußert: »Nein und nochmals nein, Malerei sollte keine Modeerscheinung sein. Sobald Geld in die Kasse kommt, wird jedes Atelier zum Wall-Street-Büro.« Und so wohnt er auch bescheiden in einer unauffälligen Seitenstraße von Manhattan. Die Wohnung im vierten Stock (ohne Aufzug) des angejahrten Brownstone-Hauses verströmt noch den Charme der Zwanzigerjahre-Bohème, enthält aber außer einem kleinen Matisse und einem großen Miró nichts, was von Regenwasser beschädigt werden könnte. Der Rückzugsraum eines Mannes, der bleiben will, wie er ist, frei und unbehelligt von der Welt. Und unten am Briefkasten hält das angelaufene Namensschild eine verwirrende Information bereit, denn da steht: »Matisse-Duchamp-Ernst«. Der Grund: Die gegenwärtige Madame Duchamp war die frühere Madame Matisse, Gattin des Malersohns Pierre. Und Ernst ist natürlich der jungenhaft ergraute Surrealist Max Ernst, der hier ebenfalls einmal gewohnt hat. Die Reihenfolge der Namen erscheint mir – ähnlich wie auf einem Filmplakat – die artistische Bedeutung der drei korrekt wiederzugeben.

JEAN COCTEAU UND ANDRÉ GIDE

André Gide, dieser moralisierende Immoralist, ausgestattet mit reichlich Ehrlichkeit, aber nur wenig Imagination, konnte jemanden wie Jean Cocteau eigentlich nur missbilligen, hatten doch die bösen Musen dessen Talente genau umgekehrt gewichtet, wodurch jemand heranwuchs, der als Mensch ebenso wie als Künstler zwar äußerst phantasiebegabt, aber durch und durch verlogen war. Daher ist es umso interessanter, dass ausgerechnet Gide die genaueste und freundlichste Beschreibung unseres ältesten Enfant terrible geliefert hat.

Im August 1914 schreibt Gide in sein Tagebuch: »Jean Cocteau hatte sich mit mir in einem ›englischen Tearoom‹, Ecke Rue de Ponthieu und Avenue d'Antin, verabredet. Es hat mir kein Vergnügen gemacht, ihn wiederzusehen, trotz seiner außerordentlichen Freundlichkeit; er ist aber keines Ernstes fähig, und alle seine Gedanken und seine ganzen Einfälle, seine Gefühle, diese außerordentliche Lebhaftigkeit seiner Sprechweise schockierten mich wie ein in Hunger- und Trauerzeiten ausgestellter Luxusartikel. Er war fast wie ein Soldat gekleidet, und die Wucht der Ereignisse gibt ihm gesündere Farben; er verzichtet auf nichts, färbt lediglich seine unbändige Art etwas martialisch. Um von der Metzelei in Mühlhausen zu sprechen, erfindet er amüsante Beiworte und eine besondere Mimik, er macht den Klang der Signalhörner nach und das Pfeifen der Schrapnells. Dann wechselt er das Thema, weil er spürt, dass er nicht amüsant ist, und behauptet, er sei traurig; er will aber auf dieselbe Art traurig sein wie der andere, eignet sich plötzlich dessen Gedanken an, erklärt sie ihm; spricht dann von Blanche, äfft Madame R. nach, erzählt dann die Geschichte von der Dame beim Roten Kreuz, die auf der Treppe rief: ›Mir sind heute früh fünfzig Verwundete versprochen worden; ich will meine fünfzig Verwundeten haben!‹ Währenddessen zerdrückt er ein Stück Cake auf seinem Teller und verzehrt es in kleinen Bissen; seine Stimme überschlägt sich, wechselt die Lage; er lacht, er beugt und biegt sich zu einem hin und fasst einen an. Merkwürdig ist, dass ich glaube, er wäre ein guter Soldat. Er behauptet es, auch, dass er Mut habe. In ihm steckt die Sorglosigkeit eines Lausbuben; neben ihm fühle ich mich ungeschickt, schwerfällig und mürrisch.«

Im Frühjahr 1950, auf der Piazza der sizilianischen Stadt, in der Gide Urlaub machte (zum letzten Mal übrigens, denn er starb im Jahr darauf), ist er noch einmal mit Cocteau zusammengetroffen, und der Autor dieser Zeilen war zufällig mit dabei. Für gewöhnlich verträumte Gide die Morgenstunden in der warmen Sonne auf der Piazza. Dort saß er dann und trank in kleinen Schlucken aus der Flasche mit frischem Meerwasser, ein regungsloser Mandarin, gehüllt in ein schwarzes Wollcape, auf dem Haupt den breitkrempigen Fedora, der sein strenges, schwefelgelbes Gesicht komplett verdüsterte. Untätiger Götze (na ja), der von keinem angesprochen wurde und auch mit keinem sprach, außer bei jenen gelegentlichen Begegnungen mit den Ganymeds des Dorfes, die seine Phantasie erregten. Dann, eines Morgens, betrat Cocteau die Szene und drang, gehstockschwingend, in die starrgesichtigen Träumereien von »Il Vecchio« ein, wie der berühmte Greis bei den örtlichen *ragazzi* hieß. Fünfunddreißig Jahre waren seit der Begegnung der beiden Männer in dem Tearoom vergangen, doch an ihrer Meinung übereinander hatte sich nichts geändert. Cocteau war noch immer die gefallsüchtige, schillernde Libelle, die sich dem Frosch nicht nur als Objekt der Bewunderung anbot, sondern sogar als besonderer Leckerbissen. Er tänzelte um seinen Landsmann herum, so lustig, als wollte er das Geklingel vorbeifahrender Eselkarren überbieten, er versprühte seinen sarkastischen Witz, der schärfer brannte als die sizilianische Sonne, er lärmte und schwärmte, schmeichelte und speichelte, ergriff das Knie des Alten, massierte ihm Hände und Schulter und küsste schließlich sogar seine gegerbten mongolischen Wangen – umsonst, »Il Vecchio« war nicht erweckbar. Es schien, als drehte sich diesem schon beim Gedanken an solch farbenprächtiges Futter der Magen um, weswegen er als appetitloser Frosch auf seinem stachligen Blatt blieb und nicht reagierte. Bis er schließlich doch die Geduld verlor und krächzte: »Seien Sie endlich still. Sie verderben mir die schöne Aussicht.«

Wohl wahr: Cocteau verdarb die schöne Aussicht, tat es seit seinem Debüt als opiumsüchtiges Wunderkind von siebzehn Jahren. Über vier Jahrzehnte hinweg probierte die ewige Rampensau so ziemlich alles an, was der Kunstfundus hergab, war Dichter, Romanautor, Dramatiker, Journalist, Designer, Maler, Choreograph, Filmemacher und berufsmäßige Plaudertasche. Die meisten Kostüme passten ganz gut, einige sogar hervorragend. Doch am besten war er in seiner Rolle als Brandbeschleuniger: als Agent des Neuen und Propagandist fremder Ideen – von Radiguet bis Genet, Satie bis Auric, Picasso zu Bérard, von Worth zu Dior. Cocteau war der absolute Zeitgenosse und hat den französischen Geschmack dieses Jahrhunderts nachhaltig geprägt. Und genau diese Nähe zu seiner eigenen Epoche, seine ausschließliche Konzentration auf die Moderne stieß »Il Vecchio« so übel auf. »Ich will nicht zu meiner Epoche gehören«, so Gides erklärtes Ziel, »ich will den Damm zu anderen Epochen durchbrechen.« Keine Frage, ein ehrenwertes Ziel. Aber könnte es nicht sein, dass der Mann, der unsere Gegenwart so bereichert hat, am Ende auch in jemandes Zukunft sickert?

*E*inmal beschloss ein unverfrorener junger Mensch mit entsprechend großem Bekanntenkreis eine ungewöhnliche Tea-Party zu schmeißen. Und zwar zu Ehren von Miss Mae West, die zu der Zeit gerade in einem Nachtclub von Manhattan auftrat. Schirmherrin der Veranstaltung sollte Dame Edith Sitwell sein, die für exzentrische Events wie dieses immer zu haben war. Und New Yorks Kulturschickeria, schon ganz aufgekratzt angesichts der köstlichen Verwicklungen, die sich aus dem Zusammenprall solch unterschiedlicher Weltstars möglicherweise ergaben, lechzten nach einer Einladung.

»Mein Lieber«, bekam der betreffende junge Mann schon lange vor dem Ereignis zu hören, »das wird der Kracher der Saison.«

Aber dann ... ging alles schief. Gegen vier Uhr musste Dame Edith Sitwell aufgrund von Halsschmerzen leider, leider absagen. Um sechs – die Party war schon nicht mehr ganz jung – schien es sogar, als würde auch Miss West nicht mehr auftauchen. Die ersten Gäste sprachen – verhalten noch – von Schiebung. Um sieben verdrückte sich der Gastgeber in seine privaten Gemächer. Keine zehn Minuten später erschien der Ehrengast, und was an Publikum noch anwesend war, bereute keineswegs, so lange ausgeharrt zu haben. Dennoch war man verwirrt – obwohl das Zubehör eigentlich vollständig vorhanden war: die goldblonde Perücke, die geschwungenen

Augen, die gleichsam flügelschlagenden Lider, die weiße Haut, weiß wie das Maul einer Mokassinschlange, die Kurven, diese Sanduhrsilhouette der Sex-Ikone, Traum jedes Strafgefangenen. Kurz und gut, alles da – außer Miss West.

Es konnte einfach nicht die echte Miss West sein. Und trotzdem war sie es: eine schüchterne, verletzliche Person von unbestimmt jüngferlicher Ausstrahlung, der sichtlich unwohl war und deren verspäteter Auftritt wohl damit zusammenhing, dass sie lange gezögert hatte, die Klingel zu betätigen. Zwar setzten ihre nervösen Lippen mehrmals zu einem Lächeln an, doch abheben konnte es nie. Stattdessen ließ sie lediglich ein heiser-verdrucktes »Schönsiekennzulern« hören, was folgenlos blieb, weil sie sich von der Wippe einer sich anbahnenden Plauderei aus Scheu sofort wieder heruntergleiten ließ, obwohl einen doch gerade erst die volle Wucht ihrer Show-Personality mit ihrer beklemmenden Ganzheitlichkeit erwischt hatte. Doch ohne den Panzer der von ihr erschaffenen Filmfigur, geschlechtsloses Symbol grenzenloser Sexualität, war sie schutzlos, und ihre langen Wimpern zuckten wie die Fühler eines auf dem Rücken liegenden Käfers.

Lediglich einmal kam die schlagfertige Mae zum Vorschein. Das geschah, als die Schauspielerin von einem vorlauten jungen Mädchen mit den Worten angesprochen wurde: »Ich habe letzte Woche *Diamond Lil*[3] gesehen. Herrlich, ganz herrlich …«

»Ach wirklich, Schätzchen? Wo denn?«

»Im Museum, also in dem *modernen* …«

Worauf die verärgerte Miss West Zuflucht in ihrem patzigen Rollenfach suchte und mit der ihr eigenen Schnoddrigkeit erwiderte: »Was du nichts sagst, Schätzchen. Im *Museum*!«

LOUIS ARMSTRONG

Der große Satchmo hat es sicher längst vergessen, dennoch, er war einer meiner allerersten Freunde. Ich begegnete ihm mit vier Jahren, also um 1928 herum, und er, ein kompakter brauner Buddha mit notorisch guter Laune, spielte auf einem Vergnügungsdampfer, der zwischen New Orleans und St. Louis verkehrte. Der Grund ist heute egal, aber ich fuhr diese Strecke sehr häufig, und für mich gehörte der liebliche Zorn seiner Trompete, dieser französisch-quakige Überschwang seiner *Come-to-me-Baby*-Sprüche zur Kindheit wie die Madeleines zur verlorenen Zeit eines Proust. Hier geht mir der alte Mississippi-Mond auf, und ich sehe die schmutzigen Lichter der Städte am Ufer, höre wieder die Nebelhörner, dieses Gähnen aus Alligatorrachen, höre das Rauschen dieses Mulattenstroms und immer auch – *Stomp! Stomp!* – diesen grinsenden Buddha, der mit dem Absatz den Takt vorgibt, während er *Sunny Side of the Street* schmettert und die

Flitterwöchner in dem saloonartigen Ballsaal mit verschwitzten Pudergesichtern und zu viel Schwarzgebranntem im Blut einen Bunny Hug aufs Parkett legen. Satchmo, der Satch, er war gut zu mir. Er gab mir ein Bambusstöckchen und einen Strohhut mit hellgrünem Band. Und jeden Abend verkündete er vom Podium: »Ladies und Gentlemen, darf ich Ihnen einen von Amerikas besonders netten Jungs vorstellen, er präsentiert Ihnen eine kleine Step-Nummer.« Anschließend ging ich mit dem Hut herum und sammelte meinen Künstlerlohn ein. So lief das den ganzen Sommer, und es machte mich reich und eitel. Doch im Oktober wurde der Mississippi rauer, der Mond bleicher, die Zahl der Touristen geringer. Der Pendelverkehr zwischen New Orleans und St. Louis wurde eingestellt, und damit war auch meine Karriere zu Ende. Sechs Jahre später – ich war auf einem Internat, von dem ich am liebsten weggerannt wäre – schrieb ich meinem inzwischen berühmten ehemaligen Förderer und fragte ihn, ob er mir in New York nicht einen Job besorgen könne, vielleicht im Cotton Club. Eine Antwort bekam ich nie, vielleicht hat ihn ja auch der Brief nie erreicht. Doch auch das war egal, ich liebte ihn und tue es heute noch.

HUMPHREY BOGART

Wenn man einem Menschen genau zuhört, dann finden sich in dem, was er sagt, bestimmte, immer wiederkehrende Schlüsselbegriffe. Bogarts kerniges persönliches Lexikon ist zwar zum größten Teil nicht druckfähig, dennoch gibt es zwei Wörter, mit deren Hilfe er die ganze Welt definiert: »Penner« und »Profi«. Als hochmoralischer Mensch, auf den in leichter Übertreibung sogar der Ausdruck »rechtschaffen« zutrifft, gewährte er das Prädikat »Profi« nur solchen, deren Verhalten er rundum billigte. Umgekehrt war »Penner« ein in seiner Schärfe fast schon beängstigendes Verdammungsurteil. »Mein alter Herr«, sagte er einmal über seinen Vater, der immerhin ein angesehener Arzt in New York war, »hinterließ mir bei seinem Tod zehntausend Dollar Schulden, und ich musste jeden einzelnen Cent davon abbezahlen. Ein Kerl, der Frau und Kinder unversorgt zurücklässt, ist ein Penner.« Penner waren auch Männer, die ihre Frauen betrogen oder ihre Steuererklärung frisierten. Penner waren ewige Nörgler und solche, die über andere herzogen. Natürlich waren die meisten Politiker ebenso Penner wie die meisten Schriftsteller. Penner waren Frauen, die tranken, und vor allem Frauen, die etwas dagegen hatten, wenn Männer tranken. Der Inbegriff des Penners aber war jeder, der seinen Job nicht machen wollte, anders ausgedrückt, der in seinem Job kein echter »Profi« war. Und Gott weiß, Bogart war ein Profi. Selbst wenn er die Nächte am Pokertisch durchgezockt und sich zum Frühstück gerade mal ein Glas Brandy hinter die Binde gekippt hatte, er war pünktlich am Set, fertig geschminkt und absolut textsicher. (Nun gut, sein Text war mehr oder weniger immer derselbe, aber es gibt kaum etwas Schwierigeres, als hier keine Monotonie aufkommen zu lassen.) Nein, an Bogart war jeder Zoll Profi. Als Schauspieler vertrat er keine spezielle Theorie (abgesehen von der Notwendigkeit hoher Gagen), er hatte keine Zicken, aber sehr wohl Temperament. Und weil er begriffen hatte, dass seine Kunst zum größten Teil auf Disziplin beruhte, hat er bis heute überlebt und allen Filmen, in denen er spielte, seinen Stempel aufgedrückt.

EZRA POUND

*E*in ganz normaler Junge aus Idaho, Jahrgang 1885. Tätigkeit als College-Lehrer, aber rausgeflogen, weil sie »solche Künstlertypen« nicht brauchen konnten. Stieß erst im Ausland auf Gleichgesinnte. Unterernährt und übergewichtig zugleich durch seine einseitige Ernährung mit Kartoffeln, veröffentlichte er, gerade einmal dreiundzwanzigjährig, in Venedig den Gedichtband *A Lume Spento*, der seine schwierige Freundschaft mit William Butler

Yeats begründete. Der schrieb später über ihn: »Ein ungehobelter Dickkopf, der gern auf den Gefühlen anderer Menschen herumtrampelt. Trotzdem besitzt er Genie und viel guten Willen.« Das ist untertrieben. Zwischen 1909 und 1920 hat er, sowohl in London als auch später in Paris, systematisch die Karrieren anderer gefördert. (Nicht umsonst widmete ihm T. S. Eliot den Band *Das wüste Land*. Und allein Pounds Fundraising-Talent war es zu danken, dass James Joyce seinen *Ulysses* fertigstellen konnte.) Diese Selbstlosigkeit hat sogar Hemingway – der derlei sonst gern übergeht – 1925 zu der Bemerkung veranlasst: »Zum Glück haben wir Pound, den Großdichter, der aber nur ein Fünftel seiner Zeit der eigenen Dichtung widmet. Den Rest der Zeit bringt er damit zu, ausschließlich das Fortkommen seiner Freunde zu sichern, sowohl in materieller als auch in artistischer Hinsicht. Er verteidigt sie, wenn sie angegriffen werden, er sorgt dafür, dass sie in Zeitschriften kommen oder aus dem Gefängnis. Er leiht ihnen Geld. Er verkauft ihre Bilder. Er organisiert Konzerte für sie. Er schreibt Artikel über sie. Er macht sie mit reichen Damen bekannt. Er interessiert Verleger für ihre Bücher. Er wacht nächtelang bei ihnen, wenn sie meinen, sie müssten bald sterben, und beurkundet ihren letzten Willen. Er schießt ihnen das Geld für einen Krankenhausaufenthalt vor und redet ihnen Selbstmordgedanken aus. Und zum Dank verzichteten einige dieser Herrschaften sogar darauf, ihm bei erster Gelegenheit den Dolch in den Rücken zu stoßen.«

Trotzdem gab er regelmäßig seine Streitschriften heraus und brüllte seine Cantos in die Welt (»das Epos von den intellektuellen Geschicken eines Literaten«, wie Marianne Moore mit der für sie typischen Genauigkeit formulierte). Er versuchte sich sogar – ernsthaft, aber erfolglos – auf dem Gebiet von Malerei und Bildhauerei. Sein eigentliches Interesse aber galt zunehmend den Wirtschaftswissenschaften. (»Jede Geschichtsschreibung, welche die Ökonomie außer Acht lässt, ist blanker Unsinn.«) In der Folge entwickelte er mehrere seltsame Wirtschaftstheorien, von denen einige direkt in seinen Untergang führten. 1939, als gefestigter Italienfreund und Mussolini-Anhänger, hielt er über Radio Rom eine Serie von Rundfunkansprachen mit eindeutig faschistischer Tendenz, was dazu führte, dass er in Amerika als Verräter abgestempelt wurde. 1945 nahm ihn die vorrückende US-Armee fest und steckte ihn in Pisa dreieinhalb Wochen lang in einen offenen Käfig, in dem er wie ein Tier vegetieren musste. Einige Monate später, kurz vor seinem Hochverratsprozess, wurde er für geisteskrank erklärt – was in Amerika allerdings jedem Dichter passieren kann, der noch alle Tassen im Schrank hat. Die folgenden zwölf Jahre lang sperrte man ihn im Washingtoner Irrenhaus St. Elizabeth Hospital weg, wo er *Die Pisaner Cantos* schrieb und dafür den Bollingen-Preis gewann, was in gewissen geistfernen Kreisen überhaupt nicht verstanden wurde.

An einem regnerischen Apriltag des Jahres 1958 jedoch (Pound war inzwischen zweiundsiebzig, sein ehedem flammroter Bart erloschen, und auf seinem Gesicht, halb Satyr-Fratze, halb Engelsantlitz, hatten sich Zeilen eingegraben, die eine trostlose Geschichte erzählten) stand er vor einem Richter mit dem schönen Namen Bolitha J.

Laws, der ihm endgültig ein unheilbares Irresein attestierte. Unheilbar geisteskrank sei er, aber harmlos und daher auf freien Fuß zu setzen. Worauf Pound erklärte: »Jeder Mensch, der es schafft, in Amerika zu leben, ist unweigerlich irre.« Danach sollte es nach Italien gehen.

Einige Tage vor seiner Abreise wurden noch Fotos von ihm gemacht. Arrogant und mit demonstrativer Verachtung, die Augen fest geschlossen, fiel er dabei wiederholt in sinnloses Gesinge und lief auf und ab, als sei er immer noch in jenem Käfig in Pisa. Oder besser, in einem Käfig, der längst zu seinem Leben geworden war.

SOMERSET MAUGHAM

Holden Caulfield, der altkluge Huckleberry Finn der Upper Park Avenue und Ich-Erzähler in J. D. Salingers *Der Fänger im Roggen*, sagt gleich zu Beginn: »Was mich richtig umhaut, sind Bücher, bei denen man sich wünscht, wenn man es ganz ausgelesen hat, der Autor, der es geschrieben hat, wäre irrsinnig mit einem befreundet und man könnte ihn jederzeit, wenn man Lust hat, anrufen. Das kommt aber nicht oft vor. Ich hätte nichts dagegen, diesen Isak Dinesen anzurufen. Und Ring Lardner, bloß dass D. B. gesagt hat, er ist tot. Aber nehmen wir mal

Der Menschen Hörigkeit von Somerset Maugham. Das hab ich letzten Sommer gelesen. Ich weiß auch nicht. Der gehört eben nicht zu denen, die ich gern anrufen würde, Punkt. Viel lieber würde ich den guten Thomas Hardy anrufen. Ich mag seine Eustacia Vye.«[4] Nun, ich verstehe, was der gute Holden meint, aber darum geht es nicht. Denn Mr. Maugham bittet grundsätzlich von Anrufen abzusehen, er will nicht angerufen, sondern gelesen werden. Und trotz seiner auktorialen Erzählweise, die viel zu schroff ist, um es im Publikum richtig menscheln zu lassen, erreicht er sein Ziel. Neulich hat ein Team von Wirtschaftsprüfern errechnet, dass Maugham mit jeder Minute, die vergeht, zweiunddreißig Dollar an Tantiemen einnimmt. Was noch nicht bedeuten muss, dass er gut ist, aber er ist gut. Wäre Holden ein Nachwuchsschriftsteller, würde ich ihm durchaus empfehlen, den alten Knaben anzurufen, denn er könnte eine Menge lernen. Nur wenige Autoren haben sich strenger an das vertrackte Regelwerk guten Erzählens gehalten als er, und es wäre zumindest ratsam, diese Regeln zu kennen, vor allem wenn man sie – wie alle Neulinge – brechen oder, wie es heißt, »überwinden« will.

In den vergangenen zwei Jahrzehnten hat Mr. Maugham mehr Abschiedsvorstellungen gegeben als die Music-Hall-Ikone Sir Harry Lauder, jedes neue Buch wird als sein Schwanengesang vermarktet. Selbst heute, mit fünfundachtzig, droht er ständig mit jenem definitiv letzten und großartigsten Abenteuer, welches das Leben noch für ihn bereithält. Nun gut, wenn er sich denn auf diese Reise begeben will, dann müssen wir wohl alle zum Hafen hinunter, um ihm, dankbar für die vielen vergnüglichen Stunden, die er uns geschenkt hat, *bon voyage* zu wünschen.

ISAK DINESEN

Rungsted ist ein kleiner Ort an der See, etwa auf halber Strecke zwischen Kopenhagen und Helsingör. Im achtzehnten Jahrhundert war dieses ansonsten unscheinbare Dorf unter Reisenden berühmt für seinen Gasthof. Daran hat sich bis heute nichts geändert, auch wenn dort schon lange keine Gäste mehr beherbergt werden. In dem Haus wohnt nämlich Rungsteds erste Bürgerin, Baronin Blixen alias Isak Dinesen alias Pierre Andrézel.

Die Baronin, ein federleichtes Persönchen und zerbrechlich wie Korallenschmuck, empfängt Besucher in einem nüchtern eingerichteten Salon, in dem schlafende Hunde, ein Kachelofen und ein lodernder Kamin gleichwohl eine gemütliche Stimmung verbreiten. Sie selbst wirkt eher wie ein unwahrscheinliches Geschöpf aus einer ihrer Gespenstergeschichten, so wie sie da vor einem sitzt, eingehüllt in Wolfspelz und schweren englischen Tweed. Die vogeldürren Beine stecken in Wollstrumpfhosen, die Füße in Pelzstiefeletten, und den Hals, der in einen Fingerring passen würde, hat sie mit duftigen lila Tüchern umwickelt. Die Zeit hat sie ausziseliert, diese Legende mit den eisernen Nerven, die Abenteuer bestanden hat, die sonst Männern vorbehalten sind. Sie hat angriffslustige Löwen und wütende Büffel erlegt, sie hat eine Kaffeefarm geführt, ist in einer dieser lebensgefährlichen Kisten über den Kilimandscharo geflogen und war Medizinfrau der Massai. Die Zeit hat sie auf den reinen Kern reduziert, so wie aus einer Traube eine Rosine werden kann, aus Rosenblättern die gleichnamige Essenz. Selbst wer ihren Lebenslauf nicht kennt, begreift sofort, was sie ist, *la vraie chose*, eine echte Persönlichkeit. Ein Gesicht mit solchen Kanten, Facetten, in denen Klugheit und gebildetes Mitgefühl aufblitzen, um nicht zu sagen Weisheit, ein solches Gesicht kann kein Zufall sein, ebenso wenig wie die Augen mit den dunklen Lidschatten, die in ihren Höhlen liegen wie samtene Tiere. Gewöhnliche Frauen haben nie solche Augen.

Eine Einladung zum Tee bei der Baronin bedeutet, man kommt zu einem englischen *High Tea* oder sogar *Very High Tea*. Gereicht werden Sherry, Toast mit einer Vielzahl von Konfitüren, dazu kalte Pasteten, gebratene Leber und Orangen-Crêpes. Leider sieht sich die Gastgeberin außerstande, ebenfalls zuzugreifen, sie ist unpässlich und kann rein gar nichts zu sich nehmen, na ja, vielleicht eine Auster, eine Erdbeere, ein Gläschen Champagner. Stattdessen redet sie, und wie die meisten Künstler und erst recht alternde Schönheiten ist sie egozentrisch genug, um sich gern zum Gesprächsthema zu machen.

Das Lachen auf ihren Lippen, mit gerade einmal aufgehauchtem Lippenstift, ist schief, fast verzerrt, aber in glockenreinem Britisch sagte sie Sachen wie: »*Ah, well* ... welche Geschichten dieses alte Gasthaus erzählen könnte! Es hat einmal meinem Bruder gehört, aber ich habe es ihm abgekauft. Das Honorar für *Letzte Erzählungen* hat für die Schlussrate gereicht, jetzt gehört es ganz mir. Ich habe Pläne mit diesem Haus. Nach meinem Tod soll es einmal eine Vogelstation werden und der Park und das Gelände ringsum ein Vogelschutzgebiet. In Afrika, als ich noch meine Farm im Hochland hatte, habe ich mir nie vorstellen können, jemals wieder nach Dänemark zurückzukehren. Ich habe ja überhaupt erst mit dem Schreiben angefangen, als immer deutlicher wurde, dass ich die Farm nicht würde halten können. Beim Schreiben vergisst man das Unerträgliche. Dasselbe während des Krieges. Dieses Haus war ja so etwas wie ein konspirativer Unterschlupf für Juden, die auf der Flucht nach Schweden waren. Gott, wir hatten Juden in der Küche – und gleichzeitig die Nazis im Garten. Um nicht verrückt zu werden, habe ich geschrieben, *Die Rache der Engel*. Die Geschichte war gar nicht als politische Parabel gedacht, aber es amüsiert mich, dass viele es heute so sehen. Ganz außergewöhnliche Leute, diese Nazis. Ich habe mich oft mit ihnen angelegt, habe offen widersprochen. Was nicht heißen soll, dass ich besonders mutig gewesen bin, eigentlich habe ich nichts riskiert. Sie waren eine reine Männergesellschaft, die Meinung einer Frau war ihnen völlig egal. Noch einen Muffin? Bitte greifen Sie kräftig zu, immerhin müssen Sie für mich mitessen. Heute habe ich schon wieder umsonst auf den Briefträger gewartet, ich hatte gehofft, er bringt mir ein neues Bücherpaket. Ich lese so schnell, dass es manchmal zu Nachschubproblemen kommt. Ich verlange von Kunst hauptsächlich Stimmung und Atmosphäre, und das ist heutzutage eher selten. Aber Bücher, die ich mag, werden mir nie langweilig. Ich könnte sie zwanzigmal lesen – habe es sogar schon getan. *König Lear* zum Beispiel. Ich beurteile Menschen danach, was sie von *König Lear* halten. Natürlich will man ab und zu auch mal auf eine neue Seite schauen, ein anderes Gesicht. Mein Talent sind Freundschaften, Freunde haben mir immer am meisten Freude bereitet. Man muss sich rühren. Ich sehe mich gern in der Welt um, wo ich neue Leute kennenlernen kann, die dann zu Freunden werden.«

Die Baronin rührt sich auch heute noch, meistens am Arm der verloren-heiteren Clara Svendsen, ihrer langjährigen Privatsekretärin. (»Ach, die gute Clara. Ursprünglich habe ich sie ja als Köchin eingestellt. Aber nach drei ungenießbaren Mahlzeiten musste ich ihr leider sagen: ›Meine Liebe, Sie sind eine Betrügerin. Wollen Sie mir nicht endlich die Wahrheit sagen?‹ Sie fing an zu weinen und sagte, eigentlich sei sie ja Lehrerin aus dem Norden von Dänemark und bewundere meine Bücher. Eines Tages hatte sie in einer Zeitungsanzeige gesehen, dass ich ein Küchenmädchen suchte. So kam sie einfach her – und wollte um jeden Preis bleiben. Da sie aber nicht kochen konnte, stellte ich sie kurzerhand als Sekretärin ein, eine Entscheidung, die ich heute aufs Tiefste bereue. Clara ist ein furchtbarer Tyrann.«) Will sie sich in der Welt umsehen, geht es beispielsweise nach Rom oder London, meistens per Schiff. (»In einem Flugzeug lässt sich nicht reisen, in einem Flugzeug wird man wie ein Päckchen nur von A nach B verschickt.«) Im Januar 1959 reiste sie – zum ersten Mal in ihrem Leben – nach Amerika, ein Land, dem sie ganz besonders dankbar ist, weil sie dort ihren ersten Verleger und ihr erstes Publikum gefunden hat. Der Empfang wäre einer Jenny Lind würdig gewesen, sprengte jedenfalls alles, was Dickens oder Shaw bei ihren USA-Besuchen erlebt hatten. Sie kam ins Fernsehen und in *Life*, Karten für die einzige öffentliche Lesung waren nur noch auf dem Schwarzmarkt zu bekommen, stehende Ovationen die Regel, und Gott allein weiß, auf wie vielen Partys sie der Ehrengast war. (»Es war unglaublich. Allein New York! Da spielt das Leben. Wir waren auf so vielen Lunches und Dinners, immer gab es Champagner, und alle waren ja so nett zu mir. Bei meiner Ankunft wog ich fünfundsechzig Pfund, zurück in Dänemark nur noch dreiundfünfzig. Die Ärzte konnte gar nicht verstehen, wie jemand mit solchem Untergewicht nicht längst tot war, sie meinten, das sei mit dem menschlichen Leben schlicht nicht vereinbar. Aber das höre ich seit Jahren, mit dem Tod flirte ich schon länger. Nein, in Amerika haben wir tatsächlich aus dem Vollen geschöpft, haben *gelebt* – und Clara, Clara hat fünf Kilo zugelegt.«)

Dass sie das Alter und seine Folgen akzeptiert, hat nichts mit stoischem Dreinfügen zu tun, denn sie ist längst noch nicht fertig, hat nach wie vor Pläne. »Ich will noch ein Buch zu Ende schreiben, und ich will im nächsten Sommer das Obst im Garten sehen. Und Rom. Und

Gielgud in Stratford. Vielleicht sogar Amerika. Wenn ich bloß mehr Energie hätte. *Warum* bin ich so schwach?«, fragt sie und zupft mit brauner, knochiger Hand an ihren lila Tüchern. Diese Frage, begleitet vom Stundenschlag der Kaminuhr und einem Räuspern seitens Miss Svendson, legt dem Gast nahe, sich nun zu verabschieden, damit die Baronin auf der Couch neben dem Kamin etwas schlafen kann.

Aber vorher bekommt der Gast noch ein Geschenk, eine Ausgabe ihres Lieblingsbuchs (»Denn darin geht es nur um wirklich Erlebtes ...«), *Jenseits von Afrika*, versehen mit der persönlichen Widmung: »*Je responderay* – Karen Blixen.«

»*Je responderay* ...«, erklärt sie an der Tür und hält mir die Wange zum Abschiedsküsschen hin, »... ich antworte, ein schönes Motto, finden Sie nicht? Es war der Wahlspruch derer von Finch Hatton[5]. Er gefällt mir, weil ich glaube, dass jeder von uns eine Antwort in sich trägt.«

Ihre eigene Antwort war immer ein Ja zum Leben, der unbedingte Wille, sich von nichts unterkriegen zu lassen, eine Antwort, die uns aus ihrem Werk entgegenschallt – und wieder zurück.

MARILYN MONROE

Die Monroe? Doch eigentlich nur eine Schlampe, oder? Eine liederliche Göttin – liederlich in dem Sinn, wie ein Bananensplit oder ein Amarena-Becher liederlich und trotzdem göttlich sein kann.

Ihre feuchten Lippen, ihre überlaufende Blondmähne, die notorisch rutschenden BH-Träger, der rhythmische Andrang ruheloser Masse gegen die engen Grenzen ungeräumiger Dekolletees, das sind ihre Markenzeichen, leicht karikierbare Reize, die, so denkt man, auf der ganzen Welt wiedererkannt werden. Tatsächlich ist die Monroe im wirklichen Leben gar nicht so leicht zu identifizieren. Sie kann, unbehelligt von fremden Blicken, durch die Straßen von New York laufen, auch sie winkt vergebens nach Taxis und kann bei Nedick's einen Orangensaft bestellen, ohne dass der Mann hinter der Theke gewahr wird, dass das Objekt seiner ehrgeizigeren Träume direkt vor ihm steht. Meistens muss bei der Monroe sogar ausdrücklich gesagt werden, dass es sich um die Monroe handelt, denn auf den ersten Blick wirkt sie nicht anders als die amerikanische Durchschnitts-Geisha, das Spesenkonto-Schätzchen, eine von den vielen, vielen Tingeltangel-Hübschen, die sich schon mit zwölf die Haare färben und mit zwanzig den dritten Ehemann ausplündern.

Doch so sehr sie äußerlich dem Typ entspricht, so wenig gehört sie dazu, denn sie ist bemerkenswert *untough* und viel zu weich. Darüber hinaus ist sie in der Lage, sich auf Gefühle zu konzentrieren, eine Eigenschaft, ohne die kein Talent funktionieren kann. Die von ihr verkörperten Charaktere, heimatlose Geschöpfe mit frechem Pathos, besitzen allesamt den Charme der Glaubwürdigkeit. Entsprechend gering ist deshalb der Unterschied zwischen der Filmfigur und dem Bild, das sie privat abgibt. Was beide Persönlichkeiten so anziehend macht, ist die Tatsache, dass man – im übertragenen Sinne wie ganz real – ein Waisenkind vor sich hat. Sie ist gezeichnet und umstrahlt von den Stigmata des ewig unbehausten Waisenkindes: Auch wenn sie niemandem traut, nicht sehr jedenfalls, rackert sie sich ab, um jedem zu gefallen. Aus jeder Bekanntschaft will sie unbedingt einen liebevollen Beschützer machen, deshalb sind wir, das Publikum, ihre Bekanntschaften, auch so geschmeichelt und gerührt. Wer so regelmäßig zu spät kommt wie sie (und nie unter einer Stunde), den hindert die Angst, nicht die Eitelkeit. Der dauernde Druck, unbedingt gefallen zu müssen, ist an vielem ablesbar: an ihren häufigen Fehlzeiten aufgrund irgendwelcher Erkältungen, an ihren abgekauten Fingernägeln, den feuchten Händen, den beinahe hysterischen Kicheranfällen. Die Dimension ihrer Angst löst bei uns ein Mitgefühl aus, das kein ihrerseits zur Schau gestellter Glamour mindern kann. Denn was könnte mächtiger, berückender, entwaffnender sein als ein Weltstar, den man bedauern soll? Ein Bedauern, das wir ihm, dem Star, nur zu gern gewähren. In dieser Situation können sich eigentlich alle Beteiligten als Gewinner fühlen.

Immer wieder liest man, die Monroe sei eine »Institution«, ein »Symbol«, sogar ihrem derzeitigen Ehemann war es nicht zu dumm, dies in einem Artikel kundzutun. Leider wohnt Institutionen immer auch etwas unrettbar Trauriges inne, und Symbole sind erst recht blutleer. Es wäre schade, wenn dieses bezaubernde, lebendige Wesen solch muffige Vereinnahme jemals ernsthaft akzeptieren könnte.

JANE BOWLES

*E*s ist sicher schon sieben oder acht Jahre her, dass ich die moderne Legende mit Namen Jane Bowles zum letzten Mal gesehen habe, auch habe ich in der Zwischenzeit nichts mehr von ihr gehört, zumindest nicht unmittelbar. Ich bin aber sicher, sie hat sich nicht verändert. Das berichten jedenfalls Nordafrika-Reisende, die mit ihr in dunklen Kasbah-Cafés saßen: dieselbe Haarpalme aus kurzen Locken, dieselbe gebogenen Nase, dieselben blitzenden Koboldaugen mit jenem Schuss Wahnsinn, die unverwechselbare Stimme (ein angerauter Sopran), die jungenhafte Kleidung an ihrer sehr mädchenhaften Figur, die Art, wie sie beim Gehen immer einen Fuß nachzieht ... Alles mehr oder weniger so wie vor zwanzig Jahren, als ich sie kennenlernte. Schon damals erschien sie mir wie der ewige Junge, als Schönster unter den schönen Nichterwachsenen, gerade weil ein kaltes Element in ihren Adern strömte und sie mit einem Witz begabt war, einer exzentrischen Klugheit, die auch das ausgefallenste Wunderkind nie besessen hat.

Als ich – war es 1944? 1945? – Mrs. Bowles zum ersten Mal begegnete, galt sie in der Szene bereits als Star. Sie war Mitte zwanzig, hatte einen höchst individuellen und vielbeachteten Roman mit dem Titel *Zwei sehr ernsthafte Damen* geschrieben. Sie hatte den begabten Autor und Komponisten Paul Bowles geheiratet und wohnte mit ihm zusammen in dem einst von George Davis[6] errichteten Künstlerhaus in Brooklyn Heights. Zu den Mitbewohnern in dieser luxuriösen Herberge gehörten Richard und Ellen Wright, W. H. Auden, Benjamin Britten, Oliver Smith, Carson McCullers, Gypsy Rose Lee und (wenn ich mich richtig erinnere) ein Schimpansendompteur, der dort mit seinem besten Tier das Zimmer teilte. Also nicht unbedingt ruhige Mieter. Aber selbst in dieser überdrehten Gemeinschaft mit viel extrovertierter Konkurrenz gelang es Mrs. Bowles durch ihre Mischung aus Unbeschwertheit und katzengewandter *sophistication*, immer die Hauptrolle zu spielen.

Jane Bowles, ein Sprachgenie, beherrscht Französisch, Spanisch und Arabisch. Vielleicht wirken die Dialoge in ihren Geschichten ja deshalb immer wie eine Übersetzung aus einer reizvollen Melange fremder Idiome. Dazu kommt, dass sie sich während ihres Nomadenlebens all diese Sprachen selbst beigebracht hat. Von New York aus reiste sie erst nach Europa, floh dann vor dem Krieg nach Mittelamerika und Mexiko, ehe sie sich eine Zeit lang in dem geschichts- und geschichtenträchtigen Haus in Brooklyn Heights niederließ. Seit 1947 aber hat sie fast ununterbrochen im Ausland gelebt, in Paris oder auf Ceylon, doch größtenteils in Tanger. Mittlerweile könnte man

Jane und Paul Bowles sogar guten Gewissens als Tangerinos bezeichnen, so treu sind sie dieser steilen, weißen Stadt am Meer geblieben. Dabei besteht Tanger eigentlich aus zwei höchst ungleichen Städten, einmal dem langweiligen modernen Tanger der großen Bürogebäude und trostlosen Hochhäuser und dann der Kasbah mit ihren Gässchen und Plätzen voller Kif- und Minzgerüche, die sich bis zur drangvollen Enge des lauten Hafens erstreckt. Die Bowles haben sich in beiden Welten eingerichtet, besitzen eine sterile Wohnung mit allem Komfort in der Neustadt, aber ebenso ein Refugium im arabischen Viertel, ein typisches Kasbah-Quartier, das wohl zu den kleinsten der ganzen Stadt zählt, mit Decken so niedrig, dass man buchstäblich nur auf allen Vieren von einem Raum in den anderen gelangt. Die Zimmer selbst sehen aus wie von Edouard Vuillard gemalt: maurische Kissen auf maurischen Teppichen, alles so anheimelnd wie Himbeertörtchen und erhellt von filigranen Laternen und Fenstern, die Meerlicht hineinlassen und den Blick eröffnen auf Minarette und Schiffe und die blau gestrichenen Dächer der einheimischen Umgebung, welche sich wie eine unheimliche Wendeltreppe bis zum lärmenden Ufer hinabdreht. Jedenfalls ist dies das Bild, das mir von meinem einzigen Besuch an einem glutroten Abend vor ... o je ... vor fünfzehn Jahren geblieben ist.

Ein Vers von Edith Sitwell: *Jane, Jane, knirschend senkt sich Morgenlicht ...* Das ist aus einem Gedicht, das mir immer gut gefallen hat, auch wenn ich es – wie so oft bei Sitwell – nicht ganz verstanden habe. Es sei denn, das Wort Morgenlicht steht für Erinnerung (?). Meine schönsten Erinnerungen an Jane Bowles kreisen um einen eisigen Januarmonat des Jahres 1951, als wir Tür an Tür im selben schäbigen Hotel in der Rue du Bac wohnten. So manchen kalten Abend verbrachten wir in Janes gemütlichen Zimmer (vollgestopft mit Büchern, Zeitschriften und Fressalien, dazu ein quirliger weißer Pekinesenwelpe, den sie von einem spanischen Seemann gekauft hatte). Stundenlang hörten wir Platten und tranken warmen Calvados, während Jane auf der einzelnen Herdplatte herrliche Eintöpfe zauberte. Jane ist nämlich nicht nur eine erstklassige Köchin, sondern schlemmt auch sehr gern – was sich auch in ihren Geschichten niederschlägt, in denen es von Fressgelagen und Küchenbegriffen nur so wimmelt. Kochen ist allerdings nur eine ihrer außerliterarischen Fähigkeiten. Darüber hinaus kann sie mit gespenstischer Genauigkeit Stimmen nachahmen, unter anderem die von Helen Morgan und ihrer engen Freundin Libby Holman. Jahre später schrieb ich die Geschichte *Wege ins Paradies*, in der ich der Heldin unbewusst etliche charakteristische Bowles-Attribute verlieh: ihr Humpeln, die Brille, ihr einzigartiges Imitationstalent. (»Sie wartete, als lausche sie einem Orchester, bis ihr Einsatz kam; dann: ›*Don't ever leave me, now that you're here! Here is where you belong. Everything seems so right, when you're near. When you're away it's all wrong.*‹[7] Und Mr. Belli war bestürzt, denn was er da hörte, war exakt die Stimme von Helen Morgan, und diese Stimme mit ihrer verletzlichen Süße, ihrer Kultiviertheit, ihren zarten, bebenden, umkippenden hohen Tönen, schien nicht geliehen, sondern Mary O'Meaghans eigene zu sein, der natürliche Ausdruck einer verborgenen Persönlichkeit.«) Ich hatte keineswegs Mrs. Bowles im Sinn, als ich die Figur der Mary O'Meaghan erfand, sie ähnelt ihr eigentlich überhaupt nicht. Dennoch, die Stelle zeigt, welchen Eindruck sie bei mir hinterlassen hat, wenn solche Details quasi durch die Hintertür Eingang in meine Produktion finden.

In jenem Winter arbeitete sie an *In the Summer House*, das Stück, das später in New York so einfühlsam inszeniert werden sollte.

Ich bin kein großer Theatergänger, schon das lange Sitzen fällt mir bei den meisten Stücken schwer. Doch *In the Summer House* habe ich mir dreimal angesehen, und nicht nur aus Loyalität zur Autorin, sondern weil es so viel Biss hatte und einen völlig neuen, herben Ton – mithin dieselben Eigenschaften, die mich bereits an ihrem Roman *Zwei sehr ernsthafte Damen* fasziniert hatten.

Mein einziger Kritikpunkt bezieht sich daher auch nicht auf die Qualität ihrer Arbeit, sondern auf deren bescheidenen Umfang. Was sie bisher in ihrem Leben geschrieben hat, würde komplett in dieses Buch passen. Und so dankbar man für das Wenige ist, so wünscht man sich doch mehr. Als wir uns einmal über einen Kollegen unterhielten, dem das Schreiben offenbar leichter fiel als uns beiden, sagte Jane: »Der hat es gut. Der braucht sich doch nur hinzusetzen. Nur *hinzusetzen* braucht der sich.« Aber ehrlich gesagt, Schreiben ist niemals leicht, es ist sogar die schwerste Arbeit der Welt, und für Jane sogar noch mehr als das: reine Qual. Das verwundert auch nicht, wenn man sich ansieht, auf welch schmerzhaften Wegen, aus welch harten Steinbrüchen sie ihre Sprache und ihre Stoffe gewinnt. Beziehungen zwischen den Figuren, die auf immer unerkannt bleiben, Schmerzen, physische wie psychische, die Menschen in Besitz nehmen und ganz durchdringen, jedes Zimmer ein Grauen, düstere Stadtlandschaften, in denen nur Neon etwas Licht verbreitet... Doch trotz ihrer tragischen Weltsicht kann Jane Bowles auch sehr komisch sein, allerdings nicht im Sinn einer Schwarzen Komödie, wie sie von ihren Vertretern genannt wird. Die Schwarze Komödie funktioniert eigentlich nur in vollkommener Künstlichkeit und bei vollkommener Abwesenheit jedes menschlichen Mitleids. Das aber ist bei Jane Bowles nie der Fall, im Gegenteil, Jane wird gerade in ihrem tiefen Verständnis für den Verlust der Mitte und das Drama menschlicher Isolation zur großen Künstlerin.

CECIL BEATON

*E*in Buchtitel wie *The Best of Beaton* ist sicher ganz eingängig, aber ansonsten ziemlich ungenau, denn ein einziges Buch wird schwerlich *alle* Facetten von Beatons Werk wiedergeben können: seine Bühnendekorationen, die Kostümentwürfe, Zeichnungen, Bilder, Tagebücher und mindestens einige – wörtliche – Proben seines Konversationstalents, schließlich gehört Cecil zu den letzten Exponenten einer aussterbenden Gattung.

Ich weiß nicht, ich habe ihn nie gefragt, aber ich vermute, Cecil würde lieber nicht als Fotograf in die Kunstgeschichte eingehen, sondern aufgrund seiner diversen anderen Fähigkeiten. Das Phänomen lässt sich bei Multitalenten des Öfteren beobachten: Sie geben ihren Nebentätigkeiten den Vorzug. Nun könnte man sagen, dass Beaton überhaupt kein alles beherrschendes Talent besaß, bis er – als zwar sehr ehrgeiziger, aber unfertiger junger Mann von großer Sensibilität – zum ersten Mal eine Kamera in die Hand nahm. Es war nämlich die Kamera, die gewissermaßen auch seine Sekundärfähigkeiten freilegte.

Denn trotz seiner gut dokumentierten Leistungen auf anderen Gebieten, erlangte er vor allem als Lichtbildner allgemeine Bedeutung, nicht nur aufgrund seiner eigenen Leistungen, sondern auch wegen seines Einflusses auf die besten Fotografen der jüngeren Zeit. Ob die Betreffenden es wahrhaben wollen oder nicht, es gibt keinen Fotografen der ersten Liga, der Beaton *nicht* in irgendeiner Weise verpflichtet wäre. Warum? Schauen Sie sich die Bilder an. Schon die ganz frühen Werke ließen erahnen, dass sie einmal Vorbildcharakter haben würden. Zum Beispiel die Porträts von Lady Oxford und Edith Sitwell aus den Zwanzigerjahren. Noch niemand hatte Gesichter so fotografiert, sie auf diese Weise in hochstilisierte Kulissen gestellt, mit neoromantischen Requisiten umgeben (gesponnenem Glas, maskierten Statuen, Kuchenformen und extravaganten Kostümen) oder sie so ausgeleuchtet, dass sie wie lackiert wirkten. Das Seltsame ist, dass kein einziges dieser Bilder bis heute kunsthistorische Patina angesetzt hat, sie sind so frisch wie am ersten Tag, selbst die reinen Modefotografien. (Die Haltung von Fotografen zur Modefotografie ist ambivalent. Mit Ausnahme von Cartier-Bresson, der finanziell unabhängig war, könnte ich aus dem Stegreif keinen einzigen nennen, der ohne Aufträge aus Mode- oder Werbewirtschaft auskäme. Und warum auch? Es diszipliniert den Künstler und zwingt ihn, neue Wege zu beschreiten. Wie viele andere verdankt auch Beaton seine interessantesten Bilder den Grenzen, die ihm von kommerziellen Faktoren gesetzt wurden. Im Allgemeinen aber ziehen Fotografen wenig Befriedigung aus der Arbeit in diesem Weinberg. Mit Ausnahme von

Beaton, er ist viel zu sehr Handwerker, viel zu uneingebildet, um nicht auch darin etwas zu sehen, das sich lohnt.)

Aber nochmals die Frage nach der Alterungsbeständigkeit seiner Bilder, ihrer nahezu zeitlosen Qualität. Natürlich hat er sie in einigen Fällen »vor-gealtert«, indem er sie – auch bildtechnisch – in die Vergangenheit versetzt hat, sodass sie wie Daguerreotypien erscheinen. Die Kombination von Vergangenheit und Gegenwart erzeugt immer eine gewisse Spannung, aber das allein erklärt ihre Zeitlosigkeit noch nicht. Worin also liegt sie? Es lässt sich vielleicht am besten anhand jener Bildserien erklären, die Beaton selbst »Time Sequences« nennt, Einzelporträts derselben Menschen über mehrere Jahrzehnte hinweg. Da sieht man einen Picasso, der allmählich immer fülliger wird und diese manisch glänzenden Augen bekommt. Auden mit seinem jungen Bluthundgesicht, der am Ende aussieht wie sein eigenes Herrchen, ein zerknitterter, nikotinfleckiger Landjunker. Oder Cocteau mit seiner anfangs jugendfrischen und exklusiven Ausstrahlung. Viele Jahre später wirkt er mit seinen brillantberingten Händen wie aus einem Proust-Andenkenladen entsprungen. Keines dieser Porträts bezieht seine Wirkung aus den anderen Aufnahmen der Reihe, jedes für sich bietet uns ein zeitloses und letztgültiges Bild des Abgelichteten. Wie gespenstisch, wie traurig und komisch zugleich, diesen Gesichtern bei ihrer Reise durch die Zeit zuzusehen – eingefroren in das sorgsam aufeinander abgestimmte Spiel aus Licht und Schatten.

Beatons Einfluss auf die Arbeiten anderer Fotografen ist leicht zu erkennen, viel schwerer fällt es hingegen, die

Fotografen zu identifizieren, die auf ihn gewirkt haben. Einer davon ist aber ohne Zweifel Baron Adolf de Meyer, der eigentliche Begründer der Modefotografie, der *Vanity Fair* mit Bildmaterial von höchster Stilisierung ausstattete. Beaton war der erste Abkömmling des tragischen Barons. Daneben bewunderte er Edward Steichen, aber welcher Fotograf tut das nicht? Meiner Meinung nach schlagen sich in seinem Werk weniger die künstlerischen Vorbilder nieder als rein private Neigungen und Stimmungen. Zum Beispiel hat er zwischen 1938 und 1939 eine ganze Reihe von Persönlichkeiten nicht zwischen Blumen oder im reibungslos funktionierenden Studio fotografiert, sondern durch die kaputten Fenster von Abbruchhäusern und verlassenen Fabriken. Diese Fotos nehmen gewissermaßen die Bomben vorweg, die kurz darauf auf England fielen.

Womit wir bei seinen Kriegsfotografien wären, den Rauchschwaden über Trümmerlandschaften, den brennenden Himmeln und verletzten Kindern. In diesen Bildern zeigt sich Beatons Kunst in einer Härte, die man so bei ihm nicht erwartet hätte, ähnlich wie in seinen Aufnahmen aus Indien und China, wo er im Krieg gedient hat. Zwar handelt es sich nicht direkt um Kriegsfotos wie bei Chim oder Capa, dennoch sind es Bilddokumente von schmerzlicher Intensität, die eine kaum beachtete Seite von Beaton wiedergeben. Heutzutage sind Berufsfotografen notgedrungen professionelle Reisende, die im Auftrag großer Publikumszeitschriften um die ganze Welt jetten und irgendwelchen Geschichten nachlaufen. Sogar das dürftigste Talent lässt sich auf diese Weise subventionieren. (Und wenn mir die Bemerkung gestattet ist, dürftig sind fünfundneunzig Prozent dieser Bagage. Die ganze Branche ist völlig verludert, was die wenigen echten Begabungen auch ganz offen zugeben.) Aber Cecil war ein Globetrotter aus Überzeugung, ist schon in jungen Jahren mit dem Frachtschiff von Haiti nach Marokko gereist. Ich selbst – auch nicht gerade ein Stubenhocker – bin ihm schon an den unmöglichsten Orten über den Weg gelaufen. Auf Waikiki Beach, mit Hula-Musik im Hintergrund. In einem sizilianischen Olivenhain. In einem griechischen Kloster. In der Lobby des Ritz in Barcelona. Am Pool eines Hotels in Bel Air. In einem Café in der Kasbah von Tanger. Auf einer Dschunke in der Bucht von Hongkong. Im Backstage-Bereich eines Musical-Theaters auf dem Broadway. In einer Seilbahn in den Schweizer Alpen. In einem Geisha-Haus in Kioto. In der Ruinenstadt von Angkor Wat. Auf der Yacht Sister Ann von Society-Größe Daisy Fellowes. In einem Nachtclub in Harlem. In einem venezianischen Palazzo. Bei einem Pariser *antiquaire*. In einem Londoner Schuhgeschäft. Und so weiter und so weiter. Ich habe Beaton in praktisch allen Klimazonen beobachten könnten (mental und anderweitig) und durfte ihm überdies oft bei seiner Arbeit zusehen. Einmal waren wir sogar Kollegen, indem ich die Texte zu seinen Bildern lieferte. Dasselbe Privileg genoss ich auch bei anderen Fotografen, etwa bei Henri Cartier-Bresson und Richard Avedon, die ich beide besonders schätze. Diese beiden und Beaton führen in meinen Augen die Liste der weltbesten Fotografen an. Aber wie unterschiedlich sie doch sind! Avedon arbeitet am liebsten im Studio, er braucht die gut geölte Maschinerie und einen aufmerksamen Mitarbeiterstab für die besten Ideen. Vor kurzem war ich mit Avedon unter erheblich primitiveren Bedingungen unterwegs. Und zwar recherchierten wir gemeinsam an einer Story über den Mittleren Westen. Er hatte keinen Assistenten dabei und fotografierte mit einer neumodischen japanischen Kamera, die über hundert Aufnahmen machen konnte, ehe der Film gewechselt werden musste. Einen ganzen Morgen fuhren wir kreuz und quer durch Hitze und Staub, doch später im Hotel erklärte Avedon mit nervösem Lachen die ganze Mühe für umsonst. Er hatte schon so lange nicht mehr ohne Assistenten gearbeitet, der ihm die Kameras vorbereitete, dass er glatt vergessen hatte, einen Film einzulegen.

Völlig anders verhält es sich mit Cartier-Bresson, er verlässt sich ausschließlich auf sich selbst. In New Orleans konnte ich ihn einmal bei der Arbeit beobachten. Wie eine aufgedrehte Libelle tanzte er den Gehsteig entlang, drei Leicas um den Hals, die vierte – klick, klick, klick – so fest ans Auge gedrückt, dass man meinen konnte, sie sei ein Teil von ihm. Bresson ist beim Fotografieren unersättlich und hingegeben, extrem angespannt und zugleich heiter. Bresson bleibt auch künstlerisch für sich und hat etwas von einem Fanatiker.

Aber nicht Beaton. Der Mann mit den kühlen (zuweilen kalten) Augen und blass erhobenen Brauen arbeitet so sachlich und distanziert, wie er sich auch sonst gibt. Sobald er eine Kamera in der Hand hat, weiß er genau, was er tut, das ist alles. Wutausbrüche und großes Gehabe hat er nicht nötig. Und anders als so viele seiner Kollegen habe ich ihn nie über seine Methode schwafeln hören oder über Kunst oder Wahrhaftigkeit. Er macht einfach gute Bilder und hofft, dafür gut bezahlt zu werden. Gleichwohl ist seine Arbeitsweise einzigartig. Was an ihm sofort auffällt: Er verhält sich immer so, als hätte er unendlich viel Zeit. Obwohl er wegen eines unbarmherzigen Terminplans ständig unter Druck steht, verlässt er nie die gelassene Linie des Gentleman. Selbst wenn in zehn Minuten sein Flugzeug ginge, wäre das für ihn kein Grund, seine perfekten Manieren zu vergessen und etwa ein Telefongespräch kurzerhand abzuwürgen. Man darf aber sicher sein, dass er auch dieses Flugzeug noch rechtzeitig erreicht. Genau so geht er mit seinen Modellen um. Alle, die ihm Modell sitzen, treiben gewissermaßen schwerelos im Raum und fühlen sich, als würden sie nicht bloß fotografiert, sondern gemalt – von einem freundlichen, fast unsichtbaren Meister. Dabei ist er die ganze Zeit in höchstem Grade anwesend. Trotz seines lautlosen Auftretens hält er alle Fäden in der Hand. Seine visuelle Intelligenz ist grenzenlos, und keine Kamera wird je das festhalten können, was er alles sieht. Ihm zuzuhören, wie er – mit strikt visuellem Bezug – einen Menschen, einen Raum oder eine Landschaft beschreibt, kann witzig sein oder brutal oder einfach nur schön, brillant ist es allemal. Die bemerkenswerte visuelle Intelligenz, von der alle seine Bilder durchdrungen sind, trennt sein Werk von der ganzen herkömmlichen Bildproduktion. Seine Fotos sind ein Hort der Zeit, für den ihm Historiker des nächsten Jahrhunderts noch dankbarer sein werden als wir jetzt.

COLETTE
Die weiße Rose

*E*in silbriger Juninachmittag. Ein Juninachmittag in Paris vor dreiundzwanzig Jahren. Ich stehe im Hof des Palais Royal, und mein Blick wandert die langen Fensterreihen ab. Ich frage mich, wo sich wohl die Wohnung von Colette verbirgt, der *Grande Mademoiselle* der französischen Literatur. Und dauernd schaue ich auf die Uhr, denn um Punkt vier habe ich einen Termin bei der legendären Künstlerin, genauer gesagt eine Einladung zum Tee, die mir freundlicherweise von Jean Cocteau verschafft wurde, nachdem ich ihm mit jugendlicher Taktlosigkeit mitgeteilt hatte, Colette sei praktisch die Einzige aus Frankreichs Literaturszene, die ich voll und ganz respektierte – *einschließlich* Gide, Genet, Camus und Montherlant, nicht zu vergessen Monsieur Cocteau höchstselbst. Doch ohne seine großherzige Fürsprache wäre ich wohl nie bei der großen alten Dame vorgelassen worden, denn ich war ein Niemand, nichts weiter als ein junger amerikanischer Schriftsteller, der erst ein einziges Buch veröffentlicht hatte, *Andere Stimmen, andere Räume*, wovon sie noch nicht einmal gehört hatte.

Jetzt war es vier Uhr, und ich beeilte mich, denn ich hatte gehört, dass Colette Unpünktlichkeit nicht leiden konnte. Auch sollte ich mich möglichst bald wieder empfehlen, da meine altersmalade Gastgeberin nur selten das Bett verließ.

Sie empfing mich im Schlafzimmer, doch ich war überrascht. Denn sie entsprach genau dem Bild, das man sich von Colette macht, und das war, gemessen an ihrem Alter, zumindest ungewöhnlich. Rötliche, fisselige, beinahe afroartige Haare, die schräg stehenden Augen einer streunenden Katze, akzentuiert mit Kajal, ein fein gezeichnetes Gesicht, lebendig wie perlendes Wasser ... Wangenrouge ... Lippen, zwar dünn und gespannt wie ein Draht, aber nicht ohne den dunkelroten Lippenstift der koketten Pariserinnen.

Das Zimmer spiegelte den klösterlichen Luxus ihrer eher weltlichen Werke, beispielsweise *Chéri* oder *Chéris Ende*. Zugezogene Samtvorhänge schützten vor dem Junilicht. Man ahnt seidene Spanntapeten. Und rosig warmes Licht von Lampen, die mit blassrosa Tüchern behängt sind. Ein Parfum – eine Komposition aus Rosen-, Orangen-, Limonen- und Moschusnoten – hängt wie Dunst in der Luft.

Da lag sie also, der Rücken gestützt auf Lagen von Spitzenkissen, doch in ihren Augen funkelte das Leben mit allem, was dazugehört, Güte ebenso wie Bosheit. Eine Katze von eigenartigem Grau lag auf ihren Beinen wie eine zusätzliche Kniedecke.

Aber das Erstaunlichste an diesem Zimmer war weder die Katze noch ihre Besitzerin. Vielleicht waren es nur meine Nerven, aber schon nach dem ersten flüchtigen Blick fiel es mir schwer, mich noch auf Colette zu konzentrieren, und ich brachte auch kein Wort mehr hervor. Eine magische Kollektion wie aus einem Traum zog mich in ihren Bann. Es handelte sich um eine Sammlung antiker Kristallbriefbeschwerer.

Es mochten um die hundert sein, und sie lagen auf zwei Tischen rechts und links vom Bett. Gläserne Halbkugeln, in denen grüne Eidechsen, Salamander, Millefiorigestecke eingeschlossen waren, Libellen, ein Korb mit Birnen, Schmetterlinge auf Farnwedeln, Farbstrudel in Weiß-Rosa oder Weiß-Blau, glitzernd wie ein Feuerwerk, Kobras in Angriffshaltung, dann wieder Arrangements aus Stiefmütterchen oder prachtvolle Weihnachtssterne.

Schließlich sagte Madame Colette: »Ah, ich sehe, meine Schneeflöckchen interessieren Sie.«

Ich verstand gleich, was sie meinte. Diese Objekte waren tatsächlich so etwas wie dauerhafte Schneeflocken, verwirrende, auf ewig gefrorene Muster. »Ja«, sagte ich. »Sie sind wunderschön. Aber woher kommen sie alle?«

Sie seien, erklärte sie mir, der absolute Höhepunkt der klassischen Glasmacherkunst, gewissermaßen Juwelen aus den ersten Glasmanufakturen des Landes: Baccarat, St. Louis, Clichy. Sie nahm aufs Geratewohl einen der Briefbeschwerer in die Hand, ein großes Kleinod im Millefioridesign. Sie zeigte mir, wo das Entstehungsjahr 1842 zu finden war, nämlich in einer der winzigen Blüten. »Die schönsten Briefbeschwerer überhaupt«, sagte sie, »wurden zwischen 1840 und 1880 hergestellt. Danach verkam diese Kunst. Ich habe vor etwa vierzig Jahren zu sammeln angefangen. Sie waren damals vollkommen aus der Mode, und man konnte auf Flohmärkten für geringes Geld echte Schätze erwerben. Heutzutage natürlich kostet ein erstklassiger Briefbeschwerer ein kleines Vermögen. Es gibt Hunderte Sammler, aber nur noch etwa drei- bis viertausend Stücke, die der Mühe lohnen. Dieser hier zum Beispiel ...«, sie reichte mir ein Kristallobjekt von der Größe eines Baseballs. »... ist von Baccarat. Das Modell nennt sich ›Weiße Rose‹.«

Es war ein facettierter Glasstein ohne das kleinste Bläschen und mit lediglich einem eingeschlossenen Objekt: eine schlichte weiße Rose, umgeben von grünen Blättern.

»Woran erinnert Sie das? Welche Gedanken kommen Ihnen dabei in den Sinn?«, fragte mich Madame Colette.

»Ich weiß nicht. Aber es fühlt sich erst einmal nur schön an. So kühl, so ruhig und friedlich.«

»Friedlich, Sie sagen es. Ich habe schon oft gedacht, dass ich sie – wie ein Pharao – am liebsten mit ins Grab nähme. Aber welche *Bilder* kommen Ihnen?«

Ich drehte den Briefbeschwerer im trüben rosa Licht. »Kleine Mädchen im Kommunionkleid.«

Sie lächelte. »Wie bezaubernd. Wie zutreffend. Ich sehe, Jean hat also doch recht gehabt. Er sagte: ›Täusch dich nicht, meine Liebe. Er sieht zwar aus wie ein zehnjähriger Engel, aber in Wirklichkeit ist er alterslos und geradezu abgefeimt.‹«

Nur noch lange nicht so abgefeimt wie meine Gastgeberin, die jetzt den Briefbeschwerer in meiner Hand tätschelte und sagte: »Behalten Sie ihn. Als Andenken.«

Dadurch überließ sie mich einem ruinösen Schicksal, denn von diesem Moment an war ich ebenfalls »Sammler« und habe seither nichts unversucht gelassen, um an weitere französische Briefbeschwerer zu gelangen, egal ob in noblen Auktionshäusern wie Sotheby's oder bei obskuren Antiquitätenhändlern von Kopenhagen bis Hongkong. Es ist ein teures Hobby (derzeit kostet ein Sammlerstück, je nach Qualität und Seltenheit, zwischen 600 und 15000 Dollar), und in all den Jahren bin ich lediglich auf zwei echte Schätze gestoßen, die mich allerdings für die vielen herben Enttäuschungen mehr als entschädigten.

Den ersten entdeckte ich in einem großen, staubigen Trödelladen in Brooklyn. Er befand sich in einer düsteren Vitrine zwischen allerlei anderen Sachen: ein echter St. Louis mit einer tomatenroten Porzellanbeschichtung. Als ich den Inhaber des Ladens danach fragte, zeigte sich schnell, dass er keine Ahnung vom wahren Wert dieses Gegenstands hatte, der etwa bei 4000 Dollar lag. Er ließ ihn mir für zwanzig, und noch heute plagt mich das schlechte Gewissen deswegen. Aber was soll's, es war das erste und letzte Mal, dass ich den besseren Schnitt gemacht hatte als der Händler.

Mein zweiter großer Coup gelang mir auf einer Auktion in East Hampton, Long Island. Ich war eher zufällig da und hatte keine großen Erwartungen. Unter den Hammer kamen hauptsächlich schlechte Gemälde und nichtssagendes Mobiliar aus einer Hausauflösung. Aber plötzlich, zwischen all dem Steingut und Geschirr, ein Anblick, der mich elektrisierte: ein absolut atemberaubendes Millefioristück in Form eines Tintenfasses. Ich wusste, das konnte nur echt sein, und fand nach eingehender Prüfung auch die Jahreszahl und das Zeichen des Herstellers, beides gut versteckt in der Tiefe des Bouquets: J.C. 1840. Es war elf Uhr, als ich das Tintenfass entdeckte, aber versteigert werden sollte es erst gegen drei am Nachmittag. Die Wartezeit verbrachte ich in höchster Nervosität, denn ob der Auktionator oder ein Bieter von Wert und Seltenheit des Tintenfasses wussten, ließ sich kaum abschätzen. Jedenfalls hätte man mit diesem Betrag siamesischen Zwillingen das College bezahlen können. Wenn Ihnen mein Verhalten unsympathisch ist (wovon ich ausgehe), dann kann ich nur sagen: Sammler sind so, sie können nicht anders. Sie sind nur ausführendes Organ ihrer Sammelwut.

Wie auch immer, der Auktionator eröffnete mit einem Startgebot von 25 Dollar, also hatte zumindest er keinen Schimmer, was er da versteigerte. Die Frage war jetzt: Befand sich noch ein Experte im Publikum? Es waren zirka dreihundert Leute anwesend, und nicht wenige davon hatten diesen Kennerblick. Wie sich herausstellte, gab es dann doch einen, ein junger Händler aus New York, der bisher nur auf Möbel geboten hatte und über Briefbeschwerer eigentlich auch nicht Bescheid wusste. Immerhin hatte er den richtigen Riecher. Beim Stand von 300 Dollar begann das Getuschel im Publikum, niemand verstand mehr, wie ein Stück Glas so viel Geld kosten konnte. Bei 600 wurde auch der Auktionator ganz hippelig, und meinem Konkurrenten stand der Schweiß auf der Stirn. Ihn beschlichen offenbar Zweifel, und er war sich seiner Sache plötzlich gar nicht mehr so sicher. Mit versagender Stimme ging er auf 650. Ich überbot ihn sofort mit 700, danach gab er auf. Später kam er zu mir und fragte mich, ob der Briefbeschwerer allen Ernstes 700 Dollar wert war, und ich entgegnete: »Nein, 7000.«

Manche Leute schleppen auf Reisen Fotos von Freunden, Familie und Liebhabern mit sich herum. Ich mache das auch. Aber daneben habe ich auch ein kleines schwarzes Täschchen, in das genau sechs Briefbeschwerer hineinpassen, sorgsam in Flanelltücher eingeschlagen, denn so ein Briefbeschwerer ist trotz seiner scheinbaren Solidität recht fragil. Und wie Brüder und Schwestern im richtigen Leben, so stoßen sie sich gern aneinander, und die weitaus meisten von ihnen zerbrechen nicht an der bösen Außenwelt, sondern an ihresgleichen. Jetzt natürlich die Frage, warum ich so etwas tue. Warum nehme ich auf einen Zwei-Tage-Trip nach Chicago oder Los Angeles diese schweren Dinger mit? Ganz einfach. Weil sie, einmal aufgestellt, selbst das trübsinnigste, unpersönlichste Hotelzimmer in eine warme, sichere Heimstatt verwandeln. Und auch, weil es jetzt schon Viertel vor zwei ist und ich noch immer nicht schlafen kann. Dann geht von der stillen Weißen Rose eine Ruhe aus, die sich alsbald zum Weiß des Schlafes weitet.

Ab und zu verschenke ich auch einen, aber nur an wirklich gute Freunde. Denn wie sagte Colette an jenem Nachmittag, als ich dieses Geschenk, das ihr offenbar so viel wert war, erst nicht annehmen wollte: »Mein Lieber, so ein Geschenk ist sinnlos, wenn es einem nicht selbst ans Herz gewachsen ist.«

ELIZABETH TAYLOR

Vor einigen Jahren (tatsächlich sind es schon mehr als fünfzehn) hatten eine Freundin und ich die Idee, eine neue Art von Surprise-Party im New Yorker Gesellschaftsleben zu etablieren. Die Idee schien gerade für den Februar gut geeignet, denn das ist mit Abstand der trübste Monat in New York. Das Ganze ging folgendermaßen: Meine Freundin und ich luden vier Bekannte zum Mittagessen in eine Privatwohnung ein, und jeder der Eingeladenen brachte einen weiteren Gast mit, am besten jemanden, der interessant war und bekannt, aber eben keinem von uns persönlich. Mein ursprünglicher Überraschungsgast war Dr. J. Robert Oppenheimer[8], aber der war an diesem Tag gerade nicht abkömmlich, und heute ist mir entfallen, wen ich stattdessen mitgebracht hatte.

Aber ich weiß, für welchen Surprise-Gast sich Lady Keith entschieden hatte, damals noch Mrs. Leland Hayward. Lady Keith (»Slim« für ihre Freunde) ist eine hochgewachsene, lebhafte Aristokratin aus Kalifornien mit den schönsten Beinen der Welt. Ihre Wahl war auf Elizabeth

Taylor gefallen, die jedoch in puncto Eleganz stark gegen ihre Gastgeberin abfiel. Ähnlich wie bei Mrs. Onassis waren ihre Beine zu kurz für den langen Oberkörper und der Kopf wiederum zu groß für ihre gesamte Figur. Aber ihr Gesicht, das Gesicht mit den zartlila Augen war der Traum aller Strafgefangenen und das Ideal jeder Sekretärin: unwirklich, unerreichbar und zugleich scheu und verwundbar, also sehr menschlich, nicht zuletzt durch dieses misstrauische Flackern hinter den zartlila Augen.

Wir waren uns schon einmal begegnet, an einem Sommernachmittag auf der Farm eines gemeinsamen Bekannten in Connecticut. Damals lebte ihr dritter Mann noch, der leicht untersetzte, aber äußerst attraktive Mike Todd, der später bei einem Flugzeugabsturz ums Leben kam, und sie, dieses bildschöne Kind, war völlig verknallt in ihn.

Oft, wenn sich Pärchen in aller Öffentlichkeit abknutschen, kann ich mich des Verdachts nicht erwehren, dass es um ihre Liebe in Wirklichkeit schlecht bestellt ist. Nicht so bei diesen beiden. Ich weiß noch, wie sie an jenem Nachmittag auf der mit Gänseblümchen übersäten Wiese lagen und gar nicht voneinander lassen konnten, während ein ganzes Knäuel rundlicher Neufundländerwelpen auf ihnen herumtollte und in ihren Haaren fangen spielte.

Aber erst als Gast von Slim Hayward machte Elizabeth Taylor Eindruck auf mich, das heißt auf einer persönlichen Ebene. Als Schauspielerin gefiel sie mir schon immer, angefangen von *Kleines Mädchen, großes Herz* bis heute, aber ganz besonders in der Rolle dieses reichen Mädchens in *Ein Platz an der Sonne*.

Seit unserer ersten Begegnung war in ihrem Leben viel passiert, aber das mit Abstand Schlimmste war wohl der Tod von Mike Todd und die Ehe mit dem »Sänger« Eddie Fisher, nach meinem Gefühl eine Mesalliance vergleichbar der dicken fetten griechischen Hochzeit von Mrs. Kennedy. Doch keines dieser Ereignisse hat diese hektische Anspannung, die von der Taylor ausgeht wie ein zitterndes Licht, nachhaltig dämpfen können.

Das Mittagessen zog sich hin, und wir redeten viel. Meine erste Entdeckung an ihr: Trotz ihrer zahlreichen Kraftausdrücke ist sie im Kern eine Moralistin von beinahe kalvinistischem Zuschnitt. Zum Beispiel regte sie sich sehr über die Rolle der männerverschlingenden, aber glücklosen Gloria Wondrous in *Telefon Butterfield 8* auf, für die sie später den Oscar erhielt. Am liebsten hätte sie diesen Vertrag platzen lassen. »Ich mag dieses Mädchen nicht. Ich mag auch nicht, wofür sie steht, diese träge Leere in ihrem Innern. Und dann die vielen Männer und wie sie sich durch die Betten schläft.«

In diesem Moment fiel mir eine Unterhaltung ein, die ich einmal mit Marilyn Monroe gehabt hatte. Nicht dass ich einen Vergleich zwischen Elizabeth Taylor und Marilyn Monroe ziehen wollte, sie waren vollkommen verschieden, Erstere ein knallharter Profi, die andere ein unsicheres Naturtalent. Aber die Einstellung der Monroe war fast dieselbe: »Ich glaube nicht an Sex im Vorbeigehen. Wenn ich mich für einen Mann entscheide, egal ob er nun der richtige ist oder nicht, dann ist das so, wie wenn ich ihn auch heiraten muss. Keine Ahnung, warum. Vielleicht ist das dumm, aber so sehe ich es nun mal. Auf jeden Fall sollte das Ganze einen Sinn haben und nicht nur rein körperlich sein. Komisch, nicht? Besonders wenn man meinen Ruf bedenkt – den ich vielleicht sogar verdiene. Ich glaube aber nicht. Also dass ich diesen Ruf verdiene, meine ich. Die Leute begreifen einfach nicht, was einem alles so passieren kann. Also ohne dass du es willst, also wirklich willst, innerlich meine ich.«

Die zweite Überraschung: wie belesen sie war. Dabei tat sie nicht einmal besonders intellektuell. Trotzdem war sofort klar, dass ihr Bücher etwas bedeuteten, auch wenn sie sicher kein systematischer Leser war, sondern Bücher eher verschlang. Ihre Ansichten hingegen verrieten ein beachtenswertes Verständnis für literarische Prozesse. Ich fragte mich deshalb, wie sie es nur mit all ihren Männern ausgehalten hatte – mit Ausnahme vielleicht von Mike Todd, der zumindest nicht dumm war. Aber der ganze Rest, Nicky Hilton, der Hotel-Millionär, Michael Wilding, der Schauspieler, der unsägliche Mr. Fisher! Worüber um Gottes willen hat sich diese gescheite, vielseitig interessierte junge Frau mit diesen Leuten bloß unterhalten? »Na ja, man kriegt eben nicht immer das, was man will. Ein paar von den Männern, die ich wirklich mochte, mochten eigentlich gar keine Frauen.«

Das Gespräch kam auf unseren gemeinsamen Freund Montgomery Clift, den jungen Schauspieler, mit dem sie in *Ein Platz an der Sonne* vor der Kamera gestanden hatte und für den sie sich irgendwie verantwortlich fühlte. Sie sagte: »Wisst ihr, es geschah in meinem Haus – oder kurz nachdem er gegangen war. Er hatte ziemlich viel getrunken und deshalb diesen Unfall gebaut. Bis dahin, bis zu dem

Unfall war alles noch halbwegs im Rahmen. Gut, er hatte immer schon Probleme mit Alkohol, aber nach dem Unfall kamen all die Tabletten und Schmerzmittel dazu. Er war ziemlich schnell abhängig von dem Zeug. Aber niemand, der einmal auf dieser Schiene ist, hält das lange durch. Ich habe ihn seit einem Jahr nicht mehr gesehen, irgendeiner von euch vielleicht?«

Ich sagte, ich hätte ihn gesehen. Er hatte mich kurz vor Weihnachten angerufen und eigentlich ganz normal geklungen. Er wollte wissen, wo ich zu Mittag aß, und ich sagte, nirgendwo, weil ich noch Weihnachtseinkäufe machen musste. Er schlug vor, im Le Pavillon zu Mittag zu essen und danach gemeinsam einkaufen zu gehen. Im Pavillon trank er etliche Martinis, aber er war vollkommen klar im Kopf und sogar ganz lustig. Nur auf dem Weg nach draußen verschwand er kurz auf der Toilette, und dort musste er etwas genommen haben, denn keine zwanzig Minuten später hob er richtig ab.

Wir waren bei Gucci, und er hatte sich etwa zwei Dutzend sehr teure Pullis ausgesucht und sie auf die Theke gelegt. Plötzlich schnappte er sich die Pullis und ging damit nach draußen, wo es in Strömen regnete. Er warf alle Sachen auf die Straße und trampelte darauf herum.

Das Personal bei Gucci sah das gelassen. Ein Verkäufer zückte ganz ruhig Stift und Rechnungsblock und fragte mich: »An wen dürfen wir die Rechnung schicken?« Offenbar wusste der Mann wirklich nicht, wen er vor sich hatte, und bestand sogar auf irgendeinem Ausweis. Also ging ich nach draußen, wo Monty unter den Augen einer wachsenden Menge von Gaffern noch immer die Pullis bearbeitete, und fragte ihn, ob er eine Kreditkarte oder dergleichen bei sich hätte. Hochmütig sah er mich aus großen, verwirrten Augen an und sagte nur: »Mein Gesicht ist meine Kreditkarte!«

Elizabeth Taylors Augen, ohnehin schon immer so voller Lebensglanz, überzogen sich mit einem zusätzlichen Schimmer, als sie sagte: »Er kann unmöglich so weitermachen, das bringt ihn noch um.« Sie sollte recht behalten. Aber nicht ehe sie noch einen Film zusammen gedreht hatten, *Plötzlich im letzten Sommer*. Was wohl nur möglich war, weil sich Elizabeth Taylor bei unwilligen Produzenten immer wieder für ihn einsetzte. Der Film wurde Clifts letzte vorzeigbare Leistung und einer der besten von Elizabeth Taylor. Nur in Edward Albees *Wer hat Angst vor Virginia Woolf?* viele Jahre später gelingt ihr die Darstellung der bösartigen Hysterikerin noch überzeugender.

Dann vergingen einige Jahre, ehe wir uns wiedersahen, diesmal in London, wo sie Station gemacht hatte, ehe sie nach Rom zu jener unseligen *Cleopatra*-Produktion weiterflog. Sie und der *Busboy*, wie Mr. Fisher von den meisten Bekannten genannt wurde, bewohnten damals das Penthouse des Dorchester.

Ich hatte dieselbe Suite schon mehrfach besucht, da ein anderer Freund von mir einmal dort abgestiegen war. Die Inneneinrichtung stammte von Oliver Messel und war recht anheimelnd – gewesen, muss man hinzufügen. Denn das Messel-Ambiente war nach dem Einzug der Taylors durch die zahlreichen Katzen (und deren Haare), Hunde (nicht stubenrein) sowie durch die allgemeine Unordnung kaum noch wiederzuerkennen.

Bei meinem ersten Besuch in dieser einzigartigen Bleibe versuchte sie mir auch gleich eine hübsch getigerte Mieze anzudrehen, die sie irgendwo aufgelesen hatte. »Wieso willst du es denn nicht nehmen? Das ist gemein. Ich kann doch nicht alles hier quer durch Europa schleppen«, sagte sie und streckte die Arme aus, um den Umfang ihrer Verantwortung anzudeuten. Die Tiere allein hätten für eine ganze Zoohandlung gereicht. Aber da war noch der männliche Mitarbeiter, der jetzt die Drinks servierte, sowie ein Hausmädchen, das wiederholt mit gerade gelieferten Kleidern ins Zimmer huschte. (»Alle aus Paris. Aber das Meiste muss ich wohl zurückschicken, ich kann mir die vielen Sachen einfach nicht mehr leisten, ich habe kein Geld mehr. *Er* übrigens auch nicht. Debbie Reynolds hat jetzt alles.«[9] Nicht zu vergessen ihre letzte Bürde, Eddie, *The Busboy*, der auf der Couch lümmelte und sich die Augen rieb, als sei er gerade erst aufgewacht.

Sie zu ihm: »Was ist los? Warum reibst du dir dauernd die Augen?«

»Das kommt vom vielen Lesen«, klagte er.

»Wieso Lesen?«

»Das Ding da, das du mir gegeben hast, das ich lesen soll. Ich hab's versucht, aber ich komm einfach nicht weiter.«

Sie sah weg, vorwurfsvoll. »Er meint *Wer die Nachtigall stört*. Hast du es gelesen? Es ist gerade erschienen. Ich finde dieses Buch absolut wunderbar.«

Ich gab ihr recht. Ja, ich hätte es gelesen, sagte ich, denn ich kannte die Autorin Harper Lee noch aus Kindertagen. Wir waren praktisch zusammen aufgewachsen, in einer Kleinstadt in Alabama, und das Buch war mehr oder weniger autobiographisch, fast ein Schlüsselroman. Dill, eine der Hauptfiguren, das sollte ich sein.

»Siehst du?«, sagte sie zu ihrem Mann. »Ich habe vielleicht nicht die Spitzenbildung, aber ich erkenne sofort, wenn ein Buch echt ist. Ich mag das Echte.«

Der *Busboy* sah sie verwundert an. »Ach wirklich?«

Ein paar Tage später rief ich noch einmal an und erfuhr von ihrer Sekretärin, Elizabeth sei im Krankenhaus. »LIZ CRITICAL«, titelten die Londoner Abendzeitungen wenig später.

Als ich endlich auch Mr. *Busboy* Fischer an den Apparat bekam, schien der sich mit seiner Rolle als Witwer schon abgefunden zu haben. »Sieht so aus, als würde ich mein Mädchen verlieren«, sagte er. Das war zwar später der Fall, aber anders, als er dachte.

Dann erfuhr ich, dass sie überlebt hatte, und ging im Krankenhaus vorbei, um ihr ein paar Bücher dazulassen. Zu meiner Überraschung brachte man mich gleich auf ihr Zimmer. Ich war erschüttert, wie winzig es war. Zwar lag sie nicht in einem Krankensaal, aber diese klaustrophobische Besenkammer, in der gerade ein Bett und ein Holzstuhl Platz hatten, erschien mir nicht die passende Arena für den Überlebenskampf einer Leinwandkönigin.

Obwohl man ihr die vergangenen Strapazen ansah, war sie guter Dinge. Nur ihr Gesicht war noch immer weißer als das Krankenhausbettzeug, und ihre Augen, zumal ungeschminkt, sahen verschwollen aus, als hätte sie geweint. Das, wovon sie sich gerade erholte, war eine Art

Lungenentzündung. »Meine Lunge hat sich angefühlt, als wäre sie voller Qualm, beißend schwarzem Qualm. Sie mussten mir ein Loch in den Kehlkopf schneiden, um den Brandherd abzusaugen. Hier, siehst du ...«, sie zeigte auf die Wunde in ihrem Hals, die mit einer Art Gummistöpsel verschlossen war. »Wenn ich das rausziehe, ist meine Stimme weg.« Sie zog ihn tatsächlich heraus, und ihre Voraussage trat ein, sie hatte mit einem Mal keine Stimme mehr. Meine Bestürzung schien sie zu amüsieren.

Sie lachte sogar, aber davon war wie gesagt nichts zu hören, bis sie den Stöpsel wieder in das Loch steckte. »Das ist schon das zweite Mal, dass ich dachte, nein, dass ich *wusste*, dass ich sterben muss. Oder vielleicht sogar schon das dritte Mal. Aber so real wie jetzt war es noch nie. Das ist, wie wenn man irgendwo zwischen großen Wellen im Meer schwimmt und langsam auf den Horizont zutreibt, der so etwas ist wie das Ende der Welt, wo man einfach in die Tiefe stürzt. Und die ganze Zeit hat man dieses Rauschen im Kopf, obwohl ich ja meine, es war bloß mein eigener Atem, wenn man kaum noch Luft kriegt.« »Nein ...«, sagte sie auf meine Frage, »Angst hatte ich keine. Ich hatte keine Zeit dazu, da ich ja kämpfen musste. Ich wollte alles, nur nicht über die Kante von diesem Horizont. Und das passiert auch nicht, ich bin nicht der Typ dazu.«

Vielleicht passierte es wirklich nicht, zumindest nicht so wie bei Marilyn Monroe und Judy Garland, die sich beide nach diesem Horizont sehnten, dem Ende eines dunklen Regenbogens. Auch sie kämpften um ihr Ziel, erreichten es schließlich sogar, aber erst nach vielen Versuchen.

Dennoch verband diese drei auch etwas – und Marilyn Monroe und Judy Garland habe ich immerhin ganz gut gekannt –, nämlich eine Art emotionaler Extremismus, das gefährliche Bedürfnis, mehr geliebt zu werden als selber zu lieben. Es ist derselbe überhitzte Drang, der einen inkompetenten Spieler dazu verleitet, auf jeden Verlust mit noch höherem Einsatz zu reagieren.

»Darf ich dir einen Champagner anbieten?«, fragte sie und zeigte auf eine Flasche Dom Perignon, der in einem Wassereimer neben dem Bett kühlte. »Ich darf ja eigentlich nicht, aber was soll's? Nach allem, was ich durchgemacht habe...« Sie lachte und zog einmal mehr den Stöpsel aus ihrem Hals, wodurch das Lachen sofort verstummte.

Ich entkorkte die Flasche und goss Champagner in zwei hässliche Plastikbecher.

Seufzend trank sie den ersten Schluck. »Hmm, der ist gut. Champagner ist eigentlich alles, was mir schmeckt. Das Problem ist nur, man kriegt so Mundgeruch davon. Sag mal, hast du schon einmal geglaubt, dass du jetzt sterben musst?«

»Ja. Einmal hatte ich einen Blinddarmdurchbruch. Und ein andermal hat mich in einem Bach eine Mokassinschlange gebissen.«

»Und? Hattest du Angst?«

»Na ja, ich war noch ein Kind. Natürlich hatte ich Angst. Ich weiß nicht, ob das heute auch noch so wäre.«

Sie überlegte einen Moment und sagte dann: »Das Problem ist, ich kann mir gar nicht leisten zu sterben. Nicht dass ich noch große künstlerische Verpflichtungen hätte, vor Mikes Unfall wollte ich sogar endgültig weg vom Film, ich hatte genug von dem Zirkus. Aber ich habe finanzielle Verpflichtungen, auch emotionale: Was wird aus meinen Kindern? Oder aus den Hunden, da wir schon einmal dabei sind.« Sie trank ihren Becher aus, ich goss nach, und als sie weiterredete, erschien es mir fast wie ein Selbstgespräch. »Jeder will leben, nicht wahr? Selbst wenn man in Wirklichkeit gar nicht mehr will, man denkt es eigentlich doch nicht. Ich glaube ja, irgendwas wird in nächster Zeit passieren. Etwas, wodurch sich alles verändert. Was, meinst du, könnte das sein?«

»Liebe?«

»Und welche *Art* Liebe?«

»Tja, das Übliche eben.«

»Nein, das bringt mich nicht weiter.«

»Dann vielleicht religiöse Visionen?«

»Blödsinn!« Gedankenverloren biss sie sich auf die Lippe. Dann lachte sie hell auf und sagte: »Wie wär's mit einer Kombination aus Liebe und Visionen?«

Es sollten Jahre vergehen, bevor wir uns wiedersahen – und *mir* so etwas widerfuhr wie eine religiöse Vision. Es war an einem Winterabend in New York, und ich saß in einer Limousine zusammen mit Elizabeth Taylor und Richard Burton, dem begnadeten Bergarbeitersohn, der den *Busboy* ersetzt hatte.

Der Chauffeur der Burtons versuchte gerade, von einem Broadway-Theater wegzufahren, wo Burton aufgetreten war. Aber wegen der riesigen Menschenmenge auf der Straße kam der Wagen keinen Zentimeter vorwärts. Ohne Übertreibung, es mussten mehrere Tausend gewesen sein, die klatschten und kreischten und um jeden Preis einen winzigen Blick auf das bekannteste Liebespaar seit Wally Simpson und Edward VIII. erhaschen wollten. Bleiche, verschwitzte Gesichter wurden gegen die Wagenscheiben gedrückt, pummelige Mädchen gerieten in Ekstase, trommelten auf das Dach. Dazu kamen Hunderte andere Theatergänger, die sich plötzlich inmitten dieser frenetisch lachenden oder von Heulkrämpfen geschüttelten Burton-Taylor-Fans wiederfanden. Der Auflauf erinnerte an einen Erdrutsch aus Menschenleibern, der durch nichts mehr beiseite zu räumen war, nicht einmal durch die berittene Polizei, die mit ihren Schlagstöcken versuchte, die Menge so behutsam wie möglich zurückzudrängen.

Burton, ein Mann mit wasserhellen Augen und einer von Akne zerkratzten Haut, an der man ein Streichholz hätte entzünden könne, genoss das Spektakel sichtlich. »Eigenartiges Phänomen«, sagte er mit seinem Waliser Singsang und einem Grinsen voll teurer Jacketkronen. »Aber jeden Abend, wenn mich Elizabeth nach der Vorstellung abholt, stehen hier diese … diese …«

»… notgeilen Weiber«, ergänzte seine Frau kühl.

»Nein, diese theaterbegeisterten … diese *enthusiasmierten* Leute«, korrigierte er mit vorwurfsvollem Unterton. »Sie warten die ganze Zeit, nur weil sie ein einziges Mal sehen wollen …«

»… was wir für verkommene Freaks sind. Herrgott, Richard, wach auf. Merkst du nicht, dass sie bloß hier sind, weil man sich über Sünder wie uns so schön empören kann?«

Ein alter Mann war auf die Kühlerhaube gesprungen und brüllte Obszönitäten, doch im selben Moment sah der Chauffeur eine Möglichkeit zur Flucht und gab Gas. Der Alte rutschte auf die Straße, genau zwischen die Hufe der nervös tänzelnden Pferde.

Elizabeth Taylor war erschrocken. »Das macht mir wirklich Sorgen. Dass sich einmal jemand ernsthaft verletzt.«

Burton blieb gelassen. »Neulich hat uns Sinatra begleitet. Der konnte das kaum fassen. Meinte, so etwas wie das hier hätte er noch nie gesehen. Er war schwer beeindruckt.«

Wie beeindruckend auch immer, Elizabeth Taylor deprimierte der Rummel eher. Sobald wir in ihrem Hotel waren, wo übrigens wieder eine Gruppe Fans wartete, machte sie sich erst einmal eine Art dreifachen Wodka, Burton ebenfalls.

Dem Wodka folgte Champagner, und der Zimmerservice brachte ein nicht sehr aufregendes Nachtmahl. Burton und Taylor verschlangen es geradezu. Dieser Heißhunger ist mir auch schon bei anderen Tänzern oder Schauspielern aufgefallen, dennoch halten sie immer ihr traumhaftes Gewicht. (Im richtigen Leben wirkt Elizabeth Taylor auch längst nicht so mollig wie auf manchen Fotos. Offenbar hat die Kamera die Eigenart, einem leicht mal dreißig Pfund mehr zuzuschieben. Sogar die gertenschlanke Audrey Hepburn bildete da keine Ausnahme.)

Nach und nach aber ließ sich die Spannung zwischen den beiden nicht mehr übersehen. Kaum ein Satz, der ohne Widerspruch blieb, ähnlich wie in *Wer hat Angst vor Virginia Woolf?*. Aber es war eine romantische Spannung, die Spannung zwischen zwei Menschen, die sich immer *alles* gaben, seelisch wie körperlich. Jane Austen hat einmal gesagt, dass die ganze Literatur eigentlich nur um zwei Themen kreist: Liebe und Geld. Burton, ein blendender Unterhalter, sprach über beides. Liebe? »Ich liebe diese Frau. Sie ist das interessanteste und aufregendste Wesen, dem ich je begegnet bin.« Und Geld? »Geld ist mir wichtig – weil ich früher nie welches hatte, erst jetzt. Ich weiß ja nicht, was Sie unter Reichtum verstehen, aber ich *will* reich sein.« Daneben war ihm aber noch etwas anderes wichtig. Nein, nicht die Schauspielerei, sondern die Literatur, genauer gesagt das Schreiben. »Eigentlich wollte ich nie Schauspieler werden, sondern Schriftsteller. Und das werde ich auch, Schriftsteller – wenn dieses Affentheater hier einmal zu Ende ist.«

Kaum hatte er das gesagt, leuchteten Elizabeths Augen auf eine Weise, dass man meinen konnte, jemand hätte ein weiteres Licht angeknipst.

Burton ging hinaus, um der nächsten Flasche den Hals zu brechen.

Sie sagte: »Oh, natürlich streiten wir uns auch. Aber mit ihm *kann* man sich wenigstens streiten. Er hat Ahnung. Er hat alles gelesen, und es gibt nichts, worüber man mit ihm nicht reden kann. Obwohl seine Freunde ja alle gegen unsere Ehe waren. Emlyn Williams zum Beispiel hat zu ihm gesagt, er sei dumm, wenn er mich heirate. Und irgendwie stimmte es ja auch, er war der große Schauspieler – und ich, ich war nichts, ein Filmstar. Aber das Wichtigste ist ohnehin, was sich zwischen einem Mann und einer Frau abspielt, die sich wirklich lieben. Oder überhaupt zwischen zwei Menschen, die sich lieben.«

Sie ging zum Fenster und zog den Vorhang zurück. Regen hatte eingesetzt und prasselte gegen die Scheibe. »Von Regen werde ich immer müde. Ich will eigentlich gar keinen Champagner mehr. Nicht doch, um Gottes willen, geh nicht, so war das nicht gemeint. Wir trinken eh noch die ganze Flasche. Und dann ist entweder alles wunderbar oder wir streiten uns. Er meint ja, ich trinke zu viel. Keine Ahnung, ob das so ist. Aber dass *er* zu viel trinkt, das weiß ich mit Sicherheit. Ich versuche nur mitzuhalten. Ich will immer in seiner Nähe sein. Erinnerst du dich, wie ich dir vor langer Zeit einmal sagte, dass ich gerne etwas hätte, wofür ich leben könnte?«

Sie schloss den Vorhang wieder und sah mich blicklos an – Galatea, auf den letzten, leeren Horizont schauend.

»Wie denkst du heute darüber?« Aber es war eine Frage, auf die sie die Antwort schon wusste. »Was, meinst du, wird aus uns? Ich glaube, wenn man gefunden hat, wonach man sucht, dann ist das nicht der Anfang großer Dinge, sondern nur der Anfang vom Ende.«

ERINNERUNG AN TENNESSEE
WILLIAMS

»TENNESSEE WILLIAMS DEAD AT 71«, so stand es auf der Titelseite der *New York Times*. Er war erstickt, hieß es, gestorben an der Plastikkappe eines Tablettenfläschchens, als er sein Beruhigungsmittel nehmen wollte. So unglaublich es klingt, die Verschlusskappe geriet in seine Luftröhre, und daran ist er erstickt. Es geschah im Elysée, diesem witzigen kleinen Hotel in den East Fifties. Tennessee hatte auch eine Wohnung in New York, aber wenn er in der Stadt war, wohnte er immer im Elysée. Die kleine, spärlich eingerichtete Wohnung in der West 42nd Street, also nah dran am Geschehen, diente ihm lediglich als Ausweichquartier zur Bewirtung neuer Männerbekanntschaften.

Ein merkwürdiger Abgang für einen Mann, der immer so einen romantischen Todeskult betrieben hatte. Schon als junger Mensch rechnete er jeden Tag mit seinem Ableben. Bei dem einzigen Streit, den wir im Leben hatten, ging es um seine hypochondrische Empfindlichkeit in diesem Punkt. Damals liefen gerade die Proben zu *Sommer und Rauch*. Beim Abendessen in einem Restaurant erzählte ich ihm die (wie ich meinte) lustige Geschichte, die ich im Theater über die Regisseurin gehört hatte. Denn diese Regisseurin, eine Frau aus Texas, ließ vor jeder Probe das gesamte Ensemble antreten, um den Leuten einzuschärfen, welche Mühe sie sich, bitteschön, geben sollten, da Tennessee im Sterben liege. »Dieses Stück ist Tenns letztes großes Meisterwerk. Er ist ein todkranker Mann, ihm bleiben nur noch wenige Monate, das hat er mir selbst gesagt. Natürlich sagt er das dauernd, aber diesmal stimmt es. Sogar sein Agent rechnet nicht mehr damit, dass er sich noch einmal erholt.«

Tennessee fand die Anekdote überhaupt nicht lustig, im Gegenteil, sie brachte ihn so in Rage, dass er zuerst Gläser und Geschirr auf den Boden warf und schließlich den ganzen Tisch umstieß. Danach verließ er wortlos das Restaurant und ließ mich perplex und allein mit der Rechnung zurück.

Ich war sechzehn, als wir uns zum ersten Mal begegneten, er dreizehn Jahre älter, Kellner in einem Café in Greenwich Village – und angehender Theaterautor. Wir wurden schnell Freunde. Auch wenn die Leute gleich mehr dahinter vermuteten, es war eine rein platonische Freundschaft. Damals gab er mir alle seine Einakter zu lesen, und wir studierten sie zusammen ein. Nach und nach, über Jahre hinweg, bauten wir *Die Glasmenagerie* zusammen. Ich spielte immer die Tochter.

Mit seiner Sex- und Alkoholsucht, seiner hemmungslosen Partyversessenheit, wäre er spätestens mit Mitte vierzig erledigt gewesen. Aber zum Glück gab es Frank Merlo. Frank war ein Matrose, den ich in den Kriegsjahren kennengelernt hatte. Fünf Jahre später – Frank war nicht mehr bei der Navy – sah uns Tennessee bei einem gemütlichen Italiener. Weder vor- noch nachher habe ich ihn je so aufgedreht erlebt. Den eigenen Gast, seine Agentin Audrey Wood, ließ er einfach sitzen und nahm ungefragt an unserem Tisch Platz. Nicht einmal zehn Minuten nachdem ich die beiden einander vorgestellt hatte, sagte Tennessee zu Frank: »Hast du Lust, heute Abend mit mir essen zu gehen?«

Die Einladung bezog sich eindeutig nur auf Frank, aber der zögerte. Er wusste einfach nicht, was er darauf antworten sollte. Deshalb sagte ich für ihn: »Sicher, klar hat er Lust, mit dir essen zu gehen.«

Und so geschah es. Vierzehn Jahre lang waren sie ein Paar, und es waren die glücklichsten Jahre in Tennessees Leben. Frank war Ehemann, Liebhaber und Agent in einem. Außerdem konnte er Parties organisieren, was Tennessee sehr entgegenkam. So auch, als Yukio Mishima, der brillante japanische Schriftsteller (und Anführer einer kaisertreuen Privatarmee, der nach einem erfolglosen Putsch gegen das japanische Militär Harakiri beging) im Jahr 1952 nach New York kam. Zu Mishimas Ehren trieb er zusammen, was zwischen New York und San Francisco an Geishas zu finden war, aber damit nicht genug, er kleidete zusätzlich noch hundert Drag-Geishas ein. Heraus kam die irrste Party, die ich in meinen ganzen Leben gesehen habe. Auch Tennessee ging als Geisha, und zusammen mit Mishima fuhr er später, mit Champagner bestens versorgt, durch den Central Park, bis der Morgen graute. Nach diesem ersten Eindruck vom Leben im Westen sagte Mishima: »Ich will *nie wieder* nach Japan zurück.«

Als Frank 1962 an Krebs starb, starb auch ein Stück von Tennessee. Ich erinnere mich noch gut an Franks letzte Stunden in einem New Yorker Krankenhaus, wo sich die Freunde praktisch die Klinke in die Hand gaben. Schließlich wurde es dem Arzt zu bunt, und er schickte alle hinaus, auch Tennessee. Aber der weigerte sich, kniete stattdessen vor dem schmalen Bett nieder, ergriff Franks Hand und drückte sie an seine Wange.

Der Arzt blieb hart. Doch auf einmal flüsterte Frank: »Nein, er soll bleiben. Schaden kann es mir nicht, schließlich bin ich an ihn gewöhnt.«

Seufzend ließ sie der Arzt allein.

Danach war Tennessee nie wieder derselbe. Getrunken hatte er ja schon immer, aber jetzt kamen noch Drogen hinzu. Auch sein Umgang veränderte sich. Im Grunde aber lebte er die letzten zwanzig Jahre seines Lebens ganz allein – mit dem Geist von Frank.

Wenn ich heute an Tennessee zurückdenke, fallen mir jedoch zuerst die guten Zeiten ein. Er war ein Mensch, der trotz seiner unheilbaren Traurigkeit in seinem Innern immer gern gelacht hat. Er hatte ein bemerkenswertes Lachen. Es war nicht etwa vulgär oder besonders laut, aber es hatte diesen rauen, kehligen Ton des Mississippi-Schiffers. Egal wie dicht das Gedränge auf einer Party, man hörte sofort, wenn Tennessee da war.

Und so war auch sein Humor: derb. Wenn er sich über etwas geärgert hatte, konnte er seinen Zorn einfach weglachen, er brauchte nur die üblichen fünf Martinis dazu. Oder aber er versank in tiefer Verbitterung: über sich selbst, seinen Vater, seine Familie. Sein Vater hatte ihn nie verstanden, und seine Familie gab ihm die Schuld an der psychischen Erkrankung seiner Schwester. Tennessee selbst hielt sich für nicht normal, man sah es an seinen Augen. Wie auf einem Riesenrad drehten sich in ihnen Belustigung und Bitterkeit.

Aber es hat immer Spaß gemacht mit ihm. Wir gingen regelmäßig zusammen ins Kino und wurden oft rausgeschmissen. Er hatte nämlich die Angewohnheit, sich über die Dialoge lustig zu machen oder beispielsweise Joan Crawford zu imitieren. Meist dauerte es nicht lang, bis der Geschäftsführer erschien und uns aufforderte, den Saal zu verlassen.

Das Komischste aber passierte vor vier oder fünf Jahren in einer hoffnungslos überfüllten Bar in Key West. Es waren sicher dreihundert Leute da, sowohl Schwule wie Heten. An einem kleinen Tisch in der Ecke saß ein betrunkenes Ehepaar. Sie trug eine Hose und ein Halter-Top und kam an unseren Tisch, hielt mir ihren Kajalstift hin und bat mich, ihren Bauchnabel zu signieren.

Ich lachte und sagte nur: »Nein, bitte lassen Sie uns in Ruhe.«

»Das ist aber nicht nett«, schaltete sich Tennessee ein, nahm den Stift und pinselte meinen Namen rund um ihren Nabel. Mittlerweile guckten alle zu. Ihr Mann war stinksauer, als sie wieder an ihrem gemeinsamen Tisch saß. Bevor wir wussten, was geschah, hatte er sich den Kajalstift geschnappt, trat vor uns hin und machte seine Hose auf. Er zog seinen Schwanz heraus und sagte: »Da Sie offenbar in Signierlaune sind, darf ich Sie bitten, mir auch *darauf* ein Autogramm zu geben!«

Ich hatte noch nie erlebt, wie es in einem Laden mit dreihundert Leuten so still wurde. Ich wusste auch nicht, was ich jetzt sagen sollte und sah ihn nur an.

Abermals nahm sich Tennessee den Stift. »Keine Ahnung, ob der Platz für Trumans vollen Namen reicht«, sagte er und zwinkerte mir zu, »aber ich versuch's mal mit den Initialen.«

Im nächsten Moment brach die ganze Bar in Lachen aus.

Zum letzten Mal sah ich ihn wenige Wochen vor seinem Tod. Wir aßen in einem sehr intimen kleinen Restaurant namens Le Club, und Tennessee war gesundheitlich wohlauf, aber deprimiert. Er sagte, er habe praktisch keine Freunde mehr und ich sei einer der Wenigen, die ihn überhaupt je gekannt hatten. Er wünschte sich, dass wir wieder so gute Freunde würden wie früher.

Während wir uns am prasselnden Kaminfeuer weiter unterhielten, dachte ich: Ja, ich kenne ihn wirklich. Und ich erinnerte mich sogar an den Abend, an dem mir das zum ersten Mal aufgefallen war.

Es war 1947, bei der Premiere von *Endstation Sehnsucht*, einem geradezu unglaublichen Abend. Über der Schlussszene verlöschen langsam die Lichter. Willenlos geht Blanche DuBois auf den Arzt und die Krankenschwester zu, die sie wegbringen werden, und sagt dabei: »Wer immer Sie sind – ich habe mich ja stets auf die Freundlichkeit fremder Leute verlassen.« Und alles ist mucksmäuschenstill im Saal, die Zuschauer sind wie erstarrt, vor so viel Schrecken und Schönheit stockt ihnen das Herz. Selbst als der Vorhang gefallen ist, rührt sich lange niemand. Doch dann, als platzten hunderttausend Luftballons zur gleichen Zeit, bricht ein wahrer Orkan los, und es hält die Leute nicht länger auf ihren Sitzen. Standing Ovations wie eine gigantische Woge in Richtung Bühne.

Sechzehn Vorhänge allein für die Stars des Abends, Jessica Tandy und Marlon Brando, ehe die ersten »Autor! Autor!«-Rufe laut wurden. Aber Tennessee, dieser junge Mr. Williams, zögerte und wurde rot, als habe er gerade den ersten Kuss seines Lebens bekommen – und dann noch von völlig Fremden. Sicher ist auch, dass er mit so einer Reaktion überhaupt nicht gerechnet hatte und auch nicht angezogen war für den großen Auftritt auf der Bühne. (Außerdem war er damals noch krankhaft sparsam und hatte nicht einmal für diese Premiere einen neuen Anzug in Betracht gezogen.) Er trug lediglich seinen dunkelblauen Anzug, der von unzählige U-Bahn-Fahrten schon ganz blankgewetzt war, seine Krawatte hatte sich gelockert und ein Hemdknopf hing nur noch an einem Faden. Dennoch, der Gesamteindruck was faszinierend. Ein nicht gerade hochgewachsener Mann, aber proper, kräftig und mit gesunder Gesichtsfarbe. Er hob die Hände und konnte das Publikum wenigstens so lange besänftigen, bis er gesagt hatte: »Ich danke Ihnen. Vielen,

vielen Dank ...« Dies mit jener schleppenden Artikulation, als führte der große Mississippi nichts als reinen Gin. Was er in diesem Moment empfunden hat? Ich würde sagen: Freude, kein Glück. Freude ist kurz wie ein Kokain-Flash, Glück ist ein Zustand und hält sich eine Weile.

Tief in seinem Innern war Tennessee aber kein glücklicher Mensch, auch wenn er dauernd lächelte und immer am lautesten lachte. Und zumindest für mich stand fest, dass Blanche und er eigentlich austauschbar waren. Die beiden besaßen dieselbe Feinfühligkeit, dieselbe Unsicherheit, dieselbe traurige Begierde. Das sind meine Gedanken, während ich verfolge, wie er sich im ohrenbetäubenden Applaus ein ums andere Mal verbeugt. Doch zugleich scheint er mit dem Vorhang zu verschmelzen, um schließlich ganz dahinter zu verschwinden, so, als würde er, ganz wie Blanche DuBois, von einem Arzt und einer Krankenschwester in ein ungutes Schattenreich abgeführt.

ERINNERUNG AN WILLA CATHER

Meine ganze Familie kommt aus dem Süden, stammt entweder aus New Orleans oder aus dem ländlichen Alabama. Mehr als vierzig der männlichen Familienmitglieder sind im amerikanischen Bürgerkrieg gefallen, darunter mein Urgroßvater.

Vor langer Zeit schon – ich war etwa zehn – begann ich mich mit diesen Gefallenen zu befassen, denn in unserer Familie war noch viel Feldpost erhalten. Ich interessierte mich bereits fürs Schreiben (hatte auch schon mehrere kleine Aufsätze in der Zeitschrift *Scholastic* veröffentlicht) und wollte diese Briefe in einem historischen Roman verarbeiten.

Die äußeren Umstände hinderten mich zunächst daran, erst acht Jahre später, als junger Journalist, der sich in New York so gerade über Wasser halten konnte, entsann ich mich wieder dieses Themas. Natürlich war dazu noch eine Menge Recherche erforderlich, und die traditionsreiche New York Society Library erschien mir dafür genau der richtige Ort.

Aus mehreren Gründen. Zum einen war es gerade Winter, und diese Bibliothek nahe der Park Avenue war stets sauber und gut geheizt, also genau die Art Refugium, in dem man ganze Tage zubringen konnte. Außerdem entsprachen Personal und Klientel der bevorzugten Lage der Bibliothek, gehobene Literati mit guten Umgangsformen bestimmten das Bild. Einige der regelmäßigen Nutzer waren sogar noch mehr als das, zum Beispiel die Frau mit den blauen Augen.

Ihre Augen waren tatsächlich so blau wie ein Präriemorgen. Ihr Gesicht strahlte etwas Schlichtes und Gesundes aus, und das lag nicht nur an dem fehlenden Make-up. Sie war mittelgroß, kräftig, aber nicht zu kräftig. Ihre Kleidung setzte sich aus ungewöhnlichen, aber nicht unvorteilhaften Elementen zusammen. Sie trug flache Schuhe und dicke Strümpfe, dazu eine hübsche Halskette mit Türkisen, die gut zu ihren Tweed-Kostümen passte. Sie hatte grau melierte Haare und eine strenge, beinahe maskuline Frisur. Das Auffälligste an ihr war jedoch der Zobelmantel, den sie praktisch nie ablegte.

So auch am Tag des großen Wintersturms. Als ich gegen vier Uhr die Bibliothek verließ, sah es draußen so aus, als hätte man den Nordpol nach New York verlegt. Faustgroße Schneebälle bombardierten die Straße.

Die Frau mit den blauen Augen und dem flauschigen Zobel stand am Straßenrand und wollte sich ein Taxi heranwinken. Ich wollte ihr helfen, aber Taxis waren nicht in Sicht, überhaupt gab es kaum Verkehr.

Ich sagte: »Vielleicht sind alle Taxifahrer schon zu Hause.«

»Na, auch egal, ich wohne nicht weit von hier.« Durch das Schneegestöber drang eine tiefe, weiche Stimme zu mir.

Ich fragte: »Darf ich Sie nach Hause bringen?«

Sie lächelte. Wir gingen die Madison Avenue entlang, bis wir vor einem Longchamps-Restaurant standen. Sie sagte: »Ich könnte eine Tasse Tee vertragen, wie steht es mit Ihnen?« Ich sagte Ja, aber drinnen bestellte ich mir einen doppelten Martini. Sie lachte und fragte, ob ich für so etwas nicht ein bisschen zu jung sei.

Worauf ich ihr alles über mich erzählte. Wie alt ich war. Dass ich in New Orleans geboren sei. Und dass ich Schriftsteller werden wollte.

Ach wirklich? Welche Schriftsteller ich denn am meisten bewunderte? (Allem Anschein nach kam sie nicht aus New York, ihr Akzent deutete eher auf den Westen.)

»Flaubert, Turgenjew, Proust, Dickens, E. M. Forster, Conan Doyle, Maupassant ...«

Sie lachte. »Das ist ja eine ganz schöne Auswahl. Aber was ist mit amerikanischen Schriftstellern?«

»Zum Beispiel?«

Sie zögerte keinen Moment. »Sarah Orne Jewett zum Beispiel. Edith Wharton ...«

»Miss Jewett hat ein gutes Buch geschrieben, *Das Land der spitzen Tannen*. Auch Edith Wharton hat ein gutes Buch geschrieben, *Das Haus der Freude*. Aber ich mag auch Henry James, Mark Twain, Melville. Willa Cather liebe ich regelrecht. *Meine Antonia, Der Tod kommt zum Erzbischof*. Haben Sie ihre wundervollen Novellen gelesen, *Frau im Zwielicht* und *Eine alte Geschichte*?

»Ja.« Sie nippte kurz an ihrem Tee, setzte mit einer leicht nervösen Geste die Tasse ab und schien zu überlegen. »Ich sollte Ihnen vielleicht sagen ...« Sie hielt inne und fügte beinahe flüsternd hinzu: »*Ich* habe diese Bücher geschrieben.«

Ich war völlig perplex. Wie konnte ich nur so dämlich sein? In meinem Schlafzimmer hing ein Bild von ihr. Natürlich, das war Willa Cather! Diese makellosen himmelblauen Augen, die Kurzhaarfrisur, das breite Gesicht mit dem energischen Kinn. Ich schwankte zwischen Lachen und Weinen. Es gab niemanden auf der Welt, dem ich lieber begegnet wäre als ihr, denn niemand hatte einen größeren Eindruck auf mich gemacht – weder die Garbo noch Gandhi noch Einstein noch Churchill oder Stalin. Niemand. Offenbar hat sie das ebenfalls gemerkt, und jetzt fehlten uns beiden die Worte. Ratlos kippte ich meinen doppelten Martini herunter.

Aber bald waren wir wieder auf der Straße und stapften durch den Schnee, bis wir vor dem vornehmen Stadthaus in der Park Avenue standen. Sie sagte: »Hier wohne ich.« Dann unvermittelt: »Wenn Sie am Donnerstag etwas Zeit haben, dann kommen Sie doch zum Abendessen, ich schlage vor so gegen sieben. Und bringen Sie einige Ihrer Arbeiten mit, ich würde sie gern lesen.«

Mein Gott, war ich aufgeregt. Ich kaufte mir einen neuen Anzug und tippte drei Kurzgeschichten noch einmal sauber ab. Punkt sieben am darauffolgenden Donnerstag klingelte ich an ihrer Tür.

Mir ging immer noch nicht in den Kopf, dass Willa

Cather Zobelmäntel trug und in der noblen Park Avenue residierte. (Irgendwie hatte ich sie mir in einer Kleinstadt wie Red Cloud, Nebraska, vorgestellt.) Zwar verfügte ihre Wohnung über nicht allzu viele Zimmer, aber es waren großzügige Räume. Diese bewohnte sie mit ihrer etwa gleichaltrigen Lebensgefährtin Edith Lewis, welche dieselbe diskrete Eleganz ausstrahlte wie sie.

Überhaupt machten die beiden den Eindruck eines vollkommen aufeinander eingespielten Paares. Ich hatte keinen Zweifel, dass sie die Wohnung gemeinsam eingerichtet hatten. Überall standen Blumen, Winterflieder, Pfingstrosen, zartlila Rosen. Und in den Bücherwänden des Wohnzimmers – eine freie Wand gab es gar nicht – reihten sich die Luxusausgaben.

KONVERSATIONEN

UND DANN IST EBEN ALLES PASSIERT

*O*rt: Eine Zelle im Hochsicherheitstrakt von San Quentin in Kalifornien. Die Zelle ist lediglich mit einer Pritsche ausgestattet, sodass Dauergast Robert Beausoleil und sein Besucher mit dieser unbequemen Sitzgelegenheit vorlieb nehmen müssen. Die Zelle ist sauber und aufgeräumt, in einer Ecke steht eine auf Hochglanz polierte Gitarre. Aber es ist ein Winternachmittag, Kälte mit einem Hauch Feuchtigkeit hängt in der Luft, als hätte der Nebel über der San Francisco Bay die Gefängnismauern infiltriert.

Trotz der Kälte trägt Beausoleil kein Hemd, sondern nur diese blauen Drillichhosen, Knastuniform. Es ist unverkennbar, dass er mehr als zufrieden ist mit seiner äußeren Erscheinung und ganz besonders mit seinem Körper, der offenbar selbst nach zehnjähriger Haft nichts von seiner raubtierhaften Kraft und Geschmeidigkeit eingebüßt hat. Brust und Arme sind eine einzige Tattoo-Galerie: fauchende Drachen, geschlängelte Chrysanthemen, entschlängelte Schlangen. Manche halten Beausoleil für außerordentlich gutaussehend, und das ist nicht verkehrt. Er sieht gut aus, aber eher auf diese Macho-Zuhälterart. Es überrascht nicht, dass er schon als Kind in mehreren Hollywood-Streifen aufgetreten ist. Eine Zeit lang war er der Liebling des Filmemachers und Autors Kenneth Anger (*Scorpio Rising, Hollywood Babylon*). Anger gab ihm sogar die Hauptrolle in *Lucifer Rising*, doch der Film wurde nie fertig.

Der inzwischen einunddreißigjährige Robert Beausoleil ist die schillerndste Gestalt aus der Manson-Sekte. Denn was weder in den Ermittlungen noch in den Verhandlungen je auf den Tisch kam: Er ist die Schlüsselfigur hinter dieser so genannten Manson-Family und ihrer bestialischen Mordserie, die mit dem Tod von Sharon Tate sowie Leno und Rosemary LaBianca ihren grausigen Höhepunkt fand.

Begonnen hatte alles im August 1969 mit dem Mord an Gary Hinman, einem Berufsmusiker mittleren Alters, der sich mit verschiedenen Mitgliedern der Manson-Bruderschaft angefreundet und das Pech hatte, in einem kleinen abgelegenen Haus im Topanga Canyon in Los Angeles County zu wohnen. Hinman war gefesselt und über mehrere Tage lang gefoltert worden (unter anderem wurde ihm ein Ohr abgeschnitten), ehe sie seinen Qualen ein Ende setzten und seine Kehle aufschlitzten. Als die aufgeblähte und mit Fliegen übersäte Leiche schließlich gefunden wurde, entdeckte die Polizei an den Wänden der bescheidenen Bleibe dieselben blutigen Schmierereien (»Tod den reichen Schweinen!«) wie später auch in den Häusern von Sharon Tate und des Industriellenehepaars LaBianca.

Denn nur wenige Tage vor den Tate-LaBianca-Massakern war Robert Beausoleil in Hinmans Wagen erwischt worden und befand sich seitdem aufgrund dringenden Tatverdachts in Untersuchungshaft. Manson und seine Kumpane hofften wohl, durch weitere Bluttaten im selben Stil den Verdacht von Beausoleil abzulenken, denn wenn Beausoleil zum Zeitpunkt dieser Verbrechen im Gefängnis saß, konnte er für Hinmans Tod schlecht verantwortlich sein. So oder so ähnlich muss man in der Manson-Bande wohl kalkuliert haben. Dies wiederum würde bedeuten, dass sich Tex Watson und jenes Killerbabe-Trio, bestehend aus Susan Atkins, Patricia Krenwinkel und Leslie Van Houten, allein aus Liebe zu ihrem Bobby Beausoleil auf diesen teuflischen Amoklauf begeben hatten.

RB: Ist schon seltsam. Ich meine mein Name. Beausoleil. Beausoleil ist französisch und heißt »schöne Sonne«. *Fuck!* Hier in dieser Ferienanlage kannst du Sonne vergessen. Oder hör doch mal die Nebelhörner. Hören sich an wie eine Eisenbahn. Duuuhn! Duuuhn! Im Sommer ist es noch schlimmer. Na ja, kein Wunder, im Sommer ist auf der Bay auch mehr Nebel als im Winter. Überhaupt das Wetter – *fuck!* Das Wetter ist mir scheißegal, ich geh sowieso nicht raus. Hörst du, schon wieder: Duuuhn! Duuuhn! Und sonst? Was läuft so?
TC: Na ja, ich war zufällig gerade im Hause. Hab mich ein bisschen mit Sirhan[10] unterhalten.
RB (lacht): Sirhan B. Sirhan, den kenne ich aus meiner Zeit in Death Row. Der hat einen an der Klatsche, den sollten sie mal auswuchten, der gehört nach Atascadero[11].

Kaugummi? Wie es aussieht, kennst du dich allmählich hier aus. Hab dich unten auf dem Hof gesehen. Hat mich gewundert, dass die Knastleitung einen von draußen hier ganz allein herumspazieren lässt. Nicht dass dich noch einer absticht.

TC: Aber warum sollte das jemand tun?

RB: Nur so, für den Kick. Aber die Jungs sagen, du wärst schon oft hier gewesen.

TC: Vielleicht ein halbes Dutzend Mal, wegen verschiedener Recherchen.

RB: Weißt du, was ich hier noch nie gesehen habe? Den kleinen apfelgrünen Raum. Den würd ich mir gern mal ansehen. Als sie mir die Hinman-Sache angehängt haben und ich die Todesstrafe bekam, war ich ziemlich lang in Death Row. Da fragt man sich schon, wie es in diesem kleinen grünen Raum mal aussehen wird.

TC: Es sind eher drei Räume als einer.

RB: Also ich hab mir das so vorgestellt: ein kleiner runder Raum mit einer Art Iglu in der Mitte, also ein Iglu aus Glas. Mit Fenstern, damit die Zeugen draußen auch schön sehen können, wie der Betreffende gerade an Veilchenduft verreckt.

TC: Ja, das ist der Raum mit der Gaskammer. Aber wenn der Häftling vom Todestrakt heruntergebracht wird, kommt er vom Aufzug erst einmal in einen so genannten »Gewahrsamsraum«, der liegt direkt neben dem Zeugenzimmer. In diesem Gewahrsamsraum sind zwei Zellen für den Fall, dass zwei Hinrichtungen stattfinden. Das sind übrigens ganz normale Zellen, so wie diese hier. Darin verbringt der Häftling die Nacht vor der Hinrichtung. Da

kann er lesen, Radio hören oder mit den Wärtern Karten spielen. Aber das Interessanteste an dieser kleinen Suite ist das dritte Zimmer, rechts neben dem Gewahrsamsraum. Die Tür ist zwar zu, doch man kann ganz einfach hineingehen, die Wärter haben nicht einmal etwas dagegen. Es ist eine Rumpelkammer gewissermaßen, aber es gehört zum Unheimlichsten, was ich je gesehen habe. Wissen Sie, was sich in diesem Zimmer befindet? All die persönlichen Gegenstände, die die Verurteilten dabeihatten, als sie in den Gewahrsamsraum kamen. Bücher, Bibeln, Westernhefte oder Romane von Erle Stanley Gardner oder James Bond. Alte vergilbte Zeitungen, manche über zwanzig Jahre alt. Unvollendete Kreuzworträtsel. Halb geschriebene Briefe. Fotos von der Freundin. Verblasste, zerknickte Kinderbilder. Erschütternd.
RB: Schon mal gesehen, wie einer vergast wird?
TC: Ein Mal. Aber der Mann sah das irgendwie gelassen. Er schien froh zu sein, dass endlich Schluss war. Er hat sich in diesen Stuhl gesetzt, als wäre er beim Zahnarzt und wollte sich bloß die Zähne reinigen lassen. In Kansas hingegen war ich einmal dabei, wie zwei Männer gehängt wurden.
RB: Das war dieser Perry Smith, richtig? Und dieser andere, wie hieß er noch? Dick Hickock. Na ja, ich nehme mal an, wenn sich der Strang so mit voller Wucht zuzieht, merkt man davon nicht mehr viel.
TC: Ja, das wird immer behauptet. Aber in Wirklichkeit lebt man weiter, manchmal fünfzehn, zwanzig Minuten lang. Das ist der eigentliche Todeskampf, denn der Körper schnappt immer noch nach Luft, ringt um jede Sekunde.

Also ich konnte mir nicht helfen, ich habe gekotzt, als ich das sah.

RB: Bist am Ende wohl doch nicht so cool, wie du immer tust, was? Komisch, von außen siehst du erst mal so aus. Wie auch immer. Und Sirhan? Hat er dir was von den Haftbedingungen im Bunker vorgeheult?

TC: So ähnlich. Er leidet unter der Einsamkeit. Er wäre lieber bei den anderen Häftlingen im normalen Vollzug. Er will wieder dazugehören.

RB: Aber nur, weil der Blödmann nicht weiß, was gut für ihn ist. Draußen legt ihn garantiert einer um.

TC: Wieso denn das?

RB: Aus demselben Grund, aus dem er Kennedy abgeknallt hat. Ruhm und Ehre. Jeder Zweite von denen, die andere Leute kaltmachen, tut es allein aus Angeberei. Sie wollen eben ihr Bild mal in der Zeitung sehen.

TC: Aber Gary Hinman haben Sie nicht deswegen umgebracht.

RB: (keine Antwort)

TC: Das war, weil Manson und Sie an Hinmans Wagen wollten und an sein Geld, und als er Widerstand leistete ... nun ja ...

RB: (keine Antwort)

TC: Wissen Sie, mir ist da etwas Merkwürdiges aufgefallen. Ich kenne Sirhan, aber ich kannte auch Robert Kennedy. Ich kannte Lee Harvey Oswald, aber auch John F. Kennedy. Ist Ihnen klar, wie gering die statistische Chance ist, dass ein einzelner Mensch all diese vier Personen kennt? Wahrscheinlich astronomisch gering.

RB: Oswald? Du hast Oswald gekannt – echt?

TC: Ich bin ihm in Moskau begegnet, kurz nachdem er sich abgesetzt hatte. Ich wollte mit einem Freund, einem italienischen Zeitungskorrespondenten, zu Abend essen, und der fragte mich, ob ich ihn vorher noch zu einem Interview mit einem jungen amerikanischen Überläufer begleiten will, einem gewissen Lee Harvey Oswald. Oswald wohnte im Metropol, einem alten Hotel aus der Zarenzeit nahe dem Roten Platz. Die Hotelhalle des Metropol ist ein düsteres Schattenreich voller vertrockneter Topfpalmen. Aber da saß er, in einer zwielichtigen Ecke unter einer vertrockneten Palme. Blass und dünn, mit schmalen Lippen und diesem verhungerten Ausdruck im Gesicht. Er trug einfache Chinos, Tennisschuhe und ein Holzfällerhemd, und er knirschte buchstäblich mit den Zähnen. Dann dieser flackernde Blick. Vom ersten Moment an schimpfte er nur herum. Er ließ niemanden aus, nicht die amerikanische Botschaft, nicht die Russen. Er schäumte vor Wut, weil er nicht in Moskau bleiben durfte. Wir sprachen etwa eine halbe Stunde lang mit ihm, dann stand für meinen italienischen Freund fest, dass dieser Typ keine eigene Story wert war. Nur ein weiterer Spinner, und mit diesen Leuten konnte man damals in Moskau die Straße pflastern. Erst viele Jahre später erinnerte ich mich wieder an diese Begegnung – und zwar als nach dem Kennedy-Attentat sein Bild über alle Fernsehstationen ging.

RB: Also bist du der Einzige, der sie beide gekannt hat, Oswald *und* Kennedy?

TC: Nein, da ist noch Priscilla Johnson. Sie arbeitete als Dolmetscherin bei der amerikanischen Botschaft in Moskau. Sie kannte Kennedy und ist auch Oswald begegnet, etwa zur selben Zeit wie ich. Aber noch etwas anderes ist merkwürdig, und das betrifft die Leute, die von Ihren Freunden ermordet wurden.

RB: (keine Antwort)

TC: Ich kannte sie nämlich ebenfalls, das heißt, ich kannte vier der fünf Mordopfer im Haus von Sharon Tate. Sharon war ich beim Filmfestival von Cannes begegnet. Jay Sebring – der Starfriseur – hatte mir mehrmals die Haare geschnitten. Und mit Abigail Folger und ihrem Freund Voyteck Frykowski hatte ich in San Francisco schon zu Mittag gegessen. Mit anderen Worten, ich kannte sie unabhängig voneinander. Aber an diesem einen Abend waren sie alle zusammengekommen und warteten auf ihre Mörder. Das nennt man wohl Koinzidenz.

RB (zündet sich eine Zigarette an, lächelt): Das kann man auch anders sehen. Die Bekanntschaft mit dir scheint irgendwie lebensgefährlich zu sein. *Shit*. Hörst du das? Duuuhn. Duuuhn. Mann, ist dir auch so kalt wie mir?

TC: Warum ziehen Sie sich kein Hemd an?

RB: (keine Antwort)

TC: Mit solchen Tätowierungen hat es eine seltsame Bewandtnis. Ich habe schon mit mehreren Hundert Männern gesprochen, die wegen Mordes, meist mehrfachen Mordes einsitzen. Alles höchst unterschiedliche Leute, aber was sie alle gemeinsam haben: Tätowierungen. Über achtzig Prozent waren heftig tätowiert. Richard Speck. York und Lathan. Smith und Hickock.

RB: Ich ziehe mir einen Pullover an.

TC: Eine Frage: Wenn Sie jetzt nicht im Gefängnis säßen, sondern tun und lassen könnten, was Sie wollten und vor allem *wo* Sie es wollten, wo würden Sie am liebsten sein und was würden Sie tun?

RB: Ich würde auf meiner Honda durch die Gegend brettern, immer an der Küste lang. Super Kurvenkombis gibt es da, da kannst du dich richtig reinhängen. Und unten das Meer und die Brandung. Und Sonne. Oder die Strecke von San Francisco nach Mendocino, durch die Redwood-Wälder, das ist schon schön. Klar, und bumsen würde ich. Am Strand, am Lagerfeuer, und dann bumsen. Musik machen, bumsen und mir dann einen Joint mit bestem Acapulco Gold reinziehen und mir den Sonnenuntergang ansehen. Und Treibholz nachlegen, damit das Feuer nicht ausgeht. Ich sage immer: Muschis, Marihuana und 'ne geile Maschine, was braucht ein Mann mehr?

TC: Marihuana kriegen Sie auch hier.

RB: Nicht nur das. Hier kriegst du jede Art Shore – wenn du die Kohle hast. Die Typen nehmen alles – bis auf ein Bad.

TC: Sah so Ihr Leben aus, ehe sie verhaftet wurden, Sex and Drugs and Rock 'n' Roll? Hatten Sie keinen Job?

RB: Nur gelegentlich. Hab in Bars Musik gemacht.

TC: Wie man hört, lagen Ihnen die Frauen zu Füßen. Sie hatten einen regelrechten Harem. Wissen Sie, wie viele Kinder Sie gezeugt haben?

RB: (keine Antwort, aber er zuckt grinsend mit den Schultern und inhaliert)

TC: Mich überrascht, dass Sie hier eine Gitarre haben dürfen. In manchen Gefängnissen ist das nicht erlaubt, da man die Saiten als Würgewerkzeug missbrauchen kann. Wie lange spielen Sie schon?

RB: Oh, schon immer. Ich war einer von diesen Kinderstars in Hollywood, hab in mehreren Filmen mitgespielt. Aber meine Eltern waren dagegen, sie sind ganz normale Leute und haben ihre Grundsätze. Auch mir war die Schauspielerei letztlich egal, ich wollte nur Musik machen.
TC: Und wie war das mit Kenneth Anger? Sie sollten doch in *Lucifer Rising* mitspielen.
RB: Tja.
TC: Wie sind Sie denn mit Anger zurechtgekommen?
RB: Ganz okay eigentlich.
TC: Und warum trägt Kenneth Anger noch immer ein Medaillon mit Ihrem Bild um den Hals? Auf der anderen Seite des Medaillons ist übrigens ein Frosch mit der Inschrift: »Bobby Beausoleil hat sich durch Kenneth Anger in einen Frosch verwandelt.« Gewissermaßen ein Voodoo-Amulett, das Sie mit einem Fluch belegt, weil Sie ihn abgezogen haben. Mitten in der Nacht haben Sie sich seinen Wagen genommen und noch die eine oder andere Kleinigkeit und sind abgehauen.
RB (mit misstrauisch verengten Augen): Hat *er* dir das erzählt?
TC: Nein, ich kenne ihn gar nicht. Aber ein paar andere Leute stellen das so dar.
RB (greift nach seiner Gitarre, stimmt sie, schlägt ein paar Saiten an, singt): »*This is my song, this is my song, this is my dark song, my dark song ...*« Normalerweise wollen die Leute immer wissen, wie ich mit Manson zusammengekommen bin. Es war durch unsere Musik. Er spielt nämlich auch Gitarre. Eines Abends fuhr ich mit meinen Mä-

dels durch die Gegend, und wir kamen da an dieser alten Pinte vorbei mit jeder Menge Autos auf dem Parkplatz. Wir also angehalten und reingegangen, und drinnen war Charlie mit ein paar von seinen Mädels. Wir kamen ins Gespräch und haben zusammen ein bisschen Musik gemacht. Am nächsten Tag besuchte mich Charlie in meinem Tourbus. Kurz darauf kampierten wir zusammen, seine Leute und meine. Wie Brüder und Schwestern. Eine Familie.

TC: Betrachteten Sie Manson als Anführer? Hatten Sie den Eindruck, dass Sie unter seinem Einfluss standen?

RB: Scheiße, das nun überhaupt nicht. Er hatte seine Leute, ich hatte meine. Wenn überhaupt einer irgendwen beeinflusst hat, dann ich ihn.

TC: Ja, er war offenbar sehr von Ihnen angezogen, war Ihnen regelrecht verfallen, das sagt er jedenfalls. Sie wirken überhaupt sehr stark auf andere Menschen, egal ob Mann oder Frau.

RB: Ja, aber das ist nicht meine Schuld. Was passiert, passiert. Das ist schon in Ordnung so.

TC: Sie meinen, der Mord an fünf unschuldigen Menschen ist in Ordnung?

RB: Wer hat gesagt, sie wären unschuldig?

TC: Davon wäre noch zu reden. Aber zunächst möchte ich Sie nach Ihrer ganz persönlichen Ethik fragen. Wie unterscheiden Sie zwischen Gut und Böse?

RB: Gut und Böse? Alles ist gut, im Prinzip jedenfalls. Wenn etwas passiert, dann muss es gut sein, sonst würde es nicht passieren. Ich meine, so läuft es doch im Leben. Alles fließt – und ich fließe mit. Ich stelle das nicht in Frage.

TC: Anders gesagt, Sie stellen auch einen Mord nicht in Frage? Sie halten Mord für »gut«, weil er, wie sie sagen, »passiert« und weil er dadurch gerechtfertigt ist?

RB: Weißt du, ich habe meine eigene Gerechtigkeit, ich lebe nach meinem eigenen Gesetz. Ich habe keinen Respekt vor den Gesetzen dieser Gesellschaft. Diese Gesellschaft respektiert ja nicht einmal ihre eigenen Gesetze. Ich mache mir mein eigenes Gesetz, danach lebe ich, nach nichts anderem. Ich habe mein eigenes Gerechtigkeitsgefühl.

TC: Und worin besteht Ihr Gerechtigkeitsgefühl?

RB: Ich glaube, dass jeder bekommt, was er verdient. Und: Am Ende kommen wir alle unter die Erde. So läuft das im Leben, und das akzeptiere ich.

TC: Das ergibt aber keinen Sinn, zumindest nicht für mich. Ich halte Sie auch nicht für dumm. Deshalb will ich die Frage anders formulieren: Wenn es also in Ihren Augen gerechtfertigt ist, dass Tex Watson und die Mädchen von Manson losgeschickt werden, um in diesem Haus ein Massaker an fünf ihnen vollkommen unbekannten, unschuldigen Menschen ...

RB: Noch mal: Wer hat behauptet, sie wären unschuldig? Sie haben Leuten schlechtes Dope angedreht. Sie haben minderjährige Mädchen vom Sunset Strip abgeschleppt und mit ihnen ihre perversen SM-Spielchen veranstaltet, mit Auspeitschen und so. Sie haben das Ganze sogar gefilmt. Frag die Cops, die haben die Filme gefunden. Problem ist nur, dass du von denen nicht die Wahrheit zu hören kriegst.

TC: Nun ja, eine Wahrheit ist, dass die LaBiancas und

Sharon Tate ermordet wurden, um Sie zu entlasten. Der Tod dieser Menschen stand in direktem Zusammenhang mit dem Mord an Gary Hinman.
RB: Schon verstanden, das war ja klar. Du solltest wirklich nicht alles glauben, was sie dir sagen.
TC: Diese Verbrechen waren eindeutig Nachahmungstaten des Hinman-Mordes. So sollte bewiesen werden, dass Sie Hinman nicht umgebracht haben konnten. Alles zielte darauf ab, Sie freizubekommen.
RB: Mich freizubekommen. (Er nickt, lächelt und seufzt geschmeichelt.) Das konnten sie nie beweisen. Die Mädels wollten ja aussagen, wollten erklären, wie alles passiert ist, aber keiner hat ihnen zugehört. Die Leute haben nur noch das geglaubt, was die Medien ihnen sagten. Und für die Medien war die Sache klar: Wir wollten einen Rassenkrieg anzetteln. Böse Nigger waren ausgezogen, um gute Weiße abzuschlachten. Okay, wie du schon sagtest ... die Medien behaupteten, wir wären eine »Familie« gewesen, und das ist so ziemlich das Einzige, was an den ganzen Horrorgeschichten stimmt. Wir *waren* eine Familie. Eine Familie mit Mutter, Vater, Bruder, Schwester, Tochter, Sohn. Und wenn ein Familienmitglied in der Klemme steckt, dann lassen wir es nicht im Stich. Alle diese Morde sind im Grunde nur aus Liebe zu einem Bruder passiert, der wegen einer Mordsache im Knast saß, nur deswegen.
TC: Bereuen Sie, dass es so kam?
RB: Nein. Wenn meine Brüder und Schwestern es getan haben, dann ist es gut. Alles im Leben ist gut. Alles ist im Fluss. Und deswegen ist auch alles gut. Alles ist Musik.

TC: Nochmals zu Ihrer Zeit im Todestrakt: Da alles im Fluss ist, wären Sie also auch nicht abgeneigt gewesen, wenn Sie dieser Fluss direktemang in die Gaskammer befördert hätte, wo Sie den Veilchenduft hätten schnuppern dürfen?
RB: Wenn es so gekommen wäre, wieso nicht? Alles, was passiert, ist gut.
TC: Auch Krieg? Auch verhungernde Kinder? Auch Schmerz? Brutalität? Dummheit? Gefängnisse? Verzweiflung? Gleichgültigkeit? Alles gut?
RB: Weswegen guckst du mich so an?
TC: Nichts. Ich wollte nur sehen, ob sich an Ihrer Miene irgendetwas verändert. Wissen Sie, bei Ihnen reicht eine Kleinigkeit, und Sie wirken plötzlich so jungenhaft-unschuldig, dass man sich nur wundern kann, ein echter Charmeur. Aber dann auch wieder wie der 42nd-Street-Luzifer. Haben Sie jemals *Griff aus dem Dunkel* gesehen, ein alter Film mit Robert Montgomery? Nicht? Jedenfalls geht es darin um einen anscheinend völlig harmlosen jungen Mann, der in England über die Dörfer fährt, nette alte Damen bezirzt und sie dann umbringt. Genauer gesagt, er schneidet ihnen die Köpfe ab und trägt sie in einer ledernen Hutschachtel mit sich herum.
RB: Und was hat das mit mir zu tun?
TC: Ich dachte nur. Angenommen, man machte von diesem Film ein amerikanisches Remake und würde dabei auch die Montgomery-Figur entsprechend verändern, sagen wir in einen jungen Herumtreiber mit haselnussbraunen Augen und rauer Stimme. Dann wären Sie die Idealbesetzung.

RB: Willst du damit sagen, ich wäre ein Psychopath? Das ist doch Quatsch, ich bin nicht verrückt. Wenn ich Gewalt anwenden muss, dann tue ich es, aber ich glaube nicht an Mord und Totschlag.
TC: Dann war ich vorhin wohl etwas schwerhörig. Oder sagten Sie nicht, egal, was ein Mensch dem anderen antut, es wäre alles gleich gut?
RB: (keine Antwort)
TC: Verraten Sie mir eines, Bobby: Wie sehen Sie sich selbst?
RB: Als Strafgefangener.
TC: Und darüber hinaus?
RB: Als Mann. Als *weißer* Mann. Und als jemand, der genau das vertritt, was ein weißer Mann nun mal vertreten muss.
TC: Ja. Ein Wärter hat mir vorhin gesagt, Sie seien der Anführer der Arischen Bruderschaft.
RB (feindselig): Was weißt *du* von der Bruderschaft?
TC: Ich weiß zum Beispiel, dass sie sich ausschließlich aus weißen Schlägertypen zusammensetzt und dass sie faschistische Tendenzen aufweist. Ich weiß, dass sie in Kalifornien gegründet wurde, aber inzwischen in allen amerikanischen Haftanstalten vertreten ist – nicht eben zur Freude des Justizapparats, da die Arische Bruderschaft als außerordentlich gewaltbereit gilt.
RB: Ein Mann muss sich gerademachen, wir sind ohnehin in der Minderzahl. Du hast keine Ahnung, was hier abgeht. Vor dem ganzen Gesocks hier haben wir mehr Angst als vor den Bullenschweinen. Wenn du hier eine Sekunde nicht aufpasst, hast du eine Klinge im Rücken. Die

Schwarzen, die Chicanos, sie alle haben doch auch ihre Gangs. Sogar die Indianer. Oder sollte ich lieber sagen *Native Americans*, wie sich die Rothäute neuerdings nennen – Mann, was für Witz! Nein, mein Freund, hier geht es hart zur Sache: Rassenkonflikte, Politik, Drogen, Glücksspiel, Sex. Die Schwarzen zum Beispiel fahren voll auf kleine weiße Jungs ab, schieben ihre dicken Niggerschwänze gerne in enge weiße Ärsche.

TC: Haben Sie sich jemals Gedanken gemacht, was Sie mit Ihrem Leben anstellen wollen, wenn Sie irgendwann vielleicht vorzeitig entlassen werden?

RB: Halte ich für ausgeschlossen. Dieses Spiel geht endlos so weiter. Sie werden Charlie nie mehr rauslassen.

TC: Ich hoffe, Sie haben recht. Ja, auch ich denke, das ist ausgeschlossen. Aber Sie, Sie könnten eines Tages freikommen, vielleicht früher, als Sie denken. Und was dann?

RB (schlägt einen Akkord an): Ich würde gerne eine eigene Platte machen, die dann im Radio läuft und so.

TC: Davon hat Perry Smith auch geträumt. Und Charlie Manson will das auch. Vielleicht habt ihr ja doch mehr gemeinsam als lediglich die Tattoos.

RB: Ganz unter uns, Charlie ist nicht gerade ein Supertalent. (Er schlägt weitere Akkorde an.) »*This is my song, my dark song, my dark song.*« Ich habe mit elf Jahren meine erste Gitarre bekommen. Hab sie bei meiner Großmutter auf dem Dachboden gefunden. Seitdem will ich nur noch Musik machen. Meine Großmutter war eine herzensgute Frau, und ihr Dachboden war mein Lieblingsplatz. Ich habe gern da oben gelegen und dem Regen zugehört. Oder mich da versteckt, wenn mein Dad mich wieder mal

verhauen wollte. *Shit*. Hörst du das? Duuuhn. Duuuhn. Davon wird man langsam verrückt.
TC: Noch eine Frage, Bobby. Aber überlegen Sie sich die Antwort gut. Angenommen, Sie werden tatsächlich entlassen und jemand – sagen wir Charlie – kommt auf Sie zu und fordert Sie auf, wieder ein Gewaltverbrechen zu begehen, meinetwegen einen Mord: Würden Sie es tun?
RB (nach einer halben Zigarette Bedenkzeit): Möglich. Hängt davon ab. Ich … ich wollte Gary Hinman eigentlich gar nichts tun, nichts Ernstes jedenfalls. Aber dann führt immer eines zum anderen, und am Ende … am Ende ist es eben passiert.
TC: Und das war gut.
RB: Alles war gut.

EIN TAGEWERK

Die Szene: Ein regnerischer Aprilmorgen im Jahr 1979. Ich gehe die Second Avenue in New York entlang und trage eine Einkaufstasche aus Wachstuch, in der sich allerlei Putzutensilien befinden. Die Tasche gehört Mary Sanchez, die neben mir geht und einen Regenschirm über uns hält, was ihr nicht schwerfällt, da sie mit ihren Einmeterachtzig größer ist als ich.

Mary Sanchez ist Putzfrau, für fünf Dollar die Stunde, sechs Tage die Woche. Sie arbeitet etwa neun Stunden täglich und kommt zwischen Montag und Samstag durchschnittlich in vierundzwanzig Häuser oder Wohnungen. Im Allgemeinen greifen ihre Kunden einmal pro Woche auf ihre Dienste zurück.

Mary ist siebenundfünfzig Jahre alt, stammt aus einer Kleinstadt in South Carolina, hat aber bereits vor vierzig Jahren »in den Norden rübergemacht«. Ihr puertoricanischer Mann ist im vergangenen Sommer verstorben. Sie hat eine verheiratete Tochter in San Diego und drei Söhne. Einer ist Zahnarzt, ein anderer sitzt wegen bewaffneten Raubüberfalls eine zehnjährige Haftstrafe ab, der dritte ist »einfach fort, Gott weiß wohin. Er hat zuletzt Weihnachten angerufen, seine Stimme klang ziemlich weit weg. Ich habe ihn gefragt: ›Pete, wo bist du?‹ Aber das wollte er nicht sagen. Ich sagte: ›Dein Vater ist tot.‹ Und er sagte, klasse, das wäre das schönste Weihnachtsgeschenk, das ich ihm machen kann. Ich habe dann einfach so aufgelegt und hoffe, er ruft nie wieder an. Ich meine, das ist doch so, wie wenn er auf das Grab seines Vaters spuckt. Natürlich, Pedro war nie besonders nett zu den Kindern. Oder zu mir. Den ganzen Tag nur gesoffen und Würfel gespielt. Und mit schlechten Frauen rumgemacht. Sie fanden ihn eines Tages tot auf einer Bank im Central Park, mit einer fast leeren Flasche Jack Daniel's zwischen den Knien, in einer braunen Tüte. Tja, so war er, hat getrunken wie ein Loch, aber immer nur vom Feinsten. Trotzdem meine ich, so etwas wie Pete kann man nicht machen: zu sagen, dass er *froh* wäre, dass sein Vater tot ist. Er schuldete ihm immerhin das Leben, oder nicht? Und auch ich schuldete ihm etwas. Denn ohne ihn wäre ich immer noch eine dumme Baptistin, eine verlorene Seele. Aber ich habe in einer katholischen Kirche geheiratet, und die katholische Kirche hat ein *Licht* in mein Leben gebracht, das nachher nie wieder ausgegangen ist und auch in Zukunft nicht ausgehen wird, nicht einmal wenn ich sterbe. Ich habe meine Kinder im rechten Glauben erzogen; aus zweien ist was geworden, und daran hat die Kirche einen größeren Anteil als ich.«

Mary Sanchez ist ziemlich muskulös, doch besitzt sie ein blasses, rundes, gefälliges Gesicht mit einer Stupsnase und einem Schönheitsfleck hoch auf der linken Wange. Sie stört sich an dem Begriff »schwarz« als Rassenbeschreibung. »Ich bin nicht schwarz, ich bin braun, ich bin eine Frau mit hellbrauner Haut. Und ich sage dir noch etwas: Ich kenne kaum Farbige, die sich gern als Schwarze titulieren lassen. Vielleicht ein paar Jugendliche. Oder die Radikalen. Aber keine normalen, selbst wenn sie nur halb so alt sind wie ich. Sogar Leute, die wirklich schwarz sind, also richtig tiefschwarz, auch die mögen es nicht. Was stimmt eigentlich mit ›Neger‹ nicht. Ich bin katholische Negerin und stolz darauf.«

Ich kenne Mary Sanchez jetzt seit 1968. In all den Jahren hat sie immer wieder auch bei mir geputzt. Sie ist ausgesprochen gewissenhaft und nimmt ihre Kunden ernst, Kunden, die sie zum Großteil nicht oder nur selten zu Gesicht bekommt. Denn die meisten, egal ob Mann oder Frau, sind Singles und auf der Arbeit, wenn Mary zum Putzen in ihre Wohnung kommt. Man kommuniziert über Zettelchen: »Mary, bitte gieß die Geranien und füttere die Katze. Hoffe, es geht dir gut. Gloria Scotto.«

Eines Tages schlug ich ihr vor, sie einmal auf ihrer täglichen Runde zu begleiten, wogegen sie nichts einzuwenden hatte, im Gegenteil, ein bisschen Gesellschaft sei immer schön. »Dieser Job ist manchmal doch recht einsam.«

Deswegen sind wir jetzt an diesem regnerischen Aprilmorgen unterwegs. Der erste Auftrag wartet: ein Mr. Andrew Trask in der East 73rd Street.

TC: Was zum Henker ist eigentlich alles in dieser Tasche?
MARY: Dann gib sie mir. Ich mag nicht, wenn du fluchst.
TC: Natürlich nicht, entschuldige. Aber sie ist unglaublich schwer.
MARY: Vielleicht das Bügeleisen.
TC: Du bügelst auch ihre Kleidung? Bei mir hast du das nie gemacht.
MARY: Manche Leute haben nicht mal die einfachsten Sachen im Haus, deshalb muss ich so viel Zeug mitschleppen. Ich hinterlasse ihnen zwar immer wieder eine Nachricht: Bitte schaffen Sie sich dies und jenes an. Aber sie vergessen es in aller Regel. Haben anscheinend andere Sorgen. Wie dieser Mr. Trask, zu dem wir jetzt gehen. Ich putze seit sieben oder acht Monaten seine Wohnung, aber gesehen habe ich ihn noch nie. Klar ist nur, dass er zu viel trinkt und dass ihn seine Frau deswegen verlassen hat. Außerdem hat er überall Schulden, und wenn ich bei ihm jemals ans Telefon gehen sollte, ist garantiert einer dran am Apparat, der sein Geld haben will. Mittlerweile haben sie ihm aber auch das Telefon gesperrt.

> (Wir gelangen zu der Adresse, und aus ihrer Umhängetasche holt sie einen riesigen Schlüsselring mit Dutzenden von Schlüsseln. Das Gebäude ist ein viergeschossiges Mietshaus mit einem winzigen Lift.)

TC (nach Eintritt in die Wohnung und erster Inaugenscheinnahme der Trask-Räumlichkeiten, bestehend aus einem mittelgroßen Wohn-/Schlafzimmer mit sanitärgrünen Wänden, einer Junggesellenküche und einem Badezimmer mit defekter, permanent plätschernder Toilette):

Hmm, ich verstehe, was du meinst. Der Mann hat offenbar Probleme.

MARY (beim Öffnen eines Wandschranks, vollgestopft mit säuerlich müffelnder Schmutzwäsche): Da, kein einziges sauberes Hemd. Und das Bett! Mayonnaise. Schokolade! Jede Menge Krümel, Kaugummi, Zigarettenkippen! Und Lippenstift! Welche Frau legt sich in so ein Bett? Seit Wochen kann ich die Bettwäsche nicht wechseln. Ach was, seit Monaten. Er hat einfach keine sauberen Laken im Haus.

(Sie knipst mehrere Lampen mit schiefen Lampenschirmen an, und während sie sich langsam durch das Chaos wühlt, nehme ich die Gelegenheit wahr, mir diese Wohnung genauer anzusehen. Wirklich, es sieht aus wie nach einem Einbruch, doch ist der Einbrecher nicht systematisch vorgegangen. Einige Schubladen stehen offen, andere sind zu. Auf der Kommode ein Foto im Lederrahmen, auf dem ein untersetzter, dunkelhäutiger Macho-Typ zu sehen ist, zusammen mit einer hochnäsigen Blonden von der Junior League und drei ebenfalls blonden, sonnengebräunten Jungen mit grinsendem Haifischgebiss, der älteste vielleicht vierzehn Jahre alt. Im fleckigen Spiegel steckt ein weiteres Foto: mit einer zweiten Blondine, die aber definitiv nichts mit karitativen Vereinen wie der Junior League zu tun hat, vielleicht eine Kneipenbekanntschaft aus Maxwell's Plum. Der Lippenstift auf den Laken, so stelle ich mir vor, ist ihrer. Die Dezemberausgabe der Crime-Gazette *True Detective* liegt auf dem Boden, und im Badezimmer, neben dem unentwegt gurgeln–

den Klo, ein ganzer Stapel Männermagazine – *Penthouse*, *Hustler*, *Oui*. Andere kulturelle Bedürfnisse scheint Mr. Trask nicht zu haben. Dafür stößt man auf Hunderte leerer Wodkaflaschen, und zwar diese Minifläschchen, wie sie in Flugzeugen serviert werden.)

TC: Was meinst du, warum trinkt er nur diese kleinen?

MARY: Vielleicht kann er sich die größeren nicht leisten und kauft nur, was er auch bezahlen kann. Er hat eigentlich einen guten Job, das heißt, wenn er ihn halten kann. Aber ich glaube, das meiste geht für Unterhalt und Alimente drauf.

TC: Was macht er denn?

MARY: Er fliegt.

TC: Das erklärt natürlich einiges. Er kriegt diese kleinen Fläschchen umsonst.

MARY: Meinst du? Wie denn? Er ist kein Steward, er ist Pilot.

TC: Oh, auch das noch.

(Das Telefon schellt, aber nicht sehr laut, denn es liegt unter einer zerknüllten Decke. Genervt, die Hände nass von Spülwasser, aber mit dem Feingefühl eines Archäologen legt Mary den Apparat frei.)

MARY: Offenbar hat er wieder Telefon. Hallo? (Stille.) Hallo?

EINE FRAUENSTIMME: Wer ist denn da?

MARY: Sie sind verbunden mit der Stadtwohnung von Mr. Trask.

FRAUENSTIMME: Soso, mit der *Stadtwohnung* von Mr. Trask. (Lachen, dann ziemlich hochnäsig) Und mit wem spreche ich?

MARY: Mit dem Hausmädchen von Mr. Trask.

FRAUENSTIMME: Na, wunderbar: Mr. Trask hat ein Hausmädchen! Das ist mehr, als *Mrs*. Trask hat. Würde das Hausmädchen von Mr. Trask selbigen bitte davon in Kenntnis setzen, dass ihn Mrs. Trask zu sprechen wünscht?

MARY: Er ist nicht da.

MRS. TRASK: Ach, kommen Sie mir nicht damit. Holen Sie ihn her.

MARY: Tut mir leid, Mrs. Trask. Ich glaube, er sitzt gerade im Flugzeug.

MRS. TRASK (sarkastisch): So, im Flugzeug? Komisch, meine Liebe, er fliegt immer irgendwie. Immer.

MARY: Nein, ich meine, er ist auf der Arbeit.

MRS. TRASK: Dann richten Sie ihm aus, er soll mich bei meiner Schwester in New Jersey anrufen. Sofort, wenn er wieder da ist, es ist zu seinem eigenen Besten.

MARY: Ja, Ma'am, ich hinterlasse ihm eine Nachricht. (Sie legt auf.) Mannomann, das war aber eine Nette. Kein Wunder, dass er die Kurve nicht mehr kriegt. Und jetzt steht er auch noch ohne Job da. Ich frage mich, ob er mir mein Geld dagelassen hat. Ah, da liegt es ja, auf dem Kühlschrank.

(Erstaunlicherweise hat sie es gut eine Stunde später geschafft, das Chaos im Zimmer zumindest insoweit zu tarnen, dass zwar nicht alles tipptopp aussieht, aber doch halbwegs ordentlich. Mit einem Bleistift kritzelt sie etwas auf einen Zettel und stellt ihn an den Spiegel über der Kommode. »Lieber Mr. Trask ihre Frau wil das sie sie bei ihrer Schwester an rufen mfg Mary Sanchez.« Dann seufzt sie, hockt sich auf die Bettkante und entnimmt ihrer Einkaufstasche eine kleine Blechschachtel, in der sich eine Ansammlung von Jointkippen befindet. Sie sucht sich eine aus, klemmt sie in eine Klammer und steckt sie an. Sie inhaliert tief und hält mit geschlossenen Augen den Rauch in der Lunge. Dann soll ich auch mal ziehen.)

TC: Danke. Für mich ist das zu früh.

MARY: Ach was, zu früh ist es nie. Ehrlich, du solltest das Zeug mal probieren. *Mucho cojones*. Ich kriege es von einer Kundin, hochanständige katholische Lady. Sie ist mit einem Peruaner verheiratet. Seine Familie schickt ihm immer was, einfach mit der Post. Ich nehme das Zeug nicht zum Highwerden, sondern um das ganze Elend nicht mehr so wahrzunehmen. Das geht mir nämlich auf die Seele. (Sie zieht an der Kippe, bis es ihr fast die Lippen verbrennt.) Zum Beispiel Andrew Trask. Armes Schwein. Den sehe ich noch mal wie Pedro enden. Tot auf der Parkbank, und keinen kümmert's. Es ist ja nicht so, dass er mir egal gewesen wäre, also Pedro. In letzter Zeit erinnere ich mich auch immer mehr an die guten Zeiten, die wir ja auch hatten, Pedro und ich. Ich glaube, das ist normal, wenn man jemandem verliert, den man eigentlich geliebt hat. All das Schlechte verschwindet, und man denkt nur noch an die schönen Sachen und was man an dem Menschen so geliebt hat. Pedro zum Beispiel, als ich mich damals in ihn verliebt habe, also, er konnte so gut tanzen, das machte richtig was her, Tango, Rumba. Und alles hat er mir beigebracht. Wir haben die Nächte durchgetanzt, immer in dem alten Savoy Ballroom. Und immer war er so gepflegt, wie aus dem Ei gepellt, sogar als er dann mit der Trinkerei anfing, an seine

Fingernägel ließ er nichts kommen, die waren immer manikürt. Außerdem konnte er kochen wie der Teufel. So hat er ja sein Geld verdient, als Koch in einem Schnellrestaurant. Und wenn ich sage, er hätte nie etwas für die Kinder übriggehabt, dann stimmt das so nicht. Er hat ihnen immer ihre Lunchpakete für die Schule gemacht. Alle möglichen Sandwiches, sauber eingepackt in Butterbrotpapier. Schinkensandwiches und welche mit Erdnussbutter und Marmelade, Eiersalat, Thunfisch, was du willst. Dazu Äpfel, Bananen, Birnen und eine Thermosflasche mit Honigmilch. Es tut weh, wenn ich daran denke, wie er da in dem Park zugrunde gegangen ist. Oder dass ich nicht mal weinen konnte, als die Polizei kam, um mir zu sagen, dass er nicht mehr am Leben ist. Dass ich überhaupt nie um ihn geweint habe. Vielleicht hätte ich es tun sollen. Er hat es verdient. Es wäre das Mindeste gewesen. Aber er hat auch eine in die Fresse verdient, das ist mal klar.

Okay, dann lassen wir mal die Lichter an für Mr. Trask. Er muss nicht unbedingt in eine dunkle Wohnung kommen.

(Als wir aus dem Haus treten, hat zwar der Regen aufgehört, aber der Himmel ist immer noch grau und schwer, außerdem ist ein Wind aufgekommen, der den Müll den Rinnstein entlangtreibt und die Passanten zwingt, sich den Hut festzuhalten. Unser nächster Einsatzort liegt nur vier Blocks entfernt, ein bescheidenes, aber modernes Apartmenthaus mit einem uniformierten Pförtner, Domizil von Miss Edith Shaw, einer jungen Frau Mitte zwanzig, die in der Redaktion einer Zeitschrift arbeitet. »Irgendein Nachrichtenmagazin. Sie hat Tausende von Büchern. Trotzdem sieht sie nicht wie ein Bücherwurm aus, sie ist eher der sportliche Typ und hat Männerbekanntschaften ohne Ende. Für meinen Geschmack etwas zu viele, sie hält es offenbar bei keinem lange aus. Wir haben uns ein bisschen angefreundet, weil ... na ja, einmal, als ich in ihre Wohnung kam, ging es ihr ziemlich dreckig. Sie hatte nämlich gerade ihr Baby töten lassen. Normalerweise bin ich ja dagegen, es verstößt gegen meinen Glauben. Ich fragte sie, warum sie den Mann denn nicht geheiratet hat. Aber die Wahrheit war, sie hätte gar nicht gewusst, wen. Sie wusste nicht, wer der Vater ist. Und überhaupt, einen Mann oder ein Kind hätte sie zu der Zeit am allerwenigsten brauchen können.«

MARY (Sie verschafft sich schon an der Tür einen Überblick über den Zustand von Miss Shaws Zweizimmerwohnung.): Na, heute ist hier nicht viel zu tun. Ein bisschen Staub wischen. Im Allgemeinen ist sie sehr ordentlich. Aber schau dir nur all diese Bücher an. Vom Boden bis zur Decke, eine einzige Bibliothek.

(Mit Ausnahme der Bücherregale ist die Wohnung angenehm leer und geradezu skandinavisch hell und sauber. Dann steht da noch ein antikes Rollpult mit einer Schreibmaschine. In die Maschine ist ein Blatt eingezogen. Ich werfe einen kurzen Blick darauf:

»Zsa Zsa Gabor ist genau
305 Jahre alt
Ich weiß das, denn
Ich habe ihre
Ringe gezählt«

Und drei Leerzeilen darunter steht:

>»Sylvia Plath, ich hasse dich
Dich und deinen Scheiß-Daddy.
Ich bin froh, hörst du,
Ich bin *heilfroh*, dass du den Kopf
Ins Backrohr gesteckt hast!«

TC: Ist diese Miss Shaw Dichterin?
MARY: Jedenfalls schreibt sie dauernd was. Keine Ahnung, was es ist. Aber was ich so sehe, sieht aus, als wäre sie auf Droge. Komm mal her, ich zeig dir was.
 (Sie führt mich in das überraschend geräumige, blitzblanke Badezimmer. Sie öffnet den Badezimmerschrank und zeigt auf einen Gegenstand im Fach: einen rosa, dem lebenden Objekt nachempfundenen Plastikvibrator.)
Weiß *du*, was das ist?
TC: Du etwa nicht?
MARY: Ich habe zuerst gefragt.
TC: Das ist ein Vibrator in Naturoptik.
MARY: Ich weiß, was ein Vibrator ist. Aber so einen habe ich noch nie gesehen. Hier steht »Made in Japan«.
TC: Na ja, so sind sie eben, die Japaner.
MARY: Genau. Sie sind Heiden. Aber sie hat wunderbare Parfums. Ich meine, wenn man auf so etwas steht. Mir reicht normalerweise ein bisschen Vanilla hinter den Ohren.
 (Dann macht sich Mary ans Werk, wischt schnell über den gebohnerten, teppichlosen Fußboden und geht mit

dem Staubwedel über die Bücherregale, wobei sie jedoch die Blechschachtel offen lässt und sich eine Jointkippe nach der anderen ansteckt. Ich weiß nicht, wie sehr ihr diese Wohnung auf die Seele geht, ich zumindest hebe schon von dem Geruch ab.)

MARY: Willst du nicht doch mal probieren? Du verpasst echt was.

TC: Okay, überredet.

(Ich habe mir schon von Jugendtagen an zum Teil heftiges Gras reingezogen. Zwar nie so viel, um abhängig zu werden, aber doch genug, um den Unterschied zwischen billigem Mexiko-Gras und solcher Edelkonterbande wie Thai-Sticks und dem überragenden Maui-Wowee zu goutieren. Nach anderthalb Kippen fühle ich mich, als habe mich der köstlichste Dämon gepackt und risse mich mit in seine wunderwahnwitzige Heiterkeit: Der Dämon kitzelt mich an den Zehen, kratzt den juckenden Kopf, küsst mich heiß mit seinen roten Zuckerlippen und schiebt mir seine brennende Zunge in den Hals. Alles glitzert, meine Augen sind wie Zoom-Objektive, und ich vermag sogar die Titel im obersten Regal zu lesen: *Der neurotische Mensch unserer Zeit* von Karen Horney; *Eimi* von e.e. cummings; *Vier Quartette*. von T. S. Eliot; *Gesammelte Gedichte* von Robert Frost.

TC: Ich verachte Robert Frost. Er war ein böswilliger, egoistischer Bastard.

MARY: Hey, ich hatte dich doch gebeten: nicht diese Worte …

TC: Aber immer mit diesem Heiligenschein aus zerzaustem Silberhaar, ekelhaft. Ein egomanischer, sadistischer

Betrüger. Er hat seine ganze Familie kaputtgemacht, zumindest einige aus seiner Familie. Sag mal, Mary, hast du das jemals mit deinem Beichtvater besprochen?
MARY: Father MacHale? *Was* besprochen?
TC: Na ja, den edlen Nektar, dem du hier zusprichst, mein ergötzlicher Schnuckiputz. Weiß der gute Father von dem heiligen Rauch, den du in nicht unerheblichen Mengen inkorporierst?
MARY: Was er nicht weiß, macht ihn nicht heiß. Hier, nimm dir ein Life Saver. Mit Pfefferminz schmeckt das Zeug besser.
(Komisch, aber sie wirkt nicht im Geringsten high. Ich hingegen rausche soeben an der Venus vorbei, und Jupiter, oller Göttervater, zwinkert freundlich durch den violetten, sternfunkelnden Weltenraum. Mary geht ans Telefon und wählt eine Nummer. Sie lässt es länger schellen, ehe sie wieder auflegt.)
MARY: Nicht zu Hause, Gott sei Dank. Das ist bei Mr. und Mrs. Berkowitz nämlich die Ausnahme. Wenn sie da gewesen wären, könnte ich dich nicht mitnehmen. Sind nämlich total die dumpfen Spießer, die Berkowitzens. Ist bei Juden ja öfter so.
TC: Juden? Ja, da sagst du was. Meiner Meinung nach gehören sie ins Naturkundemuseum. Und zwar alle.
MARY: Ich hätte nicht übel Lust, die Putzstelle bei denen zu kündigen. Das Problem ist, Mr. Berkowitz war mal in der Bekleidungsbranche, ist aber jetzt im Ruhestand. Die beiden sind ständig zu Hause. Und dauernd im Weg. Wenn sie nicht gerade in Greenwich sind, wo sie ein Haus haben. Da sind sie wohl auch heute. Dazu kommt, sie ha-

ben da diesen alten Papagei, der überall herumsaut. Ein blödes Vieh ist das, kann auch nur zwei Sachen sagen: »Mein lieber Schwan!« und »*Oy vey!*« Jedes Mal, wenn ich bei denen ins Haus komme, heißt es gleich: »*Oy vey!*« Das geht einem auf die Nerven. Was ist, noch einen Jolly, bevor wir hier abhauen?

(Draußen regnet es wieder, und der Wind hat zugenommen, was zusammen das Bild eines zerplatzenden Spiegels ergibt. Das Ehepaar Berkowitz wohnt auf der Park Avenue, die Hausnummer liegt in den oberen Achtzigern. Ich schlage deshalb vor, uns ein Taxi zu nehmen, aber Mary will nichts davon wissen und fragt, ob ich aus Zucker sei. Dass sie tatsächlich die ganze Strecke zu Fuß gehen will, zeigt mir, dass auch sie, dem äußeren Eindruck zum Trotz, längst in verquarzten Sphären wandelt. Wir gehen langsam, so, als wäre es warmer Tag unter lichtblauem Himmel und wir schlendern statt durch harte, regennasse Straßen entlang eines weißen karibischen Sandstrands. Die Park Avenue ist nicht unbedingt meine Lieblingsstraße, sie ist reich an Hässlichkeiten. Und sogar wenn Mrs. Lasker sich entschlösse, ihr philanthropisches Werk fortzusetzen und von Grand Central bis nach Spanish Harlem Tulpenbeete anlegen ließe, es würde alles nichts nützen. Immerhin wecken einige Gebäude Erinnerungen. Wir kommen an dem Haus vorbei, in dem Willa Cather, die amerikanische Schriftstellerin, die ich persönlich am meisten bewundere, die letzten Jahre ihres Lebens verbrachte, zusammen mit ihrer Gefährtin Edith Lewis. Ich saß oft bei ihr am Kamin, trank Bristol Cream und sah, wie die Flammen nach einer Weile auch in ihren heiteren, prärieblauen Genie-Augen loderten. In der 84th Street entdecke ich ein Apartmenthaus, in dem ich einmal an einem kleinen, förmlichen Dinner mit Senator John F. Kennedy und Gattin teilgenommen hatte, damals noch so jung und unbekümmert. Doch trotz großer Anstrengungen seitens unserer Gastgeber war der Abend nicht annähernd so aufschlussreich, wie ich gedacht hatte, denn nachdem sich die Damenwelt zurückgezogen hatte und die Herren zu Hochprozentigem und ihren Havannas übergegangen waren, meinte ein kinnloser besserer Damenschneider namens Oleg Cassini die Unterhaltung mit einer ausführlichen Schilderung von Las Vegas und den dortigen Showgirls an sich reißen zu müssen, einschließlich ihrer Maße, erotischen Fertigkeiten, pekuniären Forderungen – eine Litanei, welche die Zuhörerschaft gleichwohl hypnotisierte, und den zukünftigen Präsidenten wohl am allermeisten, wie sein Glucksen verriet.

An der 87th Street zeige ich auf ein Fenster im vierten Stock von Haus Nummer 1060 Park Avenue und erkläre Mary: »Da hat meine Mutter gewohnt. Da war ihr Schlafzimmer. Sie war schön und sehr klug, aber sie wollte nicht mehr leben. Dafür hatte sie viele Gründe – glaubte sie zumindest. Doch letztlich lag es an ihrem Mann, meinem Stiefvater. Er war ein echter Selfmademan und ziemlich erfolgreich. Sie hat ihn vergöttert, und er war auch tatsächlich ein netter Kerl. Aber er hat gespielt und geriet da in etwas hinein, weswegen er dann einen Haufen Geld veruntreut hat. Am Ende verlor er sein Geschäft und wanderte nach Sing Sing.«)

Mary schüttelt den Kopf: »Genau wie mein Sohn. Genau wie mein Sohn.«

Wir sind beide stehen geblieben und starren auf das Fenster, während uns der Regen langsam durchnässt. »Eines Abends zog sie sich noch einmal schick an und gab eine Dinnerparty. Später sagten alle, sie hätte so wunderwunderschön ausgesehen. Aber nach der Party nahm sie dreißig Seconal und legte sich ins Bett. Sie ist nie wieder aufgewacht.«

(Mary ist sauer, mit großen Schritten marschiert sie durch den strömenden Regen. »Dazu hatte sie kein Recht. Ich finde nicht, dass man so etwas darf. Es verstößt klar gegen meinen Glauben.«)

KRÄCHZENDER PAPAGEI: Mein lieber Schwan!
MARY: Hörst du das? Was habe ich gesagt?
PAPAGEI: *Oy vey! Oy vey!*

(Der Papagei, eine surrealistische Collage aus grünen, gelben und orangefarbenen Federn mitten in der Mauser, thront auf einer Mahagonistange im gnadenlos repräsentativen Wohnzimmer von Mr. und Mrs. Berkowitz, ein Raum, der den Eindruck erweckt, als sei er komplett aus Mahagoni, auch das Parkett und die Wandvertäfelung. Allerdings lassen einen die teuren Stilmöbel im Unklaren, welchem Stil sie eigentlich angehören wollen. Vielleicht frühes Art Deko wie auf der Grand Concourse in der Bronx. Steiflehniges Gestühl, Sessel, die so aussehen, als wollten sie mit Gewalt eine gesunde Sitzhaltung erpressen. Die violetten Samtdraperien beißen sich mit den senfbraunen Lamellenstores. Das mahagonigerahmte Porträt über dem hand-

geschnitzten Kaminsims, selbstverständlich auch aus Mahagoni, zeigt einen fahlhäutigen Mr. Berkowitz mit Schwabbelbacken und angetan wie ein Junker bei der Fuchsjagd: rotes Sakko, weiße Seidenkrawatte, ein Jagdhorn unter dem einen Arm, eine Reitgerte unter dem anderen. Ich weiß nicht, wie der Rest der weitläufigen City-Residenz aussah, denn außer der Küche bekam ich nichts mehr zu Gesicht.)
MARY: Was hast du? Worüber lachst du?
TC: Nichts. Das liegt nur an dem peruanischen Stoff, mein Engel. Wie ich sehe, ist Mr. Berkowitz ein Freund des Reitsports?
PAPAGEI: *Oy vey! Oy vey!*
MARY: Schnauze, sonst drehe ich dir deinen verdammten Hals um.
TC: Hey, ich hatte dich gebeten: nicht diese Worte … (Mary murmelt etwas und bekreuzigt sich dann.) Hat das Biest auch einen Namen?
MARY: Mmm-mm. Rat mal.
TC: Polly.
MARY (ehrlich überrascht): Woher wusstest du das?
TC: Also ist es ein Weibchen?
MARY: Logisch. Sie hat einen Mädchennamen, also ist sie ein Mädchen. Aber was immer sie ist, sie ist ein Mistvieh. Guck dir mal die Kacke auf dem Boden an. Das darf ich alles wegwischen.
TC: Pass auf, was du sagst.
POLLY: Mein lieber Schwan!
MARY: Meine Nerven. Komm, gönnen wir uns noch ein Tütchen. (Sogleich kommt die Blechschachtel zum Vor-

schein mit allem, was man so braucht.) Und gucken wir mal, was die Küche so hergibt. Ich hab richtig Hunger auf was Süßes.

(Der Berkowitzsche Kühlschrank ist das reinste Schlaraffenland, ein Füllhorn dickmachender Leckereien. Schlagartig wird klar, woher der Hausherr die Schwabbelbacken hat. »Genau so ist es«, bestätigt Mary. »Sie sind beide fett wie die Schweine. Der Bauch von ihr hängt durch, als würde sie gleich die Dionne-Fünflinge werfen. Und er kriegt auch nichts mehr von der Stange, alle seine Sachen sind maßgeschneidert. Hmmm, lecker. Mann, hab ich Kohldampf. Die Kokosteilchen sehen aber so was von verführerisch aus. Und von der Mokkatorte könnte ich auch ein Stück vertragen, dazu vielleicht ein bisschen Eiscreme.« Große Suppenteller sind leicht gefunden, und diese werden beladen mit Kokosteilchen, Mokkatorte und faustgroßen Portionen Pistazieneis. Damit kehren wir ins Wohnzimmer zurück und fallen darüber her wie halb verhungerte Waisenkinder. Marihuana ist eben ein erstklassiger Appetitanreger. Nach Einverleibung des ersten Tellers und weiteren Jollys gibt es einen happigen Nachschlag.)
MARY: Na, wie fühlst du dich jetzt?
TC: Gut.
MARY: Wie gut?
TC: Richtig gut.
MARY: Genauer.
TC: Ich bin in Australien.
MARY: Echt?

TC: Ja. Alle sagen zwar immer, was das für ein langweiliges Land ist, aber sie haben keine Ahnung. Zumindest wenn man surfen will, da gibt es nichts Besseres. Ich bin mit meinem Brett draußen im Meer und reite auf einer Welle, die ist so ... so ...
MARY: ... high wie du selber. Haha.
TC: Die Welle ist aus geschmolzenen Smaragden, die Welle. Die Sonne brennt auf meinem Rücken, ich spüre die salzige Gischt auf dem Gesicht, und überall lauern hungrige Haie. *Blaues Wasser, weißer Tod.* War das nicht ein irrer Film? Überall hungrige weiße Menschenfresser, aber ich habe nicht die geringste Angst. Ehrlich, sie gehen mir am Arsch vorbei ...
MARY (die Augen angstgeweitet) Achtung, die Haie! Gott, diese Killerzähne. Die zerfetzen dich, und du endest als armer Krüppel auf der Straße.
TC: Musik!
MARY: Musik! Genau, wir brauchen Musik.
(Schwankend wie ein angeschlagener Wrestler steuert sie ein potthässliches, burgmauerschweres Dingsbums an, das meiner Aufmerksamkeit bis jetzt zum Glück entgangen ist und das sich als kombinierte Radio-Plattenspieler-TV-Truhe erweist. Sie fummelt am Senderknopf, bis sie einen Sender gefunden hat, der Latin spielt.

Hüftkreisend, fingerschnippend tanzt sie mit einem Phamtompartner geschmeidig durchs Traumland heißer Jugendnächte – nach einer Choreographie, die sie kennt, als wäre es gestern gewesen. Und es ist tatsächlich Magie, wie ihr jetzt altersloser Körper auf Schlagzeug und Gitarren reagiert und sich an die subtilsten Rhythmen schmiegt. Sie ist in Trance, jenem speziellen Stand der Gnade, den Heilige bei Visionen erfahren. Selbstverständlich höre auch ich diese Musik; sie rast durch mich hindurch wie Amphetamin, und jede einzelne Note ertönt mit der Klarheit einer Kirchenglocke an einem stillen Wintertag. Ich gehe auf sie zu, schließe mich in ihre Arme, und wir wiegen uns in vollkommener Harmonie, selbst dann noch, als die Musik von einem spanischen Moderator unterbrochen wird, der seinen Text mit kastagnettenhafter Geschwindigkeit herunterrattert. Wir tanzen einfach weiter, denn die Gitarren sind eingeschlossen in unserem Kopf, genau so wie wir eingeschlossen sind in unser Lachen, in unsere Umarmung. In unserem Kopf ist es laut, so laut, dass wir den Schlüssel im Schloss nicht hören und auch nicht die Tür, die aufgeht und wieder zu. Allein der Papagei hört es.)

POLLY: Mein lieber Schwan!

FRAUENSTIMME: Was ist denn das? Was ist denn hier los?

POLLY: *Oy vey! Oy vey!*

MARY: Ach, hallo, Mrs. Berkowitz. Mrs. Berkowitz, wie geht es Ihnen?

(Und da stehen sie, das heißt, sie schweben vielmehr in unser Gesichtsfeld wie die Micky- und Minnie-Maus-Ballons bei der Thanksgiving-Parade von Macy's. Womit sich die Ähnlichkeiten allerdings erschöpfen. Mit wütendem Blick – der von Mrs. Berkowitz hinter strassbesetzter Schmetterlingsbrille – lassen sie die

Szene auf sich wirken: unsere Schnurrbärte aus Eiscreme, die beißenden Marihuana-Schwaden, die die Luft verpesten. Mr. Berkowitz tritt an die Musiktruhe und macht das Radio aus.)

MRS. BERKOWITZ: Wer ist der Mann?

MARY: Ich wusste nicht, dass Sie zu Hause sind.

MRS. BERKOWITZ: Das scheint mir auch so. Aber ich habe dich etwas gefragt: Wer ist dieser Mann?

MARY: Nur ein Freund von mir. Er hilft mit. Ich habe heute einfach zu viel zu tun.

MR. BERKOWITZ: Du bist ja betrunken.

MARY (scheinbar konziliant): Wie meinen?

MRS. BERKOWITZ: Er hat gesagt, du bist betrunken. Offen gesagt, ich fasse es nicht.

MARY: Na gut, da wir schon mal bei Offenheit sind. Was ich Ihnen – ganz offen – heute sagen will, ist Folgendes: Ich habe es satt, für Sie länger den Neger zu machen. Ich kündige.

MRS. BERKOWITZ: Wie bitte, du willst *mir* kündigen?

MR. BERKOWITZ: Raus hier, aber schnell, sonst rufen wir die Polizei.

(Ohne viel Federlesens suchen wir unsere Sachen zusammen. Zum Abschied winkt Mary dem Papagei noch einmal zu. »Tschüs, Polly. Du bist eigentlich ganz in Ordnung. Du bist ein braves Mädchen. Was ich vorhin gesagt habe, war nur ein Witz, okay?« Und an der Haustür, wo sich ihre ehemaligen Arbeitgeber aufgebaut haben, sagt sie noch: »Nur fürs Protokoll: Ich habe im Leben noch keinen Tropfen Alkohol angerührt.«

Unten auf der Straße regnet es immer noch. Wir latschen die Park Avenue hinunter, dann hinüber zur Lexington.)

MARY: Was habe ich gesagt? Spießer!

TC: Stimmt. Sie gehören wirklich ins Museum.

(Trotzdem, unsere gute Laune ist verflogen, die Wirkung des peruanischen Naturprodukts lässt allmählich nach, mein Surfbrett sinkt, und sollte sich jetzt noch ein Hai blicken lassen, würde ich mir vor Angst in die Hose machen. Kurz und gut, unsanft setzen wir in der Wirklichkeit auf.)

MARY: Wir müssen eigentlich noch zu Mrs. Kronkite, aber die ist nett. Sie nimmt es mir nicht krumm, wenn ich erst morgen komme. Am besten, ich gehe jetzt nach Hause.

TC: Ich besorg dir ein Taxi.

MARY: Lieber nicht. Taxifahrer mögen keine Schwarzen, selbst wenn sie selber welche sind. Nein, ich nehme die U-Bahn, die Station ist ja gleich hier an Lex und 86th Street.

(Mary wohnt in einer Sozialwohnung nahe dem Yankee Stadium. Sie sagt, früher, als die ganze Familie noch dort wohnte, sei es immer zu eng gewesen, jetzt aber sei alles so leer, dass sie es manchmal mit der Angst bekäme. »Ich habe drei Schlösser an jeder Tür und halte die Fenster immer verrammelt. Ich würde mir einen Wachhund anschaffen, wenn ich ihn nicht den ganzen Tag allein in der Wohnung lassen müsste. Ich weiß, wie es ist, allein zu sein, und das will ich nicht mal einem Hund zumuten.«)

TC: Bitte, Mary, lass dir wenigstens ein Taxi spendieren.
MARY: Aber die U-Bahn ist viel schneller. Außerdem muss ich noch wo hin. Es ist gleich da vorne.
   (Sie meint eine schmale Kirche, die in einer Seitenstraße zwischen zwei mächtigen Gebäuden klemmt. Innen ein Mittelgang zwischen kurzen Bankreihen und ein kleiner Altar, über dem ein Gipsgekreuzigter schwebt. Der Geruch von Weihrauch und Kerzenwachs hängt in der Düsternis. Eine Frau entzündet vorn am Altar eine Kerze, deren Schein so unruhig ist wie der Schlaf eines unsteten Geistes. Außer ihr sind wir die einzigen Beter. Wir knien uns in die hinterste Reihe, und Mary holt zwei Rosenkränze aus ihrer Umhängetasche. »Ich habe immer noch einen zur Reserve dabei.« Der ist für mich, auch wenn ich nicht weiß, wie man damit umgeht, da ich noch nie einen Rosenkranz in der Hand gehabt habe. Marys Lippen bewegen sich flüsternd.)
MARY: Lieber Gott in deiner Gnade, bitte, Gott, hilf, dass Mr. Trask das Trinken sein lässt und seinen Job wiederkriegt. Und bitte, Gott, mach, dass Miss Shaw nicht noch als Bücherwurm und alte Jungfer endet, sie sollte viel besser deine Kinder auf diese Welt bringen. Und, Herr, bitte denk an alle meine Söhne und Töchter und Enkel. Und bitte, lass nicht zu, dass sie Mr. Smith ins Altersheim abschieben; er will da nicht hin und heult sich die ganze Zeit die Augen aus ...
   (Auf ihrer Liste stehen mehr Namen, als ein Rosenkranz Perlen hat, und ihre Fürbitten besitzen den Ernst einer Altarkerze. Sie hält inne und schaut mich an.)

MARY: Betest du auch?
TC: Ja.
MARY: Ich hör aber nichts.
TC: Ich bete für dich, Mary. Ich will, dass du ewig lebst.
MARY: Ach, für mich brauchst du nicht zu beten. Ich bin doch schon gerettet. (Sie ergreift meine Hand.) Bete für deine Mutter. Bete für all die verlorenen Seelen in der Dunkelheit. Bete für Pedro. Bete für Pedro.

VERSTECKTE GÄRTEN

Ort: Jackson Square, benannt nach dem Kriegshelden und siebten Präsidenten Andrew Jackson, eine dreihundert Jahre alte Oase inmitten von New Orleans' French Quarter: ein mittelgroßer Park, beherrscht von den grauen Türmen der St. Louis Cathedral und den so genannten Pontalba Buildings, den ältesten Apartmenthäusern der USA, deren düstere Eleganz bis heute einzigartig ist.

Zeit: 26. März 1979. Ein prachtvoller Frühlingstag. Überbordende Bougainvilleen, ins Kraut schießende Azaleen, Straßenhändler, die wieder gute Geschäfte machen (im Angebot sind Erdnüsse, Rosen, Kutschfahrten, gebratene Shrimps in Tüten), die Nebelhörner vorbeifahrender Schiffe auf dem nahen Mississippi, lustige Luftballons, die über kichernden, hüpfenden Kindern schaukeln, hoch in der silberblauen Luft.

»Man kommt ganz schön rum« – pflegte mein Onkel immer zu klagen, seines Zeichens Handelsvertreter, das heißt, sofern er sich von der Verandaschaukel und der Ginflasche losreißen konnte, um wirklich einmal auf Reisen zu gehen. Aber es stimmt, man kommt ganz schön rum. In den vergangenen Monaten war ich in Denver, Cheyenne, Butte, Salt Lake City, Vancouver, Seattle, Portland, Los Angeles, Boston, Toronto, Washington und Miami. Aber wenn mich jemand fragte, würde ich wahrscheinlich nur sagen und es auch genau so denken: Wieso, ich war nirgends. Ich war den ganzen Winter über in New York.

Trotzdem, man kommt ganz schön rum. Und jetzt bin ich hier in New Orleans, meiner Geburts- und alten Heimatstadt. Sitze hier auf dem Jackson Square in der Sonne, was ich schon in meiner Schulzeit gern gemacht habe. Hier kann ich die Beine ausstrecken, Leute beobachten, kann mich kratzen, kann gähnen oder auch träumen und Selbstgespräche führen. Aber vielleicht gehören Sie ja zu den Leuten, die nie Selbstgespräche führen. Laut, meine ich. Vielleicht denken Sie ja, das täten nur Geisteskranke. Ich persönlich betrachte es als eine gesunde Reaktion. Man ist auf diese Weise nie allein, trotzdem widerspricht einem niemand. Man kann auf alle Welt schimpfen und so eine Menge Seelenschrott loswerden.

Nehmen Sie beispielsweise nur mal diese Pontalba Buildings da drüben. Ziemlich exklusive Behausungen mit ihren schmiedeeisernen Veranden und den Fenstertüren. Die ältesten Apartmenthäuser in den ganzen USA. Nachkommen der ersten Bewohner leben noch immer in diesen hohen, luftdurchströmten, aristokratischen Räumlichkeiten. Lange Zeit hegte ich starke Ressentiments gegen die Pontalba Buildings, und das hatte seinen Grund.

Damals, mit neunzehn Jahren, wohnte ich nämlich nur wenige Blocks weiter, in der Royal Street, in einer heruntergekommenen Mietskaserne, einem Paradies für Kakerlaken, das jedesmal von einem mittleren Erdbeben erfasst wurde, sobald unten auf der engen Straße die Trambahn vorbeirumpelte. Die Wohnung hatte keine Heizung, und im Winter wagte man sich deshalb zeitweise gar nicht aus dem Bett. Dafür wurde man in den feuchtheißen Sommermonaten wie in einer stinkenden Suppe gesotten. Mein Traum war, diesen Müllcontainer eines Tages hinter mir zu lassen und einzutreten in die überirdischen Gefilde von Pontalba. Aber selbst wenn ich mir dies hätte leisten können, es wäre ein Wunschtraum geblieben. Denn nach altem Gewohnheitsrecht gehen diese Wohnungen mit dem Tod des Vormieters gleich auf dessen Erben über, direkt erwerben kann man sie nicht. Und sollte doch einmal eine Wohnung leerstehen, dann ist es der Stadt New Orleans wichtig, diese – für einen lachhaften nominellen Betrag – an örtliche Honoratioren zu vergeben.

Hier in diesem Park sind schon viele Leute spazieren gegangen. Piraten wie Jean Lafitte zum Beispiel, der 1815 in der Schlacht von New Orleans Seite an Seite mit General Jackson kämpfte. Oder Bonnie Parker und Clyde Barrow, besser bekannt als Bonnie und Clyde. Oder der Musiker Huey Long. Oder, flanierend unter ihrem scharlachroten Sonnenschirm, Gräfin Willie Piazza, Eigentümerin eines der exklusiveren Etablissements in New Orleans' Rotlichtbezirk und berühmt für die exotischen Erfrischungen, die dort gereicht wurden, etwa frische Kirschen an Absinth-Sahne-Creme – sinnigerweise aus der offenen Vagina einer hingegossenen, bildschönen Mulattin. Aber auch Frauen, die sich wie der Gegenentwurf zur Gräfin ausnahmen, zum Beispiel Annie Christmas, Zweimeterfrau am Steuer eines Frachtkahns, die locker zwei Fünfzig-Kilo-Fässer unter die Arme klemmen konnte. Oder Jim Bowie, Namensgeber des berühmten Cowboymessers. Oder Mr. Neddie Flanders, ein properer Gentleman weit in den Achtzigern (oder Neunzigern), der sich bis vor kurzem allabendlich im Park die Ehre gab und zu eigenen Quetschkommodenklängen bis in die frühen Morgenstunden auf die anmutigste Weise steppte. All diese *Originale*, ich könnte Hunderte nennen.

Aber hoppla, was muss ich da drüben hören? Das klingt aber mächtig nach Ärger. Ein Mann und eine Frau, beide Schwarze. Der Mann ist ein stiernackiger Kleiderschrank, exquisit gestylt, aber ohne rechtes Durchsetzungsvermögen. Sie: dünn, hellhäutig, lautstark und beinahe schön.

SIE: Was soll denn das heißen, du Hurensohn: lass rüberwachsen? Ich lass überhaupt nichts rüberwachsen, Arschloch.
ER: Bist du still, Frau! Ich hab dich gesehen. Ich hab mitgezählt. Drei Freier. Macht sechzig Bucks. Davon kriege ich auf der Stelle meine dreißig.
SIE: Leck mich, Nigger. Echt, ich weiß nicht, warum ich dir nicht deine wertlose Rübe abreiße. Ich verfüttere deine verfettete Leber an die Katzen. Ich brate dir deine Glubscher in Terpentin, klar? Hör gut zu, Nigger: Sag nie wieder, ich lüge.
ER (beschwichtigend): Ach komm, Schatz …
SIE: Schatz? Schatz am Arsch, mein Süßer!

ER: Jetzt sei nicht so. Ich weiß doch, was ich gesehen habe.
SIE (sich langsam steigernd): Du ... Scheiß ... Bastard. Was bist du denn schon, du beschissener Niggerbastard. Du hast nicht mal eine Mutter, du Arschgeburt. Dich hat ein Köter auf die Straße geschissen.

> (Sie ohrfeigt ihn. Hart. Dann dreht sie sich um und stakst hocherhobenen Hauptes davon. Er geht ihr nicht nach, sondern steht nur da und reibt sich die Wange.)

Eine Zeit lang sehe ich den quirligen Luftballonkindern zu, die jetzt den Karren des Eismanns entdeckt haben. Dort gibt es etwas, das nennt sich »Leckermäulchen«, Schnee-Eis mit einem Regenbogen aus verschiedenfarbigem Sirup. Dabei fällt mir auf, dass ich ebenfalls Hunger habe. Ich überlege, ob ich nicht zum French Market hinüber soll, dort könnte ich mir ein paar Doughnuts gönnen und ein Tässchen von diesem für New Orleans so typischen Kaffee mit der herben Chicorée-Note. Das ist besser als alles, was die Karte von Antoine's hergibt, ohnehin ein lausiges Restaurant. Wie übrigens die meisten prominenten Futterstellen der Stadt. Gallatoire's ist nicht so schlecht, aber meistens überfüllt. Man kann auch nicht reservieren, sondern muss sich immer hübsch anstellen, und das ist es auch wieder nicht wert, jedenfalls meiner Meinung nach. Gerade als ich mich zum French Market aufmachen will, werde ich aufgehalten.

Wenn ich eines hasse, dann das: Leute, die sich von hinten anschleichen und sagen:

STIMME (whiskeyrauchig, männliches Timbre, dabei eindeutig weiblich): Rate mal, wer da ist. (Stille.) Komm schon, du hast mich doch erkannt. (Abermals Stille, erst dann und etwas beleidigt nimmt sie die Hände von meinen Augen.) Jetzt sag bloß, du hättest mich nicht erkannt. Ich bin's, Junebug.
TC: Ja, ist das denn die Möglichkeit? Big Junebug Johnson! *Comment ça va?*
BIG JUNEBUG JOHNSON (kichernd vor Vergnügen): Ach Schätzchen, davon will ich gar nicht erst *anfangen*. Steh auf, Junge, drück die alte Junebug mal ganz fest. Gott, Jockey, wie dünn du geworden bist. Genau wie früher. Was wiegst du eigentlich?
TC: Sechzig, fünfundsechzig Kilo.

(Es fällt schwer, die Arme um sie zu legen, denn sie selber wiegt mindestens das Doppelte. Ich kenne sie seit der Zeit in der Royal Street, also mehr als vierzig Jahre. Bis heute gehört ihr diese laute Hafenbar, die ich damals regelmäßig frequentierte. Hätte sie rote Augen gehabt, wäre sie als Albino durchgegangen, denn ihre Haut ebenso wie ihr kräuseldünnes Haar ist so weiß wie eine Calla-Lilie. [Einmal vertraute sie mir an, ihre Haare seien praktisch über Nacht so weiß geworden, nicht einmal sechzehn sei sie da gewesen. Und als ich fragte: »Wirklich, *über Nacht?*«, sagte sie: »Es war die Achterbahn. Und dann der Schwengel von Ed Jenkins. Diese beiden Sachen zusammen waren einfach zu viel. Weißt du, eines Abends bin ich Achterbahn gefahren, draußen am Lake, und wir waren ganz hinten im letzten Wagen. Und der löste sich plötzlich und raste unkontrolliert über die Schienen. Wir wären um ein Haar entgleist. Na ja, und am nächsten Morgen entdeckte ich die ersten grauen Strähnen in meinem Haar. Und dann, eine Woche später, hatte ich dieses traumatische Erlebnis mit Ed Jenkins, einem Jungen aus der Nachbarschaft. Eine meiner Freundinnen hatte mir erzählt, ihr Bruder hätte gesagt, Ed Jenkins wäre mit dem größten Schwengel ausgestattet, den man je gesehen hat. Du musst wissen, Ed Jenkins war zwar ganz hübsch, aber gleichzeitig ziemlich dünn und nicht größer als du, also habe ich das erst mal nicht geglaubt, sondern ihn sogar aufgezogen damit. ›He, Ed Jenkins‹, sage ich, ›wie man hört, hast du ja einen Riesenschwengel.‹ Worauf er sagt: ›Klar habe ich den. Schau ihn dir an.‹ Dann hat er ihn rausgeholt, und ich gleich losgeschrien und alles, und er sagt: ›So, und jetzt stecke ich ihn rein.‹ Und ich sage: ›Untersteh dich.‹ Denn das Ding war so groß wie ein Babyarm mit einem Apfel in der Hand, also wirklich: zum Fürchten! Aber er hat ihn reingesteckt, ich meine, ich habe mich schon gewehrt, schließlich war ich noch Jungfrau sozusagen, also so gut wie, also kannst du dir ausmalen, wie das war. Tja, und kurz darauf wurde mein Haar ganz weiß, wie bei einer Hexe.«]

B.J.J. ist gekleidet wie ein Schauermann: Overall, blaues Herrenhemd mit aufgekrempelten Ärmeln, hohe Arbeitsschuhe und keine Spur von Make-up, das ihre Blässe hätte überdecken können. Trotz ihrer burschikosen Art ist sie ein Mensch von geradezu erhabener Weiblichkeit. Und immer trägt sie teure Parfums von Maison Blanche auf der Canal Street. In ihrem Mund blitzen die Goldzähne wie die Sonne nach einem kalten Regenguss. Ich bin sicher, Sie würden sie auch mögen, die meisten tun es jedenfalls. Nicht ganz so beliebt ist sie hingegen bei den anderen Kneipiers am Hafen, denn auch wenn ihre Bar nicht gerade stadtbekannt ist, die Leute des Viertels kommen am liebsten zu B. J. J. Der Laden hat drei verschiedene Säle: den eigentlichen Schankraum mit der endlos langen verzinkten Theke, dann einen weiteren mit den drei – ständig belegten – Billardtischen und das Hinterzimmer mit der Jukebox, wo man tanzen kann. Geöffnet ist rund um die Uhr, und in der Regel ist morgens genauso viel los wie abends. Zur Klientel gehören natürlich Seeleute, Dockarbeiter und die Farmer aus den Außenbezirken, die ihre Produkte auf dem French Market feilbieten, aber auch Cops, Feuerwehrleute, gnadenlose Zocker und abgebrühte Flittchen. Vor allem gegen Morgen wird die Bar zum Anlaufpunkt für die Belegschaft aus den Touristenfallen. Gogo-Girls, Stripperinnen, Drag-Queens, Barkeeper und -mädchen, Kellner und heiser geschriene Koberer suchen hier Entspannung nach einer langen Arbeitsnacht in den Animierschuppen des *vieux carré*, wo alle nur ein Ziel kennen: Touris und dumme Bauerntölpel nach Strich und Faden auszunehmen.

Der Spitzname »Jockey« geht übrigens auf Ginger Brennan zurück, vor mehr als vierzig Jahren Buffetchef im Nachtcafé am French Market. Das Nachtcafé existiert schon längst nicht mehr, und Ginger wurde schon vor vielen Jahren vom Blitz erschlagen, ausgerechnet beim Angeln am Lake Pontchartrain. Wie auch immer, eines Abends kriegte ich mit, wie ein Gast von Ginger wissen wollte, wer denn der »kleine Mickerling« in der Ecke wäre. Gemeint war ich, aber Ginger, der ein pathologischer Lügner war (Gott sei seiner Seele gnädig!), antwortete bloß, dieser Mickerling, das sei ein Berufsjockey: »Auf der Rennbahn gehört er zu den ganz Großen.« Das war nicht einmal unglaubhaft. Bei meiner Größe, meinem Gewicht hätte ich durchaus zum Jockey getaugt. Mir gefiel diese Legende später so gut, dass ich dabei blieb. Und von aller Welt als der große Pferdeexperte gesehen zu werden, hatte etwas. Ich fing an, die *Racing Form* zu lesen und mir den Fachjargon anzueignen. Es dauerte nicht lange, da nannten mich alle nur noch den »Jockey« und wollten von mir Tipps für ihre Wetten.)

BIG JUNEBUG JOHNSON: Ich habe ebenfalls abgenommen, bestimmt fünfzig Pfund. Praktisch vom ersten Tag meiner Ehe an sind die Pfunde nur so gepurzelt. Die meisten Frauen legen ja zu, wenn sie einmal verheiratet sind. Aber mit meinem Jim war ich so glücklich, dass ich einfach aufgehört habe, regelmäßig den Kühlschrank leerzufressen. Ich sag dir, was dick macht: Kummer.

TC: Big Junebug Johnson verheiratet? Davon hat mir ja keiner etwas gesagt. Ich dachte immer, du wärst eine eingefleischte Junggesellin.

BIG JUNEBUG JOHNSON: So ändert man seine Meinung. Ich musste wohl erst die Sache mit Ed Jenkins verdauen. Aber als ich das einmal aus dem Kopf hatte, war ich ganz auf Männer fixiert. Hat allerdings Jahre gedauert.

TC: Heißt er so: Jim?
BIG JUNEBUG JOHNSON: Jim O'Reilly. Ist aber trotz des Namens kein Ire. Er kommt aus Plaquemine, und seine Familie ist zum größten Teil Cajun. Ich weiß nicht einmal, ob das überhaupt sein richtiger Name ist, eigentlich weiß ich kaum etwas über ihn. Er ist sehr ruhig.
TC: Aber bestimmt ein guter Liebhaber – wenn er *dich* gekriegt hat.
BIG JUNEBUG JOHNSON (verdreht die Augen): Ach Schätzchen, davon will ich gar nicht erst *anfangen*.
TC (lacht): Auch daran kann ich mich noch gut erinnern. Egal, was jemand sagte, ob es ums Wetter ging oder was weiß ich, dein Spruch lautete immer: »Ach Schätzchen, davon will ich gar nicht erst *anfangen*.«
BIG JUNEBUG JOHNSON: Na ja, damit ist doch alles gesagt, findest du nicht?

(Ein Detail habe ich bisher vergessen: Sie spricht mit Brooklyner Akzent. Hört sich vielleicht seltsam an, ist es aber nicht. Halb New Orleans hat keinen Südstaatenakzent. Man braucht bloß die Augen zuzumachen, und schon meint man, einen Taxikutscher aus Bensonhurst zu hören. Offenbar hat der lokale Dialekt des traditionellen Irenviertels die Sprache der ganzen Stadt geprägt.)

TC: Wie lange bist du denn jetzt schon Mrs. O'Reilly?
BIG JUNEBUG JOHNSON: Im nächsten Juli werden es drei Jahre. Ich meine, was blieb mir übrig? Ich war völlig überrumpelt, denn er ist zwanzig Jahre jünger als ich. Und sehr gutaussehend, meine Güte! Ein Frauentyp. Er war ganz verrückt nach mir, rannte mir überall nach und

wollte mit mir gehen. Sagte, er geht ins Wasser, wenn ich nein sage. Und jeden Tag kam er mit Geschenken, jeden Tag. Einmal hat er mir Perlenohrringe geschenkt, aber mit echten Wildperlen. Ich hab den Test gemacht, hab draufgebissen, und sie blieben heil. Dann einen ganzen Schwung kleiner Kätzchen. Er wusste halt nichts von meiner Katzenallergie. Alle sagten zwar, er wäre nur hinter meinem Geld her, denn warum sollte sich so ein Traummann mit einer alten Hexe wie mir abgeben? Aber so war es nicht, denn er hatte selbst einen ziemlich guten Job bei der Streckfus Steamship Company. Egal, sagten sie, er sei trotzdem pleite und stecke wegen seiner Spielschulden bei Red Tibeaux, Ambrose Butterfield und all den anderen Kartenzinkern tief in der Scheiße. Ich habe ihn darauf angesprochen, aber er sagte nur: alles Lüge. Es hätte aber genauso gut stimmen können, wie gesagt, ich kannte ihn ja nicht, kenne ihn im Grunde bis heute nicht. Ich weiß nur, dass er mich nie auch nur um einen einzigen Cent angehauen hat. Das hat mich sehr verwirrt. Seinetwegen bin ich dann zu Augustine Genet gegangen. Du kennst doch noch Madame Genet, die Wahrsagerin? Ich hatte gehört, sie liege im Sterben, deshalb beeilte ich mich. Und so war es auch. Sie war über hundert Jahre alt, blind wie ein Maulwurf, und ihre Zeit war gekommen, sie konnte kaum noch sprechen. Aber sie sagte mir: Heirate diesen Mann, er ist ein guter Mann, er wird dich glücklich machen. Heirate ihn, versprich mir das. Ich habe ihr dann mein Ehrenwort gegeben, deshalb hatte ich keine Wahl. Ich meine, versprochen ist versprochen, ganz besonders am Totenbett, darüber setzt man sich nicht hinweg.

Heute bin ich froh darüber. Ja, ich *bin glücklich*. Ich bin eine glückliche Frau. Auch wenn mir von den vielen Katzen immer die Nase juckt. Und du, Jockey, wie geht es dir?
TC: Geht so.
BIG JUNEBUG JOHNSON: Wann warst du eigentlich das letzte Mal beim Mardi Gras?
TC (unschlüssig, denn Mardi Gras weckt nicht die allerbesten Erinnerungen, die Straßen voll grölender, sturzbetrunkener, maskierter Gestalten, von denen ich als Kind Alpträume bekam): Schon ewig nicht mehr. Ich bin, als ich klein war, bei Mardi Gras immer verschüttgegangen. Das letzte Mal nahmen sie mich sogar mit aufs Revier, wo ich mir die ganze Nacht die Augen ausgeheult habe, ehe meine Mutter mich wiederfand.
BIG JUNEBUG JOHNSON: Ja, die verdammte Polente! Weißt du, dieses Jahr ist wegen eines Streiks bei der Polizei sogar Mardi Gras ausgefallen. Stell dir das mal vor: Es ist Karneval, und die streiken! Hat die Stadt Millionen gekostet. Reine Erpressung war das. Einige Stammgäste von mir sind von der Polizei, aber es sind allesamt Gauner, die ganze Bande. Ich habe keine Hochachtung mehr vor der Polizei, nicht nach dem, was sie Mr. Shaw angetan haben. Allen voran dieser Jim Garrison, dieser so genannte Staatsanwalt, in Wirklichkeit nichts weiter als eine widerliche Scheißhausfliege. Ich hoffe, dafür wird er in der Hölle schmoren. Aber gaaanz langsam. Nur schade, dass Mr. Shaw das nicht erlebt. Auf seiner Wolke im Himmel wird er leider nicht mitkriegen, wie dieser Dreckskerl in der Hölle verrottet.

(B. J. J. meint Clay Shaw, den Gentleman und Architekten, der einen Großteil des alten New Orleans restauriert hat. Bis er eines Tages von dem mediengeilen Bezirksstaatsanwalt Jim Garrison vor den Kadi gezerrt wird, angeblich wegen Beteiligung an einem Mordkomplott gegen Präsident Kennedy. Zweimal stand Shaw deswegen vor Gericht, zweimal endete der Prozess mit einem Freispruch. Dennoch, am Ende war Shaw bankrott, seine Gesundheit war ruiniert, und er ist vor einigen Jahren gestorben.)

TC: Nach der letzten Verhandlung schrieb mir Clay: »Ich habe mich ja schon immer für leicht paranoid gehalten, aber nach diesen Erfahrungen weiß ich: Es war keine Paranoia, sondern Realitätssinn, nicht mehr und nicht weniger.«

BIG JUNEBUG JOHNSON: Was ist das eigentlich: Paranoia?

TC: Paranoia? Ach nichts. Paranoia ist … nichts. Solange du sie nicht ernstnimmst.

BIG JUNEBUG JOHNSON: Also mir fehlt Mr. Shaw. Weißt du, damals während des Prozesses erkannte man sofort, wer in dieser Stadt ein Gentleman war und wer nicht. Denn wenn ein Gentleman Mr. Shaw auf der Straße begegnete, hat er ihn selbstverständlich gegrüßt, die anderen Arschlöcher haben einfach weggeguckt. (Glucksend.) Aber Shaw war schon eine Marke. Wenn er in der Bar war, hat er mich immer zum Lachen gebracht. Kennst du seinen Jesse-James-Witz? Okay: Jesse James und seine Bande überfallen einen Zug. Sie kommen also mit gezückter Pistole in einen Waggon, und Jesse James ruft: »Hände hoch und alle mal herhören! Wir werden jetzt die Frauen ausrauben und alle Männer vergewaltigen.« Sagt einer der Fahrgäste: »Sie verwechseln da was, Sir. Es muss heißen: Wir rauben die Männer aus und vergewaltigen die Frauen.« Da sagt eine kleine Schwuchtel, die ebenfalls im Wagen ist: »Ach, halten Sie doch den Mund. Mr. James ist Profi. Er weiß, was er tut.«

(Zwei ... drei ... vier ... Gemessen tönt das Geläut der St. Louis Cathedral. Fünf ... sechs ... Der Stundenschlag, gediegen wie eine Baritonstimme, Widerhall aus alten Sagen, der sich im Park ausbreitet wie die heraufziehende Dämmerung, Musik, die sich mit dem fröhlichen Gekrähe der heimgehenden Leckermäulchen- und Luftballon-Kinder vermischt, dem traurigen Getute eines weit entfernten Nebelhorns und dem Frühlingsgebimmel der Glöckchen am Eiskarren. Überflüssigerweise konsultiert Big Junebug Johnson ihre klotzige Rolex-Herrenuhr.)

BIG JUNEBUG JOHNSON: Du lieber Himmel, ich sollte längst zu Hause sein. Um Punkt sieben muss das Abendessen auf dem Tisch stehen. Frag mich nicht, warum, aber Jim isst nur das, was ich ihm koche, und ich kann nicht einmal richtig kochen, das war schon immer so. Die Arbeit am Zapfhahn ist was anderes, darin war ich immer gut. Ach herrje, da fällt mir ein, ich habe ja heute Abend Thekendienst. Normalerweise arbeite ich nur noch tagsüber, die restliche Zeit ist Irma da, aber einer von Irmas Jungs ist krank geworden, und sie wollte zu Hause bleiben. Hab ich dir ganz vergessen zu erzählen: Ich habe jetzt eine Partnerin, eine Witwe, aber noch jung und immer gut drauf. Kann arbeiten wie ein Stier, denn sie war mal mit einem Geflügelzüchter verheiratet, der dann gestorben ist und sie allein zurückgelassen hat, mit fünf Kindern, zwei davon Zwillinge, und eben der Hühnerfarm, und sie ist noch keine dreißig. Um über die Runden zu kommen, hat sie den Laden ganz allein geschmissen, hat sogar den Hühnern eigenhändig den Hals umgedreht und sie zum Markt gekarrt, wie gesagt, ohne jede Hilfe, dabei ist sie ein ganz zierliches Persönchen, umwerfende Figur und rote Haare, Naturlocken, ganz wie ich. Sie schielt leider, sonst würde sie in Atlantic City auf Anhieb Schönheitskönigin. Wirklich, sie schielt so stark, dass man manchmal gar nicht weiß, wen oder was sie gerade ansieht. Sie kam eines Abends mal mit einer Gruppe Lastwagenfahrer-Lesben in die Bar, und ich hielt sie erst ebenfalls für eine. War aber ein Irrtum, sie steht auf Männer und hat auch Erfolg bei ihnen, Schielaugen hin oder her. Ich glaube sogar, mein Mann hat sich ein bisschen in sie verguckt, jedenfalls wird er immer gleich sauer, wenn ich ihm mit dem Thema komme. Bei Irma selbst ist die Sache schon ernster, glaube ich, zumindest ist immer absolut klar, wen sie gerade ansieht, wenn er in der Nähe ist. Na ja, ich lebe auch nicht ewig, und wenn sie zusammenkommen, wenn ich mal nicht mehr bin, soll mir das recht sein. Ich habe meinen Teil des Glücks gehabt, und ich weiß, dass sich Irma gut um ihn kümmern wird. Sie ist eine wunderbare Frau. Deswegen wollte ich ja auch, dass sie mit ins Geschäft einsteigt. Na, wie auch immer, war schön, dich mal wiedergesehen zu haben, Jockey. Komm doch später in die Bar, es gibt noch so viel zu erzählen. Aber jetzt sollte ich erst mal sehen, dass ich meine müden Knochen in Bewegung setze.

Sechs … sechs … sechs … Der Stundenschlag verharrt in der algengrünen Luft und sinkt zitternd in den Schlaf der Geschichte.

Manche Städte sind wie Weihnachtsgeschenke, unter ihrer bunten Verpackung verbergen sich echte Überraschungen und ungeahnte Freuden. Andere wiederum lassen sich gar nicht öffnen, Geheimschachteln gleich, deren Rätsel für den Reisenden selbst nach längerer Zeit oder hartnäckigen Bemühungen ungelöst bleibt. Um solche Städte wirklich ihrer Hülle zu entkleiden, muss man schon dort geboren sein. Venedig ist so eine Stadt. Jedes Jahr im November, wenn die Stürme von der Adria auch die letzten amerikanischen oder deutschen Touristen mitsamt ihrer Bagage hinweggeweht haben, kommt ein anderes Venedig zum Vorschein, das Venedig der morbiden Elégants und verzärtelten Adligen in ihren reich bestickten Westen, das Venedig der verhärmten Contessas am Arm leptosomischer Neffen. Gestalten aus den Romanwelten eines Henry James oder D'Annunzio, die sich an einem hellen Sommertag nie und nimmer aus dem Schattenreich ihrer Palazzi hinauswagten, um die Straße mit den lauten Fremdlingen zu teilen. Aber dann, im November, kommen sie hervor, füttern die Tauben und ergehen sich unter den Arkaden der Piazza San Marco, nehmen ihren Tee in der Halle des Danieli (das Gritti hat bis zum Frühjahr geschlossen) und – mit Abstand am schönsten – schlürfen

Martinis und verputzen mit Käse überbackene Sandwiches in der heimeligen Atmosphäre von Harry's American Bar, die noch kurz zuvor in der Hand ungehobelter transalpiner und/oder -atlantischer Barbaren gewesen ist.

Fes führt ein ähnliches Doppelleben – und Boston ebenfalls. Das heißt, wir ahnen, dass sich hinter den gepflegten Fassaden am Louisburg Square mit ihren Erkern und Buntglasfenstern faszinierende Riten abspielen, doch abgesehen davon, was einige ausgewählte Literaten der Stadt haben durchblicken lassen, wissen wir herzlich wenig Genaues, und daran wird sich auch nie etwas ändern. Ich glaube aber, die verschwiegenste aller geheimnisvollen Städte ist nach wie vor New Orleans. Nirgendwo sonst ist der Unterschied zwischen wahrer Natur und dem Bild, das dem Außenstehenden geboten wird, so groß. Hohe Mauern, verdunkelndes Grün überall, verrammelte Eisentore, Fensterläden, die keinen Blick ins Innere des Hauses erlauben, überwucherte Seitenpfade, die in verwilderte Gärten führen, wo blasse Mimosen und Kamelien neben flammenden Blüten stehen, Eidechsen in der Sonne liegen und mit gespaltener Zunge die Umgebung wittern, ehe sie sich auf große Palmwedel davonmachen – all das ist kein Zufall, sondern die Architektur der Tarnung, ist Maskerade wie an Mardi Gras, Schutzwall der Bewohner gegen jegliche Einsichtnahme in ihre inneren Verhältnisse: Zwei Cousinen, eingesponnen in ein familiäres Rhizom, das die gesamte Stadt durchzieht, halten geflüsterte Zwiesprache unter einem Feigenbaum, daneben ein sanft plätschernder Brunnen, der in ihrem versteckten Garten angenehme Kühle spendet.

Irgendwo spielt ein Klavier. Ich kann nicht entscheiden, woher die Töne kommen, aber der Anschlag ist selbstbewusst und nimmt keine Note zurück: »*I want, I want ...*« Die zugehörige Stimme ist schwarz, der Mann ist gut. »*I want, I want a mama, a big fat mama with the meat shakin' on her, yeah!*«

Schritte. Hochhackige, sehr weibliche Schritte, die näherkommen und vor mir stehen bleiben. Es ist die Dürre, die Beinaheschöne mit dem losen Mundwerk, die zuvor die lautstarke Auseinandersetzung mit ihrem »Manager« geführt hat. Sie lächelt, zwinkert mir erst mit dem einen, dann mit dem anderen Auge zu, und ihre Stimme hat nichts Keifendes mehr. Im Gegenteil, sie klingt so, wie Bananen schmecken.

SIE: Na, wie steht's?
TC: Ich sitze hier nur.
SIE: Hast du Zeit?
TC: Die Uhrzeit? Es müsste so kurz nach sechs sein.
SIE (lacht): Nein, ich meine, ob du Zeit für mich hast. Ich habe ein Apartment, gleich um die Ecke.
TC: Ach so, nein. Nicht heute.
SIE: Bist ein echter Süßer.
TC: Wenn Sie das so sehen wollen.
SIE: Nein, ich meine das so. Du bist richtig schnuckelig.
TC: Danke.
SIE: Aber warum so traurig? Komm mit, und wir machen es uns gemütlich, das bringt dich auf andere Gedanken.
TC: Nein, lieber nicht.
SIE: Was ist los? Gefalle ich dir nicht?

TC: Doch, du gefällst mir.
SIE: Und was stimmt dann mit mir nicht? Los, sag mir, warum?
TC: Oh, da gibt es viele Gründe.
SIE: Okay, dann sag mir einen. Nur einen einzigen Grund.
TC: Ach Schätzchen, davon will ich gar nicht erst *anfangen*.

HALLO, FREMDER

Zeit: Dezember 1977.
Ort: Das Four Seasons, ein Restaurant in New York.

Der Mann, mit dem ich mich zum Lunch treffen wollte, George Claxton, hatte als Zeitpunkt zwölf Uhr mittags vorgeschlagen – ohne allerdings zu sagen, warum schon so früh. Der Grund wurde mir schnell klar, denn seit wir uns zuletzt gesehen hatten, etwa vor einem Jahr, hat er sich vom eher maßvollen Trinker zum handfesten Alkoholiker entwickelt. Wir saßen noch nicht ganz, da bestellte er sich bereits den ersten – doppelten – Wild Turkey. (»Aber pur, bitte, ohne Eis.«) Fünfzehn Minuten später den zweiten.

Ich war überrascht, nicht nur von seinem Durst. Denn darüber hinaus hatte er mindestens fünfzehn Kilo zugenommen. Die Knöpfe seiner gestreiften Weste hielten das gute Stück nur noch mit Mühe zusammen, und seine früher dank Jogging und Tennis so gesunde Gesichtsfarbe hatte sich ins Teigig-Fahle gewandelt, so als hätten sie ihn gerade erst aus dem Zuchthaus entlassen. Außerdem trug er eine Sonnenbrille, und ich dachte: Deutlicher kann einer seinen Abstieg nicht dokumentieren. Man stelle sich vor: Vor nicht allzu langer Zeit noch ein solider Wall-Street-Mann mit einem Haus in Greenwich oder Westport oder wo auch immer, mit einer Frau, die Gertrude oder Alice heißt, und drei, vier oder fünf wohlgeratenen Kindern – und jetzt das. Jetzt nur noch ein Kerl, der sich schon am Morgen die Wild Turkeys in den Kopf gießt und Sonnenbrille trägt.

Ich konnte mir nur knapp die Frage verkneifen: »Sag mal, was ist denn mit dir passiert?« Stattdessen sagte ich: »Wie geht's denn so, George?«

GEORGE: Nicht schlecht, kann nicht klagen. Bloß mit den Weihnachtsvorbereitungen etwas im Rückstand. Also dieses Jahr wird's wohl nichts mit Karten, ich verschicke keine.
TC: Ach wirklich? Aber deine Fotokarten mit Familie und Hund und allem, die waren berühmt. Was macht eigentlich deine Familie?
GEORGE: Sie wächst. Meine älteste Tochter hat gerade ihr erstes Kind gekriegt. Ein Mädchen.
TC: Meinen Glückwunsch.
GEORG: Na ja, eigentlich wäre uns ein Junge lieber gewesen. Wenn es ein Junge geworden wäre, hätte sie ihn nach mir benannt.
TC (in Gedanken: Warum bin ich bloß hier? Muss ich mir das antun und mit diesem Blödmann zu Mittag essen? Er langweilt mich, das hat er schon immer.): Und Alice? Wie geht's Alice?

GEORGE: Alice?

TC: Ich meine Gertrude.

GEORGE (mit grämlicher Miene): Sie malt. Du weißt ja, unser Haus liegt direkt am Long Island Sound, wir haben unseren eigenen kleinen Privatstrand. Aber sie schließt sich den ganzen Tag in ihrem Zimmer ein und malt, was sie da so sieht. Boote.

TC: Ist doch schön.

GEORGE: Weiß ich nicht. Sie war ja auf der Johnson C. Smith, hat einen Abschluss in Kunstgeschichte. Sie hat früher, vor unserer Heirat, auch schon ein bisschen gemalt. Dann wohl keine Lust mehr. So sah es wenigstens aus. Aber jetzt malt sie die ganze Zeit. Wirklich, pausenlos, immer in ihrem Zimmer. He, Ober, holen Sie mal den Kellner mit der Speisekarte. Und noch mal dasselbe. Kein Eis.

TC: Whiskey pur ohne Eis, die feine englische Art.

GEORGE: Ich hab da was am Zahnwurzelkanal. Alles Kalte tut weh. Weißt du, wer mir dieses Jahr eine Weihnachtskarte geschickt hat? Mickey Manolo, dieser stinkreiche Bursche aus Caracas. Erinnerst du dich? Er war in unserer Klasse.

(Natürlich erinnerte ich mich nicht mehr an Mickey Manolo, aber ich nickte und tat wenigstens so: Na klar. Selbst George Claxton hätte ich wahrscheinlich schon längst vergessen, wenn er sich seit vierzig Jahren, seit unserer Zeit auf dieser entsetzlichen Privatschule, nicht immer wieder melden würde. Er kam aus einer gut situierten Familie aus Pennsylvania und war ein erstklassiger Sportler. Eigentlich hatten wir gar nichts gemeinsam, trotzdem bildeten wir eine Art Notgemeinschaft, denn ich schrieb ihm all seine Englischaufsätze, und er erledigte dafür meine Matheaufgaben und ließ mich bei Klassenarbeiten abschreiben. Das Resultat war diese jahrzehntealte so genannte Freundschaft, die alle ein bis zwei Jahre ein gemeinsames Mittagessen zwingend erforderlich machte.)

TC: In diesem Restaurant sieht man kaum Frauen.

GEORGE: Das ist ja das Schöne daran. Keine Weiber, die dir die Ohren vollquatschen, sondern 'ne klare Linie, was die Atmosphäre angeht. Ich glaube, ich will doch nichts zu essen. Zähne tun zu weh beim Kauen.

TC: Dann nimm doch pochierte Eier.

GEORGE: Du, da ist etwas, das ich dir erzählen will. Vielleicht kannst du mir ja einen Rat geben.

TC: Bist du sicher? Wer meine Ratschläge angenommen hat, hat das später immer noch bereut.

GEORGE: Es fing im letzten Sommer an, im Juni, kurz nach Jeffreys Uni-Abschluss – Jeffrey ist mein Jüngster. Es war ein Samstag, und Jeff und ich waren unten an unserem kleinen Strand und haben ein Boot angestrichen. Jeff ging kurz ins Haus, um uns ein paar Bier und Sandwiches zu holen. Während er fort war, zog ich mich aus und ging schwimmen. Das Wasser ist um diese Zeit eigentlich viel zu kalt, vor Juli sollte man dort gar nicht schwimmen. Aber mir war eben danach.

Ich schwamm ein ganzes Stück hinaus, ließ mich dann gemütlich im Wasser treiben und betrachtete mein Haus. Es ist wirklich ein großes Haus, mit einer Garage für sechs Autos, Swimmingpool, Tennisplatz, was du willst. Schade, dass du nie da warst. Okay, ich trieb also gemütlich auf dem Rücken, dachte an nichts Böses, als ich diese Flasche im Wasser dümpeln sah.

Es war eine klare Glasflasche, in der früher wohl mal Limonade gewesen war. Sie war mit einem Korken verschlossen und zusätzlich mit Klebeband. Ich sah, dass sich ein Stück Papier in der Flasche befand, irgendeine Nachricht. Erst musste ich lachen, so etwas hatten wir als Kinder auch immer gemacht. Kleine Zettel in Flaschen gestopft und die Flasche dann ins Meer geworfen: WER HILFT MIR? NACH SCHIFFBRUCH VERSCHOLLEN!

Also schnappte ich mir die Flasche und schwamm an Land. Ich war neugierig, was ich darin finden würde. Es war tatsächlich eine Nachricht, dem Datum nach zu urteilen etwa vier Wochen alt und geschrieben von einem kleinen Mädchen aus Larchmont. In dem Brief stand: HALLO, FREMDER. ICH HEISSE LINDA REILLY, UND ICH BIN ZWÖLF JAHRE ALT. WENN SIE DIESEN BRIEF FINDEN, DANN SCHREIBEN SIE MIR BITTE, WANN UND WO SIE IHN GEFUNDEN HABEN. WENN SIE DAS TUN, SCHICKE ICH IHNEN EINE SCHACHTEL SELBSTGEMACHTE SAHNETOFFEES.

Als Jeff zurückkam, erzählte ich ihm aber nichts davon. Ich weiß nicht, warum, ich tat es einfach nicht. Heute wünschte ich, ich hätte es getan. Vielleicht wäre dann gar nichts passiert. Aber es war wie ein kleines Geheimnis, das ich unbedingt für mich behalten wollte. Nichts Ernstes, eher ein Witz.
TC: Bist du sicher, dass du nicht doch etwas essen willst? Ich bestelle mir ein Omelette.
GEORGE: Okay, ein Omelette dann, aber ganz weich.

TC: Und du hast dann dem kleinen Fräulein, Miss Reilly, geantwortet?
GEORGE (zögernd): Ja, das habe ich.
TC: Was hast du ihr geschrieben?
GEORGE: Am Montag, als ich wieder im Büro war, fand ich den Brief in meiner Aktentasche. Ich sage mit Absicht »fand«, weil ich mir gar nicht erinnern kann, ihn dort hineingelegt zu haben. Okay, ich hatte der Kleinen schreiben wollen, aber nur ein kurzes Kärtchen, als nette Geste. Am selben Tag hatte ich aber auch ein Business-Lunch mit einem Mandanten, der sich schon am Mittag gern einen Dry Martini gönnt. Für gewöhnlich trinke ich mittags keinen Alkohol – und sonst auch nicht übermäßig viel. Aber am Ende hatte ich zwei Martinis intus und ging etwas angeschickert ins Büro zurück. Und dort habe ich dem Mädchen einen ziemlich langen Brief geschrieben, und zwar eigenhändig, kein Diktat. Ich schrieb, wo ich wohnte und wie ich ihre Flaschenpost gefunden hatte und wünschte ihr alles Gute. Nur am Schluss sagte ich noch ein paar ziemlich blöde Sachen wie: dass ich zwar ein Fremder sei, was aber meinen freundschaftlichen Gefühlen für sie keinen Abbruch täte.
TC: Ja, so was kommt nach zwei Martinis raus. Aber wo liegt jetzt das Problem?
GEORGE: Silver Bullets, so nennen sie diesen Cocktail. Silver Bullets.
TC: Du rührst ja dein Omelette gar nicht an.
GEORGE: Gott, diese Zahnschmerzen!
TC: Es ist aber ziemlich gut für ein Restaurant-Omelette.

GEORGE: Jedenfalls, eine Woche später kriege ich eine Riesenschachtel mit Sahnetoffees ins Büro. Genauer gesagt Sahneschokotoffees mit Pekannüssen. Ich ließ sie im Büro herumgehen und erzählte allen, meine Tochter hätte sie gemacht. Und einer von den Jungs sagte noch: »Ja, klar! Sieht mir aber eher nach einer heimlichen Verehrerin aus.«
TC: Und war in dem Päckchen noch ein Brief?
GEORGE: Nein. Trotzdem bedankte ich mich mit einem Zweizeiler. Wie gesagt, nur ganz kurz. Hast du mal eine Zigarette für mich?
TC: Ich habe schon vor Jahren das Rauchen aufgegeben.
GEORGE: Komisch, *ich* habe gerade damit angefangen. Trotzdem kaufe ich mir nie selber welche, sondern schnorre hier und da eine. Ober, könnten Sie mir eine Schachtel Zigaretten bringen? Sorte ist egal, bloß keine mit Menthol. Und noch einen Wild Turkey, bitte.
TC: Für mich einen Kaffee.
GEORGE: Aber dann kam auf mein kurzes Dankschreiben ein langer Brief, der mich wirklich umgehauen hat. Sie hatte auch ein Bild von sich beigelegt, ein Polaroidfoto. Sie im Badeanzug am Strand. Sie mag vielleicht zwölf Jahre alt gewesen sein, aber sie sah aus wie sechzehn. Ein süßes Kind mit einem kurzen dunklen Lockenkopf und strahlend blauen Augen.
TC: Klingt jetzt ein bisschen wie Humbert Humbert.
GEORGE: Wer?
TC: Nichts. Eine Romanfigur.
GEORGE: Ich lese keine Romane. Ich hasse Lesen.
TC: Ich weiß. Wer hat denn damals deine Aufsätze geschrieben? Und was hatte Miss Reilly so mitzuteilen?

GEORGE (nach einer Pause von langen fünf Sekunden): Es war ein sehr trauriger Brief. Traurig und anrührend. Sie sagte, sie wohne noch nicht lange in Larchmont, und dass sie keine Freunde hätte, und dass sie schon Dutzende Flaschen ins Wasser geworfen hätte, aber dass ich der Einzige sei, der je geantwortet hätte. Sie sagte, sie käme eigentlich aus Wisconsin, aber ihr Vater sei gestorben und ihre Mutter hätte einen Mann geheiratet, der schon drei Töchter hätte, die sie aber nicht mochten und sie deshalb immer allein ließen. Es war ein zehnseitiger Brief, ohne Rechtschreibfehler. Sie sagte eine Menge kluger Dinge, aber der Brief insgesamt klang ziemlich verzweifelt. Sie sagte noch, sie hoffe, dass ich ihr wieder schreibe und dass ich vielleicht mal nach Larchmont komme, dann könnten wir uns irgendwo verabreden ... Aber interessiert dich das wirklich?
TC: Sehr sogar. Red weiter.
GEORGE: Ich habe also das Foto behalten. Ich steckte es in meine Brieftasche zu den Bildern von meinen anderen Kindern. Irgendwie, vermutlich wegen dieses Briefs, betrachtete ich sie als mein eigenes Kind. Überhaupt ging mir der Brief nicht mehr aus dem Kopf. Später auf der Heimfahrt tat ich etwas, was bei mir eigentlich eine Seltenheit ist: Ich setzte mich in die Zugbar, bestellte mehrere harte Drinks und las immer wieder diesen Brief, lernte ihn praktisch auswendig. Zu Hause sagte ich, ich hätte noch zu tun, schloss mich in mein Zimmer ein und schrieb einen Brief an Linda. Ich schrieb bis Mitternacht.
TC: Und währenddessen hat du lustig weitergetrunken?
GEORGE (erstaunt): Wieso?

TC: Weil es sich möglicherweise auf den Inhalt des Briefes ausgewirkt hat.
GEORGE: Das stimmt, ich habe weitergetrunken, und das war vielleicht auch der Grund, weswegen es ein ziemlich sentimentaler Brief geworden ist. Aber sie tat mir eben so leid, und ich wollte ihr wirklich helfen. Ich schrieb von den Problemen, die meine eigenen Kindern seinerzeit gehabt hatten. Von Harriets Akne etwa und dass sie deswegen noch nie einen Freund hatte, jedenfalls bis zu ihrer Schälbehandlung. Und ich erzählte ihr von meinen eigenen Nöten, als ich in ihrem Alter war.
TC: Oh? Und ich dachte immer, so etwas hätte es bei dir nicht gegeben, nicht bei so einem idealtypischen US-Boy wie dir.
GEORGE: Na ja, man zeigt den Leuten eben nur die Seite von sich, die sie sehen sollen. Wie es innen aussieht, ist eine andere Geschichte.
TC: So kann man sich täuschen.
GEORGE: Gegen Mitternacht klopfte meine Frau an die Tür. Wollte wissen, ob alles in Ordnung sei, und ich sagte ihr, sie solle wieder ins Bett gehen, ich hätte noch einen dringenden Geschäftsbrief zu schreiben. Deshalb müsse ich später auch noch einmal los, zur Post. Sie fragte, warum das nicht alles bis morgen warten kann, es sei schon nach zwölf. In diesem Augenblick verlor ich die Beherrschung. Ich meine, ich bin dreißig Jahre verheiratet, und die paar Mal, wo mir der Kragen geplatzt ist, kannst du an zehn Fingern abzählen. Gertrude ist eine wunderbare, wirklich wunderbare Frau. Ich liebe sie wirklich, verdammt noch mal. Aber in diesem Moment schrie ich sie

an: Nein, es kann *nicht* warten! Der Brief muss noch heute Nacht raus. Er ist wichtig.

(Ein Kellner brachte George eine Schachtel Zigaretten, die bereits aufgemacht war. Er steckte sich eine in den Mund, und der Kellner gab ihm Feuer, was auch gut war, denn mit seinen zitternden Fingern hätte er sich nur selbst verbrannt.)

Und, Herrgottnochmal, das stimmte ja auch. Der Brief *war* wichtig. Und wer weiß, wenn ich ihn nicht in derselben Nacht noch abgeschickt hätte, hätte ich es womöglich nie getan. Vielleicht wäre mir in nüchternem Zustand auch aufgefallen, dass er viel zu persönlich geraten war. Aber da war dieses einsame, unglückliche Kind, das mir sein Herz ausgeschüttet hatte. Wie würde es sich fühlen, wenn ich mich einfach nicht mehr meldete? Nein, das ging auf keinen Fall. Also setzte ich mich ins Auto, fuhr zur Post und warf den Brief ein. Danach war ich zu müde, um noch nach Hause zu fahren und schlief einfach im Wagen ein. Irgendwann im Morgengrauen wachte ich auf. Glücklicherweise schlief meine Frau noch tief und fest und merkte gar nicht, wie ich mich ins Schlafzimmer schlich.

Mir blieb gerade noch die Zeit, mich zu rasieren und umzuziehen, ehe ich wieder zum Bahnhof musste. Während ich mich rasierte, kam Gertrude ins Badezimmer. Sie lächelte, meinen Wutanfall erwähnte sie mit keinem Wort. Aber sie hatte meine Brieftasche in der Hand und sagte: »George, ich will für deine Mutter Jeffs Bild vergrößern lassen, du weißt schon, das von der Abschlussfeier.« Und durchsuchte bereits im selben Moment die Fotos in

meiner Brieftasche. Ich dachte mir nichts dabei, bis sie plötzlich fragte: »Sag mal, wer ist denn dieses Mädchen?«
TC: Und das war das kleine Fräulein aus Larchmont.
GEORGE: Ich hätte ihr in diesem Moment die ganze Geschichte erzählen müssen. Aber ich ... ich weiß nicht, ich sagte, es sei die Tochter eines Bekannten, den ich immer im Zug treffe. Ich sagte, er hätte es einigen Leuten in der Zugbar gezeigt und später dort liegen lassen. Und ich hätte es bloß an mich genommen, um es ihm wiederzugeben.

Garçon, un autre de Wild Turkey, s'il vous plaît.

TC (zum Kellner): Aber keinen doppelten mehr, bitte.
GEORGE (höflich im Ton, aber sichtlich gereizt): Willst du damit andeuten, ich hätte zu viel getrunken?
TC: Wenn du später noch ins Büro musst, ja.
GEORGE: Aber das muss ich nicht. Ich war seit Anfang November nicht mehr im Büro. Angeblich Nervenzusammenbruch wegen Überarbeitung. Psychovegetativer Erschöpfungszustand. Soll mich zu Hause ausruhen, liebevoll umsorgt von einer Gattin, die mich vergöttert. Und was ist? Sie verbarrikadiert sich in ihrem Zimmer und malt Bilder von Booten. Genauer gesagt, von *einem* Boot. Immer und immer wieder ein und dasselbe Boot.
TC: George, ich muss mal pinkeln.
GEORGE: Hey, du lässt mich doch jetzt nicht im Stich, oder? Du lässt deinen alten Kumpel doch nicht hängen, der dir immer bei Mathe geholfen hat?
TC: Ach, selbst das hat nichts genutzt. Durchgefallen bin ich trotzdem. Sekunde, bin gleich wieder da.

(Tatsächlich musste ich gar nicht aufs Klo. Ich wollte nur etwas Abstand, um meine Gedanken zu sortieren.

Ich hätte nicht den Mut gehabt, mich einfach so davonzustehlen und mich in einem stillen Kino zu verstecken. Andererseits wollte ich nicht an diesen Tisch zurück. Ich wusch mir die Hände und kämmte mir die Haare. Zwei Männer betraten die Toilette und stellten sich ans Pissoir. Einer sagte: »Dieser besoffene Typ da, einen Moment dachte ich, ich kenne ihn.« Darauf sein Freund: »Na ja, ein ganz Unbekannter ist er auch nicht. Das ist George Claxton.« »Das ist jetzt ein Witz, oder?« »Überhaupt nicht. Ich muss es wissen, denn er war mal mein Boss.« »Gott, so kann's gehen. Was ist denn passiert?« »Tja, darüber gibt es verschiedene Spekulationen.« Dann waren sie still, möglicherweise aufgrund meiner Anwesenheit. Ich kehrte ins Restaurant zurück.)

GEORGE: Hey, du bist ja noch da!

(Mittlerweile wirkte er eher niedergeschlagen als angetrunken. Er war sogar in der Lage, sich halbwegs sicher eine Zigarette anzustecken.)

Willst du den Rest auch noch hören?

TC: (Stummes, aber ermunterndes Kopfnicken.)

GEORGE: Okay, also meine Frau hat erst mal gar nichts gesagt, sondern das Foto bloß in die Brieftasche zurückgesteckt. Ich rasierte mich weiter, schnitt mich aber zweimal dabei. Ich hatte schon lange nicht mehr so einen Kater gehabt. Hatte glatt vergessen, wie so etwas ist. Der Schweiß, die Übelkeit. Es fühlte sich an, als würde ich Rasierklingen scheißen. Ich packte noch eine Flasche Bourbon in die Aktentasche und ging, kaum im Zug, gleich auf die Toilette. Als Allererstes zerriss ich das Bild und warf es ins Klo. Dann setzte ich mich hin und schraubte die Flasche auf. Zuerst war der Würgereiz zu stark. Außerdem war es so heiß auf dem Klo. Wie in der Hölle, wirklich. Aber nach einer Weile wurde ich ruhiger und fragte mich: Was soll eigentlich das ganze Theater? Ich habe doch nichts verbrochen. Doch als ich aufstand, sah ich, dass das zerrissene Polaroidbild nach wie vor in der Kloschüssel schwamm. Ich drückte noch einmal die Wasserspülung, und alle die Schnipsel, ihr Kopf, ihre Arme, Beine, alles fing an sich zu drehen. Mir wurde ganz schwindlig davon: Ich fühlte mich wie ein Mörder, der gerade eine Leiche zerstückelt hat.

Bei der Ankunft in Grand Central war mir klar, dass ich einen ganzen Tag im Büro nicht durchhalten würde, deshalb ging ich zum Yale Club und nahm mir ein Zimmer. Ich rief meine Sekretärin an und sagte, ich müsste dringend nach Washington und wäre erst am nächsten Tag wieder zurück. Dann rief ich noch zu Hause an und sagte meiner Frau, dass ich am Abend noch einen Termin hätte und deswegen im Club übernachten würde. Dann legte ich mich ins Bett und dachte: Ich werde den ganzen Tag schlafen. Nur noch einen kleinen Drink zum Entspannen und gegen den Flattermann. Aber schlafen konnte ich selbst dann noch nicht, zumindest nicht, bis ich die ganze Flasche leergemacht hatte. Aber dann, Jungejunge, habe ich geratzt! Bis zehn Uhr am nächsten Morgen.

TC: Aber das sind zwanzig Stunden!

GEORGE: Könnte hinkommen. Jedenfalls fühlte ich mich danach schon besser. Sie haben da einen erstklassigen Masseur im Yale Club, einen Deutschen mit Händen wie ein Gorilla. Der Kerl bringt jeden wieder in Form. Also bin ich erst in die Sauna, dann zur Massage bei diesem

SS-Mann, am Schluss noch eine viertel Stunde unter die kalte Dusche. Ich blieb erst mal im Club und gönnte mir ein Mittagessen. Keinen Tropfen Alkohol. Aber dafür habe ich mir das Essen reingeschaufelt, dass es mir zu den Ohren wieder rauskam. Vier Lammkoteletts, zwei Ofenkartoffeln, dazu Sahne-Käsespinat, einen Maiskolben, einen Liter Milch und zum Nachtisch zwei Heidelbeer-Pies.

TC: Ich wünschte, du würdest wenigstens jetzt eine Kleinigkeit zu dir nehmen.

GEORGE (unvermittelt grob): Ach, halt die Klappe!

TC: (Schweigen)

GEORGE: Entschuldige. Ich dachte, ich rede nur mit mir selber. Hab irgendwie vergessen, dass du da bist. Und dann deine komische Stimme ...

TC: Verstehe. Okay, du hast also erst mal zünftig zu Mittag gegessen und warst wieder vollkommen auf dem Damm.

GEORGE: Ja, kann man sagen. Der Verurteilte erhielt ein deftiges Mahl. Zigarette?

TC: Ich rauche nicht.

GEORGE: Richtig, du rauchst ja nicht. Hab selber jahrelang überhaupt nicht geraucht.

TC: Hier, lass mich das Streichholz anmachen.

GEORGE: Danke, aber ich bin durchaus imstande, mit einem Streichholz umzugehen, ohne den ganzen Laden in Brand zu setzen.

Okay, wo war ich stehengeblieben? Richtig, der Verurteilte. Der Verurteilte ging wieder ins Büro, frisch gewaschen und landfein.

Es war an einem Mittwoch in der zweiten Juliwoche, die Stadt ein Backofen. Ich war allein im Büro, als meine

Sekretärin durchrief, eine Miss Reilly wäre am Telefon. Erst verstand ich gar nicht, wen sie meinte und fragte deshalb: Wer? Was will sie? Und meine Sekretärin sagte, es sei privat. Da fiel endlich der Groschen. Ich sagte zu ihr: Ach so, ja, stellen Sie durch.

Dann hörte ich: »Mr. Claxton, hier ist Linda Reilly. Ich habe Ihren Brief bekommen. Das war wirklich der netteste Brief, den ich jemals bekommen habe. Ich glaube, Sie sind wirklich ein Freund, und deswegen dachte ich, ich rufe Sie an. Vielleicht können Sie mir ja helfen. Weil, es ist nämlich etwas passiert, und ich weiß nicht, was ich machen soll, wenn Sie mir nicht helfen.« Sie hatte eine niedliche Kleinmädchenstimme, war aber so aufgeregt, dass ich sie bitten musste, etwas langsamer zu sprechen. »Nein, ich muss schnell machen, Mr. Claxton. Ich rufe von oben an, und meine Mutter kann unten jeden Moment den Hörer abnehmen. Die Sache ist die: Ich habe einen Hund. Jimmy. Er ist sechs Jahre alt und ziemlich wild. Ich habe ihn schon seit ich ganz klein war, und er ist alles was ich habe. Er ist ganz lieb und der süßeste Hund, den Sie jemals gesehen haben. Aber meine Mutter will ihn einschläfern lassen. Und das überlebe ich nicht, wirklich, das wäre mein Tod, Mr. Claxton. Bitte, können Sie nicht nach Larchmont kommen, dann treffen wir uns vor dem Safeway-Supermarkt. Ich bringe Jimmy mit, und Sie können ihn mitnehmen und verstecken, bis wir uns überlegt haben, was wir machen. Ich kann jetzt nicht weitersprechen, meine Mutter kommt die Treppe hoch. Ich rufe Sie morgen wieder an, sobald ich kann, und dann machen wir eine Zeit aus ...«

TC: Und was hast *du* gesagt?

GEORGE: Nichts. Sie hat aufgelegt.

TC: Was *hättest* du denn gesagt?

GEORGE: Tja, ich war entschlossen, ja zu sagen, falls sie noch mal anrufen würde. Ja, ich wollte dem armen Kind helfen, seinen Hund zu retten. Es hätte ja nicht unbedingt bedeutet, den Hund mit nach Hause zu nehmen, ein Tierheim oder so was wäre ja auch eine Möglichkeit gewesen. Genau das hätte ich vermutlich getan, wenn es dann nicht ganz anders gekommen wäre.

TC: Verstehe. Sie rief nie mehr an.

GEORGE: Ober, ich hätte gern noch so einen hier. Und ein Glas Perrier. Doch, sie rief an, aber wieder nur ganz kurz. »Mr. Claxton«, sagte sie, »entschuldigen Sie, aber ich rufe von den Nachbarn an und muss schnell machen. Meine Mutter hat gestern Abend Ihre Briefe gefunden, die Briefe, die Sie mir geschrieben haben. Sie ist vollkommen durchgedreht, genauso wie ihr Mann. Sie denken jetzt lauter schlimme Sachen, und heute Morgen haben sie mir auch Jimmy weggenommen. Ich kann jetzt nicht weitersprechen. Ich versuche es später noch mal.«

Aber ich hörte nie wieder von ihr, zumindest nicht direkt. Ein paar Stunden später, so um drei, rief dagegen meine Frau an und sagte: »Schatz, bitte komm so schnell wie möglich nach Hause.« Ihre Stimme war ganz ruhig, und gerade daran merkte ich, wie angespannt sie war. Ich meine, ich hätte mir den Grund eigentlich denken können, trotzdem tat ich erst einmal sehr überrascht, als sie mir sagte: »Hier sind zwei Polizisten. Einer aus Larchmont und einer aus dem Dorf. Sie wollen mit dir reden, sagen aber nicht, warum.«

Ich hielt mich nicht lange mit dem Zug auf, sondern ließ mir gleich eine Limousine kommen. So eine mit Bar. Die Strecke ist ja nicht allzu lang, vielleicht eine Stunde. Trotzdem schaffte ich es, mich auf der Fahrt ganz schön mit Silver Bullets abzufüllen. Geholfen hat das nicht, ich hatte eine Heidenangst.

TC: Aber wieso denn? Was hast du denn getan? Du warst nichts weiter als der liebe Onkel von nebenan, Mr. Brieffreund.

GEORGE: Wenn es so einfach wäre. So eindeutig. Jedenfalls, als ich zu Hause ankam, saßen die Cops im Wohnzimmer und guckten Fernsehen. Meine Frau hatte ihnen Kaffee gemacht. Sie bot an, das Zimmer zu verlassen, aber das wollte ich nicht. Sie sollte dableiben und alles mit anhören, egal, was es war. Beide Cops waren noch ziemlich jung, und man merkte, dass ihnen die Situation peinlich war. Immerhin, ich war ein wohlhabender Mann, ein einflussreicher Bürger, Kirchgänger, fünffacher Familienvater. Vor ihnen hatte ich keine Angst. Eher vor Gertrude.

Der Polizist aus Larchmont erklärte die Sachlage. Sein Revier hatte von den Eheleuten Mr. und Mrs. Wilson den Hinweis erhalten, dass ihre zwölfjährige Tochter, Linda Reilly, mehrmals »verdächtige« Briefe von einem zweiundfünfzigjährigen Mann bekommen hätte, nämlich von mir. Und die Wilsons seien gewillt, Anzeige zu erstatten, wenn ich dafür keine plausible Erklärung hätte.

Darüber konnte ich natürlich nur lachen und reagierte so aufgeräumt wie der Nikolaus. Ich erzählte ihnen einfach die ganze Geschichte, von Anfang an. Wie ich die Flaschenpost gefunden hatte und bloß zurückgeschrieben hätte, weil ich gerne Sahnetoffees esse und so weiter. Darüber mussten sie erst selber grinsen, wurden dann aber immer nervöser und baten schließlich nur noch um Verständnis dafür, dass Eltern heutzutage schnell mal überreagieren. Die Einzige, die darüber nicht lachen konnte, war Gertrude. Ehe ich fertig war, hatte sie unbemerkt das Zimmer verlassen.

Nachdem sich die Cops verabschiedet hatten, ging ich ihr nach. Ich wusste gleich, wo sie war. In dem einen Zimmer, wo sie auch malt. Es war dunkel, und sie saß auf einem Holzstuhl und starrte in die Finsternis hinaus. Sie sagte: »Das Bild in deiner Brieftasche, das war dieses Mädchen, oder?« Ich stritt es ab, aber sie sagte: »Bitte, George, du brauchst nicht mehr zu lügen. Du brauchst nie wieder zu lügen.«

Seither schläft sie in diesem Zimmer, jede Nacht. Und tagsüber schließt sie sich dort ein und malt. Malt Boote. Oder vielmehr *ein* Boot.
TC: Na ja, vielleicht war das etwas vorschnell gehandelt. Aber ich verstehe nicht, warum sie dir die Sache nicht verzeihen kann.
GEORGE: Ich will dir verraten, warum. Das war nämlich nicht der erste Besuch der Polizei.

Sieben Jahre zuvor geriet ich einmal mit dem Auto in einen Schneesturm. Obwohl ich nicht weit von zu Hause entfernt war, verfuhr ich mich mehrmals. Also fragte ich verschiedene Leute nach dem Weg, darunter ein kleines Mädchen. Ein paar Tage später stand die Polizei vor der

Tür. Ich war gerade nicht da, aber sie sprachen mit Gertrude. Sie erzählten ihr von einem Vorfall während des letzten Schneesturms. Dass jemand, auf den meine Beschreibung passte, jemand in einem Buick mit meinem Nummernschild, sich mitten in diesem Schneesturm vor einem kleinen Mädchen entblößt und es unsittlich angesprochen hätte. Das Mädchen gab an, es hätte die Nummer des Kennzeichens in den Schnee geschrieben. Das Ganze war sogar später noch lesbar. Nun gut, es war unbestreitbar meine Nummer, aber die Geschichte selbst war schlicht nicht wahr. Ich überzeugte Gertrude, und ich überzeugte die Polizei, dass das Mädchen entweder gelogen oder sich mit dem Nummernschild vertan hatte.

Aber jetzt hatten wir schon zum zweiten Mal die Polizei im Haus. Und wieder wegen eines kleinen Mädchens.

Und deshalb verlässt meine Frau dieses Zimmer nicht mehr, sondern malt. Weil sie mir nämlich kein Wort mehr glaubt. Sie glaubt, dass das Mädchen, das damals mein Kennzeichen im Schnee notiert hat, dass dieses Mädchen die Wahrheit gesagt hat. Aber ich schwöre bei Gott und beim Leben meiner Kinder: Ich bin unschuldig. Doch meine Frau verrammelt die Tür und schaut nur noch aus dem Fenster. Sie glaubt mir nicht. Glaubst du mir denn?

(George nahm seine Sonnenbrille ab und putzte sie an einer Serviette. Jetzt erst begriff ich, warum er sie trug. Es lag nicht am gelblich verfärbten Augenweiß mit den geschwollenen Äderchen, sondern daran, dass seine Augen aussahen wie ein Paar zersplitterte Prismen. Ich habe noch nie gesehen, wie sich ein Schmerz, ein Leid so tief in etwas eingegraben hat. Als hätte ihn das Mes-

ser eines Chirurgen für immer entstellt, ein unerträglicher Anblick. Und als mir George dann in meine eigenen Augen blickte, sah ich schnell weg.)
Glaubst *du* mir wenigstens?
TC (die Hand von George ergreifend und sie eine Ewigkeit nicht loslassend): Natürlich, George. Natürlich glaube ich dir.

MUTPROBE

Zeit: November 1970.
Ort: Los Angeles International Airport.

Ich sitze in einer Telefonzelle. Es ist kurz nach elf am Morgen, und ich sitze schon seit einer halben Stunde hier und tue so, als würde ich telefonieren. Aus der Telefonzelle habe ich eine gute Sicht auf Gate 38, wo es zur Mittagsmaschine nach New York geht. Ich habe, wenn auch unter falschem Namen, einen Platz in dieser Maschine gebucht, aber zurzeit sieht es so aus, als würde der Flieger ohne mich starten. Denn hinten am Eingang zu Gate 38 haben sich zwei großgewachsene, durchtrainierte Herren mit Schlapphüten postiert, die mir bereits bekannt sind. Es handelt sich um Detectives vom San Diego Sheriff's Office, und sie sind im Besitz eines Haftbefehls mit meinem Namen. Deshalb verstecke ich mich in dieser Telefonzelle. Ich bin wirklich in der Bredouille.

Der tiefere Grund hierfür liegt in einer Reihe von Gesprächen, die ich ein Jahr zuvor mit einem gewissen Robert M. geführt habe, einem schmächtigen, eher harmlos wirkenden jungen Mann, der im Todestrakt von San Quentin seiner Hinrichtung entgegensah. Er war des dreifachen Mordes für schuldig befunden worden, hatte zuerst seine Mutter und seine Schwester erschlagen und später, in der Untersuchungshaft, einen Mithäftling erdrosselt. Robert M. war ein blitzgescheiter Psychopath. Da er mit mir sehr offen über sein Leben und seine Taten sprach, kannte ich ihn am Ende ziemlich gut. Allerdings hatte er sich ausbedungen, dass das Gehörte unter uns blieb, dass ich also weder darüber schreiben noch mit Dritten darüber sprechen durfte. Ich recherchierte damals über Serienmörder, und der Fall Robert M. wanderte als weiteres Fallbeispiel zu meinen Akten. Soweit es mich betraf, war damit die Sache erledigt.

Doch zwei Monate vor diesem unwürdigen Ende in einer brüllend heißen Telefonzelle erhielt ich einen Anruf vom San Diego Sheriff's Office. Der Detective rief mich in Palm Springs an, wo ich ein Haus besaß. Er war sehr höflich und sagte, er wisse, dass ich schon zahlreiche Interviews mit verurteilten Mördern geführt habe und ob er mir ein paar Fragen stellen dürfe. Also lud ich ihn auf den folgenden Tag nach Palm Springs ein. Bei einem Mittagessen könnten wir über alles reden.

Der Gentleman erschien aber nicht allein, sondern in Begleitung von drei Kollegen. Obwohl Palm Springs in der Wüste liegt, hing mit einem Mal ein durchdringender Fischgeruch in der Luft. Ich ließ mir zunächst aber nichts anmerken und behandelte das unerwartete Anwachsen der Gästezahl als völlig normal. Allerdings waren sie an meiner Gastfreundschaft gar nicht interessiert und lehnten meine Einladung rundweg ab. Stattdessen wollten sie sich mit mir ausführlich über Robert M. unterhalten. Wie gut kannte ich ihn? Hatte er in meiner Gegenwart seine Taten zugegeben? Hatte ich noch irgendwelche Aufzeichnungen von diesen Interviews? Ich ließ sie fragen, antwortete aber nur ausweichend, bis ich zu meiner Gegenfrage ausholte: Warum waren sie eigentlich so erpicht auf mein Expertenwissen über Robert M.?

Der Grund war folgender: Wegen eines Verfahrensfehlers hatte ein Bundesgericht das Urteil gegen Robert M. aufgehoben und eine Revision angeordnet. Das Revisionsverfahren war für Ende November anberaumt, das war in zwei Monaten. Nachdem wir das geklärt hatten, überreichte mir einer der Detectives ein nicht sehr umfangreiches, aber beängstigend offizielles Schriftstück. Es war eine Vorladung, in der mir unter Strafandrohung das Erscheinen in der Verhandlung gegen Robert M. befohlen wurde – sehr wahrscheinlich als Zeuge der Anklage. Nun gut, sie hatten mich reingelegt, und ich war stinksauer. Trotzdem blieb ich äußerlich ruhig, nickte und lächelte zu allem, worauf auch sie nickten und sagten, was für ein toller Bürger ich sei und wie dankbar sie alle wären, dass Robert M. dank meiner Mithilfe endlich in der wohlverdienten Gaskammer landete. Dieser Mordbube! Diese geisteskranke Bestie! Dann lachten sie und verabschiedeten sich mit den Worten: »Wir sehen uns im Gericht.«

Obwohl ich mir der juristischen Konsequenzen durchaus bewusst war, hatte ich nicht die Absicht, der Vorladung Folge zu leisten. Sollten sie mich doch wegen Missachtung des Gerichts festnehmen und mir eine Geld-

oder Gefängnisstrafe aufbrummen. Dabei ging es mir überhaupt nicht um Robert M. Mir war klar, er hatte die drei Morde begangen, für die er vor Gericht stand. Er war ein gefährlicher Psychopath, der nie wieder frei herumlaufen durfte. Aber ich wusste auch, dass die Staatsanwaltschaft mehr als genug Beweise hatte, um auch ohne meine Aussage zu einer Verurteilung zu kommen. Für mich war entscheidend, dass ich ihm Verschwiegenheit zugesichert hatte und nun zu meinem Wort stehen musste. Mein Wissen vor Gericht auszubreiten wäre nicht nur moralisch verwerflich gewesen, sondern würde mich meine ganze Glaubwürdigkeit kosten. Alle meine Interviewpartner wüssten von da an, dass sie sich keinem Journalisten anvertraut hatten, sondern einem miesen kleinen Polizeispitzel.

Ich beriet mich mit mehreren Anwälten, doch ihre Empfehlung lautete stets gleich: Tanz an, andernfalls wirst du es bereuen. Natürlich konnten sie nachempfinden, in welchem Dilemma ich steckte, hatten jedoch keinen Ausweg anzubieten – es sei denn, ich verließe den Staat Kalifornien. Missachtung des Gerichts war kein auslieferungswürdiges Vergehen, und außerhalb der Staatsgrenze war ich für die Behörden praktisch unerreichbar. Allerdings dürfte ich dann nie wieder nach Kalifornien zurückkehren. Das war für sich genommen zwar nicht tragisch, lediglich die knappe Zeit bereitete mir Kopfschmerzen, denn ich hatte nicht nur ein Haus, sondern auch beruflich Verpflichtungen in Kalifornien.

Aber dann verbummelte ich die ganze Sache, und am Tag der Verfahrenseröffnung saß ich noch immer in Palm

Springs. Schon am Morgen kam meine Haushälterin und liebe Freundin Myrtle Bennett ins Haus gerannt und rief: »Mensch, beeil dich. Sie haben es gerade schon im Radio durchgegeben. Du wirst per Haftbefehl gesucht, und die Polizei ist schon auf dem Weg hierhin.«

Zwanzig Minuten später rückte die Palm Springs Police mit ihrer ganzen Streitmacht an und machte schon einmal die Handschellen klar. (Das mochte unverhältnismäßig sein, ließ aber keinen Zweifel daran, dass die Strafverfolgungsbehörden des Golden State nicht mit sich spaßen lassen.) Obwohl sie in Haus und Garten alles auf den Kopf stellten, fanden sie nicht mehr als das Auto in der Garage und die loyale Mrs. Bennett im Wohnzimmer, die zu Protokoll gab, dass ich schon am Vortag nach New York abgereist sei. Natürlich glaubten sie ihr kein Wort, aber die schwarze Mrs. Bennett war in Palm Springs nicht irgendjemand, sondern spielte seit vier Jahrzehnten eine gewichtige Rolle in der Lokalpolitik, weswegen sie nicht weiter in sie drangen. Stattdessen schrieben sie mich landesweit zur Fahndung aus.

Und wo war ich unterdessen? Nun ja, auf dem Highway, in Mrs. Bennetts himmelblauem Chevrolet, einer antiken Mühle, die schon am Tag der Anschaffung keine achtzig Stundenkilometer mehr schaffte. In diesem Gefährt, so glaubten wir, war ich allemal sicherer als in meinem eigenen Auto. Doch Sicherheit ist relativ, und meine Nerven flatterten wie ein Fisch an der Angel. Als ich nach dreißigminütiger Fahrt nach Palm Desert kam, bog ich vom Highway ab und fuhr über eine gewundene Nebenstraße in die Berge von San Jacinto. In der Wüste war es heiß gewesen, fast vierzig Grad, aber je höher ich kam, desto kühler wurde es. Schließlich war es empfindlich kalt, zumal die Heizung im Wagen nicht funktionierte und ich noch immer dieselben Sachen trug wie am Morgen, als Mrs. Bennett aufgeregt in mein Haus kam: Sandalen, eine weiße Leinenhose und ein dünnes Polohemd. Ich hatte bei meinem fluchtartigen Aufbruch nichts mitgenommen außer das, was ich am Leib hatte, dazu meine Brieftasche mit den Kreditkarten und dreihundert Dollar in bar.

Wenigstens hatte ich ein Ziel. Hoch in den Bergen von San Jacinto, auf halber Strecke zwischen Palm Springs und San Diego, lag ein kleines, gottverlassenes Kaff namens Idylwyld. Im Sommer fuhren die Leute dorthin, um der Hitze der Wüste zu entfliehen, im Winter zum Skifahren, obwohl die Bedingungen eher mäßig waren. Doch jetzt, außerhalb der Saison, war dieses Konglomerat aus zweitklassigen Hotels und nachgemachter Hüttenromantik das ideale Versteck, wo ich mir in Ruhe die nächsten Schritte überlegen konnte.

Es schneite, als der Wagen die letzte Steigung nach Idylwyld hochschnaufte. Es war sehr junger Schnee, der wie ein Vorhang zur Erde fiel und sich dabei bereits im Zustand der Auflösung befand. Der Ort war verwaist, die meisten Motels hatten geschlossen. Das Motel, an dem ich schließlich anhielt, nannte sich Eskimo Cabins, und das nicht zu Unrecht, denn die Zimmer waren so kalt wie ein Iglu. Vorteil: Der Eigentümer, der allem Anschein nach ganz allein auf der Anlage war, erwies sich als achtzigjähriger Hörgeschädigter, der hauptsächlich Patiencen legte und sich für seine Gäste nicht weiter interessierte.

Ich rief Mrs. Bennett an, die sich noch immer nicht eingekriegt hatte: »Schätzchen, sie suchen dich überall. Es war sogar schon im Fernsehen!« Ich hielt es für das Beste, ihr nicht zu sagen, wo ich gerade war, beruhigte sie aber und versprach, mich am nächsten Tag wieder zu melden. Dann rief ich einen engen Freund aus Los Angeles an, auch er war sehr besorgt: »Der *Examiner* hat heute dein Bild gebracht.« Ich redete auf ihn ein, bis er sich abgeregt hatte, dann instruierte ich ihn, mir auf den Namen »George Thomas« ein Flugticket nach New York zu besorgen. Am nächsten Tag um zehn Uhr morgens wollte ich es bei ihm abholen.

Vor Kälte und Hunger schlief ich nur schlecht, brach deswegen schon im Morgengrauen auf und war gegen neun Uhr in Los Angeles. Mein Freund erwartete mich bereits. Nachdem ich mir erst einmal einen Berg Sandwiches einverleibt hatte und so viel Brandy, wie ich gerade noch vertrug, brachen wir zum Flughafen auf. Myrtles Wagen ließ ich bei ihm stehen. Am Flughafen verabschiedeten wir uns, und er gab mir das Ticket für die Mittagsmaschine von TWA.

Und so landete ich schließlich in dieser vermaledeiten Telefonzelle und konnte meine prekäre Lage von allen Seiten betrachten. Die Uhr über dem Abflug-Gate sagte 11:35. Der Wartebereich war bereits gut besetzt, bald durfte eingestiegen werden. Aber leider standen zu beiden Seiten des Eingangs zwei der Gentlemen, die mich schon in Palm Springs aufgesucht hatten. Die beiden aufmerksamen Detectives aus San Diego würden mich kaum unbehelligt passieren lassen.

Ich überlegte, ob ich nicht meinen Freund anrufen sollte, damit er mich irgendwo auf dem Parkplatz abholte. Aber er hatte schon genug für mich getan, und ich wollte nicht, dass sie ihn womöglich als Komplizen verhafteten. Dasselbe galt übrigens für alle anderen Freunde, die nur zu gern bereit gewesen wären, mir beizustehen. Vielleicht sollte ich mich einfach den beiden Wachhunden am Gate stellen, einen anderen Ausweg sah ich nicht. Nur ein Wunder konnte mich jetzt noch retten, und wer glaubt schon an Wunder?

Aber dann geschieht es manchmal doch, das Wunder.

Denn vorbei an meinem gläsernen Gefängnis schreitet auf einmal eine hochgewachsene, äußerst attraktive schwarze Amazone, behängt mit kanadischem Zobel und tonnenweise Brillantschmuck und umschwirrt von zwitschernden, papageienbunten Chorus-Boys. Und wer ist diese blendende Erscheinung, deren aufgedonnerte Gegenwart den ganzen Wirbel verursacht? Eine Freundin! Ein alte, alte Freundin!

TC (geduckt die Zellentür öffnend): Pearl! Pearl Bailey! (Ein weiteres Wunder, sie hat mich gehört, wie übrigens die gesamte Truppe.) Pearl, bitte, komm doch mal her ...
PEARL (beäugt mich kritisch, aber dann mit breitem Grinsen): Schätzchen, was *machst* du denn da?
TC (flüsternd, gestikulierend): Pearl, hör mal zu, ich bin in einer beschissenen Lage.
PEARL (mit augenblicklich erster Miene, denn sie ist eine kluge Frau und weiß sofort, wann etwas nicht mehr komisch ist): Was ist denn los?

TC: Nimmst du den Flieger nach New York?
PEARL: Ja, wir alle.
TC: Pearl, ich muss ebenfalls mit. Ein Ticket habe ich, aber da stehen diese beiden Kerle, die mich abfangen wollen.
PEARL: Welche Kerle? (Ich zeigte auf sie.) Und wie wollen sie dich daran hindern, das Flugzeug zu nehmen?
TC: Das sind Polizisten, Pearl. Ich kann dir das jetzt nicht erklären ...
PEARL: Du musst mir gar nichts erklären.
(Sie ließ den Blick über ihre Entourage schweifen, ein halbes Dutzend bildhübscher schwarzer Jungs. Pearl, wie ich mich jetzt erinnerte, reiste gern mit ihrem ganzen Hofstaat. Sie winkte einen von den süßen Boys heran, ein gertenschlanker Kerl mit einem gelben Cowboyhut, einem Sweatshirt mit der Aufschrift *Suck dammit, don't blow,* einer hermelinbesetzten Windjacke aus weißem Leder, tiefsitzenden gelben Jitterbug-Pants [zirka 1940] und, gut sichtbar, dazu passender Arsch-frisst-Hose-Underwear.)
Das ist Jimmy. Er ist ein bisschen größer als du, aber ich denke, es wird schon passen. Jimmy, du gehst jetzt mit meinem Freund aufs Männerklo und tauschst mit ihm die Klamotten. Nun guck nicht so wie ein Auto, sondern tu, was Pearlie-Mae dir sagt. Wir warten hier auf euch. Aber ein bisschen Tempo, wenn ich bitten darf, der Flieger geht in zehn Minuten.
(Die Herrentoiletten waren gleich nebenan. Wir schlossen uns in einer Münzkabine ein und begannen mit dem Kleidertausch. Jimmy fand das Ganze eher

lustig, denn er kicherte wie ein Schulmädchen bei seinem ersten Joint. Ich sagte: »Pearl schickt der Himmel. Ich war noch nie so froh, eine alte Bekannte wiederzutreffen, noch nie.« Und Jimmy: »Ja, Miss Bailey hat Biss. Und dabei ein großes Herz. Das vor allem: ein großes Herz. Wenn du verstehst, was ich meine.«

Das stimmte so nicht ganz. Früher einmal hätte ich Pearl Bailey kurzerhand zum herzlosen Scheusal erklärt, etwa als sie in dem Musical *House of Flowers* die Madame Fleur spielte, ein Stück, für das ich das Drehbuch und (zusammen mit Harold Arlen) auch die Liedtexte verfasst hatte. An der Produktion waren erstklassige Leute beteiligt, Peter Brook als Regisseur, der Choreograph George Balanchine, Oliver Messel, der die gesamte Ausstattung sowie die traumhaften Kostüme entworfen hatte. Aber Pearl Bailey mit ihrem Dickkopf terrorisierte sie alle, was dem Stück insgesamt nicht gut bekam. Trotzdem, irgendwie gewöhnt man sich aneinander und lernt sich zu akzeptieren, sodass wir nach der letzten Vorstellung auf dem Broadway wieder Freunde geworden waren. Neben ihrem bemerkenswerten Schauspieltalent bewunderte ich vor allem ihren Charakter. Zugegeben, sie war nicht immer ganz pflegeleicht, aber so ist das nun einmal bei jemandem mit Ecken und Kanten. Zumindest wusste man bei ihr immer, woran man war.

Während Jimmy sich in meine – erstaunlicherweise etwas zu enge – Hose zwängte und ich in seine hermelinbesetzte Windjacke schlüpfte, klopfte es unversehens an der Tür.)

MÄNNERSTIMME: Hey, was geht da drin vor?
JIMMY: Wer will das wissen, du Herzchen?
MÄNNERSTIMME: Ich bin der Servicemitarbeiter hier, und ich verbitte mir diesen Ton. Was Sie hier treiben ist verboten.
JIMMY: Ach wirklich?
SERVICEMITARBEITER: Ich sehe vier Füße da drinnen, und ich sehe Kleidungsstücke. Ihr haltet mich wohl für blöd. Ihr glaubt wohl, ich weiß nicht, was ihr da tut. Aber das ist verboten. Zwei Männer auf derselben Toilette sind nicht gestattet.
JIMMY: Ach, leck mich doch.
SERVICEMITARBEITER: Ich hole jetzt die Polizei. Die kriegen euch dran wegen Erregung.
JIMMY: Was für 'ne Erregung denn?
SERVICEMITARBEITER: Erregung öffentlichen Ärgernisses, wenn du es genau wissen willst. Ich hole jetzt die Polizei.
TC: Jesus, Maria und Joseph ...
SERVICEMITARBEITER: Also öffnen Sie sofort die Tür.
TC: Aber das ist ein Missverständnis.
SERVICEMITARBEITER: Ich weiß, was ich sehe. Ich sehe vier Füße.
TC: Aber wir ziehen uns doch nur für die nächste Szene um.
SERVICEMITARBEITER: Szene? Welche Szene?
TC: Von dem Film. Wir drehen gleich die nächste Szene, und wir müssen uns vorher umziehen.
SERVICEMITARBEITER (neugierig und nicht unbeeindruckt): Wie, Sie drehen einen Film da draußen?

JIMMY (das Thema aufnehmend): Ja, mit Pearl Bailey. Kennst du doch. Pearl Bailey, der Filmstar. Und Marlon Brando, der spielt auch mit.
TC: Und Kirk Douglas.
JIMMY (Er musste sich in die Knöchel beißen, um nicht laut loszuprusten.): Und Shirley Temple, das wird hier ihr Comeback.
SERVICEMITARBEITER (unschlüssig): Aber sicher. Und wer seid ihr?
TC: Wir sind bloß Statisten. Deswegen haben wir keine eigene Garderobe.
SERVICEMITARBEITER: Mir egal. Ich sehe nur zwei Kerle und vier Füße. Und das ist nun mal verboten.
JIMMY: Dann schau doch mal vor die Tür. Da siehst du Pearl Bailey höchstpersönlich. Und Marlon Brando. Und Kirk Douglas. Und Shirley Temple. Und natürlich Mahatma Gandhi, sie hat einen Gastauftritt in dem Film.
SERVICEMITARBEITER: Wer?
JIMMY: Mamie Eisenhower.
TC (Nach abgeschlossener Verwandlung die Tür öffnend; zwar sah Jimmy in meinen Sachen gar nicht so schlecht aus, doch über meine eigene Wirkung machte ich mir keine Illusionen. Der Anblick, abzulesen an der Miene des schwarzen untersetzten Servicemitarbeiters, dürfte der Schocker des Tages gewesen sein.): Entschuldigung, wir wussten nicht, dass das gegen die Vorschriften ist.
JIMMY (eiligen Schritts an dem Mann vorbeigehend, der sich vor Verwirrung nicht von der Stelle rührt): Dann komm mal mit, Schätzchen. Wir stellen dich der Mannschaft vor. Vielleicht kriegst du ja das eine oder andere Autogramm.

(Endlich waren wir wieder draußen, wo mich Pearl mit großem Ernst in ihre bezobelten Arme schloss. Die ganze Truppe nahm uns schützend in die Mitte. Niemand machte einen Witz oder eine blöde Bemerkung. Meine Nerven knisterten wie eine Katze, in die gerade ein Blitz eingeschlagen ist, doch Pearl demonstrierte einmal mehr jene Qualitäten, die mich einst in Angst und Schrecken versetzt hatten. Fast körperlich spürbar diese Willenskraft, die sie mit der Macht eines Wasserfalls durchströmte.)

PEARL: So. Von jetzt an sagst du am besten gar nichts mehr. Egal was ich sage, du hältst den Mund. Zieh den Hut ein bisschen tiefer ins Gesicht und stütz dich auf meinen Arm, als wärst du krank oder könntest nicht richtig gehen. Leg deinen Kopf an meine Schulter und mach die Augen zu. Lass dich einfach führen.

Sehr gut machst du das. Wir gehen jetzt auf den Schalter zu. Jimmy hat sämtliche Flugscheine. Der Flug wurde gerade zum letzten Mal aufgerufen, deshalb ist es da so leer. Die Schlapphüte stehen noch immer da, aber sie scheinen keinen Bock mehr zu haben. Jetzt schauen sie uns an, alle beide. Sobald wir zwischen ihnen hindurchgehen, werden die Boys sie mit ihrem Getue ablenken. Da kommt noch jemand. Drück dich näher an mich, stöhne ein bisschen, das ist nur einer von den VIP-Betreuungs-Heinis von TWA. Jetzt pass mal gut auf, wie Mama das macht … (Sie fällt in ihre Bühnenrolle, ist gleichzeitig komisch und ehrfurchtgebietend und leicht neben der Spur.) Mr. Calloway? Calloway wie Cab Calloway, der Sänger? Sehr schön, sehr schön, Sie sind ein Schatz. Wir brauchen nämlich Ihre Hilfe. Und zwar müssen wir so schnell wie möglich auf diesen Flieger. Mein Freund hier, einer meiner Musiker, es geht ihm gar nicht gut. Kann sich kaum noch auf den Beinen halten, der Ärmste. Wir haben in Vegas gespielt, und vielleicht hat er da zu viel Sonne abgekriegt. So ein Sonnenstich verbrutzelt ja nicht nur Hirnzellen, sondern schlägt auch ganz schlimm auf den Magen. Aber das kann auch an dem Essen liegen. Musiker haben seltsame Essgewohnheiten, besonders Pianisten. Er hier zum Beispiel isst nichts anderes als Hotdogs. Zehn Stück waren es allein gestern Abend. Das kann nicht gesund sein. Überrascht mich gar nicht, dass er sich wie ausgekotzt fühlt. Sie wahrscheinlich auch nicht. Nicht wahr, Mr. Calloway, das überrascht Sie nicht, aber euch Jungs von der Fliegerei kann man eh nichts vormachen, stimmt's? Mit all den Flugzeugentführungen heutzutage und Verbrechern, wo man hinsieht. Sobald wir in New York sind, gehen wir mit ihm zum Arzt. Und dem Arzt sage ich, er soll ihm raten, sich nicht weiter der Sonne auszusetzen oder sich permanent mit Hotdogs vollzustopfen. Oh, danke sehr, Mr. Calloway. Nein, ich nehme lieber den Platz am Gang, und unseren Freund hier setzen wir ans Fenster. Am Fenster geht es ihm sicher gleich besser, schon wegen der frischen Luft.

Okay, mein Lieber, du kannst die Augen wieder aufmachen.

TC: Nein, ich lasse sie lieber zu. Dann kann ich mir sagen: Alles nur ein Traum.

PEARL (entspannt, kichernd): So oder so, wir haben es jedenfalls geschafft. Deine Freunde haben dich nicht erkannt. Jimmy hat hat dem einen in den Hintern gekniffen, und Billy ist dem anderen auf den Zeh getreten.

TC: Wo ist Jimmy eigentlich?

PEARL: Die Boys fliegen alle in der Holzklasse. Aber eines muss man sagen: Jimmys Klamotten stehen dir. Sehr kleidsam und auch viel peppiger jetzt. Mir persönlich gefallen auch diese Tangahöschen. Nein, da kann man wirklich nicht meckern.

STEWARDESS: Guten Morgen, Miss Bailey. Darf ich Ihnen ein Glas Champagner bringen?

PEARL: Nicht für mich, Schätzchen. Aber mein Freund könnte einen Schluck vertragen.

TC: Brandy.

STEWARDESS: Bedaure, Sir, vor dem Start servieren wir nur Champagner.

PEARL: Der Mann hier wünscht aber einen Brandy.

STEARDESS: Tut mir wirklich leid, Miss Bailey, das ist nicht gestattet.

PEARL (mit diesem verbindlichen, aber beinharten Ton, den ich noch aus *House of Flowers* kannte): Sie sind jetzt gefälligst so gut und bringen dem Mann seinen Brandy. Die ganze Flasche, wenn's recht ist. Und zwar auf der Stelle!

(Die Stewardess brachte das Gewünschte, und ich schenkte mir mit zitternder Hand anständig einen ein. Hunger, Müdigkeit, Angst, die wahnwitzigen Ereignisse der letzten vierundzwanzig Stunden, das alles schrie nach einem Drink. Schnell goss ich mir den zweiten ein und fühlte mich schon viel besser.)

TC: Ich glaube, ich schulde dir noch eine Erklärung.

PEARL: Nicht unbedingt.

TC: Gut, dann sage ich auch nichts. So brauchst du kein schlechtes Gewissen zu haben. Ich kann nur sagen, ich habe nichts getan, was ein vernünftiger Mensch als Verbrechen bezeichnen würde.

PEARL (schaut auf ihre brillantenbesetzte Uhr): Wir müssten längst über Palm Springs sein. Die Türen sind doch schon seit einer Ewigkeit zu. Stewardess!

STEWARDESS: Ja, Miss Bailey?

PEARL: Was geht hier vor? Warum starten wir nicht?

STEWARDESS: Moment, da kommt eine Durchsage des Kapitäns ...

STIMME DES FLUGKAPITÄNS (über Lautsprecher): Meine Damen und Herren, wir bedauern die kleine Verzögerung. Wir können aber bald starten. Wir danken für Ihr Verständnis.

TC: Jesus, Maria und Joseph.

PEARL: Hier, trink noch was, du zitterst ja. Da ist ja wie bei einer Premiere. So schlimm?

TC: Schlimmer. Ehe wir nicht in der Luft sind, werde ich mich auch nicht beruhigen, vielleicht sogar bis nach New York nicht.

PEARL: Lebst du immer noch in New York?

TC: Gott sei Dank, ja.

PEARL: Erinnerst du dich an Louis, meinen Mann?

TC: Louis Bellson? Aber natürlich. Der beste Schlagzeuger der Welt. Noch besser als Gene Krupa.

PEARL: Da wir dauernd in Vegas arbeiten, war es sinnvoll, dort ein Haus zu kaufen. Ich bin sogar richtig häuslich geworden. Ich koche viel. Ich schreibe ein Kochbuch. Las Vegas ist eigentlich eine ganz normale Stadt, wenn man

sich von dem Gesindel fernhält, also den Spielern und Arbeitslosen. Jedesmal wenn mir jemand sagt, er würde ja arbeiten, wenn er bloß Arbeit fände, sage ich: Dann schau im Telefonbuch unter G nach. G wie Gigolo. Da findest du garantiert was. Also in Vegas zumindest, Stadt der verzweifelten Frauen. Ich persönlich habe ja Glück gehabt. Ich habe den Richtigen gefunden und gleich zugegriffen.
TC: Hast du ein Engagement in New York?
PEARL: Ja, im Plaza Hotel. Persian Room.
STIMME DES FLUGKAPITÄNS: Meine Damen und Herren, unser Start verschiebt sich bedauerlicherweise um einige weitere Minuten. Bitte bleiben Sie sitzen. Diejenigen unter Ihnen, die rauchen möchten, dürfen das in der Zwischenzeit gerne tun.
PEARL (plötzlich sehr nervös): Das gefällt mir nicht. Jetzt machen sie sogar die Tür wieder auf.
TC: Was?
PEARL: *Sie machen die Tür auf.*
TC: Jesus, Maria und ...
PEARL: Los, rutsch tiefer in den Sitz. Zieh dir den Hut in die Stirn.
TC: Ich habe Angst.
PEARL (meine Hand ergreifend): Quatsch nicht. Tu so, als würdest du schnarchen.
TC: Schnarchen?
PEARL: Ja, schnarchen.
TC: Ich krieg eh schon keine Luft mehr vor Angst, wie soll ich da schnarchen?
PEARL: Weiß ich auch nicht, tu es einfach. Unsere Freunde kommen nämlich gerade durch die Tür. Sieht so

aus, als wollten sie den ganzen Laden durchkämmen. Dreh jetzt bloß nicht durch.
TC: Jesus, Maria und ...
PEARL: Los, mach schon, schnarchen! Du musst schnarchen, du Penner.

(Ich schnarchte was das Zeug hielt, und sie verstärkte ihren Händedruck. Gleichzeitig summte sie ein Wiegenlied, so wie eine Mutter über einem quengeligen Kind. Ringsum erhob sich darauf eine ganz andere Art Quengelei. Was denn los sei, wollten die anderen Passagiere wissen, und was es mit den beiden mysteriösen Männern auf sich hatte, die auf dem Mittelgang auf und ab marschierten und jeden Fluggast in Augenschein nahmen. Minuten vergingen so. Aber irgendwann verstummte Pearls Summen, und ihre Hand ließ los. Dann hörte ich, wie vorne die große Kabinentür verriegelt wurde.)

TC: Sind sie weg?
PEARL: Ja. Aber wen immer sie gesucht haben, sie waren hinter ihm her wie der Teufel hinter der armen Seele.

Ein wahres Wort. Denn auch wenn das Revisionsverfahren von Robert M. exakt so ausging, wie von mir vorausgesagt (mit einem Schuldspruch wegen dreifachen Mordes), an der ungeschmeidigen Haltung der kalifornischen Staatsanwaltschaft bezüglich meiner mangelnden Kooperation änderte es nichts. Das wusste ich allerdings nicht, sondern ging irgendwie davon aus, dass sich auch dieses Problem mit der Zeit von selbst erledigte, und kehrte etwa ein Jahr später ohne Bedenken nach Kalifornien zurück, da ich dort noch einiges zu regeln hatte. Aber was soll ich sagen? Ich hatte noch nicht im Bel Air Hotel eingecheckt, als ich verhaftet und von einem harten Knochen von Richter zu fünftausend Dollar Geldstrafe verurteilt wurde – und zu einem unbefristeten Arrest im Gefängnis von Orange County, was bedeutete, dass sie mich Wochen, Monate, sogar Jahre dort festhalten konnten. Aber wiederum unterlief ihnen ein kleiner, aber folgenreicher Formfehler: Auf dem Haftbefehl stand noch meine kalifornische Adresse, nur wohnte ich dort längst nicht mehr, sondern in New York, wodurch meine Verurteilung und Inhaftierung ungültig wurde.

Aber das alles lag noch als unberücksichtigter Potenzialis in weiter Zukunft, als die silberne Blechdose mit Pearl und ihrem gesetzlosen Freund in den dunstigen Novemberhimmel abhob. Ich sah den Flugzeugschatten über dem Riffelmuster der Wüste und später über dem Grand Canyon. Wir redeten und lachten, aßen und sangen. Das violette Zwielicht des Himmels war voller Sterne, vor uns lagen die mit bläulichem Schnee bedeckten Gipfel der Rocky Mountains, und der Mond hing über dieser Herrlichkeit wie eine Zitronenscheibe.

TC: Guck mal, wir haben Vollmond. Wir dürfen uns was wünschen.
PEARL: Und was wünschst du dir?
TC: Ich wünsche mir, dass ich immer so glücklich sein könnte wie jetzt in diesem Augenblick.
PEARL: Ach Schatz, warum wünschst du dir nicht gleich ein Wunder? Wünsch dir doch was Reelles.
TC: Aber ich glaube an Wunder.
PEARL: Dann fang bloß nie an zu zocken.

MARILYN MONROE
Ein bildhübsches Kind

Zeit: 28. April 1955.
Ort: Die Trauerkapelle des Bestattungsunternehmens Universal Funeral Home in der Lexington Avenue, Höhe 52nd Street. In den Bankreihen drängt sich größtenteils internationale Prominenz aus dem Theater, Film und Literaturbetrieb. Alle angetreten, um der englischen Schauspielerin Constance Collier die letzte Ehre zu erweisen, die tags zuvor im Alter von fünfundsiebzig Jahren verstorben ist.

Miss Collier, Jahrgang 1878, begann ihre Karriere als Tanzgirl im Londoner Gaiety Theatre, stieg aber schon bald zur führenden Shakespeare-Tragödin des Landes auf. (Ihr langjähriger Geliebter Sir Max Beerbohm, den sie übrigens nie geheiratet hat, porträtierte sie – vielleicht deswegen – in seinem Roman *Zuleika Dobson* in Gestalt der kaltherzig-unerreichbaren Hauptfigur.) Später emigrierte sie in die USA, wo sie sowohl am Broadway als auch in Hollywood Erfolge feierte. Ihre letzten Lebensjahrzehnte verbrachte sie in New York, wo sie eine einzigartige Schauspielschule betrieb. Sie betreute nämlich ausschließlich Profis, vor allem solche Profis, die bereits selbst Stars waren. Katherine Hepburn zählte ebenso zu ihren Schülerinnen wie die andere Hepburn, Audrey, oder Vivien Leigh. Und wenige Monate vor ihrem Tod stieß noch ein Neuling hinzu, den Miss Collier nur als »mein Sorgenkind« bezeichnete, Marilyn Monroe.

Marilyn Monroe, die ich über John Huston kennengelernt hatte (in Hustons *Asphalt-Dschungel* spielte sie ihre erste Sprechrolle), kam auf meine Empfehlung zu Miss Collier. Ich kannte Miss Collier vielleicht seit zwölf Jahren und bewunderte ihr menschliches und professionelles Format. Denn trotz ihrer zeitweise etwas herrischen Art, ihrer Stimme, die keinen Widerspruch duldete, und ihrer Angewohnheit, alles und jeden mit bissigen Kommentaren einzudecken, war sie doch eine warmherzige Frau. Ich liebte die Lunchpartys im kleinen Kreis, die sie in ihrer dunklen viktorianischen Schauspielwerkstatt in Manhattan gab und wo sie aus ihrem unerschöpflichen Fundus von Geschichten über die Zeit als Bühnenpartnerin von Sir Beerbohm Tree und des großen französischen Schauspielers Coquelin erzählte. Sie hatte noch Oscar Wilde gekannt, den jungen Chaplin und die Garbo in ihren ersten schwedischen Stummfilmen. Aber nicht nur sie war das reine Vergnügen, auch ihre treue Sekretärin Phyllis Wilbourn, ein stilles, unverheiratetes, blitzgescheites Mädchen, das nach dem Tod ihrer Chefin kurzerhand von Katherine Hepburn übernommen wurde. Miss Collier machte mich mit vielen Menschen bekannt, die später gute Freunde wurden: den Lunts, den Oliviers und vor allem Aldous Huxley. Ich dagegen stellte ihr Marilyn Monroe vor, auch wenn Miss Collier auf diese Bekanntschaft zunächst wenig Wert legte. Da ihre Sehkraft bereits nachließ, hatte sie keinen einzigen Monroe-Film gesehen und wusste auch sonst nichts über Marilyn, außer dass diese es als platinblonde Sexbombe zu zweifelhaftem Weltruhm gebracht hatte. Das war eigentlich kaum das geeignete Material für Miss Colliers klassisch-strenge Ausbildung, doch ich betrachtete gerade diesen Gegensatz als vielversprechend.

Tatsächlich funktionierte die Zusammenarbeit. »Was soll ich sagen«, berichtete mir Miss Collier, »sie *hat* etwas. Sie ist ein bildhübsches Kind. Ich meine das nicht rein äußerlich – diese Art Schönheit ist vielleicht viel zu offensichtlich. Ich halte sie auch nicht für eine Schauspielerin, nicht im traditionellen Sinn jedenfalls. Aber sie besitzt diese gewisse Präsenz, dieses innere Strahlen, diese plötzlich aufblitzende Intelligenz, die auf der Bühne nie sichtbar würde. Das alles ist so zart und zerbrechlich, dass nur eine Kamera in der Lage ist, solche Momente festzuhalten. In dieser Hinsicht ist sie wie ein fliegender Kolibri, die Poesie solcher Flügelschläge kann nur eine Kamera einfangen. Aber alle, die sie lediglich für eine zweite Harlow halten oder eine Hure oder was immer, sie sind schlicht geisteskrank. Da wir gerade von Wahnsinn sprechen, wir arbeiten seit einiger Zeit an der Ophelia. Ich weiß, die meisten Leute würden schon bei der Vorstellung anfangen zu lachen. Aber im Ernst, ich glaube, sie gäbe eine ganz außergewöhnliche Ophelia ab.

Erst letzte Woche habe ich mit Greta darüber gesprochen, und Greta sagte, der Gedanke sei gar nicht so dumm, sie habe zwei ihrer Filme gesehen, nur ganz stumpfsinniges Zeug natürlich, trotzdem ist auch ihr Marilyns Potenzial nicht entgangen. Weißt du, was Greta vorhat? Sie will einen *Dorian-Gray*-Film, natürlich mit ihr selbst in der Rolle des Dorian. Und Marilyn wäre eines der Mädchen, die Dorian verführen und zerstören. Herrgott, Greta! So viel ungenutztes Talent. In diesem Punkt sind sie sich sogar sehr ähnlich, Marilyn und Greta. Sicher, Greta ist eine ausgewachsene Künstlerin, die nichts dem Zufall überlässt, während dieses bildhübsche Kind weder weiß, was es will, noch die geringste Disziplin aufbringt und schon gar nicht bereit ist, irgendwelche Opfer zu bringen. Ich habe das dumme Gefühl, dass sie in diesem Beruf nicht alt wird. Ich weiß, das ist absurd, aber so ist es. Ich fürchte, sie wird jung sterben. Gleichzeitig hoffe ich, ja, ich bete darum, dass sie wenigstens so lange lebt, dass dieses eigenartige Talent, das wie ein ruheloser Flaschengeist in ihr eingesperrt ist, endlich herauskommen kann.«

Aber jetzt war Miss Collier tot, und ich stand in der Eingangshalle vor der Universal-Kapelle und wartete auf Marilyn. Wir hatten am Abend zuvor miteinander telefoniert und wollten zusammen zur Trauerfeier gehen, die um zwölf Uhr begann. Marilyn war bereits eine halbe Stunde zu spät, wie *immer* eigentlich. Trotzdem dachte ich: Wenigstens dieses eine Mal, gottverdammt! Doch dann stand sie plötzlich vor mir, und ich erkannte sie nicht, bis sie sagte:

MARILYN: Ach, Baby, tut mir leid. Ich war eigentlich schon fertig, aber dann dachte ich: Vielleicht sollte ich besser die Wimpern weglassen und den Lippenstift und überhaupt alles. Deshalb musste das alles erst mal wieder runter. Und dann musste ich überlegen, was ich dazu anziehe ...

(Herausgekommen bei diesen Überlegungen war eine Ausstattung wie von Mutter Oberin für eine Privataudienz beim Papst. Ihre Haare, verschwunden unter einem schwarzen Chiffontuch, das schwarze Kleid, sehr weit und sehr lang, sah aus wie geliehen. Schwarze Seidenstrümpfe dämpften den schimmernden Ton ihrer schlanken Beine. Nur angesichts der sexy schwarzen Highheels und der eulenhaften Sonnenbrille, die ihre milchblasse Haut dramatisch hervorhob, wäre Mutter Oberin womöglich anderer Meinung gewesen.)

TC: Du siehst phantastisch aus.

MARILYN (an einem bereits arg abgenagten Daumennagel kauend): Wirklich? Ach, ich bin ja so nervös. Gibt's hier irgendwo ein Klo? Ich müsste mal kurz verschwinden.

TC: Um eine Pille einzuwerfen? Nein. Schhh, hör mal. Das ist doch die Stimme von Cyril Ritchard. Er hält die Trauerrede.

(Auf Zehenspitzen betraten wir die volle Kapelle und quetschten uns auf die hinterste Bank. Cyril Ritchard war fertig, es folgte Cathleen Nesbitt, eine lebenslange Wegbegleiterin von Miss Collier. Im Anschluss daran richtete Brian Aherne das Wort an die Versammelten. Und die ganze Zeit über nestelte meine Verabredung an ihrer Brille, um die Tränen abzutupfen, die aus ihren blaugrauen Augen quollen. Ich hatte sie schon vorher ohne Schminke gesehen, aber was sie mir an diesem Tag präsentierte, war eine völlig neue Erfahrung, ein Gesicht, das ich so noch nie gesehen hatte und für dessen Veränderung ich auch keine Erklärung hatte. Doch es lag natürlich an dem Kopftuch. Ohne ihre Haare, dazu noch ohne Make-up, sah sie aus wie ein zwölfjähriges Mädchen, das soeben in einem Waisenhaus gelandet ist und sein Schicksal beweint. Schließlich war die Trauerfeier zu Ende, und die Versammlung löste sich auf.)

MARILYN: Bitte, bleiben wir noch etwas hier. Warten wir, bis die anderen gegangen sind.

TC: Warum?

MARILYN: Ich will jetzt mit niemandem reden. Ich weiß bei solchen Gelegenheiten nie, was ich sagen soll.

TC: Dann bleib hier, ich warte draußen auf dich. Ich muss dringend eine rauchen.

MARILYN: Du kannst mich doch jetzt nicht allein lassen, mein Gott. Rauch doch hier.

TC: *Hier* in der Kapelle?

MARILYN: Wieso nicht? Oder willst du dir einen Joint reinziehen?

TC: Wie witzig. Komm, gehen wir.

MARILYN: Bitte. Unten sind massenhaft Fotografen. Ich will nicht, dass sie mich so fotografieren.

TC: Verständlich.

MARILYN: Was soll das denn heißen? Vorhin hast du gesagt, ich sehe gut aus.

TC: Stimmt ja auch. Perfekt – für die Rolle als Frankensteins Braut.

MARILYN: Jetzt verarschst du mich.

TC: Sehe ich so aus, als wollte ich dich verarschen?

MARILYN: Zumindest nicht offen. Aber heimlich. Und das ist die schlimmste Form von Verarsche. (Sie verzog das Gesicht und nagte an ihrem Daumen.) Natürlich hätte ich mich genauso gut schminken können, die anderen haben es ja auch getan.

TC: Ich eingeschlossen. Und nicht zu knapp.

MARILYN: Nee, ohne Quatsch. Eigentlich ist das nur wegen meinen Haaren. Sie müssen dringend nachgefärbt werden. Aber alles kam so unerwartet, ich meine, dass Miss Collier so plötzlich stirbt und so, ich hatte gar keine Zeit dazu. Jetzt weißt du es.

> (Sie hob ihr Kopftuch etwas an, um mir den dunklen Haaransatz zu zeigen.)

TC: Gott, was bin ich für ein Dummchen! Ich habe wirklich gedacht, du wärst naturblond.

MARILYN: Bin ich auch. Aber kein Mensch ist *so dermaßen* naturblond. Und ganz nebenbei: Leck mich.

TC: Okay, ich denke, wir können jetzt. Die anderen sind alle weg.

MARILYN: Nicht die Fotografen. Die sind alle noch da, das weiß ich.

TC: Wenn sie dich vorhin nicht erkannt haben, werden sie es jetzt auch nicht.

MARILYN: Einer schon. Aber ich war durch die Tür, bevor er noch was sagen konnte.

TC: Wahrscheinlich gibt es hier einen Hinterausgang, nehmen wir doch den.

MARILYN: Aber ich will keine Leichen sehen.

TC: Warum sollten wir Leichen sehen?
MARILYN: Hör mal, wir sind hier in einem Bestattungsunternehmen, irgendwo müssen sie doch ihre Leichen aufbewahren. Aber das ertrage ich heute nicht mehr, plötzlich durch einen Raum voller Leichen zu latschen. Also mach hier kein Theater, ich lade dich später auch zu einer schönen Flasche Schampus ein.

(Also blieben wir erst einmal sitzen und unterhielten uns weiter. »Ich hasse Beerdigungen«, sagte Marilyn. »Ich bin froh, dass ich wenigstens nicht zu meiner eigenen muss. Und eigentlich will ich nicht mal eine eigene Beerdigung. Mir würde es schon reichen, wenn eines meiner Kinder – falls ich jemals welche habe – meine Asche ins Meer streut. Ich wäre auch heute nicht gekommen, bloß dass Miss Collier sich immer um mich gekümmert hat und wie es mir geht und alles. Sie war wie eine Großmutter zu mir. Eine strenge Großmutter, aber bei ihr habe ich viel gelernt. Zum Beispiel die ganze Atemtechnik, das kann man gut gebrauchen, nicht nur beim Filmen. Es gibt auch sonst Momente, wo man kaum noch Luft kriegt. Mein erster Gedanke, als ich hörte, dass Miss Collier nicht mehr lebt, also mein erster Gedanke war: Die arme Phyllis! Was soll jetzt aus ihr werden? Ihr ganzes Leben bestand doch nur aus Miss Collier. Aber ich hab gehört, dass sie jetzt mit Miss Hepburn weitermacht. Schwein gehabt, würde ich sagen. Bei Miss Hepburn ist es sicher spaßig. Ich würde jederzeit mit ihr tauschen. Ohne Scheiß, Miss Hepburn ist eine absolut irre Frau. Ich wünschte, ich wäre mit ihr befreundet, dann könnte ich sie ab und zu anrufen und sie ... keine Ahnung, einfach nur anrufen.«

Dann redeten wir darüber, wie schön wir New York fanden und wie abstoßend Los Angeles. (»Obwohl ich ja dort geboren wurde, fällt mir nichts Gutes zu Los Angeles ein. Wenn ich die Augen zumache und mir Los Angeles vorstelle, dann sehe ich nur eine dicke, hässliche Krampfader.«) Wir unterhielten uns über Schauspieler und die Schauspielerei. (»Alle sagen immer, ich könnte gar nicht spielen. Von Elizabeth Taylor hat man dasselbe behauptet. Es war trotzdem falsch. In *Ein Platz an der Sonne* war sie super. Ich kriege nie die richtigen Rollen, jedenfalls nichts, was ich wirklich will. Das liegt an meinem Aussehen, man ist da sehr festgelegt.«) Wir sprachen noch weiter über Elizabeth Taylor, und sie wollte wissen, ob ich sie kannte. Ich sagte Ja, und sie fragte, wie sie denn so wäre, also *wirklich* wäre, und ich sagte: Sie ist ein bisschen so wie du, sie trägt ihr Herz auf der Zunge und sagt immer, was sie denkt, egal was es ist. Worauf Marilyn sagte: Leck mich ... Und überhaupt, was *ich* denn sagen würde, wenn *mich* jemand fragte, wie die Monroe so sei, also *wirklich* sei. Worauf ich wieder sagte, darüber müsste ich erst nachdenken.)

TC: Was meinst du, können wir jetzt endlich gehen? Du hast mir Champagner versprochen, erinnerst du dich?

MARILYN: Ich erinnere mich. Aber ich hab kein Geld dabei.

TC: Ach du. Du kommst immer zu spät, du hast nie Geld dabei, könnte es sein, dass du dich für Queen Elizabeth hältst?

MARILYN: Wer?
TC: Queen Elizabeth. Die Königin von England.
MARILYN (eine Schnute ziehend): Was hat denn *die* Fotze damit zu tun?
TC: Queen Elizabeth hat auch nie Geld dabei. Es ist ihr nicht gestattet. Schmutzige Penunze soll das königliche Händchen nicht beflecken. Das regelt sogar ein Gesetz oder so.
MARILYN: Warum erlassen die nicht mal so ein Gesetz für mich?
TC: Wenn du so weitermachst, tun sie es vielleicht sogar.
MARILYN: Wow! Und wie bezahlt sie dann, wenn sie shoppen geht?
TC: Dafür hat sie immer ihre Hofdame, die trägt ihr einen ganzen Sack Zaster nach.
MARILYN: Quatsch, ich wette, sie kriegt alles umsonst. Als Gegenleistung für irgendwelche Privilegien.
TC: Gut möglich, würde mich nicht überraschen. *By Appointment to Her Majesty:* Hoflieferant für Corgis, kleine Schweinereien von Fortnum & Mason, Gras, Kondome …
MARILYN: Was will *die* denn mit Kondomen?
TC: Doch nicht für sie, du Träne. Für den Dödel, der immer zwei Schritt hinterherdackelt, Prinz Philip.
MARILYN: Ach *der*, richtig. Der sieht ja nicht gerade schlecht aus. Sieht aus, als hätte er einen hübschen Schwanz. Hab ich dir schon erzählt, wie Errol Flynn einmal seinen Schwanz rausgeholt und damit Klavier gespielt hat? Na ja, das ist schon hundert Jahre her. Das war in meiner Anfangszeit als Fotomodell, auf dieser bescheuer-

ten Party. Errol Flynn fand sich so toll, dass er gleich mal seinen Schwanz auspackt und damit auf dem Klavier herumklimpert. Hat sogar die richtigen Tasten getroffen. Weißt du, was er gespielt hat? *You Are My Sunshine*. Echt. Angeblich hat ja Milton Berle den größten Pimmel von Hollywood. Aber wen interessiert das? Hör mal, hast *du* denn kein Geld dabei?

TC: Vielleicht fünfzig Dollar.

MARILYN: Das reicht für ein Fläschchen Puffbrause.

(Draußen auf der Lexington Avenue war niemand mehr zu sehen außer harmlosen Passanten. Es war etwa zwei Uhr und so schön, wie es im April nur werden kann: ideales Spazierwetter. Wir gingen bis zur 3rd Avenue. Ein paar Leute glotzten zwar, aber nicht, weil sie Marilyn erkannten, sondern wegen ihrer Leichenbittergewandung. Sie ließ ihr perlendes Kichern hören, so verführerisch wie die Glocke des fahrenden Eismanns, und sagte: »Vielleicht sollte ich mich immer so anziehen. Da bleibt man anonym.«

Kurz vor P. J. Clarke's Saloon schlug ich vor, dass wir dort zu einer kleinen Erfrischung einkehrten, aber sie war dagegen. »Da gehen doch nur Werbefuzzis hin. Und diese Giftspritze Dorothy Kilgallen[12], versteht sich, die gibt sich da regelmäßig die Kante. Keine Ahnung, warum das bei diesen irischen Torfkackern immer so sein muss, aber die bechern was weg, schlimmer als hundert nackte Indianer.«

Ich fühlte mich genötigt, ein Wort zur Verteidigung von Dorothy Kilgallen anzubringen, die so etwas wie eine Freundin von mir war und obendrein eine kluge, witzige Frau. Aber Marilyn sagte: »Das mag ja alles sein, aber über mich hat sie nur hergezogen. Alle diese Fotzen hassen mich. Hedda. Louella[13]. Ich weiß, angeblich soll man sich ja daran gewöhnen, aber das ist überhaupt nicht so. Es tut immer noch weh. Was habe ich diesen alten Hexen eigentlich getan? Der Einzige, der mal ein nettes Wort über mich schreibt, ist Sidney Skolsky. Aber das ist ein Kerl. Komisch, die Jungs behandeln mich immer gut. So, als wäre ich auch ein menschliches Wesen. Zumindest schließen sie das nicht ganz aus. Bob Thomas ist ein richtiger Gentleman. Genauso wie Jack O'Brian.

Wir sahen uns die Schaufenster der Antiquitätenläden an. In einem lag ein Tablett mit alten Ringen aus, und Marilyn sagte: »Der da ist hübsch, der mit dem Granat und den Rocaillesperlen. Ich wünschte, ich könnte Ringe tragen, aber ich mag nicht, wenn die Leute meine Hände anschauen. Sie sind zu dick. Elizabeth Taylor hat auch so breite Hände. Aber wer guckt bei *den* Augen schon auf die Hände? Weißt du, ich hab kein Problem mit meinen wackelnden Möpsen, wenn ich nackt vor dem Spiegel tanze, das finde ich okay. Aber meine Hände sind definitiv zu dick.«

In einem anderen Schaufenster befand sich eine schöne Standuhr, was sie zu der Bemerkung veranlasste: »Ich hatte noch nie ein Zuhause, jedenfalls kein richtiges mit eigenen Möbeln. Falls ich jemals wieder heirate und eine Menge Kohle verdiene, lass ich hier mehrere Möbelwagen anrücken und kaufe alles leer. Und mindestens ein Dutzend von diesen Standuhren,

die kommen dann alle in dasselbe Zimmer, wo sie alle vor sich hin ticken. Das wäre doch sehr gemütlich, meinst du nicht?«)
MARILYN: Hey, guck doch mal, auf der anderen Seite!
TC: Was?
MARILYN: Siehst du das Schild da mit der Hand? Das ist sicher eine Wahrsagerin.
TC: Was hast du vor?
MARILYN: Nur mal gucken.
   (Das Etablissement machte allerdings keinen sonderlich einladenden Eindruck. Durch das verschmierte Fenster sahen wir einen kahlen Raum und eine abgezehrte Zigeunerin, die auf einer Art Regiestuhl saß, das Ganze in infernalisch gleißendes Rotlicht getaucht. Sie strickte an einem Paar Babystrümpfe und reagierte nicht auf unsere Blicke. Marilyn wollte schon hineingehen, überlegte es sich dann jedoch anders.)
MARILYN: Manchmal wüsste ich ja schon gerne, was die Zukunft sagt. Aber dann denke ich: besser nicht. Vor allem über zwei Sachen wüsste ich gern Bescheid. Erstens: Nehme ich je wieder ab?
TC: Und das andere?
MARILYN: Das ist geheim.
TC: Aber heute kannst du es mir ruhig sagen. Heute ist ein Tag der Trauer, und Trauernde haben keine Geheimnisse voreinander.
MARILYN: Na ja, ein Mann eben. Etwas wüsste ich gerne. Aber mehr sage ich nicht, es ist wirklich geheim.
   (Wobei ich dachte: Das glaubst *du*. Ich kriege es schon heraus.)

TC: Und wenn ich für den Schampus zahle?
(Wir landeten schließlich in einem wild dekorierten, menschenleeren chinesischen Restaurant auf der 2nd Avenue. Aber es verfügte über eine gut sortierte Bar, und wir bestellten eine Flasche Mumm. Der Sekt kam lauwarm und ohne Eiskübel, deswegen tranken wir ihn aus hohen Cocktailgläsern mit Eiswürfeln.)
MARILYN: Witziger Laden hier. Fühlt sich an wie am Set. Aber wer's mag. Ich mag es übrigens nicht. Etwa in *Niagara*. Scheißfilm, ekelhafter.
TC: Dann erzähl lieber von deinem heimlichen Liebhaber.
MARILYN: (Schweigen)
TC: (Schweigen)
MARILYN: (kichert)
TC: (Schweigen)
MARILYN: Du kennst doch so viele Frauen. Wer ist deiner Meinung nach die Schönste?
TC: Ganz klar Barbara Paley[14].
MARILYN (verzieht das Gesicht): Aber warum heißt sie überall nur »Babe«? Sie sieht doch gar nicht so aus. Im Gegenteil, ich habe sie in der *Vogue* gesehen. Sie ist absolut elegant. Hinreißend. Bei diesen Bildern komme ich mir selber vor wie eine fette Qualle.
TC: Sie wäre sicher amüsiert, das zu hören. Sie ist nämlich eifersüchtig auf dich.
MARILYN: Eifersüchtig auf mich? Jetzt verarschst du mich schon wieder.
TC: Aber keineswegs. Sie *ist* eifersüchtig.
MARILYN: Aber wieso?

TC: Weil ein Journalist – ich glaube, Kilgallen war es – das Gerücht ins Blatt gesetzt hat, zwischen Mrs. DiMaggio und »New Yorks angesagtestem TV-Tycoon« liefen »intensive Gespräche« – nur keine geschäftlichen. Sie hat es jedenfalls gelesen und sofort geglaubt.
MARILYN: Was geglaubt?
TC: Dass ihr Mann mit dir eine Affäre hat, William S. Paley, der angesagteste TV-Tycoon. Er hat ein Schwäche für kurvenreiche Blondinen. Aber auch für Brünette.
MARILYN: Das ist doch vollkommen bescheuert. Ich bin dem Typ noch nie begegnet.
TC: Ach komm, mir kannst du es ruhig sagen. Dein heimlicher Liebhaber, das ist William S. Paley, *n'est-ce pas?*
MARILYN: Blödsinn. Es ist ein Schriftsteller.
TC: Na also, jetzt kommen wir der Sache schon näher. Der heimliche Liebhaber ist also Schriftsteller. Aber vermutlich jemand aus der dritten Garnitur, sonst würdest du mir seinen Namen verraten.
MARILYN (verärgert): Wofür steht eigentlich das »S«?
TC: »S«? Welches »S«?
MARILYN: Das in William S. Paley.
TC: Ach das. Es steht für gar nichts. Das hat er nur aus optischen Gründen eingefügt.
MARILYN: Das heißt, der Buchstabe bedeutet gar nichts? Guter Gott, der scheint es ja nötig zu haben.
TC: Ja, er zuckt auch immer so komisch. Aber zurück zu unserem mysteriösen Schreiberling.
MARILYN: Hör auf damit. Du kapierst gar nichts. Und ich habe viel zu verlieren.
TC: Ober, könnten wir noch eine Flasche haben?

MARILYN: Du willst mich wohl besoffen machen, damit ich anfange zu reden.
TC: Eindeutiges Ja. Ich schlage dir ein Geschäft vor. Ich erzähle dir eine Geschichte, und wenn sie dir gefällt, reden wir über deinen schriftstellernden Freund, abgemacht?
MARILYN (in Versuchung, aber noch zögernd): Worum geht es denn in deiner Geschichte?
TC: Um Errol Flynn.
MARILYN: (Schweigen)
TC: (Schweigen)
MARILYN (gegen ihre Überzeugung): Okay, dann lass mal hören.
TC: Weißt du noch, was du über Errol gesagt hast? Wie stolz er auf seinen Schwanz ist? Also ich kann das nur bestätigen. Wir haben nämlich mal einen gemütlichen Abend miteinander verbracht, wenn du verstehst, was ich meine.
MARILYN: Das nehme ich dir nicht ab. Du willst mich schon wieder verarschen.
TC: Großes Pfadfinder-Ehrenwort, es ist nichts als die reine Wahrheit. (Schweigen ihrerseits, aber ich sehe, dass sie angebissen hat. Deshalb stecke ich mir erst einmal eine Zigarette an …) Okay, alles geschah, als ich so achtzehn, neunzehn Jahre alt war. Es war während des Krieges, im Winter 1943. An diesem Abend gab Carol Marcus oder, je nachdem, Carol Saroyan – ich weiß nicht, ob sie da schon verheiratet war –, jedenfalls gab sie eine Party für Gloria Vanderbilt. Und zwar in der Wohnung ihrer Mutter in der Park Avenue. Eine große Party für mehr als

fünfzig Leute. Gegen Mitternacht kommt noch Errol Flynn vorbei, zusammen mit seinem alter Ego, diesem Angeber Freddie McEvoy. Sie hatten beide schon ordentlich geladen. Wie auch immer, wir kamen ins Gespräch und amüsierten uns prächtig, und plötzlich fragte er mich, ob ich mit ihm und McEvoy noch ins El Morocco will. Ich sagte okay, aber dann wollte McEvoy lieber bleiben, so viele Debütantinnen auf einen Haufen hatte man ja nicht jeden Tag, und so gingen Errol und ich schließlich allein. Bloß fuhren wir nicht ins El Morocco, sondern nahmen uns ein Taxi nach Gramercy Park, wo ich damals eine kleine Einzimmerwohnung hatte. Er blieb bis zum Mittag des folgenden Tages.
MARILYN: Und? Wie war es? Auf einer Skala von eins bis zehn?
TC: Offen gesagt, wenn es nicht Errol Flynn gewesen wäre, hätte ich es längst vergessen.
MARILYN: Deine Geschichte ist nicht annähernd so gut wie meine.
TC: Herr Ober, wo bleibt unser Champagner? Hier warten zwei durstige Kehlen.
MARILYN: Außerdem ist die Geschichte nicht gerade neu. Ich hab immer schon gewusst, dass Errol auch andersrum kann. Ich habe einen Masseur, er ist praktisch meine Schwester und hat früher auch Tyrone Power massiert. Er hat mir erzählt, was alles zwischen Errol und Ty Power lief. Du musst dir also etwas Besseres einfallen lassen.
TC: Hmm, du machst es einem nicht leicht.
MARILYN: Ich höre. Was war denn dein schönstes Erlebnis auf diesem Gebiet?

TC: Mein schönstes Erlebnis? Sag du zuerst.
MARILYN: Ach, und *ich* mache es dir schwer? (Trinkt einen Schluck Champagner.) Joe ist nicht schlecht. Zumindest bringt er seinen Home-Run zu Ende. Wenn es nur darum ginge, wären wir immer noch verheiratet. Trotzdem liebe ich ihn immer noch. Er macht einem nichts vor.
TC: Ehemänner zählen in diesem Spiel nicht.
MARILYN (kaut an ihrem Nagel und denkt angestrengt nach): Also, ich habe da mal einen Mann getroffen. Er war entfernt mit Gary Cooper verwandt. Ein Börsenmakler, äußerlich nicht so der Hit mit fünfundsechzig. Er trug eine Brille, dick wie ein Flaschenboden. Und trotzdem, ich weiß gar nicht, woran es lag, aber ...
TC: Du brauchst gar nicht weiterzureden, ich kenne die Geschichte von den anderen Mädchen. Der alte Sack lässt nichts aus. Er heißt Paul Shields, er ist der Stiefvater von Rocky Cooper. Angeblich ist er sensationell.
MARILYN: Ja, das ist er. Na gut, Klugscheißer, jetzt bist du wieder dran.
TC: Von wegen. Ich muss dir gar nichts mehr erzählen. Weil ich nämlich längst weiß, wer dein maskierter Held ist: Arthur Miller. (Sie senkte ihre Sonnenbrille und sah mich an. Wenn Blicke töten könnten!) Ich wusste es, als du sagtest, er wäre Schriftsteller.
MARILYN (stammelnd): Aber woher? Ich meine, es weiß sonst niemand ... oder fast niemand.
TC: Aber vor drei oder vier Jahren hat mir Irving Drutman ...
MARILYN: Wer?

TC: Irving Drutman, er schreibt für die *Herald Tribune*. Er hat mir erzählt, du hättest da was mit Arthur Miller, hättest dich in ihn verknallt. Als wahrer Gentleman habe ich das bislang nie erwähnt.
MARILYN: Wahrer Gentleman! Du Arschloch! (Wieder gerät sie ins Stammeln, diesmal aber bleibt die Sonnenbrille oben.) Du kapierst gar nichts. Diese Sache ist lange her. Aus und vorbei. Das hier ist etwas ganz, ganz anderes und …
TC: Bitte vergiss nicht, mich zur Hochzeit einzuladen.
MARILYN: Wenn irgendjemand davon erfährt, bringe ich dich um. Oder ich lasse dich umlegen. Ich kenne da ein paar Jungs, die würden das nur zu gern für mich tun.
TC: Daran hege ich nicht den geringsten Zweifel.
 (Endlich erschien der Ober mit der zweiten Flasche.)
MARILYN: Sag ihm, er soll sie wieder mitnehmen. Ich will nichts mehr trinken. Ich will nur noch hier raus.
TC: Entschuldige, ich wollte dich nicht aufregen.
MARILYN: Ich rege mich nicht auf.
 (Doch das tat sie sehr wohl. Während ich die Rechnung beglich, verschwand sie auf die Damentoilette. Ich wünschte, ich hätte etwas zu lesen dabeigehabt, denn ihre Aufenthalte dort dauerten oft so lang wie die Tragzeit eines Elefanten. So verstrich die erste Viertelstunde, und ich fragte mich beiläufig, was sie gerade einwarf, Aufputsch- oder Beruhigungsmittel. Sehr wahrscheinlich Beruhigungsmittel. Auf der Theke lag eine Zeitung, ich nahm sie zur Hand. Es war eine chinesische Zeitung. Nach zwanzig Minuten wollte ich der Sache nachgehen. Vielleicht hatte sie eine Überdosis

genommen oder sich die Pulsadern aufgeschnitten. Ich fand die Damentoilette und klopfte vorsichtig an die Tür. Sie sagte: »Herein.« Sie stand vor einem trübe erleuchtete Spiegel. Ich sagte: »Was tust du da?« Sie sagte: »Ich schaue *sie* an.« Tatsächlich war sie gerade dabei, rubinroten Lippenstift aufzutragen. Das Kopftuch hatte sie abgenommen und ihr glänzendes, zuckerwattig feines Haar durchgekämmt.)

MARILYN: Ich hoffe nur, du hast noch genug Geld übrig.

TC: Kommt darauf an. Für einen Perlenring reicht es nicht mehr, falls du auf eine Wiedergutmachung spekulierst.

MARILYN (Ihr Ärger war verflogen, und ich entschied, Arthur Miller mit keinem Wort mehr zu erwähnen.): Nein, aber für eine längere Taxifahrt.

TC: Wo fahren wir denn hin, nach Hollywood?

MARILYN: Quatsch. Nur an einem Ort, den ich mag. Du erfährst es noch früh genug.

(Lange brauchte ich nicht zu warten, denn sobald wir ein Taxi herangewinkt hatte, hörte ich, wie sie den Fahrer instruierte. Es ging zum South Street Peer, und ich dachte: Ist das nicht die Anlegestelle der Staten-Island-Fähre? Mir kam der Verdacht, dass sie auf den Alkohol noch eine Handvoll Pillen eingeschmissen hatte und nun endgültig abdrehte.)

TC: Bitte keine Bootstour, ich hab mein Dramamin nicht dabei.

MARILYN (ausgelassen kichernd): Nein, wir bleiben am Pier.

TC: Darf ich den Grund erfahren?

MARILYN: Weil es mir da gefällt. Es riecht so anders, und man kann die Möwen füttern.

TC: Womit denn? Du hast doch gar kein Futter.

MARILYN: Hab ich wohl. Ich habe eine ganze Handtasche voll Glückskekse, geklaut, aus dem Restaurant.

TC (zieht sie auf): Hmmm, aber weißt du, als du auf der Toilette warst, habe ich einen davon aufgemacht. Auf dem Zettelchen innen war ein schmutziger Witz.

MARILYN: Echt, ein schmutziger Glückskeks?

TC: Den Möwen wird das egal sein.

> (Unser Weg führte uns quer durch die Bowery. Kleine Pfandleiher, Blutspendekliniken, Herbergen [die Übernachtung im Massenquartier für 50 Cent], winzige, schmierige Hotels [ein Bett für einen Dollar], Bars für Weiße, Bars für Schwarze und überall Obdachlose, Penner, von blutjung über nicht mehr ganz so jung bis steinalt, sie hockten auf Bordsteinen, zwischen Glasscherben und Kotze, lungerten in Türeingängen, standen wie die Pinguine an Straßenecken. Einmal als das Taxi an einer roten Ampel halten musste, wankte eine Vogelscheuche mit violetter Nase auf uns zu und fing an, mit zitternder Hand und einem nassen Lumpen die Windschutzscheibe zu putzen. Der italienische Fahrer überschüttete ihn mit einer Tirade von italienischen Schimpfwörtern.)

MARILYN: Verstehe ich nicht. Warum macht er das?

TC: Er will ein Trinkgeld fürs Scheibenputzen.

MARILYN (hält sich die Handtasche vors Gesicht): Wie furchtbar! Das halte ich nicht aus. Jetzt gib ihm doch was. Bitte, mach schon, schnell. Bitte!

(Doch das Taxi preschte bereits los und hätte dabei fast den alten Schluckspecht überfahren. Marilyn weinte.)
Mir ist schlecht.
TC: Willst du lieber nach Hause?
MARILYN: Der ganze Nachmittag ist versaut.
TC: Komm, ich bring dich nach Hause.
MARILYN: Nein, es geht schon. Ich bin gleich wieder okay.
(Also fuhren wir weiter bis zur South Street, und tatsächlich besserte sich ihre Stimmung beim Anblick der dort liegenden Fähre sofort. Die Skyline von Brooklyn auf der anderen Seite, die Möwen, die sich aus dem Himmel hinabstürzten und scharf über das Wasser flitzten, weiß vor marineblauem Hintergrund, das alles tat ihrer Seele gut.

Kaum waren wir aus dem Taxi ausgestiegen, sahen wir einen Mann, der mit einem angeleinten Chow-Chow Richtung Fähre ging, vermutlich ein Passagier. Als er auf unserer Höhe war, blieb meine Begleiterin stehen, um dem Hund den Kopf zu tätscheln.)
MANN (dezidiert, aber nicht unfreundlich): Das sollten Sie besser nicht tun, vor allem nicht bei Chows. Die beißen gern mal zu.
MARILYN: Hunde beißen mich nie, nur Menschen. Wie heißt er denn?
MANN: Fu Manchu.
MARILYN (kichernd): Oh, wie in dem Film. Süß.
MANN: Und wie heißen Sie?
MARILYN: Ich? Marilyn.
MANN: Das dachte ich mir. Das glaubt mir meine Frau nie. Könnte ich ein Autogramm haben?

(Er zückte eine Visitenkarte, dazu einen Stift. Mit ihrer Handtasche als Unterlage schrieb sie: *God Bless You – Marilyn Monroe*.)
MARILYN: Dankeschön.
MANN: Ich danke *Ihnen*. Die im Büro werden Augen machen.
(Wir gingen bis zum Ende des Piers und lauschten den Wellen, die gegen die Pfähle klatschten.)
MARILYN: Früher wollte ich auch immer Autogramme haben. Manchmal sogar heute noch. Letztes Jahr saß einmal Clark Gable neben mir im Chasen's. Ich habe ihn gebeten, meine Serviette zu signieren.
(Sie lehnte an einem Poller und zeigte mir ihr Profil: Galatea, die den Blick in unbekannte Fernen schweifen lässt. Die leichte Brise griff in ihr Haar, und sie drehte mir mit jener ätherischen Leichtigkeit den Kopf zu, als sei auch diese Bewegung ein Werk des Windes.)
TC: So – und wann füttern wir jetzt die Möwen? Ich krieg nämlich langsam auch Hunger. Es ist spät geworden, und das Mittagessen ist ausgefallen.
MARILYN: Weißt du noch vorhin? Als ich dich fragte, wie du mich beschreiben würdest, wenn jemand von dir wissen wollte, wie ich denn nun *wirklich* sei? (Ihr Ton leicht ironisch und zugleich ernst, sie verlangte nach einer ehrlichen Antwort.) Ich wette, du sagst, ich sei eine fette Qualle. Ein fetter, feister Bananensplit.
TC: Natürlich, was sonst? Aber ich würde auch sagen …
(Die Dämmerung zog herauf, und sie, Marilyn, schien sich darin aufzulösen, schien mit dem Himmel, den Wolken zu verschwimmen, um vielleicht irgendwann

gar nicht mehr da zu sein. Ich wollte meine Stimme über das Geschrei der Möwen erheben und sie zurückrufen: Marilyn! Marilyn, warum muss eigentlich alles immer so ausgehen? Warum ist das Leben so unglaublich beschissen?)

TC: Also ich würde sagen ...

MARILYN: Ich kann dich nicht hören.

TC: Ich würde sagen, du bist ein bildhübsches Kind.

NÄCHTLICHE UNRUHE
oder Wie Siamesische Zwillinge Sex haben

TC: Verdammte Kacke, schon wieder wach! Wir sind doch gerade erst eingenickt. Schatz, wie lange haben wir genau geschlafen?
TC: Es ist jetzt zwei Uhr. Wir sind um Mitternacht ins Bett gegangen, aber wir waren noch zu angespannt. Du hast deshalb vorgeschlagen, uns einen runterzuholen, und ich sagte: Okay, vielleicht hilft das ja. Also haben wir uns einen runtergeholt und sind danach prompt eingeschlafen. Manchmal fragte ich mich, was wir ohne Mutter Faust und ihre fünf Töchter tun würden. Über all die Jahre hinweg waren sie immer gut zu uns. Echte Freunde.
TC: Mann, ich pack's nicht, nur lausige zwei Stündchen. Und wann wir je wieder ein Auge zutun, steht in den Sternen. Tja, da kannst du nichts machen. 'ne kleine Druckbetankung mit Allehol wär jetzt gut. Paar Umdrehungen mehr haben noch keinem geschadet. Aber dann heißt es gleich wieder: böser Truman. Oder die lustigen bunten

Pillen. Erst recht verboten, gibt's gleich was auf die Flossen für. Böser Truman!

TC: Jetzt komm mal runter von diesem Amos-und-Andy-Scheiß[15]. Ich bin nicht in Stimmung.

TC: Du bist nie in Stimmung. Du wolltest dir ja nicht mal gepflegt einen runterholen.

TC: Ach komm, das ist ungerecht. Habe ich dir jemals etwas abgeschlagen? Wenn du dir den Lurch würgen willst, leg ich mich immer zurück und lass dich machen.

TC: Aber nur, weil du sowieso keine Wahl hast.

TC: Jedenfalls ist Einhandsegeln immer noch besser als all die Typen, die du schon angeschleppt hast.

TC: Genau. Wenn's nach dir ginge, würden wir es überhaupt nur noch mit uns selber machen.

TC: Na und? Überleg mal, wie viel Elend uns unterm Strich erspart geblieben wäre.

TC: Aber dann hätten wir uns auch nie in andere Leute verliebt. Immer nur in uns selbst.

TC: Ha ha ha ha ha. Ho ho ho ho ho. »*Is it an earthquake, or only a shock? Is it the real turtle soup, or merely the mock? Is it the Lido I see, or Asbury Park? Or is it at long last shit?*«[16]

TC: Pah, du konntest noch nie singen. Nicht mal in der Badewanne.

TC: Was bist du gemein heute Nacht! Vorschlag zur Güte: Vielleicht könnten wir weiter an unserer Arschloch-Liste arbeiten.

TC: Arschloch-Liste würde ich das nicht nennen. Warum sagst du nicht lieber Ausgeprägte-Unsympathen-Liste?

TC: Okay, und wer zählt heute Nacht zu den ausgeprägten

Unsympathen? Es müssen aber lebende Personen sein. Wenn sie schon tot sind, macht es keinen Spaß.

TC: Billy Graham[17]
　　Princess Margaret
　　Billy Graham
　　Princess Anne
　　Reverend Ike
　　Ralph Nader
　　Der oberste Bundesrichter Byron »Whizzer« White
　　Princess Z
　　Werner Erhard
　　The Princess Royal
　　Billy Graham
　　Madame Gandhi
　　Masters und Johnson
　　Princess Z
　　Billy Graham
　　CBSABCNBCNET
　　Sammy Davis Junior
　　Jerry Brown, Esq.
　　Billy Graham
　　Princess Z
　　John Edgar Hoover
　　Werner Erhard

TC: Moment mal, John Edgar Hoover ist schon tot.

TC: Nein, ist er nicht. Sie haben den guten alten Johnny geklont, und er ist überall. Sie haben auch Clyde Tolson[18] geklont, so können sie immer zusammen sein. Und die Klon-Version von Cardinal Spellman[19] kommt manchmal zu einem flotten Dreier vorbei.

TC: Aber was hast du gegen Billy Graham?
TC: Billy Graham, Werner Erhard, Masters und Johnson, Princess Z, sie alle stecken ja so voller Pferdemist. Aber Reverend Billy schlägt sie alle.
TC: Du meinst, pferdescheißemäßig kommt keiner an ihn ran?
TC: Höchstens Princess Z.
TC: Wieso?
TC: Na ja, Princess Z *ist* ein Pferd, da ist so etwas nur normal. In ein Pferd geht eben mehr Pferdescheiße rein als in einen Menschen, auch wenn er von Haus aus noch so viel Hohlraum mitbringt. Erinnerst du dich denn nicht mehr an Princess Z, die Zweijährige aus dem fünften Rennen in Belmont? Wir haben auf sie gesetzt und einen Haufen Geld verloren, praktisch unseren letzten Dollar. Und du hast noch gemeint: »Jaja, wie sagte Onkel Bud doch so schön: ›Setz nie auf ein Pferd, das Princess heißt.‹«
TC: War halt nicht dumm, der Onkel Bud. Nicht ganz so schlau wie Cousine Sook, aber immerhin. Wo wir grad dabei sind: Wer gehört denn für uns zu den »ausgeprägten Sympathen«, zumindest heute Nacht?
TC: Niemand. Die sind alle tot. Manche erst seit kurzem, andere schon Jahrhunderte. Viele liegen auf Père-Lachaise. Rimbaud zwar nicht, aber du wärst erstaunt, wer alles. Gertrude und Alice.[20] Proust. Sarah Bernhardt. Oscar Wilde. Ich frage mich, wo Agatha Christie begraben ist …
TC: Sorry, wenn ich dich hier unterbreche, aber gibt es nicht wenigstens ein paar lebende ausgeprägte Sympathen?

TC: Schwierig, schwierig. Na gut, Mrs. Richard Nixon. Kaiserin Soraya. Mr. William »Billy« Carter.[21] Drei Opfer, drei Heilige. Aber selbst als Billy Carter wäre Billy Graham immer noch Billy Graham.

TC: Das erinnert mich an die Frau, neben der ich neulich beim Dinner saß. Sie sagte: »Los Angeles ist der ideale Ort zum Leben – wenn man Mexikaner ist.«

TC: In letzter Zeit noch mehr gute Witze gehört?

TC: Das war kein Witz, das war eine Tatsachenfeststellung. Die Mexikaner haben ihre eigene Kultur in dieser Stadt, und obendrein eine authentische. Der ganze Rest hat gar nichts. Eine Stadt voll braungebrannter Uriah-Heep-Typen, die sich durchs Leben schleimen.

Aber eine lustige Geschichte habe ich noch. Etwas, das D.D. Ryan zu Greta Garbo gesagt haben soll.

TC: Sie wohnen ja im selben Gebäude.

TC: Und das seit mehr als zwanzig Jahren. Schade, dass sie keine Freundinnen sind, sie würden sich mögen. Beide verfügen über diese eigenartige Mischung aus klaren Überzeugungen und Humor. Trotzdem ging es zwischen ihnen über ein paar Nettigkeiten en passant nie hinaus. Doch vor ein paar Wochen trat D.D. in den Aufzug und fand sich plötzlich ganz allein mit der Garbo wieder. D.D. trug wie immer ganz hinreißende Sachen, und die Garbo meinte, aber so, als fiele ihr das zum ersten Mal auf: »*Gott, Mrs. Ryan, wie schön Sie sind.*« Darauf D.D. amüsiert, aber echt berührt. »Na, das sagt die Richtige.«

TC: Das ist alles?

TC: *C'est tout*.

TC: Und wo ist jetzt die Pointe?

TC: Vergiss es, ist nicht wichtig. Machen wir lieber das Licht an und holen Papier und Bleistift heraus. Ich könnte schon mal mit diesem Zeitschriftenartikel anfangen. Hat eh keinen Wert, sich mit dir Dumpfbacke weiter zu unterhalten. Könnte in derselben Zeit auch ein bisschen Geld verdienen.
TC: Du meinst dieses Interview mit dir selbst, wo du dich selbst interviewst? Also dir selbst Fragen stellst und sie dann beantwortest?
TC: Genau. Aber warum legst du dich nicht wieder hin und hältst einfach den Rand, während ich arbeite? Ich kann dein niederträchtiges Mundwerk nicht mehr ertragen.
TC: O.k., du Spiegelwichser.
TC: Siehst du, *das* meinte ich.

Frage: Wovor fürchten Sie sich?
Antwort: Vor echten Kröten in imaginären Gärten.
F: Und im echten Leben?
A: Ich meinte im echten Leben.
F: Dann möchte ich so fragen: Was waren Ihre beängstigendsten Erlebnisse?
A: Erlebnisse, die mit Verrat und Verlassenwerden zu tun haben.

Oder sind Sie eher auf ein bestimmtes Erlebnis aus? Nun, schon das erste Erlebnis, an das ich mich konkret erinnere, war sehr beängstigend. Ich war vielleicht drei Jahre alt, vielleicht auch etwas jünger, und ich war im St. Louis Zoo, zusammen mit einer dicken schwarzen Frau, die meine Mutter speziell zu diesem Zweck angeheuert hatte. Plötzlich ein Höllenlärm. Kinder, Frauen, gestandene Männer, alles schreit und rennt durcheinander. Zwei Löwen sind aus ihrem Käfig ausgebrochen! Zwei blutrünstige Bestien machen das Gelände unsicher. Mein Kindermädchen gerät in Panik. Sie dreht sich um und lässt mich allein zurück. Das ist alles, woran ich mich erinnere.

Und mit neun Jahren wurde ich von einer Mokassinschlange gebissen. Ich war mit meinen Cousins in einem abgelegenen Waldstück etwa sechs Meilen außerhalb der kleinen Stadt in Alabama, wo wir wohnten. Durch den Wald floss ein schmaler, nicht sehr tiefer, kristallklarer Fluss. Und über dem Fluss lag – wie eine Brücke – ein umgestürzter Baumstamm. Meine Cousins balancierten über den Stamm auf die andere Seite, aber ich watete durchs Wasser. Kurz vor dem anderen Ufer sah ich auf der dunklen Wasseroberfläche diese riesige Schlange auf mich zuschwimmen. Mein Mund war plötzlich ganz trocken, ich war wie gelähmt, fühlte nichts mehr, so, als hätte man mir von Kopf bis Fuß kleine Novokain-Injektionen gesetzt. Unterdessen glitt die Schlange immer näher. Endlich, als sie nur noch wenige Zentimeter entfernt war, wollte ich weglaufen, rutschte aber auf den glitschigen Kieseln aus. Die Mokassinschlange biss mich ins Knie.

Große Aufregung. Abwechselnd trugen mich meine Cousins huckepack bis zur nächsten Farm. Und während der Farmer den Wagen anspannte, sein einziges Transportmittel, fing seine Frau mehrere Hühner, riss ihnen bei lebendigem Leib den Balg auf und drückte die warmen, verblutenden Tiere auf mein Knie. »Das zieht das Gift raus«, meinte sie, und tatsächlich färbte sich das Fleisch der Hühner grün. Auf der Fahrt in die Stadt ging der Hühnermord weiter, immer neue Tiere legten meine Vettern auf die Bisswunde. Zu Hause rief man sofort ein Krankenhaus im hundert Meilen entfernten Montgomery an, und fünf Stunden später erschien endlich der Arzt mit einem Antiserum. Ich war, wie man so sagt, ein ganz armes Häschen, was aber wieder den Vorteil hatte, dass ich zwei Monate lang nicht zur Schule musste.

Einmal, auf meinem Weg nach Japan, übernachtete ich bei Doris Duke[22] auf Hawaii, die sich auf einer Klippe bei Diamond Head einen leicht persisch anmutenden Palast gebaut hatte. Am nächsten Morgen wachte ich schon sehr früh auf und beschloss, mich auf dem Gelände etwas umzusehen. Durch die hohen Verandatüren in meinem Schlafzimmer trat man direkt in einen Garten mit Aussicht aufs Meer. Ich war noch keine halbe Minute auf der Wiese, als – scheinbar aus dem Nichts – ein böse knurrendes Dobermann-Rudel seine Aufwartung machte und mich bald umzingelt hatte. Offenbar hatte es niemand für nötig gehalten, mir mitzuteilen, dass jeden Abend zur Schlafenszeit diese Menschenfresser aus ihrem Zwinger gelassen wurden, um ungebetene Gäste abzuschrecken oder womöglich gar an Ort und Stelle zu bestrafen.

Die Hunde näherten sich mir auch nicht weiter. Sie standen lediglich da, starrten mich an und bebten vor gebändigter Blutgier. Ich traute mich kaum zu atmen. Mir war klar: Wenn ich meinen Fuß auch nur um einen Millimeter bewegte, würden sie über mich herfallen und mich in Stücke reißen. Meine Hände zitterten, meine Beine ebenso. Die Haare klebten nass an meinem Kopf, als sei ich gerade dem Ozean entstiegen. Kaum etwas ist so anstrengend wie vollkommen unbeweglich dazustehen, doch ich hielt über eine Stunde durch. Rettung nahte schließlich in Gestalt eines Gärtners, der nur kurz pfiff und in die Hände klatschte, worauf diese Höllenhunde von mir abließen und ihn mit freundlichen wackelndem Schwanz begrüßten.

Das wären also Beispiele für ganz konkrete Schreckensmomente. Und dennoch, unsere wahren Ängste beziehen sich auf die Schritte in den Korridoren unserer Seele und die Gespenster, die sie erschaffen.

F: Gibt es etwas, das Sie besonders gut können?
A: Ich kann eislaufen. Ich kann Ski fahren. Ich kann auf dem Kopf stehende Schrift lesen. Ich kann Skateboard fahren. Ich treffe mit einer 38er eine Dose in der Luft. Ich bin schon mit einem Maserati 270 Stundenkilometer gefahren (im Morgengrauen auf einer einsamen, geraden Landstraße in Texas). Ich kann ein Soufflé Furstenberg zubereiten. (Gar nicht so einfach, denn man muss sechs pochierte Eier unter die Spinat-Käse-Masse heben, aber so, dass das Eigelb später noch weich und cremig ist.). Ich kann steppen. Ich kann sechzig Wörter in der Minute tippen.
F: Und was können Sie gar nicht gut?
A: Ich bin nicht imstande, das Alphabet aufzusagen, zumindest nicht korrekt oder vollständig. (Nicht einmal unter Hypnose, was bereits mehrere Psychotherapeuten in Erstaunen versetzt hat.) Ich bin ein mathematischer Idiot. Ich kann zwar addieren, aber nicht subtrahieren. In Rechnen bin ich schon in der ersten Klasse dreimal hinterei-

nander durchgefallen, trotz Nachhilfelehrer. Ich kann ohne Brille lesen, aber nicht Auto fahren. Ich kann kein Italienisch, obwohl ich neun Jahre lang in Italien gelebt habe. Ich kann keine ausgearbeitete Rede halten, bei mir geht es immer nur aus dem Stegreif.
F: Haben Sie ein Lebensmotto?
A: Gewissermaßen. Ich habe es mal als Kind in ein Tagebuch geschrieben: *Ich strebe*. Keine Ahnung, warum ich gerade dieses Wort gewählt habe. Es klingt irgendwie komisch, aber ich mag die Zweideutigkeit dahinter. Strebe ich gen Himmel oder in die Hölle? Wie auch immer, es ist in seiner Kürze eine noble, geradezu aristokratische Devise.

Im vergangenen Winter ging ich einmal über einen Dorffriedhof am Meer. (Das war in der Nähe von Mendocino, ganz im Norden von Kalifornien, ziemlich raue Gegend, wo das Wasser zu kalt ist zum Schwimmen, es sei denn für die Wale, die dort vorbeiziehen.) Ein hübscher Friedhof, muss man sagen, mit grau-grünen, meist noch aus dem neunzehnten Jahrhundert datierenden Grabmalen. Auf allen diesen Steinen war irgendeine Inschrift zu lesen, die Auskunft gab über die persönliche Philosophie des Verstorbenen. Nur auf einem stand: KEIN KOMMENTAR.

Ich überlegte, was eines Tages auf meinem Grabstein stehen sollte. Allerdings werde ich nie einen brauchen, da mir gleich zwei fähige Wahrsager (Haitianer der eine, ein indischer Revolutionär in Moskau der andere) aufrichtig versicherten, ich würde dereinst auf See bleiben – verschollen auf See. Das Einzige, was ich nicht weiß: ob un–

gewollt oder aus freien Stücken (*comme ça*, Hart Crane).[23] Na egal, die erste Inschrift, die mir einfiel, lautete jedenfalls: WIDER BESSERES WISSEN. Doch ich sann auf etwas, das mich besser charakterisierte, irgendeine Phrase, eine Ausflucht, die mir noch nach jeder verbindlichen Zusage, jedem Engagement eingefallen ist: ICH WOLLTE DAS EIGENTLICH GAR NICHT, ABER ICH HAB DEN ABSPRUNG NICHT GESCHAFFT.

F: Vor einiger Zeit traten Sie zum ersten Mal in einem Film auf (*Eine Leiche zum Dessert*). Was sagen Sie dazu?

A: Ich bin kein Schauspieler und will auch keiner sein. Ich habe zum Spaß mitgespielt. Ich dachte, es wäre ganz lustig, und das war es auch – mehr oder weniger. Gleichzeitig war es Schwerstarbeit. Morgens um sechs Uhr raus und niemals vor sieben, acht Uhr abends frei. Die Kritiker überschütteten mich zum größten Teil mit Knoblauchsträußchen, aber das war zu erwarten. Es war gewissermaßen die obligatorische Reaktion. Und wenn man ganz ehrlich ist, so schlecht war ich auch nicht.

F: Wie gehen Sie mit Ihrem Promi-Status um, etwa wenn Sie auf der Straße erkannt werden?

A: Das stört mich eigentlich gar nicht. Es kann sogar ganz nützlich sein, wenn man an einem unbekannten Ort einen Scheck einlösen will. Außerdem entwickeln sich daraus manchmal die lustigsten Geschichten. Zum Beispiel war ich eines Abends mit ein paar Freunden in einer vollbesetzten Bar in Key West. Am Nebentisch saß eine leicht angetrunkene Frau mit ihrem voll alkoholisierten Mann. Auf einmal kam die Frau auf mich zu und bat mich um ein Autogramm auf einer Papierserviette. Darüber schien sich ihr Mann zu ärgern, auch er stand auf und wankte an unseren Tisch. Er machte seine Hose auf, holte sein Gerät hervor und sagte: »Da Sie schon einmal dabei sind, signieren Sie doch mal *das* hier.« Ringsum verstummten die Gespräche, sodass viele meine Antwort mitbekamen. Sie lautete: »Keine Ahnung, ob ich Ihnen *das* signieren kann, aber vielleicht genügen Ihnen ja meine Initialen.«

Normalerweise habe ich nichts gegen Autogrammjäger. Was mich aber richtig nervt, das sind erwachsene Männer, die das Autogramm angeblich immer nur für ihre Tochter, Frau oder Freundin haben wollen. Egal, wo es ist, ob in einem Restaurant oder im Flugzeug, nie ist das Autogramm für sie, nie.

Ich habe einen Freund, mit dem ich oft lange Spaziergänge durch die Stadt unternehme. Und es kommt immer wieder vor, dass irgendjemand kurz stehen bleibt, stutzt und dann mit dieser Ist-er-es-oder-ist-er-es-nicht-Miene fragt: »Sagen Sie, sind *Sie* Truman Capote?« Für gewöhnlich antworte ich: »Ja, ich bin Truman Capote.« Wobei sich nicht selten mein Freund einmischt und sagt: »Herrgott, George, hör auf mit dem Scheiß. Irgendwann kriegst du noch richtig Ärger deswegen.«

F: Betrachten Sie Konversation als eine Kunst?
A: Ja und zwar als eine sterbende. Die meisten berühmten Konversationskünstler – Samuel Johnson, Oscar Wilde, Whistler, Jean Cocteau, Lady Astor, Lady Cunard, Alice Roosevelt Longworth – führen gar keine Konversation, sondern nur Monologe. Deswegen gibt es auch so wenige gute Unterhaltungen: aus Mangel. Dass ausgerechnet zwei intelligente Gesprächspartner aufeinandertreffen, ist

ziemlich selten. Von den aufgezählten Leuten kenne ich übrigens nur Cocteau und Mrs. Longworth persönlich. (Und sie ist nicht einmal Allein-Unterhalterin, im Gegenteil, sie lässt einem viel Raum zur Entfaltung.)

Zu den besten Plauderkünstlern, mit denen ich zu tun hatte, gehören Gore Vidal (das heißt, wenn man nicht zufällig Gegenstand seiner Sticheleien war) und Cecil Beaton (der sich jedoch, kaum überraschend, eher mit seiner Bildsprache ausdrückte; diese allerdings war nicht nur lyrisch, sondern konnte auf vertrackte Weise auch sehr gemein sein). Auch die geniale Baronin Blixen, die unter dem Pseudonym Isak Dinesen schrieb, war trotz ihrer in Ehren ergrauten Erscheinung eine echte Verführerin, eine Circe des intelligenten Zwiegesprächs. Faszinierend, neben ihr am Kamin zu sitzen, in ihrem schönen Haus in dem kleinen dänischen Küstenflecken, wenn sie mit ihrer silbernen Zigarettenspitze eine Zigarette nach der anderen rauchte und ihre flinke Zunge mit kleinen Schlucken Champagner kühlte. Sie lockte einen mühelos von Thema zu Thema, angefangen bei ihren Jahren in Kenia (Falls Sie ihre Autobiographie *Jenseits von Afrika* noch nicht gelesen haben, dann müssen Sie es umgehend tun, es ist eines der schönsten Bücher des Jahrhunderts.) bis hin zu ihrem Leben unter Nazi-Besatzung. (»Diese Leute haben mich ja verehrt. Wir stritten, aber ihnen war völlig egal, was ich sagte. Sie bildeten die totale Männergesellschaft, und die Meinung einer Frau hatte einfach keine Bedeutung. Sie wussten natürlich auch nicht, dass in meinem Keller, zwischen eingelagerten Äpfeln und Champagnerkisten, Juden versteckt waren.«)

Weitere Konversationskünstler, die mir aufs Geratewohl einfallen: Christopher Isherwood (niemand sonst besitzt seine leichtgängige Offenheit) und die katzenhafte Colette. Auch Marilyn Monroe konnte sehr amüsant sein, vorausgesetzt sie fühlte sich ausreichend sicher und es gab genug zu trinken. Dasselbe gilt für den ausgesprochen unanstrengenden Drehbuchautor Harry Kurnitz, der mit seinem Sprachwitz alle in seinen Bann zog, Männer, Frauen und Kinder. Oder Diana Vreeland, die exzentrische Modepäpstin, Vogue-Chefredakteurin und Schlangenbeschwörerin eines charmanten Parlando.

Mit achtzehn Jahren begegnete ich einem Menschen, der mich als Unterhalter vielleicht deswegen am meisten beeindruckte, weil er auch sonst den größten Eindruck hinterließ. Das geschah folgendermaßen:

Auf der East 79th Street in New York befindet sich die New York Society Library, ein sehr angenehmer Ort, an dem ich im Jahr 1942 viele Nachmittage zubrachte, weil ich für ein Buch recherchieren wollte, das später nie zustande kam. Dort fiel mir eine Frau auf, die mich von Anfang an faszinierte, vor allem wegen ihrer Augen. Augen von einem Blau, wie es sich so nur noch in einem wolkenlosen Präriehimmel findet. Nicht weniger fesselte mich ihr hübsches, leicht androgynes Gesicht mit der entschlossenen Kinnpartie. Grau melierte Haare mit Mittelscheitel. Alter: vielleicht fünfundsechzig, plus/minus. Das sieht sehr nach Lesbe aus. Ja, genau.

An einem Januartag trat ich aus dem Bibliotheksgebäude hinaus auf die Straße, wo heftiges Schneetreiben herrschte. Die Frau mit den blauen Augen stand in ihrem elegant geschnittenen schwarzen Mantel mit Zobelkragen am Bordstein, hatte die behandschuhte Hand in der Luft, um sich ein Taxi heranzuwinken, aber es gab gerade keines. Sie sah mich an, lächelte und fragte: »Glauben Sie, ein heißer Kakao könnte hier helfen? Gleich um die Ecke ist ein Longchamps.«

Sie bestellte sich tatsächlich Kakao, ich dagegen verlangte nach einem, wie ich betonte, »very dry« Martini. Halb im Scherz fragte sie: »Bist du dafür nicht zu jung?«

»Ich trinke, seit ich vierzehn bin. Rauchen tue ich genauso lang.«

»Du siehst nicht älter aus als vierzehn.«

»Ich werde im nächsten September neunzehn.« Ich verriet ihr noch mehr von mir. Dass ich aus New Orleans war, dass ich mehrere Kurzgeschichten veröffentlicht hatte, dass ich Schriftsteller werden wollte und dass ich gerade an einem Roman arbeitete. Sie wollte wissen, welche amerikanischen Schriftsteller ich gut fand. »Hawthorne, Henry James, Emily Dickinson …« – »Nein, lebende.« Eine heikle Frage, da selbst bei Nachwuchsautoren der Konkurrenzgedanke so tief verankert ist, dass offen geäußerte Bewunderung für Zeitgenossen schwerfällt. Schließlich sagte ich: »Auf jeden Fall nicht Hemingway, er ist einfach nicht ehrlich, hält alles unter der Decke. Thomas Wolfe auch nicht, der viele Schwulst nervt, aber er lebt ja auch nicht mehr. Faulkner manchmal: *Licht im August*. Zum Teil auch Fitzgerald: *Ein Diamant, so groß wie das Ritz* oder *Zärtlich ist die Nacht*. Wen ich wirklich mag, das ist Willa Cather. Haben Sie *Eine alte Geschichte* einmal gelesen?«

Fast beiläufig erwiderte sie: »Ich habe sie geschrieben.«

Natürlich hatte ich Fotos von Willa Cather gesehen, aber das waren Fotos aus den Zwanzigerjahren, als ihre Züge noch weicher waren, wenn auch weniger elegant als die meiner Begleiterin. Trotzdem war mir sofort klar, dass ich die echte Willa Cather vor mir hatte, und es war einer der großen Momente in meinem Leben. Wie ein Schuljunge fing ich an, mich über ihre Bücher zu verbreiten – und meine Favoriten *Frau im Zwielicht*, *Das Haus des Professors*, *Antonia*. Als Schriftsteller hatten wir keine Gemeinsamkeiten, ich wäre auch nie auf die Idee gekommen, solche Themen aufzugreifen wie sie oder ihren Stil zu imitieren. Ich hielt sie nur für eine große Künstlerin und so gut wie Flaubert.

Wir wurden Freunde. Sie las meine Werke und war stets eine gerechte und konstruktive Richterin. Aber sie war eine Frau voller Überraschungen. Zum einen wohnten sie und Miss Lewis, ihre Lebensgefährtin, in einer geräumigen, bezaubernd eingerichteten Wohnung auf der Park Avenue – was irgendwie nicht zu ihrer provinziellen Herkunft aus Nebraska und ihren einfachen, elegischen Romanen zu passen schien. Zum anderen galt ihr Hauptinteresse gar nicht der Literatur, sondern der Musik. Sie ging regelmäßig in Konzerte, und ihre engsten Freunde, darunter Yehudi Menuhin und dessen Schwester Hepzibah, kamen allesamt aus dem musikalischen Fach.

Wie alle echten Konversationskünstler war sie ein guter Zuhörer und in ihren Entgegnungen nie geschwätzig, sondern trocken und pointiert. Einmal bekannte sie mir ihre Überempfindlichkeit gegen Kritik. Bestimmt war sie darin empfindlicher als ich, und jede negative Bemerkung deprimierte sie über Gebühr. Ich sagte ihr das, worauf sie erwiderte: »Ja, aber suchen wir in anderen nicht unsere eigenen Makel und kritisieren sie entsprechend dafür? Ich bin ein lebendes Wesen, ich stehe auf tönernen Füßen, ganz eindeutig.«

F: Zu welchen Sportveranstaltungen gehen Sie am liebsten?

A: Zu Feuerwerken mit ihren vielfarbig glitzernden Raketenspuren im Nachthimmel und dem allzu vergänglichen Funkenregen. Die besten bekommt man in Japan zu sehen, die japanischen Feuerwerker können sprühende Kreaturen in die Luft malen, kriechende Drachen, explodierende Katzen, Gesichter von Gottheiten. Und die Italiener, vor allem die Venezianer, knallen ganze Meisterwerke in die Luft über dem Canale Grande.

F: Haben Sie viele sexuelle Phantasien?

A: Falls ich sexuelle Phantasien habe, versuche ich sie auch in die Realität umzusetzen – manchmal sogar erfolgreich. Aber oft gleite ich auch bloß in erotische Tagträume ab, die genau das auch bleiben: Tagträume.

Ich erinnere mich, dass ich mich einmal mit E. M. Forster über dieses Thema unterhalten habe, in meinen Augen der beste englische Romancier dieses Jahrhunderts. Er gestand mir, dass ihn in der Schulzeit sexuelle Gedanken vollkommen beherrschten. Er sagte: »Ich war der Meinung, dass meine Obsession mit zunehmendem Alter abnehmen und womöglich ganz verschwinden würde, aber das war nicht der Fall. Zwischen zwanzig und

dreißig loderte dieses Feuer mit unverminderter Heftigkeit. Also sagte ich mir: Na schön, also dann mit vierzig, mit vierzig hat die Qual sicher ein Ende, diese ewige Suche nach dem perfekten Liebesobjekt. Aber auch das trat nicht ein, in jeder Ecke meines Verstandes lauerte die Lust. Und dann wurde ich fünfzig und sechzig, und noch immer hatte sich nicht das Geringste geändert. Erregende Bilder drehten sich in meinem Kopf wie Karussellpferdchen. Mittlerweile bin ich über siebzig und noch immer der Gefangene meiner sexuellen Imagination. Kurz, ich komme nicht davon los und bin zudem in einem Alter, in dem man ohnehin nichts mehr ändern kann.«
F: Haben Sie je an Selbstmord gedacht?
A: Sicher. So wie jeder andere auch – wenn man Dorftrottel mal ausnimmt. Kurz nach dem Selbstmord des berühmten japanischen Schriftstellers Yukio Mishima, den ich gut kannte, erschien eine Biographie über ihn, in der er zu meiner Verärgerung mit den Worten zitiert wurde: »Ja, natürlich denke ich oft an Selbstmord. Ich kenne auch eine ganze Reihe von Menschen, die sich mit ziemlicher Sicherheit ebenfalls umbringen werden, zum Beispiel Truman Capote.« Ich wusste nicht, wie er auf diese Idee kam, meine Begegnungen mit Mishima hatten immer in einer aufgeräumten, ja, heiteren Atmosphäre stattgefunden. Aber Mishima ist ein äußerst feinfühliger Mensch und seine Einschätzung also nicht als belanglos abzutun. Doch in diesem Fall, denke ich, trog ihn seine Intuition, ich hätte auch gar nicht den Mut, es ihm gleichzutun. (Er hatte einen Freund gebeten, ihn mit einem Schwert zu enthaupten.) Wie ich an anderer Stelle schon

einmal sagte, wollen die meisten Selbstmörder ja nicht sich, sondern jemand anderen umbringen, den abtrünnigen Ehemann, die treulose Liebhaberin, einen verräterischen Freund. Da ihnen dazu aber der Mut fehlt, töten sie sich selbst. Aber mein Fall wäre das nicht. Jeder, der mich in eine solche Lage brächte, müsste früher oder später damit rechnen, in die Mündung einer Schrotflinte zu blicken.

F: Glauben Sie an Gott oder an irgendein höheres Wesen?
A: Ich glaube an ein Leben nach dem Tode. Genauer gesagt, mir gefällt die Vorstellung der Reinkarnation.
F: Und als was wollen Sie selbst reinkarniert werden?
A: Als Vogel, am liebsten als Bussard. Ein Bussard braucht sich keine Gedanken um sein Aussehen oder um seine Wirkung auf andere Menschen zu machen, er muss keine Show abziehen, ihn mag ohnehin niemand. Er ist hässlich und nirgendwo willkommen. Man kann die Freiheit, die einem eine solche Existenz gewährt, gar nicht überschätzen. Gut wäre auch eine Meeresschildkröte. Sie kann an Land gehen, kennt aber auch die Geheimnisse in der Tiefe des Meeres. Außerdem leben Meeresschildkröten lange, und in ihren gut geschützten Augen sammelt sich eine Menge Weisheit.
F: Wenn Sie einen Wunsch frei hätten, was wünschten Sie sich?
A: Eines Morgens als erwachsener Mensch aufzuwachen, frei von Zorn oder Rachegedanken und anderen nutzlosen, kindischen Gefühlen. Mit anderen Worten, endlich in diesem Leben anzukommen.

TC: Du bist ja immer noch wach.

TC: Ja, wach und ziemlich angeödet. Wie soll ich schlafen, wenn du noch wach bist.

TC: Und was hältst du von dem, was ich geschrieben habe? Also bis jetzt?

TC: Puh ... aber da du schon fragst: Nicht nur Billy Graham hat ein Problem mit Pferdescheiße ...

TC: Mecker-mecker-mecker! Meckern und motzen, das ist alles, was du kannst. Etwas anderes kennst du gar nicht.

TC: Unsinn, ich wollte damit nicht sagen, dass du *total* unrecht hast. Nur ein paar Details eben, Kleinigkeiten. Ich meine, vielleicht verhältst du dich mir gegenüber doch nicht so aufrichtig, wie du immer tust.

TC: Ich *verhalte* mich nicht nur aufrichtig, ich *bin* aufrichtig.

TC: Entschuldigung, ich wollte nicht pupsen. Der Pups war keine Kommentar zu deinem Beitrag, sondern ist mir nur so rausgerutscht.

TC: Nein, ich kenne dich, das war ein Ablenkungsmanöver. Du nennst mich einen Lügner, vergleichst mich mit Billy Graham, und jetzt willst du es nicht gewesen sein? Los, raus mit der Sprache: Was an meinem Artikel war gelogen?

TC: Wie gesagt, nichts. Nur ein paar Kleinigkeiten. Zum Beispiel das mit dem Film. Den hast du bloß zum Spaß gemacht, ja? Mumpitz, du hast ihn wegen der Kohle gemacht. Und um den Klassenclown in dir zu befriedigen, den alle so zum Kotzen finden. Ich sag dir was, schmeiß den blöden Wichser raus, er ist ein Witz.

TC: Ach, ich weiß nicht. Sicher, er ist unberechenbar, aber irgendwie mag ich ihn auch. Er ist ein Teil von mir, genau wie du. Hast du noch mehr solche Kleinigkeiten?
TC: Nicht nur Kleinigkeiten. Etwa bei der Frage nach Gott. Die hast du gar nicht beantwortet, sondern irgendwas von einem Leben nach dem Tod gefaselt, Reinkarnation und ein Dasein als Bussard. Ich sage dir noch was, mein Freund, auf *diese* Art Reinkarnation brauchst du nicht warten, denn als Bussard behandeln dich die Leute schon jetzt, schau dich doch um. Aber nicht das war so verlogen an deiner Antwort, sondern die Tatsache, dass du nicht den Mut hattest, ohne Wenn und Aber zu sagen, dass du an Gott glaubst. Weißt du, du mutest uns ungerührt die peinlichsten Sachen zu, aber zugeben, dass du an Gott glaubst, kannst du nicht. Woran liegt das? Hast du Angst, dass dich die Leute für einen wiedergeborenen Christen halten könnten oder einen Jesus-Freak?
TC: So einfach ist das nicht. Ich habe mal an Gott geglaubt. Und dann diesen Glauben verloren. Weißt du noch, als wir klein waren? Da sind wir immer mit Hund Queenie und Cousine Sook in den Wald gegangen, Blumen suchen und wilden Spargel. Wir haben Schmetterlinge gefangen und sie dann wieder freigelassen. Und Flussbarsche, aber auch die haben wir wieder ins Wasser geworfen. Manchmal fanden wir auch Riesenfliegenpilze, und Sook sagte, unter diesen Pilzen wohnten die Elfen. Sie sagte, das hätte Gott für die Elfen so eingerichtet, so wie alles andere, was wir sahen. Gutes wie Schlechtes. Ameisen und Moskitos und Klapperschlangen, jedes noch so kleine Blättchen an einem Baum, natürlich auch Sonne

und Mond und Neumond und Regentage. Wir haben ihr das geglaubt.

Aber dann sind Sachen passiert, die uns diesen Glauben verleidet haben. Erst einmal die Kirche und das Stillsitzen vor irgendeinem primitiven Redneck-Prediger, der uns mit seinem Quatsch volltextet. Dann die vielen Internate mit Heiliger Messe an jedem verdammten Morgen. Und natürlich die Bibel selbst. Niemand, der noch alle Tassen im Schrank hatte, konnte im Ernst an diesen Unsinn glauben. Wo waren die Riesenfliegenpilze bloß hin? Die Monde? Was von dem alten Glauben noch übrig war, hat uns dann das Leben genommen, das ganz alltägliche Einerlei. Ich bin bestimmt nicht der schlechteste Mensch, der mir je begegnet ist, jedenfalls solange man nicht so genau hinschaut, aber ich habe etliche schwere Sünden begangen, darunter einige ganz bewusste Gemeinheiten. Das hat mich erst einmal nicht weiter gestört, ich habe keinen Gedanken daran verschwendet. Bis ich musste. Bis ich plötzlich im Regen stand und alles, was ich über Jahre verdrängt hatte, auf mich zurückfiel, ohne dass eine Ende abzusehen war. Erst da dachte ich wieder an Gott.

Und an Sankt Julian – aus der *Legende von Sankt Julian dem Gastfreien* von Flaubert. Diese Geschichte hatte ich vor langer, langer Zeit einmal gelesen, aber in dem Sanatorium, ich dem ich mich damals befand, fernab jeder Bibliothek, ließ sich das Buch nicht beschaffen. Aber ich erinnerte mich (oder glaubte mich halbwegs zu erinnern), dass auch Julian als Kind die Wälder durchstreift und alle Kreatur geliebt hatte. Er lebte auf einem fürstlichen Anwesen, und seine Eltern vergötterten ihn. Sie wollten, dass es ihm im Leben an nichts fehlte. Sein Vater kaufte ihm die besten Pferde, die besten Pfeile, die besten Bogen, alles vom Feinsten, und lehrte ihn die Jagd damit. Er sollte alle die Tiere töten, die er so sehr liebte. Und das war schlecht, denn Julian merkte sehr bald, dass ihm das Töten Spaß machte. Glücklich war er nur noch nach einem Tag voller Blutvergießen. Das Töten von Tieren und Vögeln wurde zur Obsession, und nach anfänglicher Bewunderung war er bei den Menschen in seiner Umgebung wegen seiner Mordlust bald gleichermaßen gefürchtet wie verhasst.

Ein bestimmter Abschnitt der Geschichte ist mir nur noch vage in Erinnerung. Und zwar hat Julian dann unbeabsichtigt (ein Jagdunfall?) auch seine Eltern umgebracht. Jedenfalls ist etwas Schreckliches passiert, und er wurde erst zum Paria, dann zum Büßer. Wanderte barfuß und in Lumpen durch die Welt, um Vergebung zu finden. So wurde er alt und krank. Eines kalten Abends wartete er an einem Flussufer auf den Fährmann, der ihn auf die andere Seite bringen sollte. Vielleicht war es der Styx, denn es ging auf Julians Ende zu. Während er also wartete, erschien ein grässlich entstellter alter Mann, ein Leprakranker mit eiternässenden Augen und faulender Mundhöhle. Dass diese abstoßende Elendsgestalt Gott war, das wusste Julian nicht. Und Gott prüfte ihn, um festzustellen, ob die jahrelangen Entbehrungen tatsächlich sein fühlloses Herz verändert hatten. Er sagte ihm, ihm sei kalt und er wolle unter seine, Julians, Decke. Julian gestattete es ihm. Dann verlangte der Kranke, dass Julian ihn umarmte. Julian tat es. Schließlich bat er Julian, ihn zu küssen, und Julian tat auch das. Im selben Moment verwandelte sich der Leprakranke in ein strahlendes Wesen, und gemeinsam fuhren sie in den Himmel auf. Aus Julian war der Heilige Julian geworden.

Aber ich stand immer noch im Regen, und je heftiger er auf mich niederging, desto mehr dachte ich an Julian. Ich betete, dass auch mir das Glück vergönnt sein möge, einen Leprakranken in die Arme zu schließen. In diesem Moment kehrte mein Glaube an Gott zurück, und ich begriff, dass Cousine Sook recht gehabt hatte: dass nämlich alles Seinem Schöpfergeist entsprang, der alte und der neue Mond, der schwere Regen, und dass, wenn ich nur darum bat, Er mir helfen würde.

TC: Und? Hat er?

TC: Ja und zwar immer mehr. Das heißt natürlich nicht, dass ich ein Heiliger bin. Ich bin Alkoholiker. Ich bin drogenabhängig. Ich bin homosexuell. Ich bin ein Genie. Selbst mit diesen zweifelhaften Qualitäten könnte ich noch ein Heiliger sein. Aber keine Bange, ein Heiliger bin ich nicht.

TC: Na ja, auch Rom wurde nicht an einem Tag erbaut. Und jetzt, würde ich vorschlagen, klappen wir beide die kleinen Fensterlein zu und machen ein bisschen heia.

TC: Aber erst noch das Nachtgebet. Das alte von früher, das wir abends im Bett mit Sook und Queenie immer aufgesagt haben – unter der Decke, weil das große Haus so kalt war.

TC: Okay, also das alte von früher.

TC und TC: Müde bin ich, geh zur Ruh, schließe beide Augen zu. Vater, lass die Augen dein über meinem Bette sein. Hab ich Unrecht heut getan, sieh es, lieber Gott, nicht an, deine Gnad und Jesu Blut machen allen Schaden gut.

TC: Gute Nacht.
TC: Gute Nacht.
TC: Ich liebe dich.
TC: Ich liebe dich auch.
TC: Das will ich auch schwer hoffen. Denn wenn man genau darüber nachdenkt, haben wir nur uns auf der Welt. Ansonsten sind wir allein bis ins Grab. Eigentlich traurig, oder?
TC: Man gewöhnt sich dran. Außerdem haben wir noch Gott.
TC: Ja, wir haben Gott.
TC: Zzzzzzz.
TC: Zzzzzzzzz.
TC und TC: Zzzzzzzzzzz.

BEGEGNUNGEN

LOLA

Ja, es war in jeder Beziehung ein eigenartiges Geschenk. Nein, mehr noch, es war regelrecht widerlich. Denn ich hatte ja schon genug Haustiere: zwei Hunde, eine Englische Bulldogge und einen Kerry Blue Terrier. Und ehrlich gesagt war ich auch nie ein großer Vogelfreund, im Gegenteil, ich finde Federvieh eklig. Ich brauche zum Beispiel am Strand nur zu sehen, wie sich in der Nähe die Möwen ins Wasser stürzen, und ich gerate in Panik. Mit fünf oder sechs Jahren verirrte sich einmal ein Spatz in mein Zimmer und fand nicht mehr hinaus. Er flatterte hin und her, und ich wäre beinahe in Ohnmacht gefallen – vor Mitleid, aber mehr noch aus Angst. Und deshalb kam Graziellas Weihnachtsgeschenk bei mir auch gar nicht gut an: ein hässlicher junger Rabe mit brutal gestutzten Flügeln.

Seither sind mehr als zwölf Jahre vergangen, denn den Raben bekam ich Weihnachten 1952. Ich lebte damals auf Sizilien, in einem Haus am Hang, inmitten eines silbrigen Olivenhains. Das Haus war aus blassrosa Natursteinen, hatte viele Zimmer und eine Terrasse mit Blick auf den schneebedeckten Gipfel des Ätna. Weiter unten sah man an sonnigen Tagen ein Meer, so blau wie ein Pfauenauge. Es war ein schönes Haus, leider nicht sehr komfortabel, besonders im Winter nicht, wenn der Nordwind heulte, wenn man gegen die Kälte Wein trank und sich der Steinboden dennoch so kalt anfühlte wie der Kuss eines Toten. Aber egal ob in Eiseskälte oder Gluthitze, ohne Graziella, unser Hausmädchen aus dem Dorf, das früh am Morgen kam und erst nach dem Abendessen wieder ging, wäre es nicht halb so schön gewesen. Sie war siebzehn, untersetzt und etwas zu stämmig, hatte O-Beine wie ein Sumo-Ringer und dicke Waden. Ihr Gesicht aber war wunderschön, die Augen goldbraun wie der Brandy, den sie im Dorf brannten, die Wangen rosig, noch rosiger die Lippen. Sie hatte elegante dunkle Brauen, trug das Haar streng zurückgebunden und hinten mit zwei spanischen Kämmen befestigt. Sie führte ein hartes Leben, worüber sie sich auf ihre selbstironische Art endlos beklagte: der Vater ein ortsbekannter Säufer (einer von etlichen), die Mutter eine religiöse Fanatikerin, und dann ihr älterer Bruder, den sie zwar verehrte, der sie aber auch regelmäßig verprügelte und ihr den hart verdienten Lohn abnahm. Wir waren gute Freunde, Graziella und ich, und so war es nur normal, dass zu Weihnachten Geschenke ausgetauscht wurden. Ich schenkte ihr einen Pulli, ein Tuch und eine Halskette mit grünen Glasperlen. Sie ihrerseits revanchierte sich mit dem Raben.

Dass er hässlich war, habe ich schon erwähnt. Er war wirklich hässlich, irgendwo in der Mitte zwischen furcht- und mitleiderregend. Wenn ich Graziella damit nicht verärgert hätte, der Vogel wäre frei gewesen, sobald er in der Natur hätte überleben können. Aber die Flügel waren extrem gestutzt, und er konnte nicht fliegen, nur hüpfen, den Schnabel halb offen wie ein Idiot, die Augen schwarz und glanzlos. Graziella hatte ihn eigenhändig gefangen, oben auf den düsteren Lavapisten über Bronte, in einer Schlucht, in der sich eine ganze Rabenkolonie befand, umgeben von dornigem Gestrüpp und verkrüppelten Bäumen. Sie sagte: »Ich habe ihn mit einem Fischnetz gefangen. Ich bin einfach zwischen die Vögel gelaufen, habe das Netz ausgeworfen, und zwei sind hängen geblieben. Einen habe ich freigelassen, der andere kam in eine Schuhschachtel. Ich habe ihn mit nach Hause genommen und ihm die Flügel gestutzt. Raben sind sehr schlau, viel schlauer als Papageien oder Pferde. Wenn wir ihm noch die Zunge spalten, können wir ihm sogar das Sprechen beibringen.« Graziella war kein schlechter Mensch, aber wie die meisten Südländer hatte sie kein Gefühl für die leidende Kreatur. Sie war sogar ziemlich sauer, als ich mich weigerte, dem Raben die Zunge zu zerschneiden, und verlor danach jedes Interesse an dem unglücklichen Tier. Für dessen Wohlergehen zu sorgen, gehörte von da an zu meinen ungeliebten Aufgaben.

Ich hielt ihn in einem leerstehenden Zimmer, sperrte ihn weg wie einen geisteskranken Familienangehörigen. Ich dachte: Sobald seine Flügel nachgewachsen sind, kann er gehen. So verstrichen die Wochen, Neujahr kam und ging, und irgendwann sagte Graziella, es dauere für gewöhnlich ein halbes Jahr, bis so ein Weihnachtsgeschenk sich wieder in die Lüfte schwingen könne.

Ich hasste das Tier, ich fand es widerlich, bloß sein Zimmer zu betreten, das zu den kältesten im Haus gehörte. Der Rabe bot einen herzzerreißenden Anblick, er wirkte so unglaublich verloren. Seine Einsamkeit zwang mich zu diesen Besuchen, auch wenn sie ihm offenbar noch mehr missfielen als mir. Meist lief er in eine Ecke und drehte mir den Rücken zu, ein stummer Gefangener zwischen Wasserschale und Futternapf. Später stellte ich fest, dass ihm meine Anwesenheit gar nicht so unlieb war. Er wich mir nicht länger aus, sondern starrte mir ins Auge und äußerte auf seine unmusikalische Art einige scheinbar freundlich gemeinte Laute, besser gesagt ein gedrosseltes Krächzen. Wir fingen an, erste Entdeckungen zu machen. Ich fand zum Beispiel heraus, dass er sich gern den Kopf kraulen ließ, und er merkte, wie mich sein verspieltes Picken amüsierte. Schon bald konnte er sich auf meinem Handgelenk halten, später auch auf meiner Schulter. Und er gab mir gern kleine Küsschen, das heißt, er pickte vorsichtig an Kinn, Wange und Ohrläppchen. An meiner grundsätzlichen Abneigung gegen den Vogel, so meinte ich, änderte das aber nichts. Mit seinem moribunden Federkleid, mit Federn überhaupt (abstoßend wie Fischschuppen oder Schlangenhaut) konnte ich mich nicht anfreunden.

Eines Morgens Ende Januar, wenn auf Sizilien schon der Frühling naht und der Duft der Mandelblüte übers Land zieht, eines Morgens war der Rabe aus seinem Zimmer verschwunden. Vielleicht waren in der Nacht die großen Verandatüren aufgegangen, der Scirocco (mit seiner Sandfracht aus der Sahara) hatte doch recht heftig geblasen. Jedenfalls war der Vogel weg. Ich durchkämmte den

Garten, Graziella suchte sogar auf dem Hang. So vergingen Morgen und Nachmittag. Am Abend hatten wir buchstäblich jeden Stein umgedreht, hatten im Brombeergestrüpp nach ihm gefahndet, auf dem nahen Friedhof, sogar in einer Höhle, in der es nach Fledermaus-Urin stank. Die Suche erbrachte im Grunde nur eines: einen Namen für den Raben. Lola. Lola! Das gefiel mir. Der Name war so plötzlich da wie der Neumond, ungebeten, aber nicht mehr zu ändern. Bis dahin hatte ich dem Tier keinen Namen geben wollen, denn das wäre einer dauerhaften Aufenthaltserlaubnis gleichgekommen.

»Lola?«

Noch einmal rief ich sie von meinem Fenster aus. Dann ging ich ins Bett, konnte aber, geplagt von Angstsichten, nicht schlafen: Lola in den Fängen einer Katze, ein rostroter Kater, der sie zu seinem blutgetränkten Lagerplatz schleppte, wo nur noch Federn von ihr übrig blieben. Oder Lola, die hilflos und flugunfähig in irgendeinem Versteck vor Hunger und Durst qualvoll einging.

»Lo-o-o-la-a-a?«

Wir hatten noch nicht im Haus gesucht. Vielleicht hatte sie das Haus nie verlassen oder war durch eine andere Tür wieder hereingekommen. Ich zündete eine Kerze an (der Strom funktioniert selten), ging von einem Zimmer zum anderen, bis ich mit der Kerze in einen anderen unbenutzten Raum leuchtete – und auf ein bekanntes Augenpaar stieß.

»Ach, da bist du, Lola.«

Sie hüpfte auf meine Hand, und in meinem Zimmer angekommen, setzte ich sie auf das Fußende des Bettgestells. Daran krallte sie sich und schob ihren müden Kopf unter ihren entstellten Flügel. Bald war sie eingeschlafen, genauso wie ich, genauso wie die Hunde, die sich vor dem Kamin mit den allmählich verglühenden aromatischen Eukalyptusscheiten zusammengerollt hatten.

Die Hunde kannten Lola noch nicht, daher war ich am nächsten Morgen sehr gespannt, wie sie auf Lola reagieren würden, denn vor allem dem Kerry Blue Terrier war nicht zu trauen. Aber wenn Lola unter unserem Dach leben wollte, war dieser Test unvermeidlich. Ich setzte sie auf den Boden. Die Bulldogge beschnüffelte sie mit ihrer platten, trüffelartigen Schnauze und gähnte, was bei Hunden kein Zeichen von Langeweile ist, sondern von Verwirrung. Alle Hunde gähnen, wenn sie überfordert sind. Offenbar konnte der Hund diese Kreatur nicht einordnen. War sie zum Fressen? Oder ein Spielzeug? Für den Terrier war sie Letzteres. Er stupste sie mit der Pfote an. Jagte sie in eine Ecke. Sie wehrte sich, hackte ihm in die Schnauze und beschimpfte ihn krächzend. Der Bulldogge machte das so viel Angst, dass sie aus dem Zimmer floh. Auch der Terrier zog sich zurück, setzte sich hin und betrachtete den Raben verwundert.

Lola hatte sich Respekt verschafft, selbst aber hatte sie keinen. Flügelschlagend badete sie in der Wasserschale der Hunde, vergriff sich an ihrem Fressen, nahm sich, was immer sie wollte. Sie benutzte die Bulldogge als ihr persönliches Reittier, setzte sich auf ihr breites Hinterteil und ritt mit ihr wie ein Zirkusartist durch den Garten. Nachts vor dem Kamin schlief sie zwischen den beiden

Hunden, und es setzte empfindliche Schnabelhiebe, sollten sie ihre geruhsame Nacht stören.

Lola musste zum Zeitpunkt ihrer Gefangennahme wirklich sehr jung gewesen sein, fast noch ein Küken, denn bis zum Juni hatte sich ihre Größe verdreifacht, sie war jetzt so groß wie ein Huhn. Ihre Flügel waren fast vollständig nachgewachsen, nur fliegen konnte sie immer noch nicht. Besser gesagt, sie wollte nicht, sie lief lieber. Wenn die Hunde sich zu einem Spaziergang aufmachten, hoppelte sie neben ihnen her. Mir kam der Gedanke, dass Lola offenbar gar nicht wusste, dass sie ein Vogel war. Allem Anschein nach betrachtete sie sich als Hund. Graziella stimmte mir zu, und wir lachten darüber. Wir hielten das für putzig, und keiner von uns sah voraus, dass Lolas Fehleinschätzung irgendwann in einer Tragödie enden musste: das Verhängnis, das jeden von uns trifft, der seine eigentliche Natur verleugnet und unbedingt jemand anders sein will.

Zugleich war Lola ein Dieb, sonst hätte sie ihre Flügel wohl nie benutzt. Leider befanden sich gerade diejenigen Gegenstände, die sie mit Vorliebe stahl – Trauben, Füllhalter, Zigaretten und alles Glänzende –, meist an erhobener Stelle. Und um dann beispielsweise eine Tischplatte zu erreichen, behalf sie sich mit einem (buchstäblich) fliegenden Start. Einmal stibitzte sie sogar ein künstliches Gebiss. Die Prothese gehörte einer ohnehin schon schwierigen älteren Dame, die das überhaupt nicht witzig fand und gleich in Tränen ausbrach. Und natürlich hatten wir keine Ahnung, wo Lola ihr Diebesgut bunkerte. (Laut Graziella musste so ein Lager aber vorhanden sein, denn als geborene Räuber hatten alle Raben so etwas.) Wir mussten Lola also irgendwie dazu bewegen, uns zu verraten, wo sie das Gebiss versteckt hatte. Besonders gut gefiel ihr Gold, und beständig lag ihr begehrlicher Blick auf dem Goldring, den ich manchmal trug. Den legten Graziella und ich deshalb als Köder aus, ließen ihn einfach auf dem Esstisch liegen, nachdem Graziella die Brotkrümel weggewischt hatte, und legten uns hinter der Tür auf die Lauer. Sobald sich Lola unbeobachtet wähnte, schnappte sie sich den Ring und lief damit über den Flur in die »Bibliothek«, einen kleinen dunklen Raum, vollgestopft mit klassischer Literatur in billigen Taschenausgaben, eine Hinterlassenschaft des Vormieters. Dort sprang sie erst auf einen Stuhl, dann aufs Bücherregal und quetschte sich anschließend zwischen zwei Büchern hindurch, bis sie ganz dahinter verschwunden war, ähnlich wie es wohl auch in freier Natur ablief: eine Felsspalte, die in eine Ali-Baba-Höhle führte. Das heißt, sie war plötzlich von der Bildfläche verschwunden wie Alice hinter den Spiegeln. Ihr Schatz verbarg sich hinter *The Complete Jane Austen* und enthielt neben der Zahnprothese noch so allerhand: die verloren geglaubten Autoschlüssel (Lola war zu der Zeit noch unverdächtig), einen Haufen Tausend-Lire-Scheine, zu kleinen Schnipseln verarbeitet, als benötige Lola Material für ein künftiges Nest, außerdem alte Briefe, meine besten Manschettenknöpfe, massenweise Schnur und Gummiband, die erste Seite einer Kurzgeschichte, die ich aufgegeben hatte, weil ich die erste Seite nicht mehr fand, einen amerikanischen Penny, eine vertrocknete Rose, einen Glasknopf ...

Im Frühsommer gab Graziella ihre Verlobung mit einem jungen Mann namens Luchino bekannt, einem gertenschlanken Kellner mit öligen Locken und dem Profil eines Filmstars. Er sprach ein paar Brocken Englisch und Deutsch, trug grüne Wildlederschuhe und besaß seine eigene Vespa. Graziella hatte allen Grund, ihn für eine formidable Partie zu halten, ich hingegen blieb skeptisch. Sie war zu schlicht, zu unverdorben, einfach zu nett für einen aalglatten Burschen wie Luchino, der sich angeblich auch als Gelegenheitsgigolo für allein reisende Touristen betätigte. Schwedische Jungfern, deutsche Witwen und Witwer, er war nicht wählerisch, denn von dieser Zuverdienstmöglichkeit wurde von der Dorfjugend vielfach Gebrauch gemacht.

Aber ich brachte es nichts übers Herz, ihr die Freude zu verderben. In der ganzen Küche hingen Fotos von Luchino, über dem Herd, über der Spüle, im Kühlschrank, sogar an den Baum vor dem Küchenfenster hatte sie ein Bild von ihm gepinnt. Unter so viel Romantik litt natürlich ihre Hausarbeit. Nach sizilianischer Sitte hatte sie nicht nur seine Socken zu stopfen und seine gesamte Wäsche zu machen (Gott, und so viel immer!), auch die Aussteuer war ihre Angelegenheit, angefangen vom Brautschleier bis hin zur Unterwäsche mit eingesticktem Monogramm. Mittags gab es deshalb oft steinharte Spaghetti und abends kalte Spiegeleier. Oder auch gar nichts, denn das abendliche Rendezvous auf der Piazza war natürlich wichtiger. Rückblickend neide ich ihr dieses Glück nicht, denn es war nur das Vorspiel zu einem großen Unglück.

Eines Abends im August ließ sich Graziellas (trotz seiner Trunksucht heiß geliebter) Vater von einem amerikanischen Touristen dazu verleiten, ein großes Glas Gin auszutrinken – auf ex, was er auch tat. Er erlitt einen Schlaganfall und war von da an gelähmt. Am darauffolgenden Tag schlug das Schicksal noch grausamer zu. Hinter einer Kurve auf der Landstraße überfuhr ihr Verlobter Luchino mit seiner Vespa ein dreijähriges Mädchen. Ich ging mit den beiden zur Beerdigung der Kleinen. Später auf der Heimfahrt konnte sich Luchino keine Träne abringen, nur Graziella weinte, als hätte es ihr das Herz zerrissen. Sie trauerte aber nicht, wie ich dachte, um das kleine Mädchen, nein, sie weinte allein ihretwegen und um ihrer düsteren Zukunft willen. Denn Luchino sah womöglich einer Gefängnisstrafe entgegen und ganz sicher auch einer gigantischen Schmerzensgeldzahlung. An eine Hochzeit war damit auf absehbare Zeit nicht zu denken.

Die arme Graziella war völlig aufgelöst, und ein Arzt verordnete Bettruhe. Später besuchte ich sie, um zu sehen, wie es ihr ging. Lola nahm ich mit, denn ich dachte, dass der Vogel sie vielleicht aufheitern würde. Stattdessen fing sie bei Lolas Anblick an zu schreien. Lola sei eine Hexe, sagte sie, Lola habe den *malocchio*, den bösen Blick, und ihr doppeltes Unglück, der Schlaganfall des Vaters und Luchinos Unfall, sei allein Lolas Werk, die Strafe dafür, dass sie, Graziella, den Raben gefangen und ihm die Flügel gestutzt hatte. Sie sagte: »Ja, so ist es. Jedes Kind weiß, Raben sind die Verkörperung böser Geister und dunkler Mächte.« Und dann sagte sie noch: »Ich werde nie wieder einen Fuß in Ihr Haus setzen.«

Sie tat es auch nicht. Und auch kein anderes Hausmädchen. Graziellas wüste Bezichtigungen führten zu der verbreiteten Meinung, das Haus sei eine Brutstätte des Bösen und dass nicht nur Lola, sondern auch ich über einen äußerst wirkmächtigen bösen Blick verfüge. Auf Sizilien ist das so ziemlich das Schlimmste, was einem nachgesagt werden kann. Obendrein kann man sich nicht dagegen verteidigen. Anfangs machte ich mich noch darüber lustig, auch wenn es eigentlich überhaupt nicht komisch war. Leute, denen ich auf der Straße begegnete, bekreuzigten sich oder machten hinter meinem Rücken den sogenannten »Stierkopf«. Die rituelle Geste sollte meinen üblen, schildpattgerahmten Hexerblick bannen.

Einmal wachte ich nachts auf und wollte – am liebsten sofort – nur noch weg. Womöglich noch vor dem Morgengrauen. Ein dramatischer Entschluss, denn ich lebte seit zwei Jahren in dem Haus, und die Aussicht auf die unvermittelte Obdachlosigkeit stimmte mich gar nicht froh. Ohne Bleibe, aber gesegnet mit zwei großen Hunden und einem seltsamen Vogel, für den ich nicht einmal einen Käfig hatte. Trotzdem packte ich meine Siebensachen und verstaute sie im Wagen, bis alles aussah wie ein rollendes Füllhorn. Schuhe, Bücher, Angelzeug, es kam schon zu den Fenstern heraus, und auch bei den Hunden musste ich handfest nachhelfen, ehe sie hineinpassten. Für Lola war am Ende gar kein Platz mehr vorhanden, deshalb musste sie sich auf meine Schulter setzen – alles andere als ideal bei einem nervösen Passagier wie ihr, die das kleinste Ruckeln zu lautstarkem Gekrächze oder zu spontaner Darmentleerung veranlasste.

Es ging über die Straße von Messina, quer durch Kalabrien und von da aus nach Neapel und Rom. In der Rückschau eine schöne Reise. Manchmal, kurz vor dem Einschlafen, werden Bilder davon noch einmal lebendig. Ein Picknick in den kalabrischen Bergen: der stahlblaue Himmel, weiter unten die Ziegenherde, dünn ertönt die Bambusflöte des Ziegenhirten – und Lola, wie sie rotweingetränkte Brosamen vertilgt. Oder in Capo di Palinuro, einem abgelegenen, waldigen Küstenstreifen, wo wir uns alle in die immer noch warme Oktobersonne gelegt hatten, als uns aus dem Dickicht heraus plötzlich dieses Wildschwein angriff. Ich war der Einzige, der Angst hatte. Die Hunde fletschten die Zähne, und auch Lola behauptete die Stellung, flatterte wild mit den Flügeln und rief mit ihrer Roststimme zur Attacke. Tatsächlich scheuchten sie mit vereinten Kräften den Schwarzkittel in den Wald zurück. Schon am selben Abend standen wir vor den Ruinen von Paestum: ein herrlicher Abend, der Himmel ein zweites Meer, der Halbmond wie ein ankerndes Schiff in der Dünung der Sterne und überall ringsum mondheller Marmor, die verfallenen Tempel der Vergangenheit. Wir schliefen am Strand nahe den Ruinen. Oder zumindest die Tiere schliefen, ich quälte mich mit Mücken und Gedanken an die eigene Vergänglichkeit.

Den Winter über blieben wir in Rom, erst in einem Hotel (wo man uns nach fünf Tagen an die Luft setzte, obwohl es nicht einmal eine Luxusherberge war), dann in einer Wohnung im Haus Nummer 33 in der engen Via Margutta, Lieblingsmotiv drittklassiger Maler und berühmt für die vielen herrenlosen Katzen, welche die überwucherten Innenhöfe besetzt haben und ganz auf die Lebensmittelversorgung durch verwirrte alte Damen angewiesen sind, die täglich mit Tüten voller Essensreste ihre Runde machen.

Unser Apartment lag sechs steile, dunkle Treppen hoch unterm Dach. Es hatte drei Zimmer und einen Balkon. Nach der grandiosen Aussicht von unserer Terrasse auf Sizilien wollte ich zumindest einen Miniblick, und den bot mir diese Wohnung: ein paar römische Dächer in verblasstem Ocker und Orange, ein paar Fenster auf der anderen Seite des Hofs (dazu als Dreingabe kleine Episoden familiären Lebens). Ganz besonders Lola liebte diesen Balkon und war fast immer darauf zu finden. Sie saß auf der steinernen Balustrade und besah sich den Verkehr auf dem Kopfsteinpflaster der Straße, die alten Damen mit dem Fressi für die Katzen, den Straßenmusiker mit dem Dudelsack, der jeden Nachmittag erschien und stur dudelte, bis man der Erpressung nachgab und ihm eine Münze zuwarf, den gut aussehenden Scherenschleifer mit dem imposanten Bariton, der seine Dienste mit Belcanto anpries – sodass die Hausfrauen nur so angerannt kamen!

Wenn die Sonne schien, nahm Lola gern ein Bad auf der Balustrade. Ihre Badewanne war ein silberner Suppenteller, und das Ganze ging so: Nachdem sie in das flache Wasser eingetaucht war, sprang sie hoch, schüttelte sich, als wollte sie sich eines tauglitzernden Mantels entledigen, und plusterte die Federn. Später, endlose, köstliche Stunden lang, döste sie in ihrer typischen Haltung, den Kopf zurückgelegt, den Schnabel leicht offen, die Augen zu. Allein dieser Anblick hatte etwas Beruhigendes.

Das dachte wohl auch Signor Fioli von gegenüber. Immer saß er am Fenster und schaute zu, wenn Lola sich sehen ließ. Signor Fioli interessierte mich. Und so hatte ich einiges unternommen, um an seinen Namen und einige Details aus seiner Lebensgeschichte zu kommen. Er war dreiundneunzig Jahre alt und hatte drei Jahre zuvor sein Sprechvermögen eingebüßt. Wenn er jemanden aus der Familie (bestehend aus einer verwitweten Enkelin nebst fünf erwachsenen Urenkeln) auf sich aufmerksam machen wollte, betätigte er ein kleines Tischglöckchen. Abgesehen davon, dass er nie sein Zimmer verließ, war er noch recht rüstig. Vor allem hatte er gute Augen, ihm entging keine von Lolas Kapriolen, und wenn sie mal wieder etwas besonders Dummes oder Reizendes gemacht hatte, dann glitt ein Lächeln über sein oft sauertöpfisches, aber sehr maskulines Greisengesicht. Er war Schreiner gewesen, und die alte Werkstatt im Erdgeschoss existierte noch. Dort arbeiteten jetzt drei seiner Urenkel.

Eines Morgens – es war die Woche vor Weihnachten, also fast ein Jahr nachdem Lola in mein Leben getreten war – füllte ich ihren Suppenteller einmal mehr mit Mineralwasser (das hatte sie nämlich viel lieber, weil es so schön prickelte), trug ihn hinaus auf den Balkon und winkte Signor Fioli zu (der wie immer im Fenster auf Lolas Badespaß wartete) und setzte mich dann an den Schreibtisch, um ein paar Briefe zu schreiben.

Kurz darauf hörte ich Signor Fiolis Glöckchen, jenes wohlbekannte Klingeln, das etwa zwanzig Mal am Tag zu hören war. Doch so wie in diesem Moment, hektisch wie panischer Herzschlag, hatte es noch nie geklungen. Ich fragte mich natürlich, was da los war, stand auf und sah: Lola, die andächtige Sonnenanbeterin, saß auf ihrer Balustrade, und unmittelbar hinter ihr lag eine riesige rotbraune Katze in Lauerstellung. Das Vieh hatte sich offenbar über die Dächer angeschlichen und kam, sprungbereit, bauchflach und mit grün glühenden Augen immer näher.

Signor Fioli bimmelte wie wild, ich rief in Lolas Richtung. Im selben Augenblick und mit ausgefahrenen Krallen sprang die Katze. Erst im allerletzten Moment merkte Lola etwas von dem drohenden Verderben. Sie hüpfte von der Balustrade und stürzte in den leeren Raum. Die düpierte Katze, Signor Fioli und ich, wir alle verfolgten ihren außergewöhnlichen Gleitflug in die Tiefe.

»Flieg, Lola! Lola, flieg!«

Doch ihre aufgespannten Schwingen verharrten regungslos. Langsam, gemächlich wie an einem Fallschirm, segelte sie tiefer und tiefer.

Unten fuhr soeben ein kleiner Pritschenwagen vorbei. Erst dachte ich, Lola würde direkt vor ihm landen. Das schien mir gefährlich genug. Aber was dann passierte, war noch weit schlimmer, unheimlich, einfach nur entsetzlich. Sie schwebte nämlich geradewegs zwischen ein paar Säcke auf der Ladefläche des Wagens. Und blieb da. Und der Laster fuhr einfach weiter, bog an der Ecke ab und war von da an schon nicht mehr in der Via Margutta.

»Lola, komm zurück! Lola!«

Über die gefährlich glatte Treppe raste ich die sechs Etagen hinunter, stürzte hin, schlug mir die Knie auf, verlor sogar meine Brille (sie flog gegen die Wand). Draußen rannte ich bis zu der Ecke, an welcher der Laster abgebogen war. Ganz weit hinten, durch einen Schleier aus Kurzsichtigkeit und Tränen, sah ich, dass der kleine Laster an einer Ampel hielt. Doch lange, lange bevor ich ihn erreichte, sprang die Ampel auf Grün, und der Wagen fuhr wieder an und entführte mir, spätestens als er sich in den Kreisverkehr an der Piazza di Spagna einfädelte, meine Lola auf immer,.

Seit dem Angriff der Katze waren gerade einmal vier, fünf Minuten vergangen, aber ich brauchte eine Stunde, ehe ich wieder die Treppe zu meiner Wohnung emporstieg und die kaputte Brille aufhob. Und die ganze Zeit über hatte Signor Fioli am Fenster gesessen und mit einer Miene tief betroffenen Erstaunens gewartet. Als er sah, dass ich wieder da war, klingelte er mit seinem Glöckchen und rief mich so auf den Balkon.

Ich sagte: »Sie hat geglaubt, sie wäre etwas anderes.«
Er runzelte die Stirn.
»Nämlich ein Hund.«
Das Stirnrunzeln verstärkte sich.
»Sie ist weg.«
Das verstand er dann. Und senkte den Kopf. Wir senkten beide den Kopf.

MUSIK FÜR CHAMÄLEONS

Sie ist hochgewachsen und schlank, vielleicht siebzig Jahre alt, sie hat silbernes Haar, eine würdevolle Ausstrahlung und eine Haut von jenem blassgoldenen Rumton, der weder Schwarz noch Weiß eindeutig zuzuordnen ist. Sie gehört zur martinikanischen Aristokratie, lebt in Fort de France, hat aber auch eine Wohnung in Paris. Wir sitzen auf der Terrasse ihres luftdurchströmten, vornehmen Anwesens, das aussieht, als sei es aus hölzernen Spitzendecken gebaut, und mich an alte Bürgerhäuser in New Orleans erinnert. Wir trinken eiskalten Minztee mit einem Spritzer Absinth.

Drei grüne Chamäleons flitzen über die Terrasse. Eines davon verharrt an den Füßen von Madame und züngelt mit gespaltener Zunge, worauf sie bemerkt: »Jaja, Chamäleons. Es sind ja so außergewöhnliche Tiere. Allein wie sie ihre Farbe wechseln. Rot. Gelb. Grün. Rosa. Lavendel. Wussten Sie übrigens, dass Chamäleons richtige Musikliebhaber sind?« Sie schaut mich aus ihren schönen schwarzen Augen an. »Sie glauben mir wohl nicht?«

Schon den ganzen Nachmittag über hat sie mir von solchen Merkwürdigkeiten erzählt. Etwa wie zur Nachtzeit Schwärme von Riesenmotten in ihren Garten einfallen. Oder dass es sich bei ihrem Chauffeur, jener dezenten Erscheinung, die mich in dem dunkelgrünen Mercedes abgeholt hat, um einen Giftmörder handelt, der seine Frau ins Jenseits geschickt hat, aber später von der Teufelsinsel fliehen konnte. Oder von dem Dorf, hoch in den nördlichen Bergen der Insel, das ausschließlich von Albinos bewohnt wird. »Kleine kalkweiße Leute mit rosa Augen. Ab und zu sieht man einige von ihnen in Fort de France.«

»Aber natürlich, ich glaube Ihnen jedes Wort.«

Sie neigt ihren Silberkopf. »Nein, das tun Sie nicht. Aber ich werde es Ihnen beweisen.«

Schon ist sie aufgestanden und entschwebt in ihren kühlen karibischen Salon, ein halbdunkler Raum mit langsam rotierenden Deckenventilatoren, und nimmt an einem wohltemperierten Klavier Platz. Ich sitze nach wie vor auf der Terrasse, aber diese elegante alte Dame durchmischten Geblüts sehe ich genau. Sie beginnt mit einer Mozart-Sonate.

Kurz darauf regen sich die Chamäleons. Ein, zwei Dutzend, die meisten von ihnen grün, einige aber auch scharlachrot bis lavendelfarben krabbeln über die Terrasse und weiter in den Salon, ein anspruchsvolles Publikum, offenbar magisch angezogen von dieser Vorführung. Die plötzlich unterbrochen wurde, weil meine Gastgeberin aufgestanden war und mit dem Fuß aufstampfte. Worauf die Chamäleons in alle Richtung davonstoben wie die Funken eines explodierenden Sterns.

Sie schaut mich an. »*Et maintenant? C'est vrai?*«

»Allerdings. Aber seltsam ist es schon.«

Sie lächelt. »*Alors*. Die Insel schwimmt in solchen Seltsamkeiten. Dieses Haus zum Beispiel ist ein Spukhaus. Hier treiben viele Geister ihr Wesen – und nicht nur im Dunkeln. Manche sind so frech, dass sie sich sogar schon am Mittag hervorwagen. Wirklich, sie sind impertinent.«

»Das ist auch auf Haiti nichts Ungewöhnliches. Dort spazieren die Geister am helllichten Tag durch die Gegend. Auf einem Feld nahe Petionville habe ich einmal eine ganze Horde beobachten können. Sie waren gerade dabei, die Käfer von den Kaffeesträuchern zu pflücken.«

Sie nimmt diese Information für bare Münze und fährt fort: »*Oui. Oui.* Die Haitianer halten ihre Toten auf Trab, das ist bekannt. Wir hier lassen ihnen ihren Schmerz. Und ihren Spaß. Die Haitianer haben eben kein Benehmen. Typisch Kreolvolk. Man kann dort auch nicht baden wegen der Haie. Und ihre Moskitos, derart groß und aggressiv, dass es eine Art hat! Hier auf Martinique gibt es überhaupt keine Moskitos, nicht einen.«

»Das ist mir auch schon aufgefallen. Ich habe mich gefragt, woran das liegt.«

»Wir auch. Martinique ist die einzige Insel in der Karibik, die nicht von Moskitos heimgesucht wird, aber niemand kann einen Grund dafür nennen.«

»Vielleicht werden sie nachts von den Motten gefressen.«

Sie lacht. »Oder von den Geistern.«

»Nein. Ich glaube, Geister würden sich eher an die Motten halten.«

»Stimmt. Motten sind wohl das grusligere Futter. Und wenn ich ein Geist wäre und Hunger hätte, wäre mir alles lieber als Moskitos. Darf ich Ihnen noch etwas Eis ins Glas geben? Oder Absinth?«

»Absinth. So etwas kriegt man bei uns nicht. Nicht einmal in New Orleans.«

»Meine Großmutter väterlicherseits stammt aus New Orleans.«

»Meine auch.«

Und während sie mir aus einer smaragdgrün blitzenden Karaffe Absinth nachschenkt: »Dann sind wir vielleicht verwandt. Ihr Mädchenname war Dufont. Alouette Dufont.«

»Ach tatsächlich? Alouette? Wie hübsch. Ich kenne in New Orleans zwei Familien mit Namen Dufont, aber verwandt bin ich mit keiner von ihnen.«

»Schade. Es hätte mich gefreut, Sie als Cousin zu betrachten. *Alors*. Claudine Paulot hat mir erzählt, Sie wären zum ersten Mal auf Martinique.«

»Claudine Paulot?«

»Claudine und Jacques Paulot. Sie sind Ihnen neulich beim Diner des Gouverneurs begegnet.«

Ich erinnere mich: Er war ein großer, gutaussehender Mann, Erster Vorsitzender des Appellationsgerichts von Martinique und Französisch-Guayana, wozu auch die Teufelsinsel gehört. »Die Paulots, richtig. Sie haben acht Kinder. Er ist Anhänger der Todesstrafe.«

»Da Sie so viel gereist sind: Wie kommt es, dass es Sie nicht schon früher hierher verschlagen hat?«

»Nach Martinique? Nun ja, ich hatte gewisse Vorbehalte. Ein Freund von mir ist hier ermordet worden.«

Die schönen Augen von Madame schauen nicht mehr ganz so liebreizend wie zuvor. Abgewogen ihre Stellungnahme: »Zu Morden kommt es hier nur selten. Hier neigt man nicht zur Gewalt. Die Leute sind ernst, aber nicht gewalttätig.«

»Das kann man wohl sagen. Überall, egal ob im Restaurant oder auf der Straße, sieht man nur ernste Gesichter. So, als hätten sie permanent Sorgen. Bei Russen ist das ähnlich.«

»Vergessen Sie nicht, dass die Sklaverei erst 1848 abgeschafft wurde.«

Zwar war mir der Zusammenhang unklar, aber nachhaken wollte ich auch nicht, denn sie setzte gleich hinzu: »Außerdem ist Martinique *très cher*. Schon ein Stück Seife, das in Paris für fünf Francs zu haben ist, kostet hier zweimal so viel. Alles ist doppelt so teuer, weil alles importiert werden muss. Und wenn sich diese Hitzköpfe durchsetzen und Martinique unabhängig wird, dann ist es endgültig aus. Ohne die Subventionen aus Frankreich wäre Martinique doch gar nicht lebensfähig, wir würden glatt untergehen. *Alors*, daher die ernsten Gesichter. Aber davon abgesehen, wie finden Sie die Einheimischen? Attraktiv?«

»Die Frauen ja. Ich habe hier schon unglaublich schöne Frauen gesehen. Sanfte, geschmeidige Geschöpfe mit einer so stolzen Haltung. Und einer beinahe katzengleichen Knochenstruktur. Außerdem besitzen sie eine gewisse Aggressivität, was ich persönlich sehr anziehend finde.«

»Das ist ihr senegalesisches Blut. Wir haben viele Senegalesen hier. Und was ist mit den Männern? Finden Sie sie auch so anziehend?«

»Nein.«

»Da kann ich Ihnen nur zustimmen. Die Männer sind nicht sehr attraktiv. Verglichen mit unseren Frauen sind sie bedeutungslos, ohne jede Besonderheit: *vin ordinaire*, mehr nicht. Martinique, müssen Sie wissen, ist eine matriarchalische Gesellschaft. Wenn das der Fall ist, wie zum Beispiel auch in Indien, wird aus den Männer nie etwas. Aber ich sehe, Sie interessieren sich für meinen schwarzen Spiegel?«

Das stimmt. Als wäre er ein verrauschtes Fernsehbild – so groß ist seine schnöde Faszination – wandert mein Blick immer wieder zu dieser schwarzen Scheibe. Deswegen werde ich sie beschreiben, und zwar nach Art des *nouveau roman*, der nach Preisgabe von Handlung, Figuren und einer erkennbaren Struktur seine ganze Konzentration auf seitenlange Schilderungen einzelner Gegenstände oder Bewegungsabläufe richtet, etwa einer Wand, einer Wand mit einer Fliege, einer Wand mit einer Fliege auf ihrem mäandernden Weg über die Wand. Je nun: Der Gegenstand im Salon von Madame ist ein schwarzer Spiegel. Er ist achtzehn Zentimeter hoch und fünfzehn Zentimeter breit. Er steckt in einem abgewetzten Lederetui, das aussieht wie ein Buch. Das Etui liegt aufgeschlagen auf dem Tisch, wie eine Luxusausgabe, die den Betrachter zum Blättern animieren soll. Allerdings gibt es darin nichts zu sehen, nichts Lesbares zumindest, außer dem eigenen Gesicht, das wie ein Geisterbild auf der schwarzen Fläche erscheint, bis es wieder in den bodenlosen Fluchten der Dunkelheit versinkt.

»Der Spiegel«, erklärt sie, »hat einmal Gauguin gehört. Sie wissen ja, dass er auch auf Martinique gelebt hat, ehe es ihn zu den Ureinwohnern von Tahiti zog. Wie gesagt, das war sein schwarzer Spiegel. Solche Spiegel waren bei Malern des letzten Jahrhunderts oft in Gebrauch. Van Gogh hatte einen. Ebenso wie Renoir.«

»Das verstehe ich nicht. Wozu waren sie gut?«

»Sie sollten ihre Eindrücke schärfen, Farben in all ihren Nuancen wieder sichtbar machen. Das Auge ermüdet nämlich nach einiger Zeit. Wenn man in so einen dunklen Spiegel schaute, konnten sie sich erholen. Ähnlich wie Gourmets zwischen zwei erlesenen Gängen den Gaumen mit einem schlichten *sorbet de citron* erfrischen.« Sie ergreift das Spiegelbüchlein und reicht es mir. »Ich benutze ihn selber, wenn meine Augen zu viel Sonne abbekommen haben. Sehr erholsam.«

Erholsam vielleicht, aber auch beunruhigend, vor allem dieses Schwarz. Je länger man hineinschaut, desto mehr wandelt es sich zu einem silbrigen Blau, der Schwelle zu geheimen Visionen. Und ganz wie Alice hinter den Spiegeln wähne ich mich plötzlich am Beginn einer Reise, die ich eigentlich gar nicht antreten will.

Aus großer Entfernung höre ich ihre angeraute, kultivierte Stimme: »Ihr Freund ist also hier ermordet worden?«

»Ja.«

»Amerikaner?«

»Ja. Ein sehr talentierter Mann. Musiker. Komponist.«

»Richtig, ich erinnere mich. Der Opernkomponist. Jude. Ein Mann mit einem Schnurrbart.«

»Sein Name war Marc Blitzstein.«

»Aber das ist schon sehr lange her, mindestens fünfzehn Jahre. Länger. Wie ich höre, wohnen Sie in dem neuen Hotel, La Bataille. Wie gefällt es Ihnen dort?«

»Gut. Zurzeit ist es vielleicht ein bisschen hektisch, weil sie gerade ein Kasino eröffnen. Der Geschäftsführer des Kasinos heißt Shelley Keats. Erst hielt ich das für einen Witz, aber er heißt wirklich so.«

»Ja, und Marcel Proust arbeitet übrigens im Le Foulard, dem kleinen Fischrestaurant in Schoelcher. Marcel ist Kellner dort. Waren unsere Restaurants eigentlich eine große Enttäuschung für Sie?«

»Ja und nein. Sie sind mit Sicherheit besser als überall sonst in der Karibik, aber leider viel zu teuer.«

»*Alors*. Ich sagte ja schon, dass alles importiert werden muss. Wir produzieren nicht einmal unser eigenes Gemüse. Den Einheimischen fehlt dazu grundsätzlich die Lust.« Ein Kolibri dringt in den Luftraum über der Terrasse ein und schwebt in der Luft, als wäre es nichts. »Dafür sind unsere Fische und Meeresfrüchte ganz vorzüglich.«

»Auch hier wieder: ja und nein. Ich habe zum Beispiel noch nie so große Hummer gesehen, geradezu prähistorische Exemplare. Ich habe mir sogar einen bestellt, aber er schmeckte nach gar nichts und war derart zäh, dass ich eine Plombe verloren habe. Das ist wie mit Obst aus Kalifornien: äußerlich eine Pracht, aber kein Geschmack.«

Sie lächelt gequält: »Dafür entschuldige ich mich« – und ich bereue meine Nörgelei, die schlicht unhöflich ist.

»Vergangene Woche habe ich in Ihrem Hotel zu Mittag gegessen. Auf der Terrasse, mit Blick auf den Swimmingpool. Ich muss sagen, ich war schockiert.«

»Wieso denn das?«

»Nun ja, die Badegäste. Die ausländischen Frauen am Pool trugen obenrum gar nichts und unten nur sehr wenig. Ist das in Ihrem Land eigentlich gestattet? Dass Frauen praktisch nackt herumlaufen dürfen?«

»Nicht an öffentlichen Orten wie einem Hotelpool.«

»Das dachte ich mir. Deshalb sollte es auch hier nicht erlaubt sein. Aber wir können uns natürlich nicht leisten, die Touristen zu vergrätzen. Apropos, haben Sie sich schon mit unseren Sehenswürdigkeiten abgegeben?«

»Ja, erst gestern waren wir im Geburtshaus von Kaiserin Josephine.«

»Ach, das kann ich eigentlich niemandem empfehlen. Dieser alte Mann, der Kurator, ist doch sehr geschwätzig! Und ich weiß auch nicht, was am schlimmsten ist, sein Französisch, sein Englisch oder sein Deutsch. Ein unglaublicher Langweiler. Als wäre die Reise hierhin nicht schon anstrengend genug.«

Unser Kolibri verlässt uns. Aus der Ferne höre ich Steeldrums, Tamburins und die Gesänge Betrunkener. (»*Ce soir, ce soir nous danserons sans chemise, sans pantalons.*«) Das Gelärme erinnert uns daran, dass wir uns in der Karnevalswoche befinden.

»Normalerweise«, erklärt sie, »verlasse ich während des Karnevals die Insel. Es geht einfach nicht. Dieser Krach, der Gestank.«

Während der Reiseplanung, die ich im Übrigen noch mit drei Begleitern abstimmen musste, war mir gar nicht klar gewesen, dass wir mitten im Karneval eintreffen würden. Und als Sohn von New Orleans wollte ich mir das kein einziges Mal mehr antun. Allerdings überraschte uns die martinikanische Version als ausgesprochen spontane, quirlige, volksnahe Veranstaltung – dann gleicht die ganze Insel einer explodierenden Feuerwerksfabrik. »Also meinen Freunden und mir gefällt es. Gestern Abend haben wir eine faszinierende Fußgruppe gesehen: fünfzig Männer mit schwarzen Regenschirmen, Seidenzylindern und nackten Oberkörpern, die sich mit Leuchtfarbe wie ein Gerippe angemalt hatten. Ich mag auch die alten Frauen mit ihren Lamettaperücken und den Glitzersteinchen im Gesicht. Und alle die Männer im Hochzeitskleid ihrer Frau! Und die Million Kinder mit ihren Kerzen – wie kleine Glühwürmchen. Trotzdem hätte es übel enden können. Wir hatten uns nämlich vom Hotel ein Auto geliehen und steckten, kaum in Port de France, im dicksten Menschengetümmel fest. Zu allem Unglück platzte auch noch ein Reifen, und sofort waren wir von roten Teufeln umringt, die ihre Heugabeln schwangen ...«

Madame ist amüsiert: »*Oui. Oui.* Die kleinen Jungs gehen immer als rote Teufel, ein jahrhundertealter Brauch.«

»Ja, aber dann hopsten sie auch noch auf dem Auto herum, und das hält das stärkste Blech nicht aus. Benutzten das Dach als Tanzfläche. Aber den Wagen stehen lassen konnten wir auch nicht, denn dann hätten sie ihn endgültig zerdeppert. Also erklärte sich der Besonnenste von uns bereit – das war Bob MacBride –, den Reifen an Ort und Stelle zu wechseln. Das Problem war nur, dass er einen weißen Leinenanzug trug, den er sich nicht versauen wollte.«

»Und deshalb hat er ihn ausgezogen. Sehr vernünftig.«

»Zumindest sehr komisch. Denn eigentlich ist MacBride eher der ernste Typ, und so einen dann in Unterhose zu sehen, wie er einen Reifen wechselt, während ringsum die roten Teufel toben und ihn mit ihren Forken pieksen, also das ist schon eine Szene. Zum Glück waren die Forken nur aus Pappe.«

»Aber er hat es geschafft.«

»Wenn nicht, bezweifle ich, dass ich jetzt Ihre Gastfreundschaft in Anspruch nehmen könnte.«

»Ach was, rein gar nichts wäre passiert. Wir auf Martinique neigen nicht zur Gewalt.«

»Nein, das wollte ich damit auch gar nicht sagen. Aber komisch, wie so eine blöde Panne plötzlich ... na ja, mit zu diesem Mummenschanz gehört.«

»Noch einen Absinth? *Un peu?*«

»Danke, einen kleinen vielleicht.«

Der Kolibri ist wieder da.

»Um auf Ihren Freund zurückzukommen, den Komponisten ...«

»Marc Blitzstein.«

»Mir fällt gerade ein, er war einmal bei uns zum Abendessen. Madame Derain brachte ihn mit. Und Lord Snowdon war ebenfalls da, zusammen mit seinem Onkel, diesem Engländer, der all die Villen auf Mustique gebaut hat ...«

»Oliver Messel.«

»*Oui. Oui.* Damals hat mein Mann noch gelebt. Mein Mann hatte echten Musikverstand. Er bat Ihren Freund, uns auf dem Klavier etwas vorzuspielen, und Ihr Freund gab einige deutsche Lieder.« Sie ist unterdessen aufgestanden, läuft hin und her, und mir wird einmal mehr ihre schlanke Gestalt bewusst, wie ätherisch sie sich unter dem hauchdünnen Pariser Spitzenkleid abzeichnet. »Daran kann ich mich erinnern, aber ich weiß nicht, wie er ums Leben gekommen ist. Wer hat ihn ermordet?«

Die ganz Zeit über liegt der schwarze Spiegel in meinem Schoß, und abermals forschen meine Augen in seinen Tiefen. Eigenartig, wohin uns unsere Leidenschaften tragen, uns vorwärtspeitschen, uns ungebetene Träume aufzwingen und ein Schicksal, das uns nicht lieb sein kann.

»Zwei Matrosen.«

»Von hier? Aus Martinique?«

»Nein. Zwei portugiesische Seeleute von einem Schiff, das gerade im Hafen lag. Er ist ihnen in einer Bar begegnet. Er wollte hier an seiner Oper arbeiten, hatte zu diesem Zweck ein Haus angemietet. Dorthin hat er sie mitgenommen ...«

»*Jetzt* erinnere ich mich. Sie haben ihn ausgeraubt und dann erschlagen. Es war entsetzlich. Eine furchtbare Tragödie.«

»Eher ein tragischer Unfall.« Worauf der schwarze Spiegel feixt: Warum sagst du das? Es war kein Unfall.

»Aber unsere Polizei hat die beiden später festgenommen. Sie wurden angeklagt, verurteilt und kamen ins Gefängnis von Französisch-Guayana. Mich würde interessieren, ob sie immer noch da sind. Ich könnte Paulot fragen. Er weiß es bestimmt, immerhin ist er der Erste Vorsitzende des Appellationsgerichts.«

»Was spielt das für eine Rolle?«

»Na hören Sie mal! Diese Halunken hätten auf die Guillotine gehört.«

»Nein. Aber ich hätte nichts dagegen, wenn sie auf Haiti lebenslang die Käfer von den Kaffeesträuchern pflücken müssten.«

Als ich meinen Blick endlich vom dämonischen Glanz des Spiegels löse, merke ich, dass sich meine Gastgeberin wieder im schattigen Salon befindet. Ein Klavierakkord ertönt, dann noch einer. Madame spielt wieder dasselbe Stück wie zu Beginn. Kurz darauf finden sich auch die Musikliebhaber wieder ein, scharlachrote, grüne, lavendelfarbene Chamäleons, ein Publikum, das, mit unterschiedlichem Abstand angetreten auf den Terrakottasteinen der Terrasse, fast so etwas ergibt wie ein Notenbild. Ein mozartsches Mosaik.

GEBLENDET

Sie faszinierte mich.
Sie faszinierte jeden, doch die meisten schämten sich dafür, vor allem die stolzen Damen, die über die vornehmeren Haushalte in New Orleans' Gartenstadt geboten, also die Gegend, in der die großen Plantagenbesitzer wohnten, die Schiffseigner und Ölmagnaten und reichen Geschäftsleute. Die Einzigen, die aus ihrer Faszination bezüglich Mrs. Ferguson keinen Hehl machten, waren die Diener. Und natürlich einige Kinder, die zu jung und zu arglos waren, ihr Interesse zu verbergen.

Eines dieser Kinder war ich, ein achtjähriger Junge, der vorübergehend bei Verwandten in der Gartenstadt lebte. Allerdings behielt auch ich meine Faszination für mich, denn mich quälten Schuldgefühle dabei: Ich hatte nämlich ein Geheimnis, etwas, das mich schon länger beunruhigte, und zwar ganz erheblich, etwas, das ich niemandem sagen konnte, wirklich *nie*mandem, vor allem, weil ich die Reaktion der Betreffenden nicht abschätzen konnte, so seltsam war das, was mich nun bald schon seit zwei Jahren beschäftigte. Ich hatte auch noch nie von jemandem gehört, der das gleiche Problem hatte wie ich. Einerseits erschien mir dieses Geheimnis verrückt, anderseits ...

... Mrs. Ferguson wollte ich es anvertrauen. Genauer gesagt, ich wollte es nicht, ich *musste*, so glaubte ich jedenfalls. Denn angeblich verfügte Mrs. Ferguson über magische Kräfte. Selbst ernsthafte Leute waren davon überzeugt, dass sie imstande war, untreue Ehemänner zur Räson zu bringen, zögernden Kavalieren Heiratsanträge abzuringen, Haare wachsen zu lassen, wo vorher eine Glatze war, und verschleuderte Millionen wieder hereinzuholen. Kurz und gut, sie war eine Hexe, die jeden Wunsch wahr machen konnte. Und ich hatte einen Wunsch.

Dabei wirkte sie äußerlich nicht intelligent genug für große Zauberkräfte, ja, nicht einmal für simple Kartentricks. Sie war eine einfache Frau, die aussah wie vierzig, auch wenn sie vielleicht erst dreißig war; das war schwer zu sagen, denn ihr irisches Pfannkuchengesicht mit den großen Vollmondaugen besaß nur wenige Falten, entsprechend nichtssagend war sein Ausdruck. Sie war Wäscherin, womöglich die einzige weiße Wäscherin in ganz New Orleans, und eine Meisterin ihres Fachs. Die Damen der Gesellschaft wandten sich an sie, wenn ihre feinste Spitzen- und Seidenwäsche der Pflege bedurfte. Aber sie schickten noch aus einem anderen Grund nach ihr, und der hatte mit speziellen Wünschen zu tun – nach einem neuen Liebhaber, einer bestimmten Partie für ihre Tochter, dem Tod einer Rivalin, einem Nachtrag zum Testament ihrer Mutter, einer Einladung als Karnevalskönigin auf die größte Mardi-Gras-Gala. Umworben wurde sie also nicht nur als Wäscherin, im Gegenteil, ihr ganzer Erfolg wie auch ihre Haupteinnahmequelle lag in ihrer Fähigkeit, den Sand der Tagträume so lange zu sieben, bis goldene Realitäten übrigblieben.

Um nun auf meinen eigenen Wunsch zu kommen, den Kummer, der mich von frühmorgens bis spätabends plagte, er war nichts, was sich so ohne Weiteres aussprechen ließ. Entscheidend war der richtige, genau vorbereitete Zeitpunkt. Sie kam nur selten zu uns nach Haus, aber wenn, dann hielt ich mich stets in ihrer Nähe auf und tat so, als verfolgte ich lediglich die geschickten Verrichtungen ihrer dicken, hässlichen Finger, etwa beim Zusammenfalten spitzengesäumter Servietten. Ich Wirklichkeit suchte ich ihren Blick. Wir sprachen übrigens nie miteinander. Ich war zu nervös dazu und sie zu dumm. Jawohl, dumm. Hexe hin oder her, ich konnte diese Dummheit spüren, und Mrs. Ferguson war eindeutig dumm. Nur ab und zu trafen sich unsere Augen eben doch, und so dumm sie auch war, merkte sie an der *Intensität* meines Blicks, dass ich ihr Kunde zu werden begehrte. Wahrscheinlich dachte sie, ich wünschte mir ein Fahrrad oder ein neues Luftgewehr. Wie auch immer, mit Kindern wie mir wollte sie sich nicht abgeben. Was hatte ich ihr zu bieten? Also zog sie die Mundwinkel nach unten und drehte die Mondaugen zur Decke.

Zu dieser Zeit, Anfang Dezember 1932, kam meine Großmutter väterlicherseits zu einem kurzen Besuch. Die Winter in New Orleans sind eisig, der feuchtkalte Wind vom Fluss dringt einem durch Mark und Bein. Also hatte meine Großmutter, die in Florida als Lehrerin arbeitete, einen Pelzmantel mitgebracht, Leihgabe einer Freundin.

Es war ein Persianer aus dem Bestand einer wohlhabenden Frau, was meine Großmutter nicht war. Früh verwitwet und mit drei Söhnen, die sie durchzubringen hatte, war ihr Leben nicht gerade leicht gewesen, aber sie klagte nicht. Sie war eine bewundernswerte Frau mit ebenso viel Phantasie wie Verstand. Wegen der besonderen Umstände in unserer Familie sahen wir uns nur selten, aber sie schrieb oft und schickte mir kleine Geschenke. Sie liebte mich, und das hätte ich ihr gern zurückgegeben, aber bis zu ihrem Tod – und sie ist immerhin über neunzig Jahre alt geworden – blieb ich auf Distanz und tat gleichgültig. Sie merkte das auch, sollte aber, wie alle anderen, nie den Grund dafür erfahren, denn das Ganze hatte mit jenem komplexen Schuldgefühl zu tun, das so facettenreich war wie der gelbe Stein an dem zarten Goldkettchen, das sie oft trug. Perlen hätten ihr besser gestanden, doch war ihr dieser pretiöse Tinnef viel wert, den mein Großvater der Familienlegende nach einmal bei einem Kartenspiel in Colorado gewonnen hatte.

Natürlich war die Halskette nicht wertvoll. Wie meine Großmutter auf Nachfrage nicht müde wurde zu erklären, handelte es sich bei dem etwa katzenpfotengroßen Stein nicht um einen »Edelstein« im engeren Sinn, also weder Gelbdiamant noch Topas, sondern um einen tiefgelben, facettierten Bergkristall. Mrs. Ferguson hingegen wusste nichts vom tatsächlichen Wert des Schmuckstücks, und als diese junge, mollige Hexe eines Nachmittags ins Haus kam, um die Bettwäsche zu stärken, war sie schlagartig gefesselt vom Anblick des funkelnden Glasstücks am Hals meiner Großmutter. Ihre dummen Mondaugen glühten, und das meine ich wörtlich: Sie glühten. Auf einmal gelang es mir auch, ihre Aufmerksamkeit auf mich zu ziehen, jedenfalls schaute sie mich mit einer bis dahin völlig unbekannten Aufgeschlossenheit an.

Als sie ging, folgte ich ihr in den Garten und durch die Glyzinien-Pergola, ein geheimnisvoller Ort selbst im Winter, wenn das schützende Blätterdach längst verwelkt war und keinen Schutz mehr vor fremden Blicken bot. Dort winkte sie mich heran.

Leise sagte sie: »Hast du etwas auf dem Herzen?«

»Ja.«

»Etwas, das ich für dich tun kann?«

Ich nickte, auch sie nickte, doch ihre Augen irrten nervös umher. Offenbar sollte niemand sehen, dass sie mit mir sprach.

Sie sagte: »Ich schicke meinen Sohn vorbei. Der wird dir alles Weitere sagen.«

»Und wann?«

Sie aber sagte nur »Schhh« und wackelte davon. Ich blickte ihr nach, bis sie in der Dämmerung verschwunden war. Ich bekam schon einen trockenen Mund bei dem Gedanken, dass alle meine Hoffnungen nun auf dieser dummen Frau ruhten. Beim Abendessen brachte ich keinen Bissen herunter, und später konnte ich lange nicht einschlafen. Zu meinem bisherigen Kummer kam nun ein ganzer Schwung neuer Sorgen. Denn wenn Mrs. Ferguson tat, was ich mir erhoffte, was war dann mit meinen Anziehsachen, was war mit meinem Namen? Überhaupt, wo sollte ich hin? Was würde aus mir werden? Heiliges Kanonenrohr, ich stand kurz davor, wahnsinnig zu werden. Oder war ich bereits wahnsinnig? Das war ja zum Teil das Problem: Ich musste wahnsinnig sein, um von Mrs. Ferguson so etwas zu verlangen. Und es war einer der Gründe, weswegen ich niemandem davon erzählen konnte. Alle hätten mich für wahnsinnig gehalten. Oder für etwas noch Schlimmeres. Zwar wusste ich nicht, worin dieses Schlimmere bestehen sollte, spürte aber instinktiv, dass es noch milde ausgedrückt war, wenn sie sagten, ich sei wahnsinnig geworden, also meine Familie und Freunde und die anderen Kinder, und dass es noch ganz andere, eben schlimmere Worte dafür gab.

Angst, Aberglaube und schlichte Gier sorgten dafür, dass das Hauspersonal der Gartenstadt, darunter die eingebildetsten Kindermädchen und blasiertesten Butler, die je über Parkettboden stolziert sind, sich nur mit dem allergrößten Respekt über Mrs. Ferguson äußerte. Generell aber hielt man sich mit Kommentaren zurück, und das nicht nur wegen ihrer speziellen Fähigkeiten, sondern mindestens ebenso sehr aufgrund ihres nicht weniger speziellen Privatlebens, von dem mir bereits das eine oder andere Detail bekannt geworden war, einfach indem ich die Ohren aufsperrte, wenn diese eleganten Schwarzen, Mulatten und Kreolen untereinander tratschten, die sich als den wahren Adel von New Orleans betrachteten und daher als den weißen Herrschaften überlegen. Was Mrs. Ferguson betraf, so war sie nicht *Madame*, sondern bloß *Mamsell*: eine unverheiratete Frau mit einem Haufen Kinder (mindestens sechs), die aus East Texas zugezogen war, aus einem gottverlassenen Redneck-Kaff kurz hinter der Grenze bei Shreveport. Und die mit fünfzehn vom eigenen Vater an die Anbindestange vor dem Postamt gefesselt und öffentlich ausgepeitscht worden war, weil das uneheliche Kind, der Junge, den sie zur Welt gebracht hatte, trotz seiner grünen Augen unverkennbar von einem schwarzen Vater stammte. Mit diesem Kind, Skeeter mit Namen, inzwischen vierzehn Jahre alt und ein rechter Teufel, kam sie nach New Orleans und fand eine Stelle als Haushälterin bei einem irisch-katholischen Priester, den sie später verführte und von dem sie das zweite Kind hatte, ehe sie ihn wegen eines anderen verließ. In diesem Muster ging es weiter. Immer lebte sie bei irgendwelchen Liebhabern, und zwar durchweg außergewöhnlich gutaussehenden Männern, was nur so erklärbar war, dass sie ihnen einen Liebestrank in den Wein kippte. Wäre es mit rechten Dingen zugegangen, hätte sie sie jedenfalls nie gekriegt. Was war sie denn schon? White Trash aus East Texas, ließ sich mit schwarzen Männern ein, Mutter von sechs Bastarden, eine Waschfrau, letztlich auch nichts Besseres als ein Hausmädchen. Und trotzdem war sie bei allen geachtet; sogar Mme. Jouet, Hausdame bei den Vaccaros, den Eigentümern der United Fruit Company, redete ausgesucht höflich mit ihr.

An einem Sonntag und zwei Tage nach meinem Gespräch mit Mrs. Ferguson begleitete ich meine Großmutter in die Kirche, und auf dem Rückweg, eine Strecke von wenigen Blocks, fiel mir auf, dass uns jemand folgte: ein gutgebauter Bursche mit tabakbrauner Haut und grünen Augen. Ich wusste sofort, das war dieser Skeeter, der wandelnde Schandfleck, derselbe, der seiner Mutter die Peitsche eingetragen hatte. Ich wusste, dass er mir jetzt eine

Nachricht überbringen würde. Ich fühlte mich elend und zugleich so euphorisch, beinahe trunken, dass ich erst einmal lachen musste.

Belustigt fragte meine Großmutter: »Nanu, ist dir ein Witz eingefallen?«

Ich dachte: Nein, aber ein Geheimnis. Und sagte dann: »Nur etwas, was der Pfarrer vorhin gesagt hat.«

»Ach wirklich? Schön, wenn jemand einer solchen Predigt noch etwas Komisches abgewinnen kann, ich selbst fand sie nämlich ziemlich öde. Aber der Chor war gut.«

Ich verkniff mir die Bemerkung: »Sie sollten vor allem nicht über Sünde und Hölle reden, wenn sie keine Ahnung haben. Sie sollten lieber mich fragen. Ich könnte ihnen ein paar Takte dazu sagen.«

»Bist du eigentlich glücklich hier?«, fragte meine Großmutter, als habe sie schon seit ihrer Ankunft über dieser Frage gebrütet. »Ich weiß, das war alles nicht leicht für dich. Die Scheidung, die dauernden Ortswechsel, mal hier unterkommen, mal da. Ich würde dir ja so gerne helfen, aber ich weiß nicht wie.«

»Och, mir geht's gut. Alles prima.«

Ich wünschte, sie hätte endlich den Mund gehalten. Sie tat es schließlich, aber stirnrunzelnd. Zumindest hatte ich jetzt noch einen Wunsch frei. Einen für sofort und einen für später.

Als wir zu Hause ankamen, klagte meine Großmutter über eine beginnende Migräne – die sich vielleicht noch abwenden ließ, wenn sie schnell eine Tablette nahm und sich hinlegte. Sie küsste mich, und wir gingen ins Haus. Kurz darauf sauste ich wieder hinaus und versteckte mich unter der Pergola. Wie ein Räuber, der in seiner Höhle auf seinen Kumpan wartet.

Es dauerte nicht lange, bis Mrs. Fergusons Sohn auftauchte. Er war sehr groß für sein Alter und muskulös wie ein Schauermann. Seiner Mutter ähnelte er kein bisschen. Das lag nicht nur an der dunklen Hautfarbe, sondern auch an seinen scharf geschnittenen, ebenmäßigen Zügen – der Erzeuger dürfte ein attraktiver Mann gewesen sein. Und anders als Mrs. Fergusons dumpfe Comic-Glubscher waren seine smaragdgrünen Augen zwei schmale, niederträchtige Schlitze, scharfgemachte Waffen, die jederzeit losgehen konnten. Ich war nicht allzu überrascht, als mir viele Jahre später zu Ohren kam, dass er in Houston einen Doppelmord begangen hatte und im Texas State Prison auf dem elektrischen Stuhl endete.

Er hatte sich in Schale geworfen und war schnieke wie die kleinen Ganoven, die vor den Hafenkneipen herumlungerten: Panama-Hut, zweifarbige Schuhe, enger, leicht schmuddeliger Leinenanzug, den er wohl von einem etwas schmaleren Vorbesitzer geerbt hatte. Eine eindrucksvolle Zigarre ragte aus der Brusttasche: Havana Castle Morro, so etwas genehmigte sich der Herr von Welt nach dem Essen, zusammen mit Absinth und Crème de Framboise. Skeeter Ferguson entzündete seine Zigarre mit Filmgangster-Bravour, formte mit den Lippen einen makellosen Rauchkringel, den er mir direkt ins Gesicht blies, und erklärte: »Ich soll dich abholen.«

»*Jetzt?*«

»Sobald du mir die Halskette der alten Lady gebracht hast.«

Es war sinnlos, sich herausreden zu wollen, aber ich versuchte es trotzdem: »Welche Halskette?«

»Ach komm, nicht auf die Tour. Bring mir die Kette, dann gehen wir. Oder eben auch nicht. Aber eine zweite Chance kriegst du nicht.«

»Aber sie hat die Kette doch an.«

Ein weiterer Rauchkringel, meisterhaft gerundet und mühelos abgeschossen. »*Wie* du das machst ist dein Bier. Ich warte hier auf dich.«

»Aber das geht nicht so schnell. Und was, wenn ich es nicht schaffe?«

»Du schaffst das. Ich warte hier.«

Das Haus wirkte verlassen, als ich durch die Küchentür zurückging, und außer meiner Großmutter war tatsächlich niemand da. Alle anderen waren zu Besuch bei einem frisch verheirateten Cousin, der auf der anderen Seite des Mississippi wohnte. Ich rief nach meiner Großmutter, doch als mir nur Schweigen antwortete, schlich ich mich nach oben und horchte an der Schlafzimmertür. Sie war vermutlich eingenickt. Ich ging das Risiko ein und öffnete vorsichtig.

Die Vorhänge waren geschlossen, und das Zimmer war dunkel bis auf die Glut im Porzellanofen. Meine Großmutter lag im Bett, die Decke bis ans Kinn hochgezogen. Sie musste eine Kopfschmerztablette genommen haben, denn ihre Atemzüge waren tief und gleichmäßig. Trotzdem zog ich die Decke mit solch minutiöser Heimlichkeit zurück, wie wohl sonst nur ein Bankräuber an einem Zahlenschloss zu Werke ging. Ihr Hals aber war nackt, sie trug nur ihr rosa Unterkleid. Ich fand die Kette schließlich auf dem Sekretär, sie lag dort vor dem Foto ihrer drei Söhne – einer davon war mein Vater. Ich hatte ihn schon so lange nicht mehr gesehen, dass ich vergessen hatte, wie er aussah. Und nach diesem Tag würde ich ihn wohl nie wiedersehen. Oder falls doch, würde er mich nicht erkennen. Aber ich hatte keine Zeit, mir lange darüber Gedanken zu machen. Skeeter Ferguson, mit qualmender Millionärszigarre und ungeduldig mit dem Fuß tippend, wartete unter der Pergola auf mich. Trotzdem zögerte ich.

Ich hatte noch nie etwas gestohlen. Na gut, mal einen Hershey-Riegel aus dem Süßigkeitenregal im Kino und ein paar Bücher aus der Leihbücherei, die ich nicht zurückgebracht hatte. Aber das hier war etwas anderes, das hier war wichtig. Und meine Großmutter würde mir verzeihen, wenn sie erfuhr, warum ich ihr die Halskette stehlen musste. Das heißt, nein, sie würde mir nicht verzeihen, niemand würde mir verzeihen, wenn einmal herauskam, warum *genau* ich es getan hatte. Aber mir blieb keine Wahl. Es war, wie Skeeter gesagt hatte: Wenn ich es jetzt nicht tat, würde mir seine Mutter keine zweite Gelegenheit geben. Und mein großer Kummer würde bleiben, vielleicht sogar für immer. Also nahm ich die Kette, stopfte sie in meine Tasche und rannte aus dem Zimmer, ohne auch nur die Tür zu schließen. Zurück bei Skeeter zeigte ich ihm die Kette jedoch nicht, sondern sagte bloß, ich hätte sie, worauf seine grünen Augen noch grüner und giftiger wurden. Er gab einen großkotzigen Rauchkringel von sich und sagte: »Natürlich hast du sie. Du bist der geborene Gauner. Genau wie ich.«

Erst gingen wir zu Fuß, dann, in der Canal Street, nahmen wir die Straßenbahn. Normalerweise war in der Canal Street immer viel los, aber alle Geschäfte waren geschlossen, und die Sonntagsruhe hing wie eine gespenstische Begräbniswolke über dem Viertel. An der Kreuzung Canal und Royal Street stiegen wir um und fuhren quer durch das French Quarter, wo viele der alteingesessenen Familien wohnten, manche mit einem reineren Stammbaum als die Namen, die in der Gartenstadt den Ton angaben. Schließlich gingen wir wieder zu Fuß, meilenweit. Die harten Sonntagsschuhe, die ich immer noch trug, drückten, außerdem wusste ich nicht mehr, wo ich war. Aber wo immer es war, es gefiel mir nicht. Und wenn man Skeeter Ferguson fragte, dann grinste er und pfiff nur vor sich hin. Oder er spuckte aus und grinste und pfiff dann. Ich frage mich, ob er auch auf seinem Gang zum elektrischen Stuhl gepfiffen hat.

Ich hatte wirklich nicht den leisesten Schimmer, wo wir waren. Es war eine Gegend, die ich nicht kannte. An dem Stadtteil war eigentlich nichts Besonderes, wenn man einmal davon absah, dass einem dort weniger weiße Gesichter begegneten als gewohnt. Und je weiter wir gingen, desto mehr wurden sie zur Besonderheit in einer Welt aus Schwarz und Braun. Sonst aber waren es ganz normale Häuser, klein zwar, bescheiden, oft mit blätternder Farbe und nicht im besten Zustand, aber normal. Und es gab auch Ausnahmen. Mrs. Fergusons Haus, wie sich herausstellte, war eine solche.

Es war ein altes Haus, aber ein *richtiges* Haus, mit sieben oder acht Zimmern, und es sah nicht so aus, als könnte es die erstbeste Windböe vom Golf umblasen. Es war in einem hässlichen Braun gestrichen, aber zumindest war diese Farbe noch nicht abgeplatzt. Und es hatte einen gepflegten Garten mit einem großen, schattenspendenden Paradiesbaum, an dessen unteren Ästen alte Autoreifen aufgehängt waren als Schaukel für die Kinder. Im Garten zerstreut lagen auch noch andere Spielsachen: ein Dreirad, Eimerchen mit Schaufel zum Lehmkuchenbacken, allesamt Anzeichen von Mrs. Fergusons vaterloser Brut. Ein an einer Stange angebundener kleiner Köter sprang auf und fing an zu kläffen, sobald er Skeeter erkannte.

Skeeter sagte: »Da wären wir. Jetzt mach die Tür auf und geh rein.«

»Allein?«

»Sie erwartet dich. Tu, was ich dir sage, und geh rein. Und wenn du sie beim Bumsen erwischst, guck ruhig zu: So bin ich auch zum Preisbumser geworden.«

Er fügte der letzten – für mich unverständlichen – Bemerkung ein Kichern hinzu, aber ich gehorchte. Und so unglaublich es klingt: Als ich mich kurz vor der Tür noch einmal umdrehte, stellte ich fest, dass er bereits verschwunden war. Ich sah ihn auch nie wieder – oder wenn doch, so erinnere ich mich nicht mehr daran.

Die Tür öffnete sich direkt in Mrs. Fergusons Wohnzimmer. Immerhin war es eingerichtet wie ein Wohnzimmer (mit Couch, Sesseln, zwei Schaukelstühlen aus Korbgeflecht, Beistelltischchen aus Ahorn), auch wenn der Boden mit braunem Linoleum ausgelegt war, möglicherweise weil er gut zur Farbe der Fassade passte. Als ich ein–

trat, schaukelte Mrs. Ferguson in einem der Schaukelstühle, während ein gutaussehender junger Mann, allem Anschein nach kreolischer Herkunft und nicht viel älter als Skeeter, dasselbe in dem anderen machte. Eine Flasche Rum stand auf dem Tischchen dazwischen, und beide hatten Gläser in der Hand, die mit dem Zeug gefüllt waren. Der junge Mann, der mir übrigens nicht vorgestellt wurde, trug lediglich ein Unterhemd und eine, wie mir schien, halb geöffnete Seemannshose mit Schlag. Wortlos hielt er in der Schaukelbewegung inne, stand auf und schlenderte breitbeinig aus dem Zimmer, wobei er jedoch die Flasche mitnahm. Mrs. Ferguson horchte ihm nach, bis sich die Tür hinter ihm geschlossen hatte.

Dann sagte sie nur: »Wo ist sie?«

Ich schwitzte. Mein Herz machte seltsame Sachen. Es fühlte sich an, als wäre ich allein in der vergangenen Stunde hundert Meilen gelaufen und tausend Jahre gealtert.

Mrs. Ferguson hörte auf zu schaukeln und wiederholte: »Wo ist sie?«

»Hier. In meiner Tasche.«

Sie streckte ihre feiste rote Hand aus, und ich ließ die Kette hineinfallen. Der Rum hatte bereits etwas an ihrem blöden Blick verändert, und der funkelnde gelbe Stein tat ein Übriges. Sie drehte ihn in der Hand, starrte ihn an. Ich versuchte wegzusehen und an etwas anderes zu denken, etwa ob sie Narben auf dem Rücken hatte von den Peitschenhieben.

»Soll ich raten?«, fragte sie, ohne den Blick von dem Klunker zu nehmen, der jetzt an dem fragilen Goldkettchen vor ihr baumelte. »Was ist? Soll ich dir sagen, warum du hier bist? Wie lautet dein Wunsch?«

Natürlich wusste sie es nicht, sie konnte es nicht wissen. Auf einmal wollte ich auch gar nicht mehr, dass sie es wusste. Ich sagte: »Ich will Stepp tanzen.«

Einen Augenblick lang lenkte sie das von ihrem funkelnden neuen Spielzeug ab.

»Ich will Stepptänzer werden. Ich will von zu Hause weg. Ich will nach Hollywood und Schauspieler werden.« Die Geschichte mit Hollywood enthielt zumindest einen Teil Wahrheit. Hollywood stand ganz oben auf meiner Liste der Fluchtphantasien. Aber es war nicht das, was ich ihr auf jeden Fall verschweigen wollte.

»Tja«, erwiderte sie. »Hübsch genug dafür bist du ja. Hübscher, als man als Junge sein sollte.«

Also wusste sie es doch. Ich hörte, wie es aus mir herausplatzte: »Ja! Ja genau! Das ist es!«

»Was soll was sein? Und schrei nicht so, ich bin nicht taub.«

»Ich will kein Junge mehr sein. Ich will ein Mädchen sein.«

Es begann als eigenartiges Geräusch, als erwürgtes Gurgeln ganz hinten in ihrem Hals, ehe es zum Lachen aufbrodelte. Ihre schmalen Lippen dehnten sich und wurden breiter, ihr trunkenes Gelächter schoss aus ihr heraus wie Erbrochenes und besudelte mich von oben bis unten – Gelächter, das sich anhörte, wie Kotze riecht.

»Bitte. Bitte, Mrs. Ferguson, Sie verstehen das nicht. Das ist ein ernstes Problem. Und es beschäftigt mich schon die ganze Zeit. Irgendetwas stimmt nicht mit mir. Bitte verstehen Sie doch.«

Sie warf sich hin und her vor Lachen, bis schließlich auch der Schaukelstuhl in Bewegung geriet und mitmachte.

Darauf sagte ich: »Gott, Sie sind wirklich dumm. Sie sind unglaublich dämlich.« Wobei ich versuchte, ihr die Halskette zu entreißen.

Das Gelächter brach ab wie vom Blitz getroffen, und ein Unwetter braute sich auf ihrem Gesicht zusammen, uneingeschränkte Wut. Dennoch, als sie schließlich den Mund aufmachte, war ihre Stimme leise und zischte schlangengleich. »Du weißt nicht, was du dir wünschst, Kleiner. Ich zeig dir, was du dir wünschst. Guck mich an, Kleiner. Sieh her. Ich zeig dir, was du haben willst.«

»Bitte, ich will doch gar nichts.«

»Mach die Augen auf, Kleiner.«

Irgendwo im Haus weinte ein Baby.

»Guck mich an, Kleiner. Sieh her.«

Sie wollte, dass ich den gelben Kristall ansah. Sie hielt ihn über ihrem Kopf und schwang ihn leicht hin und her. Der Stein schien alles Licht im Zimmer an sich zu ziehen und akkumulierte auf diese Weise eine verheerende Brillanz, die alles andere ins Dunkel stürzte. Pendel, dreh, funkel, blend.

»Irgendwo schreit hier ein Baby.«

»Das bist du selber, Kleiner.«

»Dummes Weib. Dummes, dummes Weib.«

»Sieh her, Kleiner.«

Drehblenddrehdrehfunkelfunkelblend.

Es war noch hell und immer noch Sonntag, als ich schließlich wieder vor dem Haus in der Gartenstadt stand. Ich weiß nicht, wie ich dorthin gekommen war. Jemand musste mich gebracht haben, aber ich weiß nicht, wer. Das letzte, an das ich mich erinnere, war das Gelächter von Mrs. Ferguson.

Natürlich gab es eine Riesenaufregung wegen der verschwundenen Halskette. Die Polizei rief man zwar nicht, aber das ganze Haus wurde tagelang auf den Kopf gestellt, keine Ecke, die man nicht durchsuchte. Meine Großmutter regte sich sehr darüber auf. Aber selbst wenn die Kette von hohem Wert gewesen wäre, wenn der Edelstein hätte verkauft werden und der Verkäuferin bis in alle Ewigkeit ein auskömmliches Dasein hätte sichern können, selbst dann hätte ich Mrs. Ferguson nicht verraten. Sie hätte preisgeben können, was ich ihr gestanden hatte, eben die Sache, die ich noch nie jemandem gesagt hatte, geschweige denn je sagen würde. Schließlich einigte man sich darauf, dass ein Dieb ins Haus eingedrungen sei und die Halskette gestohlen hatte, während meine Großmutter schlief. In gewisser Weise entsprach es ja auch der Wahrheit. Und alle waren erleichtert, als meine Großmutter ihren Besuch beendete und wieder nach Florida fuhr. Man hoffte allgemein, dass die traurige Geschichte um die verschwundene Halskette alsbald in Vergessenheit geriet.

Aber es kam anders, es wuchs einfach kein Gras darüber, vierundvierzig Jahre lang. Ich war inzwischen über fünfzig und reichlich ausgestattet mit allerlei Marotten und verqueren Ansichten. Dann starb meine Großmutter, trotz ihres hohen Alters bis zuletzt bei klarem Verstand.

Eine Cousine rief mich an, um mich von ihrem Tod in Kenntnis zu setzen und zu fragen, wann ich zur Beerdigung kommen wollte. Ich sagte ihr, das wisse ich noch nicht, würde ihr aber rechtzeitig Bescheid geben. Ich war ganz krank vor Trauer, untröstlich, und das war eigentlich absurd und gänzlich übertrieben. Meine Großmutter gehörte ja nicht zu denen, die ich geliebt hatte. Aber wie ich um sie trauerte! Dennoch ging ich nicht zu ihrem Begräbnis, schickte nicht einmal Blumen. Ich blieb zu Hause und trank eine ganze Flasche Wodka. Irgendwann war ich ziemlich alkoholisiert, aber ich erinnere mich, wie ich ans Telefon ging und jemanden am Apparat hatte, der sich als mein Vater ausgab. Seine Greisenstimme bebte, aber nicht allein unter der Last der Jahre, sondern auch vor dem Zorn, der sich in ihm ein Leben lang aufgestaut hatte. Und als ich schwieg, sagte er: »Du Arschloch. Sie starb mit deinem Bild in der Hand.« Ich sagte: »Oh, das tut mir leid«, und legte auf. Was sollte ich auch sagen? Wie sollte ich erklären, dass in all der Zeit allein die Erwähnung meiner Großmutter, jeder Brief von ihr, jeder Gedanke an sie das Bild von Mrs. Ferguson in mir wachrief. Ihr Gelächter, ihre Wut, den pendelnden, sich drehenden gelben Stein: drehfunkelblend.

MR. JONES

Im Winter 1945 wohnte ich mehrere Monate lang in einer Pension in Brooklyn. Es war keine heruntergekommene Absteige, sondern ein hübsch eingerichtetes, älteres Brownstone-Haus, das von seinen Eigentümern, zwei unverheirateten Schwestern, mit geradezu klinischem Reinlichkeitssinn geführt wurde.

Mr. Jones belegte das Zimmer neben mir. Mein Zimmer war das kleinste im Haus, seines das größte, ein heller, freundlicher Raum. Das war auch gut so, denn Mr. Jones verließ sein Zimmer nie. Um alle seine Bedürfnisse, Mahlzeiten, Einkäufe sowie die Wäsche kümmerten sich die nicht mehr ganz jungen Wirtinnen. Auch war er beileibe nicht ohne Kontakt nach draußen, im Schnitt besuchten ihn täglich ein halbes Dutzend Menschen beiderlei Geschlechts und jeden Alters, und zwar vom frühen Morgen bis zum späten Abend. Er war jedoch weder Drogenhändler noch Wahrsager, nein, die Leute kamen bloß, um mit ihm zu reden, und honorierten seine Beratung offenbar mit kleinen Geldgeschenken, sonst wüsste ich nicht, womit er seinen Lebensunterhalt bestritten haben könnte.

Ich selbst habe mich mit Mr. Jones kein einziges Mal unterhalten, ein Umstand, den ich heute noch bereue. Er war ein gutaussehender Mann um die vierzig, schlank, mit schwarzen Haaren und ebenmäßigen Zügen, einem schmalen, blassen Gesicht mit hohen Wangenknochen und einem dunkelroten, sternförmigen Muttermal auf der linken Seite. Er trug eine Goldbrille mit pechschwarzen Gläsern. Er war blind und stark gehbehindert – den Schwestern zufolge waren seine Beine seit einem Unfall in der Kindheit gelähmt –, sodass er sich nicht ohne Krücken fortbewegen konnte. Und immer trug er einen frisch gebügelten grauen Anzug oder einen blauen Dreiteiler mit gedeckter Krawatte, so, als sei sein Arbeitsplatz ein Büro in der Wall Street.

Aber wie ich schon sagte, er verließ niemals das Haus. Saß einfach den ganzen Tag in einem bequemen Sessel in seinem wohnlichen Zimmer und empfing die Besucher. Ich hatte nicht die geringste Vorstellung, weswegen diese eher ungewöhnlichen Leute ihn aufsuchten und worüber sie mit ihm redeten, und ich war auch viel zu sehr mit meinem eigenen Kram beschäftigt, als dass ich mir große Gedanken darum machte. Aber später stellte ich mir vor, dass seine Freunde in ihm einen intelligenten, liebenswürdigen Zuhörer gefunden hatten, mit dem sie sich über ihre Sorgen und Nöte austauschen konnten, eine Mischung aus Priester und Therapeut.

Mr. Jones hatte auch ein Telefon. Er war der einzige Gast mit einem eigenen Anschluss. Es klingelte die ganze Zeit, oft von sechs Uhr früh bis weit nach Mitternacht.

Dann zog ich nach Manhattan. Einige Monate später kam ich noch einmal in die Pension zurück, um eine Bücherkiste abzuholen, die ich dort deponiert hatte. Als mich meine Wirtinnen zu Tee und Gebäck in ihren »Salon« baten, erkundigte ich mich auch nach Mr. Jones.

Die beiden Frauen senkten den Blick. Dann räusperte sich die eine und sagte: »Die Sache liegt jetzt in den Händen der Polizei.«

Die andere ergänzte: »Wir haben ihn als vermisst gemeldet.«

Dann wieder die erste: »Es war vor einem Monat, genauer gesagt vor sechsundzwanzig Tagen. Meine Schwester wollte ihm morgens wie immer sein Frühstück bringen, aber er war nicht da. Alle seine Sachen waren noch da, doch er war verschwunden.«

»Seltsam ...«

»... wie ein blinder, hilfloser Krüppel so einfach ...«

Zehn Jahre später.

Es ist ein bitterkalter Dezembernachmittag, und ich bin in Moskau, fahre mit der Metro. Außer mir sind nur wenige andere Fahrgäste im Wagen. Einer davon sitzt mir direkt gegenüber. Er trägt Stiefel, einen dicken, langen Mantel, dazu die typische Pelzmütze. Er hat helle, pfauenblaue Augen.

Nach kurzer Unschlüssigkeit starre ich ihn fassungslos an, denn selbst ohne die schwarze Brille ist eine Verwechslung ausgeschlossen. Ich kenne diesen Mann, dieses schmale Gesicht mit den ebenmäßigen Zügen, den hohen Wangenknochen und dem dunkelroten, sternförmigen Muttermal.

Ich will schon zu ihm gehen und ihn ansprechen, als der Zug in die nächste Station einfährt und Mr. Jones – mit gesunden, kräftigen Beinen – aufsteht und den Wagen verlässt. Schnell schließt sich die Tür hinter ihm.

EIN LICHT IM FENSTER

*E*inmal war ich zu einer Hochzeit eingeladen. Die Braut schlug mir eine Mitfahrgelegenheit vor, ein Ehepaar aus New York, Mr. und Mrs. Roberts, denen ich jedoch noch nie zuvor begegnet war. Es war ein kalter Apriltag, und die Fahrt nach Connecticut zusammen mit den Roberts, einem Ehepaar Anfang vierzig, verlief einigermaßen angenehm – nicht dass man mit ihnen ein verlängertes Wochenende hätte verbringen wollen, aber immerhin.

Allerdings wurden auf dem Empfang später reichlich geistige Getränke konsumiert, davon schätzungsweise allein ein Drittel von meiner Mitfahrgelegenheit. Sie waren auch die diejenigen, die gegen elf Uhr als Letzte die Party verließen, und ich sah der bevorstehenden Rückfahrt mit sehr gemischten Gefühlen entgegen. Ich wusste, dass sie betrunken waren, aber noch nicht, wie betrunken. Nach etwa zwanzig Meilen in Schlangenlinien und gereizter Stimmung im Wagen – Mr. und Mrs. Roberts beharkten sich mit Beleidigungen, wie ich sie so nur aus *Wer hat Angst vor Virginia Woolf?* kannte –, verfuhr sich Mr. Roberts, in der Situation nur zu verständlich, auf einer dunklen Landstraße. Ich bat, ja, ich flehte sie an, den Wagen anzuhalten und mich hinauszulassen, aber die beiden waren so in ihren Streit verstrickt, dass sie mich glatt überhörten. Schließlich, wenn auch nur für einen Moment, blieb das Auto von selbst stehen, als es nämlich gegen einen Baum schrammte. Ich nutzte die Gelegenheit, sprang hinaus, um in den Wald zu laufen. In der nächsten Sekunde raste das vermaledeite Auto davon und ließ mich allein in Kälte und Dunkelheit zurück. Ich bin absolut sicher, meine Begleiter vermissten mich zu keiner Sekunde, doch, Gott ist mein Zeuge, das galt auch umgekehrt.

Allerdings war es kein Vergnügen, auf einmal allein auf weiter, windiger Flur dazustehen. Ich ging auf der Straße zurück in der Hoffnung, irgendwann auf einen Highway zu stoßen. Doch selbst nach einer halben Stunde Fußmarsch immer noch keine Spur von menschlichen Behausungen. Aber dann, etwas abseits der Straße, entdeckte ich ein kleines Holzhaus mit einer Veranda und einer Lampe im Fenster. Vorsichtig schlich ich mich an das Fenster und spähte hinein. Vor dem Kamin saß eine ältere Frau mit rundem Gesicht und weißem, weichem Haar und las in einem Buch. Auf ihrem Schoß hatte sich eine Katze zusammengerollt, weitere Katzen schlummerten zu ihren Füßen.

Ich klopfte an die Tür und sagte mit klappernden Zähnen, als die Frau mir öffnete: »Entschuldigen Sie die Störung, aber ich hatte einen kleinen Unfall. Könnte ich vielleicht Ihr Telefon benutzen, um mir ein Taxi zu bestellen?«

»Ach herrje«, sagte sie lächelnd. »Das geht leider nicht, ich habe kein Telefon. Dazu bin ich zu arm. Aber bitte, kommen Sie doch herein.« Und als ich in den gemütlichen Raum getreten war, sagte sie: »Du lieber Himmel, Sie sind ganz durchgefroren. Soll ich Ihnen einen Kaffee machen? Oder Tee? Ich habe auch noch etwas Whiskey von meinem Mann – er ist vor sechs Jahren gestorben.«

Ich sagte, ein Whiskey könne jetzt nicht schaden.

Während sie den Whiskey holte, wärmte ich meine Hände am Feuer und schaute mich in dem freundlichen Zimmer um, das von sechs oder sieben Katzen, allesamt Promenadenmischungen, in Beschlag genommen war. Ich schaute auf den Titel des Buchs, das Mrs. Kelly gerade las – denn so hieß sie, wie ich später erfuhr. Es war *Emma* von Jane Austen, einer meiner Lieblingsautorinnen.

Als Mrs. Kelly mit Eiswürfeln im Glas und einer angestaubten Bourbon-Flasche zurückkam, sagte sie: »Aber setzen Sie sich doch. Ich habe nicht oft Gesellschaft, außer meinen Katzen natürlich. Sie bleiben doch über Nacht, oder? Ich habe ein kleines Gästezimmer, das wartet schon so lange auf einen Besucher. Morgen früh gehen Sie dann zum Highway zurück und lassen sich in die Stadt mitnehmen. Da gibt es eine Werkstatt, die Ihren Wagen repariert. Sie liegt nur fünf Meilen entfernt.«

Ich dachte laut darüber nach, wie man ohne Fortbewegungsmittel oder Telefon so isoliert leben konnte, und sie sagte, der Postbote sei ein guter Freund von ihr und erledige alle ihre Einkäufe. »Albert. Albert ist wirklich eine treue Seele. Leider geht er nächstes Jahr in Rente. Was ich ohne ihn anfangen soll, weiß ich noch nicht. Aber irgendetwas ergibt sich sicher. Vielleicht ist der neue Postbote ja auch so nett. Aber sagen Sie, was hatten Sie denn für einen Unfall?«

Nachdem ich ihr – wahrheitsgemäß – berichtet hatte, was passiert war, meinte sie empört: »Recht so. Ich würde nicht mal zu jemandem ins Auto steigen, der ein Glas Sherry auch nur angeguckt hat. So habe ich nämlich meinen Mann verloren. Nach vierzig Jahren Ehe, vierzig glücklichen Jahren. Und dann wird er von einem betrunkenen Autofahrer überfahren. Wenn ich meine Katzen nicht hätte ...« Sie streichelte die hellbraun getigerte Katze, die schnurrend auf ihrem Schoß lag.

Wir unterhielten uns weiter vor dem Kamin, bis mir die Augen schwer wurden. Wir sprachen von Jane Austen (»Ach, Jane! Meine Tragödie ist, dass ich alle ihre Bücher schon so oft gelesen habe, dass ich sie mittlerweile auswendig kenne.«). Wir sprachen von anderen Autoren, die wir gemeinsam bewunderten: Thoreau, Willa Cather, Dickens, Lewis Carroll, Agatha Christie, Raymond Chandler, Hawthorne, Tschechow, De Maupasssant. Sie war eine gebildete Frau mit vielseitigen Interessen, und die Klugheit leuchtete in ihren haselnussbraunen Augen wie die kleine Lampe auf dem Tisch neben ihr. Wir unterhielten uns über die harten Winter in Connecticut, über Politiker, ferne Länder (»Ich war noch nie im Ausland, aber wenn sich jemals die Möglichkeit ergibt, würde ich gern nach Afrika. Ich habe schon davon geträumt. Grüne Hügel, die Hitze, die herrlichen Giraffen und Elefanten, die dort herumlaufen.«). Wir unterhielten uns über Religion (»Ich bin katholisch erzogen, aber leider bin ich inzwischen so etwas wie ein Freigeist. Vielleicht, weil ich zu viel gelesen habe.«). Wir unterhielten uns über Gartenarbeit (»Ich pflanze mein eigenes Gemüse an und mache es dann ein. Ich muss, sonst käme ich nicht zurecht.«). Schließlich sagte sie: »Bitte entschuldigen Sie mein Geschwätz, aber Sie glauben ja nicht, welche Freude mir unser Gespräch macht. Wahrscheinlich ist das längst Ihre Schlafenszeit, ich jedenfalls gehöre ins Bett.«

Sie begleitete mich nach oben, und nachdem ich es mir in dem Doppelbett unter Bergen von hübschen Flickendecken bequem gemacht hatte, kam sie noch einmal zurück, um mir eine gute Nacht und süße Träume zu wünschen. Trotzdem lag ich noch eine ganze Weile wach und dachte nach. Was für eine außergewöhnliche Begegnung! Da lebt diese alte Frau ganz allein in dieser Einöde und lässt einen Fremden, der mitten in der Nacht an ihre Tür klopft, nicht nur herein, sondern bietet ihm sogar ein Bett an. Ich bezweifle, ob ich umgekehrt den Mut dazu gehabt hätte, geschweige denn die Großzügigkeit.

Am nächsten Morgen machte sie mir Frühstück in der Küche, Kaffee und heißen Haferbrei mit Zucker und Kondensmilch. Nicht unbedingt meine erste Wahl, aber ich war hungrig, und es schmeckte wunderbar. Die Küche war weit schäbiger als der Rest des Hauses. Der Herd, der brummende Kühlschrank, alles kam mir schrottreif vor. Alles außer einer großen, vergleichsweise modernen Tiefkühltruhe in der Ecke.

Sie redete in einem fort: »Ich liebe ja Vögel. Und es bricht mir das Herz, dass ich sie im Winter nicht füttern kann. Aber wegen der Katzen sollten sie dem Haus besser nicht zu nahe kommen. Mögen Sie eigentlich Katzen?«

»Ja, ich hatte sogar einmal eine Siamkatze namens Toma. Zwölf Jahre ist sie alt geworden, wir haben zusammen die ganze Welt bereist. Immer war sie dabei. Und als sie starb, wollte ich keine neue.«

»Dann werden Sie das hier vielleicht verstehen«, sagte sie, führte mich zur Tiefkühltruhe und machte sie auf. Im Innern lagerten lauter Katzen, stapelweise gefrorene, perfekt erhaltene Katzen, sicher mehrere Dutzend. Der Anblick berührte mich seltsam. »Alles meine Freunde, die hier ihre letzte Ruhe gefunden haben. Ich konnte mich einfach nicht von ihnen trennen, zumindest nicht *ganz*.« Sie lachte und sagte: »Jetzt denken Sie sicher, ich hätte nicht mehr alle Tassen im Schrank.«

Nicht alle Tassen im Schrank? Ja, vielleicht, dachte ich, als ich unter dem grauen Himmel – den Weg hatte sie mir beschrieben – Richtung Highway stapfte. Aber was spielte das für eine Rolle, wenn von ihr ein Leuchten ausging wie von einer Lampe im Fenster?

GASTFREUNDSCHAFT

*E*s gab einmal eine Zeit, da sorgten die Farmersfrauen des amerikanischen Südens dafür, dass sich jeder durchreisende Fremde mit an den gedeckten Mittagstisch setzen durfte, egal ob Wanderprediger, Scherenschleifer oder Tagelöhner. Wahrscheinlich leben viele dieser Farmersfrauen noch, und sicherlich zählt meine Tante, Mrs. Jennings Carter, Mary Ida Carter dazu.

Als Kind lebte ich immer wieder für längere Zeit auf der Carter-Farm, die damals noch klein war, aber heute ein beträchtliches Anwesen darstellt. Damals gab es noch Öllampen, Wasser wurde aus dem Brunnen gepumpt und mit Eimern ins Haus getragen, warm war es nur rund um Kamin und Herd, und auch Musik machte man noch selbst. Oft setzte sich Onkel Jennings ans Klavier und musizierte zusammen mit seiner hübschen Frau, der jüngeren Schwester meiner Mutter.

Sie waren schwer arbeitende Leute, die Carters. Mit Hilfe einiger Teilpächter und dem Pferdepflug bestellte Onkel Jennings sein Land. Der Arbeitsbereich seiner

Frau dagegen war praktisch unbegrenzt. Ich half mit, so gut ich konnte, fütterte die Schweine, melkte die Kühe, machte Butter, schälte Mais, pulte Erbsen, knackte Pekannüsse. Das alles machte Spaß, nur vor einer Aufgabe suchte ich mich nach Möglichkeit zu drücken und machte, wenn ich gar nicht darum herumkam, die Augen zu: Ich hasste es, den Hühnern den Hals umzudrehen. Obwohl ich sie später auf dem Teller wieder ganz lecker fand.

Das alles war während der Großen Depression, doch auf dem Tisch von Mary Ida gab es immer reichlich zu essen. Die Hauptmahlzeit gab es zu Mittag, Punkt zwölf, wenn ihr verschwitzter Mann und seine Leute mit einer großen Glocke vom Feld gerufen wurden. Ich läutete die Glocke gerne, denn es verschaffte mir ein gewisses Machtgefühl und die Illusion, selbst einmal Wohltäter zu sein.

Zu diesen Mittagsmahlzeiten also, wenn sich der Tisch unter Maisbrot und Brötchen, Scheibenhonig, Huhn und Seewolf und gebratenen Eichhörnchen mit Butter- und Augenbohnen bog, erschienen die Gäste, manchmal angekündigt, manchmal auch nicht. »Ach herrje«, sagte Mary Ida, wenn sie wieder einmal einen fußkranken Bibelvertreter die Landstraße entlangkommen sah. »Eine Bibel brauchen wir wohl nicht, aber bestimmt einen weiteren Teller.«

Von all unseren Kostgängern gehen mir drei nicht aus dem Gedächtnis. Der erste war ein presbyterianischer Missionar, der über Land zog, um Spenden für seine gottgefälligen Dienste in unheiligen Ländern zu sammeln. Mary Ida erklärte, sie könne zwar nichts Bares beisteuern, würde sich aber freuen, wenn er mit uns essen wolle. Die Frage erübrigte sich fast, wenn man ihn so sah, dünn wie eine Zuckerrohrstange in seinem staubigen, blankgewetzten schwarzen Anzug, den knarzenden Totengräberschuhen, auf dem Kopf den grünlich-schwarzen Hut. Er hatte einen langen, roten Hals mit einem zuckenden Adamsapfel so groß wie ein Kropf. Ich habe noch nie jemanden erlebt, der so unersättlich war wie er. Er konnte einen ganzen Liter Buttermilch in drei Schluck wegtrinken und vertilgte mit links ein ganzes Tablett mit Hühnchen (oder vielmehr mit links *und* rechts, denn er aß mit beiden Händen) und so viele Brötchen, triefend vor Butter und Sirup, dass ich schnell die Übersicht verlor. Doch der Schlemmer entschädigte uns mit haarsträubenden Geschichten aus gefährlichen Ländern. »Ich sag es Ihnen, ich habe Kannibalen gesehen, die haben Schwarze und Weiße am Spieß gebraten wie ein Spanferkel. Und sie lassen nichts übrig, weder Zehen noch Hirn noch Ohren noch sonst was. Einer dieser Kannibalen hat mir mal gesagt, am besten wären neugeborene Babys, denn die schmecken wie Lamm. Ich schätze mal, mit mir konnten sie nichts anfangen, da ich eh nichts auf den Knochen habe. Aber ich habe Männer gesehen, die haben sie an den Füßen aufgehängt, bis ihnen das Blut aus den Ohren herauskam. Einmal hat mich auch eine grüne Mamba gebissen, die giftigste Schlange der Welt. Eine Zeit lang war mir hundeelend, aber gestorben bin ich nicht, weswegen die Schwarzen wohl meinten, ich wäre ein Gott, und mir deshalb einen Mantel aus Leopardenfell zum Geschenk machten.«

Nachdem der verfressene Prediger abgezogen war, sagte Mary Ida, ihr schwirre richtig der Kopf von all den Horrorgeschichten und sie hätte wahrscheinlich noch wochenlang Alpträume davon. Worauf ihr Mann sie mit den Worten tröstete: »Ach Schatz, du hast diese Räuberpistolen doch wohl nicht geglaubt? Dieser Mann ist so wenig Missionar wie ich. Er ist einfach nur ein gottloser Lügenbold.«

Ein andermal beköstigten wir einen entflohenen Kettensträfling aus dem Alabama State Prison in Atmore. Natürlich *wussten* wir nicht, wie gefährlich er wirklich war und dass er für ungezählte bewaffnete Raubüberfälle lebenslänglich bekommen hatte. Er stand nur plötzlich vor unserer Tür und sagte Mary Ida, er habe Hunger und ob sie etwas zu essen für ihn habe. Und sie darauf: »Sir, da sind Sie bei uns richtig. Ich decke gerade den Abendbrottisch.«

Irgendwie, vermutlich unter Zuhilfenahme erbeuteter Kleidungsstücke von anderer Leute Wäscheleine, war es ihm gelungen, die gestreifte Sträflingskluft gegen ein blaues Arbeitshemd zu tauschen. Ich fand ihn nett, wie wir alle übrigens. Auf seinen Unterarm war eine Rose tätowiert, er hatte freundliche Augen, und er redete auch so. Er sagte, sein Name sei Brancroft (was sich später sogar als wahr erwies). Darauf fragte ihn mein Onkel Jennings: »Und was machen Sie so beruflich, Mr. Bancroft?«

»Na ja«, druckste er, »ich bin wieder mal auf der Suche – wie die meisten heutzutage. Es gibt eigentlich nichts, was ich nicht kann. Sie haben nicht zufällig Arbeit für mich?«

»Arbeit schon«, sagte Onkel Jennings. »Nur kein Geld, um Sie zu bezahlen.«

»Ich würde fast für umsonst arbeiten.«

»Yeah«, sagte Jennings. »Aber sogar das ist noch zu teuer.«

Unversehens kam dann das Gespräch auf ein Thema, das in diesem Hause selten angesprochen wurde: Kriminalität. Mary Ida hob an zur Klage: »Ach, wen hatten wir nicht alles schon! Pretty Boy Floyd. Oder diesen anderen, diesen Dillinger. Fahren durchs Land, rauben Banken aus und schießen Leute tot.«

»Ach, ich weiß nicht«, sagte Mr. Bancroft. »Um die Banken ist es nicht schade. Und eines muss man Dillinger lassen, blöd ist er nicht. Schon komisch, wie er einen Safe nach dem anderen ausräumt, ohne dass sie ihn je packen.« Worauf er lachte und seine nikotinbraunen Zähne zeigte.

»Nun«, entgegnete Mary Ida. »So etwas von Ihnen zu hören, überrascht mich nun doch.«

Zwei Tage später fuhr Jennings mit dem Wagen in die Stadt und kam mit einem Fass Nägel, einem Sack Mehl und der neusten Ausgabe des *Mobile Register* zurück. Auf der Titelseite war ein Bild von Mr. Bancroft – oder »Ballermann-Bancroft«, wie er in Amtskreisen genannt wurde. Etwa dreißig Meilen entfernt, in Evergreen, hatten sie ihn geschnappt. Als Mary Ida sein Foto sah, fächelte sie sich das Gesicht mit einem Papierfächer, als könne sie nur so einer drohenden Ohnmacht vorbeugen. »Du liebe Güte«, rief sie. »er hätte uns alle umbringen können.«

Und Jennings meinte grämlich: »Sie hatten sogar eine Belohnung auf ihn ausgesetzt. Und wir haben sie uns durch die Lappen gehen lassen, *das* ärgert mich am meisten.«

Dann war da dieses Mädchen namens Zilla Ryland. Mary Ida entdeckte sie eines Tages am Bach hinterm Haus, wo sie ihren zweijährigen, rothaarigen Sohn badete. Mary Ida beschrieb es so: »Ich sah sie, bevor sie mich entdeckte. Sie stand nackt im Wasser und wusch diesen wunderschönen kleinen Kerl. Am Ufer lagen ihr Kattunkleid, die Sachen des Jungen und ein alter Koffer, der mit einem Strick zusammengebunden war. Der Kleine lachte, genauso wie sie. Dann sah sie mich und erschrak. Offenbar hatte sie Angst vor mir. Ich sagte: ›Schöner Tag heute, was? Aber ein bisschen zu heiß. Da tut eine kleine Abkühlung gut.‹ Aber sie griff sich ihr Kind und sprang aus dem Wasser. Deshalb sagte ich: ›Du brauchst keine Angst zu haben, ich bin bloß Mrs. Carter, wir wohnen da vorne. Komm doch mit und ruh dich etwas aus.‹ Daraufhin fing sie an zu weinen, sie war ja selbst noch ein halbes Kind. Ich fragte sie: ›Was ist denn los, Schatz?‹ Aber das wollte sie nicht sagen. Mittlerweile hatte sie sich selbst und auch das Kind angezogen. Ich sagte: ›Vielleicht kann ich dir helfen. Aber du musst mir schon sagen, was los ist.‹ Sie aber schüttelte den Kopf und sagte, es wäre nichts. Und ich sagte: ›Aber wegen nichts weint man doch nicht. Komm doch mit ins Haus, dann reden wir darüber.‹ Und so geschah es.«

So geschah es.

Ich saß auf der Schaukelbank der Veranda und las in einer alten *Saturday Evening Post*, als sie den Weg hochkamen, Mary Ida mit dem zerbeulten Koffer in der Hand und dieses barfüßige Mädchen mit ihrem Kind auf dem Arm.

Mary Ida stellte mich vor: »Das hier ist mein Neffe Buddy. Und du bist ... entschuldige, Schatz, ich habe deinen Namen nicht mitgekriegt.«

»Zilla«, flüsterte das Mädchen mit gesenktem Blick.

»Entschuldigung, ich habe dich noch immer nicht verstanden.«

»Zilla«, flüsterte sie abermals.

»Na dann«, sagte Mary Ida heiter. »Aber ein ungewöhnlicher Name ist es schon.«

Zilla zuckte die Achseln: »Den Namen habe ich von meiner Mutter. Sie hieß auch so.«

Zwei Wochen später war Zilla immer noch da und erwies sich als ebenso ungewöhnlich wie ihr Name. Ihre Eltern waren tot, ihr Ehemann war »mit einer anderen durchgebrannt, so einer Dicken. Er steht auf dicke Frauen und meinte, ich wäre zu dünn, deshalb ist er mit ihr durchgebrannt. Dann hat er sich scheiden lassen und sie geheiratet. In Athens, Georgia war das.« Einziger lebender Angehöriger war ein Bruder: Jim James. »Deswegen bin ich nach Alabama gekommen. Ich habe gehört, er wohnt hier irgendwo.«

Onkel Jennings setzte alle Hebel in Bewegung, um diesen Jim James ausfindig zu machen. Nicht ohne Grund, denn obwohl er Zillas kleinen Sohn Jed gut leiden konnte, blieb ihm Zilla weitgehend fremd. Ihre Piepsstimme irritierte ihn, und ihre Art, dauernd irgendwelche mysteriösen Melodien vor sich hin zu summen, ebenso.

Jennings zu Mary Ida: »Sag mir: Wie lang gedenkt unser Gast denn *noch* zu bleiben?« Mary Ida: »Bitte, Jennings, schhhh! Sie kann dich hören. Das arme Kind. Sie hat doch sonst niemanden, zu dem sie könnte.« Darauf verstärkte Jennings seine Anstrengungen. Er schaltete den Sheriff ein und bezahlte sogar eine Anzeige in der Lokalzeitung – was er normalerweise nie getan hätte. Doch niemand in der Gegend hatte je von einem Jim James gehört.

Schließlich hatte Mary Ida, clever, wie sie war, eine Idee. Die Idee bestand darin, einen Nachbarn, Eldrigde Smith, zum Abendessen einzuladen, für gewöhnlich ein eher bescheidenes Mahl, das um sechs Uhr eingenommen wurde. Ich weiß nicht, warum sie nicht schon früher darauf gekommen war. Mr. Smith war nicht unbedingt ein Bild von einem Mann, aber er war ein jüngst verwitweter Farmer von ungefähr vierzig Jahren mit zwei Kindern im schulpflichtigen Alter.

Nach dem ersten Abendessen kam Mr. Smith fast jeden Abend vorbei. Mit Einbruch der Dunkelheit ließen wir Zilla und Mr. Smith allein auf der quietschenden Hängeschaukel auf der Veranda zurück, wo sie gemeinsam weiter schaukelten und sich unterhielten und schließlich nur noch flüsterten. Das alles trieb Jennings zwar in den Wahn, denn im Grunde konnte er Mr. Smith genauso wenig ausstehen wie Zilla, doch seine Frau beruhigte ihn immer wieder mit denselben Worten: »Schhh, Schatz. Warten wir doch ab, was weiter passiert.« Ein Trost war das nicht.

Einen vollen Monat warteten wir. Bis Jennings eines schönen Abends Mr. Smith beiseite nahm und unumwunden fragte: »Okay, Eldrigde, jetzt mal von Mann zu Mann: Wie sehen deine Absichten in Bezug auf die junge

Lady aus?« So, wie er die Frage stellte, klang sie allerdings eher nach einer Drohung.

Auf ihrer Singer-Nähmaschine mit Fußbetrieb nähte Mary Ida später das Hochzeitskleid, ein weißes Baumwollkleid mit Puffärmeln. Dazu trug Zilla eine weiße Seidenschleife im Haar, die dem Anlass entsprechend aufgerüscht wurde. Zilla sah erstaunlich hübsch damit aus. Die Trauung fand an einem kalten Septembernachmittag unter einem Maulbeerbaum statt, die Leitung hatte Reverend L. B. Persons. Im Anschluss gab es für alle kleine Rührkuchen und Fruchtpunsch mit einem Schuss Muskateller. Und als die Frischvermählten auf einem Maultierwagen davonzuckelten, tupfte sich Mary Ida mit dem Saum ihres Kleides gerührt die Augen. Nur Onkel Jennings, wie immer trocken wie eine Schlangenhaut, meinte: »Herr, wir danken dir für deine Gnade. Und da du schon einmal dabei bist, Segnungen über uns auszuschütten, wie wär's mit ein bisschen Regen für meine Felder?«

ORTE

NEW ORLEANS

Unten im Hof stand ein Engel aus schwarzem Stein. Der Kopf des Engels erhob sich über die Elefantenblätter, und die harten, gläsernen Engelaugen, so hell wie das verwaschene Blau in den Augen von Matrosen, starrten himmelwärts. Den Engel sah man durch das verschnörkelte Schmiedewerk des grünen Balkons – *meines* Balkons, denn *ich* wohnte dahinter. Drei weiße Altbauzimmer mit Stuckdecke, breiten Schiebetüren und hohen, nach außen führenden Balkontüren. An warmen Abenden, wenn die Fenster offen standen, war es der ideale Ort für stimmungsvolle Unterhaltungen, denn eine säuselnde Brise wie der Fächerschlag einer alten Dame zog durch die Zimmer. An solchen warmen Abenden ist es still in der Stadt. Nur Stimmen: Familiengespräche auf efeuverhangener Veranda; eine barfüßige Frau in einem Schaukelstuhl auf dem Gehsteig, die ganz offen ihr Baby stillt; das Keifen einer Ausländerin, die auf dem Balkon ein Huhn rupft, wobei sich die Federn von ihrer Hand lösen und träge in die Tiefe segeln.

Eines Morgens – ich glaube, es war Dezember, ein kalter Sonntag mit einer traurigen grauen Sonne – ging ich durch das French Quarter zum alten Markt, wo es zu dieser Jahreszeit immer herrliches Winterobst gab, süße Satsumas, das Dutzend zu zwanzig Cent, und auch Winterblumen wie Weihnachtsstern und Zitronenquitte. Die Straßen von New Orleans bilden lange, einsame Fluchten. In leeren Stunden herrscht dort eine Atmosphäre wie bei de Chirico, und selbst harmlose Dinge erlangen den Charakter von etwas Gewalttätigem. (Ein erleuchtetes Gesicht in der Schraffur einer Lamellenlade, in der Ferne gehende Nonnen; ein dicker schwarzer Arm, der aus irgendeinem Fenster hängt; ein einsamer schwarzer Junge, der in einer Seitengasse hockt, Seifenblasen in die Luft pustet und ihnen traurig nachschaut, bis sie platzen.) An diesem Morgen blieb ich in der Mitte eines Häuserblocks plötzlich stehen, denn im Augenwinkel war mir etwas aufgefallen, ein dunkler Hausdurchgang mit einem verwilderten Garten dahinter. Ein bizarrer weißer Hund stand steifbeinig im grünen Farnlicht am Ende des Durchgangs, unwillkürlich ging ich darauf zu. Innen war ein Brunnen, dünn rieselte Wasser aus dem Maul eines Bronzeäffchens und verursachte auf dem Kieselbett des Beckens Laute wie von einsamen Glöckchen. Er hing am Ast einer Weide, eine Gangstervisage mit krass platinblonden Haaren. Er hing so kraftlos wie die Weidenäste. Der Schrecken hatte sich in dem lautlosen, erstickten Garten breitgemacht. Blind sahen die geschlossenen Fenster zu, die Schleimspuren von Schnecken glitzerten auf den Elefantenohren, nichts regte sich außer seinem Schatten. Leise schwang er hin und her, obwohl kein Hauch zu spüren war. Der Glaskristallring an seinem Finger blinkte kurz auf, und auf seinem Arm war ein Name tätowiert: »Francy«. Der Hund senkte den Kopf, um aus dem Brunnen zu trinken, und ich rannte weg. Francy – hatte er sich ihretwegen umgebracht? Ich weiß es nicht, N.O. ist eine Stadt voller Geheimnisse.

Die Glasaugen meines Steinengels waren wie Sonnenuhren, denn sie verrieten einem – anhand der in ihnen gesammelten Lichtmenge – die Zeit. Das weiße Licht am Mittag verkümmerte schrittweise erst zu Dämmerungsgrau, dann zu Schwarz: nachtschwarze Augen in einem nachtschwarzen Kopf.

Die blätternden Lippen goldhaariger Mädchen strahlen verliebt von schiefen Fassaden: Drink Dr. Nutt, Dr. Pepper, NEHL, Grapeade, 7 Up, Koke, Coca-Cola. Wie alle Städte im Süden ist auch N.O. eine Stadt der Softdrink-Reklame. Vor allem die Straßen der schlechteren Viertel sind mit Cola-Kronkorken gepflastert, nach einem Regenguss glitzern sie wie verlorene Zehn-Cent-Stücke. Werbeplakate pellen sich ab, liegen zertreten da, bis der Sturm sie die Straße entlangtreibt wie haltloses Steppengesträuch. Trotzdem gibt es Leute, die diese Plakate für schön halten, die ihre Wände mit Dr. Nutt oder Dr. Pepper tapezieren, mit Coca-Cola-Schönheiten, die auf ihre Mietskasernenkojen herabblicken, Wächterinnen der Nacht und Heilige des Morgens. Botschaften überall, in Kreide, gedruckt, gemalt: Madame Ortega – Kartenlesen, Liebestränke, Magische Bücher, kein Termin erforderlich. Wenn Sie schon nichts zu tun haben ... tun Sie es bitte nicht hier. Bist du bereit für deinen Schöpfer? Achtung, bissiger Hund. Haben Sie Mitleid mit den armen kleinen Waisenkindern. Bin taubstumme Witwe mit 2 Mäulern zu füttern, helfen Sie. Achtung, die Blue Wing Singers heute Abend in unserer Kirche. Gezeichnet: Der Reverend.

Ich erinnere mich auch an den Aushang an einer Tür im Bezirk Irish Channel, der da lautete: »Tritt ein und sieh, wohin schon Jesus sein Stock und sein Stab geführt.«

»Was willst du?«, fragte die Frau, die mir auf mein Klingeln öffnete. »Ich hätte gern gesehen, wohin schon Jesus sein Stock und sein Stab geführt«, antwortete ich, und einen Moment lang war sie verblüfft. Ihr Gesicht, wie mit dem Rasiermesser geschnitten, war weiß wie ein Marshmallow, sie hatte keine Augenbrauen, keine Wimpern, und sie trug einen Kimono aus bedrucktem Kattun. »Aber noch nicht in deinem Alter, Schätzchen«, sagte sie und lachte los, dass die Brüste wackelten. »Du bist noch viel zu klein für Jesus sein Stock und Stab.«

In meiner Nachbarschaft gab es ein Café, das war der traurigste Ort in ganz N.O., das leerste Café war es auf alle Fälle, ein Laden wie ein Leichenbegängnis. Die Inhaberin, Mrs. Morris Otto Kunze, schien das nicht zu stören. Sie saß den ganzen Tag hinter ihrer Bar, fächelte sich mit einem Palmwedel Kühlung zu und rührte sich nur, um Fliegen totzuschlagen. Und über einem alten, gesprungenen Spiegel hinter der Bar hingen sieben Zettel, die gleichlautend verkündeten: Über das Leben musst du dir keine Gedanken machen ... du verlässt es sowieso nicht lebend.

3. Juli. Im Briefkasten ein formelles Kärtchen von Miss Y., also ging ich sie am Nachmittag besuchen. Auf ihre alt-

modische Art kann sie sehr unterhaltsam sein, aber das geschieht eher unbeabsichtigt. Als ich sie das erste Mal sah, dachte ich: Edna May Oliver, die Ähnlichkeit ist verblüffend. Miss Y. spricht immer sehr bedächtig, aber was sie sagt, geht durcheinander, und ihre sherryfarbenen Augen irren suchend in der Umgebung herum. Sie hält sich militärisch aufrecht und hat stets ein Rattanstöckchen dabei, denn ihr eines Bein ist kürzer als das andere, was ihrem Gang etwas Pinguinartiges verleiht. »Als ich in Ihrem Alter war, war ich darüber sehr traurig, ja, das kann man sagen, traurig, denn Papa hat mich wirklich auf alle Bälle geschleppt, wo wir dann auf diesen kleinen, zierlichen Goldstühlchen saßen ... und saßen ... und saßen, bloß dass keiner der Herren je mit Miss Y. tanzen wollte, tanzen auf gar keinen Fall, außer einem jungen Mann aus Baltimore, einem Mr. Jones, der einen Winter lang hier war, aber dann – herrje! – von einer Leiter fiel, der Ärmste, und sich den Hals brach und, na ja, sofort tot war.«

Mein Interesse an Miss Y. ist eher wissenschaftlicher Natur. Ich bin also, wie ich zu meiner Schande gestehen muss, nicht ganz der gute Hausfreund, den sie in mir vermutet, denn einer Miss. Y. kann man nicht wirklich nahe sein. Sie ist viel zu sehr Märchengestalt, irreal, unwahrscheinlich. Sie ist wie das Piano in ihrem Wohnzimmer, elegant, aber etwas verstimmt. Ihr Haus, das selbst nach N.O.-Maßstäben als alt gelten muss, umgibt ein kaputter, schwarzer, schmiedeeiserner Zaun. Die Gegend ist arm, an jeder Ecke sieht man Schilder »Zimmer zu vermieten«, es gibt viele Tankstellen und Jukebox-Cafés. Und doch gab es, als ihre Familie erstmals hierher zog – aber das ist wirklich sehr lange her –, kaum ein vornehmeres Viertel als dieses. Inzwischen ist das Haus ergraut und wird von schiefen Bäumen bald erdrückt. Im Innern allerdings ist die alte Märchenwelt noch spürbar. Wenn etwa das Geräusch ihres Stöckchens auf der breiten geschwungenen Treppe Kristall zum Zittern bringt. Wenn ihr Gesicht, jenes Herz aus zerknitterter Seide, wie ein Schemen in den deckenhohen Spiegeln erscheint. Wenn sie sich vorsichtig (man beachte, wie sehr sie auf ihre alten Knochen achtgibt), übervorsichtig in den Urururgroßvatersessel niederlässt, eine unnachsichtige Sitzgelegenheit mit löwenköpfigen Armlehnen. Denn in der dunklen Kühle ihres Hauses ist sie schön – und sicher. Denn das sind die Wände und die Möbel ihrer Kindheit. »Manche Menschen sind die geborenen Alten. Ich zum Beispiel war ein schreckliches Kind ohne irgendwelche Vorzüge. Aber das Altsein gefällt mir. Ich habe irgendwie das Gefühl, es passt zu mir, oder …«, sie legt eine kleine Pause ein und weist auf das dämmrige Wohnzimmer, »… oder ich passe hierhin.«

Miss Y. glaubt nicht an eine Welt außerhalb von N.O. Zuweilen, so wie heute, äußert sich ihr Inseldasein in ziemlich unheimlichen Sätzen. Als ich zum Beispiel meine Reise nach New York erwähne, fragt sie mit erhobener Braue lediglich: »Oh, und wie steht's bei denen da draußen?«

1. Ich frage mich, warum sich die Taxifahrer von N.O. immer so anhören, als hätte man sie direkt aus Brooklyn importiert.

2. Von Essen ist immer viel die Rede in N.O. Und das nicht ohne Grund, Restaurants wie Arnaud's und Kolb's

sind die besten von ganz Amerika. Das liegt nicht zuletzt an der gelassenen Atmosphäre unter den gemächlichen Deckenventilatoren, den riesigen Tischen, der Abwesenheit jeglichen Gedränges, der Stille, den ungezwungenen, aber äußerst professionellen Kellnern, die immer so aussehen, als seien sie Söhne des Patrons. Bei einem Vergleich von N.O. und New York meinte ein Freund von mir einmal, dasselbe Menü komme in New York nicht nur wesentlich teurer als in New Orleans, sondern auch immer mit sehr viel mehr Brimborium und unnötigem Chichi auf den Tisch, und nur weil irgendein Sternekoch sich darin verewigen wolle. Die Küche von New Orleans sei da anders, sagte er, und ihre herausragende Qualität direkt verbunden mit ihrer fundamentalen Einfachheit.

3. Mittlerweile nervt mich das ewige Gütesiegel vom »alten Zauber« dieser Stadt gehörig an. Sicher, man findet diesen Zauber. In der Architektur zum Beispiel oder den Antiquitätenläden (wohin er eigentlich gehört, der alte Zauber) oder in der interessanten Durchmischung der Dialekte rund um den French Market. Aber letztlich ist N.O. auch nicht bezaubernder als andere Städte im Süden, eher sogar weniger bezaubernd als diese, denn New Orleans ist die größte. Wesentliche Teile dieser Stadt, also alles jenseits des Touristengürtels, sind schlicht und einfach eine kulturelle Tiefebene.

(Aus einem Brief an R. R.) Unter mir sind neue Leute eingezogen, die dritten Mieter in einem Jahr. Das französische Viertel ist eine reine Durchgangsstation, heute hallo, morgen auf Wiedersehen. Als ich hier einzog, wohnte ein echter Widerling dort – skrupellos, unsauber und obendrein auch noch verwachsen, ein vollkommen verluderter Satyr. Mr. Buddy, die Ein-Mann-Band. Wahrscheinlich hast du ihn schon einmal gesehen, nicht hier, aber in einer anderen Stadt, denn er ist ständig unterwegs, er und seine Ein-Mann-Combo, bestehend aus Banjo, Trommel und Mundharmonika. Ich habe ihn schon öfter in der Stadt spielen sehen, umlagert von den üblichen Tagedieben. Diese Begegnungen mit meinem Nachbarn waren alles andere als schön. Dabei war er ehrlich gesagt nicht einmal ein schlechter Musiker, im Gegenteil. Bis er eines Abends auf seiner Bude zur Gitarre eine dieser schaurigen Liebesballaden sang. Nur für sich und sein Vergnügen heulte er mit seiner Whiskeystimme, wie sehr doch die Liebenden leiden.

Das wäre ja noch gegangen. Aber dann: »Hey, Kleiner! Hey, du da oben ...« Gemeint war zweifellos ich, auch wenn er meinen Namen nicht kannte und ihn auch nie zu erfahren begehrt hatte. »Komm mal runter, wir wollen einen lenzen.«

Sein Balkon, kleiner als meiner, war ganz von süß duftenden Glyzinien beschirmt. Da er praktisch keine Möbel besaß, setzten wir uns im grünen Schatten auf den Boden und tranken Gin, den man besser als Fleckenwasser verwendet hätte. Und während er aus tiefster Säuferkehle seine Lebensgeschichte abriss, griff er immer wieder in die Saiten, um das Gesagte mit schollernden Akkorden zu begleiten. »Ich war ja schon überall. Mal ist man oben, mal ganz unten. Bin jetzt fünfundsechzig, aber die Weiber, die mich nehmen, brauchen keinen anderen mehr, das sag ich dir. Klar, ich hatte schon jede Menge Frauen und genauso viele Kinder, keine Ahnung, was aus ihnen geworden ist, ist mir auch egal. Außer vielleicht Rhonda Kay. Das war ein Teufelsweib, ehrlich, Mann, aber gleichzeitig süß wie Sumpfhonig, die war richtig heiß auf mich. Und scharf wie Nachbars Lumpi, allerdings verheiratet mit einem Baptistenpfaffen, vier Kinder hat sie gehabt – fünf, wenn man meines dazurechnet. Hab mich immer gefragt, was es geworden ist, Junge oder Mädchen. Junge, nehme ich mal an, von mir kriegen sie nur Jungen ... Alles natürlich schon lange her, damals, in Memphis, Tennessee. Man kommt ganz schön rum, sogar im Knast war ich schon. Hab aber auch schon in einer Villa gewohnt, Tatsache, wie bei Rockefellers. Ich sag immer, mal ist man oben, mal unten. Wenn man so rumkommt wie ich, bleibt das nicht aus.«

So hielt er sich dran, bis der Mond aufging und er anfing zu lallen. Sein fleckiges, runzliges Gesicht vermittelte ein trügerisches Wohlwollen, eine fast kindliche Verschmitztheit, doch seine Augen verengten sich oft zu zwei Schlitzen, und seine Fingernägel waren lang und messerscharf gefeilt wie die eines Chinesen. »Gut zum Kratzen und nützlich, wenn dir einer was will.«

Er trug eine eigenartige Staffage: schwarze Hose, rote Socken, Tennisschuhe, bei denen zwecks größerer Bequemlichkeit die Zehen abgeschnitten waren, dazu einen Morgenmantel, eine graue Samtweste, die angeblich einem seiner Vorfahren gehört hatte, Benjamin Franklin, sowie ein Barett, das mit *Vote-for-Roosevelt*-Buttons gespickt war. Eines aber musste man ihm lassen, er hatte tatsächlich einen Stich bei Frauen und wöchentlich neue Freundinnen, die ihn bekochten. Wann immer ich vorbeikam, stellte er mir wie der perfekte Kavalier seine jeweilige Neuerwerbung als die »zukünftige Mrs. Buddy« vor.

Aber einmal wachte ich nachts auf – mit dem dummen Gefühl, dass ich nicht allein im Zimmer war. Und tatsächlich erkannte ich im mondhellen Spiegel seine Gestalt. Er durchsuchte gerade meine Schubladen. Wobei aber meine Schachtel mit Pennys zu Boden ging und einen Höllenlärm verursachte. Da es jetzt keinen Sinn mehr hatte, mich schlafend zu stellen, machte ich das Licht an. Mr. Buddy sah mich an, aber offenbar ohne das geringste Schuldbewusstsein. Er grinste nur und sagte: »Hör mal, Kleiner, ich muss ganz schnell aus dieser Stadt verschwinden.«

Ich wusste nicht, was ich darauf sagen sollte. Er senkte den Blick und sagte leicht errötend: »Komm schon, sei ein guter Junge, hast du noch was Kohle für mich?«

Ich konnte nur auf die verschütteten Pennys verweisen. Wortlos und auf allen vieren sammelte er ein, was da war, und verließ hocherhobenen Hauptes meine Wohnung.

Am nächsten Morgen war er weg. Inzwischen haben sich hier drei Frauen gemeldet, die wissen wollten, wo er war, aber das wusste ich auch nicht. Vielleicht ist er ja in Mobile. Lieber R., falls du ihn siehst, wärst du so nett, mir eine Karte zu schicken und kurz Bescheid zu sagen?

I want a big fat mama, yes yes! Shotguns Finger, Finger so lang wie Bananen und dick wie Gewürzgurken, hauen in die Tasten, und sein Fuß schlägt den Takt dazu, dass das ganze Café wackelt. Shotgun! Die größte Show der Stadt!

Kann für keine zwei Pennys singen, aber, Mann, dafür geht das Klavier ab. Hör doch mal: *She's cool in the summer and warm in the fall, she's a four-season mama and that ain't all* ... Das groovt, er reißt den dicken Mund auf wie ein Krokodil und lässt die Melodie auf der roten Zunge zergehen, bis sie sich windet vor Lust. Shotgun, das Schwabbelmonster. Schau es an, dieses Gesicht, wie es lacht – trotz der Schrotnarben unter dem Schweiß. Ist ihm irgendetwas Menschliches fremd? Schade, dass kaum ein Weißer diesen Mann je zu sehen bekommt, denn dies ist ein Negercafé. Die Weihnachtsdeko aus dem vergangenen Jahr heitert die blätternden arsengelben Wände auf, orange-grüne Luftschlangen hängen an nackten Glühbirnen und flattern in der Brise eines müden Deckenventilators. Der Inhaber, ein gut aussehender Mulatte mit milchblauen Augen unter schweren Lidern, lehnt sich über den Tresen und ruft: »He, Nigger, wir sind hier nicht bei der Heilsarmee, lass die Kohle rüberwachsen, aber pronto.«

Und heute ist Samstag. Der ganze Laden schwimmt in Zigarettenqualm und Samstagabend-Ausgeh-Parfum. In zwei Reihen sitzen die Leute um die kleinen klebrigen Tische, jeder kennt hier jeden, und einen Moment lang ist dieser düstere, bunte, furchtbare Raum die ganze Welt. Das Herz schlägt in Shotguns Takt, und was immer wir noch an Glück empfinden können, es konzentriert sich auf seine verschlagen blitzenden Augen. *I want a big fat mama, yes yes!* Er wirft den Oberkörper nach vorn und hebt dann den Kopf aus dem Klavier, um uns geradewegs ins Gesicht zu sehen, wenn sein Triumphschrei in die Nacht aufsteigt: *I want a big fat mama with the meat shakin' on her, yes!*

NEW YORK

Diese Stadt ist ein Mythos, die Zimmer und Fenster, die dampfspeienden Straßen, ein einziger Mythos, auch wenn dieser Mythos für jeden anders aussieht. Ein Götzenbild mit Ampelaugen, die dem einen freundlich grün leuchten, dem anderen zynisch rot. Diese Insel, die wie ein diamantener Eisberg gleich von mehreren Flüssen umspült wird, nenn sie, wie du willst, meinetwegen New York. Der Name spielt keine Rolle, er stammt aus der mächtigeren Realität eines Anderswo. Was man sucht, ist nur eine Stadt, ein Ort, wo man sich verstecken, verlieren oder entdecken kann, um jenen Traum wahr zu machen, dem zufolge man eben doch kein hässliches Entlein ist, sondern einfach nur wundervoll und wert, geliebt zu werden. So dachtest du jedenfalls, als du auf dieser Eingangstreppe saßest, wo all die Fords vorbeirauschten. So dachtest du schon zu Beginn deiner Suche nach einer Stadt.

Hab vergangene Woche zweimal die Garbo gesehen, einmal im Kino, wo sie neben mir saß, und dann noch einmal in einem Antiquitätenladen auf der 3rd Avenue. Mit zwölf musste ich nach etlichen Unfällen immer wieder das Bett hüten. Dort schrieb ich mein erstes Stück. Ein Stück, das der schönsten Frau der Welt auf den Leib geschrieben war, wie ich in dem Brief formulierte, der dem Manuskript beilag. Das konnte nach meiner Meinung nur die Garbo sein. Aber leider erhielt ich weder auf den Brief noch auf das Stück irgendeine Reaktion, was ich ihr schwer übelnahm – bis zu dem Moment, da ich sie neben mir im Kino erkannte. In diesem Moment war mein ganzer Groll verflogen. Was mich zunächst aber verwunderte: Wie klein sie in Wirklichkeit war und wie farbenfroh gekleidet. Loren MacIver hatte schon recht, als sie sagte, bei den Rollen der Garbo erwarte man keine Farbe.

Jemand fragte: »Glaubst du, sie ist intelligent?« Eine absurde Frage meiner Meinung nach, denn wen interessiert das bei der Garbo schon? Zumindest reicht ihre Intelligenz für dieses Gesicht, auch wenn sie selbst es mittlerweile als tragische Fessel betrachtet. Dass sie gern allein ist, ist übrigens nicht nur eine lustige Anekdote, ich glaube vielmehr, erst allein fühlt sie sich nicht ganz so allein. Wer jeden Weg allein geht, trägt natürlich immer auch seinen Kummer mit sich, und den zeigt man der Öffentlichkeit ungern.

Gestern stöberte sie in einem Antiquitätenladen, sah sich aufmerksam alles an, ohne an irgendetwas wirklich interessiert zu sein. Einen Moment lang wollte ich sie ansprechen, nur um ihre Stimme zu hören. Gott sei Dank ließ ich die Gelegenheit verstreichen, und schon im nächsten Moment hatte sie den Laden verlassen. Ich ging ans Fenster und schaute ihr nach, während sie mit ihren langen Schritten die dämmrige Straße hinunterging. An der Ecke zögerte sie, als sei sie sich nicht sicher, in welche Richtung sie wollte. Die Straßenlaternen gingen an, und der plötzliche Lichtschein zauberte eine weiße Wand auf die Straße. Da stand sie, allein wie immer. Der Wind zerrte an ihrem Mantel, und sie, die Garbo, immer noch die schönste Frau der Welt, ging direkt auf diese Wand zu.

Heute Mittagessen mit M. Was mache ich bloß mit ihr? Sie sagte, sie habe nun endgültig kein Geld mehr, aber ihre Familie wolle ihr nicht helfen, falls sie nicht nach Hause käme. Vielleicht war das gemein von mir, aber ich sagte, eine andere Möglichkeit sähe ich jetzt auch nicht mehr. Dabei glaube ich gar nicht, dass ihr das noch möglich ist. Sie gehört zu jener Sorte talentloser Talente, die dieser Stadt fast über Nacht und unwiderruflich verfallen: zu intelligent für ein Leben in der Provinz, aber wieder nicht intelligent genug, um in ihrer Traumstadt wirklich aufzuleben. Und so führen sie ein neurotisches Schmarotzerdasein an den Rändern der New Yorker Szene.

Nur ein Erfolg – und zwar ein durchschlagender – könnte ihnen in dieser Lage Erleichterung verschaffen. Aber für Künstler ohne Kunst bedeutet das permanente Anspannung ohne die Möglichkeit einer Entspannung, Reizung wie durch einen Fremdkörper, ohne dass am Ende eine Perle entstünde. Vielleicht käme sogar einmal eine Perle heraus, wäre der Erfolgsdruck nicht so ungeheuer groß. Immer müssen sie etwas beweisen, denn sie alle entstammen der amerikanischen Mittelschicht, und da hat man nichts übrig für die sensible, junge, experimentelle Intelligenz des Landes. Wer nicht sofort Ergebnisse produziert (und zwar messbar in Cash), der hat versagt. Aber was bleibt von einer Zivilisation einmal übrig? Geld? Oder nicht doch eine Statue, ein Gedicht, ein Theaterstück?

Was nicht bedeutet, dass die Welt für den Lebensunterhalt einer M. aufkommen müsste. Nach Lage der Dinge könnte sie nie im Leben ein Gedicht schreiben, zumindest kein gutes. Trotzdem ist sie wichtig, denn bei ihrer Suche nach Wahrheit unterscheidet sie sich sehr wohl vom amerikanischen Durchschnittsbürger und hat daher etwas Besseres verdient, als von der Spätpubertät direkt in ein desillusioniertes Erwachsenenleben zu rutschen, nicht ohne wenigstens eine »große Zeit«, aus der sie etwas vorweisen könnte.

Ein Stück die Straße hinunter gibt es einen Radioreparaturladen, der einem älteren Italiener gehört, Joe Vitale. Im Frühsommer war auf dem Schaufenster eine seltsame Mitteilung zu lesen: DER SCHWARZE WITWA. Und darunter etwas kleiner: Verfolgen Sie hier die neusten Neuigkeiten des Schwarzen Witwas. Die Leute wunderten sich und warteten, was da kommen sollte. Einige Tage später hingen zwei vergilbte Fotos im Fenster. Sie waren allem Anschein nach mindestens zwanzig Jahre alt und zeigten Mr. Vitale als durchtrainierten Athleten in einem schwarzen, knielangen Badeanzug, eine schwarze Badehaube auf dem Kopf sowie die entsprechende Maske. Sorgsam getippte Bildunterschriften informierten darüber, dass Joe Vitale, derselbe Joe Vitale, den wir nur als die traurige Gestalt mit den Hängeschultern kannten, in einem früheren, besseren Leben preisgekrönter Sportler und Rettungsschwimmer in Rockaway Beach gewesen war.

Dem Aushang zufolge würden wir über die weiteren Ereignisse auf dem Laufenden gehalten werden, es lohne sich daher, öfter vorbeizuschauen. Es lohnte sich bereits in der folgenden Woche, als ein breiter Plakatstreifen stolz verkündete, der Schwarze Witwa würde demnächst seine alte Karriere wieder aufnehmen. Im Fenster hing sogar ein Gedicht, das hieß *Der Traum des Joe Vitale* und erzählte von seinem Wunsch, wieder als Bezwinger der Meere mit kraftvollen Zügen durch die Wellen zu pflügen.

Am nächsten Tag die letzte Nachricht. Es war eigentlich eine Einladung an uns alle: Am 20. August könnten wir am Strand von Rockaway Zeugen werden, wie Vitale von Rockaway Beach hinüber zu Jones Beach auf Long Island schwamm, eine ganz schöne Strecke. Den ganzen Sommer lang saß Mr. Vitale auf einem Campingstuhl vor seinem Laden, nahm still und gedankenverloren die Reaktionen der Passanten entgegen, nickte und lächelte freundlich, wenn Nachbarn vorbeikamen und ihm Hals- und Beinbruch wünschten. Ein kleiner Klugscheißer fragte ihn zwar, warum er »Witwa« geschrieben habe und nicht richtig »Witwer«, aber er antwortete mit großer Gelassenheit, das sei schon korrekt, für richtige Männer heiße es »Witwa«.

Dann passierte eine ganze Weile gar nichts. Und dann, eines Morgens, erwachte die Welt und lachte sich kaputt über den Traum des Joe Vitale. Seine Geschichte stand in allen Zeitungen, die Revolverblätter brachten sogar sein Bild auf der Titelseite. Aber schöne Bilder waren es nicht, denn sie zeigten keinen Triumph, sondern Joe Vitale im Moment seiner bittersten Niederlage und im Gewahrsam von zwei Polizisten an Rockaway Beach. Leider gaben die meisten Zeitungsberichte lediglich die Version der Polizei wieder. Dass nämlich an jenem Tag ein offenbar verwirrter alter Mann, nachdem er sich mit Fett eingerieben hatte, so weit aufs Meer hinausgeschwommen sei, dass Rettungsschwimmer ihn mit dem Boot zurückholen mussten. Und dass dieser Komiker, übrigens sonst ein netter alter Herr, da gebe es nichts, es gleich darauf noch einmal versucht habe. Was bedeutete, dass das Rettungsboot abermals auslaufen musste, um den alten Knacker aus dem Wasser zu fischen und mit mehr oder weniger sanftem Druck an Rockaway Beach anzulanden wie einen sterbenden Hai. Verständlich, dass den Schwarzen Witwa da keine Meerjungfrauengesänge erwarteten, sondern Beschimpfungen, Buhrufe und der schrille Ton von Polizeipfeifen.

Richtig wäre es gewesen, Joe Vitale zu sagen, wie leid es dir tut, wie sehr du seinen Mut bewunderst und dergleichen mehr. Denn der Tod eines Traums ist nicht weniger schlimm als der Tod eines Menschen und stürzt die Hinterbliebenen in dieselbe Trauer. Doch sein Radioladen ist schon seit Langem geschlossen, und von ihm selbst fehlt jede Spur. Sogar das Gedicht hinter dem Schaufenster ist verschwunden – irgendwohin, wo es keiner mehr sieht.

Hilary sagte, wir sollten noch vor den anderen Gästen zum Tee kommen. Trotz seiner schweren Erkältung wollte er die Party auf keinen Fall absagen, und das verwundert mich nicht. Den Gastgeber zu spielen, ist sein persönliches Allheilmittel. Ganz gleich, wo man hingeht, wenn er dabei ist, ist es *sein* Haus und du bist *sein* Gast. Manche finden so ein Verhalten ziemlich großspurig, aber die echten Gastgeber sind immer froh darüber, denn mit seiner imposanten Erscheinung, seinen mal dröhnenden, mal kichernden Monologen verleiht er auch der drögesten Veranstaltung strahlenden Glanz. Er möchte einfach jedem Einzelnen das Gefühl vermitteln, ein Star zu sein, und der Erste, den er davon überzeugen kann, ist er selbst. Sogar mausgraues Volk umgibt in seinen Augen noch so etwas wie Glamour, und das erklärt, dass ihn alle mögen, sogar diejenigen unter dem Partypublikum, die so schnell niemanden mögen.

Eine weitere Eigenart von ihm: Er bleibt sich immer gleich, bringt einen zum Lachen, auch wenn man am liebsten heulen möchte. Und wenn man gegangen ist, beschleicht einen das seltsame Gefühl, dass er jetzt stellvertretend für einen selbst Tränen vergießt. Hilary mit dem samtenen Schoßdeckchen auf den Knien, das Telefon in der einen, ein Buch in der anderen Hand. Und immer läuft in der Wohnung irgendein Radio oder Plattenspieler oder klingelt ein weiteres Telefon.

Bei unserer Ankunft empfing uns Hilary im Bett sitzend. Von dort aus wollte er auch seine Party dirigieren. An den Zimmerwänden hängen von oben bis unten Fotos, praktisch von allen, die er je gekannt hat: Jugendfreundinnen, Tanzpartnerinnen, jemandes Sekretärin, Filmstars, College-Professoren, Chorus-Girls, Freaks vom Zirkus, wohlhabende Ehepaare aus Westchester, Geschäftsleute. Zu vielen hat er längst keinen Kontakt mehr, aber er erträgt es nicht, jemanden zu verlieren. Dasselbe gilt für Dinge. Bücher stapeln sich in den Ecken, Regale biegen sich unter ihrer Last, und selbst von alten Schulbüchern und Programmheften kann er sich nicht trennen. Dazwischen Strandmuscheln, zerbrochene Schallplatten, vertrocknete Blumen, Souvenirs aus Vergnügungsparks. Alles zusammen verwandelt seine Wohnung in eine Art Rumpelkammerwunderland.

Vielleicht wird es irgendwann keinen Hilary mehr geben. Es ist so leicht, ihn zu zerstören, und womöglich wartet der Zerstörer schon irgendwo auf eine Gelegenheit. Könnte es sein, dass wir den Stand der Unschuld in demjenigen Moment verlieren, in dem wir begreifen, dass uns nicht alle Welt liebt? Die meisten lernen das viel zu früh. Aber Hilary weiß es noch gar nicht, und ich hoffe, dass dies auch nie der Fall sein wird. Denn dann würde er sehen, dass er auf seinem Spielplatz ganz allein ist und seine Liebe an Menschen verteilt hat, die nie da waren.

August. Obwohl die Morgenzeitungen lediglich hochsommerlich warme Temperaturen vorausgesagt hatten, war spätestens um die Mittagszeit klar, dass irgendetwas Außergewöhnliches geschehen würde. Büroangestellte kehrten aus der Mittagspause zurück mit der fassungslosen Miene von geprügelten Kindern und wählten die Nummer vom Wetterdienst. Gegen drei Uhr nachmittags, als die Hitze drückte wie die Hand des Mörders auf dem Mund des Opfers, kam es noch zu zappelnden Abwehrbewegungen, doch klang der Schrei bereits erstickt. Jede Eile, jeder Ehrgeiz wurde ausgebremst, die Stadt lag da wie ein trockener Brunnen und sank, ein nutzloses Mahnmal, ins Koma. In der schattigen Totenstille der dunstigen, kraftlosen Weiden des Central Park, eines Schlachtfelds, hatten sich erschöpfte Verwundete zusammengerollt. Zeitungsfotografen, welche die Katastrophe dokumentieren sollten, schritten mit Leichenbittermiene durch ihre Reihen. Nachts aber öffnet die Hitze den Schädel dieser Stadt, legt weiße Hirnmasse und die zentralen Nervenbahnen frei, die wie eine Glühwendel knistern.

Wahrscheinlich bekäme ich sehr viel mehr Arbeit erledigt, wenn ich aus New York fortzöge. Aber sicher ist das nicht. Bis zu einem bestimmten Alter ist das Landleben langweilig, und überhaupt liebe ich die Natur nicht im Allgemeinen, sondern nur im Besonderen. Wenn man nicht gerade verliebt, rundum zufrieden, ehrgeizig, kein bisschen neugierig oder abgeklärt ist (das moderne Synonym für Glück), erscheint die Stadt wie ein gigantischer Apparat, der nur erschaffen wurde, Zeit zu verschwenden und Illusionen zu zerstören. Nach einer Weile bekommt die Jagd etwas verdächtig Gehetztes, verschwitzt Furchtsames, wird zum Hürdenlauf über Benzedrin und Nembutal. Wo ist das, wonach du suchst? Und ganz nebenbei, wonach suchst du eigentlich? Es ist so ein Elend, eine Einladung auszuschlagen. Das heißt, du schlägst dauernd Einladungen aus, nur um am Ende überraschend zu kommen. Man kann es sich kaum leisten wegzubleiben, wenn dir eine Stimme einflüstert, dass du andernfalls die Liebe deines Lebens verpasst. Weil *du* nicht gewollt hast, ist das, wonach du ewig gesucht hast, auf ewig verloren. Denk doch mal: All das erwartet dich lediglich zehn Blocks weiter. Los, Beeilung, setz den Hut auf. Und, nein, nicht den Bus, schnapp dir ein Taxi. Na bitte, geht doch. Aber beeil dich. Endlich, da wären wir. Jetzt nur noch klingeln: Hallo, Blödmann, April, April.

Heute ist mein Geburtstag, und wie immer hat Selma daran gedacht. Ihr traditionelles Geburtstagsgeschenk, ein amerikanischer Groschen, sorgsam in Klopapier eingewickelt, kam heute Morgen mit der Post. In jeder Beziehung ist Selma meine älteste Freundin, dreiundachtzig Jahre hat sie in derselben Kleinstadt in Alabama gelebt, eine verhutzelte Frau mit runzliger, aschdunkler Haut und tief liegenden, flinken Augen. Siebenundvierzig Jahre war sie Köchin im Haus meiner drei Tanten, aber jetzt, da meine Tanten tot sind, ist sie auf die Farm ihrer Tochter gezogen, wo sie, wie sie sagt, ausruhen und ihre alten Tage genießen will. In dem beiliegenden Brief schreibt sie zwar, ich solle mich schon mal darauf einstellen, dass sie bald, sehr bald den Greyhound-Bus »nach der Großstadt« nehmen würde, um mich zu besuchen, aber so lange ich denken kann, hat sie diese Drohung noch nicht wahr gemacht. Im Sommer vor meiner Abreise nach New York – und das liegt nun schon vierzehn Jahre zurück – haben wir noch in der Küche gesessen und uns den lieben langen Tag unterhalten, hauptsächlich über New York, die Stadt, in der ich in Zukunft leben würde. Irgendwie hat sich in ihr die Vorstellung festgesetzt, dass es in New York weder Bäume noch Blumen gibt. Außerdem lebten die Leute dort unter der Erde, und wenn nicht unter der Erde, dann irgendwo hoch in der Luft. Des Weiteren gab es dort keinerlei »nahrhafte Viktualien«, weder Lima- noch die guten Schwarzaugenbohnen, noch Okras, noch Süßkartoffeln, erst recht nicht die Würste, wie wir sie zu Hause hatten. Im Übrigen war es in New York kalt, das glaubt man nicht. Gut möglich, dass du dir da die Nase abfrierst.

Aber dann zeigte ihr Mrs. Bobby Lee Kettle ein paar Dias von New York, und anschließend erzählte Selma überall herum, dass sie mich nach New York begleiten wollte. Die Stadt erschien ihr mit einem Mal sehr viel kleiner und längst nicht so großartig, wie sie erst gedacht hatte. Und deshalb kauften ihr meine Tanten auch den Busfahrschein, Hin- und Rückfahrt. Sie sollte mit nach New York fahren und, wenn ich sicher angekommen war, sofort wieder zurück. Alles schien in bester Ordnung – bis wir am Busbahnhof standen. Da fing Selma plötzlich an zu weinen und sagte, sie könne nicht mit, so weit von zu Hause weg würde sie sterben.

Der darauffolgende Winter war – innerlich wie äußerlich – sehr kalt. Für ein Kind ist die Stadt ein trostloser Ort. Später, wenn man älter ist und liebt, ist es gerade das Gefühl einer doppelten Sicht auf die Dinge, das allem seine Struktur und Bedeutung verleiht. Wer allein reist, wandert immer durch Wüsten. Wer aber nur genug liebt, der sieht für den anderen mit. So ging es mir mit Selma. Ich sah gewissermaßen alles mit doppelten Augen: den ersten Schnee, die Schlittschuhläufer im Park, die feinen Pelzjacken dieser lustigen Großstadtkinder, die Achterbahn auf Coney Island, die Kaugummiautomaten in der U-Bahn, den Magical Automat, die Insel im Strom und das Glitzern der Brücke in der Dämmerung, die »blauen« Schwebeakkorde einer Jazzband im Paramount, die Männer, die jeden Tag im Hof dieselben abgedroschenen Lieder sangen, die Zauberwelt eines Zehn-Cent-Store, wo man nach der Schule immer zum Klauen hingegangen ist. Ich sah, hörte und bewahrte alles in meinem Herzen für den Tag, an dem mich Selma in der Küche bitten würde: »Ach, erzähl doch mal, wie es so war, aber nichts Gelogenes.« Doch meistens waren es Lügen, die ich ihr auftischte. Das war nicht meine Schuld, ich konnte mich einfach an gar nichts erinnern. Es war, als wäre ich in einem dieser Zauberschlösser gewesen, von denen in Sagen oft die Rede ist. Hat man das Schloss einmal verlassen, ist jede Erinnerung weg. Übrig bleibt nur das geisterhafte Echo eines großen Wunderwerks.

BROOKLYN

*E*ine verlassene Kirche, die gotische Fassade verunstaltet von einem Schild: *Zu vermieten*. Die Türme schwarz und angeschlagen an der Ecke dieses gottverlassenen Platzes. Spatzen nisten zwischen den gemeißelten Blumen oberhalb der vollgekritzelten Pforte (*Kilroy Was Here, Seymour liebt Betty, Du stinkst!*). Innen, wo Sonnenstrahlen auf die zertrümmerten Bänke fallen, haben allerlei streunende Tiere ein neues Zuhause gefunden. Von den Kirchenfenstern aus beobachten mich verschwommene Katzen, ich höre eigenartige Tierlaute und die Nachbarkinder, die sich gegenseitig zu einer Mutprobe herausfordern. Die Kirche ist die Mutprobe. Aus ihr schleppen sie später Knochen an, von denen sie behaupten, es seien Menschenknochen (»Manno, wenn ich's dir sage: Den ham die hier umgelegt!«). Die Kirche setzt Maßstäbe in puncto Hässlichkeit und symbolisiert für mich ganz bestimmte Eigenarten von Brooklyn. Ich ahne: Wenn hier irgendwo ein vergleichbar altes, vergleichbar monströses Bauwerk zerstört würde, man würde es gleich wieder aufbauen, denn anders als in Manhattan hat man in Brooklyn (oder vielmehr in jenem Schlauch von Stadtteilen gleichen Namens) keinen Sinn für architektonischen Wandel. Auch übermäßigen Individualismus schätzt man hier nicht, und fassungslos blickt man auf endlose Straßen mit ein und denselben Bungalows, hellbraun und dunkelbraun, Gingerbread und Brownstone, dazwischen die unvermeidlichen Brachen, auf denen traurige, süße, wilde Kinder Laub und Sperrmüll verbrennen, die traurigen, süßen Kinder, die durch die flirrenden Auguststraßen rennen und rufen: »Kill den Jidden! Kill den Makkaroni! Kill den Nigger!« Auch das hat Tradition in diesem Land, wo die mentale Architektur sich so wenig verändert wie die Behausungen.

Freunde aus Manhattan, die sich die deprimierend komplizierte Fahrt mit der U-Bahn nicht antun wollen (»Ach, B., bittebitte komm doch, ich schwöre, es dauert nur vierzig Minuten, und mehr als dreimal umsteigen musst du auch nicht!«) lehnen jede Einladung nach Brooklyn bedauernd ab. Aus diesem Grund habe ich schon oft davon geträumt, die alte Kirche zu mieten und zu renovieren. Wer könnte einem solchen Domizil widerstehen? Aber so, wie die Dinge stehen, muss ich mich mit zwei Zimmerchen in einem Brownstone-Haus begnügen, von dem rund um den Platz noch zwanzig identische existieren. Ihr Inneres ein verlebter Dschungel viktorianischer Wohnkultur: blasslila, puttengesichtige Dämchen tanzen in vergammelten griechischen Gewändern auf der Tapete Ringelreihen; im Hausflur steht noch die angelaufene Schale für Visitenkarten und der Hutständer, der aussieht wie eine Krüppelkiefer an der bretonischen Küste. Allesamt Relikte aus Brooklyns besseren Tagen. Im Wohnzimmer stauen sich verstaubte Sitzmöbel mit Fransen, auf dem verstimmten Klavier eine Dauerausstellung von Familien-Daguerreotypien, allüberall Houssen und Spitzendeckchen als Zeichen großbürgerlicher Respektabilität. Und wenn es in diesen Zimmern zieht, dann klimpern die Kristallüster fernöstliche Weisen.

Immerhin gibt es Telefone: zwei oben, drei unten und 125 im Keller. Denn im Keller befindet sich die Telefonzentrale, an die meine Vermieterinnen mehr oder weniger angekettet sind. Denn Mrs. Q., eine watschelnde, untersetzte Frau mit rotem Bulldoggengesicht, lavendelfarbenen Glubschaugen und hellrot wuchernder Haarpracht, die sie wie ihre Tochter Miss Q. ungebändigt und hüftlang trägt, Mrs. Q. ist eine notorisch misstrauische Person, die, da sie alles verachtet, hinter allem etwas Anrüchiges wittert. Dagegen ist Miss Q. nur ein erschöpftes Geschöpf, ein empfindliches, gefügiges Wesen, das von der Wiege bis zur Bahre eigentlich nur unendlich müde ist. Manchmal frage ich mich, ob sie wirklich Miss Q. ist oder nicht vielmehr Zusu Pitts. Dennoch herrscht zwischen uns so etwas wie Einvernehmen, denn wir beide leiden unter schädelspaltenden Migräne-Attacken. Fast täglich schleicht sie sich nach oben, kichernd angesichts so viel Verwegenheit, und bittet mich um ein Aspirin. Ihre Mutter, eine Anhängerin des Gesundheitsapostels Bernarr MacFadden, hat Aspirin wie überhaupt alle Medikamente als »Teufelszeug« verboten. Ihrer beider Geschichte ist nicht gerade neu: »Der angesehene Leichenbestatter Mr. Q. verstarb plötzlich und für alle unerwartet beim Lesen der *New York Sun*. Er lässt seine Frau und eine unverheiratete Tochter weitgehend mittellos zurück, da Papa einem Schwindler aufgesessen ist und sein gesamtes Vermögen in eine Fabrik für künstliche Trauerkränze gesteckt hat.« Deshalb betreiben Mutter und Tochter im Keller einen Telefonantwortdienst. Seit zehn Jahren nehmen sie abwechselnd Anrufe für abwesende Leute entgegen. »Ach, es ist ein Elend«, sagt Miss Q. mit gespielter Verzagtheit, denn die Rolle als Karrierefrau ist noch die realste ihrer Illusionen. »Ich schwöre bei Gott, ich kann die Jahre nicht mehr zählen, seit ich zuletzt auch nur eine Stunde durchgeschlafen habe. Ich meine, Mama, Gott vergelte es ihr, tut was sie kann, aber es geht ihr gar nicht gut, wissen Sie, und manchmal muss ich sie regelrecht am Bett festbinden. Nachts, wenn die Kopfschmerzen kommen, sehe ich die Schaltzentrale an, und mir ist, als wären alle die langen Kabel Arme und Finger, die mich erwürgen wollen.« Während Mrs. Q. ab und zu wenigstens noch ein türkisches Bad unweit des Bezirksrathauses besucht, ist die Isolation ihrer erschöpfen Tochter total. Wenn stimmt, was sie sagt, dann hat sie den Keller in acht Jahren nur ein einziges Mal verlassen. An diesem Festtag war sie mit ihrer Mutter in der Carnegie Hall, um Mr. MacFadden bei einer Präsentation von Freiübungen zuzusehen.

Und schauerlich ist es, mit anzuhören, wie sie abends die Treppe emporschnauft, um kurz darauf ausgerechnet bei mir ihre Aufwartung zu machen. Da steht sie dann, angetan mit einem schäbigen Satin-Kimono, auf den ihr sonnenuntergangsrotes Haar in Wikinger-Manier hinabfällt, und fixiert mich hasserfüllt. »Schon wieder zwei«, erklärt sie daraufhin mit rasselndem Bariton, als sei die ganze Welt in einen Pfuhl von Feuer und Schwefel zu werfen. »Wir haben es vom Fenster aus genau gesehen, zwei ganze Familien in einem Möbelwagen.«

Wenn sie die Zitrone ihrer Säuernis hinlänglich ausgequetscht hat, frage ich sie: »Was für Familien denn, Mrs. Q.?«

»Neger«, erwidert sie mit selbstgerechtem, eulenhaftem Augenaufschlag. »Das ganze Viertel nichts wie Neger. Erst die Juden und jetzt das. Nichts wie Räuber und Diebe, die sind alle gleich, da muss man ja Angst haben.«

Mrs. Q. wird es nicht bewusst sein, aber ihre Klage ist nicht gespielt, sondern echt. Sie hat wirklich Angst. Für das, was da draußen vorgeht, gibt es kein Vorbild. Der Mann, dem sie alles nachgeredet hat, ist nicht mehr da, und sie selbst hat außer geborgten Anschauungen nie eine eigene Meinung besessen. Das hindert sie nicht, Maßnahmen zu ergreifen. An jeder Tür hat sie eine Vielzahl von Schlössern und Riegeln anbringen lassen, die Fenster sind vergittert, und für den Notfall gibt es noch den kleinen Kläffer mit dem ohrenbetäubenden Organ. Denn jemand da draußen, irgendein gestaltloser Jemand begehrt sich Einlass zu verschaffen ins Innere. Jede Stufe kommentiert beim Hinabgehen ihr, Mrs. Q.'s, beträchtliches Gewicht. Unten kommt ihr aus dem Spiegel eine Gestalt entgegen, bedrohlich, will nach ihr greifen, sie betatschen. Dass es ihr eigenes Spiegelbild ist, merkt sie nicht, sie erkennt Mrs. Q. nicht. Stattdessen erstarrt sie, ihr

Atem geht schwer, während sie sich fragt, wer da auf sie gewartet hat. Grabeskälte dringt ihr durch Mark und Bein: Heute schon wieder zwei, morgen kommen noch mehr, die Flut steigt, ihr Brooklyn ist das neue Atlantis, verloren, sogar ihr Bild im Spiegel (ein Hochzeitsgeschenk, weißt du noch? Vierzig Jahre, Gott, verrat mir bloß: Was ist passiert? Wo sind sie hin?), falls es denn ein Jemand ist, ein Etwas sein sollte. »Gute Nacht«, ruft sie. Klick-klack-klack machen die Schlösser, die Tore werden geschlossen. 125 Telefone singen in der Dunkelheit, die griechischen Dämchen tanzen Ringelreihen im Schatten, das Haus seufzt und lässt sich sacken. Draußen trägt der Wind den Duft von feinen Backwaren heran, von einer Bäckerei mehrere Blocks weit entfernt. Seeleute, unterwegs in die Sands Street, queren den erleuchteten Platz. Sie schauen an der skelettierten Kirche empor, und ihr Blick trifft auf das gelbe Wissen in katzenkalten Augen. »Gute Nacht, Mrs. Q.«

Ich habe hier sogar schon einen Hahnenschrei gehört. Ein seltsamer Eindruck zunächst. Aber nicht ganz so seltsam, wenn man darüber nachdenkt, was sich überall im Verborgenen abspielt, in der Geheimstadt der Hinterhöfe, die nirgendwo so entwickelt ist wie hier. Notorische Niedrigeinsatzspieler und Schuhvertreter werden hier zu Herren der Scholle: »Alles selbst gezogene Radieschen, weißt du.« In Flatbush wurde kürzlich eine Frau verhaftet, weil sie in ihrem Hinterhof Schweine hielt. Die Denunzianten trieb sicher nur der reine Neid. Wenn man abends aus Manhattan nach Brooklyn kommt, ist es fast etwas entnervend, einen Himmel zu sehen, an dem echte Sterne glänzen, oder über diese laubbedeckten Straßen zu gehen, durch die der Geruch von Herbstfeuern zieht, oder in der Dämmerung die Stimmen rollschuhlaufender Kinder zu hören. All das ist wie ein stiller Willkommensgruß: »Guck mal, Myrtle, der Mond – wie ein Halloween-Kürbis.« Unter dir zischt die U-Bahn, über dir durchschneidet Neon die Nacht, und trotzdem war da dieser Hahnenschrei.

Aus soziologischer Sicht bilden die Einwohner von Brooklyn eine verfolgte Minderheit. Unter einfallslosen New Yorkern gilt als ausgemacht, dass dieser Stadtteil nichts weiter ist als ein Witz. Dialekt, Aussehen, Sitten und Gebräuche der Brooklyner sind gleichbedeutend mit unterste Schublade. Was sich anfangs noch eher humorvoll anließ, verkommt inzwischen zum bewussten Rufmord, und eine Adresse in Brooklyn ist alles andere als eine gute Visitenkarte. Die Ironie daran: Gerade der Durchschnittsbrooklyner, eigentlich fast ein Ausgestoßener, hält ums Verrecken an einem Lebensstil der gesellschaftlichen Mitte fest und macht aus bürgerlicher Wohlanständigkeit eine Religion. Dennoch nagt Unsicherheit an ihm, weswegen er in das dämliche Gewieher aus Big Apple gleich mit einfällt: »Aber sicher, nichts geht über Brooklyn – weißt du, wie ich meine.« Wirklich sehr komisch. Dabei ist Brooklyn viel mehr. Es ist traurig, brutal, provinziell, einsam, zutiefst menschlich, still, endlos, ruppig, verloren, leidenschaftlich, sensibel, verbittert, unreif, unschuldig, pervers, zärtlich und geheimnisvoll. Es ist der Ort, an dem Crane und Whitman auf ihre Gedichte gestoßen sind, ein mythisches Reich, das vom Coney-Island-Meer mit winterlichen Klagewellen angesprungen wird.

Hier kannst du keinen mehr nach dem Weg fragen, niemand weiß etwas, selbst die ältesten Kraftdroschkenkutscher sind unsicher. Zum Glück habe ich meinen Abschluss in Subway-Navigation. Wer es auf diesen in Stein gegrabenen Strecken, Adern wie jene auf fossilen Farnen, zur Meisterschaft bringen will, braucht mehr Entschlossenheit und Durchhaltevermögen, als für einen Magisterhut nötig ist. Die ruckelnde Fahrt durch sonnenlose, sternenlose Röhren vermittelt das Gefühl einer Reise in unbekannte Weiten. Der Zug rattert unter irrealem Land einer nebligen Ferne entgegen, und nur die vorbeifliegenden Stationsnamen sagen uns noch, wer wir sind. Einmal auf der donnernden Unterquerung des Flusses sah ich ein Mädchen von vielleicht sechzehn Jahren. Mir schien, sie musste irgendeine Initiationsprüfung für eine Studentenverbindung ablegen, jedenfalls hatte sie einen Korb mit lila Papierherzen dabei. »Wollen Sie ein einsames Herz kaufen?«, sagte sie immer wieder, während sie durch den Wagen ging. »*Sie* vielleicht? Wollen Sie vielleicht ein einsames Herz?« Doch die bleichen, ausdruckslosen Fahrgäste brauchten so etwas nun wirklich nicht und blätterten weiter in der *Daily News*.

Mehrmals in der Woche esse ich abends im Cherokee Hotel. Es ist ein Apartment-Hotel und ausgesprochen antik, was sowohl die Einrichtung als auch die Klientel angeht. Der jüngste Cherokee, wie sich die Bewohner selber nennen, ist sechsundsechzig, der älteste neunundachtzig. Natürlich sind die Frauen in der Überzahl, doch hält sich das Häuflein männlicher Klappergestelle ganz wacker. Ab und zu bricht der Geschlechterkrieg aus, man sieht das am verwaisten Tagesraum für alle. Jede Partei hat sich dann in ihren geschlechtsspezifischen Tagesraum zurückgezogen, die Ladys lautstark und entrüstet, die männlichen Kombattanten verschlossen und grimmig. Beide Tagesräume sind nicht nur mit deprimierenden Kunstwerken ausgestattet, nein, es gibt sogar Radio, und wenn Krieg herrscht, wird selbiges von den Damen bis zum Anschlag aufgedreht. Anders als die Männer interessieren sie sich eigentlich nicht für die Nachrichten, wollen damit aber den Hörgenuss der Männer stören. Man hört den Krach noch aus drei Block Entfernung, und Mr. Littlelow, der Eigentümer, ein nervöser junger Mann, rennt zwischen den Tagesräumen hin und her und droht den alten Leuten damit, die Radios abzuschaffen oder – schlimmer – die Angehörigen zu verständigen. Zuweilen muss er tatsächlich zu jenem letzten Mittel greifen, zum Beispiel im Fall von Mr. Gilbert Crocker, der es einfach nicht lassen kann, sodass der arme Mr. Littlelow schließlich den Enkel zu Hilfe rufen muss. Gemeinsam und vor allen anderen wurde der renitente Greis zur Ordnung gerufen: »Er ist ein ständiger Unruheherd«, beschuldigte ihn Mr. Littlelow und zeigte dabei auf ihn. »Andauernd verbreitet er irgendwelche Gerüchte über die Hotelleitung. Behauptet zum Beispiel, wir würden seine Post lesen oder wir bekämen eine Provision vom Bestattungsunternehmen Cascades Funeral Home. Auch hat er gegenüber Miss Brockton behauptet, die siebte Etage wäre nur deshalb geschlossen, weil wir sie an eine flüchtige Kriminelle vermietet hätten, eine Axtmörderin, sagte er wörtlich. Wo doch jeder weiß, dass wir in der siebten Etage den Wasserschaden hatten. Natürlich hat das Miss Brockton sehr beunruhigt, so sehr beunruhigt, dass ihr Herzflattern seitdem viel schlimmer geworden ist. Über all das hätten wir noch hinweggesehen, aber als er anfing, Glühbirnen aus dem Fenster zu werfen, war das Maß voll. Jetzt sind wir gezwungen zu handeln.«

»Warum hast du die Glühbirnen aus dem Fenster geworfen, Großvater?«, fragte der Enkel und schaute auf die Uhr, geleitet von dem Wunsch, der Alte möge endlich vor seinen Schöpfer treten.

»Doch keine Glühbirnen«, stellte Mr. Crocker richtig. »Das waren Bomben.«

»Aber natürlich, Großvater. Und warum hast du die Bomben geschmissen?«

Mr. Crocker ließ seinen Blick über die versammelten Cherokees schweifen und erklärte dann mit finsterem Lächeln und Kopfnicken in Richtung Miss Brockton. »Wegen der da«, sagte er. »Ich wollte sie in die Luft sprengen. Sie ist eine verstunkene alte Sau. Sie und der Koch haben sich verschworen, dass ich nie wieder Schokoladensauce kriege. Nur damit sie sich ihre fette Wampe vollschlagen kann.«

Prompt rückten die Ladys um das potenzielle Opfer näher zusammen, das mit seinem Herzflattern beinahe zur Zimmerdecke abhob. Im einsetzenden Geschnatter setzte sich allerdings nur Mrs. Allen T. Bonapartes gedankenflüchtige Meinungsäußerung durch: »Mord? Ja, hat man Töne, Miss Brockton! Aber haben Sie eigentlich schon diese Wachsfiguren gesehen, in London, Sie wissen schon. Und so lebensecht, nicht?« Es war vollkommen klar, dass die Radios am Abend jede einzelne Fensterscheibe des hohen Hauses würden erzittern lassen.

Aber es gibt auch Gäste, vor denen hat Mr. Littlelow großen Respekt. Den größten Respekt genießt Mrs. T. T. Huett-Smith. Wenn sie, Mrs. T. T. Huett-Smith, klimpernd behängt mit vergilbtem Brillantklunker, den Speisesaal betritt, fehlt eigentlich nur noch die Fanfare. Mit winzigen Schrittchen nähert sie sich ihrem Tisch (dem mit der Rose, dem einzigen mit einer Rose, wenn auch nur aus Papier), wobei sie gnädig die Huldigungen der aufstiegsorientierten Bewohner entgegennimmt. Denn sie ist das letzte Überbleibsel jener Tage, in denen auch Brooklyn so etwas hatte wie eine Oberschicht. Wie bei den meisten Dingen, die sich überlebt haben, ist auch Mrs. T. T. ziemlich heruntergekommen und fast zu einer tragikomischen Figur geworden. Lippenstift und Rouge, welche sie im Übermaß verwendet, sehen auf ihrem schmalen, verschrumpelten Gesicht nur noch ranzig aus, und sogar ihre Freuden sind pervers. So bereitet ihr etwa nichts so viel Vergnügen, wie andere mit gemeinen Enthüllungen bloßzustellen. Nach dem Einzug von Mrs. Bonaparte ins Cherokee Hotel zum Beispiel informierte sie gleich den ganzen Saal: »Ach die kenne ich schon. Ihre Mutter war Putze in der hinterletzten Badeanstalt von Coney Island.« Auch die verschüchterten, stillen Webster-Schwestern sind leichte Opfer: »Diese verdammten vertrockneten Jungfern – so hat sie mein Mann immer genannt.«

Aber ich kenne ein Geheimnis von Mrs. T. T. Sie ist eine Diebin. Jahrelang hat sie das billige Hotelsilber aus dem

Restaurant in ihrer reich verzierten Handtasche verschwinden lassen. Aber wie das so geht mit der Altersvergesslichkeit, verlangte sie eines Tages an der Rezeption, man möge ihr Tafelsilber sicher im Hotelsafe einschließen. »Aber meine liebe Mrs. Huett-Smith«, erwiderte darauf ein erstaunter Littlelow geistesgegenwärtig, »dieses Besteck kann unmöglich das Ihre sein, hatten Sie nicht ein anderes Muster?« Worauf sich Mrs. T.T. die Messer und Gabeln besah und stirnrunzelnd meinte: »Sie haben recht, natürlich. Wir hatten immer nur das beste Silber.«

Seit Wochen war ich nicht mehr im Cherokee. Ich hatte nämlich einen Traum. Ich träumte, dass eine von Mr. Crockers Bomben sie alle in Stücke gerissen hat. Um ehrlich zu sein, ich wollte mich nicht einmal vergewissern, dass der Laden noch stand.

28. Dezember. Ein strahlend blauer Tag, viel zu schön eigentlich für das vermiefte Brooklyn einer Mrs. Q. Deshalb spazierte ich mit einem Freund hoch auf die Brooklyn Heights. Nur Beacon Hill in Boston oder Charleston präsentieren sich ähnlich nostalgisch. (Das *vieux carré* von New Orleans zählt nicht mit, denn es ist eigentlich viel zu unamerikanisch.) Und von allen dreien erscheint Brooklyn Heights noch am ehesten im Originalzustand, vermutlich weil noch niemand mit seinem Flair Kasse machen wollte. Dennoch ist die Gegend dem Untergang geweiht, spätestens wenn der Tunnel fertig ist, und ein Highway ist auch schon in Planung. Baumaschinen nagen mit ihren Stahlzähnen am Steilufer, viele der alten baufälligen Bürgerhäuser, in denen schon vor Jahren das Licht ausgegangen ist, warten nur noch auf die Abrissfirma.

Überall in den kleinen, verwinkelten Gassen, so typisch für den nüchternen Sinn der früheren Anwohner, weisen grelle Schilder darauf hin, dass jetzt rangeklotzt wird und Großes passiert: *Danger! Men working!* Cranberry Street, Pineapple Street, Willow Street, Middagh Street. Detonationsstaub hängt sein Urteil in die Luft. Bei hereinbrechender Dunkelheit kauften wir uns einen Nuss-Pie, setzten uns auf eine Bank und sahen zu, wie in den Bürotürmen auf der anderen Seite des Flusses Wabenmuster aus Licht entstanden. Wind peitschte die Gischt auf dem kalten Wasser, sang in den harfengleichen Brückenträgern, scheuchte schreiende Möwen zu Wirbeln zusammen. Während ich so meine Portion Pie vertilgte, sah ich mir diese Stadt an und fragte mich, wie die Ruinen wohl aussähen, die eines Tages davon übrigbleiben würden. Zumindest was Brooklyn betrifft, wird es künftigen Archäologen wohl so ergehen wie New Yorker Taxifahrern schon heute: Sie werden weder hinter das Geheimnis der Straßenführung kommen noch die Bedeutung dieser Gegend entschlüsseln können.

HOLLYWOOD

Die Ankunft in Los Angeles, zumindest aus der Luft, gleicht einem Mondüberflug. Von unten starren mich prähistorische, stark ausgespülte Felsformationen an, urzeitliche Fische schwimmen in dunklen Wasserbecken zwischen den Wüstenbergen, wo alles entweder verbrannt oder gefroren ist und kein Leben existiert, nur Stein, der einmal Vogel war, Sand aus Knochenstaub, Felsbrocken aus ehemaligen Farnen. Erst ganz zum Schluss heißt uns ein Wolkenschleier willkommen. Ein Zauberer hat uns einen Weg eröffnet, auf den Bergen liegt Schnee, doch unten auf der Ebene blühen die Blumen, und die Sonne widerspricht der winterlichen Dezembersee. Dann geht es hinab und weiter hinab, das Flugzeug zerschneidet die betupfte, goldene, unfassbare Atmosphäre. »Ich halt das nicht aus«, stöhnte Thelma und ließ sich eine Handvoll Chiclets in den Mund rieseln. Thelma war in Chicago zugestiegen. Sie war ein junges, hübsches, wunderschön angezogenes schwarzes Mädchen, und diese Reise nach Kalifornien ist das Schönste, was ihr je widerfahren ist. »Ich weiß, es wird phantastisch. Ich habe drei Jahre als Platzanweiserin im Lola Theatre auf der State Street gearbeitet, um das Geld für den Flug zusammenzubekommen. Meine Tante ist Kartenlegerin, und sie hat gesagt: Thelma, du musst nach Hollywood, denn da wartet ein Job bei einer Schauspielerin auf dich, als Privatsekretärin. Welche Schauspielerin genau, hat sie nicht gesagt, aber ich hoffe doch nicht Esther Williams[24]. Ich gehe nämlich nicht gern schwimmen.«

Später fragte sie mich, ob ich Arbeit beim Film suchte, und da sie das irgendwie zu erwarten schien, sagte ich Ja. Sie war, was mich anging, sehr optimistisch und versprach mir, mich nicht zu vergessen, sobald sie sich als Privatsekretärin etabliert und Zugang zu den Großen der Filmbranche habe. Dann sei es für sie ein Leichtes, sagte sie, mir auf jede erdenkliche Weise zu helfen.

Am Flughafen angekommen, half ich ihr mit dem Gepäck, und gemeinsam nahmen wir uns ein Taxi. Dort stellte sich heraus, dass sie gar nicht genau wusste, wie es von da aus weitergehen sollte, deshalb wollte sie nur irgendwo »im Zentrum von Hollywood« abgesetzt werden. Die Fahrt war lang, und die ganze Zeit saß sie kerzengerade auf der Sitzkante und schaute mit unerträglicher Anspannung nach draußen. Doch draußen gab es weit weniger zu sehen, als sie sich vorgestellt hatte. »Sieht irgendwie völlig verkehrt aus hier«, sagte sie schließlich, als wären wir auf haltlose Versprechungen hereingefallen. Denn abermals war nur eine Mondlandschaft zu sehen, ortloses Überall. Auf vertrackte Weise hatte es damit aber seine Richtigkeit, denn warum sollten hier, auf den letzten Meilen eines Kontinents, nicht all die geplünderten Symbole des American Way of Life abgeladen werden. Ölförderanlagen wie das schlagende Herz von Dämonen, ganze Straßenzüge mit Schrotthalden, Supermärkte, Motels, der amerikanische Dad (*Gee, Dad!*) und das amerikanische Kind vor seinem ersten Chevrolet, Mutti (*Gee, Mom!*) freut sich ebenso, denn so ein Auto hat die Welt noch nicht gesehen, schreit es von den Plakatwänden, immer das Größte, Dickste, Beste, auch wenn die Botschaft in Sonne, Meeresrauschen und dem überirdischen Duft der Dezemberblumen beinahe verdampft.

Auf der Fahrt wurde der Himmel aschen, und als wir in den herausgeputzten Wilshire Boulevard einbogen, rückte Thelma ihren duftigen Federhut zurecht, sie fürchtete Regen. Keine Chance, sagte der Taxifahrer, das ist nur Wind, der bläst den ganzen Staub aus der Wüste her. Er hatte den Satz noch nicht beendet, da erzitterten die Palmen unter einem Platzregen. Aber Thelma hatte keine Wahl, sie musste hier aussteigen, auch wenn sie nicht wusste, wohin. Also setzten wir sie ab. Augenblicklich hatte sie der Regen vollkommen durchnässt. Als wir an der nächsten Kreuzung halten mussten, rannte sie noch einmal zu uns und steckte ihren Kopf durchs Fenster. »Aber nicht vergessen, was ich gesagt habe. Wenn du mal nichts mehr zu essen hast oder sonst nicht weiterweißt, dann melde dich.« Und ganz zum Schluss und mit bezauberndem Lächeln: »Viel Glück, ja?«

3. Dezember. Heute durch die Bemühungen einer gemeinsamen Freundin Mittagessen bei der lebenden Legende Miss C. Ihr Anwesen lag hinter einer Festungsmauer, und am Eingang wurden wir von einem Wachmann mehr oder

weniger gefilzt, ehe er telefonisch unser Kommen ankündigte. Das Ganze war irgendwie beruhigend, wenigstens diese Schauspielerin lebte, wie es sich für einen Star gehörte. An der Tür empfing uns ein rotgesichtiges, übergewichtiges Mädchen, dem ein bonbonrosa Band aus dem Haar hing. »Mama sagt, ich soll Sie beschäftigen, bis sie runterkommt«, sagte sie teilnahmslos und führte uns in einen großen und, wie ich heute denke, geradezu grotesken Raum. Das puffige Ambiente hätte gut ins Separee eines alten Wüstlings gepasst: niedrige Sofas, haufenweise purpurne Kissen, Lampen in kurven- und anderweitig anspielungsreichen Formen. »Wollen Sie Mamas Sachen sehen?«, fragte das kleine Mädchen.

Als Erstes führte sie uns zu einer erleuchteten Nippes-Vitrine. »Das da«, erklärte sie und zeigte auf chinesisches Porzellan, »das da ist Mamas alte Vase, wo sie bei Gumps's dreitausend Dollar für bezahlt hat. Und das da ist ihr goldener Cocktail-Shaker mit den goldenen Messbechern. Hab vergessen, was die gekostet haben, aber ziemlich viel, so fünftausend Dollar sicher. Sehen Sie die alte Teetasse da? Sie glauben nicht, was die gekostet hat ...«

Es war eine abartige Litanei, und am Ende sah sich Nora wie betäubt im Raum um, offenbar auf der Suche nach einem anderen Thema. »Ach, das sind aber hübsche Blumen. Sind die aus eurem Garten?«

»Gott, nee«, entgegnete das kleine Mädchen beleidigt. »Mama bestellt sie jeden Tag frisch vom teuersten Floristen in Beverly Hills.«

»Oh?«, sagte Nora kleinlaut. »Und was sind deine Lieblingsblumen?«

»Orchideen.«

»Ach wirklich? Ich kann mir kaum denken, dass ein kleines Mädchen wie du Orchideen mag.«

Die Kleine dachte kurz nach. »Na ja, tu ich auch nicht. Aber Mama sagt, das sind die teuersten.«

In diesem Moment raschelte etwas an der Tür, im nächsten Moment hüpfte Miss C. wie ein Schulmädchen auf uns zu. Das berühmte Gesicht war ungeschminkt, Haarnadeln hingen lose. Sie trug ein ziemlich gewöhnliches Hauskleid aus Flanell. »Nora, Darling«, rief sie und streckte die Arme aus. »Bitte entschuldige, dass ich euch habe warten lassen. Ich war oben und habe noch die Betten gemacht.«

Gestern während einer Heißhungerattacke entsann ich mich wieder der verführerischen Auslage vor einer großen Obsthalle, an der ich schon mehrmals vorbeigefahren war. Gigantische Orangen, Trauben, so groß wie Tischtennisbälle, rosige Apfelpyramiden. Nur mit den Entfernungen vertut man sich hier leicht, immer liegt alles weiter entfernt, als man gedacht hat, und es kommt vor, dass man schon für ein Päckchen Zigaretten zehn Meilen fahren muss. Ich ging zwei Meilen, ehe das Ladenschild auch nur in Sicht kam. Die langen Tische waren leicht nach vorn geneigt, sodass ich die phantastische Ware schon von Weitem sehen konnte. Äpfel, Birnen, alles, was das Herz begehrte. Aber als ich dann einen dieser unglaublichen Äpfel anfassen wollte, schien er an der Kiste festgeklebt. Eine Verkäuferin kicherte über meinen Versuch. »Die sind aus Gips«, sagte sie, und auch ich lachte, vielleicht ein bisschen zu schnell. Enttäuscht folgte ich ihr in die hinteren Regionen des Ladens, wo ich sechs kleine, reichlich mehlige Äpfel erstand sowie sechs kleine, reichlich mehlige Birnen.

Wir sind in der Weihnachtswoche. Die Abende dauern jetzt länger. Der Blick aus dem Fenster bietet ein Lichtermeer, welches das ganze Tal elektrisiert. Von den beunruhigend vergänglichen Villen in den Hügeln aus verfolgen vergängliche Augen dieses Schauspiel, als könnten die Lichter jeden Moment erlöschen wie heruntergebrannte Kerzen.

Zuvor war ich mit dem Bus von Beverly Hills nach Downtown Los Angeles gefahren. In den Straßen Girlanden. Wir kamen an einem Motorschlitten vorbei, der ein Gestöber von weißen Cornflakes in die Luft blies. An jeder Ecke weiße Rauschebärte mit Handglocken, die unter vorgefertigten Weihnachtsbäumen schwitzten. Aus den Lautsprechern an den Straßenlaternen sickern sirupartige Weihnachtslieder, Lametta glitzert in der Vierundzwanzig-Karat-Sonne, es hängt überall wie Sumpfmoos. Mehr Weihnachten ging nicht – oder weniger. Ich kannte mal eine Frau, die hatte eine italienische Villa Stein für Stein nach Amerika transportieren und auf einer spröden Wiese in Connecticut wieder aufbauen lassen. Und was ist Weihnachten ohne Kinder, für die doch eigentlich der ganze Zauber veranstaltet wird? Vergangene Woche traf ich einen Mann, der seine Kritik an dem Weihnachtsrummel mit der Bemerkung schloss: »Dabei ist diese Stadt so gut wie kinderfrei.«

Seit fünf Tagen bin ich jetzt dabei, diese Behauptung zu überprüfen, eher beiläufig zunächst, doch inzwischen mit zunehmender Besorgnis. Ich weiß, es hört sich unglaublich an, aber bis heute habe ich weniger als ein Dutzend Kinder gesehen. Wichtig für das weitere Verständnis ist allerdings auch ein anderer Punkt: Überbevölkerung. Sie wird als das Hauptproblem von Los Angeles angesehen. Alteingesessene Bürger von L.A. beklagen vor allem das Übermaß »unerwünschter Elemente« in der Stadt wie der Weltkriegsveteranen, der Arbeiter in der Rüstungsindustrie, die im Krieg hergezogen sind, des jungen, rastlosen Volkes und nicht zuletzt der vielen Okies, die irgendwie viel zu religiös seien. Trotzdem, wenn man hier durch die Straßen läuft, kann einem der Gedanke kommen, man sei in einer totenstillen, verlassenen Welt aufgewacht, in der, wie an Bord der Marie Celeste, keine Seele mehr zu finden ist. Alles umgibt diese Sonntagsleere. Hier, wo kein Mensch zu Fuß geht, gleiten die Autos in einem lautlos funkelnden Strom vorbei, und mein Schatten auf der gleißenden Straße gleicht dem einzig lebenden Element auf einem Bild von de Chirico. Die Stille ist auch nicht die anheimelnde Stille einer amerikanischen Kleinstadt, auch wenn sich die Umgebung mit ihren Veranden, Gärten und Hecken vielfach ähnelt. Der Unterschied besteht darin, dass man in einer realen Stadt ziemlich gut abschätzen kann, welche Art Leute hinter den nummerierten Türen wohnt. Hier ist alles kurzlebig, es gibt keinen vorherrschenden Menschenschlag und erst recht keinen Plan. Diese Straße, jenes Haus – Zufallsgewächse. Der Riss in der Wand, der anderswo pittoresk aussieht, er wirkt hier wie ein Menetekel.

1. Eine Lehrerin veranstaltete jüngst mit ihrer Klasse eine Art Vokabeltest. Und zwar sollten ihre Schüler mit einem einzigen Wort das Gegenteil von *Jugend* benennen. Über die Hälfte sagte *Tod*.

2. Keine bessere Villa in Hollywood kommt ohne moderne Malerei aus. Die Farbtupfer sollen Wände und Stimmung aufhellen. Ein Produzent hat es sogar zu einer kleinen Galerie gebracht, er betrachtet die Bilder aber eher als gute Geldanlage. Seine Frau gibt sich weniger bescheiden: »Wir sind Kenner. Immerhin waren wir in Griechenland, stimmt doch, oder? Kalifornien ist wie Griechenland. Aber so was von genau so, Sie wären überrascht. Wenn Sie meinen Mann irgendwas über Picasso fragen, hält er Ihnen gleich einen ganzen Vortrag.«

An jenem Tag hatte ich selber ein Bild dabei, eine kleinformatige, farbige Klee-Lithographie. »Hübsch«, sagte die Produzentengattin vorsichtig. »Selbst gemalt?«

An der Bushaltestelle traf ich auf P., die ich sehr bewundere. Sie ist witzig, aber niemals boshaft, und was noch ungewöhnlicher ist: Sie hat dreißig Jahre Hollywood überlebt, ohne ihren Humor oder ihre Würde zu verlieren. Damit wird man natürlich nicht reich. Derzeit wohnt sie über einer Garage. Das ist interessant, denn nach den örtlichen Maßstäben ist sie ein Versager – neben dem Älterwerden ein unverzeihliches Verbrechen. Dennoch, die Erfolgreichen ehren sie, und ihre sonntägliche Kaffeetafel wird von illustren Gästen besucht. Über ihrer Garage gelingt ihr das Unmögliche: allen das Gefühl von Sicherheit und Verwurzelung zu geben. Sie ist ein unerschöpfliches

Kompendium von Anekdoten, und wenn sie einen mit ihren kornblumenblauen Augen ansieht und von früher spricht, dann weicht der Zeitstrahl auf, und alles wird durchlässiger, dann geht plötzlich Valentino dicht an einem vorbei, die Garbo steht am Fenster, John Gilbert erscheint auf der Wiese und steht wie eine Statue in der Dämmerung. Oder der späte Fairbanks donnert mit seinem Sportwagen die Auffahrt hoch, mit zwei jaulenden Mastiffs auf dem Notsitz.

P. bot mir an, mich nach Hause zu fahren. Wir fuhren über Santa Monica, weil sie noch ein Geschenk für A. abgeben wollte, jene traurige, hypernervöse Frau, die ihren Oscar ins Meer warf, als ihr dritter Mann sie verließ.

Was mich immer wieder an A. faszinierte, war die Art, wie sie sich schminkte, nämlich mit brutaler Objektivität. Kalten Blicks und voller Berechnung hantiert sie mit Farbe und Puder, ganz so, als gehöre dieses Gesicht nicht ihr, sondern einer anderen. Wobei sie systematisch alles retuschiert, was die Zeit ihr gegeben hat.

Wir wollten gerade gehen, als das Hausmädchen kam und sagte, dass uns A.s Vater gern sehen würde. Wir fanden ihn in dem Garten mit Meerblick, einen knorrigen, phlegmatischen alten Herrn mit bläulich-weißen Haaren und einer Haut dunkler als Jod. Er lag im Liegestuhl in der Sonne, hatte die Augen geschlossen, hier störte ihn nichts als der einschläfernde Rhythmus der Brandung und träges Bienengesumm. Alte Leute lieben Kalifornien. Sie machen bloß die Augen zu, und der Wind in den Winterblumen sagt: Schlaf. Das Meer sagt: Schlaf. Ein Vorgeschmack auf den Himmel. Von morgens bis abends zieht

A.s Vater im Garten der Sonne hinterher, und an Regentagen vertreibt er sich die Zeit, indem er aus Kronkorken Armbänder bastelt. Jeder von uns bekam ein Armband, und dann sagte er mit einer Stimme, die in der duftenden Brise kaum noch trug: »Fröhliche Weihnachten, Kinder.«

HAITI

Äußerlich betrachtet ist Hyppolite vielleicht ein hässlicher Mensch. Er ist dünn wie ein Äffchen, abgezehrt und extrem dunkelhäutig. Aber durch seine lehrerinnenhafte Nickelbrille schaut er einen mit einer Aufmerksamkeit an, die von einem tiefen Verständnis zeugt. Man fühlt sich, was selten ist, in seiner Gegenwart einfach aufgehoben und angenommen.

Am Morgen, so hatte ich gehört, war seine Tochter gestorben, gerade acht Monate alt. Er hat noch mehr Kinder, fünf oder sechs, aus verschiedenen Ehen, doch er ist nicht mehr jung, und der Verlust muss ihn hart getroffen haben. Niemand hat mir gesagt, ob es eine Totenwache geben wird oder nicht, auf Haiti sind das ziemlich aufwendige, exzessive Veranstaltungen. Die Trauergäste, die zum größten Teil nicht einmal zur Familie gehören, reißen die Arme in die Luft, schlagen mit dem Kopf auf die Erde und lassen ein Geheul hören, das an Hunde erinnert. Nachts oder bei unvorbereiteter Begegnung mit einer solchen Truppe wirkt das so befremdlich, dass einem beinahe das Herz stehen bleibt. Erst später begreift man, dass es sich um Darsteller handelt.

Hyppolite gehört zu den bekanntesten sogenannten naiven Malern von Haiti und könnte sich locker ein Haus mit fließend Wasser leisten, mit Strom und richtigen Betten. Stattdessen begnügt er sich mit Kerzen und Petroleumlampen, und alle Nachbarn nehmen ebenso an seinem Leben teil wie er an ihrem, egal, ob es sich um das Leben der alten Frauen mit schütterem, flechtenartigem Haupthaar handelt, das der hübschen jungen Matrosen oder das der gebeugten Sandalenmacher. Vor einiger Zeit wollte ein Freund ihm etwas Gutes tun und hat ihm ein richtiges Haus gemietet, mit Betonfußböden und Wänden, hinter denen man sich verstecken konnte, aber glücklich war er dort nicht. Er braucht keine Privatsphäre und auch keinen besonderen Komfort. Allein das finde ich an ihm bewundernswert und auch, dass es nichts gibt, das auf geheimen, unterirdischen Wegen Eingang in seine Bilder gefunden hätte. Er malt einfach, was in ihm lebt, und das ist identisch mit der Kulturgeschichte dieses Landes, seiner Gesänge und Gottheiten.

Unübersehbar steht mitten in seinem Atelier eine riesige trompetenförmige Muschel. Rosa und verschnörkelt sieht sie aus, wie eine überdimensionale Meerespflanze, und wenn man hineinstößt, dann röchelt es einsam und kehlig aus der Tute. Den Seeleuten dient eine solche Muschel als Zauberhorn, das den Wind herbeiruft, und Hyppolite, der gerade eine Weltumseglung auf einem Schiff mit roten Segeln plant, übt regelmäßig darauf. Die meiste Kraft und fast sein ganzes Geld geht in den Bau dieses Schiffs, eine Hingabe, die man sonst nur bei denjenigen erlebt, die ihr eigenes Begräbnis vorbereiten oder die sich die eigene Gruft errichten. Ich frage mich, ob man ihn je wiedersähe, falls er tatsächlich in See sticht.

Von der Terrasse, auf der ich lesend oder schreibend den Morgen verbringe, sehe ich das schleierige Blau der Berge und das viel kräftigere Blau des Hafens. Unter mir liegt ganz Port-au-Prince, eine Stadt, die nach Jahrhunderten der Sonne nur noch blätternde Pastelltöne aufweist: die himmelgraue Kathedrale, der hyazinthblaue Brunnen, der rostgrüne Zaun. Linker Hand, wie eine Stadt in der Stadt, liegt im metallischen Licht ein großer barocker Steingarten, das ist der Friedhof mit seinen Grabmalen, die aussehen wie Vogelkäfige. Dorthin werden sie seine Tochter bringen. Ein Dutzend Männer wird sie den Hügel hochtragen, ganz in Schwarz, mit Strohhut, im schweren Duft der Gartenwicken.

1. Sag, warum gibt es hier so viele Hunde? Wem gehören sie, und wozu werden sie gehalten? Räudig und mit angstvollen Augen streifen sie in kleinen Rudeln durch die Straßen. Darin gleichen sie verfolgten Christen. Tagsüber wirken sie harmlos, erst nach Einbruch der Dunkelheit wachsen Selbstbewusstsein und Lautstärke. Nacheinander fallen sie in das Geheule ein, bis ein ganzer Chor wütend den Mond anjault. S. meint, sie funktionieren wie ein umgekehrter Wecker. Wenn sie anfangen, ist es Zeit, ins Bett zu gehen. Das sollte man übrigens auch tun, denn um zehn werden hier die Bürgersteige hochgeklappt, außer an den Rara-Wochenenden, wenn Trom-

melklang und Betrunkene die Hunde übertönen. Die Hahnenschreie am Morgen hingegen finde ich schön, sie wecken in mir alle möglichen Erinnerungen. Nur das ewige Gehupe in den Straßen geht einem auf die Nerven. Ich habe den Verdacht, es ist eine politische und/oder sexuelle Symbolhandlung.

2. Ich würde über diese Stadt gern einen Film drehen. Aber es müsste – bis auf zufällige Musikfetzen – ein stiller Film sein. Ausschließlich ruhige Bilder von Häusern und Dingen. Ich stelle mir einen fliegenden Drachen vor, und auf den Drachen ist mit Wachskreide ein Auge gemalt. Dann löst sich das Auge ab und treibt frei im Wind, bis es in einem Zaun hängen bleibt, und wir, das Auge, die Kamera, sehen ein Haus (wie das von Monsieur Rigaud). Das ist ein großes, bröckeliges, leicht absurdes Gebäude unbestimmter Provenienz. Besser gesagt, es ist ein Bastard mit französischen, viktorianischen, ja sogar fernöstlichen Stilelementen, siehe die lampionartigen Lampen und das viele Schnitzwerk. Türme und Türmchen sowie die Vorhalle sind übersät mit Engelköpfen, Vignetten, Valentinsherzen. Während die Kamera daran entlangfährt, hören wir das submusikalische Tamtam von Bambusrohren. Dann plötzlich ein Fenster und ein duftig-weißer Vorhang. Dann ein Auge wie ein glänzendes Stück Kohle und ein Gesicht, eine Frau wie eine alte Pressblume mit Jettschmuck am Hals und Jettkämmen im Haar. Wir schweben an ihr vorbei in den Raum, wo zwei grüne Salamander über den Spiegel des Kleiderschranks flitzen – und ihr Spiegelbild. Wie dissonante Klaviertöne springt die Kamera mal hierhin, mal dorthin, und wir bemerken plötzlich Vorgänge,

deren wir sonst nie gewahr werden: ein abfallendes Rosenblatt, ein schiefes Bild. Das ist der Anfang.

3. Nach Haiti kommen vergleichsweise wenige Touristen, und vor allem amerikanische Durchschnittsehepaare verschanzen sich häufig grämlich in ihrem Hotel. Das ist schade, denn Haiti ist so ziemlich das interessanteste Gebilde in der Karibik. Aus Sicht des normalen Touristen indes ist dieses Verhalten durchaus plausibel. Der nächste Strand liegt drei Autostunden entfernt, von einem Nachtleben kann keine Rede sein, und gute Restaurants gibt es ebenfalls nicht. Außerhalb des Hotels existieren nur wenige Lokale, in denen man spät am Abend noch einen Rum Soda bekommt. Angenehmer sind da schon die hübsch im Grünen gelegenen Bordelle in der Rue Bizonton. Alle Häuser tragen großspurige Namen wie *Paradis* oder dergleichen. Aber sie werden anständig und sittenstreng geführt. Die Mädchen, meist aus der Dominikanischen Republik, sitzen in Schaukelstühlen auf der Veranda, fächeln sich mit Jesus-Bildchen Luft zu und unterhalten sich gut gelaunt – die Szene könnte auch in Mittelstandsamerika spielen. Bier, nicht Whiskey oder Champagner, gehört hier zum guten Ton, und wenn man Eindruck machen will, dann ist Bier das Getränk der Wahl. Eines der Mädchen, die ich kenne, kann bis zu dreißig Flaschen vertragen. Sie ist älter als die anderen, trägt lavendelblauen Lippenstift, hat Rumba-Hüften und die Zunge einer Viper, was sie überall sehr beliebt macht. Sie selbst, sagt sie, könne ihres Erfolgs aber erst dann froh werden, wenn auch der letzte Zahn in ihrem Mund vergoldet sei.

4. Die Regierung Estimé hat ein Gesetz erlassen, das es verbietet, in der Öffentlichkeit *sans* Schuhe herumzulaufen. Das ist nicht nur willkürlich unökonomisch, sondern auch unbequem, besonders für die Bauern, die ihre Ernte zu Fuß zum Markt bringen. Aber in dem Bestreben, das Land für Touristen attraktiver zu machen, ist man von offizieller Seite der Meinung, der Anblick von barfüßigen Haitianern sei wenig einladend und das Bild der Armut ausländischen Gästen nicht zuzumuten. Das ist ein Denkfehler. Zwar ist die große Mehrheit der Haitianer tatsächlich arm, doch herrscht allgemein eine Atmosphäre, welche die Vorspiegelung, es wäre anders, völlig unnötig macht. Widerstrebend muss ich zur Kenntnis nehmen, wie sich auf Haiti der Gemeinplatz bewahrheitet, dass die großzügigsten Menschen oft auch die sind, die dazu die geringste Veranlassung haben. Besucher beispielsweise kommen nie ohne kleine, merkwürdige Geschenke, etwa eine Büchse Sardinen, eine Rolle Garn. Doch werden sie mit so viel Würde und Feingefühl überreicht, dass – o Wunder! – die Sardinen Perlen verschluckt haben und sich das Garn aus reinem Silber erweist.

5. Die Geschichte von R.: Vor einigen Tagen fuhr er zum Zeichnen hinaus aufs Land. Am Fuß eines Hügels bemerkte er ein hochgewachsenes Mädchen mit schräg gestellten Augen, ganz in Lumpen gekleidet. Sie war mit Draht und Seil an einen Baum gefesselt. Anfangs hielt er das für einen Witz, da sie ihn auslachte, als er versuchte, sie loszubinden. Dann kamen mehrere Kinder und stießen ihn mit ihren Stöcken an. Er fragte die Kinder, warum das Mädchen an den Baum gefesselt sei, aber

auch sie lachten nur und wollten partout keine Antwort geben. Daraufhin erschien ein alter Mann mit einer Kalebasse voll Wasser. Als R. seine Frage vor ihm wiederholte, füllten sich seine Augen mit Tränen, und er sagte: »Monsieur, sie ist böse, es ist sinnlos, sie ist nichts als böse«, und schüttelte den Kopf. R. setzte seinen Weg auf den Hügel fort. Auf halber Höhe drehte er sich noch einmal um und sah, wie der Alte dem Mädchen aus der Kalebasse zu trinken gab. Den letzten Schluck aber spuckte sie ihm ins Gesicht. Gleichmütig wischte er sich das Gesicht ab und ging weg.

6. Ich mag Estelle. Zu S. jedoch gehe ich immer mehr auf Distanz, denn diese Distanz beruht auf Gegenseitigkeit. Nichts ist so unschön, als an anderen gerade diejenigen Eigenschaften zu kritisieren, die man selber besitzt. Nach Meinung von S. ist Estelle eine zügellose, vulgäre Hochstaplerin. Allerdings gilt das mit Ausnahme der ersten Eigenschaft auch für S. In meinen Augen spricht unabsichtliche Vulgarität immer noch mehr für die jeweilige Persönlichkeit, als seine Tugend bewusst vor sich herzutragen. Und natürlich kommt das im Falle von S. in der amerikanischen Kolonie auf Haiti sehr gut an, denn dort regiert – mit wenigen Ausnahmen – der Biedersinn. Estelle dagegen ist niemandes Darling. »Na und?«, lautet ihr Kommentar. »Hör mal zu, du Intelligenzbolzen, das Einzige, was mit mir nicht stimmt, ist die Tatsache, dass ich so unverschämt gut aussehe. Aber wenn man so gut aussieht wie ich, aber niemanden ranlässt, dann ist man für die Betreffenden untendurch. Kapierst du, was ich meine?«

Ich habe selten ein Mädchen gesehen, das so groß ist wie Estelle, gut eins achtzig. Sie hat ausgeprägte, nordisch anmutende Züge, ihre Haare sind dunkelblond, die Augen katzengrün. Und irgendwie erweckt sie immer den Eindruck, als wäre sie gerade von einem Hurrikan durchgewirbelt worden. Das heißt, es gibt mehrere Estelles. Eine Estelle ist die Heldin eines zweitklassigen Romans: heute hier, morgen dort, himmelhochjauchzend, zu Tode betrübt, die Welt ein Jammertal oder ein riesiger Spielplatz, je nachdem. Eine andere Estelle ist ein sentimentaler, liebeskranker Backfisch, der einfach nicht glauben kann, dass selbst die dubiosesten Typen *keine* ehrenvollen Absichten hätten. Estelle Nummer drei ist weniger zwielichtig als dunkel. Kurz, wer ist Estelle? Was macht sie hier? Wie lange gedenkt sie zu bleiben? Wofür steht sie morgens auf? Ab und zu spricht Estelle Nummer drei von ihrem »Projekt«. Worin dieses besteht, bleibt jedoch unklar. Meistens sitzt sie in einem Café auf dem Champ de Mars und trinkt – für zehn Cent das Glas – einen karibischen Rumpunsch nach dem anderen. Der Barmann ist meistens weggenickt, aber wenn sie etwas will, wankt sie zum Tresen und klatscht ihm auf den Kopf, als wäre er eine reife Wassermelone. Ein kleiner Hund mit Schlappohr folgt ihr überallhin, und meistens ist sie auch in Begleitung. Gern geht sie mit einem blässlichen, sehr properen Herrn, der Bibelverkäufer sein könnte. Tatsächlich ist er Alleinunterhalter und tourt mit einem Koffer voller Puppen und einem Kopf voller Unsinn über die Inseln. An klaren Abenden schlägt Estelle in einem Straßencafé ihr Hauptquartier auf. Dann kommen die einheimischen

Mädchen und legen ihre Liebesprobleme auf den Tisch. Auf anderer Leute Liebesprobleme geht sie mit großem Ernst ein. Sie war einmal verheiratet, aber wann und mit wem, dazu äußert sie sich nur vage. Obwohl sie erst fünfundzwanzig ist, muss diese Ehe schon lange zurückliegen. Gestern Abend kam ich an dem Straßencafé vorbei, und wie immer saß sie schon an ihrem Tisch. Doch diesmal war alles anders. Sie war, was selten vorkam, geschminkt, trug ein hübsches Sommerkleid und hatte zwei rosa Nelken im Haar – bei ihr eigentlich eine Unmöglichkeit. Auch hatte ich sie noch nie so betrunken erlebt. »He, Intelligenzbolzen, bist *du* das? Aber klar, wer sonst?«, sagte sie und tätschelte meine Brust. »Hör mal, Kleiner, heute kriegst du von mir den Beweis. Den Beweis, den Beweis, dass das nämlich genau so ist: dass, wenn man jemanden liebt, dass dann dieser Jemand dich dazu kriegt, dass du *alles* frisst, wirklich alles. Pass auf ...«, sagte sie und zupfte sich eine Nelke aus dem Haar. »Er ist absolut verrückt nach mir ...« Wobei sie die Nelke dem Hund zuwarf, der zu ihren Füßen lag. »Siehst du, ich brauche bloß zu sagen ›friss‹, und er gehorcht mir aufs Wort. Und wehe, wenn nicht.«

Doch der Hund schnüffelte kaum an der Blume.

Die vergangenen Wochenenden galten den Raras vor dem Karneval, der Karneval selbst begann gestern und dauert drei Tage. Die Raras sind gewissermaßen der Probelauf. Irgendwann am Samstagnachmittag setzen die Trommeln ein, erst vereinzelt draußen auf den Hügeln, dann auch in der Stadt. Es sind Signale, kleine Anspielungen, die hin und her schwirren, aber einfach nicht totzukriegen sind. Bis sie sich zu einer einzigen, gigantischen Schwingung verbunden haben, die sich glitzernd auf die Stille legt, flirrend wie die Hitze auf der Straße. Für mich, allein in meinem blassgelben Zimmer, geht alles von diesem Sound aus: *túmm-ti-túmm-ti*, die Trommeln des Jüngsten Gerichts. Da zittert sogar das Licht im Wasserglas, und eine Murmel auf dem Tisch setzt sich in Bewegung, rollt auf den Abgrund zu, zerspringt auf dem Boden. Wind greift in die Vorhänge, blättert in Bibelseiten, *túmm-ti-túmm-ti*, trommelt das Jüngste Gericht. Gegen Abend nimmt die ganze Insel die Gestalt dieses Trommelklangs an. Man feiert im Familienverband oder als geheime Bruderschaft auf der Straße, alle singen unterschiedliche Lieder, die dann wieder absolut identisch klingen. Die Vortrommler tragen Federn im Haar, paillettenbestickte Lappenkostüme, und natürlich dürfen die dunklen Sonnenbrillen nicht fehlen. Während die anderen singen und stampfen, dreht sich der Vortrommler im Kreis, lässt die Hüften rotieren, legt den Kopf von links nach rechts und von rechts nach links wie ein böser Papagei. Alle lachen, und es bilden sich die ersten Pärchen. Sie tanzen mit zurückgeworfenem Kopf, offenen Mündern, *túmm-ti-túmm-ti*, der Rhythmus versetzt ihre Hintern in kreisende Bewegung, ihre Augen sind wie helle Monde, *túmm-ti-túmm-ti*.

Gestern Abend nahm mich R. mit zum Karneval. Wir wollten uns die Zeremonie eines jungen *boungan* ansehen, das heißt eines Voodoo-Priesters. Ich hatte zwar noch nie von ihm gehört, aber er sollte etwas Besonderes sein. Das Ganze fand etwas außerhalb statt, deshalb nahmen wir einen sogenannten »Autobus«, einen kleinen Pickup-Truck, auf dem mit Mühe zehn Leute Platz fanden. Diesmal aber fuhren mindestens doppelt so viele mit, darunter ein Zwerg mit einer Schellenkappe und ein alter Mann mit einer Maske, die ausgebreiteten Rabenschwingen nachempfunden war. R. saß neben dem Alten, der irgendwann zu ihm sagte: »Verstehst du den Himmel? Ja, das dachte ich mir. Aber *ich* habe ihn gemacht.«

Worauf R. entgegnete: »Ich nehme an, du hast auch den Mond gemacht?«

Der Mann nickte. »Ja, und dazu die Sterne. Das sind meine Enkelkinder.«

Eine Frau klatschte unhöflich in die Hände und sagte, der Mann sei verrückt. »Ich bitte Sie, meine Liebe«, erwiderte der alte Mann, »wie kann ich verrückt sein, wenn ich alle diese schönen Dinge gemacht habe?«

Es ging nur langsam vorwärts. Dann soff auch noch der Motor ab, und unser Fahrzeug steckte mitten im dichtesten Gewühl fest. Maskierte Gesichter tanzten vorbei, archaisch beschienen vom gelben Funkenregen der Signalfackeln.

Als wir den abgelegenen Tempel erreichten, einen stillen Ort, an dem nur die nächtlichen Insekten zu hören waren, hatte die Zeremonie bereits begonnen, obwohl der *boungan* noch fehlte. Rund um den Tempel standen mit stillen, ernsten Gesichtern etwa hundert Haitianer. Der Tempel selbst war ein länglicher Schuppen mit einem Altarraum vorn wie hinten. (Die Türen waren noch geschlossen, denn dahinter wartete der *boungan* auf seinen Auftritt.) Auf der Freifläche davor tanzten sieben oder acht barfüßige Mädchen in weißen Kleidern und mit weißen Bandanas um die Stirn. Sie bewegten sich mit schlangengleichen Gebärden im Kreis, schlugen sich auf die Schenkel und sangen etwas, das dann von den zwei Trommlern aufgenommen wurde. Eine Petroleumlampe warf flackernde Schatten an die Wand, wo die Tänzerinnen zu horizontalen Schleiern wurden und die Trommler zu grimmig entschlossenen froschähnlichen Wesen. Plötzlich verstummten die Trommeln, und die Mädchen bildeten ein Spalier vor der Altartür. Es war so still, dass man die Insekten beinahe an ihren unterschiedlichen Lauten erkennen konnte. R. bat mich um eine Zigarette, aber die bekam er nicht. Wer raucht schon in einer Kirche? Voodoo ist eine ernst zu nehmende, höchst komplexe Religion, auch wenn die überwiegend katholische Bourgeoisie von Haiti auf sie hinabblickt. Vielleicht enthalten deshalb – quasi als Kompromiss – so viele Voodoo-Rituale katholische Elemente. Kaum ein *boungan*, der in seinem Tempel auf ein Bild der Jungfrau Maria und des Jesuskinds verzichtet. Die Basisfunktionen von Voodoo ähneln denen anderer Religionen: Man kann sich persönlich an bestimmte Götter wenden, böse Kräfte beschwichtigen, man hat seine Symbole, denn der Mensch ist schwach, aber Gott gewährt Schutz, das Wunder ist schon unterwegs, die Götter vermögen es, sie können der Frau eines Mannes Kinder schenken oder seine Ernte verbrennen lassen, sie stehlen ihm den Atem aus der Brust, belohnen ihn aber mit einer Seele. Im Voodoo allerdings gibt es keine Trennung zwischen dem Land der Lebenden und dem Land der Toten. Die Toten erheben sich und wandeln unter den Lebenden.

Das Tamtam setzte wieder ein, und die Stimmen der Mädchen unterstrichen jeden einzelnen gemessenen Trommelschlag. Dann traten drei Jungen heraus, von denen jeder ein Tablett mit einer anderen Substanz trug, Asche, Maismehl und Schwarzpulver. Mitten darin und wie auf einem Geburtstagskuchen brannten kleine Kerzen. Sie setzten die Tabletts auf einem runden Stein ab und knieten mit dem Gesicht zur Tür nieder. Die Trommeln wurden leiser und eine Kalebasse, gefüllt mit Schlangenknochen, begann ihr rhythmisches Rasseln. Wie ein Geist, der sich unerwartet materialisiert, und schwerelos wie ein Vogel schwebte der *boungan* durch das Spalier der Mädchen ins Freie. Tatsächlich schienen die mit klingelnden Kettchen geschmückten Füße kaum den Boden zu berühren, und seine scharlachroten Gewänder rauschten wie Flügel. Ein rotes Samttuch war um seinen Kopf gebunden wie bei einem Piraten, und eine Perle glänzte an seinem Ohr. Ab und zu hielt er in seinem Flug inne wie eine Hummel, um die Hände eines Gläubigen zu ergreifen, auch meine. Ich sah in sein Gesicht, ein wunderschönes, androgynes Gesicht in seiner beunruhigenden Kombination aus blauschwarzer Haut und arischen Zügen. Er konnte nicht älter sein als zwanzig, trotzdem ging von ihm, als läge er im Tiefschlaf, etwas unsagbar Altes und Erstarrtes aus.

Schließlich nahm er eine Handvoll Asche und Maismehl und begann, auf der Erde ein *verver* zu malen. Es gibt Hunderte von *ververs* im Voodoo, verschlungene, surrealistisch anmutende Muster, bei denen jedes Detail eine spezielle Bedeutung trägt. Der Malvorgang erfordert nicht nur ein Gedächtnis vergleichbar dem eines Pianisten, der einen ganzen Klavierabend im Kopf haben muss, sondern auch viel künstlerisches Geschick. Der Trommelschlag beschleunigte sich explosiv, während er sich tief in sein Kunstwerk versenkte. Wie der Seidenfaden einer Spinne rann die Asche aus ihm hervor, mit der er sein wildes Netz aus Kronen, Kreuzlinien, Schlangen, phallischen Figuren, Augen und Fischschwänzen wob. Dann war das *verver* vollendet, und er begab sich wieder in den Altarraum, aus dem er diesmal ganz in Grün wieder hervortrat, in seinen Händen eine große Eisenkugel, die sich unmittelbar darauf entflammte und ihre gesamte Oberfläche in einen bläulichen Feuerschein hüllte, ähnlich wie die Erde von der Atmosphäre umgeben ist. Ohne loszulassen, sank er auf die Knie und kroch weiter, während ringsum mit Gesängen und Rufen applaudiert wurde. Kaum war die Flamme erloschen, stand er auf und zeigte seine unversehrten Hände. Als ginge ein starker Wind durch ihn hindurch, ergriff ihn heftiges Zittern, seine Augen drehten sich nach hinten, und der Geist (Gott und Dämon) ging auf wie ein Samenkorn und erblühte in seinem Fleisch: geschlechtslos, unidentifizierbar, nahm er Mann und Frau in den Arm. Mit welchem Partner auch immer, gemeinsam wirbelte er mit ihm über die Schlangen und Augen des *verver*, die auf wundersame Weise heil blieben. Und wenn er sich den Nächsten nahm, warf sich der Vorgänger gleichsam in die Unendlichkeit, riss sich das Hemd auf, schrie. Schließlich lief der junge *houngan*, schweißüberströmt und ohne seinen Ohrring, zur zweiten, hinteren, bisher ungeöffneten Tempeltür. Singend, schreiend schlug er mit den Händen dagegen, bis Blutspuren zurückblieben. Als wäre er eine Motte und die Tür eine gigantische Glühbirne und als läge hinter dieser Barriere die reine Magie: Geheimnis der Wahrheit, tiefer, tiefer Friede. Falls sich diese Tür jemals öffnete, was sie nicht tun wird, würde er es wirklich finden, das Unerreichbare? Die Frage ist müßig. Dass er selbst daran glaubt, ist alles, worauf es ankommt.

NACH EUROPA

Wenn man ganz still war, vernahm man eine Harfe. Wir kletterten auf die Mauer, und dort, zwischen den flammenden, noch regennassen Blumen des Schlossgartens, saßen vier geheimnisvolle Gestalten, ein junger Mann an der Harfe und drei Greise in schwarzen, aus verschiedenen Garnituren zusammengesetzten Anzügen. Wie scharf sie sich in der sturmgrünen Luft abzeichneten. Sie aßen Feigen, und zwar diese großen italienischen Feigen, die so prall waren, dass den Männern der Saft aus dem Mundwinkel lief. Am Ende des Gartens lag das marmorne Ufer des Lago di Garda mit seinen wirbelnden Wassern. Ich wusste, dort würde ich nie schwimmen gehen, denn wie die Verzerrungen in mundgeblasenem Glas, so lauerten in diesem verdächtig klaren Wasser garantiert schauerliche Kreaturen. Einer der alten Männer warf die Feigenschale etwas zu weit, und drei Schwäne raschelten nervös im Röhricht.

 D. sprang von der Mauer herab und winkte mir, damit ich ihm folgte. Ich aber konnte mich von dem Anblick noch nicht losreißen. Es war also wahr, und diese Wahrheit sollte noch einen Moment andauern. Noch nie hatte ich es so genau, gewissermaßen bis in die kleinste Regung eines Blattes gespürt, und all das wäre schlagartig ruiniert, ruiniert wie ein hoher Ton von Jennie Tourel, wenn im Saal jemand hustete. Aber was war die Wahrheit? Die Wahrheit lag im Sinn dieser Reise. Die Wahrheit lag in diesem Schloss, den Schwänen und diesem Harfenjungen, dieser Märchenbuchgestalt aus einer Zeit, in der der Prinz die Bühne noch nicht betreten hatte und die Hexe den Fluch noch nicht gesprochen.

Es war also richtig, dass ich nach Europa gereist war – und wenn nur, um das Staunen wieder zu lernen. Wenn man eine bestimmte Alters- und Weisheitsgrenze überschritten hat, wird es nämlich schwer, etwas noch mit Verzauberung anzuschauen. Als Kind hat man es da viel leichter, und mit etwas Glück kann man später ab und zu noch eine Brücke zur Kindheit schlagen. Meine Europareise war genau das, eine Brücke über Meere und Wälder hinweg in die frühesten Landschaften meiner Imagination. Ich war – von Mexiko bis nach Maine – schon an vielen Orten gewesen, aber ich musste nach Europa, um meine Heimat wiederzusehen, mein Zimmer mit dem Kamin, wo, gewissermaßen außerhalb der engen Stadtgrenzen, Geschichten und Legenden lebten. Geschichten über Dinge wie diese Harfe zum Beispiel, das Schloss, die Schwäne.

Nach einer ziemlich chaotischen Busfahrt hatten wir, von Venedig kommend, Sirmione erreicht, dieses verwunschene, winzige Dorf an der Spitze einer Halbinsel im

Lago di Garda, dem blauesten, traurigsten, stillsten und schönsten aller italienischen Seen. Wäre diese Lucia am Ende nicht unerträglich geworden, ich möchte bezweifeln, dass wir Venedig je verlassen hätten. Ich war vollkommen glücklich dort, wenn man einmal von dem unglaublichen Krach absieht. Der Lärm von Venedig ist kein normaler Stadtlärm, sondern ein endloser Streit zwischen menschlichen Stimmen, dem Ruderschlag der Boote, Schritten. Jemand schlug Oscar Wilde einmal vor, sich dort zur Ruhe zu setzen. »Um wie zu enden? Als Touristenattraktion?«, entgegnete dieser.

Dennoch, es war im Prinzip ein guter Rat, und andere haben ihn beherzigt. In den Palazzi entlang des Canal Grande gibt es ganze Kolonien von sogenannten öffentlichen Personen, die sich in der Öffentlichkeit aber seit Jahrzehnten nicht mehr haben sehen lassen. Die faszinierendste Gestalt unter ihnen war eine schwedische Gräfin, deren Diener immer mit einer schwarzen Gondel zum Einkaufen fuhren. Die klingelnden Silberglöckchen an dieser Gondel fand ich anfangs pittoresk, später nur noch gespenstisch. Und dann war da noch Lucia, die uns derart verfolgte, dass wir schließlich die Flucht ergriffen. Ein muskulöses Mädchen, ungewöhnlich groß für eine Italienerin und immer nach irgendeinem Kräuteröl riechend. Sie war die Anführerin einer Bande von Kleinkriminellen und Trebegängern aus dem Süden, die ihre Aktivitäten während der Sommersaison nach Venedig verlegt hatte. Diese Kids konnten ganz nett sein, auch wenn sie einem Zigaretten verkauften, die mehr Heu enthielten als Tabak, und einen bei der Währungsumrechnung ständig übers

Ohr hauten. Die Sache mit Lucia begann eines Tages auf der Piazza San Marco.

Sie sprach uns an und bat uns um eine Zigarette. Worauf ihr D. gleich eine ganze Packung Chesterfield gab, da sein großes Herz noch nicht wusste, dass wir uns vom Goldstandard verabschiedet hatten. Damit waren wir adoptiert und vereinnahmt, und zwar vollständig, was zunächst auch sehr angenehm war. Wo immer wir waren, wachte die erfahrene Lucia über uns. Dennoch blieben peinliche Momente nicht aus. Zum einen flogen wir regelmäßig aus den besseren Geschäften, weil sie ohne Ende feilschte. Zum anderen machte es der Grad ihrer Eifersucht schlicht unmöglich, zu anderen Einheimischen Kontakt aufzunehmen. Einmal beggneten wir auf der Piazza einer harmlosen Reisebekanntschaft aus dem Zug von Mailand, einem grundanständigen Mädchen. »Achtung«, warnte uns Lucia mit ihrer heiseren Stimme. »Bei der wäre ich vorsichtig.« Angeblich handelte es sich bei unserer Bekanntschaft um eine Frau mit dunkler Vergangenheit – und ehrloser Zukunft. Bei anderer Gelegenheit schenkte D. einem Jungen aus der Bande seine billige Uhr, die dieser sehr bewundert hatte. Lucia war außer sich, und als wir sie das nächste Mal sahen, trug sie besagte Uhr an einer Schnur um den Hals. Es hieß, der Junge sei über Nacht nach Triest abgereist.

Lucia hatte die Angewohnheit, praktisch zu jeder Tages- und Nachtzeit in unserem Hotel zu erscheinen. (Wo sie selbst wohnte, fanden wir in der ganzen Zeit nicht heraus.) Abends machte sie es sich oft in unserem Zimmer bequem, leerte eine ganze Flasche Strega-Kräuterlikör, qualmte, was das Zeug hielt, und schlief irgendwann vollkommen übermüdet ein. Erst dann bekam ihr Gesicht wieder etwas Kindliches. Aber eines bösen Tages fing sie der Geschäftsführer in der Hotelhalle ab und erteilte ihr Hausverbot. Er könne, sagte er, diese skandalösen Zustände nicht länger dulden. Aber Lucia holte sich Verstärkung und belagerte mit ihrer Bande das Hotel, bis man sich genötigt sah, vor dem Eingang die Eisengitter herunterzulassen und die Carabinieri zu rufen. Danach mieden auch wir Lucia, so gut wir konnten.

Doch das ist in Venedig in etwa so einfach, wie in einem einzelnen Zimmer Verstecken zu spielen, da alles so nah beieinander liegt. Venedig ist ein karnevaleskes Museum, ein riesiger Palast ohne Türen, wo alles mit allem zusammenhängt und immer eines zum anderen führt. Den ganzen Tag über begegnen einem stets dieselben Gesichter, wie Präpositionen in einem langen Satz. Man braucht nur einmal um die Ecke zu gehen, und da steht sie, Lucia, mit der Armbanduhr zwischen den Brüsten. Sie war ja so verliebt in D. Mittlerweile verfolgte sie uns mit der Verbissenheit der Gedemütigten. Vielleicht hatten wir das nicht anders verdient, doch es war nicht auszuhalten. Wie ein Schwarm Mücken verfolgte uns ihre Bande über die Piazza und überschüttete uns mit Verwünschungen. Auch wenn wir uns abends in ein Café setzten, die Bande wartete außerhalb des beleuchteten Bereichs und riss ihre Witze, die immer weniger komisch waren. Meistens verstanden wir nicht, was sie sagten, doch alle anderen verstanden sehr wohl. Dabei hielt sich Lucia weitgehend heraus, dafür war sie zu stolz, dirigierte die

Operation aber aus der Distanz. Über kurz oder lang blieb uns gar nichts anderes übrig, als Venedig zu verlassen. Lucia wusste das natürlich, ihre Spione waren überall. Am Morgen unserer Abreise regnete es. Gerade als unsere Gondel ablegte, kam ein kleiner Junge mit bösem Blick angerannt und warf uns ein in Zeitungspapier eingeschlagenes Etwas hinterher. D. machte das Päckchen auf. Innen war eine tote Katze – mit der billigen Uhr um den Hals. Wir hatten das Gefühl, noch nie so tief gefallen zu sein. Und dann sahen wir Lucia doch noch einmal. Sie stand allein auf einer kleinen Kanalbrücke und hatte sich so weit über das Geländer gebeugt, dass es schien, als würde sie jeden Moment vornüberfallen. »Perdonami«, rief sie, »ma t'amo.« (Vergib mir, aber ich liebe dich eben.)

In London sagte mir ein junger Künstler: »Als Amerikaner zum ersten Mal in Europa – das muss schön sein. Sie gehören ja nie dazu, also bleibt Ihnen auch der ganze Schmerz erspart. Für Sie gibt es nur das Schöne.«

Ich begriff erst nicht, was er damit meinte, war deshalb auch nicht geschmeichelt. Doch ein paar Monate später war mir klar, wie recht er hatte. Ich gehörte nicht zu diesem Europa, würde nie dazugehören. Ich konnte Europa auch jederzeit wieder verlassen, für mich existierte es nur im warmen Glanz der Schönheit. Trotzdem erwies sich das als nicht ganz so angenehm, wie es sich der junge Engländer vorgestellt hatte. Denn es war zum Verzweifeln, wenn man selbst in bewegten Momenten nie ganz zu dieser Landschaft und seinen Menschen gehörte. Aber nach und nach wurde mir klar, dass dies auch gar nicht nötig war. Es reichte, wenn Europa ein Teil von mir wurde. Der unerwartete Anblick eines Gartens, ein Abend in der Oper, wilde Kinder, die Blumen ausrissen und über die abendliche Straße rannten, ein Totenkranz und Nonnen am helllichten Tag, Musik auf der Piazza, ein Pianola in Paris und das Feuerwerk zum 14. Juli, dieser atemberaubende Augenblick, wenn die Landschaft plötzlich aufging und Berge oder Seen sichtbar wurden (Seen wie grüner Wein im Kelch von Vulkanen, das funkelnde Mittelmeer am Fuß von Klippen), Turmruinen im Dämmerlicht, Kerzen vor den Reliquien des hl. Xenon – alles ein Teil von mir, Elemente, die meine spätere Weltsicht bestimmen würden.

Nach unserem Aufenthalt in Sirmione kehrte D. nach Rom zurück und ich nach Paris. Auf dieser Reise erlebte ich einige Überraschungen. In Mailand stellte sich heraus, dass mir der dumme Mann am Schalter eine Schlafwagenreservierung für den Orient Express verkauft hatte, die ungültig war. Und hätte ich nicht etlichen Menschen gehörig auf die Füße getreten, hätte ich gar keinen Fahrschein mehr bekommen, denn wegen der Ferienzeit waren alle Züge überfüllt. Also quetschte ich mich zusammen mit fünf anderen Leuten in ein stickiges, brütend heißes Abteil. Allein der Name Orient Express jagte mir angenehme Schauer über den Rücken. Man denke nur an die vielen außerplanmäßigen Vorfälle, die sich in diesem Zug zugetragen haben – zumindest wenn man Agatha Christie oder Graham Greene glauben darf. Aber was dann tatsächlich passierte, darauf war ich nicht im Geringsten vorbereitet.

In dem Abteil saßen zwei langweilige Schweizer Geschäftsleute und ein etwas exotischerer Mann aus Istanbul, eine amerikanische Lehrerin sowie zwei elegante, weißhaarige italienische Damen mit hochmütigem Blick und grätenfeinen Zügen. Sie waren wie Zwillinge gekleidet: schwarzes Kleid mit Spitzenbesatz und einer Kragenschließe mit perlenbesetzten Amethysten. Ihre behandschuhten Hände waren gefaltet, und sie sagten nur dann etwas, wenn sie sich aus einer Schachtel mit teuren Pralinen bedienten. Ihr ganzes Gepäck bestand offenbar nur aus einem riesigen Vogelkäfig. Darin befand sich, teilweise verdeckt von einem Seidenschal, ein scharrender, grüner, leicht angeschimmelt aussehender Papagei, der ab und zu ein dementes Lachen von sich gab. War dies der Fall, sahen sich die Damen an und lächelten. Die amerikanische Lehrerin fragte, ob der Papagei sprechen könne, und eine der Damen bestätigte dies mit dem allerknappsten Kopfnicken, musste aber einräumen, dass seine Grammatik zu wünschen übrig ließe. Als wir uns der italienisch-schweizerischen Grenze näherten, begannen die langwierigen Pass- und Zollkontrollen. Gerade als wir schon dachten, der Beamte sei mit unserem Abteil fertig, kam er mit mehreren Kollegen noch einmal zurück und sah durch die Glastür auf die beiden aristokratischen Ladys. Die Grenzer schienen eine Diskussion über die Damen zu führen. Alle im Abteil wurden ganz still, außer dem Papagei, der weiterhin sein verbotenes Lachen hören ließ. Die alten Damen schenkten den Vorgängen vor dem Abteil nicht die geringste Beachtung. Weitere Uniformierte kamen hinzu. Schließlich fasste sich eine der Damen an ihre Amethystschließe, wandte sich zu uns und sagte erst auf Italienisch, dann auf Deutsch, zuletzt auch auf Englisch: »Wir haben nichts Unrechtes getan.«

Aber im selben Moment ging die Abteiltür auf, und zwei Zollbeamte traten ein. Sie sahen die beiden Damen gar nicht an, sondern traten gleich an den Vogelkäfig und zogen den Seidenschal weg. »Basta, basta«, kreischte der Papagei.

Mit einem Ruck kam der Zug in der Bergdunkelheit zum Stehen. Dadurch fiel der Käfig herunter. Der Vogel war plötzlich frei und flatterte gackernd im Abteil hin und her. Die entsetzten Damen waren aufgesprungen und suchten des Vogels habhaft zu werden. Derweil nahmen die Beamten den Käfig auseinander und stießen im Futterfach auf zirka hundert Heroinbriefchen, die wie Schmerzmittel verpackt waren. Und in der Messingkugel oben auf dem Käfig steckten noch mehr. Diese Entdeckung berührte die Damen anscheinend gar nicht, sie traf in erster Linie der Verlust ihres Papageis. Der nämlich hatte sich durch das halb geöffnete Schiebefenster davongemacht, und die verzweifelten Damen konnten ihm nur noch hinterherrufen: »Tokio, du erfrierst draußen. Komm zurück, Tokio!«

Doch Tokio feixte irgendwo in der Dunkelheit. Einen Moment lang erkannten wir seine Silhouette vor dem kalten Riesenmond, dann war er weg. Die Damen drehten sich zur Tür, auf dem Gang standen die Gaffer. Würdig und leicht beleidigt begegneten sie diesen Gesichtern, die sie kaum zu sehen schienen. Auch solche Stimmen hatten sie bestimmt noch nie gehört.

ISCHIA

Ich weiß nicht mehr, warum ich überhaupt hier bin: Ischia. Irgendwann redeten die Leute nur noch über Ischia, auch wenn die wenigsten diese Insel tatsächlich gesehen hatten oder höchstens von der bekannteren Nachbarinsel Capri aus, als gezackten blauen Schatten über dem Horizont. Einige rieten auch deutlich von Ischia ab, und die Gründe hörten sich in der Tat unheimlich an. Ob mir klar sei, dass ich dort auf einem aktiven Vulkan säße? Oder ob ich von der abgestürzten Linienmaschine von Kairo nach Rom gehört hätte, von der es nicht einmal die drei Überlebenden geschafft hätten, denn die seien von plündernden Ziegenhirten gesteinigt worden.

Von daher sahen wir die kalkweißen Fassaden von Neapel mir sehr gemischten Gefühlen im Meer versinken. Es war ein Tag von klassischer Bläue, ein bisschen frisch vielleicht für März in Süditalien, aber mit einem gewaltigen Himmel, und unser Schiff, die Princepessa, sprang über die Wellen wie ein ausgelassener Delfin. Es war ein kleines, sehr zivilisiert ausgestattetes Schiff mit einer winzigen Bar. Ungewöhnlicher waren schon die Passagiere, Häftlinge für die Gefängnisinsel Procida und, ein anderes Extrem, junge Männer, die in das Kloster von Ischia eintreten wollten. Natürlich gab es auch weniger dramatische Reisende, Insulaner, die in Neapel zum Einkaufen waren, und hin und wieder ein Ausländer, denn der große Touristenmagnet ist immer noch Capri.

Inseln sind wie Schiffe, die permanent vor Anker gegangen sind. Das ist jedenfalls das Gefühl, wenn man über die Gangway an Land geht, ein angenehm schwimmender Zustand. Nichts Böses oder Hässliches, denkt man, wird einem hier widerfahren. Schon als die Princepessa in die Hafenbucht von Porto d'Ischia einlief und wir die blässlich blätternden Eiscremefarben der Häuser an der Uferstraße sahen, fühlten wir uns eigenartig zu Hause. Allerdings fiel mir in der Hektik des Aussteigens die Uhr runter und ging kaputt, was mir als symbolhaftes Geschehnis schon fast übertrieben vorkam. Offensichtlich war Ischia nicht der Ort, an dem es auf einzelne Stunden ankam, Inseln sind das nie.

Man könnte Porto als die Hauptstadt von Ischia bezeichnen, zumindest ist sie die größte und mondänste. Die meisten Besucher kommen nie über Porto hinaus, denn dort sind die guten Hotels, die guten Strände und – wie ein gigantischer Habicht auf einem vorgelagerten Felsen – das Renaissancekastell von Vittoria Colonna. Die anderen Städte sind eher ländlich geprägt, Lacco Ameno, Cassamiciola und, ganz im Westen, Forio. Dorthin wollten wir.

Wir fuhren durch die grüne Dämmerung, unter einem Himmel, in dem bereits die ersten Sterne aufgegangen waren. Die Straße verlief hoch über dem Meer, wo die mit Fackeln erleuchteten Fischerboote im Wasser lagen wie glitzernde Wasserspinnen. Kleine, pelzige Fledermäuse jagten durch das Zwielicht. *Buona sera, buona sera*, riefen Stimmen am Straßenrand, und die Ziegenherden blökten dazu wie rostige Flöten. Die Kutsche schlängelte sich über einen Dorfplatz. Es gab keinen Strom, nur flackernde Kerzen und Petroleumlampen, die in die Gesichter der männlichen Gästeschaft blakten. Zwei Kinder liefen uns bis in die Dunkelheit hinter der Dorfgrenze nach. Sie hielten sich keuchend an der Kutsche fest, als diese ihren steilen, gefährlich krängenden Aufstieg begann und unser Pferd in der kühlen Luft dampfend dem Gipfel entgegenschnaufte. Der Kutscher knallte mit der Peitsche, das Pferd schwankte, und die Kinder zeigten mit dem Finger in die Ferne: Schau, da lag es, mondweiß in der Entfernung und ringsum das gischtende Meer. Das schwache Läuten von Vesperglocken erhob sich in die Luft wie ein Schwarm Vögel. *Molto bella?*, fragte der Kutscher. *Molto bella?*, fragen die Kinder.

Wenn man ein Tagebuch noch einmal durchliest, dann meistens die weniger ehrgeizigen Eintragungen, jene beiläufigen Zufallsnotizen, die jedoch immer eine tiefe Furche durch die Erinnerung ziehen. Zum Beispiel: »Heute hat Gioconda diese Buntpapierstreifen in meinem Zimmer hinterlassen. Ein Geschenk? Ein Dankeschön für das Parfum, das ich ihr mitgebracht habe? Auf jeden Fall sind es schöne Lesezeichen.« So etwas klingt nach und weckt weitere Erinnerungen. Zuerst einmal: Gioconda. Ein schönes Mädchen, auch wenn ihre Schönheit stimmungsabhängig ist. Wenn sie schlechte Laune hat, was leider viel zu oft der Fall ist, sieht sie aus wie ein Napf kalter Haferschleim, und man vergisst ihr volles Haar und ihre freundlichen mediterranen Augen. Keine Frage, sie ist überarbeitet hier in dieser *pensione*, wo sie als Zimmermädchen und Kellnerin tätig ist. Sie muss vor Sonnenaufgang aus dem Bett und ist oft erst gegen Mitternacht fertig. Dabei kann sie noch von Glück reden, denn die Arbeitslosigkeit ist das Hauptproblem auf dieser Insel. Viele Mädchen würden ihren Job nur zu gern übernehmen. In Anbetracht dessen, dass es kein fließendes Wasser gibt (mit allen Folgen, die sich daraus ergeben), sorgt Gioconda für einen bemerkenswerten Komfort. Es ist mit Abstand die beste *pensione* in Forio und trotzdem geradezu ein Schnäppchen. Wir haben zwei geräumige Zimmer mit Terracottaboden und hohen Flügeltüren, die auf kleine schmiedeeiserne Balkone hinausgehen, von denen man einen wunderschönen Blick aufs Meer hat. Das Essen ist gut und mehr als reichlich, mittags wie abends fünf Gänge mit Wein. Alles zusammen kostet pro Monat gerade einmal hundert Dollar. Gioconda spricht kein Englisch, und mein Italienisch ist ... na ja, lassen wir das. Trotzdem verstehen wir uns. Mit Händen und Füßen und unter häufiger Zuhilfenahme eines zweisprachigen Lexikons klappt die Kommunikation erstaunlich gut. Unsere Plätzchen gelingen aber trotzdem nicht. An grauen Tagen, wenn sonst nichts anderes zu tun ist, sitzen wir am Herd im Hof und probieren Rezepte für amerikanische Plätzchen aus. (»Toll House, was ist? Chocolate Chips, was ist?«) Von Erfolg gekrönt sind unsere Bemühungen nicht, weil wir so oft im Lexikon nachschauen müssen, dass wir die eigentliche Zubereitung vernachlässigen. Gioconda: »Letzte Jahr in das Zimmer, wo du bist, da war ein Mann von Rom. Ist Rom so schön wie sagt? Er sagt, ich komme nach Rom und besuche ihn. Ist okay, weil er ist Veteran von drei Kriege. Erster Weltkrieg, zweiter und Äthiopien. Du siehst, wie alt er war. Nein, war noch nie in Rom. Ich habe Freunde, die waren. Haben geschickt Postkarte. Kennst du die Frau in *posta*? Natürlich du glaubst an böse Blick? Sie hat einen. Alle wissen. Darum kommt kein Brief aus Argentinien.«

Der ausbleibende Brief aus Argentinien ist die tiefere Ursache von Giocondas ganzem Elend. Steckt ein treuloser Liebhaber dahinter? Ich weiß es nicht, sie spricht nicht darüber. So viele junge Italiener sind auf der Suche nach Arbeit schon nach Südamerika ausgewandert. Es gibt hier Frauen, die warten seit fünf Jahren darauf, dass ihr Mann ihnen das Geld für die Schiffspassage schickt. Jeden Tag, wenn ich die Post bringe, kommt mir Gioconda schon entgegen.

Ich mache mich nämlich nützlich und hole jeden Morgen die Post ab. Bei dieser Gelegenheit treffe ich meistens zum ersten Mal am Tag auf meine amerikanischen Landsleute. Zurzeit halten sich vier Amerikaner in Forio auf, und wir treffen uns regelmäßig im Café von Maria auf der Piazza. (Aus meinem Tagebuch: »Wir alle wissen natürlich, dass Maria die Getränke streckt. Wir wollen bloß hoffen, dass sie sie mit Wasser verdünnt. Gott, so schlecht habe ich mich selten gefühlt!«) Dennoch gibt es keinen schöneren Ort als Marias Café, um auf den Postboten zu warten. Man sitzt in der warmen Sonne, die Bambusvorhänge klimpern friedlich in der Brise ... Maria selbst ist eine wortkarge Frau mit Zigeunergesicht und einem zynisch-achselzuckenden Wesen. Aber was immer man benötigt, von einem Haus bis hin zu amerikanischen Zigaretten, bei ihr ist man immer richtig, sie kann alles beschaffen. Manche Leute behaupten, sie sei der reichste Einwohner von Forio. In ihrem Café sind nie Frauen zu sehen, ich bezweifle, dass sie Frauen dulden würde. Gegen Mittag versammelt sich das ganze Dorf auf der Piazza. In ihren Holzpantinen und schwarzen Umhängen sehen die Schulkinder aus wie Amseln, wenn sie singend durch die Straßen laufen. Gruppen von arbeitslosen Männern lungern unter den Bäumen und lachen rau – und vorbeigehende Frauen senken den Blick. Wenn der Postbote kommt, gibt er mir die Post für die ganze *pensione*, dann steht mir ein schwerer Gang bevor. Ich muss den Hügel hinunter und Gioconda vor Augen treten. Manchmal sieht sie mich an, als wäre es meine Schuld, dass der Brief nie kommt – oder als hätte *ich* den bösen Blick. Einmal drohte sie mir regelrecht, falls ich mit leeren Händen zurückkäme, deshalb kaufte ich ihr ein Parfum.

Aber die Streifen Buntpapier in meinem Zimmer sind entgegen meiner Vermutung kein Dankeschön, sondern Konfetti-Ersatz für die Statue der Jungfrau. Die Jungfrau Maria war nämlich jüngst auf der Insel gelandet und wurde nun in feierlicher Prozession durch jedes Dorf getragen. Am großen Tag war jeder Balkon im Ort mit Spitzenbändern und feinem Leinenzeug geschmückt. Wer nichts Besseres hatte, behalf sich mit einem alten Bettlaken. Blumengirlanden überspannten die überfüllten Straßen, alte Frauen holten ihre längsten Schals heraus, Männer kämmten sich den Schnurrbart. Jemand hatte sogar dem Dorftrottel ein sauberes Hemd angezogen, und die Kinder, ganz in Weiß, waren mit Engelsflügeln aus Goldpappe bestückt. Die Prozession wurde für vier Uhr nachmittags erwartet und sollte direkt unter unserem Balkon entlangführen. Aufgescheucht von Gioconda, waren wir pünktlich auf unserem Posten, bereit, das Buntpapier zu schmeißen und zu rufen »*Viva la Vergine Immacolata*«. Es fing an zu nieseln, und um sechs brach die Dämmerung herein, doch die gedrängt wartende Menge rührte sich nicht von der Stelle. Ein sichtlich angekratzter Priester knatterte mit fliegender Soutane auf einem Moped davon, er sollte der Prozession Beine machen. Schließlich war es Nacht, und entlang des Prozessionswegs wurde mit Petroleum eine Leuchtspur vorbereitet. Plötzlich und für mich eher unpassend, ertönte das Tschingderassa einer Militärkapelle, und mit beängstigendem Prasseln entzündete sich die Petroleumbefeuerung, um die Jungfrau willkommen zu heißen. Schwarz verschleiert und mit einem Gefolge so groß wie die halbe Insel, war sie über und über mit Gold- und Silberuhren behängt. Und als sie vorbeizog, legte sich angesichts ihrer Gegenwart ehrfürchtiges Schweigen über die Menge, allenfalls das surrealistische Geräusch der Opfergaben war noch zu hören: tickticktick. Später war Gioconda sauer, dass wir das Buntpapier noch in der Hand hielten, das wir in der Aufregung ganz vergessen hatten.

»5. April. Ein langer, gefahrvoller Spaziergang. Aber wir haben einen neuen Strand entdeckt.« Ischia ist steinig, ein nacktes Land, bei dem man unwillkürlich an Griechenland oder Nordafrika denkt. Es gibt Orangen- und Zitronenbäume und – in Terrassen angelegt – auch silbergrüne Weinberge. Der Wein aus Ischia hat einen exzellenten Ruf, von hierher kommen unter anderem die Lacrimae Christi. Schon kurz hinter der Stadt geht es in die Weinberge mit ihren Wolken von Bienen und den grellgrünen Eidechsen auf den jungen Blättern. Die Bauern sind dunkelhäutig, eine Haut so dick wie Steingut, und wie bei Seeleuten schweift ihr Blick immer in die Ferne. Das Meer ist ihnen nie fern. Der Pfad am Meer entlang führt über steil abfallende vulkanische Kliffs, und es gibt Stellen, an denen macht man am besten die Augen zu. Ein Sturz in die Tiefe würde ein ganzes Weilchen dauern, und die Felsen unten gleichen schlafenden Dinosauriern. Einmal fanden wir oben auf dem Kliff eine Mohnblume, dann noch eine. Sie wuchsen zwischen den schwarzen Steinen, blieben aber für sich wie Glocken an einem chinesischen Glockenspiel. Auf einmal führte uns der Mohnblumenpfad hinab an einen versteckten Strand. Er war von allen Seiten von Klippen umschlossen, und das Wasser war so klar, dass man die Seepflanzen und die schnellenden Fische sehen konnte. Nicht weit im Meer befanden sich flache Felsen, die wie Flöße aussahen. Wir wateten von einem zum anderen und legten uns in die Sonne. Von dort aus konnten wir die Klippen sehen und die grünen Weinterrassen und einen wolkenverhangenen Berg. In einen Felsen hatte das Meer einen Sitz gewaschen, und es war das größte Vergnügen, sich dort hinzusetzen und sich von den Wellen überspülen zu lassen.

Es ist also nicht schwer, auf Ischia einen Strand zu finden, an dem man ganz allein ist. Ich kenne mindestens drei, an denen nie eine Menschenseele zu sehen ist. Auf dem Strand von Forio liegen Fischernetze und umgedrehte Boote. Auf diesem Strand begegnete ich zum ersten Mal den Mussolinis. Die Witwe des früheren Diktators und drei seiner Kinder leben auf der Insel, in einer Art selbst gewähltem Exil. Irgendetwas an ihnen ist traurig und geht mir ans Herz. Die Tochter ist jung, blond, gehbehindert, aber offenbar sehr schlagfertig. Die Jungs aus dem Ort, die sich mit ihr unterhalten, lachen unentwegt. Wie die meisten einheimischen Frauen ist Signora Mussolini oft in schäbiges Schwarz gekleidet und schleppt mit heftiger Schlagseite ihre schweren Einkaufstaschen den Hügel hoch. Ihr Gesicht ist ausdruckslos, aber einmal habe ich sie lächeln gesehen. Da war der Mann mit dem Papagei, der die Zukunft in einem Einmachglas mit sich herumtrug – in Form gedruckter Zettelchen, die der Papagei für die Ratsuchenden aus dem Glas pickte. Auch Signora Mussolini erstand so eine Prophezeiung und las ihre Zukunft mit leonardohaft geschürzten Lippen.

»5. Juni. Der Nachmittag ist eine weiße Mitternacht.« Jetzt in der Hitze gleichen die Nachmittage einer gleißenden Mitternacht. Die Fensterläden sind geschlossen, Schlaf geistert durch die Straßen. Um fünf machen die Geschäfte wieder auf, am Hafen wird sich eine Menschenmenge versammeln, um die Princepessa zu begrüßen, danach promeniert man auf der Piazza, wo immer jemand Banjo, Ziehharmonika oder Gitarre spielt. Doch jetzt ist Siesta, und es gibt nur diesen blauen, wolkenlosen Himmel und das Krähen eines Hahns. Die beiden Dorftrottel sind Freunde. Einer trägt immer einen Blumenstrauß mit sich herum, den er brüderlich mit seinem Kollegen teilt, wenn er ihn trifft. An den stillen, schattenlosen Nachmittagen sieht man nur sie auf der Straße. Hand in Hand und mit ihren Blumensträußen gehen sie über den Strand und weiter über den Steindamm, der weit ins Meer reicht. Von meinem Balkon aus kann ich sie sehen. Sie sitzen zwischen den Fischernetzen und den schaukelnden Booten, und auf ihren kahl rasierten Köpfen glänzt die Sonne. Ihre Augen sind blass wie der leere Raum. Die weiße Mitternacht ist ihre Stunde, dann gehört die Insel allein ihnen.

Den Frühling haben wir hinter uns. In den vier Monaten seit unserer Ankunft sind die Nächte warm geworden, und das Meer ist nicht mehr so rau. Das grüne, noch winterliche Wasser im März färbt sich im Juni blau, und an den ehedem grauen, dürren Rebstöcken hängen die ersten dicken Trauben. Die Insel ist ein Paradies für Schmetterlinge, und selbst die Berge bieten den Bienen viele süße Sachen. Nach einem Regenguss kann man förmlich hören, wie im Garten die nächsten Knospen aufbrechen. Woran man den Sommer erkennt: Man steht früher auf und bleibt abends länger draußen. Man will eigentlich gar nicht ins Haus zurück. Der Mond scheint näher über der Erde zu schweben und spiegelt sich auf dem Wasser mit erschreckender Helligkeit. Auf der Brüstung der Fischerkirche, die wie der Bug eines Schiffes aufs Meer weist, wandeln junge Leute und unterhalten sich flüsternd. Später verschwinden sie über die Piazza in irgendeinen heimlichen Winkel. Gioconda sagt, sie habe noch nie einen so langen Frühling erlebt. Und je länger, desto schöner.

TANGER

Tanger? Tanger liegt nur eine zweitägige Schiffsreise von Marseille entfernt, ein netter Ausflug immer an der spanischen Küste entlang. Und wenn Sie auf der Flucht vor der Polizei sind (oder wovor auch immer, denn Fluchten gibt es viele), dann kommen Sie unbedingt hierher. Umgeben von Hügeln und vor sich das Meer, liegt Tanger wie ein weißer Umhang auf der nordafrikanischen Küste. Die Stadt ist international und bietet acht Monate im Jahr – von März bis November – ein angenehmes Klima. Es gibt traumhafte Strände mit Sand wie Puderzucker und einer erfrischenden Brandung. Das Nachtleben ist weder spektakulär noch sonderlich vielseitig, aber Nachtschwärmer brauchen nicht vor dem Morgengrauen ins Bett zu gehen. Was weiter nichts Besonderes ist, da die meisten Leute am Nachmittag schlafen und selten vor zehn, elf Uhr am Abend gegessen wird. Ansonsten ist an Tanger fast alles außergewöhnlich, und ehe Sie herkommen, empfehlen sich drei Dinge: Lassen Sie sich gegen Typhus impfen, heben Sie Ihre gesamten Ersparnisse ab und sagen Sie Ihren Freunden Lebewohl, denn es ist gut möglich, dass Sie sie nie wiedersehen. Der Ratschlag ist durchaus ernst gemeint, denn die Zahl derjenigen, die nur für einen kurzen Urlaub nach Tanger kamen und dann jahrelang hier hängen geblieben sind, ist erschreckend hoch. Tanger ist ein Bassin, aus dem man nicht wieder herauskommt, ein zeitloser Ort. Die Tage dort ziehen vorbei wie der Schaum auf einem Wasserfall. So vergeht die Zeit wohl auch in einem Kloster, leise wie auf Pantoffeln. Beide, Tanger und das Kloster, haben noch etwas anderes gemeinsam: Sie sind sich selbst genug. Für den normalen Araber sind Europa und Amerika ein und dasselbe, beides liegt sogar am selben Ort, wo immer der auch sein mag. Dem Araber ist das herzlich egal. Und sehr oft lässt sich beobachten, dass ihm Europäer, hypnotisiert vom Klang der Ouds und vom brodelnden Leben ringsum, bereits nach kurzer Zeit zustimmen.

Viel Zeit verbringt man auf dem Petit Socco, einem Platz mit zahlreichen Cafés am Fuß der Kasbah. Auf den ersten Blick erinnert der Petit Socco an eine Miniaturversion der Galleria in Neapel, aber bei näherem Hinsehen wird klar, dieser Platz ist mit nichts auf der Welt vergleichbar. So gibt es zum Beispiel keine einzige Stunde, in der der Petit Socco *nicht* vollkommen überlaufen wäre. Egal ob Broadway oder Piccadilly Circus, alle diese Orte haben ihre ruhigen Momente, nicht so auf dem kleinen Socco, hier pulsiert das Leben rund um die Uhr. Nur zwanzig Schritte weiter, und du wirst verschluckt vom Dunst der Kasbah. Allein die Gestalten, die aus diesem Dunst hinaustreten auf den lärmenden Rummelplatz namens Petit Socco, sind ein Schauspiel für sich. Hier ist der Laufsteg der Prostituierten, der Drogenumschlagplatz der Stadt, das Spionagezentrum – und auch die Umgebung, in der ganz normale Leute abends ihren Aperitif schlürfen.

Der Socco hat seine eigene Prominenz, aber diese Ehre ist prekär und kann schon in der nächsten Sekunde vorbei sein, denn das Socco-Publikum ist, da es schon alles gesehen hat, ausgesprochen heikel. Im Augenblick ist Estelle der große Star, ein wunderhübsches Mädchen, das sich bewegt wie das Band einer Sportgymnastin. Sie ist halb chinesischer, halb schwarzer Herkunft und arbeitet in einem Bordell namens Black Cat. Angeblich war sie mal Mannequin in Paris und kam auf einer Privatyacht nach Tanger. Doch irgendwie ging ihr Plan, die Stadt auf die gleiche Weise wieder zu verlassen, nicht auf, denn ihr Kavalier war eines Morgens samt Yacht verschwunden, und Estelle stand plötzlich allein da. Eine Zeit lang nahm sich der junge Maumi ihrer an, auf dem Socco bekannt als Flamencotänzer und blendender Unterhalter, der nie ohne seinen Fächer ausging. Wo immer er saß, herrschte eine Bombenstimmung. Aber leider wurde er kürzlich in einer Bar erstochen und ist nun aus dem Rennen. Weniger bekannt, dafür aber umso faszinierender sind Lady Warbanks und ihre zwei Begleiter. Das seltsame Trio sieht man jeden Morgen zum Frühstück in einem Straßencafé. Sie frühstückt immer dasselbe, gebratenen Tintenfisch und eine Flasche Pernod. Jemand, der es wissen muss, sagt, dieselbe Lady Warbanks (inzwischen eher *déclassée*) sei einmal die schönste Frau Londons gewesen. Vielleicht stimmt das sogar, ihre feinen Züge deuten darauf hin, und trotz des engen Matrosenanzugs, in den sie sich allmorgendlich wirft, hat sie einen Stil, den man sich nicht ohne Weiteres aneignen kann. Nur ihre Moralvorstellungen sind nicht so, wie sie sein sollten, und dasselbe gilt für ihre Entourage, bestehend aus einem geschäftigen jungen Mann mit Backpfeifengesicht, der alles weiß und alles verbreitet, am liebsten schmutzige Geschichten. Die Dritte im Bunde ist ein knallhartes spanisches Girl mit kurzen öligen Haaren und lederbraunen Augen. Sie nennt sich Sunny und ist dabei – mit finanzieller Unterstützung von Lady Warbanks und als einzige Frau in ganz Marokko –, ihren eigenen Schmugglerring aufzuziehen. Denn der Schmuggel ist ein eigener Wirtschaftszweig in Tanger, mit Hunderten von Beschäftigten, und wie man hört, hat sie mittlerweile ein eigenes Boot samt Mannschaft, das allnächtlich auf der Straße von Gibraltar unterwegs ist. Das Binnenverhältnis der drei ist im Einzelnen nicht mehr druckfähig, doch es ist gekennzeichnet von allen bekannten Lastern. Im Socco interessiert das allerdings niemanden, im Socco fragt man sich etwas ganz anderes: Wann wird Lady Warbanks ermordet und vor allem von wem, von dem jungen Mann oder von Sunny? Denn die Lady ist reich, und wenn – wie offenbar hier – nur das Geld der Kitt in einer Beziehung ist, dann endet sie unweigerlich in Gewalt. Derweil verzehrt Lady Warbanks aber noch arglos ihren Tintenfisch und genießt ihren allmorgendlichen Pernod.

Der Socco fungiert auch als Modezentrum, jede neue Torheit wird hier ausprobiert. Sehr beliebt unter den Schickis dieser Stadt sind zurzeit Schnürschuhe, die bis ans Knie reichen. Eigentlich ein unvorteilhaftes Schuhwerk, aber nicht annähernd so bedauerlich wie die Vorliebe der arabischen Frauen für dunkle Sonnenbrillen. Dabei waren gerade diese Augen über dem Gesichtsschleier immer so faszinierend. Jetzt sieht man nur noch schwarze Linsen – Kohleklumpen in einem Schneemann aus Tuch.

Abends um sieben erreicht das Leben auf dem Socco seinen Kulminationspunkt. Zur Stunde des Aperitifs drängen sich auf dem kleinen Platz über zwanzig Nationen, und das Stimmengewirr ist wie der Gesang von Riesenmoskitos. Nur einmal wurde es plötzlich ganz still – als nämlich eine arabische Blaskapelle an den hell erleuchteten Cafés vorbeimarschierte. Es war die einzige fröhliche Musik, die ich aus diesen Instrumenten je gehört hatte, das meiste ist in meinen Ohren ein einziges Gejaule. Doch ist der Tod bei Arabern offenbar kein trauriges Ereignis, denn die Kapelle führte einen Leichenzug an, der sich gut gelaunt durch die Menschenmassen wand. Als auf einer offenen Bahre der halb nackte Leichnam vorbeischwankte, neigte sich eine mit billigem Schmuck behängte Dame an ihrem Tisch zur Seite und erhob ihr Glas Tio Pepe. Einen Moment später lachten ihre Goldzähne wieder, und sie war erneut vollauf mit ihren Intrigen beschäftigt. So wie der kleine Socco insgesamt.

»Wenn sie schon über Tanger schreiben«, so ein Tangerino, von dem ich bestimmte Informationen haben wollte, »dann erwähnen Sie wenigstens das ganze Gesocks nicht. Hier wohnen genügend anständige Leute, denen es auf die Nerven geht, wenn ihre Stadt immer so negativ dargestellt wird.«

Ich weiß zwar nicht, ob wir dieselben Maßstäbe haben, aber auch ich kenne zumindest drei ausgesprochen anständige Leute. Jonny Winner etwa, ein sympathisches, witziges Mädchen. Sie ist noch sehr jung, sehr amerikanisch und nach einem Blick in ihre versonnene Miene hält man es eigentlich für ausgeschlossen, dass sie von sich aus zurechtkommt. Dessen ungeachtet lebt sie seit zwei Jahren hier, ist allein durch Marokko und die Sahara gereist. Warum sie unbedingt ihr ganzes Leben in Tanger verbringen will, ist natürlich ihre Sache, aber ein Grund dürfte sein, dass sie sich in die Stadt verliebt hat. »Lieben Sie Tanger denn nicht? Morgens aufzuwachen und zu wissen, Sie sind hier? Zu wissen, hier darfst du ganz du selbst sein, musst dich nicht verbiegen. Und dann die Blumen, die Aussicht auf die Hügel und die Lichter im Hafen. Das muss man doch einfach lieben.« Andererseits lebte Jonny mit dieser Stadt in ständigem Konflikt. Wann immer man sie trifft, hat sie eine neue Krise. »Haben Sie gehört? Da hat irgendein Banause in der Kasbah sein Haus gelb angestrichen, und jetzt machen es alle. Ich bin gerade unterwegs, um zu sehen, ob ich das Schlimmste verhindern kann.«

Denn die Traditionsfarben der Kasbah sind Blau und Weiß, wie Schnee im Dämmerlicht, Gelb sieht furchtbar aus, und ich hoffe nur, Jonny kann sich durchsetzen. Allerdings ist sie schon damit gescheitert, den Grand Socco zu retten. Eine Tragödie in ihrem Fall, die dazu geführt hat, dass sie tagelang mit verweinten Augen durch die Straßen gelaufen ist. Der Grand Socco ist der große arabische Markt, wo Berber aus den Bergen mit ihren Körben und Ziegenfellen unter den Bäumen sitzen und den Geschichtenerzählern, Flötenspielern und Magiern zuhören. Verkaufsstände, die überquellen von Blumen und Obst. Und über allem der Geruch von Haschisch, *thé Arabe* und leuchtenden Gewürzen. All das soll nach dem Willen der Stadtväter verschwinden, offenbar um Platz für einen Park zu machen. Jonny kann sich darüber nur die Haare raufen. »Warum soll ich mich nicht aufregen? Für mich ist Tanger mein Zuhause, und was würden Sie sagen, wenn plötzlich jemand in Ihr Wohnzimmer kommt und alle Möbel umstellt?«

Ihre Kampagne für den Erhalt des großen Socco läuft viersprachig ab, Französisch, Spanisch, Englisch und Arabisch. Obgleich sie alle diese Sprachen überaus gut beherrscht, ist sie an offiziellen Stellen immer abgeblitzt. Der Einzige, der sich ihr Anliegen angehört hat, war der Pförtner am holländischen Konsulat, und ihre einzige moralische Stütze ist ein arabischer Taxifahrer, der sie ganz und gar nicht für verrückt hält und sie umsonst durch die Stadt kutschiert. Vor einigen Tagen sahen wir Jonny wieder auf ihrem geliebten, dem Untergang geweihten Socco. Sie trug eine räudige, von wunden Stellen übersäte Katze auf dem Arm und wirkte sehr niedergeschlagen. Und auf ihre spezielle Art, gleich mit der Tür ins Haus zu fallen, sagte sie: »Gerade noch dachte ich, ich kann nicht mehr, ich will nur noch sterben. Aber dann habe ich Monroe gefunden. Das ist Monroe«, setzte sie hinzu und streichelte die Katze. »Wenn man ihn so sieht, dann schämt man sich. Ich meine, er hat so einen ungeheuren Lebensmut. Und wenn *er* nicht aufgibt, warum dann ich?«

Der Anblick der beiden abgerissenen, tapferen Gestalten überzeugte mich endgültig davon, dass irgendeine Macht sie beschützen würde, wenn nicht die Klugheit, dann der pure Wille zu leben.

Ferida Green reagiert da schon vernünftiger. Als Jonny ihr von der Sache mit dem Grand Socco erzählte, sagte sie nur: »Ach, Schätzchen, nur keine Panik. Der Socco soll schon ewig abgerissen werden, aber geschehen ist bisher gar nichts. 1906 wollten sie dort sogar eine Zerlegestation für Wale bauen, stell dir nur mal den Gestank vor.«

Miss Ferida ist eine der drei Green-Damen von Tanger. Die beiden anderen sind ihre Cousine Miss Jessie und ihre Schwägerin Mrs. Ada Green. Meistens haben sie in der ausländischen Kolonie von Tanger das letzte Wort. Alle drei sind über siebzig. Mrs. Ada Green ist berühmt für ihren Chic, Miss Jessie für ihren Witz und Miss Ferida, die Älteste, für ihre Weisheit. Seit fünfzig Jahren war sie nicht mehr in England, trotzdem deuten ihr Strohhut und das schwarze Band an ihrem Pincenez darauf hin, dass sie auch in greller Mittagssonne ausgeht und partout nicht vom Fünfuhrtee lassen will. Jeden Freitag hält sie ein Ritual ab, das in der Stadt als »Getreidefreitag« bekannt ist. Dann nämlich verteilt sie – selbstverständlich nach eingehender Prüfung – Mehl an Bedürftige, in der Regel ältere Frauen, die ohne diese Unterstützung verhungern würden. Aus dem Mehl wird ein Brei bereitet, der bis zum nächsten Freitag reichen muss. Bei dieser Gelegenheit wird viel gelacht, denn die arabischen Frauen verehren Miss Ferida. Anders als für uns sind diese Frauen für Miss

Ferida auch keine anonymen Gestalten unter Bergen von Tuch, sondern Freundinnen, deren Eigenarten sie akribisch in ihrem Hauptbuch festhält. »Fathma ist notorisch schlecht gelaunt, aber deshalb kein schlechter Mensch«, schreibt sie über eine. Und über eine andere: »Halima ist ein gutes Mädchen. Man kann ihr blind vertrauen.«

Und das, schätze ich, gilt auch für Miss Ferida.

Jeder, der auch nur länger als eine Nacht in Tanger bleibt, hat schon von Nysa gehört. Nysa, das zerlumpte Straßenkind, das im Alter von zwölf Jahren von einem Australier adoptiert und – frei nach *Pygmalion* – zu einer gebildeten, äußerst eleganten Dame erzogen wurde. Soweit ich weiß, ist Nysa das einzige Beispiel in Tanger für diese Art Europäisierung, was ihr komischerweise niemand verzeiht, weder die Europäer noch die Araber, die, da Nysa in der Kasbah wohnt, reichlich Gelegenheit haben, ihrem Ärger Luft zu machen. So stiften sie etwa ihre Kinder an, ihr Haus mit Obszönitäten zu bekrakeln, und die Männer zögern auch nicht, Nysa auf offener Straße anzuspucken, denn in ihren Augen hat sie die Schlimmste aller Sünden begangen: Sie ist Christin geworden. Eigentlich müsste diese Situation bei Nysa zu ähnlich heftigen Reaktionen führen, doch das ist zumindest äußerlich nicht der Fall. Im Gegenteil, sie scheint das Ressentiment ihrer Umgebung nicht einmal zu bemerken. Sie ist eine ruhige, freundliche Frau von dreiundzwanzig, und man empfindet es schon als Belohnung, ihr nur gegenüberzusitzen und ihre Schönheit zu bewundern, die schrägen Augen und ihre blumengleichen Hände. Sie geht allerdings nicht viel aus. Wie die Märchenprinzessin verbringt sie ihre Tage hinter dicken Mauern oder im Schatten ihres Innenhofs, wo sie liest oder mit ihren Katzen oder dem großen weißen Kakadu spielt, der ihr alles nachmacht. Manchmal flattert der Kakadu auch auf ihre Brust und gibt Küsschen. Der Australier lebt bei ihr. Seit er sie auf der Straße aufgelesen hat, war sie keinen einzigen Tag von ihm getrennt. Sollte ihm etwas zustoßen, wäre Nysa in einer ausweglosen Lage, denn sie könnte weder zurück zu ihren Landsleuten noch ganz in die europäische Welt überwechseln. Und der Australier ist schon alt. Eines Tages klingelte ich an ihrer Tür, aber niemand öffnete mir. Durch das kleine Gitter in der Tür spähte ich in den von wildem Wein abgeschirmten Innenhof. Regungslos wie eine Statue stand sie dort und machte auch auf mein erneutes Klingeln nicht auf. Später hörte ich, dass der Australier in der Nacht zuvor einen Schlaganfall erlitten hatte.

Ende Juni, zu Neumond, beginnt der Fastenmonat Ramadan. Gegen Einbruch der Dunkelheit wird ein buntes Band in die Luft gehängt, und sobald dieses Band nicht mehr zu sehen ist, signalisieren Muschelhörner, dass jetzt wieder alles erlaubt ist, was den Tag über verboten war. Das Fastenbrechen ist ein Fest, das bis in die frühen Morgenstunden dauern kann. Vor dem Abendgebet erklingen von fernen Türmen die Serenaden der Oboenspieler, hinter verschlossenen Türen werden Trommeln laut, und aus den Moscheen dringen Koran-Suren auf die schmalen, mondbeschienenen Straßen. Sogar hoch über Tanger hört man den nasalen Klageton der Oboen, der sich quer durch Afrika bis nach Mekka windet – und wieder zurück.

Sidi Kacem ist ein endloser, wüstenähnlicher, von Olivenhainen gesäumter Strand. Am Ende des Ramadan strömen Menschen aus ganz Marokko dorthin, sie kommen auf Lastwagen, auf Eseln oder zu Fuß, verlegen gewissermaßen die Stadt an den Strand und machen sie zu einem flüchtigen Traum unter lichtergeschmückten Bäumen. Wir fuhren gegen Mitternacht hin, der Anblick war überwältigend. Das Lager sah aus wie ein gigantischer Geburtstagskuchen, auf dem alle Kerzen brennen. Unmöglich, sie wieder auszupusten. In den flutenden Massen wurden wir sofort von den anderen getrennt, mit denen wir gekommen waren, aber nach dem ersten Schreck beließen wir es dabei, es war ohnehin aussichtslos, in diesem Gedränge beisammen zu bleiben. Die Nacht nahm uns an die Hand, und wir ließen uns mitziehen, bis wir selbst Teil der maskierten ekstatischen Menge im flackernden Fackelschein geworden waren. Überall spielten kleine Kapellen. Heißblütige Stimmen, süß wie Kif, sangen zu Trommelrhythmen, und irgendwo zwischen den silbrigen Bäumen, die in der Dunkelheit zu schwimmen schienen, fanden wir uns plötzlich, umzingelt von bärtigen Trommlern, in einem Pulk von Tänzern wieder, die sich ihren Bewegungen hingegeben hatten wie einem starken Wind. Man hätte sie mit einer Nadel stechen können, ohne sie aus ihrer Trance zu reißen. Nach dem arabischen Kalender befinden wir uns im Jahr 1370. Und wenn man die dunklen Silhouetten in den erleuchteten Seidenzelten sah oder jene Familie, die auf einem kleinen Feuer Honigplätzchen backte, oder wenn man nur den Flöten zuhörte, dann erschien diese Jahreszahl gar nicht mehr so unwahrscheinlich, zumal auch nichts darauf hindeutete, dass die Zeit jemals fortschreiten würde.

Ab und zu mussten wir uns ausruhen. Überall unter den Olivenbäumen lagen Strohmatten, und wenn man sich auf eine von ihnen setzte, kam ein Mann und brachte einem ein Glas Minztee. Während wir den Tee tranken, fiel uns eine seltsame Prozession auf. Männer in prächtigen Gewändern gingen an uns vorbei, und derjenige an der Spitze des Zuges, ein Mann von elfenbeinernem Alter, hielt eine Schale mit Rosenwasser in den Händen und besprengte damit zu Dudelsackgenöle seine Umgebung. Wir standen auf, um ihm zu folgen, und er führte uns aus dem Hain heraus auf den Strand. Der Sand war so kalt wie der Mond. Über kleine Dünen hinweg ging es zum Wasser, auf dem die Reflexionen der fernen Lichter funkelten wie gefallene Sterne. Schließlich gingen der Priester und seine Gemeinde in einen Tempel, zu dem uns allerdings der Zutritt verboten war. Deswegen wanderten wir weiter am Strand entlang. J. sagte: »Guck mal, eine Sternschnuppe.« Tatsächlich waren es so viele, dass wir sie kaum zählen konnten. Der Wind wisperte auf dem Sand wie Meeresrauschen, die Gestalten von Mordbuben zeichneten sich vor dem knienden, beinahe roten Mond ab, und auf dem Strand war es kalt wie auf einem Schneefeld, doch J. sagte nur: »Mir fallen die Augen zu.«

Wir erwachten in bläulichem Frühlicht hoch auf einer Düne. Unten am Ufer die Festgemeinde in ihren flatternden Gewändern. Gerade als die Sonne unter dem Horizont auftauchte, jagten unter allgemeinem Jubel zwei Reiter auf sattellosen Pferden durch die Brandung und galoppierten den Strand hinunter. Wie ein sich hebender Vorhang kroch die Sonne über den Sand auf uns zu, und wir sahen ihr mit Schauder entgegen, denn wir wussten, sobald sie uns erreichte, befänden wir uns wieder in unserem Jahrhundert.

FAHRT DURCH SPANIEN

Keine Frage, der Zug war uralt. Die Sitze hingen durch wie die Lefzen einer Bulldogge, die Fenster waren zum größten Teil herausgeschlagen, und wo es noch Scheiben gab, hielten sie nur noch mit Klebeband zusammen. Im Gang begab sich eine Katze auf die Pirsch, und es war anzunehmen, dass sie fette Beute machen würde.

Langsam, als hätte man alte Kulis vor die Lokomotive gespannt, krochen wir aus dem Bahnhof von Granada. Der südliche Himmel war weiß und brannte wie eine Wüste. Nur eine einzige Wolke war zu sehen, und sie schwebte dahin wie die Fata Morgana einer Oase.

Wir wollten nach Algeciras, einem spanischen Hafen an der Straße von Gibraltar. In unserem Abteil saß ein mittelalter Australier in einem schmuddligen Leinenanzug. Er hatte nikotinbraune Zähne, und seine Fingernägel sahen nicht gerade hygienisch aus. Er sagte uns, er sei Schiffsarzt, und es erschien mir merkwürdig, dass wir ausgerechnet in diesen trostlosen vertrockneten Weiten auf jemanden stoßen sollten, der sonst nur Wasser sah. Neben ihm saßen zwei Frauen, offenbar Mutter und Tochter. Die Mutter war eine fette, verstaubte Frau mit trägen, alles missbilligenden Augen und leichtem Damenbart. Der Gegenstand ihrer Missbilligung wechselte. Erst blieb ihr strenger Blick an mir hängen, denn die Hitze blies wie ein heißer Föhn durch die kaputten Scheiben und ich hatte meine Jacke ausgezogen, was sie – vielleicht zu Recht – als unhöflich empfand. Später richtete sie ihr Missvergnügen auf den jungen Soldaten, der mit im Abteil saß. Der Soldat und die wenig zurückhaltende Tochter der Frau, ein strammes Mädchen mit den rustikalen Zügen eines Preisboxers, hatten sich nämlich zu einem kleinen Flirt entschlossen, der folgendermaßen ablief: Sobald die Katze an unserer Abteiltür erschien, schützte die Tochter Angst vor, was dem Soldaten Gelegenheit gab, das Tier todesmutig zu verscheuchen, und ihnen beiden die Möglichkeit, sich anzufassen.

Der junge Mann war nicht der einzige Soldat im Zug. Die Troddelschiffchen verwegen schief auf dem Kopf, standen sie überall im Gang, rauchten ihre schwarzen, süßlichen Zigaretten und unterhielten sich leise. Sie schienen einfach das Leben zu genießen, was vielleicht schon ein Fehler war, denn sobald ein Offizier auf der Bildfläche erschien, starrten sie angestrengt aus dem Fenster, als sei der Anblick von rotbraunen Schotterhalden, Olivenhainen und nackten Felsmassiven etwas, von dem sie sich nicht losreißen konnten. Wie für eine Parade waren die Offiziere mit allerlei Spangen und Kordeln dekoriert, einige trugen sogar blitzende, operettenhafte Degen. Sie mischten sich nicht unter die Mannschaft, sondern saßen im Erste-Klasse-Abteil zusammen und wirkten unendlich gelangweilt und ein bisschen so wie arbeitslose Schauspieler. Es war ein Segen, dass dann etwas passierte, was ihnen ein bisschen Säbelrasseln ermöglichte.

In dem Abteil vor ihnen befand sich eine Familie. Ein sehr eleganter, schlanker Mann mit einer Trauerbinde am Arm und sechs gertenschlanke, sommerlich gekleidete Mädchen, vermutlich seine Töchter. Sowohl der Vater als auch die Töchter waren auf dieselbe Weise schön: schwarz glänzende Haare, pimentfarbene Lippen, Augen wie Sherry. Immer wieder riskierten die Soldaten einen Blick in dieses Abteil, sahen dann aber so schnell weg, als hätten sie direkt in die Sonne geschaut.

Bei jedem Halt stiegen die beiden jüngsten Töchter aus und gingen im Schatten ihrer Sonnenschirme spazieren. Die Spaziergänge konnten gern auch länger dauern, denn die meiste Zeit stand der Zug. Aber niemand außer mir schien sich darüber aufzuregen. Einige Passagiere hatten Freunde an jedem Bahnhof, mit denen sie sich an den Brunnen setzten und lang und unaufgeregt plauderten. Eine alte Frau wurde in einem Dutzend Orten von ganzen Komitees empfangen und weinte dazwischen mit einer Hingabe, dass der Arzt sich irgendwann ernsthaft Sorgen machte. Aber nein, beruhigte sie ihn, sie sei nur so glücklich, all ihre Verwandten wiederzusehen.

An jedem Bahnhof stürzten sich Schwärme von barfüßigen Frauen und abgerissenen Kindern auf den Zug. Sie trugen schwappende Tonkrüge heran und riefen *Agua! Agua!* Für zwei Peseten bekam man einen ganzen Korb klebrige Feigen. Dazu gab es eigenartige Doughnuts mit Zuckerguss, die aussahen, als seien sie in erster Linie für kleine Mädchen im Kommunionkleid gebacken worden. Gegen Mittag, nachdem wir uns mit einer Flasche Wein, Brot, einer Wurst und Käse versorgt hatten, stand einem deftigen Lunch nichts mehr entgegen. Auch unsere Abteilgenossen waren hungrig. Alle möglichen Fresspakete wurden hervorgeholt, Weinflaschen entkorkt, und eine Zeit lang herrschte eine angenehme, beinahe festliche Stimmung. Der Soldat teilte sich mit dem Mädchen einen Granatapfel, der Australier erzählte eine lustige Geschichte, die Mutter mit dem bösen Blick förderte zwischen ihren Brüsten einen in Papier eingeschlagenen Fisch zutage und verzehrte ihn mit verdrießlichem Appetit.

Danach waren alle müde. Der Doktor fiel in einen Tiefschlaf, aus dem ihn nicht einmal eine Fliege erwecken konnte, die rund um seinen offenen Mund spazieren ging. Stille betäubte den ganzen Zug. Die schönen Mädchen im nächsten Abteil neigten die Köpfe wie sechs erschöpfte Geranien. Sogar die Katze hatte genug von der Jagd und lag träumend im Gang. Der Zug hatte ein Hochplateau erklommen und schnaufte erst durch gelbe Weizenfelder, dann durch tiefe graue Felsschluchten, in denen Fallwinde an den dornigen Bäumen rüttelten. Plötzlich, durch eine Lücke in den Bäumen, geriet etwas in den Blick, das mich interessierte: eine Burg, die wie eine Krone auf einem Hügel saß.

Die Landschaft war wie geschaffen für Banditen. Im selben Sommer war bereits ein junger Engländer, der diesen Teil Spaniens mit dem Auto erkunden wollte, auf einer menschenleeren Bergstraße von dunkelhäutigen

Halunken überfallen und ausgeraubt worden, wobei sie ihn an einen Baum gefesselt und seine Kehle mit einer Messerspitze gekitzelt hatten. Daran musste ich denken, als unversehens Gewehrfeuer die schläfrige Stille zerriss.

Es war ein Maschinengewehr. Kugeln schlugen durch die Bäume und machten dabei ein Geräusch wie klappernde Kastagnetten. Mit einem lang gezogenen Quietschen kam der Zug zum Stehen. Einen Moment lang war bis auf das Husten des Maschinengewehrs alles still. Dann rief ich mit Panik in der Stimme: »Banditen!«

»*Bandidos!*«, antwortete mir die Tochter.

»*Bandidos!*«, echote die Mutter, und das Schreckenswort verbreitete sich durch den Zug wie ein unheilvolles Tamtam. Das Ergebnis war reiner Katastrophen-Slapstick. Wir alle warfen uns auf den Boden und verknäulten uns dort zu einem zitternden Haufen aus Armen und Beinen. Nur die Mutter bewahrte ihre Fassung. Seelenruhig stand sie auf, um ihre Wertsachen verschwinden zu lassen. Einen Ring steckte sie in ihren Dutt, und ein perlenbesetzter Kamm wanderte ohne Umstände in ihre Liebestöter. Wie Vogelgezwitscher im Morgengrauen drang aus dem Nachbarabteil das piepsige Entsetzen der schönen Mädchen. Und auf dem Gang brüllten die Offiziere ihre Befehle und rannten ständig gegeneinander.

Doch auf einmal Stille. Draußen nur das Murmeln des Windes in den Bäumen, dann Stimmen. Gerade als ich das Gewicht des Doktors kaum noch ertragen konnte, wurde die Abteiltür aufgerissen, und ein junger Mann stand da. Für einen Banditen sah er allerdings viel zu harmlos aus.

»*Hay un médico en el tren?*«, fragte er grinsend.

Der Australier nahm seinen Ellbogen aus meinem Bauch und stand auf. »Ich bin Arzt«, sagte er und klopfte sich den Staub vom Anzug. »Ist jemand verletzt?«

»*Si, Señor*. Ein alter Mann. Er hat sich den Kopf aufgeschlagen«, erklärte der Spanier, der definitiv kein Räuber war, sondern ein ganz normaler Fahrgast. Wie setzten uns wieder hin und hörten kleinlaut, was geschehen war. Anscheinend hatte sich ein alter Mann die Mitfahrt erschleichen wollen, indem er sich hinten an den letzten Waggon klammerte. Nach mehreren Stunden verlor er den Halt, und ein Soldat, der den Sturz sah, gab eine Maschinengewehrsalve ab, damit der Lokomotivführer den Zug anhielt.

Ich hoffte inständig, dass niemand mehr wusste, wer als Erster falschen Alarm geschlagen hatte. Aber davon war keine Rede mehr. Nachdem der Arzt von mir ein sauberes Hemd erhalten hatte, das er als Verband verwenden wollte, verließ er das Abteil, um nach seinem Patienten zu sehen. Die Mutter hatte sich mit säuerlicher Prüderie abgewandt und grub ihren Kamm wieder aus. Ihre Tochter und der Soldat aber folgten uns nach draußen, wo sich unter den Bäumen schon eine große Menschenmenge versammelt hatte, um den Unfall zu diskutieren.

Zwei Soldaten trugen den Alten herbei. Mein Hemd wurde ihm um den Kopf gewickelt. Dann setzten sie ihn gegen einen Baum, und alle Frauen wollten ihm ihren Rosenkranz aufnötigen. Irgendjemand kam auch mit einer Flasche Wein, was ihm schon besser gefiel. Er wirkte irgendwie erleichtert und stöhnte reichlich. Kichernd versammelten sich die Kinder um ihn.

Wir waren in einem kleinen Wald, in dem es nach Orangen roch. Ein Pfad führte auf eine schattige Anhöhe und gewährte einen Blick über die sonnenverbrannte Graslandschaft, die in der flirrenden Hitze zu beben schien. Auch die sechs Schwestern genossen die Aussicht über das Tal und die bewaldeten Höhenzüge. Eskortiert von der gepflegten Erscheinung ihres Vaters, hatten sie sich mit ihren Parasols in die Natur gesetzt wie eine galante Ausflugsgesellschaft auf einer *fête champêtre*. Die Soldaten umkreisten sie unschlüssig und in einigem Abstand. Mehr trauten sie sich nicht, obwohl ein Mutiger an die Felskante trat und ins Tal hinab rief: »*Yo te quiero mucho.*« Ihm antwortete der Geisterton eines perfekten Echos, und die Schwestern schauten errötend noch tiefer in das Tal.

Eine Wolke, düster wie ein Felsmassiv, war aufgezogen, und das Gras war unruhig wie die See vor einem Sturm. Jemand äußerte die Meinung, dass es bald regnen würde, doch gehen wollte niemand, weder der Verletzte, der mittlerweile bei seiner zweiten Flasche Wein angelangt war, noch die Kinder, die ebenfalls das Echo entdeckt hatten und lustig ins Tal hinabkrähten. Der Halt auf freier Strecke war wie eine Party, die niemand als Erster verlassen wollte. Der alte Mann mit dem Hemdturban um den Kopf wurde in ein Erste-Klasse-Abteil gesetzt, und mehrere eifrige Damen kümmerten sich um ihn.

In unserem eigenen Abteil saß die angestaubte Mutter noch immer so, wie wir sie verlassen hatten. Sie hatte es abgelehnt, an den Lustbarkeiten teilzunehmen, und schenkte mir einen anhaltenden glitzernd bösen Blick. »*Bandidos*«, empörte sie sich mit unnötiger Schärfe.

Der Zug setzte sich wieder in Bewegung, aber so langsam, dass Schmetterlinge mühelos durchs Fenster hineinfliegen konnten und wieder hinaus.

FONTANA VECCHIA

Fontana Vecchia, alter Brunnen, so heißt das Haus. *Pace*, Friede, so steht es auf die Türschwelle gemeißelt. Einen Brunnen gibt es zwar nicht, aber dafür so etwas wie Frieden. Das rosenrote Haus beherrscht eine mit Mandel- und Olivenbäumen bestandene Talsenke, die allmählich zum Meer abfällt. An klaren Tagen hat man dort eine Sicht bis nach Kalabrien an der italienischen Stiefelspitze. Hinter uns liegt ein steiniger, gewundener Pfad, der hauptsächlich von Bauern, Eseln und Ziegen benutzt wird und am Hang entlang bis nach Taormina führt. Man fühlt sich ein bisschen wie im Flugzeug oder in einem Schiff auf dem Scheitelpunkt einer Riesenwelle. Sobald man aus dem Fenster guckt oder auf die Terrasse hinaustritt, wähnt man sich in einem Schwebezustand zwischen Gebirge und Meer, genau wie die vorbeisegelnden Möwen. Die Dimensionen reduzieren die Umgebung zu einer Spielzeuglandschaft. Die Zypressen schrumpfen zu Schreibfedern, und man meint, ein vorbeifahrendes Schiff mühelos in die Hand nehmen zu können.

Vor Sonnenaufgang, wenn die letzten Sterne wie fette Eulen am Schlafzimmerfenster vorbeistreichen, wird es auf dem steilen, stellenweise gefährlichen Pfad aus den Bergen schon laut. Das sind die Bauernfamilien auf dem Weg zum Markt in Taormina. Lose Felssteine kollern unter den Hufen überladener Esel talwärts, es wird gelacht, Laternen schaukeln in der Dunkelheit, als wollten sie den Fischern Signale geben, die unten im Meer gerade die Netze einholen. Später auf dem Markt treffen sie zusammen, Bauern, Fischer, ein kleinwüchsiger Menschenschlag, Japanern nicht unähnlich, aber muskulöser und hart wie die Schale einer Walnuss. Dennoch wohnt ihrer Zähigkeit etwas Pompöses inne. Zieht man die Frische eines Fischs oder den Reifegrad einer Feige in Zweifel, entwickeln sie sich zu echten Schauspielern. *Sì, buono*, hört man, gleichzeitig wird man buchstäblich mit der Nase auf den Fisch gedrückt. Und mit ekstatischem Augenrollen versichern sie einem, wie delikat er ist. Normalerweise lasse ich mich davon einschüchtern. Nicht so die Dörfler, die ungerührt an den kleinen Cherry-Tomaten drücken und nicht zögern, jeden Fisch eingehend zu beschnüffeln oder an einer Melone herumzudrücken. Ich weiß, Einkaufen und Kochen sind auf der ganzen Welt ein Problem, aber auf Sizilien kann die beste Hausfrau selbst nach Monaten noch verzweifeln. Okay, das ist vielleicht übertrieben, Obst der Saison ist eigentlich immer gut, ebenso wie der Fisch, und die Pasta sowieso. Angeblich findet man – mit ein bisschen Glück – sogar genießbares Fleisch. Ich persönlich hatte dieses Glück nie. An Gemüse herrscht grundsätzlich keine große Auswahl, und im

Winter werden obendrein die Eier knapp. Besonders misslich ist, dass keiner von uns kochen kann – was unsere Köchin leider mit einschließt. Sie ist ein lebhaftes Mädchen, wirklich bezaubernd, ein bisschen abergläubisch vielleicht. Jedenfalls ist unsere Gasrechnung zeitweise astronomisch, weil sie auf dem Herd große Töpfe mit Blei erhitzt – zum Bleigießen. Solange sie sich auf einfache Gerichte beschränkt, also die schlichte sizilianische Küche, so lange gibt es zumindest etwas zu essen.

Aber ich muss von dem Huhn erzählen. Vor nicht allzu langer Zeit machte auch Cecil Beaton Urlaub in unserem Haus. Nach ein paar Tagen wirkte er auf uns etwas verschnupft, offenbar hatte er sich etwas anderes vorgestellt als unsere spartanische Küche. Wir ließen uns also ein Huhn kommen, und es erschien in Begleitung einer wortkargen alten Bäuerin, die etwas weiter oben auf dem Berg wohnte. Es war ein großer, schwarzer Vogel und anscheinend nicht mehr ganz jung, was ich der Bäuerin auch so sagte. Sie hingegen erwiderte: Nein, nicht alt, bloß groß. Dem großen Tier wurde also der Hals umgedreht, und G., unsere Köchin, warf es in einen großen Topf mit kochendem Wasser. Gegen zwölf informierte sie uns, dass das Huhn immer noch *troppo duro* sei, mit anderen Worten, steinhart. Wir baten sie, es weiter zu versuchen, und setzten uns mit unseren Weingläsern auf die Terrasse, bereit zu warten. Mehrere Stunden und Liter Wein später ging ich in die Küche und traf G. in einem kritischen Zustand an. Sie hatte das Huhn nicht nur gekocht, sondern nacheinander gebraten, frittiert und am Schluss noch einmal gekocht. Auch wenn wir sonst nichts im Haus hatten, hätte dieses Vieh nie auf den Tisch kommen dürfen, denn schon der Anblick war so entsetzlich, dass keiner hingucken konnte. Zuoberst auf dem dampfenden Kadaver lag noch immer der Kopf und schaute uns aus blinden Augen an, auch der verkohlte Kamm war noch dran. Am selben Abend sagte uns Cecil, der zuvor bei anderen Freunden auf der Insel genächtigt hatte, dass er sich lieber wieder dorthin verfügte.

Im April, zu Beginn unseres Aufenthalts in Fontana Vecchia, war der Weizen so grün wie die Eidechsen, die zwischen den Halmen hin und her huschten. Bereits im Januar beginnt hier der Frühling und verwandelt die Landschaft in ein Blumenmeer, einen wahren Zaubergarten, in dem alles blüht und gedeiht. An den kleinen Flüssen wuchert die Minze, abgestorbene Bäumen hüllen sich in wilde Rosen, sogar aus den hartherzigen Kakteen schießen zarte Knospen. T. S. Eliot zufolge ist der April ja der grausamste Monat, aber nicht hier. Hier leuchtet er wie der Schnee am Gipfel des Ätna. Kinder klettern über die Hänge, um Blumen für das Namensfest eines Heiligen zu sammeln, und Fischer mit Körben voll perlmuttfarbener *pesci* haben sich Geranien hinters Ohr gesteckt. Aber schon im Mai ist es mit der Pracht vorbei, die Sonne schwillt an, und man merkt, dass Afrika nur achtzig Meilen entfernt ist. Wie ein brauner Schatten legt sich der Herbst auf das Land. Im Juni wird der Weizen geerntet. Mit einer gewissen Melancholie lauschten wir dem Geräusch der Sensen in dem goldenen Feld. Danach gab unser Vermieter, dem auch das Feld gehörte, ein Fest für die Erntearbeiter. Darunter waren nur zwei Frauen, eine junge, die ihr Baby stillte, und eine alte, die Großmutter der jungen. Anscheinend tanzte die Alte für ihr Leben gern, barfuß wirbelte sie mit den Männern im Kreis. Keinem gelang es, sie zu einem Päuschen zu bewegen, mitten in einem Lied sprang sie auf und schnappte sich den nächsten Partner. Die Männer wechselten sich am Akkordeon ab, und alle tanzten zusammen, wie es auf Sizilien Brauch ist. Es war die beste Party, die ich seit Langem erlebt hatte: Man tanzt zu viel, und, vor allem, man trinkt zu viel, aber genau so muss es sein. Als ich mich später ins Bett schleppte, fiel mir die alte Frau wieder ein. Nach einem langen Arbeitstag auf dem Feld, nach einem langen Abend, den sie praktisch durchgetanzt hatte, lag nun noch der Heimweg vor ihr: fünf Meilen, immer den Berg hinauf.

Zum Strand kann man laufen. Das heißt, es gibt hier gleich mehrere Strände, aber nur solche mit Kies. Und nur auf einem, Mazzarò, halten sich überhaupt Leute auf. Der schönste, Isola Bella, eine geschützte Bucht mit Wasser so klar wie aus der Regentonne, liegt anderthalb Meilen vom Haus entfernt. Der Weg dorthin führt bequem immer bergab, leider gilt für den Rückweg das Gegenteil. Ein paarmal waren wir in Taormina und haben dort den Autobus oder ein Taxi genommen. Aber meistens gehen wir zu Fuß. Schwimmen kann man von März bis Weihnachten (behaupten die ganz Harten), aber Spaß machte es erst, als wir uns eine Taucherbrille anschafften, mit einem Schnorchel, der sich selbsttätig schließt, sobald man abtaucht. Lautlos zwischen den Felsen zu schwimmen, ist eine völlig neue visuelle Erfahrung. Plötzlich, im dämmrigen Unterwasserlicht, kommt mir ein roter, fluoreszierender Fisch bedenklich nahe, mein eigener Schatten gleitet über hermelinhelles Seegras, blausilberne Bläschen steigen von einem langbeinigen Etwas auf, das dort in einem Feld wehender Unterwasserpflanzen schläft. Diese Blumen, javanesischen Seifenbaumgewächsen vergleichbar, aber aus violetter Gallerte, bewegen sich wie zu einer Musik, die der Wind herangetragen hat. Zurück an Land, erscheint einem die Oberwelt ziemlich schwerfällig und plump.

Wenn wir nicht an den Strand gehen, verlassen wir das Haus nur, um in Taormina einzukaufen oder auf der Piazza einen Aperitif zu trinken. Taormina ist eigentlich ein Vorort von Naxos, der ältesten griechischen Stadt auf Sizilien, und es gibt ihn nachweislich seit 396 v. Chr. Im Jahr 1787 war sogar Goethe hier, der Taormina wie folgt beschreibt: »Setzt man sich nun dahin, wo ehmals die obersten Zuschauer saßen, so muss man gestehen, dass wohl nie ein Publikum im Theater solche Gegenstände vor sich gehabt. Rechts zur Seite auf höheren Felsen erheben sich Kastelle, weiter unten liegt die Stadt, und obschon diese Baulichkeiten aus neueren Zeiten sind, so standen doch vor alters wohl eben dergleichen auf derselben Stelle. Nun sieht man an dem ganzen langen Gebirgsrücken des Ätna hin, links das Meerufer bis nach Catania, ja Syrakus; dann schließt der ungeheure, dampfende Feuerberg das weite, breite Bild, aber nicht schrecklich, denn die mildernde Atmosphäre zeigt ihn entfernter und sanfter, als er ist.« Goethes Aussichtspunkt war vermutlich das griechische Theater, eine prächtige Ruine hoch oben auf den Klippen, wo auch heute noch ab und zu Theatervorstellungen und Konzerte gegeben werden.

Goethes Beschreibung ist nicht gelogen, das Panorama ist berauschend, doch macht die Stadt heute einen eher merkwürdigen Eindruck. Während des Kriegs war sie nämlich das Hauptquartier von General Kesselring und deshalb immer wieder Ziel alliierter Luftangriffe. Auch wenn sich die Schäden in Grenzen hielten, war der Krieg das Ende des alten Taormina. Bis 1940 nämlich war die Stadt – neben Capri – der meistbesuchte Urlaubsort südlich der französischen Riviera gewesen. Zwar kamen Amerikaner nie in großen Massen, doch unter Engländern und Deutschen genoss Taormina einen guten Ruf. (Ein englischer Reiseführer aus dem Jahr 1905 vermerkt: »Taormina ist überlaufen von Deutschen. In manchen Hotels haben sie sogar ihre eigenen Tische, da andere Nationen ungern bei Deutschen sitzen.«) Heute, 1951, sind die Deutschen kaum in der Lage, große Reisen zu unternehmen, aber die Engländer aufgrund von Valutabeschränkungen ebenfalls nicht. Im vergangenen Jahr war das San Domenico, ein ehemaliges Kloster, das Ende des neunzehnten Jahrhunderts in ein Hotel umgewandelt wurde, nie mehr als zu einem Viertel belegt, vor dem Krieg musste man ein Jahr im Voraus reservieren. In diesem Winter griffen die Stadtväter zu einer vielleicht letzten verzweifelten Maßnahme, internationales Publikum anzuziehen: Man eröffnete ein Casino. Ich wünsche ihnen gutes Gelingen, denn irgendjemand muss ja all die handgefertigten Strohhüte und Handtaschen kaufen, von denen die Geschäfte am Corso überquellen. Was mich angeht, so gefällt mir Taormina so, wie es ist. Es bietet sämtliche Vorzüge eines Touristenzentrums (fließendes Wasser, einen Zeitungsladen mit internationaler Presse, eine Bar, in der man einen guten Martini kriegt), und das ganz ohne Touristen.

Die nicht allzu große Stadt liegt zwischen zwei Toren. Ganz in der Nähe des ersten, des Porto Messina, befindet sich ein kleiner Platz mit einem Brunnen, altem Baumbestand und einer niedrigen Mauer, auf der Müßiggänger sitzen wie Vögel auf der Telefonleitung. Schon auf einem meiner allerersten Spaziergänge durch Taormina fiel mir der alte Mann auf, der ebenfalls dort hockte, angetan mit einer Samthose und einer schwarzen Mantille. Der braune Fedora war oben brutal zu einem Dreieck geknautscht, und die Krempe warf einen tiefen Schatten auf das breite, gelbliche, mongolisch anmutende Gesicht. Es war ein erstaunlich theatralischer Aufzug – bis ich beim Näherkommen bemerkte, dass es sich um André Gide handelte. Bis zum Frühsommer sah ich ihn oft auf dieser Mauer, meist ganz für sich allein, ein alter Mann wie die anderen. Oder er schlenderte am Brunnen entlang, das Cape um sich geworfen wie ein Shakespeare-Tragöde, der im Wasser sein eigenes Spiegelbild betrachtet: *si jeunesse savait, si vieillesse pouvait*.

Hinter der grellbunten Fassade ist Taormina eine ziemlich gewöhnliche Stadt, ihre Einwohner verfolgen normale Ziele und haben normale Berufe. Aber viele von ihnen, vor allem die Jungen, besitzen die Mentalität von Hotelkindern, also Kindern, die ihr Leben weitgehend in Hotels verbracht haben und daher wissen, dass nichts wirklich Bestand hat, dass sie ihr Herz aus dem Spiel lassen müssen, da Freundschaften immer nur eine Sache von Tagen sind. Diese jungen Männer leben so, als gehörten sie nicht wirklich dazu, und interessieren sich sehr für die Fremden, nicht aus finanziellen Interessen, sondern in dem Glauben, sie selbst gewönnen durch englische oder amerikanische Bekannte an Nimbus. Sie beherrschen Rudimente mehrerer Fremdsprachen und verbringen ihre Zeit in den Cafés, wo sie sich höflich und etwas gekünstelt mit den Touristen unterhalten.

Die Piazza liegt malerisch auf einem Felsvorsprung mit Blick auf den Ätna und das Meer. Mit klingelnden Schellen traben kleine sardische Esel vorbei. Ihre hübsch beschnitzten Karren sind bis obenhin voll mit Bananen und Orangen. Am Sonntagnachmittag, wenn die Stadtkapelle ihre unterhaltsamen, wenn auch etwas exzentrischen Konzerte gibt, macht sich die ganze Stadt auf zur großen Promenade. Sooft ich da bin, halte ich Ausschau nach der Metzgerstochter, einem Schwergewicht, das die ganze Woche lang die Fleischeraxt schwingt wie zwei Kerle gleichzeitig. Doch am Sonntag hat sie ihren Auftritt als große Dame, frisch frisiert und eingehüllt in Wohlgerüche, stöckelt sie auf Pfennigabsätzen und an der Seite ihres schmächtigen, kaum schultergroßen Verlobten durch die Straßen. Es ist ein Triumph der Romantik, der selbst den abgefeimtesten Spötter verstummen lässt: Ihr, der Metzgerstochter, ist der Übermut, ihr ist der Glaube an sich selbst und damit der Geist der Promenade. Manchmal treten auf der Piazza auch Straßenkünstler auf, ziegenstoische Bergjungen, die dem pelzigen Balg ihres Dudelsacks jammerndes Gejodel entlocken, oder, so geschehen im Frühling, der kleine Dreikäsehoch, der, von Ort zu Ort geschleppt, mit seinen Auftritten eine ganze Familie ernährt. Dabei steigt er auf einen Baum und schmettert mit seinem kindlichen Sopran schmachtende Arien, bis er fast keine Stimme mehr hat.

Letzte Station auf meiner Einkaufsrunde ist der *tabacchi*. Wer auf Sizilien einen Tabakladen betreibt, ist grundsätzlich ein grummeliger Geselle. Dabei ist die Bude voll. Doch nur die wenigsten erstehen mehr als drei, vier lose Zigaretten. Mit entsprechendem Ernst trennen sich die verwitterten Gesichter von ihren Lire und begutachten die erworbenen Zigaretten oder die krummen Hunde von Zigarren, die ihnen über den Ladentisch zugeschoben wurden, erst einmal akribisch. Es hat den Eindruck, als sei der Besuch beim *tabacchi* der Höhepunkt ihres Tages. Vielleicht verteidigen sie deshalb auch so eifersüchtig ihren Platz in der Schlange. Es gibt ungefähr zwanzig verschiedene sizilianische Zeitungen, sie hängen in Girlanden draußen vor dem Laden. Einmal fing es unterwegs an zu regnen. Es regnete nicht einmal heftig, trotzdem waren die Straßen plötzlich menschenleer, nur vor dem *tabacchi* standen sie noch, dort, wo die Zeitungen aufgeregt im Regen flatterten und ihre Schlagzeilen loswurden. Kleine Jungen ohne Mütze, die sich am Regen nicht störten, hatten die Köpfe zusammengesteckt, während ein Älterer mit dem Finger auf das Foto eines Mannes in einer Blutlache zeigte und laut vorlas: Giuliano[25] in Castelvetrano erschossen. *Triste, triste*, eine Schande, sagten die Erwachsenen. Die Jüngeren sagten nichts, aber zwei Mädchen gingen in den Laden und kamen mit zwei Ausgaben von *La Sicilia* wieder heraus, auf der Titelseite das überdimensionale Porträt des erschossenen Banditen. Die Zeitungen zum Schutz gegen den Regen fest an sich gedrückt, liefen sie Hand in Hand über die nass glänzende Straße.

Dann war es auf einmal August, und man spürte die Sonne schon, ehe sie überhaupt aufgegangen war. Seltsamerweise waren hier am Hang die Tage kühler als die Nächte, das lag an dem zuweilen sehr starken Seewind, der nachts auf südliche Richtung, gegen Griechenland und Afrika, drehte. Es war ein Monat der stillen Blätter, der Sternschnuppen, der roten Monde, Riesenmotten und der schlafenden Eidechsen. Feigen platzten auf, Pflaumen schwollen, Mandeln wurden hart. Eines Morgens wurde ich durch das Geklapper von Bambusstangen geweckt. Im Tal und auf den Hängen waren Hunderte von Menschen unterwegs, meist in Sippen, welche die reifen Mandeln von den Bäumen schlugen und einsammelten. Und alle sangen. Einer sang vor, und die anderen folgten. Arabisch gefärbte Lieder mit Flamenco-Rhythmen, die nirgendwo begannen und nirgendwo endeten, aber den Takt von Arbeit, Hitze und Erntezeit wiedergaben. Eine Woche dauerte es, bis alle Mandeln eingebracht waren, und an jedem Tag erreichte der Gesang eine Intensität, die nicht mehr normal war. Ich konnte mich kaum konzentrieren, so stark war das Gefühl eines Daseins außerhalb des Gewohnten. Am Ende schienen diese klaren, durchdringenden Stimmen sogar vom Meer und aus den Wurzeln der Mandelbäume aufzusteigen. Ein Gefühl, als sei ich in einem Echoraum gefangen. Selbst als die Dunkelheit kam und die Stille, ja noch an der Schwelle zum Schlaf hörte ich diese Gesänge, die mir, so sehr ich mich auch dagegen wehrte, von einem furchtbaren Geheimnis erzählten.

Wir bekamen selten Besuch in Fontana Vecchia. Das Haus lag zu abgelegen für einen kurzen Trip dorthin, und so gab es Tage, an denen niemand außer dem Eisjungen an die Tür klopfte. Blond und witzig und seiner elf Jahre zum Trotz erweckt er den Eindruck eines jungen Scholaren und hat eine ebenfalls blutjunge Tante, die für mich zu den attraktivsten Frauen gehört, denen ich jemals begegnet bin. Ich unterhalte mich mit ihm öfter über sie. Warum, wollte ich einmal wissen, hat A., die Tante, eigentlich keinen Freund? Warum ist sie immer allein, geht nicht einmal am Sonntag tanzen? Der Eisjunge erwiderte, das sei, weil die Tante keine Verwendung für die einheimischen Männer hätte, weil sie sehr unglücklich sei und nur davon träume, einmal nach Amerika auszuwandern. Vielleicht stimmt das ja. Aber genauso gut könnte es sein, dass sie von den männlichen Familienmitgliedern so streng bewacht wird, dass sich niemand in ihre Nähe traut. Sizilianische Männer haben sehr eigene Vorstellungen darüber, was ihre Frauen dürfen und was nicht. Und die Frauen, kaum zu glauben, finden das gut. Auch G., unsere Köchin, hat einen älteren Bruder. Eines Morgens erschien sie mit einer geplatzten Lippe, zwei blauen Augen und einer Schnittwunde am Arm. Außerdem war sie am ganzen Körper mit blauen Flecken übersät. Normalerweise hätte sie in ein Krankenhaus gehört. Aber G.

sagte lediglich mit schiefem Lächeln, ihr Bruder habe sie geschlagen. Sie hätten sich gestritten, weil er der Ansicht war, sie gehe zu oft an den Strand. Wir im Haus hielten das für einen ziemlich seltsamen Grund, denn wann ging sie schon an den Strand – nachts? Ich sagte ihr, sie solle sich nicht darum kümmern, was ihr Bruder sagte, und er sei überhaupt ein gewalttätiges Schwein. Ihre Antwort darauf lief mehr oder weniger darauf hinaus, dass ich mich um meinen eigenen Kram kümmern sollte. Nein, sagte sie, das gehe schon in Ordnung. »Außerdem ist er kein Schwein, sondern sieht im Gegenteil sehr gut aus. Und er hat viele Freunde. *Gewalttätig* wird er nur bei mir.« Trotzdem ging ich zu unserem Vermieter und forderte ihn auf, den Bruder zu verwarnen, denn wir würden es nicht hinnehmen, wenn seine Schwester in diesem Zustand zur Arbeit erschien. Er verstand mich offenbar nicht: Was hatte denn der Bruder damit zu tun? Immerhin war es sein Recht, die Schwester in die Schranken zu weisen. Als ich das Thema bei unserem Eisjungen ansprach, gab der dem Vermieter recht und fügte hinzu, dass er genauso handeln würde, wenn seine Schwester ihm nicht gehorchte. Eines Abends im August, wenn der Mond absolut groteske Dimensionen erreicht, kam es zwischen mir und dem Eisjungen zu einem kurzen Wortwechsel, nach dem sich unser Verhältnis merklich abkühlte. Er fragte mich: »Was halten Sie vom Werwolf? Haben Sie Angst, nachts nach draußen zu gehen?« Zufällig hatte ich einen Tag zuvor gehört, dass in der Gegend die Werwolfangst umging. Ein Junge behauptete, ihn hätte nachts auf dem Nachhauseweg ein entsetzliches Tier angefallen, ein Mensch auf vier

Beinen. Darüber konnte ich nur lachen. »Du glaubst doch nicht im Ernst an Werwölfe, oder?« – »O doch. Früher gab es mal viele Werwölfe in Taormina«, sagte er, wobei er mich mit seinen grauen Augen fixierte. Dann, mit einem verächtlichen Schulterzucken: »Aber jetzt gibt es höchstens noch zwei oder drei.«

Und so sind wir im Herbst angekommen mit seinem Tamburin-Wind und einer Ahnung von Rauch zwischen den gelben Bäumen. Es war ein gutes Jahr für die Reben, das süße Aroma von herabgefallenen Trauben im Laub erfüllt die Luft, der Duft von jungem Wein. Die Sterne kommen bereits gegen sechs Uhr abends heraus, trotzdem ist es noch nicht so kalt, dass man auf der Terrasse keinen Cocktail zu sich nehmen und im hellen Sternenlicht den Schafen zusehen könnte, wie sie mit ihren Buster-Keaton-Gesichtern von der Weide kommen, oder den Ziegen, die sich als Herde immer so anhören, als ziehe man trockene Äste hinter sich her. Gestern wurde eine ganze Wagenladung Brennholz geliefert, deshalb brauche ich vor dem Winter keine Angst zu haben. Denn was könnte schöner sein, als gemütlich am Kamin auf den Frühling zu warten?

STIL IN JAPAN

Der erste Mensch, der mich sehr beeindruckte und dabei nicht zur Familie gehörte, war ein älterer japanischer Herr namens Mr. Frederick Mariko. Mr. Mariko betrieb einen Blumenladen in New Orleans. Ich begegnete ihm zum ersten Mal mit sechs Jahren, man könnte auch sagen, ich spazierte einfach in seinen Laden hinein. In den zehn Jahren unserer Freundschaft bis zu seinem plötzlichen Tod – er starb während einer Dampferfahrt nach St. Louis – schenkte er mir Unmengen Spielzeug, das er selbstgebastelt hatte. Fliegende Fische an einem Draht, einen Miniaturgarten mit Miniaturblumen und gefiederten Fabelwesen, eine Tänzerin mit einem Fächer zum Aufziehen, der volle drei Minuten fächelte. Diese Spielsachen (zum Spielen eigentlich viel zu schade) waren meine erste ästhetische Erfahrung, setzten einen geschmacklichen Standard, der sich bis heute erhalten hat. Mr. Mariko umgab ein Mysterium. Das Mysterium betraf weniger seine Persönlichkeit (er war ein recht einfacher Mensch, viel allein und schwerhörig, was seine Isolation noch verstärkte) als die Frage, warum er bei seinen erlesenen Blumenarrangements gerade *diese* braunen Blätter oder *dieses* grüne Weinlaub verwendet hatte, um einen bestimmten Effekt zu erzielen. Als ich Jahre später Murasuki Shikibu las oder *Das Kopfkissenbuch der Hofdame Sei Shonagon*, als ich – noch später – Kabuki-Theater kennenlernte und japanische Filme wie *Rashomon*, *Ugetsu – Erzählungen unter dem Regenmond* und *Das Höllentor*, erinnerte ich mich wieder an Mr. Mariko. Aber jetzt erschienen mir seine staunenswerten Spielsachen und Bonsai-Bouquets lediglich als eine Spielart einer ausgeprägten nationalen Fähigkeit. Ähnlich wie visuelle Musiker Klänge »sehen« können, so haben die Japaner ein vollkommenes Gespür für Formen und Farben.

Im Kabuki zeigt sich diese Vollkommenheit, sobald der Vorhang aufgeht. Schon das allererste Bild lässt mittels einer strengen Farbregie und der exotisch ernsten, figurinenhaften Posen der Tänzer erahnen, worin im weiteren Verlauf der Zentralkonflikt der Handlung bestehen wird. Oder man betrachte jene stumme Szene aus *Rashomon*, in der die junge Braut in einer geschlossenen Sänfte, begleitet allein von ihrem Ehemann, durch den Wald der Dämonen schaukelt. Wechselnde Einstellungen auf das lichtflirrende Blattwerk und die schläfrig-berückenden Augen des Banditen erzeugen eine von Bedrohung beinahe trunkene Atmosphäre. Aber wurde *Rashomon* noch in Schwarzweiß gedreht, machte *Das Höllentor* von Teinosuke Kinugasa die ganze Tonskala sichtbar. Als hätte jemand die Farbe neu erfunden, traten auf einmal Absinth- und Braunnuancen hervor, die schimmerten wie alter Sherry. Alles im Dienst einer Form, die sich von jeglichem emotionalen Gehalt abgelöst hat und reiner Selbstzweck geworden ist.

Solche Konzentration auf die Form gehörte nie zu den Stärken des abendländischen Theaters, zumindest haben wir sie nie als Wert an sich und in klinischer Reinheit kultiviert. Höchstens die englische Restaurationskomödie zwischen 1660 und 1700 kennt eine vergleichbare Feier des Artifiziellen. Sicher, auch Gangsterfilm und Western verfügen über eine stark stilisierte Zeichensprache, aber solche formalen Spielereien sind in unserer Kultur eher die Ausnahme als die Regel. Das japanische Formgefühl hingegen ist das Ergebnis einer langen und ernsten ästhetischen Tradition. Allerdings, so der englische Sinologe Arthur Waley, liegt diesem Prinzip die Furcht vor dem Konkreten zugrunde, vor einer übermächtigen Realität, in der das Bauchgefühl regiert. Daher die sparsame, extrem reduzierte Symbolik. Hier reicht ein einzelner Grashalm aus, um ein Universum von Sommer zu beschreiben, und schon ein gesenkter Blick kann für die heftigsten Leidenschaften stehen.

Bevorzugtes Kommunikationsmittel im Japan des neunten Jahrhunderts und auch schon früher war das Briefgedicht. Jedem gebildeten Japaner standen Hunderte Gedichte und Sinnsprüche zu Gebote, aus denen er sich für jeden Anlass das Passende heraussuchte, notfalls verfasste er sie sogar selbst. Lyrik war das alles beherrschende Unterhaltungsmedium. Das gilt in gewisser Weise immer noch, wenn wir uns anschauen, was heute aus Japan zu uns herüberkommt. Japanisches Tanztheater, japanische Filme sind im Grunde nichts anderes als Botschaften in Gedichtform.

HAUS AUF DEN HÖHEN

Ich lebe in Brooklyn. Freiwillig.
Wer mit den Reizen von Brooklyn nicht so vertraut ist, der mag sich darüber wundern. Denn insgesamt ist Brooklyn nicht sehr einladend. Ein Gebiet des Gammels, wo einen selbst die Namen der einzelnen Viertel runterziehen: Flatbush und Flushing Avenue, Bushwick, Brownsville, Red Hook. Und doch gibt es in dem Einheitsgrau kleine Oasen, wunderbare Gegensätze, das klangvolle Echo besserer Tage. Zu den vermeintlichen Luftspiegelungen gehört auch die Gegend, in der ich wohne, Brooklyn Heights, die Höhen von Brooklyn. Höhen deshalb, weil sich das Areal oberhalb eines Steilufers befindet, von wo einem ein wunderbarer Blick auf Manhattan gewährt wird, die Brücken, die glitzernden Wolkenkratzer an der Südspitze und die beiden Wasserstraßen, die sich allmählich zur Bucht verbreitern, dann zum Meer, und die Insel von Miss Liberty umspülen.

Mit der Geschichte der Heights bin ich im Einzelnen nicht vertraut, meine aber zu wissen (deshalb ohne

Garantie), dass das älteste bewohnte Haus unseren rückwärtigen Nachbarn gehört, Mr. und Mrs. Philip Broughton. Ein silbriggraues Schindelhaus im Kolonialstil mit altem Baumbestand, das sich ein Schiffskapitän 1790 gebaut hatte. Alte Stiche aus demselben Jahr zeigen die Heights als gemütlichen kleinen Hafen mit allerlei Wasserfahrzeugen unter vollen Segeln, und viele der vornehmeren Häuser, besonders solche im so genannten »Federal Style«, beherbergten in der Tat Schiffsführer und deren Familien. In ihrer heiteren Strenge und Visitenkartenförmlichkeit beschwören sie eine Zeit, in der auf Hauspersonal noch Verlass war und man am Kamin seine Seelenruhe fand. Sie erzählen von Pferden mit klingendem Geschirr. (Die alten Kutschenhäuser aus Backstein, von denen es hier noch viele gibt, sind natürlich allesamt in puppenhaft hübsche Cottages umgebaut worden.) Sie rufen Traumbilder wach von bärtigen Patriarchen zur See und ihren Frauen unter tugendhaften Hauben: die aufopferungsvollen Eltern zukünftiger Bankleute und Bräute der feinen Gesellschaft. Über ein Jahrhundert lang muss es so gewesen sein, eine Zeit baumverschatteter Straßen und Wege in Weidentrauer, üppiger Gärten voll Hummelgesumm und duftigem Blütenzauber, eine Zeit der Nebelhörner, der Segel im Wind. Und ein grüner Dorfanger, der allmählich zum Hafen abfällt. Dort auf der Wiese eine friedlich grasende Kuh, Kinder, die in der leichten Brise die Sommernachmittage vorbeiziehen lassen, während im Winter die Schlitten über den Schnee knirschen.

War es so? Vielleicht stelle ich mir alles zu romantisch vor. Der nostalgische Blick schärft sich wie ein Stahlstich, wenn wir die Gegend einmal zusammen mit Henry Ward Beecher[26] durchstreifen, dessen Kirche in der zweiten Hälfte des neunzehnten Jahrhunderts das geistige Leben auf den Heights prägte. Die Brooklyn Bridge, 1883 eröffnet, überspannte jetzt den East River und verband Brooklyn mit Manhattan, der Hafen wurde mit jedem Jahr größer und lärmender, ein Ort des Big Business, in dem für Kinder auf der Wiese kein Platz mehr war, denn die wurde jetzt gebraucht für schwarze, palastgroße Lagerhäuser, in denen es nach verfaulten Bananen stank und in denen es wegen der mitgereisten Taranteln nicht geheuer war.

Um 1910 hatte sich die Gegend mit ihren listigen kleinen Seitenwegen und verwunschenen Winkeln, ihren Straßen, die manchmal schnurgerade verliefen und dann wieder endlos verschnörkelt, radikal verändert. Die Abkömmlinge der steifleinenen Gemeinde von Reverend Beecher waren fortgezogen, eingewanderte Stämme, bisher an der Peripherie ansässig, rückten in Massen nach. Irgendwann waren auch die letzten Großbürger vertrieben, das Sediment in der alten Bouteille ward weggekippt, die alten Häuser wurden geschleift oder in trostlose Massenquartiere umgewandelt.

Mit Ekel schrieb 1925 der Literaturkritiker Edmund Wilson über die sterbenden Heights: »Die schönen roten Backsteinhäuser sind noch immer würdige Repräsentanten der Generation eines Henry Ward Beecher, doch ein ewiger Sonntag hat sich über sie gelegt, und dieses Schweigen könnte endgültig sein. Hin und wieder erblickt man auf der Straße noch einen gutgekleideten Gentleman, aber aufs Ganze gesehen ist die bessere Gesellschaft verschwunden, und die Proleten haben das Kommando übernommen. Die Friedhofsstille wird nur durchbrochen vom Geplärr italienischer Kinder und vom unentwegten Lärm mechanischer Pianos in schmuddligen Mietskasernen, begleitet von menschlichen Stimmen, die nicht weniger mechanisch sind. Des Nachts werden die unbeleuchteten Gehsteige zum Schlafplatz für Betrunkene, sie liegen fast in jedem Hauseingang, und ich weiß, dass, gerade zwei Blocks von Hauptpost und Bürgermeisteramt entfernt, einmal ein totes Pferd auf offener Gasse lag, woran sich aber drei Wochen lang niemand zu stören schien, da es während der ganzen Zeit nicht entfernt wurde.«

Trotz der gespenstischen Beschreibung schien das Viertel – nicht nur durch seine günstigen Mieten – auf Künstler eine gewisse Anziehungskraft auszuüben. Zur ersten Einwandererwelle gehörte Hart Crane. Sein Hauptwerk *The Bridge* wäre ohne die einzigartige Aussicht wohl nicht entstanden, sie wurde ihm auch zum Fenster in seine dichterische Welt. Und kurz nach seinem Erfolg *Schau heimwärts, Engel* bezog Thomas Wolfe in Brooklyn Quartier, ein Liebhaber des Brooklyner Nachtlebens und Besitzer des wohl bekanntesten Eisschranks der gesamten Literatur.[27] Erst im Alter, als »überwucherter Kadaver«, ging es für ihn wieder heimwärts ins bergige Carolina. Zeitweise existierte in der Middagh Street ein Haus, in dem alles versammelt war, was damals in der jungen Kunstszene Rang und Namen hatte: W. H. Auden, Richard Wright, Carson McCullers, Paul und Jane Bowles, der englische Komponist Benjamin Britten, der Impressario und Bühnenarchitket Oliver Smith, Miss Gypsy Rose Lee, die begnadete Striptease-Tänzerin und Autorin eines Werks mit dem Titel *The G-String Murders (Mord im Varieté)*, und ein Schimpanse in Begleitung seines Trainers. Alle Bewohner dieses Elfenbeinturms trugen zu den laufenden Kosten für Strom, Wärme und den Lohn für die Köchin bei (ein ehemaliges Chorus Girl aus dem *Cotton Club*), aber aufgenommen wurde man nur auf besondere Einladung des Besitzers, des einzigartigen Zeitungsmanns, Schriftstellers, Phantasten George Davis, der jüngst verstorben ist, ein Gentleman mit einem Mundwerk wie eine Guillotine und einem Herzen so weich wie Butter.

Heute ist George nicht mehr da und sein Haus auch nicht. Es wurde schon während des Kriegs im Rahmen irgendeines städtischen Bauprojekts abgerissen. Die Kriegsjahre markierten überhaupt den absoluten Tiefpunkt der Gegend. Viele der ehrwürdigen Häuser wurden vom Militär beschlagnahmt und als Mannschaftsunterkünfte und Kantinen zweckentfremdet, wo hirnlose Provinzler hausten wie General Sherman einst auf den Anwesen der Konföderation. Nicht dass es darauf noch ankam, es war auch vorher schon allen egal gewesen. Erst nach dem Krieg wurden die Heights wieder für eine bessere Klientel interessant, mutige Pioniere, die mit Besen und Farbeimer anrückten, ehrgeizige Paare, schließlich auch Ärzte, Rechtsanwälte, Börsenbroker, alle entschlossen, der Gegend wieder zu ihrem alten, gelassenen Charme zu verhelfen.

Ihnen hatte das Viertel viel zu bieten: große Häuser, die sich sowohl in kleinere Einheiten aufteilen ließen als auch den Bedürfnissen herkömmlicher Familien gerecht wurden. Der Übergang war ohnehin fließend. Brooklyn war ideal für Kinder: wenig Verkehr und eine Luft, die fast schon an das Reizklima eines Badeorts erinnerte. Dazu große Gärten zum Spielen oder einfach um sich zurückzuziehen. Nicht zu vergessen die Esplanade, wo man hervorragend Rollschuh fahren kann. (Das ist zwar verboten, aber die Kids tun es trotzdem.) Die Esplanade, eine breite, terrassenähnliche Angelegenheit über dem Hafen, ist nicht unbedingt mit dem Dorfanger früherer Zeiten vergleichbar, aber immerhin eine zeitgemäße Variante.

Die Wiederbelebungsmaßnahmen für die Heights laufen inzwischen seit über zehn Jahren, und man kann behaupten, dass sich der Patient gut erholt hat. Vor den Fenstern stehen Blumenkästen mit Geranien, und je nach Jahreszeit fällt das Licht durch das dichte Grün der Straßenbäume oder gelbe Laubhügel leuchten an jeder Ecke. Singend schieben Blumenhändler ihren Karren vorbei und preisen ihre Ware an. Manchmal hört man vor Sonnenaufgang sogar einen Hahnenschrei, denn da gibt es eine Dame, die aus ihrem Garten einen kleinen Hühnerhof gemacht hat. An Winterabenden, wenn der Wind den Abschiedsgruß auslaufender Schiffe und den Geruch von Kaminfeuern heranträgt, könnte man für einen flüchtigen Moment sogar glauben, die alten Zeiten seien zurückgekehrt.

Obwohl ich regelmäßig in Brooklyn gewesen war und deshalb ganz gut Bescheid wusste, begann meine nähere Bekanntschaft mit der Gegend erst vor zwei Jahren, als sich ein Freund von mir ein Haus in der Willow Street kaufte. Eines Abend im Mai lud er mich zur Besichtigung ein. Ich war schwer beeindruckt, um nicht zu sagen neidisch. Es gab achtundzwanzig Zimmer mit hohen Decken, hervorragend geschnitten und alle mit einem eigenen marmorgefassten Kamin. Das weiße Treppenhaus schwang sich wie ein Schwanenhals hinauf zu einer sonnenhellen, bernsteinfarbenen Lichtkuppel. Und erst die harten, hochglanzpolierten Parkettböden und die Wände! Um 1820, als das Haus erbaut wurde, wusste man eben noch, wie dick eine Wand sein musste, um bitterste Kälte, aber auch brütende Hitze fernzuhalten.

Auf der Rückseite des Hauses führten hohe Fenstertüren hinaus auf eine Veranda, die an Südstaatenherrlichkeit erinnerte, sie war von alten Ranken und Glyzinien vollkommen zugewachsen. Dahinter der Garten: ein Tulpenbaum, ein Birnbaum in voller Blüte, der federgleiche Zweig einer Forsythie neigt sich unter dem Gewicht eines schwarz-roten Vogels.

In der hereinbrechenden Dämmerung unterhielten wir uns weiter. Wir saßen auf der Veranda, und ich nötigte ihm einen Martini nach dem andern auf. Es war schon ziemlich spät, als er endlich begriff, worauf ich hinauswollte: Also achtundzwanzig Zimmer waren wirklich ein bisschen viel, und deshalb, nicht wahr, gebot es schon die Fairness, mir ein paar davon zu überlassen.

Und so zog ich schließlich in das gelbe Backsteinhaus auf der Willow Street ein.

Oft vergeht eine ganze Woche, ohne dass ich in die »Stadt« fahre oder »über die Brücke«, wie die Leute hier für Manhattan sagen. Freunden ist das zuweilen ein Rätsel, sie vermuten einen gewissen Provinzialismus dahinter und fragen: »Aber was *willst* du denn bloß in Brooklyn?« Doch das stimmt so nicht, auch das Leben in den Heights hält durchaus Aufregung genug bereit. Erinnern Sie sich an Oberst Rudolf Abel, den russischen Geheimagenten, die Nummer eins, den Chef des ganzen Apparats? Wissen Sie, wo er geschnappt wurde? Richtig, hier in der Fulton Street. Im Haus zwischen dem Feinkostladen von David Semple und Frank Gambuzzas Fernsehreparaturwerkstatt ging er ihnen in die Falle. Franks Bild war sogar in *Life*, und er grinste, als hätte er Abel eigenhändig festgenommen. Dasselbe galt für die Kellnerin in der Music Box Bar, wo der Oberst gern einen trinken ging. Wir anderen fragten uns grämlich, warum nicht auch wir mit unserem Foto in die Zeitung gekommen waren. Frank und die Kellnerin waren ja nicht die Einzigen, die ihn gekannt hatten. Aber so ein feiner Gentleman auch! Wer hätte das gedacht?

Ich gebe zu, hier fliegen nicht jeden Tag Spione auf. Aber dafür gibt es andere Sensationen. Im Hafen hat ein exotischer Frachter angelegt, den man sich unbedingt ansehen muss. Ein Vogel mit fremdländischem Federkleid sitzt auf der Glyzinie. Immer wieder schön: Bei Knapp's ist eine neue Lieferung eingetroffen. Knapp's ist eine Zeile von Geschäften, besser gesagt von kavernenartigen Lagerräumen auf der Fulton Street, nahe Pineapple Street. Der Eigentümer, nein, der Zar, der Aga Khan dieses paradiesischen Stapelplatzes ist Mr. George Knapp, Freunde nennen ihn »Father«.

Father ist Weltreisender, seine Ansichtskarten beweisen es. Mal ist er in Sevilla, mal in Kopenhagen, dann wieder in Mailand oder Manchester. Er ist überall, und überall ist er auf Einkaufstour. Er ersteht blaues Geschirr aus einem dänischen Schloss, rosa Apothekengefäße aus London, englisches Messingzeug, Lampen aus Barcelona, Battersea-Dosen, französische Briefbeschwerer, italienische Hexenkugeln, griechische Ikonen, venezianische Mohren, spanische Heilige, koreanische Schränkchen und Plunder aller Art, Unmengen von Trödel, alte Puppen, kaputte Knöpfe, ein ausgestopftes Känguru, eine Voliere mit Eulen unter einer Glasglocke, Spielfiguren von ausgestorbenen Brettspielen, Banknoten untergegangener Reiche, einen elfenbeinernen Regenschirmstock ohne Schirm, Nachttöpfe mit Familienwappen, Rasiertassen, irreparable Uhren, gebrochene Violinen, eine Sonnenuhr von sieben Zentnern Gewicht, Totenschädel, Schlangenskelette, Elefantenfüße, Schlittenglöckchen, Eskimo-Schnitzereien, einen präparierten Schwertfisch, mittelalterliche Melkschemel, verrostete Flinten und halb blinde Spiegel aus Walzertagen.

Dann kehrt Father nach Brooklyn zurück, und seine Schätze folgen. Ausgepackt, tanzen die Mohren in dem ohnehin schon gefährlichen Durcheinander, und der Schwertfisch gleitet durch das atlantische Zwielicht dieser Katakomben. Aber irgendwie fließt auch alles wieder ab: Antiquitätenhändler aus den teureren Lagen sowie Liebhaber kommen und karren alles weg. Und, bitte, schauen Sie sich nur in Ruhe um. Hier sind noch Entdeckungen zu machen. Und wer weiß, vielleicht erweist sich so mancher Krempel noch als goldene Kapitalanlage. Dieser Briefbeschwerer mit der eingegossenen Libelle, da würde ich an Ihrer Stelle sofort zugreifen. Sie können sicher sein, morgen liegt das Ding in irgendeinem Schaufenster auf der 57th Street und kostet glatt das Fünffache.

Father hat einen Partner, seine Frau Florence. Sie kommt aus Panama, ist schön, hochgewachsen und schlank genug, um selbst in ihren geliebten Hosen eine gute Figur zu machen. Aber sie ist auch stolz und tritt Kunden gegenüber meist schroff auf: Entweder Sie nehmen das jetzt oder Sie gehen ... Aber leider, leider ist sie nicht berechtigt, auch nur ein einziges Stück in eigener Verantwortung zu veräußern, ja, nicht einmal einen Preis zu nennen. Das darf nur Father mit seinem elefantösen Gedächtnis und seiner fabulösen Orientierung in diesem Hort des Chaos. Geboren in Brooklyn, aufgewachsen im Hafenviertel, immer mit Hut und einer kalten, nassen Zigarre im Mundwinkel, verkörpert er trotz eines fehlenden Arms das klassische untersetzte Kraftpaket. Seine Schritte sind ausladend, die Stimme rau, nur seine Augen blinkern nervös, wenn er nicht weiterweiß. Nichtsdestoweniger ist Father ein Ästhet. Allerdings ein knallharter Ästhet, der sich nicht verscheißern und selten mit sich handeln lässt. In strittigen Fällen sagt er nur: »Okay, dann legen Sie es weg. Fahren Sie nach Manhattan. Wenn Sie es da für die Hälfte kriegen, kriegen Sie es von mir umsonst.« Die Knapps sind ein wunderbares Paar, und mehrmals pro Woche streife ich durch ihr Museum. Ab Oktober, wenn ein Franklin-Ofen in Form eines Hexenhäuschens die Luft erwärmt und Florence Cidre und Früchtebrot serviert, das sie in alten Kaffeedosen backt, bin ich sogar täglich dort. Angesichts der festlichen Bewirtung kann es passieren, dass sich Father mit blinkernden Augen ungläubig umschaut, als lauere in der nostalgischen Akkumulation so vieler Dinge sein eigener Untergang. Dann sagt er gerne: »Ich muss verrückt sein. Was sind wir hier, ein Café oder was? Und was das wieder gekostet hat! Ich darf gar nicht darüber nachdenken. Ehrlich, meinen Sie nicht auch, ich bin vollkommen verrückt?«

Nein, verrückt ist er nicht. Aber falls mir Mrs. Cornelius Oosterhuizen dieselbe Frage stellen würde ...

Zunächst erscheint es natürlich sehr unwahrscheinlich, dass jemand von Mrs. Oosterhuizens gehobener Stellung mir die Ehre der persönlichen Bekanntschaft zuteil werden lässt. Letztlich verdanke ich alles einem Pfund Hundefutter. Was ist passiert? Der Metzgerlehrling kam einmal mit einer Lieferung zu mir, die irrtümlich das eigentlich für Mrs. Oosterhuizen bestimmte Pfund Hack enthielt, so jedenfalls stand es auf der Verpackung. Da mir ihr granatrotes Stadtschloss schon öfter aufgefallen war, ein Anwesen wie die Schwab-Villa an Manhattans Riverside Drive, wollte ich mir die Gelegenheit nicht entgehen lassen, das Päckchen persönlich vorbeizubringen, wobei ich jedoch nicht im entferntesten damit rechnete, der Dame des Hauses selbst zu begegnen. Ich hatte nur vor, einen kurzen Blick hinter die Mauern ihres feudalen Refugiums zu werfen. Feudal deshalb, weil der Sage nach ein persönlicher Butler sowie eine sechsköpfige Dienerschaft über ihr Wohlergehen wachten. Nicht dass ihre Residenz das einzige *Mâison de luxe* auf den Heights gewesen wäre, in dieser Gegend rollen etliche große Limousinen durch die Straßen, doch Mrs. O. ist unbestritten *la regina di tutti*.

Beim Näherkommen fiel mir eine Person in einem Persianermantel auf, die gereizt den Türklopfer betätigte. »Gottverdammt, Mabel«, sagte sie zu der Tür und drehte sich um, just als ich die Treppe hochkam, eine zweite Marianne Moore, so hochgewachsen, so dürr, so einschüchternd kategorisch wirkte sie. (Übrigens, die echte Marianne Moore, die Schriftstellerin und Dichterin, zählt ebenfalls zur Brooklyner Prominenz.) Blasse, wimpernlose Augen, Strichmund, Haar wie Zuckerwatte. »Ach, *Sie* sind's, Sie kenne ich doch«, lautete ihr Anwurf, während hinter ihr von einer irischen Hexe mit bodenlanger Schürze die Tür geöffnet wurde. »Ich nehme an, Sie wollen die Petition unterschreiben. Sehr liebenswürdig von Ihnen.« Ich murmelte, Ergebenheit bekundend, an einer Erklärung und überantwortete ihr kurzerhand das Päckchen vom Metzger. Als hätte ich ihr einen stinkenden Fisch hingeschmissen, wollte sie dieses erst gar nicht nehmen und fasste es auch nur mit spitzen Fingern an. Bis das Hausmädchen sagte: »Ma'am, das ist das Fleisch für Miss Mary, das der gute Mann da gebracht hat.«

»Das sehe ich. Also was stehst du hier herum und hältst Maulaffen feil, Mabel? Nimm es doch endlich.« Alsdann sah sie wieder mich an, aber mit schon geringerer Verwunderung als beim ersten Mal, was ich ihr in dieser Situation hoch anrechne. Sie sagte: »Treten Sie sich die Füße ab und kommen Sie herein, wir müssen über die Petition reden. Und, Mabel, Murphy soll uns etwas Bristol und Gebäck bringen ... Wie? Wieso beim Zahnarzt? Ich hab ihm doch ausdrücklich gesagt, er soll diesen Zahn in Ruhe lassen. So ein Unfug!«, schimpfte sie, während wir in den Garderobenraum traten. »Warum ist er nicht zur Hypnose gegangen, wie ich es ihm gesagt habe? Mary! Mary! Ach, wo issi denn?«, sagte sie, als ein freundlicher kleiner Hund mit vernichtender Ahnenreihe nähertappte, eine Mischung aus Spaniel und Chow-Chow, aber mit den Beinen eines Dackels. »Ich glaube, Mabel hat dein Fresschen. Mabel, bring Miss Mary in die Küche. Das Gebäck wollen wir im Roten Salon zu uns nehmen.«

Rot an diesem Salon war zwar nur eine Vase mit Porzellanrosen und ein Korb mit Marzipanerdbeeren, doch die Aussicht aus den mit samtenen Schabracken umhängten Fenstern ließ meinen Puls höher schlagen: der Himmel, die Skyline, in der Ferne eine bewaldete Kante von Staten Island. Sonst aber glänzte der Raum durch seine sperrige Gewöhnlichkeit. Humorlose Konfektion herrschte vor, Biedermeier ohne Leichtigkeit: keine Empfehlung insgesamt. »Das war einmal das Schlafzimmer meiner Großmutter. Mein Vater nutzte es aber als Wohnzimmer. Und Cornelius, Mr. Oosterhuizen, ist hier gestorben. Ganz plötzlich übrigens, während einer Radioansprache von diesem Roosevelt. Herzinfarkt, weil er sich wieder so aufgeregt hat und wegen der vielen Zigarren. Ich vertraue darauf, dass Sie hier nicht rauchen wollen. Aber nehmen Sie doch Platz ... nicht hier, da am Fenster. Nun ... aber wo hatte ich sie gleich? Sie muss hier in dieser Schublade sein. Oder doch oben? Dieser verdammte Murphy, ein schrecklicher Kerl, dauernd bringt er meine Sachen durcheinander ... Nein, richtig, hier liegt sie ja: unsere Unterschriftensammlung.«

Selbige wandte sich gegen das Vorhaben einer kleinen religiösen Sekte, einen halben Häuserblock auf den

Heights abreißen zu lassen, um an der Stelle ein Einkehrhaus für ihre Anhänger zu errichten. Im Anhang hatten bereits mehrere Dutzend Leute ihre Unterschrift geleistet: die beiden Misses Seeley, Mr. Arthur Veere Vinson, Mrs. K. Mackaye Brownlowe, allesamt Nachkommen der Kinder auf dem Dorfanger, die alte Garde, die selbst die schwärzesten Stunden »ihres« Viertels überlebt hatte, die *happy few*, die regelmäßig zu Mrs. O.'s festlichen Dinnerpartys geladen wurden. Sie verschwendete keine Zeit damit, ihren Protest gegen die Baumaßnahme zu begründen, sondern befahl barsch: »Hier unterschreiben!« Ähnlichkeiten mit Lady Catherine de Bourgh aus *Stolz und Vorurteil*, die Mr. Collins zum Rapport bestellt, waren durchaus vorhanden.

Der Sherry kam und mit ihm eine Schar Katzen, zerschrammte Kämpen mit räudigem Fell und angeschlagenen Augen. Mrs. O. wies auf auf das mit Abstand schäbigste Exemplar und bestimmte: »Den da können Sie mitnehmen. Er ist jetzt seit einem Monat bei uns und hat sich gut gemacht. Ich bin sicher, er wächst Ihnen schnell ans Herz. Wie? Hunde? Sie? Und welche Rasse? Also ich für mein Teil schätze reinrassige Hunde überhaupt nicht, die kriegen immer ein Zuhause. Miss Mary habe ich praktisch auf der Straße aufgelesen, genau so wie Lovely Louise, Mouse und Sweet William. Alle meine Tiere, egal ob Hunde oder Katzen, kommen von der Straße. Schauen Sie mal in den Garten, die Markierungen hinten unter dem Götterbaum, das sind alles Gräber, zum Teil schon fast so alt wie ich. Die Muscheln bedeuten Goldfische, die Gelbkorallen Kanarienvögel. Unter dem weißen Stein liegt ein Kaninchen, und unter dem Kreuz aus Kieselsteinen mein absoluter Liebling, die erste Mary ... ein Engel, hat sich nach dem Baden im Fluss verkühlt und ist gestorben. Cornelius, Mr. Oosterhuizen ... haha ... ihn habe ich immer damit aufgezogen, dass er eines Tages auch dort begraben wird, neben meinen anderen Lieblingen. Haha ... darüber konnte er aber gar nicht lachen. Was ich damit sagen will: Die Tatsache, dass Sie einen Hund haben, bedeutet rein gar nichts. Billy zum Beispiel hat so viel Mumm, der geht schon nicht unter. Nein, ich bestehe darauf, dass Sie ihn an sich nehmen. Ich selbst kann ihn nicht behalten, er passt nicht in die Gruppe. Aber wenn ich ihn einfach auf die Straße setze, dann kehrt er zurück zu seinen alten Gewohnheiten in der Gasse hinter St. George. Wollen Sie das? Können Sie das mit Ihrem Gewissen vereinbaren?«

Da aber ihre Überredungsversuche allesamt scheiterten, fiel der Abschied etwas kühl aus. Dennoch bekam ich eine Weihnachtskarte, ein Cartier-Stich von dem Götterbaum, der seine Zweige großmütig über seine traurigen Schützlinge breitet. Einmal begegneten wir uns auch in der Bäckerei, wo wir beide Brownies kaufen wollten, und sprachen über die schändliche Missachtung, die ihre Unterschriftensammlung erfahren hatte. Denn die Abrissbirne hatte leider Gottes ihr Werk verrichtet, die frommen Brüder bauten fleißig. Bei der Gelegenheit setzte sie mich auch davon in Kenntnis, dass Ihre Voraussage eingetreten und Billy tatsächlich wieder im Sumpf des Verbrechens in der Gasse hinter St. George versunken war – alles durch meine Schuld.

Diese Gasse, zwischen St. George und einem kleinen Kino gelegen, ist ein zwielichtiger Anlaufpunkt für Penner und Wermutbrüder, die aus Chinatown und der Bowery rübergemacht haben und die Straße einträchtig mit anderen verwilderten Waisen teilen, eben den Katzen, Schwärmen von Katzen, die sich dort gegen Mitternacht versammeln. Denn dann schlägt die Stunde der Damen in Schwarz, der Damen mit dem irren Blick – in Rom kennt man sie auch –, die sich mit Lockrufen und Tüten voll Lachsstückchen nächtens auf Fangtour begeben. (Was nicht heißen soll, dass auch Mrs. O. diesem etwas ungesunden Hobby verfallen ist. Nein, ihre Absichten, wenngleich überdreht, sind lauter und nicht untypisch für die Heights, wo ein großer Teil der städtischen Streuner regelmäßig ein neues Zuhause findet. Erstaunlich nur die hohe Zahl herrenloser Tiere in diesem Viertel. Als sagte ihnen irgendein Instinkt, dass hier diejenigen wohnen, denen der Anblick einer Katze im Regen so ans Herz greift, dass sie sie, statt sie zu verjagen, mit nach Hause nehmen, ein Schälchen Milch warm machen und Dr. Wassermann anrufen, Bernie Wassermann, den schicken jungen Tierarzt, in dessen blitzsauberer Klinik sich Bach-Musik und das Gejaule genesender Tiere aufs Wundersamste vermischen.)

Im Zusammenhang mit dieser Geschichte gehe ich gerade jene hieroglyphischen Einträge durch, die ich mein Tagebuch nenne. Bei den meisten ist nicht einmal mehr klar, was damit einst gemeint war. Gott allein weiß, was »Donner auf der Cobra Street« zu bedeuten hat. Oder »eine Diarrhö von Platitüden in siebzehn Zungen«. Es sei denn, die Stelle beschreibt eines der so genannten »Originale« der Heights, in diesem Fall einen gewissen, entsetzlich öden, entsetzlich geschwätzigen Sprachwissenschaftler, der einen in vielen Sprachen zuquatschen kann, ohne auch nur in einer etwas zu sagen. Doch »Heute mit T&G im G&T« ergibt durchaus Sinn.

Das erste Buchstabenpaar steht für zwei Freunde von mir und das zweite für ein Restaurant ganz in der Nähe. Sie habe sicher schon davon gehört, das Gage & Tollner. Wie das Kolb's & Antoine's in New Orleans, so ist auch das Gage & Tollner ein Traditionshaus aus dem neunzehnten Jahrhundert, das seinen ursprünglichen Charakter weitgehend bewahrt hat. Hier sind die flackernden Gasleuchter keineswegs nachgemachte Romantik, ebenso wenig wie die guten alten Marmortische oder die großen, goldgerahmten Wandspiegel. Nichts ist bloßes Ausstattungsstück, sondern Ausdruck der Entschlossenheit, einmal etwas so zu lassen, wie es am Tage seiner Eröffnung im Jahr 1874 gewesen ist. Und statt auf ein Sammelsurium fischiger Modegerichte hat man sich hier eindeutig auf Meeresfrüchte festgelegt. Und zwar die besten. Auf Chowders, die auch den verknöchertsten Ostküstler erweichen. Hummer, die selbst einen Nero milde stimmen. Ich persönlich bin ja Krebs-Aficionado. Ein Teller mit sautierten Krebsen, eine halbe Zitrone dazu und ein Glas eiskalten Chablis, mehr brauche ich nicht zum Glücklichsein. Ebenso die schwarzen Kellner, sie servieren mit Würde, sind sich aber für ein Lächeln nicht zu schade. Man merkt ihnen an, dass sie stolz sind, zum Alleinstellungsmerkmal von Gabe & Tollner beizutragen. Auf den Ärmeln ihrer gestärkten Livrees sind, je nach Dienstalter, militärisch anmutende Rangzeichen angebracht, und wäre die Kellnerschaft tatsächlich eine Armee, wären einige von ihnen Generäle.

Ganz in der Nähe des G&T gibt es ein weiteres Restaurant, etwas weniger vornehm, aber mit vergleichbarer Tradition und mehr oder weniger derselben Speisekarte: Joe's. Wobei Joe aber eine attraktive junge Dame ist. Und am äußeren Rand der Heights, dort, wo aus Brooklyn wieder Brooklyn wird, befindet sich die Zigeunerstraße mit den Zigeuner-Cafés, in denen man arabischen Tee schlürfen, sich die Zukunft voraussagen und ein Tattoo machen lassen kann, alles gleichzeitig. Dort gibt es auch ein kleines armenisches Viertel, wo man in exotisch duftenden Garküchen und heiß aus dem Ofen eine Art Sesampfannkuchen bekommt. Oft habe ich mir einen gekauft, weil ich damit am Hafen die Möwen füttern wollte, doch war dort oft nichts mehr davon übrig, ich hatte alles allein verputzt. An Sommerabenden lohnt sich ein Spaziergang über die Brooklyn Bridge. Der Wind in den Stahlkabeln, die ersten Sterne am Himmel, die Schiffe unten auf dem Wasser, all das macht einen regelrecht trunken, vor allem wenn man zu den süßsauren Aromen von Chinatown unterwegs ist.

Ein weiterer Tagebucheintrag hat folgenden Wortlaut: »Endlich ein Gesicht in diesem Hotel der Gespenster.« Der Hintergrund: Nach langen Monaten hatte ich in einem Fenster dieses verwunschenen Gebäudes auf der Water Street, unten am Fluss, einen Menschen gesehen. Das einsame Hotel war schon oft Ziel meiner Wanderungen gewesen, ich hielt es für romantisch, stellte mir in trübseligen Stunden sogar vor, dass ich mich einst dahin zurückziehen wollte, denn es lag isolierter als der Berg Athos, weltabgewandter als der Krak des Chevaliers in den wüsten Bergen von Syrien. Ist schon tagsüber auf dieser verwaisten de-Chirico-Piazza wenig los, so wird es nachts totenstill, dann hört man nur noch die Nebelhörner und das ferne Flüstern des Verkehrs oben auf der Brücke. Tiefer Frieden und die blinkenden Lichter vorbeiziehender Schlepper und Fähren sind alles, was dann noch existiert.

Das Hotel hat drei Etagen. Sonnensplitter vom Fluss, Puzzleteile der Brücke flackern auf den Fenstern, aber dahinter regt sich nichts. Trotz des unbewohnten Eindrucks sieht man Milchflaschen auf dem Fensterbrett, einen Hut an einem Haken, ungemachte Betten, brennende Lichter. Nur von Menschen keine Spur. Wie die Seeleute auf dem berühmten Geisterschiff Marie Celeste müssen die Gäste einem Fremden die Tür geöffnet haben, der sie mit Haut und Haar verschlang. Konnte es sein, dass ich genau diesen Fremden gesehen hatte? »Endlich ein Gesicht in diesem Hotel der Gespenster!« Ich sah ihn auch nur einmal ganz kurz, an einem wolkenlosen Aprilnachmittag. Ein Mann mit beginnender Glatze und Unterhemd, der das Schiebefenster hochschob, seine behaarten Arme dehnte, gewaltig gähnte, ebenso gewaltig die Wasserbrise in seine Lungen sog – und im nächsten Moment schon wieder verschwunden war.

Nein, bei näherem Nachdenken will ich doch nicht in dieses Hotel. Denn entweder werde ich dort verschlungen, oder aber das Geheimnis löst sich in Luft auf. Als Kinder sind wir empfänglich für Geheimnisse: verschlossene Kisten, Geflüster hinter verschlossenen Türen, die seltsamen Wesen, die im Geäst eines Baumes lauern oder in den dunklen Abschnitten zwischen zwei Straßenlaternen. Aber je älter wir werden, desto mehr klärt sich alles auf. Gleichzeitig nimmt unsere Fähigkeit ab, sich mit erfundenen Schrecken angenehme Schauer über den Rücken zu jagen. Eigentlich schade, denn Hotels voller Gespenster haben im ganzen Leben etwas für sich.

In der Nähe des Hotels beginnt eine Straße, die sich viele stille Meilen am Ufer hinzieht, mit verrammelten Lagerhäusern und Docks, die wie Seespinnen am Wasser liegen. In der Saison von Mai bis September werden sie zur Badeanstalt für robuste Straßenjungen, während parfümierte Affen, die Herren des Hafenviertels, aber ehemalige Hafenschwimmer auch sie, in zweifarbig (Tomate/Banane) gespritzten Angeberschlitten auf und ab kutschieren. Große Kräne haben Traktoren am Haken, Baumwollballen und unglückliche Rinder schweben über dem offenen Bauch von Schiffen, die nach Bahia gehen oder Bremen oder nach Häfen, die ihren Namen in arabischer Kalligraphie schreiben. Wenn man die richtigen Leute kennt, kann man sogar an Bord – zum Sonnenbaden oder Saufen oder sogar auf ein Mittagessen, hier kann einem alles passieren. Zumal wenn man wie ich immer ja sagt. Skandinavier beschämen einen geradezu mit ihren Tafelrunden. Bei ihnen wird aufgefahren, was die Speisekammer hergibt, plattenweise Appetithäppchen und eisgekühlter Aquavit. Meiden sollte man hingegen griechische Schiffe. Sie verfügen nur über eine sehr powere Küche, und Hochprozentiges gibt es auch nicht außer Ouzo, der schmeckt wie aufgelöste Lakritze. Auch die französischen Frachter sind wider Erwarten und nach meiner unmaßgeblichen Meinung nur eingeschränkt zu empfehlen.

Schlepperbesatzungen sind allemal gut für einen Kaffee, und was gibt es Schöneres, als an einem kalten Wintertag mit schwerer See in einer gut gewärmten Kabine Zuflucht zu suchen und über einer Tasse schwärzestem Java allmählich aufzutauen. Immer wieder überraschen einen entlang dieser Straße kleine Strände, und auf einem davon erlebte ich an einem ruhigen Sonntagabend einmal eine Szene, die mir selbst nach mehrmaligem Hinsehen wie eine Vision vorkam. Dabei sieht man hier regelmäßig exotische Seeleute, sogar solche aus Ostindien, kenntlich an ihrem Sarong, oder hünenhafte Senegalesen mit Armen aus Onyx, auf denen blaue und gelbe tätowierte Blumen leuchten, und unverschämt gutgebauten Oberkörpern, die mit allerlei Botschaften aufwarten (*Je t'aime, Hard Luck, Mimi Chang, Adios Amigos*). Auch kleinwüchsige Russen in ihren weit geschnittenen, an Pyjamas erinnernden Hosen laufen einem über den Weg. Aber die drei barfüßigen Matrosen, die ich an jenem Abend am Strand sah – ihr scharfes Profil vor der roten Sonne! – erschienen mir wie mythische Gestalten, genauer gesagt wie Meerjungfrauen, denn ihre Haare mit den weißen Strähnchen waren lang wie bei einer Frau, Wildwuchs bis zur Schulter hinab, und an ihren Ohren hingen glitzernde Goldkreolen. Ob es sich bei ihnen um Botschafter aus dem Perlenpalast des Poseidon handelte oder um Sterbliche mit Wikingerzöpfen aus gotischen Gewässern, die sich nach einer langen Reise ohne Barbier an diesem Gestade ausruhten, ich weiß es nicht. Aber sie werden für immer im Raritätenkabinett meines Gedächtnisses bleiben: Objekte, die man auf unterschiedliche Weise ins Licht halten muss wie Motivkristalle, deren innen eingeschlossene Bilder auch nicht sofort zu erkennen sind.

Nach einer Weile ließ sich sogar »Donner auf der Cobra Street« entschlüsseln. Zunächst: Auf den Höhen von Brooklyn existiert keine Cobra Street, dafür aber eine Straße, auf die der Name zutreffen könnte. Sie führt ziemlich steil hinab in eine dunkle Ecke des Hafens, liegt wie eine Schlange an der äußersten Peripherie des Viertels und gehört streng genommen nicht mehr dazu. Schmierige Spelunken, säuerlich miefende Bierschenken, bittere Süßigkeitenläden mischen sich unter die erodierten Behausungen, Massenquartiere, architektonisch angesiedelt zwischen nachgedunkeltem New Yorker Brownstone und aufgeblähtem Mississippi-Plumpsklo.

Hier wimmeln in jedem Gully die Cobras, soll heißen, hier regieren die Jugendbanden. COBRA, der Schriftzug begegnet einem überall, gedruckt auf Sweatshirts und als grelle Warnung auf den Rücken von Lederjacken genietet. Die steile Straße ist ihr hässliches Reich, ihr »Kiez«, wie sie sagen. Das ist zwar nur ein winzig kleines Stück, aber ein uneinnehmbarer Rückzugsraum, von dem aus die Cobras ihren Blick längst auf andere Bezirke gerichtet haben. Nun bin ich nicht gerade der Mutigste, *au contraire*, und kriege schon bei ihrem Anblick Herzrasen wie der

Sünder in der Kirchenbank – wobei es übrigens keine Rolle spielt, ob diese Jungs zwölf Jahre alt sind oder zwanzig. Dennoch, wenn es bequemer ist, besagte Straße zu nehmen, dann reiße ich mich zusammen und gehe das Risiko ein.

Mein letzter Aufenthalt dort könnte allerdings wirklich der letzte gewesen sein, denn an diesem Tag hatte ich eine gute Kamera dabei. Die Sonne hatte sich verzogen, und am Himmel hingen Gewitterwolken, die sich noch nicht entscheiden konnten. Lärmende Kinder sprangen Seilchen, während eine Gruppe Älterer am Laternenpfahl lungerte und dumpf zusah: Cobras in Jeansklamotten und Cowboystiefeln. Ihre Augen, diese schläfrig-kranken, unverfrorenen Augen machten an mir fest, als ich die Straße heraufkam. Ich wechselte sofort auf die andere Seite, spürte trotzdem und ohne Hinsehen, dass sich das träge Knäuel aufgelöst hatte und sich auf mich zubewegte. Ich hörte, wie sie pfiffen, das Springseil der Kinder verstummte, sie selber auch. Ein pickliger Kerl mit einem auffälligen Leberfleck und nach Westernart mit einem Halstuch maskiert, rief: »He, Weißbrot, zeig doch ma die Kamera.« Was macht man da? Schneller gehen? So tun, als hätte man es nicht gehört? Aber jede mögliche Reaktion birgt unkalkulierbare neue Gefahren. »He, Alter, he, Weißbrot, mach ma Foto vommir!«

Meine Rettung war der Donner. Er kollerte, polterte krachend durch die Straße wie ein entfesselter Truck. Wir alle sahen zum Himmel hinauf, der mit seinem schwarzen Gewittergesicht zurückstarrte. Ich rief: »Weg hier, es fängt an zu regnen. Es fängt an zu regnen!« Und lief weg.

Nahm Reißaus, rannte in Richtung Heights, meine sichere Zitadelle, diese bourgeoise Bastion, wo nette junge Mütter mit ihrem Kinderwagen vor der herannahenden Katastrophe flüchteten. Erst unter den regengepeitschten Ulmen kam ich wieder zu Atem. Und rannte trotzdem weiter. Sah den Blumenverkäufer, der sein panisches Pferd kaum bändigen konnte. Sah zwanzig Meter vor mir, zehn Meter, fünf, dann keinen einzigen Meter vor mir: das gelbe Haus auf der Willow Street. Endlich, in Sicherheit! Zu Hause ist es doch immer noch am schönsten.

REISE IN DEN HERBST

August 1966. An Bord der Tritona. Die weiteren Passagiere sind: Gianni und Marella Agnelli[28] (Gastgeber), Stash und Lee Radziwill[29], Luciana Pignatelli[30], Eric Nielsen, Sandro Durso, Adolfo Caracciolo mit Tochter Allegra und Carlo, seinem Neffen. Insgesamt also sieben Italiener, ein Däne, ein Pole und zwei von uns (Lee *et moi*). Hmm.

Auslaufhafen: Brindisi, ein quirliger Badeort an der italienischen Adria. Unser Ziel: die Inseln vor der jugoslawischen Küste. Insgesamt also eine zwanzigtägige Kreuzfahrt, die in Venedig enden soll.

Es ist jetzt elf Uhr abends, und wir alle haben gehofft, noch vor Mitternacht auslaufen zu können, aber der Kapitän, ein ernster Deutscher, hält das wegen des auffrischenden Windes vor Sonnenaufgang für zu gefährlich. Na egal, bei dem Nachtleben im Hafen soll mir das recht sein. Überall laden hell erleuchtete Cafés mit Klaviermusik zum Verweilen ein. Schwarze und norwegische Matrosen, die sich unter den Scharen der kleinen hübschen Prostituierten umschauen, die täschchenschwingend am Kai flanieren (darunter ein Wildfang mit grün gefärbten Haaren).

Ächz. Stöhn. Oh-oh-oh, halt dich bloß gut an der Wand fest. Und besser nicht aufstehen, lieber so weiterkrabbeln, so kann nichts passieren. O Gott, bittebitte, lieber Gott, mach, dass das aufhört. Vor allem nichts überstürzen, immer schön langsam, eins nach dem anderen. Ja, so geht's, so komme ich von meiner Kabine (wo grüne Wogen gegen das Bullauge krachen) irgendwann auf die Treppe und krieche von dort aus Richtung Salon, wo es angeblich sicherer ist.

Die Tritona ist eine Luxusyacht nach Bauart eines griechischen Frachtseglers und gehört Conte Theo Rossi, der den Agnellis das Schiff für die Kreuzfahrt geliehen hat. Es ist von oben bis unten ausgestattet wie die Stadtwohnung eines Kunstsammlers mit Sinn fürs Gemütliche. Der Salon mit seinen zahlreichen Topfpflanzen hat etwas von einem Wintergarten, und über der braunen Sofagruppe prangt ein riesiger Rubens.

Doch an diesem Morgen, dem ersten Tag unserer Rundreise und mitten in der aufgewühlten See zwischen Italien und Jugoslawien, gleicht der Salon eher einem schaukelnden Schlachtfeld. Ein Fernseher ist umgefallen, Flaschen aus der Bar rollen über den Boden. Und wie nach einem Indianermassaker liegen überall Leichen. Die schönste ist die von Lee (Radziwill). Ich robbe an ihr vorbei, und sie öffnet eine seekrankes Auge und flüstert mit sterbender Stimme: »Oh, *du*? Wie viel Uhr ist es?«

»Neun ungefähr.«

Stöhn. »Erst neun? Soll das jetzt den ganzen Tag so weitergehen? Hätte ich doch auf Stash gehört. Er hat gleich gesagt, wir sollen besser nicht mitfahren. Wie fühlst *du* dich denn?«

»Ich weiß nicht, ob ich das überlebe.«

»Du siehst schrecklich aus. Richtig gelb. Hast du wenigstens eine Tablette genommen? Sie helfen – zumindest ein *bisschen*.«

Eric Nielsen liegt so verrenkt da, als hätte ihn der Axtmörder erschlagen. Mit dem Gesicht nach unten sagt er: »Ruhe! Mir geht's noch viel schlechter als euch.«

Darauf Lee: »Das Problem mit den Tabletten ist, dass man davon unheimlich Durst bekommt. Aber wenn man dann was trinkt, wird einem noch mehr übel.«

Eine korrekte Beobachtung, wie ich nach Einnahme von zwei Tabletten bald feststellen soll. Durst ist übrigens gar kein Ausdruck, ich komme mir vor wie ein Kettensträfling, der schon ein halbes Jahr oder länger in einem Wüstenlager schmachtet.

Ein Steward hat ein Frühstücksbuffet bereitet, aber das lassen alle stehen. Bis Luciana (Pignatelli) erscheint, wie immer heiter und entspannt und unglaublich schön. Ihre Hose makellos, ebenso wie ihr goldenes Haar. Und ihr Gesicht, besonders die Augenpartie, ein Triumph präzisen Visagismus.

»Ach, Luciana«, jammert Lee, »wie machst du das bloß?«

Und Luciana, die seelenruhig ihren Toast mit Aprikosenmarmelade bestreicht, erwidert: »Wie mache ich *was*?«

»Dein Make-up. Ich bin so am Zittern, ich könnte nicht mal einen Lippenstift halten. Wenn ich so was versucht hätte wie du, diese ägyptischen Konturlinien, ich glaube, ich hätte mir die Augen ausgestochen.«

»Wieso denn am Zittern?«, fragt Luciana und beißt in ihren Toast. »Ach so, jetzt verstehe ich. Wegen der Bewegungen von dem Schiff. Aber das ist doch nicht so schlimm, *no*?«

Eric schaltet sich ein. »Könnt ihr nicht mal die Klappe halten! Ich war schon auf Hunderten Schiffen, aber seekrank war ich noch nie.«

Luciana achselzuckend: »Wie du willst.« Dann ruft sie nach dem Steward, der sich mit schwerer Krängung nähert. »Kann ich noch ein Ei haben, bitte?«

Lee sagt: »Iiiih, Luciana, wie kannst du nur?«

Als sich die Tritona gegen Abend der Felsenküste von Montenegro näherte, hatte sich die See beruhigt, und allen ging es schon viel besser. Man saß an Deck und schaute in die kristallgrünen Tiefen, die unter uns hinwegglitten. Plötzlich stehen, schreiend und gestikulierend, drei Matrosen vorn am Bug: Ein großer Tümmler jagt neben uns her.

Der Tümmler springt aus dem Wasser, macht einen Buckel und taucht ausgelassen wieder in die Wellen ein. Wie ein materialisiertes Lachen schießt er hervor, klatscht dann abermals ins Wasser, bleibt diesmal aber verschwunden. Die Matrosen beugen sich über die Reling und pfeifen eine eigenartige Melodie, eine Art Undine-Beschwörung, die das Tier wieder anlocken soll. Und tatsächlich, gischtend bricht er erneut durch die Wellen.

Der Tümmler begleitet uns bis zu einer Höhle an der Küste, dreht dann ab und sucht die Tiefen der offenen und bereits dunklen See.

In der Ferne sind die Lichter eines Dorfes auszumachen, aber nur Gianni (Agnelli), neugierig, wie er ist, will an Land, die anderen sind vernünftiger. Überhaupt überlasse ich anstrengende Sightseeing-Ausflüge lieber anderen. Aus Kirchen und anderen historischen Hinterlassenschaften habe ich mir noch nie viel gemacht, mich interessieren Menschen, Cafés oder die Auslagen in den Schaufenstern. Aber so sehr sich Jugoslawien auch von den anderen Ostblockstaaten unterscheidet, es herrscht dieselbe sozialistische Tristesse wie gleich hinter der Berliner Mauer. Leere Landschaften, ein karges Panorama, das einen ganz ratlos macht, denn sobald man irgendwo angekommen ist, gibt es nichts mehr zu erleben.

Wie üblich in diesen Ländern sind die Geschäfte vollgestopft mit Waren, nur kaufen möchte man nichts davon, nicht einmal als Geschenk für die böse Stiefmutter. Ab und zu sieht man einen Straßenhändler, der ganz hübsche handgearbeitete Teppiche feilbietet. Und wer auf Liköre steht, dem sei gesagt, der beste Maraschino der Welt, eine Meisterleistung der Destillationskunst, kommt aus Jugoslawien. Aber ansonsten durchweg Fehlanzeige, Titos Reich ist frei von jeglichem Konsumterror und für Shopping-Freunde die reine Hölle.

Auch die Gastronomie holt keine Sterne vom Himmel. Ähnlich wie in Russland ist der Service miserabel und das Essen ein echter Härtetest. Selbst in den besten Restau–

rants von Dubrovnik ist das Abendmenü höchstens mittelmäßig. Dabei bieten die Märkte hervorragende Produkte an. In größeren Städten wie Split breiten sie sich wie ein bunter Flickenteppich über die gesamte Innenstadt aus, überall Stände mit Tomaten, Pfirsichen, Rosen, Seife, eingelegten Gurken, Schweinefüßen und Rinderhälften. Und über allem schwirren Wolken von Wespen. Diese Wespen stehen sinnbildlich für das politische System. Sie stechen selten, aber entgehen kann man ihnen auch nicht. Sie sind der alles verbindende Faktor der jugoslawischen Landschaft, Bestandteil der Luft, sogar auf der Tritona, wo sie wie gelbe Nebelschwaden über Wein und Melonen stehen, wenn wir an Deck essen.

Gestern gab es zu Mittag ganz bemerkenswerte Melonen, der Farbe nach wie Cantaloupmelonen, aber von sehr lockerer Konsistenz und süß wie Blatthonig. Marella entzückt: »*Absolutely divino!* Ich frage mich, wo diese Melonen herkommen.« Und la principessa Pignatelli, die Hübsche, die die meiste Zeit hingegeben in ihrem Buch liest (*The Big Spenders* von Lucius Beebe), erwacht kurz und sagt: »Die Melonen? Die Melonen sind aus Pittsburgh.«

»Eine Woche reicht. Zehn Tage sind das absolute Maximum«, sagte Stash (Radziwill) mit Blick auf die Verweildauer an Bord einer Yacht. Kenner werden ihm wahrscheinlich zustimmen, zehn Tage sind die Obergrenze, egal wie angenehm die Reisegesellschaft oder wie schön die Umgebung. Ich bin trotzdem anderer Meinung. Meiner Erfahrung nach wird so eine Kreuzfahrt mit jedem Tag mehr zu einem Rausch aus Sonne und sanftem Dahingleiten durch eine traumhafte Szenerie, welche einen zugleich anregt und einlullt.

Außerdem gefällt mir der Tagesablauf an Bord. Den Morgen verbringen wir meist in Häfen oder kleinen Inseldörfern, gegen zwölf geht es in Gruppen zu zweit oder zu dritt zurück aufs Schiff. Danach brechen wir mit mehreren Sportbooten zu einsamen Buchten oder Stränden auf. Anschließend versammelt sich alles zum Aperitif auf dem sonnenbeschienenen Oberdeck, während unsere Sportler unter Anleitung von Luciana eine Trainingsrunde einlegen. (Luciana: »Seit ich Hanteltraining mache, hat sich meine Figur um siebzig Prozent verbessert.«)

Dann gibt es Mittagessen. (Der italienische Koch serviert immer neue Pasta-Variationen, und ich nehme täglich ein halbes Pfund zu, aber was soll's?) Währenddessen werden die Segel gesetzt, und wir schippern den ganzen Nachmittag zu unserem nächsten Ziel, das wir normalerweise bei Sonnenuntergang erreichen.

Gestern flohen wir aus der drückenden Hitze eines fast norwegisch anmutenden Fjords, um mit den Sportbooten das Meer rund um eine kleine Felseninsel zu erkunden. Dort begegneten wir auch dem ungehobelten Fischer.

Ein kräftiger, gut aussehender, braun gebrannter Mann mit nacktem Oberkörper und kniehoch aufgekrempelten Jeans, nicht mehr ganz jung, aber jung geblieben, vielleicht fünfzig Jahre alt: der Kapitän. Sein robustes kleines Boot lag in der Bucht, in der auch wir vor Anker gegangen waren. Er und seine dreiköpfige Besatzung, Männer, die allesamt kleiner waren als er, hatten am Strand unter einem großen Eisenkessel Feuer gemacht. Mit einem Hackmesser zerteilte der Kapitän den Fisch in große Stücke und warf sie anschließend in den Kessel.

Eric hatte dann die Idee, ihm ein paar Fische abzukaufen, also schwammen wir an den Strand. Eric und ich traten an die Männer heran, doch die beachteten uns gar nicht, sondern taten so, als seien wir Luft. Schließlich sprach Eric sie an, auf Italienisch, was die meisten jugoslawischen Seeleute verstehen. Er beglückwünschte sie zu ihrem Fang, zeigte auf einen Seewolf und erkundigte sich nach dem Preis. Schnaubend entgegnete der mürrische Kapitän: »*Three hundred dollars.*« Er sagte das tatsächlich auf Englisch.

In diesem Moment kam Marella und sagte zu uns: »Er hält uns alle für Amerikaner, deshalb ist er so unhöflich.« Dann wandte sie sich an den Kapitän, der unterdessen ungerührt weiter an seiner Fischsuppe kochte, und sagte: »Ich bin Italienerin.«

Daraufhin sagte der Kapitän auf Italienisch: »Italiener taugen auch nichts«, und wurde plötzlich richtig laut. »Warum«, sagte er und wies auf die köchelnden Köstlichkeiten in seinem Kessel, »warum kommt ihr her und glotzt uns in den Topf? Kommen wir zu euch auf euer piekfeines Schiff und glotzen euch an, wenn ihr gerade beim Essen seid?«

»Na ja«, sagte Marella, als wir weggingen, »da hat er irgendwie recht, oder?«

Worauf Eric sagte: »Also ich finde, wir sollten diesen Kerl der Fremdenverkehrszentrale melden.«

Was eigentlich lässt sich noch über Dubrovnik sagen, das nicht schon gesagt worden wäre? Es sieht aus wie Venedig ohne Kanäle und hat auch nicht seine Farben. Eine graue mittelalterliche Stadt, italienisch ohne italienisches Temperament. Im Herbst und Winter ist diese Leere sicher beeindruckend, aber im Sommer erstickt die Altstadt unter den Reisegruppen und Tagesgästen, sodass in den Straßen beinahe kein Fortkommen mehr ist. Immerhin hat die Regierung für die vielen Touristen ein Nachtleben organisiert, das ich so in einem kommunistischen Land (außer Albanien und China, da war ich noch nicht) vergebens gesucht habe.

Nachtclubs mit Meerblick blinken abends durch die Dunkelheit. Besonders einer, ein al fresco ausgemalter und zu einem Spielcasino gehörender Laden, präsentiert eine Show, die an die erotischen Tanzdarbietungen im vorrevolutionären Havanna erinnert. Der Star des Abends ist sogar eine ehemalige kubanische Legende: Superman.

Alle, denen Superman noch in Erinnerung ist, werden mit Bedauern hören, dass sich seine ehemalige Nummer (»Nummer« übrigens im wahrsten Sinne des Wortes, alles auf offener, drastisch ausgeleuchteter Bühne) inzwischen stark verändert hat. Heute gehört er nur noch zur männlichen Fraktion der Tanztruppe. Lasziv winden sich er und seine Partnerin zum Klang der Bongotrommeln und entledigen sich dabei diverser Kleidungsstücke, bis man erwarten darf, dass die Show im nächsten Moment jenen Höhepunkt erreicht, der ihn damals berühmt gemacht hat – aber genau dann ist alles zu Ende. Das Ganze ist deshalb eher ironisch aufgezogen, aber aus irgendeinem Grund geht das am Publikum vorbei. Benommen-fasziniert starren die Leute auf die Bühne wie weiland picklige kleine Jungs auf das Pin-up-Girl Ann Corio.

Wir verlassen den warmen, feuchten Süden und dampfen gen Norden, wo die Luft bereits den Hauch des Herbstes in sich trägt, obwohl es erst Ende August ist. Es fühlt sich an, als hätte sich über uns eine kühle Käseglocke gesenkt, die das Meer bis zum Horizont einschließt und die grünen Wogen glättet. Die vorbeiziehende Küste wird allmählich immer grüner, vorbei ist das harte montenegrinische Grau, die subtropische Fahlheit, mit jedem Tag wird die Szenerie üppiger. Es gibt Bäume und Wiesen voller Blumen, Weinberge und mümmelnde Schafherden direkt am Wasser.

Ich lasse mich von diesem extremen Zauber berühren, diesem erwartungsvollen Glücksgefühl, das mich im Herbst immer ergreift, denn für mich ist der Herbst kein Ende, sondern der wahre Anfang eines jeden Jahres.

Und so endete unsere Reise eines Abends im nebligen Venedig. Von San Marco war nichts zu erkennen, und verloren bimmelten die Bojen ihre Warnung, als die Tritona in die traurigste und schönste aller Städte einlief und nahe Santa Maria della Salute vor Anker ging.

Die Stimmung an Bord ist aber alles andere als gedrückt, die Matrosen, viele von ihnen Venezianer, pfeifen und johlen gut gelaunt, während sie die Taue an Land werfen und die Gangway senken. Im Salon tanzen Eric und Allegra zur Musik vom Plattenspieler. Ich selbst habe mich auf dem Oberdeck in eine Decke gehüllt und freue mich: über die vielversprechende Kühle der Luft, die ölig flackernden Lichter der Stadt und auf den bevorstehenden Besuch in Harry's Bar.

Ich habe den ganzen Tag nichts gegessen, denn was könnte schöner sein, als aus der Nacht in das warme Stimmengewirr von Harry's Bar zu treten und diese köstlichen kleinen Krabbensandwiches mit ein, zwei oder mehr Martinis hinunterzuspülen?

GRIECHISCHE SKIZZEN

Vor einigen Jahren luden mich italienische Freunde zu einer Ägäis-Kreuzfahrt auf ihrer ausgesprochen eleganten Yacht ein. In See stechen wollten wir im Juli von Piräus aus. Die See war ruhig, das Schiff blitzte, Kapitän und Mannschaft hatten Aufstellung genommen, in Uniformen, die so weiß waren wie die Kirchen auf Mykonos. Ebenfalls anwesend: ich. Leider waren meine Gastgeber aufgrund eines tragischen Todesfalls in der Familie verhindert, doch das, versicherten sie mir, solle mich nicht abhalten, mich eben ohne sie auf die Reise zu begeben. Man stelle sich vor: ein ganzes Schiff zu meiner alleinigen Verfügung. Nur verrückte, stinkreiche Egomanen kämen auf so eine Idee. Aber da es sich nun so ergeben hatte, waren meine Hemmungen gering. Also *avanti*!

Nachfolgend meine Reisenotizen.

Pfirsiche

Griechischer Wein schmeckt mir eigentlich gar nicht, aber es gibt einen ungeharzten Weißwein, der so leicht und trocken ist wie der beste italienische Soave. Er heißt *König Minos*, und gerade sitze ich im Sternenlicht auf dem Achterdeck und habe bereits ein halbes Fläschchen zu mir genommen, neben zwei riesigen Pfirsichen. Pfirsiche so groß wie Melonen und mit melonenartigem Fruchtfleisch. Pfirsiche von zartester Konsistenz und likörartiger Süße. Kaum zu glauben, dass es auf den griechischen Inseln, diesen öden Wüsteninseln inmitten einer Wasserwüste, solches Obst gibt. Selbst den üppigsten persischen Gärten hätte man eine derartige Leistung kaum zugetraut, geschweige denn diesen sonnenverbrannten Felsbrocken in der See. Doch genau so ist es, der Koch hat sie in Santorin gekauft, wo wir für die Nacht angelegt haben.

Die Mannschaft hat Landgang, und der führt erst einmal steil hinauf ins Dorf. Ein mühsamer Aufstieg von mehreren tausend Stufen ist das, mit schwindelerregenden Ausblicken. Ich folge am Nachmittag auf einem dieser schmächtigen, furchtlosen Eselchen, denen die Fliegen erbarmungslos zusetzen. Oben schämte ich mich dafür, hatte außerdem einen wunden Hintern und kehrte deshalb zu Fuß in den Hafen zurück.

Der Himmel ein einziges Leuchtfeuer – glitzerndes Sternenzelt wie über der Sahara. Das Schaukeln der Papageien auf ihrer Stange. Das Schaukeln der angebundenen Papageien. Musik aus einem Hafencafé. Davor ein ouzodünstender alter Mann, der tanzt. Der gut gekühlte *König Minos* rinnt warm durch meine Adern, noch immer hält sich der Nachgeschmack der Pfirsiche auf meiner Zunge, das zarte Aroma der Pfirsichhaut, süß in der weichen, salzig herben Luft.

Meltemi

Meltemi, dieser verfluchte Wind. Gestern hat er uns erwischt, unvermeidbar während der Sommermonate in der Ägäis, bläst er doch im Juli und August nahezu ununterbrochen. Einige Jahre zuvor verbrachte ich einmal einen Sommer auf Paros, zweifellos der beliebteste Aufenthaltsort des Meltemi, denn er lässt die Insel nie los, sondern heult um ihre Felsen wie die Geisterstimmen der ertrunkenen Seeleute, die seit Jahrhunderten an diesen Küsten zerschellen.

Wirklich, dieser Wind ist böse, er kratzt und zerrt an den Nerven. Und man sehe sich nur an, was er den Insulanern antut. Wenn die Fischerboote nicht mehr auslaufen können, was beim Meltemi der Fall ist, dann reduziert sich die ohnedies dürftige Speisekarte der Bewohner glatt um die Hälfte.

Der schönste Monat ist deshalb der April: Felder voller Wildblumen, wilde Anemonen, weiße Veilchen und das Wasser, hellgrün wie Frühlingsknospen und gerade warm genug für eine kurze Abkühlung im Meer. April oder eben Ende September, wenn die Wassertemperaturen noch angenehm sind (und man nichts gegen Wildgänse hat, die auf ihrem Weg nach Süden plötzlich aus dem Himmel stürzen und unversehens neben einem durchs Wasser paddeln). Auf jeden Fall hat sich der Meltemi dann gelegt.

Doch gestern erlebte ich erstmals einen Meltemi auf See. Ich war im Unterdeck, als er das Schiff traf, aber ich konnte ihn hören, dieses dunkle, hochfrequente, federartige Geräusch. Augenblicklich hatte das Schiff eine so starke Krängung, dass Fische durch die Bullaugen lugten. Einen Moment dachte ich an Mastbruch. Wie nah wir in diesem Moment dem Klagechor der ertrunkenen Seefahrer waren! Gegen Abend ließ der Wind nach, und wir sahen zu, dass wir eine schützende Bucht erreichten.

Eine entsetzliche Geschichte

Die Mannschaft besteht aus Jugoslawen, Griechen, hauptsächlich aber Italienern. Auch der Kapitän kommt aus Italien. Er mag die Yacht nicht besonders, denn er mag Segelschiffe generell nicht, nicht einmal die schwarze Perle der Ägäis, den Dreimastschoner *Creole* des griechischen Reeders Stavros Niarchos. Er findet Segelschiffe zwar auch romantisch, aber ihn stört die Arbeit, die sie verursachen. Er spricht Englisch, sogar ziemlich gut. Ein junger Mann mit glutvollen Augen und tiefer Stimme. Er hätte auch Schauspieler sein können, und bekanntermaßen sind alle Schauspieler Lügner. Ich jedenfalls kenne keinen, der nicht lügt, dass sich die Balken biegen. Gleichviel, an diesem Morgen passierten wir Delos, gingen aber nicht an Land, weil ich die Insel schon kannte. Ihn aber erinnerten die Ruinen in lavendeldunstiger Entfernung an einen Vorfall, der schon einige Jahre zurücklag. Zu Mittag erzählte er mir die Geschichte und verbürgte sich hoch und heilig für deren Wahrheit.

»Es geschah, da war ich gerade siebzehn und gehörte zur Mannschaft eines englischen Eigners, Lord Sickle. Seine Yacht konnte man chartern, und im August des besagten Jahres vercharterte er sie an eine attraktive englische Dame, eine Witwe, ich würde sagen, vierzig Jahre alt, groß, Wespentaille, elegante Erscheinung. Sie hatte einen Sohn, sechzehn Jahre oder so, auch er alles andere als hässlich und sehr elegant. Aber behindert. Ein Bein war verkümmert und steckte in einem Stützapparat. Gehen konnte er nur mit zwei Krücken. Aber ein Genie, dieser Junge, ein Gelehrter. Seinetwegen hatte seine Mutter diese Kreuzfahrt organisiert. Er wollte eben alle die Orte, mit denen er sich in seinen wissenschaftlichen Arbeiten befasst hatte, auch einmal in Wirklichkeit sehen.

Sie kamen in Begleitung eines Hausmädchens und eines Dieners an Bord, und ich habe oft gedacht: Was für ein Elend. Vielleicht wäre alles nicht passiert, wenn Freunde bei ihm gewesen wären.

Jedenfalls wollte er unbedingt eine seltsame kleine Insel nördlich von Delos sehen. Ja richtig, nördlich von Delos, genau erinnere ich mich nicht mehr. Eine Insel von wenigen Morgen und so gut wie unbekannt. Aber er kannte sie und sprach sogar von einem gut erhaltenen Tempel.

Gegen Mittag kamen wir dort an, mussten aber wegen des seichtes Gewässers fast eine Meile vor der Küste ankern. Der Junge war sehr aufgeregt. Er wollte Proviant mitnehmen und allein mit seiner Mutter die Nacht auf der Insel verbringen. Wollte den Tempel im Mondlicht sehen und am Strand schlafen. Die Mutter liebte ihn sehr, vielleicht zu sehr. Sie lachte und ließ einen großen Picknickkorb vorbereiten.

Ich ruderte sie zur Insel, setzte sie ab und kam am nächsten Morgen wieder, um sie abzuholen. Der Junge war tot, abgenagt bis aufs Skelett, und die Mutter, die ich im Wasser waten sah, kaum wiederzuerkennen. Sie war entsetzlich entstellt und halb wahnsinnig.

Erst nach monatelanger Behandlung in einem Athener Krankenhaus konnte sie vor Gericht ihre Aussage machen. Sie sagte: ›Anfangs war es noch sehr schön. Bis zum Einbruch der Dämmerung wanderten wir auf dem Tempelgelände umher und machten dann Picknick auf der breiten Treppe. Mein Sohn Eric sagte: Schau mal, wir haben Vollmond. Draußen auf See sahen wir die Lichter der Yacht, und ich wünschte, der Matrose wäre noch bei uns gewesen. Denn je heller der Mond wurde, desto unwohler wurde mir in dieser Landschaft. Nach und nach hörte ich auch Laute. Das Geräusch von Pfoten, vielen Pfoten, schnellen Pfoten. Dann sah ich die erste riesige Ratte, dann noch eine und noch eine, sie fielen über unser Picknick her. Ein ganzer Schwarm brach plötzlich aus dem Tempel hervor, sie wimmelten überall. Eric schrie, er versuchte wegzulaufen, fiel aber hin, und ich musste ihn an den Armen weiterziehen. Aber die Ratten hatten uns schon und ließen nicht mehr los, selbst im Wasser nicht, sie schwammen einfach hinterher, zerrten Eric zurück an den Strand, und keiner hörte mich schreien. Ich blieb die ganze Nacht im Wasser, blutend, weinend.‹«

Der Kapitän zündete sich eine Zigarre an. »Die Frau lebt noch, in Nizza. Ich selbst habe sie gesehen, auf einem Liegestuhl an der Strandpromenade. Sie ist tief verschleiert. Angeblich spricht sie mit niemandem.«

Beobachtungen

1) Zahlreiche gebildete griechische Männer teilen ein und dieselbe affektierte Vorliebe. Und zwar sind sie besessen von ihren Fingernägeln, pflegen sie endlos und lassen vor allem den Nagel des kleinen Fingers wachsen, bis er aussieht wie der von Dragon Lady. Damit wollen sie den niederen Schichten signalisieren, dass sie ihr Geld mit Köpfchen verdienen, nicht mit schäbiger Handarbeit. 2) Auch griechische Geschäftsleute haben ein exzentrisches Hobby: Sie spielen gern mit Bernstein- oder Elfenbeinketten. Nervös zählen ihre ruhelosen Finger die Steine ab, kneten

und reiben sie. Sie versprechen sich von dem Gefummel sofortigen Stressabbau sowie langfristig einen wirksamen Schutz gegen Magengeschwüre. 3) Den medizinischen Aberglauben allerdings haben Hellas' Männer und Frauen gemeinsam. Selbst im mickrigsten Dorf findet sich irgendein Händler, der kleine in Blech getriebene Nachbildungen von Händen, Herzen, Füßen, Ohren oder Augen verhökert. Angenommen, man hat gerade einen Herzinfarkt gehabt, kein Problem, so ein Blechherz, am Körper getragen, wirkt wahre Wunder und führt die schrottreife Pumpe einer wundersamen Genesung zu. Die Schar der Gläubigen beschränkt sich beileibe nicht nur auf die Landbevölkerung oder Hausfrauen aus der Mittelschicht, nein, viele Intellektuelle schwören ebenfalls auf diesen Hokuspokus. Einmal, auf Paros, erwähnte ich dem bekannten Sprachwissenschaftler Professor Calliope gegenüber, dass mein Vater praktisch blind sei und auch ich mir ernste Sorgen mache, irgendwann das Augenlicht zu verlieren. Er kaufte mir ein Paar Blechaugen und bestand darauf, dass wir uns durch die flirrende Augusthitze zu einem Kloster in den Bergen begäben, dessen Äbtissin mit Hexenkräften ausgestattet sei. Ein kurzer Segen für meine blechernen Amulette reiche hin, und ich könne beruhigt in die Zukunft schauen. Am Kloster angekommen, fühlte ich mich jedoch mehr wie ein gefangener christlicher Missionar in einem Hottentottenkral. Die Ordensfrauen, Besuch nicht gewohnt, scharten sich kichernd um mich, drückten und grabschten an mir herum, als wollten sie feststellen, wie saftig dieser Leckerbissen sei, ehe er in den Topf wanderte. Aber bald hatte sie der Professor beruhigt, und man servierte uns kühles Wasser und durchsichtige Bonbons, die nach Rosen dufteten und tatsächlich jeweils ein ganzes Rosenblatt enthielten. Für die Äbtissin allerdings kamen wir zu spät, sie war in der Vorwoche verstorben.

Blaue Bucht

Es gibt für mich einen unfehlbaren Gradmesser für die Langweiligkeit von Landschaften. In Landschaften, die mich anöden, will ich mir kein Haus bauen. Trägt der Ort hingegen auch nur ein bisschen zu meiner Erbauung bei, stelle ich mir sofort vor, wie es wäre, dort ein Haus zu besitzen. Seit einigen Tagen kreuzen wir vor Rhodos und kehren abends oft in die traumhafte kleine Bucht von Lindos zurück. Ein amerikanischer Bekannter mit einem Haus über Lindos nahm mich zur Besichtigung eines Gehöfts mit, das ich mir seiner Meinung nach unbedingt kaufen sollte. Ich konnte ihm nur zustimmen. Es war ein kleines Bauernhaus, in einer halbrunden Bucht gelegen, mit makellosem Sandstrand und einem Wasser, das aufgrund der geschützten Lage so still und klar leuchtete wie ein Saphir im Schaufenster eines Juweliers. Dreitausend Dollar und es sollte mir gehören. Weitere fünf- bis sechstausend für Renovierung und Ausstattung mit allem Komfort. Eine Vorstellung, bei der man schon ins Grübeln kommen kann.

Nachts denke ich: Gekauft. Ich mach's. Doch am Morgen kommen die Bedenken. Die politische Lage in Griechenland. Was ist im Alter? Soll ich wirklich alle Verbindungen abbrechen, die emotionalen eingeschlossen? Das wäre doch sehr unangenehm. Dann die griechische Sprache. Kurz und gut, so einfach ist das alles nicht. Trotzdem sollte ich den Mut dazu aufbringen, so etwas wie hier finde ich nirgendwo auf der Welt.

Im Café

Auf Rhodos ging ich von Bord und flog heute Morgen nach Athen. Jetzt, kurz vor Mitternacht, sitze ich in einem Straßencafé am Platz der Verfassung. Es sind nur wenige Gäste da, aber ich erkenne eine alte Bekannte aus Tanger wieder. Sie war damals die Königin der Kasbah (in der Southern-Belle-Version): Eugenia Bankhead, ewige Quasselstrippe und Schwester der Schauspielerin Tallulah Bankhead. Gerade redet sie auf ihren schwarzen Begleiter ein.

Wie es aussieht, sind die Globetrotter, die seinerzeit noch in Tanger herumhingen, komplett nach Athen übergesiedelt. Auf der anderen Straßenseite ist die Halbwelt in ihrer ganzen Vielfalt aufgezogen, vom muskulösen Schauermann bis zur drallen ägyptischen Schönheit mit platinblonder Perücke.

Immer noch ist es sehr warm, und der allgegenwärtige

Athener Staub bedeckt die Straße und meinen Tisch und verursacht ein pelziges Gefühl im Mund. Mir fällt das Bauernhaus in der blauen Bucht wieder ein. Aber das soll es dann auch gewesen sein. Ich werde immer gern daran zurückdenken, mehr nicht.

DIE MUSEN SPRECHEN

DIE MUSEN SPRECHEN
Mit Porgy and Bess durch Russland

Westberlin, Samstag, 17. Dezember 1955: An diesem nebligen nasskalten Tag fand sich die gesamte vierundneunzigköpfige Belegschaft der Produktion *Porgy and Bess* im Probenraum zu einem so genannten »Briefing« ein, das von Botschaftsrat Mr. Walter N. Walmsley Jr. sowie dem Zweiten Sekretär der amerikanischen Botschaft in Moskau, Mr. Roye L. Lowry, durchgeführt wurde. Mr. Walmsley und Mr. Lowry waren eigens aus Moskau angereist, um den Mitgliedern der Truppe Verhaltensmaßregeln für die bevorstehenden Auftritte in Leningrad und Moskau mitzuteilen und gegebenenfalls Fragen zu beantworten.

Die Reise nach Russland, eine absolute Premiere für ein amerikanisches Ensemble, sollte der Höhepunkt der vierjährigen Welttournee von *Porgy and Bess* werden. Sie war das Resultat monatelanger, atmosphärisch hochbelasteter Verhandlungen zwischen der UdSSR und den Produzenten der Gershwin-Oper, Robert Breen und Blevins Davis, die unter dem Namen Everyman Opera Incorporated firmierten.

Auch wenn die Russen noch keine Visa ausgestellt hatten, stand dieser Riesenverein aus achtundfünfzig Schauspielern, sieben Bühnenarbeitern, zwei Dirigenten, diversen Ehefrauen und Sekretärinnen, sechs Kindern samt Lehrerin, drei Journalisten, zwei Hunden und einem Psychotherapeuten bereit, innerhalb der nächsten achtundvierzig Stunden per Zug von Ostberlin über Warschau und Moskau nach Leningrad zu reisen, elfhundert Kilometer mit einer voraussichtlichen Fahrzeit von drei Tagen und drei Nächten.

Auf dem Weg zu diesem diplomatischen Briefing teilte ich mir ein Taxi mit Mrs. Ira Gershwin und einem Kleiderschrank namens Jerry Laws, einem ehemaligen Berufsboxer, der jetzt als Sänger engagiert ist. Mrs. Gershwin ist die Schwägerin von George Gershwin und verheiratet mit dem Songtexter Ira Gershwin, der auch das Libretto zu *Porgy and Bess* geschrieben hat. In den letzten vier Jahren hat sie des Öfteren ihren Mann in Beverly Hills zurückgelassen, um das Ensemble auf seiner Reise um die Welt zu begleiten. »Ira kriegt ja den Hintern nicht hoch. Von ihm ist es schon zu viel verlangt, sich auch nur ins nächste Zimmer zu begeben. Aber weißt du, Darling, ich bin eigentlich eine Zigeunerin. Bei mir müssen die Räder rollen.« Für ihre Freunde heißt sie Lee, eine Abkürzung für Lenore. Sie ist eine kleine, zierliche Frau mit Hang zu Brillantschmuck, den sie schon am Morgen trägt. Sie hat sonnengebleichte Haare und ein herzförmiges Gesicht. Der atemlose Redestrom, abgegeben von einer Kleinmädchenstimme, die sich trotz des gesenkten Tons nicht darum schert, wer sonst noch mithört, ist durchsetzt von Kosebezeichnungen wie Darling, Schatz oder Honey.

»Ach, Schatz«, sagte sie, als wir über den nieseligen Kurfürstendamm fuhren, »hast du schon gehört? Die Russen stellen für uns sogar einen Weihnachtsbaum auf. In Leningrad. Wenn das nicht nett ist. Ich meine, dafür, dass sie nicht an Weihnachten *glauben*. Sie glauben doch nicht an Weihnachten – oder, Schatz? Auf jeden Fall kommt ihr Weihnachten viel später. Sie haben nämlich einen anderen Kalender. Stimmt doch, Schatz?«

»Dass sie nicht an Weihnachten glauben?«, fragte Jerry Laws.

»Aber *nein*, Darling«, sagte Mrs. Gershwin ungeduldig. »Das mit den Mikros. Und den Fotos.«

Seit einigen Tagen regten sich im Ensemble nämlich Bedenken hinsichtlich der Privatsphäre in Russland. Es ging das Gerücht, sämtliche Briefe würden zensiert und alle Hotelzimmer seien mit Wanzen und versteckten Kameras gespickt.

Nach einer gedankenschweren Pause sagte Laws: »Anzunehmen.«

»Schatz, das ist nicht dein Ernst!«, protestierte Mrs. Gershwin. »Das kann doch nicht sein, wo soll man denn da in Ruhe tratschen? Etwa auf dem Klo, bei laufender Spülung? Und was die Kameras angeht ...«

»Kameras gibt es auch«, sagte Laws.

Mrs. Gershwin versank in nachdenklichem Schweigen, bis wir in die Straße einbogen, in der sich der verspiegelte

Probenraum befand. Dort sagte sie enttäuscht: »Na immerhin, wenigstens das mit dem Weihnachtsbaum ist nett.«

Wir waren fünf Minuten zu spät und fanden zwischen den Klappstühlen, die an einem Ende des verspiegelten Saals aufgestellt waren, nur schwer einen Platz. Eng war es und gut geheizt, trotzdem hätte man meinen können, der eisige Wind der Tundra sei bereits spürbar, denn viele saßen in Schals und dicke Wollmäntel vermummt da, die sie speziell für diese Reise angeschafft hatten. Es herrschte gewissermaßen ein Wettstreit um den besten Kälteschutz, und einige trugen geradezu Eskimo-Look.

Dann eröffnete Robert Breen die Zusammenkunft. Er war nicht nur Koproduzent von *Porgy and Bess*, sondern auch der Regisseur. Nachdem er die Abgesandten der Moskauer Botschaft vorgestellt hatte, Mr. Walmsley und Mr. Lowry – sie saßen an einem Tisch direkt hinter ihm –, ergriff Mr. Walmsley, ein untersetzter Herr mittleren Alters mit einem Mittelscheitel wie H.L. Mencken, das Wort, indem er versicherte, welch »einzigartige Chance« die anstehende Reise bot, und gratulierte schon im Voraus zu dem »großen Erfolg«, der alle Beteiligten hinter dem Eisernen Vorhang erwartete.

»Da in der Sowjetunion nichts geschieht, was nicht von langer Hand geplant wäre, und Ihr Erfolg nun einmal fest vorgesehen ist, bin ich in der erfreulichen Lage, Sie schon jetzt zu Ihrer Leistung zu beglückwünschen.«

Als habe er den Haken an diesem vermeintlichen Kompliment entdeckt, beeilte sich Mr. Lowry, ein ziemlich junger, recht schulmeisterlich wirkender Mann, hinzuzufügen, dass wir, unbeschadet der – ansonsten völlig korrekten –

Ausführungen seines Kollegen, davon ausgehen könnten, dass man in Russland unserem Besuch »regelrecht entgegenfiebert«. Wörtlich sagte er: »Die Leute kennen Gershwins Musik. Mir erzählte ein Bekannter sogar, drei Freunde von ihm hätten auf einer Party neulich *Bess, You Is My Woman Now* gesungen, und zwar von Anfang bis Schluss.«

Die Truppe lächelte erfreut, und Mr. Walmsley fuhr fort. »Ja wirklich, es gibt auch nette Russen, sehr nette sogar. Sie haben nur eine schlechte Regierung«, sagte er bedächtig. »Denken Sie immer daran: Dieses Regierungssystem ist dem unseren grundsätzlich feindlich gesinnt. Es ist eine Kommandogesellschaft, wie Sie sie in Ihrem Leben noch nicht gesehen haben. Zumindest habe ich – und glauben Sie mir, ich verfüge über langjährige Erfahrungen – bisher nichts Vergleichbares erlebt.«

Jemand aus dem Ensemble, John McCurry, hob die Hand zu einer Frage. McCurry spielt den Gewalttäter Crown und sieht der Rolle entsprechend aus, groß, schwer und irgendwie brutal. Er wollte wissen: »Angenommen, jemand lädt uns zu sich nach Hause ein – ich meine, das ist normal und kommt dauernd vor. Meine Frage jetzt: Dürfen wir das?«

Die Diplomaten tauschten einen amüsierten Blick. »Wie Sie sich sicher denken können«, sagte Mr. Walmsley, »haben wir dieses Problem noch nie gehabt. Privat lädt man uns *nie* ein, nur offiziell. Möglich, dass es bei *Ihnen* anders ist. Und wenn es so sein sollte, sagen Sie zu, lassen Sie sich diese Gelegenheit nicht entgehen. Aber soweit ich weiß, haben Ihre Gastgeber ein umfangreiches Rahmenprogramm organisiert, das heißt, man wird Sie keine einzige Minute in Ruhe lassen. Wenn sie danach noch Lust haben, bitte ...«

Ein paar Jüngere schnalzten bei diesen Aussichten mit der Zunge, doch einer meinte: »Also, ich rühre keinen Tropfen Alkohol an, das sage ich gleich. Man hört aber, dass dauernd irgendwelche Toasts angebracht werden. Wie kommt man denn möglichst elegant darum herum, das Zeug auch zu trinken?«

Schulterzucken seitens Mr. Walmsley. »Wenn Sie nichts trinken wollen, tun Sie es einfach nicht.«

»Das finde ich aber auch«, bestärkte ihn ein anderer. »Keiner darf zum Trinken gezwungen werden. Und wenn du was nicht willst, gib es mir.«

Dann kamen die Fragen Schlag auf Schlag. Eltern zum Beispiel, sie waren hauptsächlich besorgt um ihre Kinder. Gab es in Russland pasteurisierte Milch? Ja, gab es. Gleichwohl empfahl Mr. Lowry die Mitnahme einer ausreichenden Menge von Starlac-Trockenmilch, seine beiden Kinder bekämen die auch immer. Und wie stand es mit dem Wasser, war das trinkbar? Absolut, keinerlei Bedenken. Er selbst trinke regelmäßig russisches Leitungswasser. Und wie redete man einen Sowjetbürger an? »Nun«, erwiderte Mr. Walmsley, »mit *Genosse* würde ich sie jedenfalls nicht ansprechen, Mr. und Mrs. sind vollkommen ausreichend.« Und Shopping in Russland, war es teuer? Antwort: »Extrem teuer sogar.« Was aber unerheblich war, da es ohnehin nichts zu kaufen gab. Und wie kalt wurde es? Oh, an manchen Tagen leicht unter dreißig Grad minus. War dann wenigstens das Hotelzimmer warm? Auf jeden Fall, normalerweise sogar völlig überheizt.

Als diese grundlegenden Fragen abgehakt waren, meldete sich eine Stimme aus dem hinteren Teil des Saals. »Hier sind so viele Schauermärchen im Umlauf, angeblich sollen wir sogar rund um die Uhr beschattet werden. Stimmt das?«

»Beschattet?« Mr. Walmsley lächelte. »Möglich. Aber bestimmt nicht so, wie Sie sich das vorstellen. Wenn Ihnen jemand folgt, dann höchstens zu Ihrem Schutz. Sie müssen damit rechnen, überall erhebliche Aufmerksamkeit auf sich zu ziehen. Das heißt, es ist mit größeren Menschenansammlungen zu rechnen. Das ist nicht so wie in Berlin, wo Sie ungestört über die Straße laufen können. Aus diesem Grund hat man für Sie einige Bewacher abgestellt, ja, aber das ist eigentlich schon alles.«

»Sie dürfen nicht vergessen«, sagte Mr. Lowry, »die Russen wollten Sie um fast jeden Preis ins Land holen, also wird man Ihnen all die Schikanen ersparen, die dieser Staat für seine wenigen Touristen normalerweise bereithält.«

Die Stimme aus dem Hintergrund, beinahe enttäuscht, ließ aber nicht locker. »Also *wir* haben gehört, wir werden beschattet. Und dass unsere Briefe geöffnet werden.«

»Ach du lieber Gott«, sagte Mr. Walmsley, »das dürfen Sie nicht so eng sehen. Ich zum Beispiel rechne immer damit, dass meine Post aufgemacht wird.«

Leichte Unruhe im Saal. Blicke, die so viel bedeuteten wie: »Na bitte, was habe ich gesagt?« Nancy Ryan, die Sekretärin von Robert Breen, erhob sich. Miss Ryan (Radcliffe College, Jahrgangsstufe 1952) war vor drei Monaten aus ihrer Leidenschaft für das Theater zu der Truppe gestoßen. Sie kommt aus New York, hat blonde Haare und sehr blaue

Augen, ist knapp unter eins achtzig groß und ähnelt ihrer Mutter, Mrs. William Rhinelander Stewart, der oft fotografierten Stil-Ikone. Sie wollte nur einen Vorschlag machen: »Mr. Walmsley, wenn es stimmt, dass unsere Post so oder so zensiert wird, wäre es da nicht besser, gleich Postkarten zu schreiben? Ich meine, dann müssten sie nicht alles extra aufmachen und die Post wäre schneller in Amerika.«

Mr. Walmsley hielt aber Miss Ryans Vorgehensweise weder für zeitsparend noch für praktikabel. Unterdessen schob Mrs. Gershwin ihren Jerry Laws vor. »Los, Darling, frag ihn das mit den Mikros.«

Laws gelang es, den Diplomaten auf sich aufmerksam zu machen. »Viele von uns«, sagte er, »viele von uns fragen sich, ob unsere Hotelzimmer abgehört werden.«

Mr. Walmsley nickte. »Ich denke, damit müssen Sie rechnen. Noch einmal: Diese Sachen sind in Russland völlig normal. Genau weiß das allerdings niemand.«

In der darauffolgenden Stille fummelte Mrs. Gershwin nervös an ihrer Brillantbrosche. Sie wartete darauf, dass Jerry Laws auch die versteckten Kameras zur Sprache brachte, doch McCurry war schneller.

McCurry beugte sich vor, und sein Kopf versank zwischen den mächtigen Schultern. Er sagte, den Kleinkram hätten sie jetzt, aber was wäre mit dem »eigentlichen Problem«? Das eigentliche Problem: Was sollten sie sagen, wenn sie zu politischen Themen gefragt wurden. »Ich meine vor allem die Situation der Schwarzen in Amerika.«

McCurrys Stimme verwandelte die schlichte Frage in eine Welle, die alle im Saal mitriss. Mr. Walmsley zögerte, als wisse er noch nicht, ob er sich der Welle anvertrauen oder durch sie hindurchschwimmen sollte. Auf keinen Fall aber wollte er sich ihr direkt entgegenstellen.

»Auf so etwas sollten Sie gar nicht eingehen. Die Russen tun das umgekehrt auch nicht.« Walmsley räusperte sich: »Das ist gefährliches Terrain. Ein einziger Eiertanz.«

Das Gemurmel im Saal deutete darauf hin, dass man die Antwort für unzureichend erachtete. Lowry flüsterte Walmsley etwas ins Ohr, und McCurry beriet sich mit seiner melancholischen Frau, die ihre dreijährige Tochter auf dem Schoß hielt. Dann setzte McCurry nach: »Aber die Rassenfrage kommt garantiert. Letztes Jahr in Jugoslawien haben sie uns das dauernd gefragt ...«

»Ich weiß«, sagte Walmsley schroff. »Das ist es ja. Das ist ja das Problem.«

Walmsleys Antwort (oder vielleicht nur die Art, wie sie vorgebracht wurde) machte es aber nicht besser, und Jerry Laws, bekannt für sein aufbrausendes Temperament, sprang hoch und konnte sich kaum noch beherrschen. »Und jetzt? Sollen wir sagen, wie es ist? Sollen wir ihnen die Wahrheit sagen oder ist es Ihnen lieber, wir reden drumherum?«

Walmsley blinzelte nervös. Er nahm seine Hornbrille ab und putzte sie mit seinem Taschentuch. »In Gottes Namen sagen Sie ihnen die Wahrheit«, erwiderte er. »Glauben Sie mir, Sir, die Russen kennen die Rassenproblematik so gut wie Sie. Aber sie ist ihnen im Grunde völlig egal, sie benutzen sie nur für ihre Propaganda, wie sie alles benutzen, was ihren Interessen dient – mehr aber auch nicht. Im Übrigen sollten Sie nie vergessen, dass alles, was Sie in Russland sagen, in der Heimat nachgedruckt wird.«

Die Frau in der ersten Reihe, die schon ganz zu Anfang gesprochen hatte, stand auf. »Wir alle wissen, es gibt Diskriminierung bei uns«, sagte sie mit leiser, schüchterner Stimme, die aber automatisch alle Aufmerksamkeit auf sich zog. »Und trotzdem haben die Neger in den vergangenen acht Jahren große Fortschritte gemacht. Es war ein weiter Weg, das stimmt, aber heute können wir mit Stolz auf unsere schwarzen Wissenschaftler und Künstler verweisen. Es nutzt der Sache mehr, wenn wir das auch in Russland sagen.«

Andere stimmten ihr zu und äußerten sich entsprechend vor der Gruppe. Willem Van Loon, russisch sprechender Sohn des jüngst verstorbenen Historikers und zuständig für die PR bei Everyman Opera, meinte, er sei sehr, sehr froh, dass auf die Frage so ausführlich eingegangen werde. »In den vergangenen Tagen habe ich mit einigen aus dem Ensemble ein Interview für einen amerikanischen Soldatensender hier in Germany aufgenommen, und da war bei der Behandlung dieses Themas, also der Rassenfrage, ebenfalls großes Fingerspitzengefühl gefragt. Ostberlin ist nicht weit und hat tausend Ohren …«

»Das ist leider richtig«, unterbrach Walmsley behutsam. »Sie wissen wahrscheinlich, dass auch in diesem Moment Informanten mit im Saal sitzen.«

Die allgemeine Verblüffung zeigte aber, dass weder Van Loon noch die anderen dies gewusst hatten. Verunsichert blickten sich alle um und überlegten, wen Walmsley wohl gemeint haben könnte. Vergebens, denn verdächtige Gestalten gab es einfach nicht. Anders als geplant führte Van Loon sein Thema nicht weiter aus, sondern stammelte ein paar abschließende Worte, dann war auch dies erledigt – wie auch die Zusammenkunft als solche. Beide Diplomaten wurden ganz rot, als ihnen warmer Applaus entgegenbrandete.

»Ich danke Ihnen«, sagte Walmsley. »Es war mir eine Freude, mit Ihnen zu reden. Mr. Lowry und ich, wir haben nicht oft Gelegenheit, uns mit den … den Brettern, die die Welt bedeuten, zu unterhalten.«

Robert Breen, der Regisseur, rief seine Mannschaft zur nächsten Probe zusammen, aber noch gingen die Meinungen über dieses »Briefing« hin und her. Jerry Laws fasste die seine mit den Worten »wenig sachdienlich« zusammen. Mrs. Gershwin dagegen war geradezu erschlagen von der Menge an Information. »Darling, ich fasse es immer noch nicht. Stell dir vor, du müsstest immer so leben. Überall Abhörgeräte, aber nichts Genaues weiß man nicht. Im Ernst, Darling: Wo kann man da in Ruhe tratschen?«

Draußen hatte ich Gelegenheit, mit Warner Watson, Mr. Breens Produktionsassistenten, ins Hotel zurückzufahren. Er stellte mich Dr. Fabian Schupper vor, der ebenfalls im Taxi saß. Dr. Schupper war Student am Deutschen Institut für Psychoanalyse und sollte auf dieser Reise mögliche Stress-Symptome im Ensemble auffangen. Zu seiner großen Enttäuschung wurde daraus schließlich nichts, weil man im Management zu der Überzeugung gelangt war, ein eigener Psychologe sei am Ende doch etwas zu viel des Guten. Eine Rolle mag auch gespielt haben, dass die Psychoanalyse und deren Vertreter in der Sowjetunion grundsätzlich nicht willkommen sind. Vorerst aber gab Dr. Schupper Warner Watson den guten Rat, sich zu entspannen.

Mit erkennbar zitternden Händen zündete sich Watson eine Zigarette an und sagte: »Wenn Sie auf einem schäbigen Samowar eine Riesenproduktion wie diese am Kochen halten sollen, können Sie sich aber nicht entspannen.«

Watson ist Ende dreißig. Er hat einen angegrauten Meckischnitt und ängstliche, resignierte braune Augen. Sein Gesicht, sein ganzes Wesen strahlt etwas Weiches aus, das aus einer vorzeitigen Erschöpfung herrührt. Er war früher einmal Schauspieler und ist von Beginn an dabei gewesen, also seit 1952, dem Gründungsjahr von Everyman Opera. Sein Job besteht hauptsächlich darin, »die Sache in trockene Tücher zu bekommen«, wie er sagt. In den vergangenen zwei Wochen hätte er fast in der Sowjetischen Botschaft übernachten können, so schwierig war es, die letzten Dinge in trockene Tücher zu kriegen. Denn immer taten sich neue Probleme auf, die ein Tuch noch nicht einmal gesehen hatten. Unter anderem die Pässe des Ensembles, die immer noch bei den Russen lagen und auf den Visumstempel warteten. Dann gab es Schwierigkeiten mit dem Zug, der sie nach Leningrad bringen sollte. Everyman Opera hatte vier Schlafwagen angefordert, die Russen aber hatten Watson knapp beschieden, mehr als drei Wagen der zweiten Klasse (ausgestattet mit so genannten »Komfort-Betten«, sollte heißen: mit schlichten Kojen) könne er nicht haben. Drei Waggons sowie ein Gepäckwagen für die Requisiten sollten an den Blauen Express angehängt werden, der regelmäßig zwischen Ostberlin und Moskau verkehrte. Aber es schien unmöglich, von den Russen ein

Wagendiagramm zu bekommen, sodass er auch keinen Belegungsplan erstellen konnte. Er sah deshalb Szenen wie aus einer Slapstick-Walpurgisnacht voraus: »Das wird eng wie in einer Sardinenbüchse. Wahrscheinlich werden wir die Leute in den Kojen stapeln müssen.« Außerdem war völlig unklar, wo die Truppe in Moskau oder Leningrad absteigen sollte. »Sie sagen dir nie alles auf einmal. Wenn sie A sagen, erfährst du *im Prinzip* auch B, aber wann das sein wird, weiß kein Mensch.«

Umgekehrt schienen die Russen nicht geneigt, dieselbe Langmut walten zu lassen, die sie von anderen erwarteten. Einige Stunden zuvor war aus Moskau ein Telegramm eingetroffen, das bei Watson ebenjenes Handzittern ausgelöst hatte. PARTITUR ABSOLUT ZWINGEND ABGABE BEI BOTSCHAFT BERLIN ANDERNFALLS VERSCHIEBUNG PREMIERE LENINGRAD SOWIE KÜRZUNG DER GAGE. Schon seit Wochen hatten die Sowjets nach dieser Partitur verlangt, damit das russische Orchester schon vor der Ankunft der Sänger mit den Proben beginnen konnte. Das hatte Breen abgelehnt, denn er besaß nur ein einziges Exemplar und fürchtete, es könne verlorengehen. Erst dieses Telegramm mit seiner unmissverständlichen Drohung schien bei ihm einen Sinneswandel herbeigeführt zu haben, und Watson war jetzt auf dem Weg in die sowjetische Botschaft.

»Keine Angst«, sagte Watson, indem er sich die Schweißperlen von der Oberlippe wischte, »wir kriegen das alles noch in trockene Tücher. Ich für meine Person sehe da überhaupt kein Problem, *überhaupt* kein Problem.«

»Entspannen Sie sich doch«, sagte Dr. Schupper.

Zurück im Hotel Kempinski, wo ein Großteil des Ensembles logierte, schaute ich noch in der Suite der Breens vorbei, um mit Breens Frau Wilva zu sprechen. Sie war für einen Tag nach Brüssel geflogen, um sich nochmals wegen ihrer Bauchbeschwerden untersuchen zu lassen, die sie seit einiger Zeit plagten. Vor ihrem Abflug hatte sie eigentlich mit einer sofortigen Operation gerechnet, wodurch ihre Russlandreise notgedrungen ausfiel. Erst im vergangenen Oktober war sie in Vorbereitung der Tournee zehn Tage in Moskau gewesen, »eine faszinierende Erfahrung«, wie sie sagte, die Lust machte auf mehr.

»Alles in Ordnung, der Arzt sagt, ich kann fahren. Mir war gar nicht klar, wie sehr ich mich auf diese Reise gefreut habe – erst als alles in den Sternen stand«, sagte sie lächelnd. Ihr Lächeln ist weniger Gefühlsausdruck als Unsicherheit. Mrs. Breen hat Grübchen und große braune Augen. Riesige, waffentaugliche Haarnadeln halten ihren hellbraunen Wuschelkopf in Schach. Im Augenblick trägt sie ein violettes Wollkleid. Violett ist *ihre* Farbe, denn »Robert ist ganz verrückt nach Violett«. Sie und Breen sind sich auf der University of Minnesota begegnet, das Graduiertenkolleg im Fach Theaterwissenschaft hat sie zusammengebracht. Mittlerweile sind sie seit achtzehn Jahren verheiratet. Obwohl Mrs. Breen auch schon auf der Bühne gestanden hat, unter anderem als Shakespeares Julia, gilt ihr ganzes Trachten, wie eine ihrer Mitarbeiterinnen sagte, »ihrem Robert«. Ihrem Robert und dessen Karriere. »Und wenn sie genügend Packpapier auftreiben könnte, würde sie die ganze Welt einwickeln und ihm zu Füßen legen.«

Allerdings scheint Papierknappheit erst einmal nicht Mrs. Breens Hauptproblem zu sein, denn sie wohnt zwischen Bergen aus Briefen, Zeitungsausschnitten und Akten. Sie kümmert sich um die gesamte Korrespondenz von Everyman Opera und sorgt im Übrigen dafür, »dass es allen gut geht«. In ihrer letztgenannten Eigenschaft hat sie aus Brüssel ein ganzes Paket Spielsachen mitgebracht, mit denen sie später zu Weihnachten – in Leningrad – die Kinder des Ensembles beschenken will. »Das heißt, falls ich die Sachen von Robert loseisen kann, um sie wieder einzupacken«, sagte sie und zeigte in das Badezimmer, wo eine Armada von Schiffchen mit Aufziehmotor in der Wanne dümpelte. »Ehrlich gesagt, Robert ist verrückt nach Spielzeug«, seufzte sie. Verschiedene Gegenstände im Zimmer, das auch als Büro diente, stellten selbst erfahrene Reisende vor echte Verpackungsprobleme, etwa jene rückenschonende Entspannungswippe, bekannt als »Relaxer Board«. »Ich begreife nicht, warum ich mein Relaxer Board nicht mit nach Russland nehmen kann. Ich war damit schon überall, das Ding tut mir wahnsinnig gut.«

Dann fragte sie mich, ob ich mich auf den Blauen Express freute – und freute sich ihrerseits zu hören, dass ich mich freute. »Ach, wissen Sie, auch Robert und ich würden uns nie verzeihen, diese Bahnreise verpasst zu haben! Und alle im Ensemble sind ja auch so was von nett. Ich weiß schon jetzt, das wird ein Erlebnis, von dem wir noch ein Leben lang sprechen. Allerdings ...«, sagte sie mit einer Betrübnis in der Stimme, die nicht ganz echt klang, »leider Gottes haben Robert und ich beschlossen, doch lieber das Flugzeug zu nehmen. Natürlich bringen wir Sie alle noch zum Bahnhof – und in Leningrad sind wir schon da und holen Sie ab, versprochen. Ich hoffe bloß, es klappt alles. Ganz sicher bin ich mir aber immer noch nicht. Ich meine, dass es wirklich Wirklichkeit wird.« Sie hielt inne, und einen Moment legte sich ein Stirnrunzeln über ihre fleckenlose Begeisterung. »Eines Tages erzähle ich Ihnen mal die *ganze* Geschichte. O ja, es hat Menschen gegeben, die alles verhindern wollten. O ja, es hat Rückschläge gegeben.« Sie klopfte sich an die Brust. »Wir waren schmerzhaften Anwürfen ausgesetzt, und sie sind noch längst nicht vorbei. Auch jetzt noch, bis zur letzten Minute, kann praktisch alles passieren«, sagte sie und sah auf den Stoß Telegramme auf dem Tisch.

Einige der Schwierigkeiten im Vorfeld waren bereits bekannt. Zum Beispiel hieß es immer, die Initiative zu dieser Tournee sei von den Russen ausgegangen: ein bisschen gelebter Geist von Genf. In Wahrheit hatte sich Everyman Opera selbst eingeladen. Breen hatte eine Russlandtournee schon länger vorgehabt, sie war die logische Fortsetzung der bisherigen Goodwill-Auftritte der Truppe. Also setzte er sich hin und schrieb einen Brief an den sowjetischen Ministerpräsidenten Marschall Bulganin, in dem er von sich aus die *Porgy-and-Bess*-Tour durch Russland anbot – das heißt, falls man sie in der Sowjetunion überhaupt haben wollte. Das Schreiben muss Eindruck gemacht haben, denn Bulganin leitete es weiter ans Kulturministerium unter Leitung von Nikolai Michailow, eine Riesenbehörde, ohne die in Russland nichts läuft. Egal ob Theater, Musik, Film, Verlagswesen oder Malerei, über alles wacht das strenge Auge dieser in Moskau ansässigen Krake. Mit Bulganins Segen trat das Ministerium also in die Verhandlungen mit Everyman Opera ein, aber die Entscheidung dafür dürfte nicht leicht gewesen sein. Dabei waren schon andere Theatergruppen in Russland gewesen, etwa ein Jahr zuvor die Comédie Française oder die Engländer mit einer *Hamlet*-Produktion, die im Herbst 1955 in Moskau Erfolge gefeiert hatte. Doch sowohl aus Sicht der Gäste wie der Gastgeber waren die Risiken seinerzeit höchstens künstlerischer Natur gewesen, denn Molière und Shakespeare eigenen sich nun einmal schlecht für moderne Propaganda.

Bei *Porgy and Bess* ist das anders. Für Amerikaner wie Russen berührt der Stoff sensibelste Punkte. Und unter dem dialektischen Mikroskop gar wimmelte es in der Gershwin-Oper nur so von sozialschädlichen Gedankenbazillen, die das Sowjetregime überhaupt nicht verträgt. Zum einen die offene Erotik, eine Provokation in einem Land mit einer rigiden Sexualmoral, wo man bereits für einen Kuss in der Öffentlichkeit verhaftet werden kann. Dann die Religion. Die Oper lässt ja keinen Zweifel an einem Jenseits und den Tröstungen, die dem Menschen allein aus dem Glauben an Gott zuwachsen – nach sowjetischer Auffassung nichts als »Opium fürs Volk«. Auch Aberglauben gibt es in dieser Oper reichlich, siehe *The Buzzard Song*. Und als wären der Reizthemen nicht genug, trällert es noch von der Bühne herunter, dass man sogar mit »plenty o' nuttin'« sauglücklich werden kann. Das alles hört ein guter Apparatschik gar nicht gern.

Das Kulturministerium wird diese Nachteile sicher erwogen und anschließend mit den Vorteilen verrechnet haben. Ergebnis: eine bittere Pille, aber eine mit Zuckerguss. Abgesehen von Fun und Folklore in der Catfish Row hätten die Skribenten des Ministeriums die Grundsituation von *Porgy and Bess* nicht besser hinkriegen können. Arme, ausgebeutete Schwarze unter der Knute ihrer weißen Herren, die Armut im Ghetto rund um Catfish Row, was wollte man mehr? Und so teilte das Ministerium im Sommer 1955 den Everyman-Leuten mit, dass man bereit sei, den roten Teppich auszurollen.

Mit der russischen Zusage in der Tasche, stand Breen gleich vor dem nächsten Problem: die Reisekosten, die er mit 150 000 Dollar veranschlagte. Die ersten Zeitungsmeldungen von der russischen »Einladung« legten die Vermutung nahe, das State Department als eigentlicher Initiator dieses »beispiellosen Vorhabens« beteilige sich an der Finanzierung. Breen glaubte das auch, und das mit gutem Grund, denn es wäre nicht das erste Mal gewesen. Schon mehrfach war das State Department für sein Engagement in Sachen *Porgy and Bess* gelobt worden, dem »besten Botschafter für unser Land«, den das Außenministerium je auf die Reise geschickt hat, wie die *New York Times* schrieb. Aber trotz aller Klinkenputzerei wurde schnell klar, dass sich Breen auf die Patronage seiner Freunde am Potomac nicht länger verlassen konnte. Offenbar erschien ihnen das Projekt etwas zu beispiellos oder, um im Politbeamten-Jargon zu bleiben, »politisch verfrüht«. Kurz und gut, von dort gab es keinen müden Cent.

In New Yorker Theaterkreisen ging das Gerücht, das State Department habe seine Unterstützung nur deshalb zurückgezogen, weil die Oper womöglich für sowjetische

Propaganda missbraucht werden könne. Befürworter der Tournee hielten das für Unsinn. Gerade die Tatsache, dass ein so sozialkritisches Stück wie *Porgy and Bess* in den USA anstandslos aufgeführt werden konnte, mache es ungeeignet für jede Form der feindlichen Übernahme. Für eine Russlandtournee sprach auch, dass die schiere Präsenz eines schwarzen Ensembles, bestehend aus wohlsituierten, weltgewandten Leuten (»Einige von ihnen sprechen drei oder vier Fremdsprachen – fließend«, so Mrs. Breen), das überkommene Bild vom unterdrückten amerikanischen Neger korrigieren könne, vor allem in einem Land, in dem Harriet Beecher-Stowe zu den meistgelesenen Autoren zählt.

Die Film- und Theaterzeitschrift *Variety* vermutete dagegen sehr viel prosaischere Gründe hinter der Entscheidung des State Department. Demnach hatte man sich im Austauschprogramm des amerikanischen Bühnenvereins ANTA gegen *Porgy and Bess* ausgesprochen, weil die Oper bereits üppige Zuschüsse des State Department erhalten hatte und man die verfügbaren Mittel lieber im Sinne der kulturellen Vielfalt verteilen wollte.

Gleichwohl wünschte man Everyman Opera bei ANTA und State Department alles Gute. Das Unternehmen war nach wie vor wohlgelitten, nur musste es auf eigenen Füßen stehen. Während Breen noch darüber nachdachte, ob sich der Fehlbetrag über Spenden hereinbringen ließ, nahm die Sache eine unerwartete Wendung: Die Russen wollten einspringen. Natürlich war klar, was der in Aussicht gestellte Geldsegen bedeutete: kalter Krieg auf der Bühne. Breens amerikanische Partner tendierten dazu, das Angebot anzunehmen, um Washington auf diese Weise zu einer großzügigeren Vergabepraxis zu bewegen. Die Rechnung ging nicht auf.

Inzwischen wurde die Zeit knapp, und Breen hatte nur noch die Wahl, die Sache hinzuwerfen oder den Sowjets zu gestatten, sich als die besseren Kulturpolitiker zu präsentieren. Am 3. Dezember 1955 kam in Moskau der Vertrag zwischen dem Kulturministerium (»im folgenden ›Ministerium‹ genannt«) und Everyman Opera (»im folgenden ›Kompanie‹ genannt«) zur Unterschrift. Der Kontrakt besteht aus dreieinhalb eng getippten Seiten und enthält etliche merkwürdige Bestimmungen. Zum Beispiel stellt das Ministerium dem Ensemble kostenfrei ein weiteres Mitglied zur Verfügung, nämlich »1 handzahme Ziege«. Doch die Zumutungen stecken in § 5. Im Ergebnis besagen die vertrackten Klauseln: Während ihres Aufenthalts in der UdSSR erhält die Kompanie eine wöchentliche Zahlung von 16000 Dollar, ein Betrag leicht unter der normalen Gage, vor allem, wenn man bedenkt, dass diese »hälftig per Bankscheck in US-Dollar und als Barbetrag in Rubel zum offiziellen Kurs« zahlbar ist. (Wie jeder weiß, ist der offizielle Wechselkurs von vier zu eins krass geschönt. Die Meinungen über den tatsächlichen Kurs gehen auseinander, aber auf dem Moskauer Schwarzmarkt liegt er bei zehn zu eins. Und wer das Risiko eingeht, in einem sibirischen Straflager zu enden und das Geld etwa in die Schweiz schafft, muss sogar fünfzehn Rubel hinlegen, um sie in einen einzigen echten Dollar zu verwandeln. Daneben versprach das Ministerium der

Kompanie Folgendes: »Freie Kost und Logis in Erste-Klasse-Hotels oder auf Reisen Unterbringung im Schlafwagen und Verpflegung im Speisewagen. Darüber hinaus erklärt sich das Ministerium bereit, sämtliche Reise- bzw. Transportkosten für das Ensemble einschließlich der mitgeführten Requisiten auf dem Gebiet der Sowjetunion bzw. auf der Rückreise bis zu einer europäischen Außengrenze der Sowjetunion zu übernehmen«.

Summa summarum investierten die Russen also ungefähr 150000 Dollar, doch das sollte man nicht mit Mäzenatentum verwechseln. Für sie war es eher ein gutes Geschäft. Falls jede Aufführung ausverkauft war, woran niemand ernste Zweifel hegte, nahm das Ministerium das Doppelte dieser Summe ein, das heißt, der Umsatz durch den Kartenverkauf betrug 300000 Dollar. Dagegen verlor Everyman Opera nach den Regeln der herkömmlichen Gewinn- und Verlustrechnung etwa 4000 Dollar pro Woche. Doch irgendwie musste Breen einen Weg gefunden haben, diese Unterdeckung aufzufangen. »Fragen Sie mich bloß nicht, wie das gehen soll«, sagte Mrs. Gershwin. »Es wird sein großes Geheimnis bleiben.«

Während Mrs. Breen sich noch über die »schmerzhaften Anwürfe« verbreitete, kam ihr Mann von der Probe zurück. Sie fragte ihn, ob er einen Drink wolle. Er bejahte und verlangte nach einem Brandy, bitte.

Breen ist Mitte vierzig und von mittelgroßer, auffällig schlanker Statur – was sich auch nicht übersehen lässt, denn er hat eine Vorliebe für knappe Eisenhower-Jacken und enge Hosen, die einmal als »Frontier Pants« bekannt waren. Er trägt Maßhemden, am liebsten in den Farben

Schwarz und Violett. Er hat dünne, blonde Haare und trägt drinnen wie draußen meistens ein schwarzes Barett. Abhängig von seiner jeweiligen Stimmung, kommen in seinem blassen, klar konturierten Gesicht zwei Persönlichkeiten zum Ausdruck, wie sie unterschiedlicher nicht sein könnten. In ernsten Momenten (die Stunden andauern können) wird sein Gesicht zur vergrübelten, weltfernen Maske – so, als habe ihm ein Fotograf jede Regung verboten. Es erinnert einen unweigerlich daran, dass Breen – wie seine Frau – früher Shakespeare gespielt hat, dass er kurz nach dem Krieg mit *Hamlet* durch ganz Europa getourt und sogar in Helsingör aufgetreten ist. Erst in gelöster Stimmung oder wenn irgendetwas sein Interesse erregt, zeigt sich sein lebendiger, jungenhafter Humor. Dann tritt eine schüchterne, verletzliche, beinahe etwas zu arglose Offenheit an die Stelle seiner vermeintlich weltfernen Art. Diese Janusköpfigkeit erklärt vielleicht, warum ein Everyman-Mitarbeiter in einem Atemzug sagen kann: »Bei Mr. Breen weiß man nie, wo man dran ist«, und: »Jeder kann Breen um den Finger wickeln. Er ist einfach zu nett zu den Leuten.«

Breen nahm einen tiefen Schluck Brandy und wies mit dem Kopf in Richtung Badezimmer, wo er mir zeigen wollte, wie die Spielzeugschiffchen funktionierten, etwa das Blechkanu mit dem paddelnden Indianer zum Aufziehen. »Ist das nicht unglaublich?«, sagte er, als der Indianer sein Kanu ruckelnd durchs Wasser bewegte. »Haben Sie so etwas schon einmal gesehen?« Er verfügt über eine ausgebildete Stimme, die er bewusst tief einreguliert, was automatisch zu einem sonoren Feierton führt, den er mit seinen manikürten Händen noch gestisch unterstreicht, doch nicht auf diese hektische mediterrane Art, sondern mit priesterlicher Gemessenheit. Tatsächlich hatte sich Breen zunächst auf eine Kirchenlaufbahn vorbereitet, war sogar ein Jahr lang auf einem Priesterseminar gewesen.

Ich fragte ihn, wie die Proben gelaufen seien. »Nicht schlecht, wir haben eine gute Truppe«, sagte er. »Aber die Leute werden langsam verwöhnt, sie halten ihren Erfolg für selbstverständlich. Kein Wunder, sie kriegen jedesmal mehrere Vorhänge und stehende Ovationen. Dürfen Interviews geben. Ich predige ihnen die ganze Zeit: Achtung, Leute, das mit Russland ist etwas ganz, ganz anderes, da müssen wir besser sein als je zuvor.«

Wollte er dieses Ziel erreichen, dann stand er nach Meinung mancher Beobachter vor der Aufgabe seines Lebens. Als Breen und Koproduzent Blevins Davis die Oper 1952 aus der Versenkung holten, wo sie seit dem Misserfolg der *Theatre-Guild*-Produktion im Jahr 1935 schlummerte, standen noch William Warfield (als Porgy), Leontyne Price (Bess) und Cab Calloway (Sportin' Life) auf dem Programmzettel. Mittlerweile hatte die Besetzung mehrfach gewechselt, und nicht immer konnten die Nachrücker die Stars von früher wirklich ersetzen. Zudem unterliegt eine Produktion auf Tournee ganz besonderen Belastungen. Das Leben aus dem Koffer, die endlose Abfolge von Hotelzimmern und Restaurants, höchstens noch verschwommen wahrgenommen, dazu die problematische Gruppendynamik innerhalb einer Lebens- und Arbeitsgemeinschaft auf Zeit, das alles kann zu seelischen Erschöpfungszuständen führen, die sich in der Aufführung niederschlagen. Horst Kuegler, ein Berliner Theaterkritiker, der *Porgy and Bess* drei Jahre zuvor (auf den Berliner Festspielen) euphorisch besprochen hatte, war seitdem in fünf weiteren Vorstellungen gewesen und notierte etwas bekümmert, die Oper bezaubere »nach wie vor durch ihre faszinierende Lebendigkeit, obwohl die Produktion insgesamt stark nachgelassen« habe. Die ganze letzte Woche hatte Breen mit seiner Mannschaft bis an die Grenze des vertraglich Zulässigen geprobt, und ganz unabhängig davon, ob es ihm gelang, aus seinen Darstellern das Maximum herauszuholen, machte er sich keine Gedanken über die Premiere in Leningrad. Sie würde »wie eine Bombe einschlagen!« Die Russen würden »überwältigt« sein! Der Grund hierfür war einfach: »So etwas wie das haben sie noch nie gesehen!«

Während Breen seinen Brandy austrank, rief seine Frau aus dem Nebenzimmer: »Zieh dich lieber um, Robert. Sie kommen um sechs, und ich habe uns ein Separee reserviert.«

»Vier Russen aus der Botschaft«, erklärte Breen, als er mich zur Tür brachte. »Wir haben sie zum Abendessen eingeladen. Gute Kontakte, darauf kommt es an.«

Als ich wieder in meinem Zimmer war, fand ich auf meinem Bett ein großes, in braunes Packpapier eingeschlagenes Päckchen. Mein Name stand darauf, zusammen mit dem Namen des Hotels und meiner Zimmernummer, doch kein Absender. In dem Päckchen befanden sich ein halbes Dutzend antikommunistische Broschüren und eine handgeschriebene Karte ohne Unterschrift, auf der stand:

Dear Sir – Das können Sie sich ersparen! Gemeint war wohl ein Schicksal wie in der begleitenden Literatur beschrieben, angeblich wahre Fälle von Menschen, hauptsächlich Deutschen, die sich hinter den Eisernen Vorhang begeben hatten oder dorthin verschleppt wurden und nie wieder aufgetaucht waren. Solche Geschichten sind ja immer eine fesselnde Lektüre, und ich hätte sie wohl allesamt gelesen, wäre ich nicht vom Telefon unterbrochen worden.

Am Apparat war Nancy Ryan, Breens Sekretärin. »Ich habe da eine Frage«, sagte sie. »Hätten Sie Lust, mit mir zu schlafen? Im Zug, meine ich. Wie es aussieht, müssen sich jeweils vier Leute ein Abteil teilen, also bleibt uns nichts anderes übrig, als es so zu machen wie die Russen, die legen auch immer Jungs und Mädchen zusammen. Wir sind gerade dabei, einen Belegungsplan vorzubereiten, was nicht so einfach ist bei all den unterschiedlichen Sympathien und Abneigungen und wer mit wem kann und mit wem überhaupt nicht, also, echt, ein Alptraum ... Deshalb würde es meine Situation schon sehr vereinfachen, wenn wir beide ein Abteil nehmen, zusammen mit den Turteltauben.«

Die Turteltauben, das waren Earl Bruce Jackson, einer der drei Ersatzdarsteller für die Rolle des Sportin' Life, und Helen Thigpen, Sopran, die die Serena spielte. Jackson und Miss Thigpen waren seit etlichen Monaten verlobt. Laut Pressemitteilung von Everyman Opera wollten die beiden in Moskau heiraten.

Mit diesem Arrangement war auch ich einverstanden, und Miss Ryan sagte: »Wunderbar. Dann sehen wir uns im Zug – falls wir jemals unsere Visa bekommen.«

Am Montag, dem 19. Dezember, waren Pässe und Visa allerdings noch immer nicht da. Trotzdem setzten sich um drei Uhr nachmittags drei Charterbusse in Bewegung, um aus Hotels und Pensionen in ganz Berlin das Personal von Everyman Opera einzusammeln und zum Bahnhof von Ostberlin zu karren, wo der Sowjetzug, genannt der Blaue Express, abfahren sollte – irgendwann zwischen vier Uhr nachmittags und Mitternacht, so genau wusste das niemand.

Eine kleinere Gruppe, laut Warner Watson »unsere erlauchten Gäste«, wartet zusammen in der Halle des Kempinski. Die erlauchten Gäste waren Personen, die mit *Porgy and Bess* direkt nichts zu tun hatten, aber eingeladen worden waren, das Ensemble auf seiner Russlandreise zu begleiten. Im Einzelnen waren das: Herman Sartorius, ein Finanzier aus New York und enger Freund von Breen; der Zeitungskolumnist Leonard Lyons, der im offiziellen Everyman-Prospekt den Sowjets gegenüber als »Kompanie-Schreiber« ausgegeben wurde, wobei man geflissentlich überging, dass er seine Histörchen umgehend auch an die *New York Post* schickte; schließlich noch ein Journalist, der Pulitzerpreisträger Ira Wolfert samt Gattin Helen. Mr. Wolfert ist Redakteur beim *Reader's Digest*, und die Breens, die alles sammeln, was über Everyman geschrieben wird, hofften, er würde einen Artikel über ihr russisches Abenteuer schreiben. Mrs. Wolfert kommt ebenfalls aus der schreibenden Zunft, sie ist nämlich Lyrikerin. »Aber *moderne* Lyrik«, wie sie betont.

Ungeduldig marschierte Mr. Lyons in der Hotelhalle auf und ab, weil der Bus immer noch nicht da war. »Gott, bin ich aufgeregt. Ich habe gar nicht geschlafen. Kurz vor meinem Abflug in New York rief noch Abe Burrows an, wir wohnen im selben Gebäude. Er fragte, ob ich wüsste, wie kalt es in Moskau ist. Er hatte es im Radio gehört: vierzig Grad unter Null. Das war vorgestern. Haben Sie auch lange Unterwäsche dabei? Er lüpfte sein Hosenbein und präsentierte ein Stück rote Wolle. Normalerweise ein schlanker Mensch von durchschnittlicher Größe, hatte sich Lyons (mit Pelzmütze und -mantel, dicken Handschuhen und Stiefeln) so gut gegen die Kälte gewappnet, dass er aussah wie ein Ladendieb. »Meine Frau Sylvia hat mir gleich drei solche Garnituren gekauft, bei Saks, die kratzen nicht so.«

Herman Sartorius, der Finanzier, war hingegen noch so gewandet, als ginge es zur Wall Street: Straßenmantel, dunkler Anzug. Lange Unterwäsche trug er, wie er sagte, nicht. »Ich hatte gar keine Zeit, irgendetwas einzukaufen außer einer Landkarte. Haben Sie schon einmal versucht, eine Straßenkarte von Russland zu kaufen? Ich sage Ihnen, ich hab ganz New York abgesucht, ehe ich eine gefunden habe. Könnte noch nützlich sein, so eine Karte, so wissen wir wenigstens, wo wir sind.«

Lyons stimmte ihm zu, senkte aber die Stimme und blickte sich vorsichtig um. »Trotzdem sollten Sie sie nicht sichtbar mit sich herumtragen. Die Russen sind misstrauisch.«

»Hmm«, sagte Sartorius, als sei ihm nicht ganz klar, worauf Lyons hinauswollte. »Ich werde dran denken.« Sartorius hat graues Haar und strahlt in seiner ganzen Erscheinung den distinguierten Ehrenmann aus, ganz so, wie man sich das bei einem Kapitalgeber wünscht.

»Ein Freund von mir, Präsident Truman«, fuhr Lyons fort, »hat mir geschrieben, ich soll mich in Russland ja vorsehen, da er heute nicht mehr in der Lage wäre, mich rauszuhauen. Russland! Wer hätte das gedacht!«, sagte er und sah umher, als müsse sein Hochgefühl von den anderen unbedingt geteilt werden.

Mrs. Wolfert sagte: »Ich habe Hunger.«

Ihr Mann tätschelte ihr die Schulter. Die Wolferts, Eltern mehrerer erwachsener Kinder, ähneln sich mit ihren rosigen Wangen und dem silbergrauen Haar, vermutlich das Ergebnis eines langen, ruhigen Ehelebens. »Schon gut, Helen«, sagte er und zog an seiner Pfeife. »Sobald wir im Zug sind, gehen wir in den Speisewagen.«

»Na klar«, sagte Lyons. »Wodka und Kaviar warten.«

Mit fliegendem Blondhaar und flatterndem Mantel kam Nancy Ryan angerannt. »Fragt mich nicht. Auch das noch!«, rief sie, ließ sich dann aber sehr gerne fragen, denn es schien sie mit Genugtuung zu erfüllen, die böse Kunde zu verbreiten. »Also wirklich, *jetzt* sagen sie uns das! Zehn Minuten vor der Abfahrt. Also, Herrschaften, es gibt schlechte Neuigkeiten: Der Zug wird definitiv keinen Speisewagen haben, erst von der russischen Grenze an. Das sind dreißig Stunden!«

»Ich habe aber Hunger«, klagte Mrs. Wolfert.

Doch Miss Ryan stürmte bereits weiter. »Wir tun unser Bestes.« Was wohl bedeutete, dass das Management von Everyman Opera in diesem Moment ausschwärmte, um sämtliche Lebensmittelläden in Berlin leerzukaufen.

Es wurde schon dunkel, und es nieselte, als der Bus endlich kam und, vollbesetzt mit lauten Fahrgästen in bester Stimmung, Richtung Brandenburger Tor rumpelte, wo die kommunistische Welt begann.

Ich saß hinter einem Pärchen, bestehend aus einem hübschen weiblichen Ensemblemitglied und einem mageren Jüngling, angeblich Journalist aus Westdeutschland. Sie waren sich in einem Berliner Jazzkeller begegnet, und wie es aussah, hatte er sich in die junge Frau verliebt und wollte sie nun unter Lachen, Tränen und leisem Geflüster zum Zug bringen. Allerdings musste er, wie er sagte, vor dem Brandenburger Tor aussteigen. »In Ostberlin ist es für mich zu gefährlich.« Rückblickend eine nicht uninteressante Bemerkung, denn er tauchte, grinsend und selbstbewusst, einige Wochen später in Russland wieder auf, ohne plausible Erklärung dafür, wie er als westdeutscher Journalist dorthin gelangt war.

Hinter dem Brandenburger Tor fuhren wir eine dreiviertel Stunde lang durch die rußgeschwärzten Trümmerfelder von Ostberlin. Die anderen beiden Busse waren schon vor uns am Bahnhof angekommen. Wir versammelten uns auf dem Bahnsteig, an dem bereits der Blaue Express wartete und wo Mrs. Gershwin die Verladung ihres Gepäcks überwachte. Sie trug einen Nutriamantel und auf ihrem Arm einen Kleidersack mit Reißverschluss, in dem ihr Nerz schlief. »Darling, den Nerz brauche ich für Russland. Aber verrat mir mal, warum es Blauer Express heißt, wo der Zug doch gar nicht blau ist.«

Denn er war grün, eine blitzende Kette dunkelgrüner Waggons hinter einer Diesellok. Und auf jedem Waggon in

Gelb das bekannte Kürzel CCCP, darunter, in verschiedenen Sprachen, die Zielbahnhöfe Berlin-Warsaw-Moscow. Vor jeder Wagentür hatte das sowjetische Zugpersonal mit seinen schwarzen Persianermützen und den elegant auf Taille geschnittenen Uniformen Aufstellung genommen, daneben standen die etwas bescheidener ausstaffierten Schlafwagenschaffner. Aber sie alle rauchten Zigaretten in langen, verruchten Zigarettenspitzen. Trotz der gaffenden Amerikaner, die staunend bis ärgerlich registrierten, dass auch Russen zwei Augen im Kopf hatten, bewahrten sie umgekehrt eine Haltung von versteinertem Desinteresse.

Jemand aus dem Ensemble sprach einen von ihnen an: »Hör mal, Meister«, sagte er, indem er auf den Schriftzug am Waggon wies. »Was bedeutet das eigentlich, CCCP?«

Der Russe deutete mit der Zigarettenspitze auf den Mann und fragte missmutig: *»Sie sind Deutsch?«*

Der Schauspieler lachte. »Nee, da wäre ich aber ein komischer Deutscher. Ich meine so vom Aussehen her.«

Ein zweiter Russe, ein Schaffner, schaltete sich ein. *»Sind Sie nicht Deutsch?«*

»He, Mann«, erwiderte der Schauspieler, »das hat hier keinen Wert.« Er blickte den Bahnsteig entlang und winkte Robin Joachim heran, einen jungen, russisch sprechenden New Yorker, den Everyman Opera als Dolmetscher engagiert hatte.

Die beiden Russen tauten sofort auf, als Joachim sie in ihrer Muttersprache anredete. Und sie waren mehr als überrascht, als er ihnen erklärte, dass ihre Fahrgäste keine Deutschen waren, sondern »Amerikanski«, die in Leningrad und Moskau eine Oper aufführen wollten.

»Ist das nicht eigenartig?«, sagte Joachim zu den Umstehenden, darunter Leonard Lyons. »Offenbar hat ihnen keiner von uns erzählt. Und von *Porgy and Bess* haben sie auch noch nie gehört.«

Lyons war der erste, der seine Fassung wiedererlangte. Forsch zückte er Block und Bleistift und fragte: »Und? Was sagen sie dazu? Wie ist ihre Reaktion?«

»Oh«, sagte Joachim, »sie freuen sich riesig. Sie sind völlig aus dem Häuschen vor Freude.«

Das war nicht gelogen, und die Russen nickten eifrig und lachten. Der russische Kondukteur schlug dem Schlafwagenschaffner auf die Schulter und brüllte einen Befehl.

»Was hat er gesagt?«, fragte Lyons, den Bleistift schreibbereit.

Joachim sagte: »Er hat gesagt, sie sollen den Samowar anwerfen.«

Die Bahnhofsuhr sagte fünf nach sechs. Die Anzeichen für die Abfahrt mehrten sich. Pfiffe ertönten, Waggontüren wurden zugeschlagen. Aus den Lautsprechern im Zug schepperte Militärmusik, und alle steckten die Köpfe aus den Fenstern und winkten den traurigen deutschen Kofferträgern zu, die nicht mal ein Trinkgeld bekommen hatten, weil dies in den Volksdemokratien als »kapitalistische Beleidigung« galt, wie uns gesagt worden war. Auf einmal Hochrufe an jedem Fenster. Sie waren für die Breens, Robert und Wilva, die in diesem Moment über den Bahnsteig rannten, gefolgt von einem Handkarren voller Fressalien: kistenweise Bier und Wein, Würstchen, Brötchen, Teilchen, kaltem Fleisch, Äpfel und Orangen. Es war gerade noch Zeit, die Kartons in den Zug zu wuchten, ehe die Militärmusik ihren Höhepunkt erreichte und die Breens, mit elterlichem Stolz im Gesicht, nur noch zusehen konnten, wie ihr »beispielloses Vorhaben« in die Dunkelheit entglitt.

Ich war Abteil 6 in Wagen 2 zugeteilt. Es schien ein bisschen größer als ein normales Schlafwagenabteil und war sogar ganz gemütlich, wenn man einmal davon absah, dass man den Radiolautsprecher nicht ganz herunterdrehen konnte und sich auch das bläuliche Nachtlicht nicht ausschalten ließ. Die Wände waren blau, ebenso wie die Plüschvorhänge, die zum Polster der Sitze passten. In der Mitte zwischen den Sitzen befand sich ein schmaler Tisch mit einer rosa beschirmten Lampe.

Miss Ryan stellte mich meinen Reisegenossen vor, Earl Bruce Jackson und seiner Verlobten Helen Thigpen, denen ich vorher noch nicht begegnet war.

Jackson ist groß und schlank, hat schrägstehende Augen und ein Gesicht voll düsterer Energie. Er trägt ein Ziegenbärtchen, und an seinen Fingern blitzen Brillanten, Saphire und Rubine. Wir schüttelten uns die Hand. »*Peace, Brother, peace. That's the word*«, sagte er und pellte weiter an seiner Orange, wobei die Schalen auf den Boden fielen.

»Nichts da *peace*, Earl«, sagte Miss Ryan. »Unser Motto ist vor allem Ordnung und Sauberkeit. Deshalb tu erst mal die Schalen in den Aschenbecher.« Einen Moment lang sah sie aus dem Fenster, wo die letzten einsamen Lichter von Ostberlin verglommen. »Immerhin ist das hier für eine ganze Weile unser Zuhause.«

»Sie hat recht, Earl. Also benimm dich entsprechend«, sagte Miss Thipgen.

»*Peace, Brother, peace. That's the word. Tell the boys back in New York*«, erklärte Jackson und spuckte Kerne aus.

Miss Ryan verteilte einen Teil des Breen-Proviants, aber Miss Thipgen lehnte seufzend ab. Sie wollte weder das Bier noch das Salami-Sandwich. »Ach, ich weiß nicht, was ich essen soll. Es verträgt sich alles nicht mit meiner Diät. Seit ich Earl kennengelernt habe, bin ich auf Diät. Ich habe schon sechsundfünfzig Pfund abgenommen. Und fünf Esslöffel Kaviar haben schon hundert Kalorien.«

»Aber das ist kein Kaviar«, sagte Miss Ryan mit vollem Mund.

»Ich muss an die Zukunft denken«, sagte Miss Thipgen missmutig. Sie gähnte. »Hat jemand was dagegen, wenn ich mein Negligee anziehe? Jetzt, wo wir schon mal hier sind, können wir es uns auch bequem machen.«

Miss Thipgen, eine ehemalige Konzertsängerin, ist klein, untersetzt und immer bestens gepudert. Sie trägt die höchsten Stöckelschuhe, die grandiosesten Hüte und verströmt nichts als Joy (»Der Welt teuerstes Parfum«).

»*Hi, there, good-lookin'*«, sagte Jackson beim Anblick seiner Verlobten in ihrem Bestreben, es sich bequem zu machen. »*The number to play is seven seven three, and peace is seven seven three, and peace is the word. Ooblee-ee-do!*«

Miss Thipgen überhörte diese Komplimente. »Sag mal, Earl, São Paulo war doch richtig, oder?«

»Was richtig?«

»Wo wir uns verlobt haben.«

»Yeah. São Paulo, Brasilien.«

Miss Thigpen schien erleichtert. »Das habe ich nämlich zu Mr. Lyons gesagt. Er wollte es wissen. Das ist der von der Zeitung, kennst du ihn?«

»Yeah«, sagte Jackson. »Hab ihm mal die Flosse geschüttelt.«

»Haben Sie schon gehört?«, fragte Miss Thigpen und sah mich an. »Wir wollen in Moskau heiraten. Es war Earls Idee. Ich wusste bis dahin ja nicht mal, dass wir verlobt waren. Ich habe sechsundfünfzig Pfund abgenommen, hatte aber keine Ahnung, dass wir verlobt waren, bis Earl mit dieser Idee ankam.«

»Das wird der Knaller«, sagte Jackson, und obwohl er dabei mit dem Finger schnippte, war sein Ton ernst, als seien die Folgen dieser Idee noch gar absehbar. »Die ersten schwarzen Amerikaner, die in Moskau heiraten. Das gibt eine Riesenschlagzeile, das ist was fürs Fernsehen.« Er wandte sich an Miss Thigpen. »Aber verrat diesem Lyons bloß nichts davon. Nicht, bis wir sicher sind, dass die *vibrations* stimmen. Bei so einer Sache kommt es auf die richtigen *vibrations* an.«

Miss Thigpen sagte: »Sie sollten mal Earls Hochzeitsanzug sehen, den er sich in München hat machen lassen.«

»Crazy, Mann, crazy, sage ich nur«, ergänzte Jackson. »Brauner Frack mit champagnerweißen Satinrevers, dazu die passenden Schuhe, klar, muss sein. Und obendrauf einen nigelnagelneuen Mantel, alles vom Feinsten mit so einem Felldings ... na, wie nennt sich das ... Persianerkragen. Aber ich schwöre, Mann, bis zum großen Tag kriegt den keiner zu sehen.«

Ich fragte, wann denn der große Tag wäre. Jackson musste zugeben, dass ein genauer Termin noch nicht feststand. »Mr. Breen managt das. Er redet mit den Russen. Für die ist es auch eine große Sache.«

»Na klar«, sagte Miss Ryan und hob Orangenschalen vom Boden auf. »Auf diese Weise kommen sie auch mal mit was Positivem in die Zeitung.«

Miss Thigpen streckte sich in ihrem Negligee und blätterte in einem Notentext, aber sie war irgendwie nervös und konnte sich nicht konzentrieren. »Was mir Sorgen macht: Wird so eine Heirat überhaupt anerkannt? Ich meine, in mehreren Bundesstaaten ist eine Heiratsurkunde aus Russland glatt ungültig.«

»In welchen Bundesstaaten genau?«, fragte Jackson, als hätten sie darüber schon öfter gestritten.

Miss Thigpen dachte nach: »In mehreren«, sagte sie schließlich.

»In Washington D.C. ist sie jedenfalls vollkommen legal«, sagte er. »Und das ist dein Wohnort. Solange sie in Washington gültig ist, brauchst du dir doch keine Sorgen zu machen.«

»Earl«, sagte Miss Thigpen müde, »warum gehst du nicht zu deinen Freunden und spielst ein Runde Tonk?«

Tonk, sehr beliebt bei einigen Ensemble-Mitgliedern, war eine Form von Rommee, die mit fünf Karten gespielt wurde. Aber Jackson sagte, das ginge leider nicht. »Wo denn? Sie haben doch alle *sharps* (Zocker) mit *squares* (Nichtzockern) zusammengelegt.«

Die Abteiltür stand offen, und Ducky James, der jungenhafte, blonde Requisiteur aus England kam gerade vorbei und meldete in schönstem Cockney: »Also, Leute, wer was trinken will, wir haben auf unserer Hütte eine kleine Bar aufgemacht. Alles da: Martinis, Manhattans, Scotch …«

»Das wundert mich nicht«, sagte Miss Thigpen. »Wenn *der* nicht was zu feiern hat! Wisst ihr, was vorhin passiert ist? Kurz vor Abfahrt kriegt er ein Telegramm. Seine Tante ist gestorben und hinterlässt ihm neunzigtausend Pfund.«

Jackson pfiff durch die Lippen. »Und wie viel ist das in richtigem Geld?«

»Zweihundertsiebzigtausend, so um den Dreh«, erklärte Miss Thigpen. Dann, als ihr künftiger Ehemann aufstand, um das Abteil zu verlassen, fragte sie: »Wo gehst du hin, Earl?«

»Kurz raus. Mal sehen, ob dieser Ducky auch Tonk spielt.«

Im selben Moment bekamen wir Besuch von Twerp, einem weißen Boxerwelpen, der fröhlich in unser Abteil tappte und gleich den Beweis antrat, dass er noch nicht stubenrein war. Das Hündchen gehörte der Kostümbildnerin, einer jungen Frau aus Brooklyn mit Namen Marilyn Putnam. Kurz darauf erschien auch Miss Putnam. »Twerp! Twerp! Ach, *da* steckst du, du kleiner Racker. Ist sie nicht ein süßer kleiner Racker?«

»So kann man es auch sagen«, erwiderte Miss Ryan, während sie auf dem Boden herumkroch und mit zusammengeknülltem Zeitungspapier den Teppichboden bearbeitete. »Hör mal, zu deiner Information, wir müssen hier *leben*, Herrgottnochmal.«

»Die Russen haben nichts dagegen«, verteidigte sich Miss Putnam. Sie hob ihr Hundchen auf und küsste es auf die Stirn. »Twerp ist auch auf dem Gang ein Malheur passiert, nicht wahr, mein kleiner Engel, da hast du ein kleines Bächlein gemacht. Aber die Russen können darüber lachen. *Sie* wissen, sie ist noch ein Baby.« Sie drehte sich um und wäre beinahe mit einem Mädchen zusammengestoßen, das weinend in der Tür stand. »Delirious, was ist denn los?«, fragte sie. »Darling, was ist passiert, bist du krank?«

Das Mädchen schüttelte den Kopf. Ihr Kinn bebte, und neue Tränen zitterten in ihren großen Augen.

»Delirious, Honey, jetzt sag schon«, sagte Miss Thigpen. »Setz dich hin und erzähl, was passiert ist.«

Das Mädchen nahm Platz. Sie hieß Dolores Swann, aber wie die meisten hatte auch sie längst einen Spitznamen, in diesem Fall das aussagekräftige Delirious. Sie ist Chorsängerin und trägt einen roten Pudelkopf. Ihr blassgoldenes Gesicht ist so rund wie ihre Augen und strahlt auch dieselbe Showgirl-Unschuld aus. Sie schluckte und heulte weiter: »Ich habe beide meine Mäntel verloren. Alle beide, den Pelzmantel und auch den blauen. Ich habe sie im Bahnhof liegenlassen. Natürlich bin ich nicht versichert oder so was.«

Miss Thigpen schnalzte mit der Zunge. »So was kann aber bloß dir passieren, Delirious.«

»Aber es war doch gar nicht meine Schuld«, wehrte sich Miss Swann. »Ich hatte eh schon so viel Angst. Weil ich doch den Bus verpasst habe. Und finde hier mal ein Taxi, das nach Ostberlin fährt. Irgendwann war da einer, der Englisch sprach, der hatte Mitleid und hat mich gefahren. Aber es war schrecklich, denn dauernd hat uns die Polizei angehalten und hat Fragen gestellt, und immer wieder wollte sie unsere Papiere sehen. Wirklich, ich dachte schon, sie lassen mich nie wieder frei und ich muss für immer und ewig bei den Kommunisten bleiben und sehe euch nie, nie wieder.«

Das erneute Durchleben ihrer Prüfung ließ weitere Tränen fließen. Miss Ryan goss ihr einen Brandy ein, und Miss Thigpen drückte ihre Hand und sagte: »Schon gut, Honey, es ist vorbei. Alles ist gut.«

»Du machst dir keinen Begriff, wie erleichtert ich war, als ich endlich am Bahnhof war und ihr wart auch noch da und seid nicht ohne mich gefahren. Am liebsten wäre ich jedem um den Hals gefallen. Ich hab die Mäntel auch bloß ganz kurz weggelegt, weil ich Ducky umarmen wollte, und dann habe ich sie vergessen, die Mäntel. Bis gerade.«

»Sieh es mal so, Delirious«, sagte Miss Thigpen auf der Suche nach einem Wort des Trostes. »Du bist bestimmt der erste Mensch, der ohne Mantel nach Russland reist.«

»Ich weiß etwas, das ist noch viel, viel seltener«, sagte Miss Ryan. »Und nicht nur seltener, sondern auch viel bescheuerter. Ich meine, wir sind hier nach Russland unterwegs, aber keiner von uns hat seinen Pass. Keinen Pass, kein Visum, kein gar nichts.«

Miss Ryans Aussage bewahrheitete sich nicht, denn eine halbe Stunde später in Frankfurt/Oder, an der Grenze zu Polen, stieg eine ganze Delegation von Uniformträgern zu und knallte Warner Watson die lang vermissten Pässe einfach in den Schoß.

»Das verstehe ich nicht«, sagte Watson beim Verteilen der Pässe. »Heute Morgen hieß es in der russischen Botschaft noch, die Pässe wären in Moskau. Und jetzt tauchen sie plötzlich hier auf.«

Miss Ryan blätterte schnell durch ihren Pass, fand aber dort, wo der Visumstempel hätte sein sollen, rein gar nichts. »Nicht auch das noch, Warner. Ich habe gar keinen Stempel.«

»Sie haben uns ein Gemeinschaftsvisum ausgestellt. Genauer gesagt, sie haben es ausgestellt oder sie werden es ausstellen oder was weiß ich, frag mich nicht.« Seine kleinmütige, müde Stimme wurde noch leiser. Seine Haut war grau, und seine dunklen Augenringe zeichneten sich ab wie gemalt.

»Aber, Warner ...«

Watson hob abwehrend die Hand. »Das ist nicht mehr menschlich«, sagte er. »Ich muss ins Bett. So, ich leg mich jetzt hin und schlafe durch bis Leningrad.«

»Trotzdem schade«, sagte Miss Ryan, als Watson ging. »Ich hätte gern so einen Stempel in meinem Pass gehabt, als Andenken.«

Da der Aufenthalt an der Grenze laut Fahrplan vierzig Minuten dauern sollten, beschloss ich, auszusteigen und mich ein bisschen umzusehen. Die Tür am Ende des Waggons war offen, und ich stieg über die kleinen Eisenstufen auf das Schotterbett. Weiter vorn konnte ich die Lichter der Grenzstation sehen und ein trübe rote Laterne, die sich hin und her bewegte. Draußen war es dunkel, nur die gelben Fensterrechtecke auf der Erde spendeten etwas Licht. Ich folgte den Schienen, die Kälte tat gut.

Ich fragte mich, ob ich noch in Deutschland war oder schon in Polen. Plötzlich sah ich, wie mehrere Gestalten auf mich zurannten, Schatten, die sich beim Näherkommen als drei Soldaten entpuppten, mit bleichen, flachen Gesichtern, unpraktisch langen Mänteln und geschulterten Karabinern, das Bajonett aufgepflanzt. Wortlos starrten sie mich an. Dann wies einer auf den Zug, raunzte etwas und bedeutete mir, wieder einzusteigen. Gemeinsam gingen wir vier die Schienen entlang. Ich entschuldigte mich auf Englisch, ich hätte einfach nicht gewusst, dass das Aussteigen verboten war. Keine Reaktion seitens der Soldaten, nur ein weiteres Grunzen und ein leichter Schubs vorwärts. Ich stieg die Eisenstufen wieder hoch und drehte mich um, um ihnen zuzuwinken. Sie winkten nicht zurück.

»Darling, Sie sind doch nicht etwa draußen gewesen«, sagte Mrs. Gershwin, an deren Abteil ich bei meiner Rückkehr vorbeikam. »Tun Sie das nicht, es ist viel zu gefährlich.« Mrs. Gershwin gehörte zu den zwei Auserwählten, die ein ganzes Abteil für sich hatten. (Der andere war Leonard Lyons, der seine Einzelunterbringung mit der Drohung erzwungen hatte, gar nicht erst mitzufahren, ehe seine Abteilgenossen Herman Sartorius und Warner Watson verschwunden waren. »Es ist nichts Persönliches«, sagte er. »Aber ich bin nicht zum Vergnügen hier. Ich muss tausend Wörter täglich schreiben, das kann ich nicht, wenn überall Leute sitzen.« Sartorius und Watson waren daher genötigt, bei Ira Wolfert einzuziehen. Und Mrs. Gershwin verdiente ihren Solostatus nach Meinung des Managements ganz einfach deshalb: »Sie ist eine Gershwin.« Ohne ihre Brillis abzulegen, hatte Mrs. Gershwin eine bequeme Hose und einen Pulli angezogen, hatte ihr Haar hochgebunden und ihre Füße in flauschige Pantoffeln gesteckt. »Das muss doch kalt gewesen sein draußen, da liegt Schnee. Holen Sie sich doch einen heißen Tee. Mmmmm, der ist wirklich gut«, sagte sie und nippte an dem dunklen, nahezu schwarzen Heißgetränk in einem großen Teeglas mit Silberhalter. »Der nette kleine Mann braut ihn auf seinem Samowar.«

Ich suchte unseren Teebereiter auf, der zugleich Schaffner von Wagen 2 war, aber als ich ihn am Ende des Gangs schließlich fand, war er anderweitig beschäftigt. Twerp, der Boxerwelpe, kläffte zwischen seinen Beinen und schnappte nach seiner Hose, gleichzeitig wurde er von Lyons befragt – Robin Joachim übersetzte. Der Russe war klein und abgezehrt, und die Falten auf seinem eingedrückten Pekinesengesicht deuteten eher auf eine Stoffwechselerkrankung denn auf besonders hohes Alter hin. Sein Gebiss starrte vor Stahlzähnen, und seine Augenlider hingen herunter, als schlafe er jeden Moment ein. Zwischen Tee-Ausschank und Twerp-Abwehr antwortete er auf Lyons heruntergerasselte Erkundigungen wie eine verblühte Hausfrau auf den Fragenkatalog des Volkszählers. Er sei aus Smolensk, sagte er, und seine Füße täten ihm weh, sein Rücken auch, außerdem habe er dauernd Kopfschmerzen wegen der vielen Überstunden. Er sagte, er verdiene lediglich zweihundert Rubel im Monat (was etwa fünfzig Dollar entspricht, aber bezogen auf die Kaufkraft noch erheblich weniger ist) und betrachtete sich als unterbezahlt. Er sagte, ja, über ein Trinkgeld würde er sich freuen.

Lyons hörte auf zu schreiben und sagte: »Ich wusste gar nicht, dass die Leute so meckern dürfen. Ich schätze, wir haben hier einen Querulanten vor uns.«

Der Schaffner reichte mir meinen Tee und bot mir aus seiner eigenen zerknitterten Packung eine Zigarette an, die zu zwei Dritteln aus Filter bestand. Aber egal, sieben oder acht Züge waren allemal drin. Dazu kam es nicht, denn auf dem Rückweg zum Abteil setzte sich der Zug derart abrupt in Bewegung, dass Tee und Zigarette gemeinsam auf dem Boden landeten.

Marilyn Putnam steckte ihren Kopf in den Gang. »Heiliger Strohsack«, sagte sie, als sie das Malheur sah. »War das *Twerp*?«

In Abteil 6 waren bereits die Betten gemacht, nicht nur für die Nacht, sondern für die ganze Reise, wie sich später zeigte, denn diesen Service gab es kein zweites Mal. Sauberes, etwas raues Leinenzeug, ein knisterndes Kissen, das nach Heu roch, und eine einzelne dünne Decke, das war alles. Miss Ryan und Miss Thigpen waren bereits im Bett und lasen. Sie hatten das Radio so leise gestellt, wie es eben ging, und das Fenster einen Spaltbreit aufgemacht.

Miss Thigpen gähnte und fragte mich: »Hast du Earl gesehen, Honey?«

Das hatte ich tatsächlich. »Er ist bei Ducky und bringt ihm Tonk bei.«

»Oh«, sagte Miss Thigpen unter schläfrigem Kichern. »In dem Fall sehen wir ihn erst gegen Morgen wieder.«

Ich streifte die Schuhe von den Füßen, legte mich auf meine Koje und wollte mich später zu Ende ausziehen. In der Koje über mir hörte ich Miss Ryan irgendetwas murmeln, so, als rekapituliere sie laut aus einem Buch. Es stellte sich heraus, dass sie Russisch lernte, und zwar mit Hilfe eines von der US-Armee während des Krieges herausgegebenen Phrasenbuchs, das amerikanischen Soldaten im Fall der Fälle die Verständigung mit Russen erleichtern sollte.

»Nancy«, bettelte Miss Thigpen wie ein kleines Kind, das eine Gutenachtgeschichte will. »Nancy, sag doch mal was auf Russisch.«

»Das Einzige, was ich bisher gelernt habe, ist: *Or-ga-ni-ja ranin* ...« Miss Ryan kam nicht weiter, holte tief Luft. »... *W-pa-lawi-ji*. Wow! Eigentlich wollte ich ja nur das Alphabet lernen, damit ich die Straßennamen lesen kann.«

»Klang aber schon ganz gut. Was heißt es denn?«

»Es heißt: ›Ich bin an den Geschlechtsteilen verwundet.‹«

»Ja, aber ... das verstehe ich nicht, Nancy«, sagte Mrs. Thigpen eher verwirrt, »wozu brauchst du das?«

»Schlaf jetzt lieber«, sagte Miss Ryan und knipste ihre Leselampe aus.

Miss Thigpen gähnte erneut. Sie zog die Decke bis ans Kinn. »Stimmt, ich bin ja so müde.«

Kurz darauf lag ich in der Dunkelheit und hatte das Gefühl, Stille verbreitete sich im Zug wie das Winterblau des Nachtlichts. In den Ecken des Fensters bildeten sich die ersten Eisblumen, was aussah, als würde eine Spinne ihr Netz von den Rändern her weben. Aus dem leise gestellten Radiolautsprecher drang verzitterte Balalaika-Musik, und wie ein trauriger, einsamer Kontrapunkt dazu spielte jemand in der Nähe Mundharmonika.

»Hör doch mal«, flüsterte Miss Thigpen. »Das ist Junior«, sagte sie. Sie meinte Junior Mignatt, ein neunzehnjähriges Ensemblemitglied. »Der muss wirklich einsam sein. Er kommt aus Panama. Er hat noch nie Schnee gesehen.«

»Schlaf endlich«, sagte Miss Ryan, und das Gebrüll des Windes schien ihren Worten Nachdruck zu verleihen. Kreischend raste der Zug in einen Tunnel, aus dem ich, in voller Montur auf dem Bett eingeschlafen, erst am nächsten Morgen wieder herauskam.

Die Kälte weckte mich. Schnee wehte durch den Fensterspalt. Die Menge, die sich am Fußende meiner Koje angesammelt hatte, reichte bereits für einen Schneeball. Froh, angezogen ins Bett gegangen zu sein, stand ich auf und schloss das Fenster. Es war völlig vereist. Ich rubbelte eine Stelle frei und sah hinaus. An der Horizontlinie deutete sich die Sonne an, aber es war noch weitgehend dunkel, und die wenigen warmen Farbtupfer waren wie Goldfische in einem Tintenfass. Wir waren in den Außenbezirken einer Stadt. Trübe erleuchtete Bauernhäuser machten den Betonklötzen einer trostlosen Wohnsiedlung Platz. Der Zug rumpelte über eine Überführung, unten fuhr eine vollbesetzte Straßenbahn die Leute zur Arbeit und legte sich wie ein wackliger Schlitten in die Kurve. Wenige Augenblicke später fuhren wir in den Bahnhof ein: Warschau. Auf einem schlecht beleuchteten, schneebedeckten Bahnsteig standen Gruppen von Männern, stampften gegen die Kälte an und rieben sich die Ohren warm. Ich sah, wie unser Schaffner, der Teekocher, sich einer Gruppe näherte. Er zeigte auf den Zug und sagte etwas, das die anderen zum Lachen brachte. Ihr dampfender Atem erfüllte die Luft. Lachend gingen einige auf den Zug zu. Ich schlüpfte wieder ins Bett, denn offenbar wollten die Männer durch die Fenster gucken. Nacheinander drückten sich verschwommene Gesichter an die Scheibe. Dann hörte ich einen Aufschrei. Er kam aus einem Abteil im vorderen Bereich des Wagens und hörte sich an wie von Dolores Swann. Die Reaktion war verständlich für jemanden, der beim Aufwachen gleich in diese vereisten Masken hinter dem Fenster sah. Zwar schliefen meine Abteilgenossen vorerst ruhig weiter, doch erwartete ich größere Unruhe. Die blieb aus, nur Twerp bellte in einem fort, wovon ich schnell wieder einnickte.

Als ich um zehn erneut die Augen aufschlug, fuhren wir durch eine weiße, winterstarre Ebene, hier und da unterbrochen von kleinen Fichtenwäldchen, die in der weißen Einöde aussahen wie gedruckt. Schwärme von Krähen glitten über einen Himmel, der so hart und glänzend war wie Eis.

»Mann«, sagte Earl Bruce Jackson, der gerade aufgewacht war und sich beim Blick aus dem Fenster verschlafen kratzte. »Ich sag euch, hier wachsen keine Orangen.«

Der Waschraum von Wagen 2 war eine dunkle, unbeheizte Besenkammer. Es gab ein rostiges Waschbecken mit den üblichen zwei Hähnen für heiß und kalt. Doch leider tröpfelte es aus beiden nur kalt. An diesem ersten

Morgen hatte sich vor der Tür eine lange Schlange von Männern gebildet, die Zahnbürste und Rasierzeug in der Hand hielten. Ducky James kam auf die Idee, den Schaffner, der gerade das Kohlenfeuer unter seinem Samowar schürte, um etwas heißes Wasser zu bitten, weil »wie sollen die Jungs sich sonst vernünftig rasieren?« Alle hielten das für eine tolle Idee, nur der Russe nicht, der, als ihm die Bitte übersetzt wurde, auf seinen geliebten Samowar schaute, als kämen aus dessen Hahn geschmolzene Diamanten. Und dann tat er etwas sehr Seltsames.

Er trat an jeden Einzelnen heran und befühlte mit den Fingerspitzen dessen Wange, wohl um den Stand des Bartwachstums zu überprüfen. In dieser Geste lag eine Zärtlichkeit, die sie für mich unvergesslich machte. »Mannomann«, kommentierte Ducky James, »der ist ja wie eine Mutter zu uns.«

Schließlich gab der Schaffner das Ergebnis bekannt: ein Kopfschütteln, ein ganz klares Nein, *njet*, sein heißes Wasser bekamen wir nicht. Die allgemeine Stoppelsituation rechtfertige so ein Opfer nicht, und überhaupt, der »realistische Mann« sollte auf Reisen nicht damit rechnen, sich rasieren zu können. »Mein Wasser ist nur für Tee«, sagte er. »Heiß und süß und gut für die Seele.«

Ein Glas davon nahm ich dann mit in den Waschraum, benutzte den Tee zum Zähneputzen und dann auch zum Rasieren, indem ich ein Stück Seife darin auflöste und am Ende so etwas wie Rasiercreme hatte. Etwas klebrig, das Ganze, aber alles in allem gar nicht schlecht.

Derart gepflegt begab ich mich auf meine Runde durch den Zug. Der Okkupant von Abteil 1, Leonard Lyons, war ganz in ein professionelles Zwiegespräch mit Earl Bruce Jackson vertieft. Offenbar hatte Jackson im Fall von Lyons seine Bedenken bezüglich der rechten *vibrations* beiseitegeräumt und beschrieb ihm freimütig alle Einzelheiten seiner bevorstehenden Hochzeit in Moskau.

»Super Idee, Earl, super Idee«, sagte Lyons und kritzelte emsig. »Brauner Frack. Champagnerweiße Satinrevers. Und wer ist der Trauzeuge?«

Jackson sagte, diesen Part übernähme Warner Watson, doch das schien Lyons nicht recht zu sein. »Ach nein«, sagte er und tätschelte Jackson das Knie. »Wie wär's, wenn wir mal jemand fragen, der ... jemand richtig Wichtigen fragen?«

»Und wen zum Beispiel?«

»Na ja«, entgegnete Lyons, »jemand wie *Chruschtschow* zum Beispiel. Oder *Bulganin*.«

Jacksons Augen verengten sich zu zwei Schlitzen, als sei er nicht sicher, ob der Vorschlag ernst gemeint war oder nur ein Witz. »Aber ich habe doch schon Warner gefragt. Andererseits, unter diesen Umständen ...«

»Aber klar, alles kein Problem«, sagte Lyons. »Ich bin sicher, Warner hat dafür Verständnis.«

Doch noch waren nicht alle Zweifel beseitigt. »Meinen Sie, Mr. Breen könnte uns einen von diesen Regierungs-Zampanos organisieren?«

»Er könnte es versuchen«, sagte Lyons. »Aber selbst der Versuch könnte Sie schon auf die Titelseite bringen.«

»*C'est ooble-ee-do*«, sagte Jackson und schaute Lyons voller Bewunderung an. »Echt crazy, Mann. Abgefahren.«

Weiter hinten im Gang sah ich bei den Wolferts vorbei, die ihr Abteil mit Herman Sartorius und Warner Watson teilten, die beiden, die Lyons rausgeworfen hatte, Letzteren sogar noch in einem anderen Sinn. Aber Watson schlief noch den Schlaf des Übermüdeten und ahnte nichts von seiner drohenden Disqualifikation als Trauzeuge. Sartorius und Ira Wolfert hatten eine riesige Landkarte zwischen sich ausgebreitet, und Mrs. Wolfert, in ihren Pelzmantel gehüllt, brütete über einem Manuskript. Ich fragte sie, ob sie ein Tagebuch führte.

»Natürlich. Bloß das hier ist ein Gedicht. Ich arbeite schon seit vergangenem Januar daran. Ich dachte, vielleicht kann ich es im Zug zu Ende schreiben. Aber so, wie ich mich fühle ...«, sagte sie dumpf. »Ich habe letzte Nacht kein Auge zugetan, meine Hände sind kalt, und in meinen Kopf dreht sich alles. Ich weiß nicht, wo ich bin.«

Mit anspruchsvoller Geste platzierte Sartorius einen Finger auf der Landkarte. »Das kann ich dir sagen. Wir haben gerade Lidice hinter uns gelassen. Wir haben noch fünf Stunden Polen vor uns, bis wir ins Brest-Litowsk sind.«

Brest-Litowsk war der erste Halt in Russland. Dort sollten große Dinge vor sich gehen. Die Waggons wurden auf Fahrgestelle gehoben, die auf die breitere russische Spur passten, und wir erhielten einen Speisewagen. Außerdem stiegen Vertreter des Kulturministeriums zu, die uns bis Leningrad begleiten würden.

»Wissen Sie, woran mich das erinnert?«, fragte Ira Wolfert und zeigte mit seiner Pfeife auf die herbe Landschaft. »An den amerikanischen Westen.«

Sartorius nickte. »Stimmt. Wyoming im Winter.«

Draußen auf dem Gang traf ich auf Miss Ryan, die immer noch ihr rotes Flanellnachthemd trug. Sie hüpfte auf einem Fuß, nachdem sie mit dem anderen in ein Twerp-Malheur getreten war.

Ich sagte: »Guten Morgen.«

Sie sagte: »Sagen Sie jetzt nichts«, und hüpfte weiter zum Waschraum.

Als Nächstes ging ich nach Wagen 3, wo die Familien mit Kindern untergebracht waren. Die Schule war soeben zu Ende, das heißt, die Kinder waren mit dem Unterricht fertig und entsprechend gut drauf. Papierflieger segelten durch die Luft. Auf die beschlagenen Scheiben wurden lustige Bilder gemalt. Der russische Schaffner, der sogar noch trauriger und ausgelaugter aussah als sein Kollege von Wagen 2, war so damit beschäftigt, Volkseigentum vor kindlicher Zerstörungslust zu beschützen, dass er gar nicht merkte, was derweil seinem Samowar angetan wurde. Zwei kleine Jungs rösteten nämlich ihre Hotdogs darauf. Einer von ihnen, Davy Bey, ließ mich abbeißen. »Gut, ne?« Das konnte ich nur bestätigen. Dann sagte er, ich könne gern auch den Rest haben, er selbst habe schon fünfzehn Stück gegessen. »Haben Sie die Wölfe gesehen?«, fragte er.

Darauf Gail Barnes, eine Ältere: »Ach, hör auf mit deinen blöden Geschichten. Das waren keinen Wölfe, sondern stinknormale Hunde.«

»Waren es nicht«, entgegnete Davy, der eine Stupsnase hatte und boshafte Augen. »Alle haben sie gesehen, draußen vor dem Fenster. Okay, sie haben ausgesehen wie

Hunde, Polizeihunde, nur kleiner. Und sind im Schnee herumgetollt, weil sie so viel Spaß hatten. Ich hätte einen abknallen können ... Uuuuuuuuuuh!«, heulte er und stieß mir seine Cowboypistole in den Bauch.

Gail bat um Verständnis. »Er ist noch ein Kind.« Gail, deren Vater Ersatzmann für die Rolle des Porgy ist, ist elf Jahre und die Älteste der sechs Theaterkinder, von denen die meisten selbst kleine Rollen übernommen haben. Sie fühlt sich deshalb als ältere Schwester von allen und dirigiert sie mit freundlicher Erwachsenenart, an der sich so manche Gouvernante ein Beispiel nehmen könnte. »Entschuldigung«, sagte sie und schaute den Gang hinunter, wo es mehreren ihrer Schutzbefohlenen gelungen war, das Fenster zu öffnen und auf diese Weise arktische Böen in den Zug zu lenken. »Entschuldigung, aber ich muss da kurz eingreifen.«

Ehe sie jedoch ihre Mission erfüllen konnte, war sie selbst wieder ganz Kind. »Ey, guckt mal«, rief sie und lehnte sich aus demselben Fenster, das sie eigentlich hatte schließen wollen. »Guckt mal ... da sind *Leute!*«

Die Leute waren zwei kleine Kinder, die auf einem schmalen, langen Teich am Rand eines weißen Waldes Schlittschuh liefen. Sie versuchten, mit dem Zug mitzuhalten, aber als er dann doch schneller war, streckten sie die Arme aus, als wollten sie die Rufe und Luftküsschen von Gail und ihren Freunden auffangen.

Unterdessen bemerkte der russische Schaffner an seinem Samowar eine ungewöhnliche Rauchentwicklung, angelte verkohlte Hotdogs aus dem Feuer und warf sie auf den Boden. Überhaupt machte er, während er sich über die angesengten Finger blies, kein Hehl daraus, dass er schwer genervt war. Schließlich riss er die Kinder vom Fenster weg und knallte es zu.

»Ach, Sie Spielverderber«, sagte Davy. »Das macht doch Spaß.«

Die Reste eines aus Käse und Obst bestehenden Mittagessens lagen verstreut auf dem Tisch (und dem Teppich) von Abteil 6. Die Nachmittagssonne funkelte in dem Glas Chianti, das Miss Ryan in der Hand schwenkte. »Ich liebe ja Wein«, sagte sie mit Inbrunst. »Schon mit zwölf habe ich angefangen, Wein zu trinken. Ein Wunder, dass ich keine Alkoholikerin geworden bin.« Sie nippte und seufzte zufrieden, was die allgemeine Stimmung ziemlich gut wiedergab. Miss Thigpen und ihr Verlobter, die ebenfalls dem Chianti zusprachen, hatten sich in einer Ecke zusammengekuschelt, ihr Kopf lag auf seiner Schulter. Die schläfrig-verträumte Atmosphäre wurde aber durch ein Klopfen an der Abteiltür unterbrochen – und jemanden, der sagte: »Das wär's dann, Leute. Nächste Station ist Russland.«

»Bitte die Plätze einzunehmen«, sagte Miss Ryan. »Gleich hebt sich der Vorhang.«

Die ersten Anzeichen der Grenze kamen in Sicht: hölzerne Wachtürme, nicht unähnlich denen auf einer Gefängnisfarm im amerikanischen Süden. Wie riesige Telefonmasten erstreckten sie sich bis zum Horizont. Auf dem nächstgelegenen Turm entdeckte ich einen Mann, der den Zug durch einen Feldstecher beobachtete. Langsam kroch der Blaue Express durch eine Kurve und kam schließlich zum Stehen. Wir standen auf einem Verschiebebahnhof, inmitten eines Irrgartens aus Schienen und stehenden Güterzügen. Hier war die russische Grenze, vierzig Minuten vor Brest-Litowsk.

Neben den Schienen arbeiteten Scharen von vermummten Frauen – die russische Art der Frauenverschleierung. Sie schwangen Spitzhacken, schaufelten Schnee und hielten nur inne, um sich in ihre nackten roten Hände zu schneuzen. Die Wenigen, die überhaupt einen Blick auf den Blauen Express riskierten, erregten sofort die Aufmerksamkeit der Milizionäre, die mit den Händen in der Manteltasche daneben standen.

»Eine Schande ist das«, sagte Miss Thigpen. »Die Frauen machen die ganze Arbeit, während die Kerle bloß rumstehen. Dass sie sich nicht schämen!«

»So läuft das hier eben, Honey«, sagte Jackson, hauchte auf einen seiner Rubinringe und polierte ihn am Revers. »Hier ist jeder Mann ein Sportin' Life.«

»Mich sollte mal jemand so behandeln«, drohte Miss Thigpen.

»Trotzdem, ich muss zugeben, die Männer sind einfach göttlich«, sagte Miss Ryan. Ihr Interesse galt zwei Offizieren, die unter dem Fenster auf und ab gingen. Männer von hochgewachsenem, starkem, schweigsamem Schlag mit schmalen Lippen und wettergegerbten Gesichtern. Einer schaute sogar hoch und geriet beim Anblick von Miss Ryans blauen Augen und goldenen Haaren sofort aus dem Tritt. »Ach, wäre das nicht irre?«, winselte Miss Ryan.

»Was wäre irre, Honey?«, fragte Miss Thigpen.

»Wenn ich mich in einen Russen verlieben würde«, sagte Miss Ryan. »Wäre das nicht ein traumhaftes Ende? Meine Mutter glaubt ja, ich wäre durchaus dazu imstande. Sie hat gesagt, wenn ich mich in einen Russen verliebe, brauchte ich gar nicht erst heimzukommen.« Abermals machte ihr Blick an dem Offizier fest. »Aber wenn die alle so sind ...«

Doch plötzlich hatte Miss Ryans Bewunderer keine Zeit mehr für den Flirt. Wie die anderen Soldaten rannte er nämlich Robin Joachim hinterher. Joachim, der leidenschaftliche Fotograf, hatte sich gleich über mehrere Gesetze der Grenzstation hinweggesetzt. Erstens, er war ausgestiegen. Zweitens, er hatte versucht, Fotos zu machen. Jetzt lief er im Zickzack über die Schienen und entging nur knapp der wütenden Schaufel einer Arbeiterin und dem Zugriff eines Grenzsoldaten.

»Ich hoffe, sie schnappen ihn«, bemerkte Miss Ryan kühl. Ihn und seine verdammten Kameras. Ich hab gleich gewusst, dass er uns nichts als Scherereien macht.«

Aber so leicht gab sich Joachim nicht geschlagen. Er war einfach schneller als seine Verfolger und sprang zurück auf den Zug, wo er in Windeseile Mantel, Kameras und Mütze unter den Sitz stopfte und sogar seine Hornbrille abnahm, um sein Aussehen noch weiter zu verändern. Nur Sekunden später, als wütende Soldaten in den Waggon stürmten, war er der ruhige Dolmetscher der Kompanie und nur zu erbötig, den Soldaten bei der Suche nach dem Schuldigen behilflich zu sein. Sie ließen kein einziges Abteil aus, und Warner Watson, rüde aus seinem Schlummer geweckt, war nicht amüsiert. Er versprach Joachim, die Sache hätte noch ein Nachspiel. »Mit solchen Scherzen«, sagte er, »klappt das *nie* mit dem Kulturaustausch.«

Der Zwischenfall hatte eine fünfundvierzigminütige Verspätung und weitere Misshelligkeiten zur Folge, denn den Russen waren im Rahmen ihrer Durchsuchungsaktion gewisse Verunreinigungen in Wagen 2 aufgefallen, die eindeutig dem mitgeführten Hund zuzuordnen waren. Die Besitzerin desselben, Marilyn Putnam, sagte später: »Aber da habe ich ihnen erst mal Bescheid gesagt. Ich sagte: Was sollen wir denn machen, wenn wir nicht aussteigen dürfen? Wie denken Sie sich das? Darauf fiel ihnen nichts ein, und sie haben die Klappe gehalten.«

Im letzten Glanz der untergehenden Sonne erreichten wir Brest-Litowsk. Statuen der großen Politheroen, mit billiger Silberbronze übermalt wie Andenkenfigürchen bei Woolworth, grüßten uns entlang der letzten Meile vor dem Bahnhof. Der Bahnhof lag auf einer Anhöhe und gewährte einen ersten Blick auf die in blauer Trübe daliegende Stadt mit ihrer orthodoxen Kathedrale, deren mosaikverzierte Zwiebeltürme selbst in der Dämmerung ihre Farben nicht verleugneten.

In der Kompanie lief das Gerücht um, man könne, während die Fahrgestelle gewechselt wurden, den Zug verlassen und womöglich einen kleinen Stadtrundgang machen. Vor allem Leonard Lyons war ganz scharf darauf. »Wie soll ich tausend Wörter am Tag schreiben, wenn ich den ganzen Tag im Zug herumsitze. Ich brauche ein bisschen Action.« Die Action, die er sich vorstellte, hatte er mit dem Ensemble auch schon besprochen. Er wollte, dass die Leute durch Brest-Litowsk zogen und Spirituals sangen. »Je mehr Rummel, desto besser. Außerdem eine gute Story. Mich überrascht, dass Breen nicht darauf gekommen ist.« Als der Zug hielt, gingen zwar die Türen auf, aber sogleich wieder zu, nachdem die fünfköpfige Delegation des Kulturministeriums zugestiegen war.

Eine der Gesandten war eine Frau mittleren Alters mit verwuselten, schmutzigbraunen Haaren und einem freundlichen, mütterlichen Gesicht – wären da nicht die Augen gewesen. Die grauen, mit milchig weißen Punkten durchsetzten Augen besaßen einen verzückten Glanz, der ganz und gar nicht zu ihrer unkomplizierten Miene passte. Sie trug einen schwarzen Mantel sowie ein braunschwarzes Kleid, das an der Brust von einer Elfenbeinrose stark heruntergezogen wurde. Als sie sich und ihre Kollegen vorstellte, rasselte sie die Namen herunter wie in einem Patter-Song. »Darf ich vorstellen: SaschaMenaschaTjomkinKerinskiIgorIwanowitschNikolaiSawtschenkoPlesizkjaGrutschenkoRickiSomanenko ...«

Mit näherer Bekanntschaft würden die Amerikaner diese Namen stark vereinfachen. Dann hießen sie schlicht Miss Lydia, Henry, Sascha und Igor, Letztere junge Bedienstete aus dem Kulturministerium, die wie Miss Lydia der Kompanie als Dolmetscher zugeteilt waren. Nur der Fünfte im Quintett, Nikolai Sawtschenko, war nicht der Mann, den man einfach Nick nannte. Als wichtiger Mann im Ministerium war er für den gesamten Ablauf verantwortlich.

Trotz seines Doppelkinns, den leicht hervortretenden Augen und seiner Fettleibigkeit war er eine imposante Erscheinung: über eins achtzig groß, mit einer Art, die keinen Widersrpuch duldete, und einem Händedruck wie ein Nussknacker. Neben ihm wirkten seine Untergebenen wie kränkelnde Kinder, obwohl zwei davon, Sascha und Igor, mit ihrem breiten Kreuz kaum in die pelzbesetzten Mäntel passten. Und Henry, ein spindeldürrer Winzling mit großen roten Ohren, machte durch seine Lebendigkeit wett, was ihm an Statur fehlte.

Es war nur natürlich, dass Miss Lydia und diese jungen Männer der ersten Begegnung mit Westlern ziemlich nervös entgegensahen, war es doch zugleich die erste praktische Erprobung ihrer am Fremdspracheninstitut von Moskau so gewissenhaft erworbenen Englischkenntnisse. Mit waschechten Ausländern hatten sie zuvor noch nie zu tun gehabt, und es war insofern verständlich, dass sie die Amerikaner zunächst anstarrten wie ein kniffliges Problem auf dem Schachbrett. Selbst Sawtschenko war so unwohl in seiner Haut, dass er den Eindruck erweckte, als hätte er die bevorstehende Aufgabe gern mit einer Zelle in der Lubjanka getauscht. Dabei hatte er während des Krieges zwei Jahre in der sowjetischen Botschaft in Washington gearbeitet. Hier jedoch wirkte er erst einmal so überfordert, dass er so tat, als spreche er überhaupt kein Englisch. Mürrisch hielt er eine kleine Ansprache auf Russisch, die von Miss Lydia übersetzt wurde: »Wir hoffen, allesamt hatten angenehme Reise. Leider besuchen Sie uns im Winter, es ist nicht die schöne Zeit des Jahres. Aber wir haben hier ein Sprichwort: *Better now than never*. Ihr Besuch ist ein Schritt vorwärts auf dem Marsch zum Frieden. Wenn die Kanonen sprechen, schweigen die

Musen, und wenn die Kanonen schweigen, sprechen die Musen.«

Die Musen-Kanonen-Metapher, Highlight jeder späteren Sawtschenko-Rede und einer seiner Lieblingssätze, traf auch bei seinen Zuhörern ins Schwarze. »Schön gesagt, einfach nur schön ...«, »Besser kann man das nicht sagen, Mr. Sawtschenko«, »Cool, Mann«, so äußerten sich die Amerikanski, und Sawtschenko, tief geschmeichelt, taute langsam auf und sah auch keinen Grund mehr, warum die Kompanie in dem blöden Zug ausharren musste. Warum vertrat man sich nicht auf dem Bahnsteig ein bisschen die Füße und sah dem Austausch der Fahrgestelle zu?

Draußen versuchte Lyons gleich, ein Ständchen zu organisieren, aber die Temperaturen, zehn Grad minus, waren nicht danach, Sangeslust kam nicht auf. Auch wenn sie froh waren, dem Blauen Express einmal entronnen zu sein, die meisten verzogen sich nach kurzer Zeit wieder nach drinnen. Nur die ganz Harten beobachteten die Arbeiter beiderlei Geschlechts dabei, wie die Waggons getrennt und dann etwa auf Mannshöhe angehoben wurden. Anschließend und unter Funkenflug wurden die alten Fahrgestelle abgezogen, und aus der Gegenrichtung rückten neue nach. Ira Wolfert nannte die Operation »höchst effizient«, Herman Sartorius hielt sie für »eindrucksvoll«, nur Miss Ryan fand das Ganze »todlangweilig« und sagte, wenn ich sie auf den Bahnhof begleitete, gäbe sie mir einen Wodka aus.

Niemand hielt uns ab. Etwa hundert Meter gingen wir die Schienen entlang, dann folgten wir einem ungepflasterten Weg zwischen verschiedenen Lagerhäusern und kamen schließlich auf einer Freifläche an, die wie eine Mischung aus Markt- und Parkplatz aussah. Am Rand hell erleuchtete Kaufläden wie Kerzen auf einem Geburtstagskuchen. Sehr merkwürdig war, dass in allen Buden ein und dieselben Erzeugnisse feilgeboten wurden: Dosenlachs der Marke »Roter Stern«, Sardinen, ebenfalls von »Roter Stern«, angestaubte Flaschen Parfum »Kreml«, Süßigkeiten »Kreml«, auch sie Veteranen im Regal, eingelegte Tomaten, dicke graue Schinkenbrote, Backwaren, die unseren Osterfladen ähnelten und dem Eindruck nach auch schon genauso lange dort lagen. Und obgleich sich diese Läden über mangelnde Kundschaft nicht zu beklagen brauchten, die meiste Nachfrage herrschte nach etwas, das auf dem Klapptisch eines alten chinesischen Straßenhändlers lag: Äpfel. Die Äpfel waren so klein und verschrumpelt wie er selbst, trotzdem war die Schlange untröstlich, als irgendwann der letzte verkauft war. Am Ende der Freifläche lag die Treppe, die zum Haupteingang des Bahnhofs führte. Dorthin ging der Chinese, nachdem er seinen Stand zusammengeklappt hatte, und setzt sich zu einem Freund. Dieser Freund war ein Bettler in einem alten Armeemantel. Neben ihm seine Krücken wie die gebrochenen Schwingen eines verletzten Vogels. Fast jeder dritte Passant ließ eine Münze in die ausgestreckte Hand fallen, auch der Chinese gab ihm etwas: einen Apfel. Einen hatte er für sich aufbewahrt und einen für den Bettler. Gemeinsam vertilgten sie die Äpfel und drückten sich wegen der Kälte eng aneinander.

Die permanenten Pfiffe der Eisenbahn verschmolzen die Apfelesser und Kaufläden und die vermummten Fledermausgesichter der Passanten zur traurigen Symphonie einer russischen Stadt. »Ich hatte ja noch nie in meinem Leben Heimweh«, erklärte Miss Ryan. »Aber manchmal, manchmal ...«, sagte sie, als sie die Treppe hochging und die Tür zum Bahnhof aufmachte, »da kommt es einen doch an, wie fern die Heimat jetzt ist.«

Als strategischer Eisenbahnknotenpunkt verfügt Brest-Litowsk über den größten Bahnhof des Landes. Auf der Suche nach etwas Trinkbarem liefen wir verschiedene hohe Gänge und Wartehallen ab. Im Zentralbereich ansehnliche Eichenbänke, auf denen viele Fahrgäste saßen, meist mit Kindern oder Paketen auf dem Schoß, aber ohne Gepäck. Überall Rutschgefahr wegen des hereingetragenen Schneematsches. Auffällig auch der schwere, durchdringende Geruch, der nicht mehr auf eine eindeutige Quelle zurückzuführen war, sondern Bestandteil des Atmosphärendrucks zu sein schien. Ähnlich wie die Stadt Venedig, so verströmen auch Russlands Bahnhöfe, Kaufhäuser, Restaurants und Theater ein Aroma, das sie unverwechselbar macht. Misstrauisch sog Miss Ryan dieses Gemisch ein und meinte dann: »Jungejunge, das müffelt ja ganz schön. Alte Socken und ein gigantisches Gähnen mit Mundgeruch. Ich weiß nicht, ob ich das haben muss.«

Da weit und breit keine Bar zu entdecken war, fingen wir an, aufs Geratewohl irgendwelche Türen aufzumachen. Hinter einer kam Miss Ryan sofort wieder hervor, es war das Herrenklo. Dann sah sie zwei sternhagelvolle Zecher aus einer roten Tür wanken und entschied: »Da ist es. Da müssen wir hin.« Die rote Tür führte in ein ganz außerordentliches Restaurant. Groß wie eine Turnhalle und ausgestattet wie für den Abschlussball in einem viktorianischen Mädchenpensionat. Plüschig-rote Draperien an den Wänden, antike Kronleuchter, die mit tropischer Leuchtkraft auf borschtschbekleckerte Tischtücher und kümmernde Gummibäume herniederbrannten. Der Oberkellner schien wunderbar in diese Atmosphäre vergammelter Pracht und Herrlichkeit zu passen. Er war mindestens achtzig, ein weißbärtiger Patriarch, der uns durch Schwaden aus Zigarettenrauch mit unnachsichtigem Auge musterte, als stelle er unser Existenzrecht in seinem Laden grundsätzlich in Frage.

Miss Ryan lächelte ihn tapfer an und sagte: »Wodka, *paschaleste*.« Der alte Mann starrte uns feindselig und verständnislos an. Sie probierte es mit verschiedenen Aussprachevarianten. »Wuidka ... Wadka ... Wudka ...« Schließlich nahm sie ihre Hände zu Hilfe und markierte ein erhobenes Gläschen auf unser aller Wohl. »Wodka, verdammt noch mal.«

Auch wenn der Groschen noch immer nicht gefallen war, setzte er uns mit einem Nicken an einen Tisch zu zwei Fremden, was aber russischer Gepflogenheit entsprach. Die beiden Männer tranken Bier, und der Alte zeigte fragend auf die Gläser. Miss Ryan gab es jetzt auf und nickte bloß.

Unsere Tischgenossen hätten unterschiedlicher nicht sein können. Einer ein stämmiger Kerl mit rasiertem Kopf und verblichener Uniform, der es auf der Promille-Skala schon weit gebracht hatte. So ging es übrigens den meisten im Saal. Entweder sie grölten herum oder lagen halbtot und lallend auf dem Tisch. Der Zweite aber gab Rätsel auf. Dem Aussehen nach hätte er ein Wall-Street-Mann sein können, Partner von Herman Sartorius, jemand, den man sich eher in teuren Restaurants vorstellt als in einer russischen Bierschwemme. Er trug einen gebügelten Anzug, der nicht so aussah, als hätte er ihn selbst genäht. Er hatte goldene Manschettenknöpfe und war im Übrigen der Einzige mit Krawatte.

Es dauerte einen Moment, aber dann wurde Miss Ryan von dem kahlrasierten Soldaten angesprochen. »Tut mir leid, ich spreche kein Russisch«, entgegnete sie. »Wir sind Amerikaner. Amerikanski.« Diese Äußerung hatte auf den Soldaten eine gewisse ernüchternde Wirkung. Seine blutunterlaufenen Augen stellten sich auf Miss Ryan ein. Dann wandte er sich an den gut gekleideten Herrn und hielt eine längere Rede, auf die dieser kühl und mit gestochen scharfen Formulierungen reagierte. Es kam zu einem Wortwechsel, worauf der Soldat sein Bier nahm und sich mit finsterem Blick an einen anderen Tisch setzte. »Na ja«, sagte Miss Ryan nicht weniger beleidigt, »nicht alle Russen sehen eben gleich gut aus.« Die Komplimente bekam dafür unser Verteidiger. »Der da sieht schon besser aus. Fast wie Otto Kruger in *Die wunderbare Macht*. Komisch, ich stand schon immer auf ältere Männer. He, starr ihn nicht so an, er weiß sowieso, dass wir über ihn reden.« Dann, nachdem sie mich auf sein Hemd, die Manschettenknöpfe und seine sauberen Fingernägel aufmerksam gemacht hatte, sagte sie: »Glaubst du, es gibt so etwas wie russische Millionäre?«

Das Bier kam in einer Literflasche, dazu zwei Gläser. Der Oberkellner goss ein Schlückchen in mein Glas und wartete. Schneller als ich begriff Miss Ryan, was das Ganze sollte. »Er will dich probieren lassen, wie bei Wein.« Ich hob das Glas und fragte mich, ob diese Art Bierverkostung sowjetische Normalität war oder nicht eher ein fehlerhaft überkommenes Relikt aus zaristischer Zeit, womit der alte Mann uns beeindrucken wollte. Ich nippte, nickte, und stolz füllte er unsere Gläser mit dem warmen, schaumlosen Gesöff. Miss Ryan sagte: »Herrje, das ist ja fürchterlich. Rühr das Zeug ja nicht an!« Ich war anderer Meinung, und sie präzisierte: »Nein, ich wollte sagen, wir sind in einer fürchterlichen Lage. Wir können das Bier doch gar nicht bezahlen, wir haben keine Rubel, das hatte ich ganz vergessen.«

»Bitte, darf ich Sie einladen?«, erkundigte sich eine leise Stimme mit angenehmem Akzent. Sie gehörte dem soignierten Herrn, der mit dem Soldaten gesprochen hatte, und trotz seiner verbindlichen Miene lag in seinen hellblauen Augen ein leichtes Amüsement über unsere prekäre Lage. »Ich bin zwar kein russischer Millionär«, sagte er, »aber Millionäre gibt es hier sehr wohl. Einige kenne ich sogar persönlich. Trotzdem würde ich mich freuen, wenn ich Ihre Rechnung übernehmen dürfte. Nein, bitte, Sie müssen sich nicht entschuldigen«, sagte er auf Miss Ryans gestammelte Schadensbegrenzung und lächelte ganz offen. »Es war höchst vergnüglich. Und sehr ungewöhnlich, ausgerechnet hier amerikanischen Staatsbürgern über den Weg zu laufen. Sind Sie Kommunisten?«

Miss Ryan verneinte dies und klärte ihn über den Zweck unserer Reise auf. »Schön, dass Sie zuerst nach Leningrad fahren. Eine wunderbare Stadt«, sagte er. »Sehr ruhig, fast europäisch. Der einzige Ort in Russland, an dem ich leben könnte. Nicht dass ich wirklich in Leningrad wohne, aber trotzdem ... Ja, ich liebe Leningrad. Die Stadt ist ganz anders als Moskau. Ich selbst bin gerade auf dem Weg nach Warschau, aber ich war zwei Wochen in Moskau. Das entspricht etwa zwei Monaten woanders.« Er sei Norweger, sagte er, und im Holzgeschäft, das erfordere jedes Jahr einen mehrwöchigen Aufenthalt in der Sowjetunion, und mit Ausnahme der Kriegsjahre mache er das schon seit 1931. »Ich spreche ganz gut Russisch und habe unter meinen Bekannten einen Ruf als Russland-Experte. Aber ehrlich gesagt verstehe ich Russland heute nicht besser als 1931. Und sooft ich in Ihrem Land bin – und ich war sicher schon ein halbes Dutzend Mal da –, fällt mir auf, dass Amerikaner eigentlich die einzigen Menschen sind, die mich an Russen erinnern. Ich hoffe, Sie nehmen mir das jetzt nicht übel. Amerikaner sind äußerlich immer so großzügig und energiegeladen. Aber hinter ihrer selbstbewussten Maske wollen sie eigentlich nur geliebt werden, verhätschelt wie ein Hund oder ein kleines Kind. Sie wollen immer und überall hören, dass sie mindestens genauso gut sind wie wir, wenn nicht besser. Und obwohl Europäer ihnen da gerne zustimmen, wirklich glauben können sie es nicht. Sie fühlen sich immer noch minderwertig und irgendwie abgehängt vom Rest der Welt. Und einsam. Genau wie die Russen.«

Daraufhin wollte Miss Ryan wissen, worüber er denn mit dem Soldaten gesprochen habe. »Ach, über nichts«, sagte er. »Eine große Schnauze haben sie, wenn sie zu viel intus haben, weiter nichts. Er war aus irgendeinem dämlichen Grund der Ansicht, Sie hätten ihn beleidigt. Ich habe ihm gesagt, er sei aber ganz schön *nye kulturni*. Das sollten Sie sich übrigens merken, dieses Wort ist extrem nützlich hier. Wenn Sie hier jemand von der Seite anquatscht und Sie das nicht so stehen lassen wollen, dann hat es wenig Sinn, den Betreffenden mit Bastard oder Hundesohn zu titulieren. Sagen Sie einfach, er ist unkultiviert, das sitzt.«

Miss Ryan wurde unruhig und drängte zum Aufbruch. Wir schüttelten dem Gentleman die Hand und dankten für das Bier. »Sie waren wirklich sehr *kulturni*«, sagte sie. »Und Sie sehen übrigens noch besser aus als Otto Kruger.«

»Das werde ich meiner Frau erzählen«, sagte er grinsend. »*Doswidanje. And good luck.*«

Ein Stunde hinter Brest-Litowsk wurde das Zugrestaurant eröffnet, ein Ereignis, dem die ganze Kompanie mit großem Hunger und noch größerer Spannung entgegensah, da man davon ausging, die Russen würden sich bei diesem ersten Mahl nicht lumpen lassen, und daher »lukullische Genüsse aus Küche und Keller« erwartete. Oder wie ein anderes Ensemblemitglied in schöner Offenheit formulierte: »Die Russen werden auffahren, dass sich die Tische biegen.«

Bescheidener waren da schon die Speisewünsche von Miss Thigpen: »Fünf Löffel Kaviar und ein Stück trockener Toast, das sind hundertdreißig Kalorien.« Kalorien waren hingegen Mrs. Gershwins geringste Sorge. »Nein, den Kaviar lasse ich mir nicht entgehen. Weißt du, was ein Pfund Kaviar in Beverly Hills kostet? Fünfunddreißig Dollar!« Leonard Lyons hingegen träumte von Borschtsch mit einem Klacks saurer Sahne. Earl Bruce Jackson wollte sich »mit Wodka die Kante geben« und »Schaschlik spachteln bis zum Umfallen«. Marilyn Putnam hoffte insgeheim, alle würden etwas für Twerp einpacken.

Die erste Schicht, fünfzig Mäuler stark, marschierte in den Speisewagen und nahm an den gedeckten Vierertischen Platz, die links und rechts an den Fenstern angeordnet waren. Weißes Tischtuch, weißes Geschirr, Silberbesteck mit anheimelnden Gebrauchsspuren. Der Speisewagen selbst war mindestens so alt wie das Silber, und die Essensdünste aus einem halben Jahrhundert hingen in der Luft wie etwas Sichtbares. Sawtschenko war nicht da, dafür machten Miss Lydia und die drei jungen Männer aus dem Ministerium an verschiedenen Tischen den Gastgeber. Wie von einsamen Inseln aus warfen sie sich verlorene Blicke zu, stille Hilferufe.

Miss Lydia saß zusammen mit Lyons, Miss Ryan und mir. Man spürte, die Sensation im Leben dieser Frau, die normalerweise Zeitschriftenartikel übersetzte und in einer Einzimmerwohnung in Moskau lebte, die Sensation, die ihr die hektische Röte in die Wangen trieb, war nicht die Begegnung mit den Ausländern, sondern dieser Speisewagen. Nervös spielte sie beim Anblick des Tafelsilbers, der sauberen Tischdecke und des kleinen Korbs mit runzligen Äpfeln an ihrer Elfenbeinrose und wischte sich ein ums andere Mal die losen Strähnen aus der Stirn. »Wir wollen essen!«, sagte sie, wobei sie ein Quartett von stämmigen Kellnerinnen ansah, die sogleich mit dem ersten Gang angewackelt kamen.

Diejenigen, die jetzt eisgekühlten Kaviar und Karaffen mit Wodka erwartet hatten, waren natürlich enttäuscht, als ihnen bloß Joghurt und Himbeerlimo aufgetischt wurde. Lediglich Miss Thigpen hinter mir äußerte sich entzückt. »Ich könnte sie küssen. Mehr Eiweiß als ein kleines Steak und das bei halb so viel Kalorien.« Aber Mrs. Gershwin auf der anderen Seite des Gangs warnte Miss Putnam, gleich zuzulangen. »Tu das nicht, Darling, als Nächstes kommt garantiert der Kaviar.« Der nächste Gang bestand jedoch aus Wassersuppe mit einer Einlage aus hartleibigen Nudeln, die wie ersoffene Baumstämme am Grund des Tellers lagen. Und das Hauptgericht: Paniertes Kalbsschnitzel an Salzkartoffeln und Erbsen. Letztere rasselten wie Sauschrot auf dem Teller. Um dies alles herunterzuspülen, gab es eine weitere Runde Himbeerlimo, worauf Miss Putnam zu Mrs. Gershwin sagte: »Ob Twerp das wohl verträgt?« Und Mrs. Gershwin, die gerade an ihrem Schnitzel säbelte, erwiderte: »Halten Sie es für möglich, dass es den Kaviar zum Nachtisch gibt? Sie wissen schon, zusammen mit diesen kleinen Küchlein?«

Nur Miss Lydia hatte die Backen voll. Mit quellenden Augen und maschinenhaft arbeiteten Kauwerkzeugen, Schweiß auf der Stirn, ermunterte sie die Tischgesellschaft: »Essen Sie, essen Sie. *It's good, yes?*« »Phantastisch«, bestätigte Miss Ryan, und Miss Lydia, die ihren Teller mit einem Kanten Schwarzbrot polierte, nickte vehement: »In Moskau erhalten Sie nicht besser.«

In der Pause zwischen Hauptgericht und Dessert machte sie sich über den Obstkorb her. Und während sich immer mehr Apfelkitschen auf ihrem Teller stapelten, beantwortete sie Fragen. Lyons zum Beispiel begehrte zu wissen, in welchem Hotel die Kompanie in Leningrad absteigen würde. Miss Lydia war erstaunt, dass er das noch nicht wusste. »Im Astoria. Die Zimmer sind seit Wochen reserviert«, sagte sie und beschrieb das Astoria als »sehr *old-fashion*, aber auch exquisit«. »Und was ist an Nachtleben geboten?«, so Lyons weiter. Darauf erklärte Miss Lydia, ihr Englisch sei nicht ganz, wie es sein sollte, doch aus moskowitischer Sicht müsse man sagen: »*Old-fashion*, das heißt ziemlich provinziell, gar nicht wie Moskau.« Kurz, sie schilderte diese Stadt wie ein New Yorker Philadelphia schildern würde, und am Ende sagte Lyons: »Also für mich klingt das wie Schnarch-City.« Allein Miss Ryan fragte, wann Miss Lydia zuletzt in Leningrad gewesen sei. Miss Lydia blinzelte sie an. »Zuletzt? Nein, noch nie. Ich war noch nie in Leningrad. *It will be interesting to see, yes?*«

Aber dann hatte sie selbst eine Frage. »Ich wäre glücklich, wenn Sie mir erklären könnten: Warum ist Paul Robeson nicht dabei? *He is a colored person, yes?*«[31]

»Richtig«, sagte Miss Ryan, genauso wie sechzehn Millionen weitere Amerikaner *colored persons* seien, aber Miss Lydia habe gewiss Verständnis dafür, wenn Everyman nicht jeden Einzelnen davon engagieren könne.

Mit überlegener Miene lehnte sich Miss Lydia zurück. »Nein, es ist, weil *Sie* ...«, sagte sie lächelnd, »... weil *Sie* ihm keinen Pass geben.«

Der Nachtisch kam, Vanille-Eis, und es war exzellent. Hinter mir sagte Miss Thigpen zu ihrem Verlobten: »Iss das bloß nicht, Honey. Wer weiß, ob es pasteurisiert ist.« Auf der anderen Seite des Gangs bemerkte Mrs. Gershwin zu Miss Putnam: »Also wenn Sie meine Meinung hören wollen: Die schicken ihren ganzen Kaviar nach Kalifornien. In Beverly Hills kostet ein einziges Pfund schon fünfunddreißig Dollar.«

Der Kaffee folgte und mit ihm der erste handfeste Streit. Jackson & Co hatten die Karten für eine Runde Tonk herausgeholt. Sascha und Igor, die beiden schweren Jungs aus dem Ministerium, traten an den Tisch und informierten die Spieler mit unsicherer Stimme, dass »Glücksspiele« in der Sowjetunion verboten seien. »Mann«, wehrte sich einer der *squares*, »von Glücksspiel kann doch keine Rede sein. Und was soll man auch sonst machen? Wenn nicht mal ein kleines Spielchen erlaubt ist, drehen wir hier noch durch.« Doch Sascha bestand darauf: »Glücksspiele sind illegal. Nicht erlaubt.« Die Männer warfen die Karten hin. Jackson steckte sie in die Schachtel und sagte: »Mann, so ein piefiger Scheißladen, nix los hier. *The number to play is zero.* Das sag ich den Jungs in New York.«

»Sie sind unglücklich, wir bedauern«, sagte Miss Lydia. »Aber wir dürfen die Arbeiter in der Restauration nicht vergessen.« Ihre kurzgliedrige Hand wies elegant auf die Kellnerinnen mit den breiten, kuhäugigen Gesichtern, die schweißüberströmt hohe Stapel von schmutzigen Tellern durch den Gang balancierten. »Sie verstehen, es sieht nicht gut aus, wenn sie sehen, dass sowjetisches Recht gebeugt wird.« Sie schnappte sich die letzten Äpfel im Korb, stopfte sie in ihre Stoffhandtasche und verkündete aufgeräumt: »Und nun: Schlafen! Vielleicht auch träumen! Wir wollen des Grams verworrn Gespinst entwirren.«

Am Morgen des 21. Dezember war der Blaue Express noch vierundzwanzig Stunden von Leningrad entfernt, also noch einen Tag und eine Nacht, obwohl der Unterschied zwischen beidem desto geringer wurde, je weiter sich der Zug ins russische Herzland vorschob. Die Sonne jedenfalls, ein grauer Schemen, war keine große Hilfe mehr, sie erhob sich um zehn und erreichte ihr Grab gegen drei Uhr nachmittags. In der fragilen Spanne dazwischen beleuchtete sie einen Winter, der nicht den Eindruck machte, als wolle er dieses Land je wieder aus seinem Griff entlassen: Den Birken waren unter der Schneelast alle Äste gebrochen; ein Dorf mit Holzhäusern, aber keine Menschenseele in Sicht, und die Eiszapfen an den Dachvorsprüngen so groß wie die Stoßzähne von Elefanten. Später ein Dorffriedhof mit ärmlichen, windschiefen Holzkreuzen, die selbst fast unter dem Schnee begraben waren. Nur vereinzelte Heuhaufen, einsam auf den verwaisten Feldern, deuteten darauf hin, dass aus der gefrorenen Erde eines fernen Frühlings wieder frisches Grün sprießen könnte.

An Bord des Blauen Express' hatte die Stimmung den Nirwanapunkt zwischen der Anspannung der Abfahrt und der Aufregung der Ankunft erreicht. Ein zeitloses Nirgendwo, das man als immerwährend akzeptierte, wie den

Wind, der den Schnee gegen die Scheiben wehte. Irgendwann entspannte sich sogar Warner Watson. »Immerhin«, sagte er, indem er sich mit kaum noch zitternden Händen eine Zigarette anzündete, »es sieht so aus, als hätte ich sogar meine Nerven bald in trockenen Tüchern.« Twerp schlummerte im Gang. Er lag auf dem Rücken, zeigte uns seinen rosa Bauch und hatte alle Viere von sich gestreckt. In Abteil 6, wo zwischen ungemachten Betten, Orangenschalen, verschüttetem Puder und Zigarettenkippen in kaltem Tee das Chaos regierte, übte Jackson Kartenmischen, während seine Verlobte sich die Nägel machte. Und Miss Ryan memorierte die nächste Phrase aus dem alten Armee-Sprachführer Russisch: »SLU-*sha iiss-ja iili ja* BUH-*du striil*-JAHT! Gehorchen Sie oder ich schieße!« Nur Lyons blieb seiner normalen Arbeitsroutine treu. »Wer *mein* Geld verdienen will, der schafft das nicht, indem er nur die schöne Aussicht genießt«, sagte er und hackte die Überschrift für seine nächste Kolumne in die Maschine: »Mit Gershwin auf russischen Gleisen.«

Am Abend, als sich die anderen zu einem dritten Nachschlag von Joghurt und Himbeerlimo im Speisewagen versammelten, blieb ich im Abteil und gönnte mir einen Hershey-Riegel. Erst dachte ich, Twerp und ich hätten den Wagen ganz für uns, doch dann fiel mir Henry auf, der kleinwüchsige Dolmetscher mit den großen Ohren. Immer wieder ging er an meinem Abteil vorbei und warf mir dabei einen Blick zu, als könne er vor Neugier kaum an sich halten. Offenbar wollte er mit mir sprechen, wusste aber aus Vorsicht und Zurückhaltung nicht, wie.

Als er es nach einem weiteren Erkundungsgang schließlich doch riskierte, war sein Auftritt hochoffiziell.

»Geben Sie mir Ihren Pass«, sagte er mit jener für schüchterne Menschen typischen Schroffheit.

Er setzte sich auf Miss Thigpens Koje und studierte meinen Pass durch eine Brille, die ihm immer wieder auf die Nasenspitze rutschte. Wie alles, was er am Leib trug, angefangen von dem blanken schwarzen Anzug mit den Schlaghosen bis hin zu seinen braunen ausgetretenen Schuhen, so war auch die Brille zu groß für ihn. Ich sagte, falls er mir verraten würde, wonach er suchte, könne ich ihm womöglich behilflich sein. »Es ist notwendig«, antwortete er nur, wobei seine Ohren wie heiße Kohlen glühten. Der Zug muss ein ganzes Stück vorwärts gekommen sein, während er durch meinen Pass blätterte wie ein kleiner Junge durch ein Briefmarkenalbum. Und obwohl er sorgfältig die Einträge jeder einzelnen Einwanderungsstelle kontrollierte, richtete sich sein eigentliches Interesse auf die personenbezogenen Daten wie Beruf, Körpergröße, Augenfarbe, Geburtsdatum.

»Hier ist korrekt?«, fragte er und zeigte auf mein Geburtsdatum. Ich sagte, das sei in der Tat korrekt. »Wir sind drei Jahre auseinander«, meinte er. »Ich bin am jüngsten – oder jünger? – ich bin jünger als Sie, danke. Aber Sie haben viel gesehen so. Nun. Ich habe Moskau gesehen.« Ich fragte ihn, ob er auch gerne reisen würde. Seine Verärgerung äußerte sich als physische Reaktion, als eine Abfolge ausweichender Zuckungen unter dem XXL-Anzug, die alles bedeuten konnten: Ja oder nein oder vielleicht. Er schob seine Brille hoch und sagte: »Ich habe nicht die Zeit. Ich bin ein Arbeiter wie er und er. Drei Jahre, vielleicht, dann mein Pass hat viele Imprimaturs. Aber ich bin zufrieden mit den Landplätzen, nein, den Schauplätzen des Geisteslebens. Die Welt ist immer gleich, aber hier ...«, er tippte gegen seine Stirn, schlug geradezu dagegen. »*Hier ...*«, und legte die Hand aufs Herz, »hier ist Mannigfaltung. Was ist korrekt: Mannigfaltig oder Mannigfaltung?« Ich erwiderte, beides, in diesem Zusammenhang ergäbe beides Sinn.

Die Anstrengung, alle diese Sätze zu bilden, zumal bei einer solchen emotionalen Beteiligung, hatte ihn erschöpft. Er stützte seine Ellbogen auf die Knie und sagte unvermittelt: »Sie ähneln Schostakowitsch. Das ist korrekt?« Ich erwiderte, das hätte ich so noch nicht gesehen, nicht nach den Fotos, die mir bekannt waren. »Wir haben es diskutiert, Mr. Sawtschenko hat auch die Meinung«, sagte er, als sei es damit amtlich, denn wer waren wir, einem Sawtschenko zu widersprechen? Aber da wir gerade von Musik sprachen, erwähnte ich David Oistrach, den großen sowjetischen Violinvirtuosen, der jüngst in New York und Philadelphia gastiert hatte. Er hörte meiner Schilderung von Oistrachs musikalischen Triumphen in Amerika mit einer Aufmerksamkeit zu, als sei in Wahrheit er gemeint, Henry, der Dolmetscher aus dem Ministerium. Seine Hängeschultern strafften sich und schienen auf einmal den schlotternden Anzug auszufüllen, die Füße in den viel zu großen Schuhen, die nicht einmal den Boden berührten, gerieten in Bewegung, schwangen aus und schlugen mit den Hacken zusammen, als versuchten sie sich an einem Tänzchen. Ich fragte ihn, ob damit zu rechnen sei, dass *Porgy and Bess* in

Russland ein ähnlich großer Erfolg würde wie Oistrach in Amerika. »Es ist nicht meine Fähigkeit, das zu sagen. Aber wir im Ministerium hoffen das mehr als Sie hoffen. Für uns das *Porgy-Bess* war Stück Schwerstarbeit.« Er verriet mir, dass er jetzt schon seit fünf Jahren im Ministerium arbeite, aber von Berufs wegen noch nie aus Moskau herausgekommen sei. Normalerweise verbrachte er die sechstägige Arbeitswoche an seinem Schreibtisch (»Ich habe mein eigenes Telefon«). Am Sonntag blieb er zu Hause und las (»Unter Ihren Schriftsteller der stärkste ist A.J. Cronin. Aber Scholokow ist noch stärker, *yes*?«). Da er noch ledig war, wohnte er in der kleinen Wohnung seiner Eltern am Rande von Moskau (»Meine Besoldungsstufe entspricht nicht mein Streben.«). Das Schlafzimmer musste er sich mit seinem Bruder teilen.

Die Unterhaltung gestaltete sich zunehmend locker. Er probierte von meinem Hershey-Riegel, dann wollte ich ihm einige meiner Bücher schenken, sein Blick konnte nämlich die ganze Zeit nicht von den billigen Taschenbuchkrimis lassen, die auf dem Tisch lagen, neben Edmunds Wilsons *Auf dem Weg zum Finnischen Bahnhof*, ein Buch über den Aufstieg des Sozialismus, und Nancy Mitfords Biographie von Madame Pompadour. Ich sagte, die könne er alle haben, wenn er wollte.

Zunächst war er hocherfreut. Doch als er die Hand danach ausstreckte, befielen ihn erst Zweifel und schließlich wieder diese Zuckungen, bis er abermals in seinem Anzug ertrank. »Ich habe nicht die Zeit«, sagte er traurig. Danach gab es nichts mehr zu sagen. Er bescheinigte mir, dass mein Pass in Ordnung sei, und ging.

Zwischen Mitternacht und zwei Uhr früh stand der Blaue Express auf einem Abstellgleis nahe Moskau. Die Kälte kroch in die Waggons und malte Eisblumen auf die Fenster. Beim Blick hinaus sah man – wie nach einer Linsentrübung – nur noch spektrale Formen. Als sich der Zug erneut in Bewegung setzte, lief eine Welle der Unruhe durch die Abteile. Diejenigen, die geschlafen hatten, erwachten und waren plötzlich so kregel wie Hühner, die von einem falschen Morgengrau genarrt worden waren. Die Aufgebliebenen gossen sich noch einen Drink ein und hielten erst recht durch. Das Pendel schlug allmählich in Richtung Ankunft und neue Aufregung.

Miss Thigpen erwachte wie aus einem Alptraum und rief: »Earl! Earl!«

»Nicht hier«, sagte Miss Ryan, die sich mit einem Brandy unter die Decke gekuschelt hatte und Mickey Spillane las. »Er ist gerade dabei, gegen die Gesetze der Sowjetmacht zu verstoßen. Irgendwer im nächsten Wagen hat eine illegale Spielhölle aufgemacht.«

»Aber er braucht doch seinen Schlaf«, quengelte Miss Thigpen.

»Dann mach ihn zur Schnecke«, riet Miss Ryan. »Er kann jetzt keinen Rückzieher mehr machen, er muss dich heiraten.«

»Nancy, *quelle heure est-il?*«

»Zwanzig vor vier.« Um vier fragte Miss Thigpen abermals und dann noch einmal um zehn nach. »Herrgott, Helen. Kauf dir eine Uhr oder nimm ein Oblivon.«

Miss Thigpen wühlte sich unter der Decke hervor. »Hat eh keinen Sinn. Ich kann mich genauso gut anziehen.« Sie brauchte genau eine Stunde und fünfundzwanzig Minuten, um das richtige Kleid auszusuchen und sich angemessen zu schminken und zu parfümieren. Um fünf Uhr fünfunddreißig krönte sie ihre Erscheinung mit einem verschleierten Federhut und setzte sich aufs Bett, jetzt fehlten nur noch Strümpfe und Schuhe. »Ich weiß gar nicht, was ich an den Beinen tragen soll. Ich will mich nicht vergiften.« Grund für ihre Angst war ein Memo der Russen bezüglich Nylonstrümpfen. Angeblich zersetzten sich diese bei starker Kälte, was zu einer Nylon-Vergiftung führen könnte. Miss Thigpen massierte ihre nackten Beine und stöhnte. »Wo fahren wir eigentlich hin? Ich meine, was ist das für ein Land, wo Strümpfe auseinanderfallen und richtig lebensgefährlich werden.«

»Vergiss doch den Quatsch«, sagte Miss Ryan.

»Aber die Russen ...«

»Was verstehen die Russen von Nylonstrümpfen? Sie haben ja nicht mal welche. Darum reden sie auch solchen Unsinn.«

Erst gegen acht kehrte Jackson von seinem Tonk-Marathon zurück. »Earl«, sagte Miss Thigpen, »soll das später in unserer Ehe auch so laufen?«

»Ach, Sweety«, sagte er müde und kletterte in seine Koje, »den Kerl haben wir ausgezogen. *Zero point zero.* Der war *Ooble-ee-doo*-fertig.«

Miss Thigpen beeindruckte das wenig. »Earl, wenn du dich jetzt hinlegst, siehst du später aus wie aus dem Altkleidersack gezogen. Wir sind fast da.«

Jackson grummelte irgendetwas und zog sich die Decke über den Kopf.

»Earl«, sagte Miss Ryan leise, »du weißt schon, dass die Wochenschau am Bahnhof sein wird?«

Kurz darauf hatte sich Jackson rasiert und in einen karamellfarbenen Pelzmantel geworfen. Er besaß auch den passenden Hut dazu, »Handanfertigung im Fedora-Style«, wie er sagte. Und während er seine Hände in ein Paar Handschuhe zwängte – Handschuhe mit einer Reihe von Löchern, durch die seine Ringe sichtbar blieben –, gab er seiner Verlobten letzte Anweisungen in puncto Pressemeute: »Konzentrier dich nicht so sehr auf die Fotografen, Honey, das ist Zeitverschwendung. Wenn die Fernsehfritzen da sind, ist das erst mal das Wichtigste.« Mit seiner brillantbesetzten Faust kratzte er das Fenster frei und spähte hinaus. Es war fünf nach neun und immer noch stockfinster, nicht gerade ideal für bewegte oder unbewegte Bilder. Eine halbe Stunde später aber hatte sich das Dunkel zu einem stahlgrauen Frühdunst gelichtet, durch den bläuliche Schneeflocken rieselten.

Sascha vom Ministerium machte die Runde und klopfte an jedes Abteil: »Meine Damen und Herren, noch zwanzig Minuten bis Leningrad.«

Ich zog mich an und quetschte mich auf den überfüllten Gang, wo sich gleich einem Eisenbahnrad die Aufregung minütlich schneller drehte. Sogar Twerp, eingepackt in einen Schal und sicher auf Miss Putnams Arm, war bereit zum Ausstieg. Noch bereiter war Mrs. Gershwin. Ein dicker Nerz plusterte ihre Gestalt auf, Brillanten überall, und putzig schauten ihre Löckchen unter der Zobelmütze hervor. »Die Mütze, Darling? Die habe ich in Kalifornien gekauft. Bisher aber versteckt, weil, es sollte ja eine Überraschung sein. Wirklich, das findest du auch, Schätzchen? Wie lieb von dir. *Darling* ...«, sagte sie, wobei die plötzliche Stille ihre Stimme lauter erschienen ließ, »wir sind da!«

Verblüffung, dann kollektives Geschiebe Richtung Ausgangsbereich. Der traurige Schaffner, der sich dort bereits aufgestellt hatte, um sein Trinkgeld in Empfang zu nehmen, sah sich nicht nur ignoriert, sondern auch unbarmherzig gegen die Wand gedrückt. Wie Rennpferde hinter der Startmaschine drängelten Jackson und McCurry um die beste Ausgangsposition. McCurry ist der Stärkere und war folglich als Erster draußen, als die Tür aufging.

Er trat direkt in die graue Meute und das Blitzlichtgewitter. »Danke, vielen Dank, zu freundlich«, sagte McCurry, als Frauen ihm mit Blumensträußen auf den Leib rückten. »Dankedankedanke, liebe Leute, vielen Dank.«

»Bei unserer Ankunft war die Luft erfüllt von Vögeln, schwarzen wie weißen«, vertraute Warner Watson später seinem Tagebuch an. »Die weißen nennen sich *sakaros*. Ich notiere das für die Vogelfreunde unter meinen Bekannten. Wir wurden von zahlreichen Russen freundlich begrüßt. Die Damen und Herren (der Kompanie) erhielten Blumensträuße. Ich frage mich, woher die Russen in dieser Jahreszeit Blumen bekommen. Es waren aber auch sehr kleine Sträuße, wie von Kindern gemacht.«

Miss Ryan, ebenfalls eine eifrige Tagebuchschreiberin, vermerkte: »Offizielle Begrüßung in Anwesenheit von hünenhaften Kerlen und grauen Mäusen in schwarzen Klamotten. Sie hätten besser auf ein Begräbnis gepasst als zu einer Theatertruppe, aber vielleicht muss das hier so sein. Meine blöden Plastikgaloschen sind ständig abgegangen, wodurch ich kaum durch das Gewühl rund um die Kameras und Mikrophone kam – und diejenigen, die sich dort um die besten Plätze balgten. Die Breens waren auch schon da, Robert noch ganz verpennt, aber Wilva lächelte für zwei. Am Ende des Bahnsteiges verkündeten angelaufene Messinglettern: LENINGRAD. Erst da wusste ich: Es passiert alles in echt.«

Helen Wolfert, die moderne Dichterin, verfasste für ihr Tagebuch eine eingehende Schilderung unserer Ankunft. Auszug: »Als wir über den Bahnsteig auf den Ausgang zugingen, standen die Leute Spalier und applaudierten. Später auf der Straße wurde das Gedränge der Schaulustigen immer größer. Polizisten schoben sie zurück, um uns den Weg freizumachen, aber die Leute hielten dagegen. Die Schauspieler reagierten auf den warmherzigen Empfang und das ganze Brimborium mit gelassenem Charme und – bei aller Mitteilsamkeit – richtig stilvoll. Wenn sich die Russen in diesem Moment in sie verliebten, dann waren sie nicht allein. Mir ging es ebenso.«

Dazu vielleicht noch ein paar Anmerkungen. Die Personen, die Miss Ryan als »hünenhafte Kerle und graue Mäuse« beschreibt, waren die hundert besten Schauspieler von Leningrad, alle angetreten zum offiziellen Empfang der Everyman-Truppe. Offenbar hatte ihnen aber niemand gesagt, dass es sich dabei um ein schwarzes Ensemble handelte, jedenfalls – das zeigten ihre Mienen –

erholten sie sich von dem Schock erst, als die *Porgy-and-Bess*-Leute den Bahnhof schon fast verlassen hatten. Die von Mrs. Wolfert erwähnten »Schaulustigen« waren ganz normale Bürger, die nach der Lektüre einer winzigen Meldung in der *Iswestija* gekommen waren: »Auf ihrer Tournee durch die SU wird am kommenden Morgen ein amerikanisches Musiktheater-Kollektiv am Leningrader Bahnhof erwartet. Es hält sich zu einem Gastspiel in der Stadt auf.« Der dürre Vierzeiler war zugleich die erste Erwähnung von Breens Projekt in der russischen Presse überhaupt und lockte prompt tausend Leningrader an. Die Leute standen bis auf den Bahnhofsvorplatz. Allerdings konnte von einem »warmherzigen Empfang und dem ganzen Brimborium«, das Mrs. Wolfert so beeindruckt hatte, nur bedingt die Rede sein. Abgesehen von tröpfelndem Applaus hier und da, musterten die russischen Massen die exotische Gäste beinahe schweigend, wie überwältigt von einer gewaltigen Lähmung, die nur wenige Rückschlüsse darüber zuließ, was sie von diesem Auftritt wirklich hielten. Etwa dem von Mrs. Gershwin, die mehr Blumensträuße in der Hand hielt als eine Braut; oder Davy Bey, der einen spontanen Suzy-Q hinlegte; oder Jackson mit seiner royalen Gestik; oder John McCurry, der wie ein Boxchampion die Arme hochriss.

War die russische Reaktion also zunächst nicht abzuschätzen, so wurde Leonard Lyons, offizieller Schreiber der Kompanie, umso deutlicher. Kopfschüttelnd meinte er beim Verlassen der Stationshalle: »Na, *den* Auftritt haben wir schon mal verpatzt. Von wegen großer Bahnhof, hier fehlt die Show! Hier muss Show her! Wir müssen den

Leuten was bieten. Wenn Breen bloß etwas mehr Ahnung hätte, wären wir hier singend rausgekommen.«

Die Leningrader Premiere von *Porgy and Bess*, ein Event, von dem man sich internationale Resonanz versprach, war auf Montag, den 26. Dezember angesetzt, was bedeutete, dass dem Ensemble fünf Tage für Proben blieben – normalerweise kein Problem bei einer Produktion, die seit bald vier Jahren um den ganzen Erdball tourte. Aber Robert Breen, der Regisseur, war entschlossen, dem Publikum in Leningrad eine absolute Spitzenleistung zu präsentieren. Sowohl Breen als auch seine energiegeladene Frau Wilva und ihr erster Assistent, das freundliche Nervenbündel Warner Watson, hatten keinen Zweifel daran, dass die Russen von diesem Musical »überwältigt« sein würden, einfach »weil sie etwas Vergleichbares noch nie gesehen« hatten. Mancher Beobachter, obwohl der Produktion wohlgesonnen, blieb skeptisch. So oder so, die Premiere würde für alle Beteiligten, Amerikaner wie Russen, als eine der spannendsten überhaupt in die Geschichte eingehen. Am Morgen der Ankunft waren es bis dahin aber noch über hundert Stunden, und spannend war für das Ensemble nach der Busfahrt ins Hotel Astoria erst einmal die Unterbringung dortselbst.

Das Astoria ist ein Intourist-Hotel am eleganten Isaaksplatz. Ausländer dürfen grundsätzlich nur in Hotels dieses staatlich kontrollierten Veranstalters logieren. Das Astoria beansprucht für sich – völlig zu Recht – den Rang des besten Hotels am Ort, manche halten es gar für das russische Ritz. Dennoch ist man den Ansprüchen westlicher Reisender an ein Hotel der Luxusklasse nur wenig entgegengekommen. So gibt es in der Lobby zum Beispiel ein so genanntes *Institut de Beauté* mit einschlägigen Angeboten wie *Pedicure* und einem *Coiffeur pour Madame*. Doch mit seinen fleckigen Wänden und dem klobigen Apparatepark gleicht es eher einem Armenspital unter der Leitung wenig reinlicher Schwestern, und die *Coiffure*, die Madame dort erhalten kann, wird sich später als Topfreiniger trefflich eignen. Das Erdgeschoss wartet zusätzlich mit einem Schlauch von drei Restaurants auf, die allesamt den Charme eines Flugzeughangars verströmen. Das mittlere davon ist Leningrads Nonplusultra, und allabendlich von acht bis zwölf spielt eine Kapelle russischen Jazz für die bessere Gesellschaft, die aber selten tanzen will, sondern lediglich moros in ihren klebrigen Krimsekt stiert und die Kohlensäureperlen zählt. Das Intourist-Büro des Hotels befindet sich hinter einem niedrigen Tresen in der Hotelhalle, und die zwölf Schreibtische sind so angeordnet, dass die Diensthabenden den ganzen Eingangsbereich ständig im Blick haben, was ihnen ermöglicht, über das Kommen und Gehen der Gäste genau Buch zu führen. Und damit ihnen nicht doch jemand durch die Maschen geht, sind auf jeder Etage noch einmal Etagenfrauen stationiert, wachsame Matronen, die rund um die Uhr dafür sorgen, dass man ja nicht mit dem Zimmerschlüssel das Hotel verlässt, und wie menschliche Stechuhren jede Bewegung in einem dicken Wachbuch vermerken. Vielleicht hätte ein Houdini ihnen entwischen können, aber es dürfte ihm schwergefallen sein, denn auch sie sitzen so, dass niemand unbemerkt ins Treppenhaus oder in den Aufzug flüchten kann, Letzterer ein altertümlicher, ächzender Vogelkäfig.

Es gibt eigentlich nur ein unbewachtes Treppenhaus, und das verbindet die oberen Stockwerke mit einem Seiteneingang. Doch wer denkt, er könne sich hier heimlich verkrümeln, sieht sich getäuscht, denn dieser Bereich ist mit einem Holzgatter versperrt, zusätzlich gesichert mit einem Wall aus alten Sofas und Kleiderschränken. Offenbar hat man keinen anderen Ort für diesen Plunder gefunden. In den Zimmern zumindest ist kein Platz mehr, denn die sehen eh schon aus wie das Mansardenzimmer eines viktorianischen Dachbodens, wo arme Verwandte einquartiert werden, vollgestellt mit all dem Trödel, den die anderen nicht mehr brauchen: eine Hölle aus romantischen Marmorstatuetten, funzligen Lampen mit tutuartigen Tüllschirmen, Tischen und Tischchen, einige davon unter orientalischen Teppichen, dazu eine Unmenge Stühle, Blümchentapeten mit goldgerahmten Genre-Schinken, klaustrophobische Bettalkoven hinter muffigen Plüschvorhängen. All das hineingestopft in ein gruftartiges Gelass nicht größer als vier Eisenbahnabteile, in dem man im Winter die Fenster nicht öffnen kann (und will). Das Hotel verfügt natürlich über geräumigere Zimmer, Suiten mit fünf oder sechs Räumen, aber Platzangst kriegt man wegen der geballten Möblierung auch dort, nur auf mehr Quadratmetern.

Trotzdem war die Mehrheit von *Porgy and Bess* weitgehend zufrieden, denn man hatte es »schlimmer erwartet«. Die meisten fanden die Zimmer »urgemütlich«, »anheimelnd« oder, wie der kunstsinnige PR-Mann Willem

Van Loon meinte, »voll von Art-Nouveau-Schätzchen, in denen ich mich wiederfinde!« Dabei war bei der ersten Ankunft in der Hotelhalle, in der es von chinesischen Parteibonzen und gestiefelten Kosaken wimmelte, das Vorhandensein von Zimmern in bestimmten Fällen sogar fraglich.

Denn die Zuweisung der Zimmer und ganz besonders der Suiten war entweder völlig willkürlich oder nach Grundsätzen erfolgt, die nicht wenige erbitterten. Nancy Ryan formulierte die Theorie, dass dabei wohl die Everyman-Gehaltsliste eine Rolle gespielt hatte – und zwar umgekehrt: »Je weniger einer verdient, desto mehr kriegt er von den Russen.« Vor allem die Hauptdarsteller und die prominenten Gäste der Kompanie hielten es für »grotesk« oder »crazy, Mann, echt crazy«, dass ausgerechnet Bühnenarbeiter, Kostümschneiderinnen, Schreiner und Elektriker direkt zu den VIP-Apartments geleitet wurden, während sie, die »wirklich wichtigen Leute«, sich mit der Besenkammer begnügen sollten. »Sind die eigentlich bescheuert?«, fragte Leonard Lyons. Auch der New Yorker Geldgeber Herman Sartorius hatte Grund zur Klage, für ihn war überhaupt kein Zimmer frei, ebenso wenig wie für Mrs. Gershwin. Sie saß in der Hotelhalle auf ihrem Gepäck und musste von Wilva Breen und Warner Watson getröstet werden.

»Keine Sorge, Baby«, sagte Mrs. Breen, die abends zuvor eingetroffen war und mit ihrem Mann sechs prächtige Zimmer bewohnte. »Bei den Russen dauert alles ein bisschen länger. Sie sind manchmal einfach schlecht organisiert. Aber am Ende wird alles gut. Ich meine, in Moskau war es dasselbe ...«, sagte sie und meinte ihre Verhandlungen mit den Russen im Oktober. »Es hat mich insgesamt neun Tage gekostet, um einmal zwei Stunden Klartext zu reden, aber wie gesagt, zu guter Letzt hatten wir alles geregelt.«

»Aber sicher, Lee«, sagte Warner Watson und strich sich mit nervöser Hand über den ergrauten Mecki. »Pass auf, bald haben wir auch dein Zimmer in trockenen Tüchern.«

»Ach, Darling, das ist nicht so schlimm«, versicherte Mrs. Gershwin. »Ich finde es schon phantastisch, einfach nur *hier* zu sein.«

»Ja, wir haben es tatsächlich geschafft«, sagte Mrs. Breen und sah sich strahlend um. »Und die Leute, wie freundlich sie sind. War das nicht traumhaft am Bahnhof?«

»Ja, das war es«, sagte Mrs. Gershwin und schaute auf die welkenden Blumen, ihr Begrüßungsgeschenk.

»Und das Hotel ist einfach nur schön.«

»Ja, Wilva«, sagte Mrs. Gershwin so matt, als ginge ihr die Begeisterung ihrer Freundin allmählich auf die Nerven.

»Und für dich kriegen wir auch noch ein schönes Zimmer, Lee«, sagte Mrs. Breen, und Warner Watson fügte hinzu: »Und wenn es dir nicht gefällt, kannst du immer noch tauschen. Du bekommst alles, was du willst, Lee. Wart's ab, auch dieses Problem haben wir bald in trockenen Tüchern.«

»Darling, bitte. Das ist alles nicht wichtig. Wenn sie mich nur überhaupt irgendwo unterbringen, mehr verlange ich ja nicht. Ich will auch nicht tauschen oder so etwas«, sagte Mrs. Gershwin, die in den folgenden Tagen dreimal auf einem neuen Zimmer bestehen sollte, weil ihr das, das sie hatte, nicht gefiel.

Die Delegation des Kulturministeriums unter Führung des fähigen, hochgewachsenen Nikolai Sawtschenko, hatte alle Hände voll zu tun, die Gemüter zu beruhigen. »Geduld«, sagte Miss Lydia, die Dolmetscherin. »Bitte tragen Sie nicht zu dieser Misere bei. Wir haben ausreichende Zimmer. Niemand muss auf der Straße stehen.« Nancy Ryan hingegen fand das mit der Straße hingegen gar nicht so schlecht und schlug vor, dass wir uns aus dem Chaos in der Hotelhalle verdrückten und einen kleinen Spaziergang machten.

Der Isaaksplatz stößt an einer Seite auf einen Seitenkanal der Newa, die im Winter die Stadt durchzieht wie eine gefrorene Seine, und an einer anderen an die Isaakskathedrale, die heute ein antireligiöses Museum ist. Der Himmel war einen sonnenloses Grau, Schnee lag in der Luft, einzelne trockene Flöckchen, die in der Luft tanzten wie in einer dieser Schneekugeln aus dem Andenkenladen. Es war Mittag, aber außer ein, zwei Autos und einem Bus mit eingeschaltetem Abblendlicht herrschte kein moderner Verkehr auf dem Platz. Ab und zu glitten Pferdeschlitten vorbei. Am Newa-Ufer fuhr man Ski, und Mütter zogen ihre Kinder auf kleinen Schlitten. Überall auf dem Gehweg liefen schwarzbepelzte Schulkinder Schlittschuh. Zwei Mädchen im Alter von neun oder zehn Jahren blieben stehen, um uns in Augenschein zu nehmen. Es waren Zwillinge, sie trugen graue Mäntel aus Kaninchenfell und blaue Samtmützen. Sie teilten sich die Schlittschuhe, indem sie sich an der Hand hielten und sich gemeinsam abstießen, was erstaunlich gut funktionierte. Aus ihren braunen Augen sahen sie uns neugierig an, so, als fragten sie sich, was uns so anders machte. Unsere Kleidung? Miss Ryans Lippenstift? Ihre leicht gewellten, offenen blonden Haare? Die meisten Ausländer in Russland gewöhnen sich schnell an den diesen kritischen Blick der Leute, die an Fremde nicht gewöhnt sind und sie deshalb nicht einordnen können. Nicht selten bleiben sie auch stehen, starren einen an, schauen einem nach oder gehen einem sogar hinterher. Die Zwillinge folgten uns bis zu einer Fußgängerbrücke über die Newa und blieben, als wir stehen blieben, ebenfalls stehen. Wir ließen die Aussicht auf uns wirken.

Der Kanal, kaum mehr als ein Graben im Schnee, war der Sportplatz der Kinder, deren schrille Schreie sich mit dem Geklingel der Schlittenglöckchen vermischten und vom eisigen Wind aus dem finnischen Meerbusen davongetragen wurden. Kahle, eisbedeckte Bäume glitzerten vor den strengen Fassaden der Paläste am Ufer, sie erstreckten sich bis zum Newski-Prospekt. Die Viermillionenmetropole Leningrad ist die zweitgrößte Stadt Russlands und das große Zentrum im Norden. Der vorherrschende Baustil stammt aus der Zarenzeit, und der zaristische Geschmack wiederum orientierte sich an der französischen und italienischen Architektur, die bis in die Farbgebung der Palais und der älteren Wohnviertel in der Stadt ihre Spuren hinterlassen hat. Pariser Schwarz- und Grautöne prägen das Bild, doch hier und da meldet sich das italienische Erbe mit seiner ganz eigenen Palette: Bittergrün, Ocker, Blassblau, Orange. Einige Schlösser sind in Apartmentquartiere umgewandelt worden, doch die meisten werden heute als Bürohäuser genutzt. Peter der Große, der selbst von den gegenwärtigen Machthabern gute Noten erhält, weil er einst die Naturwissenschaften nach Russland brachte, wäre vermutlich auch einverstanden mit den Millionen Fernsehantennen, die sich wie metallene Insekten auf den Dächern dieser ehemals kaiserlichen Stadt niedergelassen haben.

Wir gingen über die Brücke und durch ein offenes Eisentor auf den menschenleeren Vorplatz eines blauen Schlosses. Es war aber nur der Anfang eines ausgedehnten Labyrinths, einer arktischen Kasbah von Höfen, Arkaden, Tunneln und schmalen Straßen. Der Schnee dämpfe alle Geräusche, und bis auf die Schlittenglöckchen, den Hufschlag der Pferde und das gelegentliche Kichern der Mädchen, die uns immer noch nachgingen, wäre es vollkommen still gewesen.

Der Frost wirkte wie eine örtliche Betäubung, und nach einer Weile war alles an mir so taub, dass man mich hätte operieren können. Trotzdem wollte Miss Ryan noch nicht zurück. Sie sagte: »Herrgott, das ist St. Petersburg, nicht irgendein Kaff. Ich will so viel davon sehen, wie es geht. Viel Zeit bleibt mir sowieso nicht. Weißt du, wo ich von jetzt an meine Tage verbringe? Ich hänge von morgens bis abends in der Suite der Breens und tippe irgendwelchen Mist.« Trotzdem war mir klar, dass sie nicht mehr lange durchhalten würde, denn ihr Gesicht war gerötet wie von zu viel Alkohol, und auf ihrer Nasenspitze bildete sich die erste kleine Frostbeule. Wenige Minuten später lenkte sie ein.

Das Problem war nur, dass wir uns offenbar verlaufen hatten. Es amüsierte die Zwillinge zu sehen, wie wir immer wieder im Kreis liefen. Und sie lagen sich kichernd in den Armen, als wir schließlich einen alten Mann, der Holz hackte, nach dem Weg fragen mussten, mehr oder weniger mit Händen und Füßen und immer demselben Refrain: *Astoria? Astoria?* Doch der Holzhacker verstand uns einfach nicht. Er legte seine Axt nieder und begleitete uns bis an die nächste Straßenecke, wo wir gezwungen waren, den ganzen Zirkus vor seinen drei Freunden zu wiederholen. Sie begriffen zwar ebenso wenig, was wir wollten, brachten uns aber immerhin zu einer weiteren Straße. Aus Neugier schloss sich uns ein schlanker Junge mit einem Geigenkasten an sowie ein Frau, die offenbar in einer Schlachterei arbeitete, denn sie trug eine Schürze, die über und über mit Blut bespritzt war. Die Russen redeten alle durcheinander, und wir hatten den Eindruck, dass sie uns zur nächsten Polizeistation bringen wollten, wogegen wir nichts einzuwenden hatten, solange sie nur geheizt war. Inzwischen war auch die Feuchte in meiner Nase gefroren, und meine Augen waren vor Kälte nicht mehr in der Lage, scharfe Bilder zu liefern. Trotzdem bemerkte ich es sehr wohl, als wir uns plötzlich wieder auf der Fußgängerbrücke befanden. Unwillkürlich wollte ich Miss Ryan an der Hand nehmen und sofort losrennen. Sie meinte jedoch, unsere treuen Begleiter sollten wenigstens erfahren, was es mit den merkwürdigen Fremden auf sich hatte. Von Holzhacker bis Geigenjunge, keiner hatte uns einfach stehen lassen, und so begleiteten sie uns auch über die Brücke, eine kleine Prozession, immer vorneweg und wie der Rattenfänger von Hameln die Zwillinge – bis wir vor dem Astoria standen. Und während sie eine der Intourist-Limousinen umlagerten und den Chauffeur über uns ausfragten, stürzten wir in die Hotelhalle, sanken erschöpft auf eine Bank und sogen die warme Luft ein, als wären wir soeben dem Ertrinkungstod entronnen.

Leonard Lyons kam vorbei. »Sieht so aus, als wären Sie draußen gewesen«, sagte er. Miss Ryan nickte, worauf Lyons mit gesenkter Stimme fragte: »Und? Ist Ihnen jemand gefolgt?«

»Ja«, sagte Miss Ryan, »ganze *Massen*.«

In der Hotelhalle hatte man das Schwarze Brett der Kompanie aufgehängt. Hier hing der Probenplan sowie das Rahmenprogramm, das sich die sowjetischen Gastgeber für uns ausgedacht hatten, unter anderem Ballett- und Opernvorstellungen, eine Fahrt in der neuen Leningrader Metro, ein Besuch in der Eremitage und eine Weihnachtsfeier. Unter der Überschrift BITTE PÜNKTLICH waren die Essenszeiten angegeben, und diese richteten sich nach den Anfangszeiten russischer Bühnen. Eine Matinee begann in der Regel um zwölf Uhr mittags, die Abendvorstellung um acht. Deshalb gab es: Frühstück um 9:30 Uhr, Mittagessen 11.00 Uhr, Abendessen 17:00 Uhr, kleines Nachtmahl 23.30 Uhr.

Doch um 17.00 Uhr am ersten Abend legte ich mich lieber in eine heiße Wanne. Im Badezimmer blätterte die schwefelgelbe Farbe von der Wand, die Heizung funktionierte nicht und das Klo plätscherte vor sich hin wie ein Gebirgsbach. Die Badewanne selbst, Baujahr zirka 1900, war mit Rostflecken übersät und das Wasser aus dem Hahn braun wie Jod. Aber es war warm und dampfte märchenhaft, und während ich langsam in der Wärme versank, fragte ich mich, ob die anderen unten im düsteren Gewölbe der Restauration wenigstens endlich zu ihren lang ersehnten lukullischen Genüssen kamen, Kaviar und Wodka, Schaschlik und Blinis mit Sauerrahm. (Wie ich später erfuhr, wurde ihnen an diesem Abend ironischerweise genau derselbe Einheitsfraß vorgesetzt wie im Zug: Joghurt, Himbeerlimo, Suppe, Schnitzel unter einem Panzer von Panade, dazu Möhrengemüse und Erbsen.) Das Telefon im Schlafzimmer riss mich aus meinen Träumereien. Ich ließ es klingeln, wie ich das zu Hause immer tue, wenn ich gerade in der Badewanne sitze. Dann begriff ich, dass ich ja gar nicht zu Hause war, erinnerte mich, wie ich noch gedacht hatte, was für ein nutzloses Ding so ein russisches Telefon für mich ist und dass sie von mir aus auch die Leitung hätten kappen können. Trotzdem tappte ich nackt und triefend an den Apparat und nahm ab. Es war Miss Lydia, die sagte, sie habe ein Gespräch aus Moskau für mich. Das Telefon stand auf dem Schreibtisch am Fenster. Unten auf der Straße marschierte singend ein Regiment Soldaten vorbei, und als Moskau endlich durchkam, verstand ich kaum ein Wort, so laut klang das Marschlied. Der Anrufer war mir bis dahin unbekannt, Henry Shapiro, ein UP-Korrespondent. Er sagte: »Wie läuft's denn bei Ihnen da drüben? Irgendwas, das eine Story hergibt?« Er sagte, er habe eigentlich zur Premiere von *Porgy and Bess* nach Leningrad fahren wollen (»*big story*«), aber eine »andere Eröffnungsveranstaltung« sei dazwischengekommen, nämlich die im Obersten Sowjet, die noch am selben Abend stattfinden sollte. Ob er mich am Montag nach der Premiere anrufen könne, um zu erfahren »wie es gelaufen ist, also *wirklich* gelaufen, ohne den Propagandakäse«. Ich versprach ihm, mein Bestes zu tun.

Der Anruf und die Tatsache, dass ich nackt in einem kalten Zimmer stand, brachte mich in die Gegenwart zurück. Am Abend stand noch eine Ballett-Aufführung auf dem Programm, und ich zog mich dafür um. Die Breens hatten festliche Abendgarderobe verfügt, also Abendkleid für die Dame, schwarzer Anzug für den Herrn. »Als Zeichen unserer Hochachtung«, sagte Mrs. Breen. »Robert und ich möchten, dass wir uns alle von unserer besten Seite zeigen.« Einige fanden das lachhaft in einem Land, in dem eigentlich zu keinem Anlass förmliche Kleidung getragen wurde. Ich selbst entschied mich für einen Kompromiss: dunkelgrauer Anzug *mit* schwarzer Krawatte. Beim Anziehen ging ich im Zimmer umher und hängte die Blumen- und Früchtestillleben an der Wand gerade. Die Bilder hingen nämlich alle schief, weil sie Leonard Lyons im Verdacht gehabt hatte, nur Tarnung für die versteckten Mikros zu sein. Nicht verwunderlich, nachdem uns die beiden Diplomaten aus der Moskauer Botschaft mitgeteilt hatten, wir müssten »immer davon ausgehen«, dass die Zimmer verwanzt seien und Briefe regelmäßig geöffnet würden. Breen, der die diplomatische Empfehlung eigentlich für Mumpitz hielt, hatte solche Befürchtungen ungewollt sogar noch verstärkt, indem er alle anwies, in ihrer persönlichen Korrespondenz und unabhängig von der persönlichen Meinung Russland stets als »interessant« zu bezeichnen und ansonsten nur zu schreiben, wie sehr man sich amüsierte. Denn warum sollte Breen so etwas sagen, wenn nicht auch er gewärtigte, sich in einer Welt von Abhöranlagen und über Dampf geöffneter Briefe aufzuhalten?

Auf meinem Weg nach unten händigte ich meinen Zimmerschlüssel der dicklichen Etagenfrau mit dem runden, blassen Puppengesicht aus, die in ihrem Wachbuch die Eintragung machte: 224–1900. Das war meine Zimmernummer und die Zeit, in der ich mein Zimmer verlassen hatte.

Unten roch es nach Ärger. Das ganze Ensemble stand wie erstarrt in der Eingangshalle, während der ungeschlachte John McCurry tobte: »Das fehlte noch, dass ich diesen Gaunern sieben Dollar fünfzig zahle, nur damit irgendjemand auf meine Tochter aufpasst.« McCurry beklagte sich über den Preis für den russischen Babysitter während seiner Abwesenheit. Intourist hatte nämlich, zum Preis von je dreißig Rubel pro Kind, eine Betreuung für den Nachwuchs der Kompanie organisiert, sogar an Twerp, den Boxerwelpen der Kostümschneiderin, hatte man gedacht. Dreißig Rubel, das entspricht bei einem Wechselkurs von vier zu eins genau $7.50. Einerseits ein stolzer Preis, doch gemessen an der Kaufkraft des Rubel kaum mehr als $1.70. Die Russen, die nur jene zweite Zahl als ihren Lohn betrachten konnten, begriffen gar nicht, worüber sich Curry so aufregte. Sawtschenko vom Kulturministerium war rot angelaufen vor Empörung und Miss

Lydia weiß. Breen knöpfte sich McCurry vor, und McCurrys Frau, eine Schüchterne, die die Augen meist gesenkt hielt, schlug vor, selbst auf das Kind aufzupassen. Warner Watson und Miss Ryan scheuchten alle nach draußen in die zwei Busse, die während unseres Aufenthalts ständig für uns bereitstanden.

Breen entschuldigte sich später bei Sawtschenko für das Verhalten einiger weniger Mitglieder des Ensembles. Das betraf nicht nur den Zwischenfall mit McCurry. So waren Getränke beispielsweise nicht im Vertrag zwischen dem Kulturministerium und Everyman Opera Inc. enthalten, trotzdem weigerten sich mehrere Leute, die beim Zimmerservice georderten Drinks zu bezahlen, wurden gegenüber den Kellnern sogar handgreiflich. Außerdem war es Sawtschenko nicht entgangen, dass man ihn und seine Mitarbeiter innerhalb des Ensembles ganz offen als »Spione« bezeichnete. Auch Breen musste einräumen, dass solche Andeutungen »unbegründet und völlig überzogen« waren. Sawtschenko nahm die Entschuldigung mit den Worten an: »Na ja, bei einer Truppe dieser Größe sind immer ein paar dabei, die sich nicht benehmen können.«

Das Ballett fand im Mariinksi-Theater statt, das zwar längst Kirow-Theater heißt (nach dem im Zuge der stalinistischen Säuberungen ermordeten Weggefährten Stalins, Sergej Kirow), doch das kümmert hier keinen. Galina Ulanowa, Primaballerina des Bolschoi, hatte im Mariinski-Theater debütiert, heute spielt in dem Gebäude auch die Leningrader Oper. Beide, Oper wie Ballett, gelten unter sowjetischen Kritikern als erstklassig. Neben dem Teatro de Fenice in Venedig, einem Haus, das dem Mariinski in seinem klassischen Format (und seinem Heizungssystem) sehr ähnlich sieht, ist es der schönste Theaterbau, den ich je gesehen habe. Leider sind die alten Sitze durch solche aus Holz ersetzt worden, wodurch das Auditorium eher wie eine Schulaula wirkt, da der Kontrast zu den feinen Grau- und Silbernuancen des ausgehenden Rokoko viel zu stark ausfällt.

Trotz der Kälte im Saal sind alle – auch die Damen – angehalten, ihre Mäntel an der Garderobe anzugeben, sogar Mrs. Gershwin musste sich von ihrem Nerz trennen. In Russland erachtet man es nämlich als extrem *nje kulturni*, ein Theater, Restaurant oder Museum in Straßenkleidung zu betreten. Darunter litt vor allem Miss Ryan, denn sie trug lediglich ein schulterfreies, figurbetontes Abendkleid und lenkte – groß, blond – schon beim Hereinkommen die männlichen Blicke auf sich – eine Sonne, nach der sich die Blumen ausrichten. Überhaupt erregte das schwarze Ensemble großes Aufsehen. Leute standen auf, um diese schmuckbehängten Amerikaner in ihrer Abendgarderobe besser sehen zu können. Besondere Aufmerksamkeit wurde Earl Bruce Johnson und seiner Verlobten Helen Thigpen zuteil. Sie saßen in der kaiserlichen Loge, an der das Wappen der Romanows durch Hammer und Sichel ersetzt worden war. Jackson, der eine Hand über die Brüstung hinaushängen ließ, damit auch alle seine Ringe sehen konnten, blickte gnädig von links nach rechts, ganz wie ehedem Queen Victoria.

»Wenn die Situation nicht so peinlich wäre«, bemerkte Miss Ryan, als eine Platzanweiserin sie zu ihrem Sitz führte, »wäre ich längst erfroren. Schon wie die gucken.

Die Leute hier halten so ein Kleid für unschicklich.« An dieser Beobachtung war etwas dran, denn Miss Ryans nackte Schultern ernteten von den russischen Frauen so manchen schrägen Blick. Mrs. Gershwin, angetan mit einem hübschen grünen Cocktailkleid, sagte: »Als hätte ich es Wilva Breen nicht gesagt. Wir können hier nicht so auftreten, das ist lächerlich, ich wusste es. Darling, so etwas wie hier mache ich nie, nie wieder. Andererseits, was hätten wir sonst anziehen sollen?«, fügte sie hinzu, wobei sie ihren Blick durch das graue, freudlos angezogene Publikum schweifen ließ, als seien ausgerechnet von dort brauchbare Modetipps zu erwarten. »Das Problem ist, etwas Hässliches habe ich überhaupt nicht dabei.«

Eine Reihe vor ihr saß eine junge Frau, die ihre Haare weder in einen Zopf noch in einen Dutt gewürgt hatte, sondern eine freche Kurzhaarfrisur trug, was ihrem neugierigen Jungengesicht aber zugute kam. Dazu hatte sie eine schwarze Strickjacke an und eine Perlenkette. Ich machte Miss Ryan auf das Mädchen aufmerksam.

»Mensch, die kenne ich doch«, sagte Miss Ryan aufgeregt. »Sie ist aus Long Island, wir waren zusammen auf dem Radcliffe College! Priscilla Johnson«, rief sie, und das Mädchen drehte sich um und kniff die myopischen Augen zusammen. »Gott, ich fasse es nicht: Priscilla. Was machst du denn hier?«

»Heiliger Strohsack, Nancy«, erwiderte das Mädchen und strich sie eine Haarsträhne aus der Stirn. »Das Gleiche könnte ich dich fragen.«

Miss Ryan klärte sie auf, und das Mädchen sagte, auch sie wohne im Astoria. Sie hatte ein Dauervisum für die

Sowjetunion, wo sie das sozialistische Rechtssystem studierte, ein Thema, das sie interessierte, seit sie auf dem College Russisch gelernt hatte.

»Aber, Darling«, sagte Mrs. Gershwin, »wie soll das gehen in einem Land, in dem kein Gesetz lange vorhält?«

»Wie witzig«, sagte Miss Johnson. »Aber ich bin nicht nur *deswegen* hier. Ich mache gerade eine Art Kinsey-Report über Russland. Wo immer es geht, spreche ich die Leute auf ihr Liebesleben an. Echt, Nancy, du glaubst ja nicht, was die Russen für Einstellungen haben. Zum Beispiel die Männer. Kaum einer, der keine Geliebte hat. Oder gern eine hätte. Die Artikel schicke ich später an *Vogue* und *Harper's Bazaar*. Vielleicht sind sie ja interessiert.«

»Priscilla ist so eine Art Genie«, flüsterte Miss Ryan mir zu, als die Kronleuchter allmählich erloschen und der Dirigent seinen Stab erhob.

Das Ballett in drei Akten (und zwei Pausen) nannte sich *Le Corsaire* und bestach weniger durch seine Tanzdarbietungen als durch seine opulente Ausstattung. Obschon ein eher kleineres Werk im Mariinski-Repertoire, präsentiert es mehr Szenenwechsel als ein teures Varieté in der Radio City Music Hall oder im Folies Bergère, wohin der *Le Corsaire* gut passen würde, sieht man einmal davon ab, dass die biedere Choreographie in der Radio City Music Hall keine Chance bekäme und das Folies Bergère wohl etwas gegen die vollständig bekleideten Sklavinnen einzuwenden hätte. Die Handlung von *Le Corsaire* ähnelt derjenigen im *Tränenbrunnen von Bachtschyssaraj*, dem Puschkin-Gedicht, das vom Bolschoi-Theater zu einer regelrechten Superproduktion aufgeblasen wurde. Im *Tränenbrunnen* wird ein aristokratisches Mädchen in den Harem eines barbarischen Tartarenhäuptlings verschleppt, wo ihr für die Dauer von drei Theaterstunden allerlei schlimme Sachen widerfahren. In *Le Corsaire* passiert mehr oder weniger dasselbe, nur dass die Heldin diesmal eine Schiffbrüchige ist, die Piraten in die Hände fällt ... und so weiter und so weiter. (Jedoch verdient der Schiffbruch auf offener Bühne höchstes Lob. Man hat an nichts gespart, weder an Blitz noch Donner noch Sturmesbrausen, auch wellenmäßig hat man es richtig krachen lassen.) Wie unzählige ähnliche Inszenierungen steht *Le Corsaire* für die utopische Tendenz im zeitgenössischen sowjetischen Theater. Offenbar können sich moderne Autoren, die aus dem engen ideologischen Rahmen des sozialistischen Realismus ausbrechen wollen, nur in diesen Märchenwelten gefahrlos entfalten. Doch selbst Fantasy-Geschichten brauchen einen realistischen Untergrund, etwas Wiedererkennbares, den menschlichen Faktor. Ohne das bleibt alles leblos und ist auch eigentlich nicht Kunst. All das fehlt dem sowjetischen Theater heute nur allzu oft, seine Macher scheinen zu glauben, mit ein paar Effekten und technischen Spielereien den Mangel wettzumachen. Das Kulturministerium rühmt sich allen Ernstes, eine Kunst geschaffen zu haben, die den wahren Bedürfnissen des Volkes entspricht. Dieser Anspruch scheint mir nicht unbegründet, denn die Reaktionen des Publikums auf *Le Corsaire* gaben ihnen recht. Bei jedem neuen Bühnenbild, jedem Solo, brandete Applaus, dass die Kronleuchter zitterten.

Auch den Amerikanern gefiel die Show. »Unglaublich, einfach traumhaft«, bekannte Mrs. Breen vor Mrs. Gershwin während der Pause im Café des Mariinski, und ihr Mann pflichtete ihr bei. Doch Breen ist ein Mann mit zwei Gesichtern, hier strahlendes Jungengesicht, dort verschlossener Buster Keaton. Trotz des Lobes flackerte Unruhe in seinen Augen, so, als stelle er innerlich einen Vergleich an zwischen dieser Protz-Inszenierung und seinen vergleichsweise spartanischen Musical, das gerade einmal drei Szenenwechsel zu bieten hatte. Wenn großer Budenzauber das Kriterium war, wonach das sowjetische Publikum eine Vorstellung beurteilte, dann stand es nicht gut um *Porgy and Bess*.

»Also mir hat es überhaupt nicht gefallen«, schaltete sich Mrs. Gershwin rebellisch ein, als die Breens sich einer anderen Gruppe zuwandten. »Da schläft man ja ein. Und ich sehe nicht ein, warum ich sagen soll, es hat mir gefallen, wenn es mir nicht gefallen hat. Die Breens würden einem ja am liebsten vorschreiben, was man hier sagen darf und was nicht.« Tatsächlich befanden sich die Breens in einer heiklen Position. Wie Eltern, die mit ihren Kindern bei Nachbars zu Besuch sind, lebten sie in der beständigen Angst, der Nachwuchs könne sich danebenbenehmen.

Derweil lief im Mariinski-Café der Verkauf von Erfrischungen auf Hochtouren. Im Angebot: diverse Bier- und Likörsorten, die unvermeidliche Himbeerlimo, belegte Brote, Süßigkeiten und Eiscreme. Earl Bruce Jackson meinte, ihm hinge der Magen in den Kniekehlen: »Aber ohne Scheiß, Mann, dieses Eis kostet einen ganzen Dollar für einmal lecken. Und schätz mal, was die für ein Stückchen Schokolade haben wollen, also nicht größer als dein dicker Zeh? Fünf fünfzig.« Angeblich ist Eiscreme eine sowjetische Errungenschaft, doch zur nationalen Leidenschaft wurde sie erst nach Einführung US-amerikanischer Eismaschinen im Jahr 1939. Die Russen im Café löffelten es aus kleinen Pappbechern und sahen zu, wie die Amerikaner derweil für zwanglose Fotos posierten, etwa indem sie Bierflaschen auf der Stirn balancierten, einen Shimmy aufs Parkett legten oder Louis Armstrong imitierten.

In der zweiten Pause hielt ich Ausschau nach Miss Ryan und entdeckte sie abgedrängt in einer Ecke, wo sie, die lange Zigarettenspitze in der Hand, so tat, als machten ihr die Blicke und kichernden Kommentare pummeliger Mädchen und muffiger Frauen über ihre nackten Schultern und das hautenge Kleid nichts aus. Leonard Lyons, der bei ihr stand, bemerkte: »Sehen Sie, jetzt wissen Sie in etwa, wie sich Marilyn Monroe fühlt. Stellen Sie sich mal vor, was *sie* in diesem Land für Aufsehen erregen würde. Ich werde ihr sagen, sie soll sich schleunigst ein Visum besorgen.«

»Herrje«, seufzte Miss Ryan, »wenn ich bloß an meinen Mantel käme.«

Ein Mann Ende dreißig, athletische Figur, glattes, gut rasiertes, intelligentes Gesicht, trat auf Miss Ryan zu. »Darf ich Ihnen die Hand geben?«, fragte er respektvoll. »Ich wollte Ihnen sagen, wie sehr sich meine Freunde und ich auf *Porgy and Bess* freuen. Ich kann Ihnen versichern, es ist ein starkes Erlebnis für uns. Einige von uns haben sogar Karten für die Premiere bekommen«, sagte er lächelnd. »Ich zähle zu den Glücklichen.« Miss Ryan erwiderte, sie sei erfreut, das zu hören, und machte ihm ein Kompliment für sein gutes Englisch, welches er damit erklärte, dass er während des Krieges mehrere Jahre in Washington verbracht hätte, als Beamter des russischen Beschaffungsamtes. »Aber können Sie mich wirklich verstehen? Es ist so lange her, dass ich Gelegenheit des Sprechens hatte, es verursacht Herzhämmern.« Man merkte aber an seiner ganzen Art gegenüber Miss Ryan, dass die Ursache für das Herzhämmern nicht nur in seinem Englisch begründet lag. Sein Lächeln versiegte sofort, als ein Lichtsignal das Ende der Pause ankündigte, und wie ein Getriebener sagte er: »Bitte, darf ich Sie wiedersehen? Ich möchte Ihnen Leningrad zeigen.« Auch wenn die Höflichkeit gebot, Lyons und mich mit einzuschließen, die Einladung ging klar an Miss Ryan. Miss Ryan sagte, er möge uns im Astoria anrufen, worauf er erst unsere Namen auf seinem Programmheft notierte und dann seinen eigenen. Das Blatt mit seinem Namen reichte er Miss Ryan.

»Stefan Orlow«, las Miss Ryan, als wir zum letzten Akt in den Saal zurückkehrten. »Der war aber nett.«

»Stimmt«, sagte Lyons. »Aber er wird sich nicht melden. Sobald er über die Sache genauer nachdenkt, bekommt er kalte Füße.«

Nach der Vorstellung sollte es noch eine Begegnung mit der Tanztruppe geben. Die Schlussszene spielte zum Teil auf einem Schiffsdeck, das sogar mit der entsprechenden Takelage ausgestattet war. Als die Amerikaner hinter den Vorhang traten, kam es zu einem solchen Gedränge, dass die Hälfte der Tänzer auf das Schiffsdeck oder in die Wanten ausweichen mussten, wollten sie von ihren westlichen Kollegen überhaupt etwas sehen. Volle vier Minuten dauerte ihr Applaus, ehe genug Ruhe einkehrte, dass Breen seine Ansprache halten konnte. »Vielen Dank, aber den Beifall haben viel eher *Sie* verdient. Ihre Kunst hat uns einen unvergesslichen Abend geschenkt, und wir können nur hoffen, dass es uns am kommenden Montag gelingt, Ihnen wenigstens ein wenig von dem zurückzugeben, was Sie uns gegeben haben.« Dann war der Direktor des Mariinski-Theaters dran, und während er sprach, gingen die kleinen Ballerinas mit den verschwitzten geschminkten Gesichtern auf Tuchfühlung mit ihren amerikanischen Kolleginnen. Mit großen Augen bestaunten Sie die Pumps ihrer Gäste, betasteten erst scheu, dann immer mutiger die Kleider, fühlten die Seide, den Taft. Eine von ihnen legte sogar den Arm um Georgia Burke aus dem Ensemble. »Nur zu, Kleine«, sagte Miss Burke, eine warmherzige, natürliche Frau. »Du kannst mich drücken, so viel du willst. Es ist immer gut zu wissen, dass man gemocht wird.«

Erst gegen ein Uhr früh fuhren wir im Bus zurück zum Astoria. Die Busse, rollende Kühlschränke, hatten denselben Sitzplan wie diejenigen auf der Madison Avenue. Ich saß auf der durchgehenden Bank ganz hinten, zwischen Miss Ryan und Miss Lydia, der Dolmetscherin. Die Straßenlaternen färbten den Schnee gelb und blitzen hinter der Scheibe auf wie winterliche Glühwürmchen. Miss Ryan sah aus dem Fenster und sagte: »Die Stadtschlösser sehen bei diesem Licht so schön aus.«

»Ja«, sagte Miss Lydia, ein Gähnen unterdrückend. »Diese Privathäuser sind sehr schön.« Gerade noch rechtzeitig fügte sie hinzu. »Diese ehemaligen Privathäuser.«

Am nächsten Morgen brach ich mit Mr. Lyons und Mrs. Gershwin zum Shopping auf den Newski-Prospekt auf. Der Newski-Prospekt, Leningrads Prachtstraße, ist nicht einmal ein Drittel so lang wie die 5th Avenue, aber doppelt so breit. Sie trotz des schlitternden Verkehrs zu überqueren, ist nicht ungefährlich und darüber hinaus herzlich sinnlos, denn die volkseigenen Läden bieten in den unterschiedlichen Kategorien alle dasselbe an, und auch die Preise sind gleich, für Schnäppchenjäger und/oder Leute mit ausgefallenem Geschmack eine deprimierende Erfahrung.

Trotzdem hatte sich Lyons fest vorgenommen, »ein hübsches Sächelchen von Fabergé« zu erstehen, als Mitbringsel für sein Frau. Nach der Revolution hatten die Bolschewiken die berühmten Fabergé-Eier und -Schatullen, die einst zum Ergötzen des Kaiserhauses hergestellt wurden, an französische und englische Sammler verscherbelt. Die wenigen noch vorhandenen Stücke lagern heute in der Eremitage von Leningrad oder im Arsenal des Kreml. Mittlerweile liegt der Einstiegspreis für eine kleine Fabergé-Dose auf dem internationalen Markt bei über zweitausend Dollar. Davon ließ sich Lyons aber nicht abschrecken, er war überzeugt, sein Fabergé-Objekt schnell und kostengünstig in einem Kommissionsladen zu bekommen. Was nicht einmal falsch gedacht war, denn wenn es so ein Ding überhaupt noch irgendwo gab, dann in den staatlich kontrollierten Pfandhäusern, wo klamme Genossen ihre letzten versteckten Erbstücke versetzen konnten. Wir waren in mehreren dieser zugigen Warenlager – ein Einkaufserlebnis so traurig wie eine abgelaufene Versteigerung.

Im größten Kommissionsladen nahm eine einzige lange Vitrine die ganze Wand ein, und ausgestellt waren darin Objekte von beklemmender Zusammenhangslosigkeit. Insgesamt erweckte die Auslage eher den Eindruck einer dadaistischen Installation. Reihenweise gebrauchte Schuhe, die so abgetreten waren, dass sich sie Fußform des Vorbesitzers wie ein Gespenst darin eingenistet hatte, aber wie Schätze präsentiert wurden, was sie – bei Preisen zwischen fünfzig und einhundertsiebzig Dollar – vielleicht auch waren. Daneben ehemals elegante Kopfbedeckungen wie etwa Cloches aus den Roaring Twenties oder samtene Wagenräder. Nach den Hüten wurde das Angebot unübersichtlich: ein kaputter Fächer ($30), eine angeschmutzte Puderdose ($7), ein Bernsteinkamm mit Zahnlücke ($45), etliche Handtäschchen aus angelaufenem Silbernetz (ab $100), ein silberner Regenschirmgriff ($340), ein unspektakuläres Schachspiel aus Elfenbein mit fünf fehlenden Bauern (schlappe $1450), ein Elefant aus Zelluloid ($25), eine rosa Gipspuppe, aber so rissig und abgeblättert, als habe sie tagelang im Regen gelegen ($25). All diese Artikel (und noch mehr) waren so sorgfältig aufgereiht und nummeriert, als handle es sich dabei um die Hinterlassenschaft eines geliebten Vorfahren, und gerade diese Andacht machte das Sortiment zur Aussage. Lyons fragte zwar: »Und wer *kauft* diesen Krempel?«, doch er brauchte sich bloß umzusehen. So dürftig das Angebot auch war, Interessenten, die sich in den mottenzerfressenen Fächer oder den Regenschirmgriff verliebt hatten und bereit waren, den angegebenen Preis zu zahlen, gab es genug. Nach russischem Kalender war es bis Weihnachten zwar noch zwei Wochen hin, aber Geschenke gab es eher zu Neujahr, und so herrschte sowohl in den Kommissionsläden als auch den anderen Geschäften reger Verkehr. Sein Fabergé-Schätzchen fand Lyons zwar nicht, dafür bot ihm ein Pfandleiher eine einzigartige Schnupftabakdose aus dem neunzehnten Jahrhundert an, hergestellt aus einem riesigen ausgehöhlten Topas. Nur der Preis ($80 000) entsprach nicht ganz seinen Vorstellungen.

Mrs. Gershwin beabsichtigte, jedem Mitglied des Ensembles ein »richtig schönes« Weihnachtsgeschenk zu machen. (»Immerhin ist das unser viertes Jahr zusammen, da sollen sie ruhig mal erfahren, was sie mir bedeuten.«) Obwohl sie schon eine ganze Seekiste voller Geschenke aus Berlin mitgebracht hatte, fehlten noch ein paar Kleinigkeiten, und so warf sie sich ins Newski-Getümmel. (»Dass hier nichts los wäre, kann ich nicht behaupten«, lautete Lyons Kommentar.) Wir besuchten ein Pelzgeschäft, in dem das günstigste Zobeljäckchen für elftausend Dollar über den Ladentisch ging (oder auch nicht). Anschließend waren wir in einem Antiquitätenladen, der laut Intourist zu den »elegantesten« von ganz Petersburg zählte. Doch die Antiquitäten entpuppten sich als ausrangierte Fernseher, als eine Eisbox, als ein alter amerikanischer Ventilator, verschiedene Biedermeiermöbel in schlechtem Zustand und ein ganzes Depot Historienbilder von zweifelhaftem Wert. »Was hast du erwartet, Darling?«, sagte Mrs. Gershwin. »Russische Antiquitäten gibt es praktisch nicht. Wenn hier etwas antik ist, kommt es aus Frankreich.« Auf der Suche nach Kaviar betraten wir zwei aufgemotzte Fresshallen, sozusagen die Vendômes von Leningrad. Es gab Ananas aus Afrika, Orangen aus Israel, frische Litschis aus China, aber keinen Kaviar. »Komisch, wie konnte ich nur denken, hier würde sich die Arbeiterklasse den Kaviar nur so aufs Brot schmieren?«, klagte Mrs. Gershwin und verlangte nach einer Tasse Tee, was uns in eine Sowjetversion der guten alten Schrafft's-Kette verschlug. Der Laden lag in einem Untergeschoss, ein Verlies, in dem die mit Papierhäubchen aufgehübschten Kellnerinnen in kniehohen Stiefeln bedienten. Das war nötig, denn der Schneematsch stand hier knöchelhoch. Ganze Tabletts mit Eiscreme und unmöglichen Konditoreiwaren schleppten sie an die meist mit missmutigen Damengruppen besetzten Tische. Doch Tee für Mrs. Gershwin gab es keinen, denn alle Tische waren besetzt, selbst zum Stehen war kein Platz.

Bis dahin hatte noch keiner von uns irgendetwas gekauft. Mrs. Gershwin wollte es daher in einem Kaufhaus versuchen. Auf dem Weg dorthin blieb Lyons immer wieder stehen, um Fotos von Streichholzverkäuferinnen zu machen oder von rotbackigen Mädchen, die Weihnachtsbäume hinter sich herzogen, von kleinen Blumenständen, die im Winter aber nur künstliche Blumen feilbieten, Papiertulpen in Blumentöpfen zum Beispiel, den echten zum Verwechseln ähnlich. Seine Motivsuche verursachte jedes Mal einen größeren Auflauf schweigender Zuschauer, die entweder lächelten, wenn auch sie fotografiert wurden, oder sich verärgert abwandten. Irgendwann fiel mir dann dieser Mann auf, der immer in der Nähe war, obwohl er nicht zu den normalen Passanten gehörte. Meist hielt er sich hinter uns auf, ein dicker Kerl mit krummer Nase. Er trug einen schwarzen Mantel, eine Astrachan-Mütze, und die gesamte obere Gesichtshälfte war hinter einer Art Skibrille verborgen. Kurz vor dem Kaufhaus verlor ich ihn aus den Augen.

Das Kaufhaus erinnerte an einen Kirmesplatz mit Ständen und Tischen voller Schießbudenkram: billige Comic-Puppen, potthässliche Pokale, das Toilettenset in einer sargähnlich ausgepolsterten Präsentbox. Ein durchdringender Geruch nach ranzigem Klebstoff vertrieb Mrs. Gershwin schnell aus der Lederwarenabteilung, und sie floh an die Parfumtheke.

Schon bald verfolgte uns eine größere Menschenmenge. Als ich in der Hutecke anfing, einige künstliche Persianermützen anzuprobieren, war ich bald umzingelt von mindestens dreißig grinsenden Russen, die nach immer neuen Modellen schrien, um sie mir erst auf den Kopf zu drücken und anschließend achtlos auf den Boden purzeln zu lassen. Nur einer bückte sich, um sie wieder aufzuheben – der Mann mit der Skibrille. Die Pelzmütze, für die ich mich in meiner Not schließlich entschied, ein Astrachan-Imitat zu $45, passte nicht einmal, was ich aber erst später bemerkte. Bedingt durch das komplizierte russische Bezahlsystem, dem man nirgendwo entrinnt, nicht im kleinsten Lebensmittelladen, nicht im GUM in Moskau, dauerte die Transaktion noch weitere vierzig Minuten. Erst gibt dir der Verkäufer einen Kassenzettel. Mit dem gehst du zur Kasse, wo die Kassiererin auf einem Abakus weitere Berechnungen anstellt, was eine Weile dauert. Nun ist so ein Abakus eine flotte Sache, trotzdem könnte mal jemand in Russland die Registrierkasse erfinden. Wenn bezahlt ist, stempelt die Kassiererin den Kassenzettel ab, und es geht zurück zum Verkäufer, der in diesem Moment gerade fünf andere Kunden bedient. Doch irgendwann kommt die Zeit, da schnappt er sich deinen gestempelten Bon und verfügt sich mit diesem – Kontrolle ist besser – noch einmal zurück zur Kassiererin. Ist das endlich erledigt, händigt er dir die Ware aus und schickt dich zum Packtisch, wo du dich in die nächste Schlange einreihst. Doch Gemach, zu guter Letzt hältst du einen grünen Pappkarton mit deiner neuen Mütze in der Hand. »Bitte, Darling«, sagte Mrs. Gershwin zu Lyons, der versucht war, sich ebenfalls eine Russenmütze zuzulegen. »Nicht schon wieder. Das haben wir doch gerade erst hinter uns.«

Als wir das Kaufhaus verließen, war die Skibrille verschwunden. Aber bald war sie wieder da und beobachtete vom Rand einer Menschengruppe aus, wie Lyons die Weihnachtsbaumhändler fotografierte, die auf einem verschneiten Hof ihre Ware anboten. In diesem Hof verlor ich auch meine Hutschachtel. Vermutlich hatte ich sie nur kurz abgesetzt, um mir meine erfrorenen Hände zu wärmen. Erst viele Häuserblocks weiter fiel mir auf, dass die Schachtel nicht mehr da war. Lyons und Mrs. Gershwin waren nur zu gern bereit, zurückzugehen und mir bei meiner Suche behilflich zu sein. Das erübrigte sich, da uns schon hinter der nächsten Ecke die Sonnenbrille entgegenkam, in der Hand die grüne Hutschachtel. Mit einem Grinsen, das seine krumme Nase noch weiter verbog, reichte er mir das Vermisste. Ehe ich mich bedanken konnte, tippte er sich an die Mütze und war weg.

»Na, wenn das mal kein Zufall ist«, meinte Lyons mit einem amüsierten Glitzern in seinen listigen Augen. »Den hatte ich schon die ganze Zeit im Verdacht.«

»Ich auch«, sagte Mrs. Gershwin. »War aber trotzdem nett von ihm. Überhaupt, so schlimm sind die gar nicht. Er passt auf uns auf, da fühlt man sich immer sicher. Und, Darling«, sagte sie, als müsse sie Lyons ihre Sichtweise nahebringen, »ist es nicht schön zu wissen, dass du in Russland nichts verlieren kannst?«

Nach dem Abendessen im Astoria stand ich zusammen mit Ira Wolfert im Aufzug, dem ehemaligen Kriegsberichterstatter, der angeblich dabei war, für *Reader's Digest* einen Artikel über die Tournee zu schreiben. »Das Problem ist: Ich sehe hier einfach keine Story«, sagte er. »Alles wiederholt sich immer nur. Und vernünftig reden kann man auch mit niemandem, zumindest nicht mit den Russen. Ich krieg noch Platzangst hier. Ich meine, jedesmal wenn es politisch wird, höre ich die gleiche Leier. Kürzlich habe ich mit Sawtschenko geredet, und das ist doch ein intelligenter Mensch, sollte man meinen. Ich sagte zu ihm: ›Ganz unter uns, glauben Sie wirklich an den ganzen Propagandakram, den Sie ständig über Amerika abgeben? Sie wissen schon: wie die Wall Street unser Land beherrscht und so weiter.‹ Aber mit diesen Leuten ist einfach nicht zu reden. Es gibt überhaupt keinen Realismus in diesem sozialistischen Realismus. Gestern habe ich mit einem anderen Russen gesprochen, mit wem spielt keine Rolle, einer von den Leuten, die wir hier getroffen haben. Jedenfalls, der Mann steckt mir einen Zettel zu, auf dem steht, ich soll seine Schwester in New York anrufen. Er hat eine Schwester in New York. Später sehe ich ihn auf der Straße. Ich ziehe ihn in eine Seitengasse und frage ihn: ›Was geht hier eigentlich vor?‹ Und er: ›Ach gar nichts, alles in Ordnung. Aber besser, man ist vorsichtig.‹ Alles in Ordnung und trotzdem muss er mir diesen Zettel zustecken?« Wolfert biss auf seine Pfeife und schüttelte den Kopf. »Alles dasselbe: kein Realismus in diesem Land. Wirklich, ich krieg noch Platzangst.«

Schon als ich meine Tür aufschoss, hörte ich drinnen das Telefon. Es war der Mann, den wir in der Pause der Ballettvorstellung getroffen hatten, Miss Ryans Verehrer, Stefan Orlow. Er sagte, er habe versucht, Miss Ryan zu erreichen, aber unter ihrer Nummer melde sich niemand. Ich riet ihm, es in der Suite der Breens zu versuchen, wo Miss Ryan arbeitete. »Nein«, sagte er nervös und wie entschuldigend. »Ich sollte gar nicht anrufen. Nicht so früh. Aber wann kann ich Nancy wiedersehen – Sie und Nancy?«, fügte er taktvoll hinzu. Dann Schweigen, das so lange dauerte, dass ich schon dachte, wir seien getrennt worden. Schließlich sagte er: »Nein, das geht auch nicht. Aber *wir* könnten uns treffen, oder? Sagen wir in einer Stunde?« Ich fragte wo, und er sagte: »Gehen Sie einfach um die Isaakskathedrale. Gehen Sie einfach immer weiter, bleiben Sie nicht stehen, ich werde Sie erkennen.« Dann legte er grußlos auf.

Ich ging hinunter zur Suite der Breens, um Miss Ryan von der Einladung zu erzählen. Sie freute sich. »Ich wusste doch, dass er anrufen würde.« Dann sagte sie betrübt: »Aber ich hänge hier an diesem Schrieb, der heute noch raus muss.« Sie spannte Lagen von Normal- und Kohlepapier in die Reiseschreibmaschine. Der Schrieb war ein zweiseitiger Brief an Charles E. Bohlen, den amerikanischen Botschafter in Russland. Er begann damit, dass dem Botschafter und seiner Gattin ausdrücklich für ihre geehrte Anwesenheit bei der Leningrader Premiere von *Porgy and Bess* gedankt wurde, doch der Kern des Schreibens war eine einzige Beschwerde. Beschwerde darüber, dass dieses Projekt, dem Segen des State Departments zum Trotz und entgegen dem öffentlichen Eindruck, nicht die geringste staatliche Förderung erfuhr, ja, dass die Tournee nur mit finanzieller Unterstützung des russischen Kulturministeriums möglich geworden sei. Als »echte Schande« aber empfand es Breen, dass nicht einmal ein einziger Botschaftsvertreter dauerhaft abgestellt worden sei, »um sich mit eigenen Augen vom täglichen Ablauf dieses Unternehmens mit all seinen persönlichen Begegnungen und spontanen positiven Erlebnissen auf rein menschlicher Ebene zu überzeugen«. Dies sei aber bitter nötig, »falls die Botschaft später beabsichtigen sollte, einen ausführlichen Bericht über diese Tournee zu erstellen«. Und nicht nur nötig, »nur recht und billig angesichts der Weiterungen dieses beispiellosen Vorhabens«, so Breen. »Eine solche Dokumentation berührt nicht nur diese Tournee als Akt aktiver Völkerverständigung, sondern womöglich den gesamten künftigen Kulturaustausch. Niemand vermag den Aufwand zu ermessen, der erforderlich ist, den reibungslosen Ablauf dieser Tournee zu gewährleisten – oder die vielen Detailfragen, die schon im Vorfeld geklärt werden müssen, soll dieses Projekt einmal die Früchte tragen, die wir uns alle davon versprechen. Eine solche Dokumentation sollte natürlich nicht nur von Erfolgen berichten, sondern darüber hinaus von allen Facetten unserer Außendarstellung, die verbesserungswürdig sind, bis hin zu regelrechten Desastern.«

»Grüß Stefan von mir«, sagte Miss Ryan, als ich zu meiner Verabredung aufbrach. »Und sollte es dabei zu persönlichen Begegnungen und spontanen positiven Erlebnissen auf rein menschlicher Ebene kommen, sag mir Bescheid, ich trage es in unser Logbuch ein.« So hieß das offizielle Tournee-Tagebuch, das sie im Auftrag der Breens führte.

Der massige, halbgotische Bau der Isaakskathedrale liegt nur einen Steinwurf vom Astoria entfernt. Ich verließ das Hotel um genau drei Uhr dreißig, die Zeit, die mir Orlow genannt hatte. Doch vor dem Eingangsbereich stieß ich abermals auf die Skibrille. Die Skibrille saß in einer am Straßenrand geparkten Ziv-Limousine und redete mit dem Chauffeur. Einen Moment lang dachte ich daran, ins Hotel zurückzukehren, es schien mir das Vernünftigste zu sein, wenn schon Orlow befürchtete, dass unser Treffen nicht gern gesehen würde. Aber dann entschied ich mich doch dagegen, ich wollte einfach sehen, was weiter geschah. Als ich an der Limousine vorbeiging, veranlasste mich eine eigenartige Mischung aus Chuzpe und Höflichkeit, dem Mann mit der Skibrille zuzunicken.

Er gähnte und drehte den Kopf weg. Erst auf der anderen Seite des Platzes, im Schatten von St. Isaak, blickte ich mich um. Inzwischen war der Wagen aber verschwunden. Langsam ging ich um die Kirche herum und tat sehr architekturinteressiert, obwohl weit und breit keine Menschenseele zu sehen war. Dennoch hatte ich kein gutes Gefühl, denn mir kam das, was ich tat, irgendwie illegal vor. Die Dämmerung zog auf wie der Krähenschwarm, der krächzend über mir kreiste. Bei der dritten Runde fragte ich mich, ob Orlow seinen Plan geändert hatte. Ich verdrängte die Kälte, indem ich meine Schritte zählte, und war gerade bei zweihundertsiebzehn, als ich hinter einer Ecke Zeuge einer Szene wurde, bei der mein inneres Zählwerk so abrupt zum Stillstand kam wie die Zeiger einer zerschmetterten Uhr.

Was war passiert? Vier Männer hatten einen fünften gegen die Kirchenmauer gedrängt. Sie bearbeiteten ihn mit den Fäusten, stießen ihn dann nach vorn und warfen sich mit ihrem ganzen Gewicht auf ihn – wie Footballspieler auf einen Trainingsdummy. Eine gut gekleidete Frau mit einer Handtasche unterm Arm stand unbeteiligt an der Seite, als warte sie darauf, dass ihre Bekannten eine kleine geschäftliche Unterredung beendeten. Bis auf das Krächzen der Krähen verlief das Ganze wie eine Stummfilmszene, niemand gab den leisesten Laut von sich. Als die vier Angreifer schließlich von dem Mann abließen, sahen sie mich gleichgültig an, nahmen die Frau in die Mitte und gingen wortlos davon. Ich lief zu dem Mann. Er war korpulent und also viel zu schwer für mich, außerdem hatte er eine Fahne, die selbst einen Skorpion dahingerafft hätte. Er blutete nicht und war auch nicht bewusstlos, aber offenbar wollte er mir etwas sagen und konnte es nicht. Er sah mich an wie ein Taubstummer und versuchte, über die Augen zu kommunizieren.

Ein Wagen mit eingeschaltetem Licht stoppte am Straßenrand. Der schwarzweiße Karostreifen an der Seite wies das Auto als Taxi aus. Die Hintertür ging auf, und Stefan Orlow rief meinen Namen. An den Wagenschlag gestützt, wollte ich erklären, was passiert war, vielleicht konnten wir gemeinsam dem Mann helfen, aber Orlow winkte nur ungeduldig ab. »Steigen Sie ein«, sagte er, »nun machen Sie schon, *bitte*.« Und dann mit einer Verärgerung, die mich erschreckte: »Sie Idiot!«, wobei er mich in den Wagen zerrte. Als das Taxi wendete, strich das Scheinwerferlicht kurz über den hingestreckten Mann auf dem Bürgersteig. Wie die Beine eines auf dem Rücken liegenden Insekts ruderten seine Arme in der Luft.

»Entschuldigen Sie«, sagte Orlow wieder mit seiner alten höflichen Stimme, in der diesmal sogar echtes Bedauern mitschwang. »Aber mischen Sie sich nicht in die Streitigkeiten anderer Leute ein. Das ist nicht so interessant, verstehen Sie? Entspannen Sie sich. Wir fahren ins Oriental.« Er bedauere »tief«, sagte er, dass es Miss Ryan nicht möglich gewesen sei, der Einladung zu folgen. »Das Oriental ist genau die Art Restaurant, in das man ein Mädchen wie Nancy ausführt. Das Essen ist sehr gut. Es gibt Musik. Leicht orientalische Atmosphäre.« Nach unserem konspirativen Treffen kam es mir seltsam vor, dass wir jetzt ausgerechnet ein stadtbekanntes Restaurant besuchten. Ich sagte ihm das, und er war beleidigt. »Ich habe keine

Angst, aber ich bin auch kein Idiot. Das Astoria ist ein heikler Ort, verstehen Sie? Es ist schon schwer, hineinzukommen. Aber warum sollte ich Sie sonst nicht treffen?«, sagte er mehr zu sich als zu mir. »Sie sind Sänger, ich bin interessiert an Musik.« Offenbar war bei ihm der Eindruck entstanden, Miss Ryan und ich gehörten zum Ensemble. Als ich ihn auf seinen Irrtum hinwies und sagte, ich sei eigentlich Schriftsteller, war er bestürzt. Er hatte sich eine Zigarette angezündet, und als er das Streichholz ausblasen wollte, spannten sich seine bereits geschürzten Lippen wieder. »Sind Sie Korrespondent?«, fragte er und ließ die Flamme brennen. Ich sagte nein, zumindest nicht die Sorte Korrespondent, die er im Sinn habe. Endlich blies er das Streichholz aus. »Ich hasse Korrespondenten«, sagte er mit drohendem Unterton, so, als sei es von jetzt an besser für mich, ihn nicht zu belügen. »Es sind schmutzige Leute. Und die Amerikaner, das muss ich leider sagen, sind die Schlimmsten. Die Schmutzigsten.« Jetzt, da er meinen wahren Beruf kannte, wollte ich seine Lage nicht noch weiter komplizieren und schlug deshalb vor, mich irgendwo in der Nähe des Astoria wieder abzusetzen, dort könnten wir uns dann in aller Freundschaft trennen. Er interpretierte das aber sogleich als Parteinahme für amerikanische Korrespondenten. »Bitte, Sie missverstehen. Ich bewundere so sehr das amerikanische *Volk*«, beteuerte er und sagte, die Jahre in Washington seien für ihn »von einer Glücklichkeit« gewesen, die er nie vergessen werde. »Die Russen in New York haben immer auf die Russen von Washington herabgesehen. Sie sagten immer: ›Ach Gottchen, wie ist Washington doch ennuiant und provinziell«, wobei er das gezierte Girren einer Dame von Welt anhängte. »Aber mir, mir hat es da gefallen. Die heißen Straßen im Sommer. Bourbon Whiskey. Und meine Wohnung gefiel mir so. Ich mache meine Fenster auf und gieße mir einen Bourbon ein«, sagte er, als sei es noch immer seine Wirklichkeit. »Ich sitze in meiner Unterwäsche und trinke den Bourbon und spiele meine Victrola so laut ich will. Da ist ein Mädchen, das ich kenne. Zwei Mädchen. Eines kommt immer vorbei.«

Das Oriental ist ein Restaurant im Hotel Europa, ganz in der Nähe des Newski-Prospekt. Außer ein paar vertrockneten Zimmerpalmen erinnert aber nichts an das Land aus Tausendundeiner Nacht, und es ist mir schleierhaft, wo Orlow die orientalische Atmosphäre herhatte. Sofern man überhaupt von Atmosphäre sprechen konnte, war sie durch die gelben, schmierigen Wände und die wenigen besetzten Tische eher deprimierend. Trotzdem sah sich Orlow genötigt, seine Krawatte zu richten und seine dunklen Haare glattzustreichen. Wir überquerten eine leere Tanzfläche. Hinten schrammelte eine vierköpfige Kapelle einen Walzer, Musiker, die genauso dehydriert aussahen wie die Zimmerpalmen, zwischen denen sie standen. Dann ging es über eine Treppe auf die Galerie mit diskreten Sitznischen. »Ich bin sicher, Sie finden das Astoria mehr vornehm«, sagte er, als wir uns setzten. »Aber das Astoria ist für Ausländer und große Snobs. Hier ist für kleine Snobs. Und ich bin ein *sehr* kleiner Snob.«

Mir kam der Gedanke, dass er sich das Oriental womöglich gar nicht leisten konnte. Zwar hatte er einen Mantel mit Zobelkragen und eine Mütze aus Robbenfell, aber der dünne Zwirn seines Anzugs war wirklich ärmlich, und besonders im frisch gewaschenen Zustand fiel auf, wie zerschlissen Kragen und Manschetten seines Hemdes schon waren. Gleichwohl gab er opulente Order an den Kellner, der nach kurzer Zeit mit einer 400-Gramm-Karaffe Wodka und mit ganzen Eiscreme-Pokalen voller Kaviar erschien, dazu Toast und Zitronenscheiben. Mit einem flüchtigen Gedanken an Mrs. Gershwin machte ich mich darüber her, bis keine einzige dieser weichen, salzlosen grauen Perlen mehr übrig war. Orlow, der über meinen Heißhunger nur staunen konnte, fragte, ob ich noch eine zweite Portion wollte, was ich aber ablehnte, weil ich fand, dass das zu weit ging. Orlow durchschaute mich und bestellte nach.

In der Zwischenzeit gab er einen Toast zu Ehren von Miss Ryan aus. »Auf Nancy«, sagte er und leerte sein Glas in einem Zug. Anschließend, nachdem er die Gläser wieder gefüllt hatte: »Auf Nancy. Sie ist ein wunderschönes Mädchen.« Und abermals goss er nach. »Auf Nancy, die Schöne. Die Wunderwunderschöne.«

Die schnell hintereinander gekippten Wodkas röteten sein blasses, fast schönes Gesicht. Er könne, verriet er mir, »einen ganzen Narrenstiefel« trinken, ohne blau zu werden, doch sein zunehmend glasiger Blick bewies das Gegenteil. Dann wollte er wissen, ob ich mir vorstellen könne, dass Nancy ihn mochte. »Weil, die Sache ist«, sagte er und beugte sich vertraulich vor, »sie ist ein schönes Mädchen, und ich mag sie auch.« Ich gab ihm recht, denn seine Bewunderung war echt. »Jetzt denken Sie, ich bin ein Idiot, nicht? Weil, ich bin bald vierzig, und ich bin seit fünf Jahren verheiratet.« Er spreizte die Hand auf dem Tisch, um mir seinen schlichten goldenen Ehering zu zeigen. »Ich würde niemals meine Ehe zerstören«, erklärte er treuherzig. »Wir haben zwei Babys, zwei kleine Mädchen.« Seine Frau beschrieb er als »nicht schön, aber mein vornehmlicher Freund« und erklärte, dass neben den Kindern so manch gemeinsames Interesse für ihren »ernsten Zusammenhalt« sorge. In Russland lässt sich beobachten, dass kaum jemand eine Beziehung außerhalb seines eigenen Tätigkeitsfeldes eingeht. Das heißt, Mediziner heiraten Mediziner, Juristen heiraten Juristen. Die Orlows, so schien es, waren beide Mathematiker, die auch beide an derselben Schule unterrichteten. Ihre Hobbys waren Musik und Theater. Abwechselnd hatten sie nach Premierenkarten für *Porgy and Bess* angestanden, doch am Ende bekamen sie nur eine einzige zugeteilt. »Jetzt tut meine Frau, als ob sie nicht will. So kann ich gehen.« Ein Jahr zuvor hatten sie sich zu Neujahr einen Fernseher geschenkt, inzwischen bereute er, so viel Geld ausgegeben zu haben für etwas, das »so langweilig und kindisch« war. Eine ähnlich schlechte Meinung hatte er vom sowjetischen Film. Seine Frau liebte Kino, wohingegen er sich, wenn überhaupt, nur amerikanische Filme ansehen würde. (»Ich wüsste gerne: Was ist aus diesem schönen Mädchen geworden, dieser Joan Bennett? Und aus der anderen, Ingrid Bergman? Und George Raft? Was für ein wunderbarer Schauspieler! Lebt er noch?«) Abgesehen von seiner mangelnden Begeisterung für die sozialistische Filmkunst, hatten sie in jeder Hinsicht denselben Geschmack, sie betrieben sogar denselben Sport, nämlich

»die Bootfahrt«. Seit mehreren Jahren sparten sie auf ein eigenes Segelboot, das dann in dem kleinen Fischerdorf nahe Leningrad liegen sollte, in dem sie auch ihren achtwöchigen Sommerurlaub verbrachten. »Dafür lebe ich: einen Tages durch Zauber unserer weißen Nächte zu segeln. Sie müssen unbedingt wiederkommen, wenn die weißen Nächte da sind. Sie sind der verdiente Lohn für neun Monate Dunkelheit.«

Der Wodka war zur Neige gegangen. Kaum hatte Orlow Nachschub geordert, beklagte er sich, dass ich nicht mithielt. Er sagte, es ekle ihn schon vom Zusehen, wie ich immer nur an dem Glas nippte, und verlangte, ich solle entweder den Tisch verlassen oder trinken »wie ein anständiger Kerl«. Ich war in der Folge selbst überrascht, wie leicht es war, ja, wie angenehm, so ein Glas in einem Zug herunterzukippen, zumal es keine weiteren Folgen zu haben schien. Ich spürte lediglich eine kitzlige Wärme und hatte das Gefühl, dass auf meine fünf Sinne nur noch eingeschränkt Verlass war. Allmählich hatte ich nämlich ebenfalls den Eindruck, das Restaurant besteche durch seine orientalische Atmosphäre, eine geradezu maurische Behaglichkeit. Überdies spielte sich die Kapelle zwischen den Zimmerpalmen geradewegs hinein ins Traumland der Nostalgie.

Orlow, inzwischen im Stadium ostinater Repetition angelangt, sagte: »Ich bin ein guter Ehemann, und ich habe eine gute Frau.« Er sagte das ganze drei Mal, ehe er zum nächsten Satz kam, der da lautete: »Aber ich habe starke Muskeln.« Er spannte seinen Bizeps. »Ich bin feurig. Ein leidenschaftlicher Tänzer. In heißen Nächten, das Fenster offen, und die Victrola spielt so laut wie wir wollen ... eine kommt immer vorbei. Dann tanzen wir so. Mit dem Fenster offen in heißen Nächten. Mehr will ich nicht. Ich will mit Nancy so tanzen. Sie ist so schön, so wunderwunderschön. Verstehst du? Nur tanzen, nur so ... wo ist sie eigentlich?« Seine Hand wischte über den Tisch, Besteck ging rasselnd zu Boden. »Warum ist Nancy nicht hier? Warum singt sie nicht für uns?« Mit zurückgelegtem Kopf fing er an zu singen: »*Missouri woman on the Mississippi with her apron strings Missouri woman drags her diamond rings by her apron strings down the bad Missouri on the Mississippi blues ...*« Er wurde immer lauter, fiel dabei ins Russische, bis an seinem Gegröle nichts mehr an den *St. Louis Blues* erinnerte.

Ich schaute auf meine Uhr. Zu meinem großen Erstaunen war es neun Uhr. Seit fünf Stunden saßen wir also schon im Oriental, was nur heißen konnte, dass auch ich längst nicht mehr so nüchtern war, wie ich glaubte. Diese Feststellung – und der Beweis – erwischten mich im selben Moment, wie zwei Mordbuben, die schon länger auf der Lauer lagen. Die Tische schwankten, die Kronleuchter pendelten hin und her, als sei das Restaurant ein Schiff in schwerer See. Auf meine dringende Bitte hin verlangte Orlow nach der Rechnung, sang aber lustig weiter, während er die Rubel auf den Tisch blätterte. Er sang auf dem Weg nach unten, und auf der Tanzfläche tanzte er Walzer mit sich selbst, ohne auf die Kapelle zu achten, denn der Blues ließ ihn nicht los. »*Missouri woman you're a bad Missouri woman on the Mississippi blues ...*«

Draußen vor dem Oriental stand ein Straßenhändler, der Gummitiere verkaufte. Orlow erstand einen Hasen und reichte ihn mir. »Sag Nancy, das ist von Stefan.« Dann zog er mich eine Straße entlang, die vom Newski-Prospekt wegführte. Spätestens als das Straßenpflaster aufhörte und wir auf einem lehmigen Pfad weitergingen, war klar, dass unser Ziel nicht das Astoria sein konnte. Auch Stadtschlösser suchte man hier vergebens. Im Gegenteil, die Gegend glich eher den Slums von New Orleans, ein Viertel mit unbefestigten Straßen, kaputten Zäunen und abbruchreifen Holzhäusern. Wir kamen an einer ehemaligen Kirche vorbei, wo der Wind um die Türme heulte wie eine Witwe am Grab. Nicht weit davon begannen wieder die Bürgersteige und führten uns abermals vor die imperiale Fassade dieser Stadt. Der Spaziergang in der Kälte hatte Orlow zur Ruhe kommen lassen und sogar etwas ausgenüchtert. Vor einer Tür sagte er: »Hier, das ist besser. Eine echte Arbeiterkneipe.«

Mir kam es allerdings so vor, als hätte man mich in eine gut ausgeleuchtete Bärengrube gestoßen. Ich stand auf einmal in den körperwarmen, bierschweren Ausdünstungen von zirka einhundert brüllenden, streitenden, rauflustigen Männern, die rochen wie ein nasser Fuchs. Zu einem Dutzend saßen sie jeweils um einen der sechs Tische.

Die einzigen Frauen im Raum waren drei identische Kellnerinnen von robuster Bauart, etwa so breit wie hoch und mit runden, platten Bratpfannengesichtern. Sie versahen auch das Amt des Rausschmeißers. Ruhig und routiniert, unbeteiligt und scheinbar mühelos teilten sie Schläge aus, die einem doppelt so großen Mann die Füllung aus dem Balg hauten. Wehe dem, der sich ihrer Autorität widersetzte, dann hatte er es plötzlich mit allen dreien zu tun, und das bedeutete, dass sie mit ihm buchstäblich den Boden aufwischten, eher er hochkant rausflog. Einige hatten offensichtlich auch Hausverbot und sahen sich schon beim Betreten des Ladens mit einer Phalanx prügelnder Weiblichkeit konfrontiert. Auf der anderen Seite konnten sie auch sehr höflich sein. Orlow zum Beispiel lächelten sie offen an, womöglich beeindruckt von seinem Zobelkragen und der teuren Mütze. Eine von ihnen führte uns an einen Tisch, der zwar nicht frei war, aber es bald sein sollte, denn die dort sitzenden Männer, Schlägertypen mit Lederjacke und einem Kinn aus Eisen, hatten auf ihr Wort ihre Plätze zu räumen. Einer kam ihrem Befehl nach, der andere wollte diskutieren. Sie machte kurzen Prozess, packte ihn an den Haaren und drehte dabei sein Ohr um.

Normalerweise besitzen nur die besseren Restaurants eine Lizenz zum Wodka-Ausschank. Da dieses Café nicht zu dieser Kategorie zählte, bestellte Orlow russischen Cognac, ein brackiger Trank, der in Teegläsern gereicht wurde, *randvollen* Teegläsern. Frohgemut und mit der Attitüde dessen, der den Schaum vom Bier pustet, leerte Orlow gleich einmal ein Drittel des Glases und fragte, ob ich das Café »angenehm« fände oder vielleicht etwas zu »zünftig«. Ich antwortete auf beides mit ja. »Richtig: zünftig, aber nicht rowdiehaft«, so seine Unterscheidung. »Am Hafen ja, das ist alles rowdiehaft. Aber hier ist ganz normal. Für Arbeiter eben. Keine Snobs.« Mit am Tisch saßen acht Männer, die sich sehr für mich interessierten und wie die Elstern an mir herumzupften. Einer nahm mir das Feuerzeug aus der Hand, ein anderer griff sich meinen

Schal. Meine persönlichen Gegenstände wanderten von Hand zu Hand, wurden begutachtet und begrinst, wobei selbst bei den Jüngeren verrottete Zähne zum Vorschein kamen und Falten, die nicht allein durch die Lebensjahre der Leute erklärbar waren. Mein Nebenmann war eifersüchtig und wollte meine Aufmerksamkeit ganz für sich. Auch sein Alter ließ sich höchstens schätzen, irgendwo zwischen vierzig und siebzig. Ihm fehlte ein Auge, und dieser Umstand ermöglichte ihm einen Trick, den ich mir immer wieder ansehen musste. Es war eine Parodie des gekreuzigten Jesus. Und zwar nahm er einen großen Schluck Bier, streckte dann die Arme aus und ließ den Kopf nach vorn sinken. Kurz darauf rieselte das Bier wie eine Tränenflut aus seiner leeren Augenhöhle. Bei seinen Freunden am Tisch löste das jedesmal schenkelschlagende Heiterkeit aus.

Ein weiteres Original des Cafés war ein junger Bursche, der immer mit seiner Gitarre herumging. Wer ihm einen ausgab, für den sang er ein Lied, so auch für Orlow. Mit dem Hinweis, dies sei die Art Lied, »wie wir es hier mögen«, übersetzte er es für mich. Es war die Klage eines Matrosen, der sich nach seinem Heimatdorf und einer verlorenen Liebe namens Nina zurücksehnt. »Das Grün der See ist das Grün ihrer Augen.« Der Junge sang gut, mit einem flehenden Tremolo in der Stimme. Ich hatte aber das Gefühl, dass er nicht ganz bei der Sache war. Sein Blick und wohl auch seine Gedanken waren ganz auf mich gerichtet. Auf seinem weißen Gesicht lag eine Traurigkeit, die – wie bei einem Clown – aufgemalt aussah. Was mich aber wirklich beunruhigte, waren seine Augen.

Der Grund wurde mir schnell klar. Der flehende Blick darin erinnerte mich an den Mann, den sie im Schatten der Kathedrale zusammengeschlagen hatten. Als das Lied zu Ende war, verlangte Orlow das nächste. Stattdessen kam der Junge auf mich zu.

»*I ... you ... mother ... man.*« Er kannte vielleicht zehn englische Wörter und hatte Mühe, sie auszusprechen. Ich bat Orlow, für mich zu übersetzen, und als sie daraufhin auf Russisch weitersprachen, schien es mir, als sei auch seine gesprochene Sprache nur eine weitere Form des Gesangs. Tatsächlich konnten seine Finger währenddessen nicht von den Saiten seiner Gitarre lassen. Tränen quollen ihm aus den Augen, und er wischte sie mit der Hand weg, wodurch er – kindliche Geste – den Schmutz in seinem Gesicht verrieb. Ich fragte Orlow, was er gesagt hatte. »Es ist nicht sehr interessant. Ich bin nicht interessiert an Politik.« Dass der Junge wirklich nur von Politik gesprochen hatte, konnte ich mir gar nicht vorstellen. Ich bedrängte Orlow weiter, und er reagierte unwirsch. »Es ist nichts. Er ist nur aufdringlich. Er will, dass du ihm hilfst.«

Das schien selbst der Junge zu verstehen. »*Help*«, sagte er und nickte heftig. »*Help.*«

»Siehst du? Aufdringlich«, sagte Orlow. »Er sagt, sein Vater kommt aus England und seine Mutter aus Polen. Er sagt, deswegen wird er in diesem Land schlecht behandelt. Er will, dass du an die englische Botschaft schreibst. Irgend so etwas. Er will nach England.«

»*English man*«, sagte der Junge, wobei er stolz auf sich selbst zeigte. »*Help.*« Ich wusste aber nicht, wie ich ihm helfen konnte, und als er mich ansah, dämpfte Verzweiflung den Hoffnungsschimmer in seinen feuchten Augen. »*Help*«, wiederholte er vorwurfsvoll. »*Help. Help.*«

Orlow gab ihm eine Münze und nannte den Titel des Lieds, das er als Nächstes hören wollte. Es war ein lustiges Lied mit einem endlosen Refrain, und obwohl der Junge es nur bedrückt herunterspulte, lachten sogar die Kellnerinnen und sangen die entscheidenden Passagen mit, die hier offenbar jeder kannte. Der Einäugige, der sauer war, dass jetzt über etwas anderes gelacht wurde als seinen Trick, stieg auf einen Stuhl und markierte seinen Jesus, bis ihm das Bier über die Wangen tränte. Um fünf vor zwölf machten die Kellnerinnen ein paarmal das Licht an und aus, denn um zwölf war Sperrstunde. Die Gäste ließen sich davon aber nicht stören, klammerten sich entschlossen an diese letzten Minuten, als könnten sie es nicht ertragen, das Gemeinschaftsgefühl im Raum gegen die kalten Straßen und den einsamen Heimweg zu tauschen. Orlow sagte, er wolle mich noch bis zum Isaaksplatz begleiten. Aber erst noch ein allerletzter Trinkspruch. Sein Vorschlag: »Auf ein langes Leben und ein fröhliches. Sagt man so?« Genau so sagte man, erwiderte ich.

An der Tür stellte sich uns der Junge mit der Gitarre in den Weg. Noch immer sangen die Gäste sein Lied, ihre Stimmen hallten auf der Straßen, während die Kellnerinnen die Nachzügler aufscheuchten, indem sie das Licht jetzt ausgeschaltet ließen. »*Help*«, sagte der Junge und griff vorsichtig nach meinem Ärmel. »*Help*«, sagte er, die Augen fest auf mich gerichtet, während eine Kellnerin auf Orlows Geheiß den lästigen Störer zur Seite schob, um uns Platz zu machen. Leise wie der nächtliche Schnee fielen sein Worte ins Nichts.

»Ich glaube, das war ein Verrückter«, sagte Orlow.

»Genauso gut könnte New York längst in Schutt und Asche liegen, wir erführen kein Wort davon«, sagte Leonard Lyons am nächsten Morgen zu Herman Sartorius, dem Finanzier, der neben ihm im Bus saß. Der Bus war unterwegs zur Eremitage. »Ich war noch nie an einem Ort, an dem man keine Zeitung kriegen kann. Man weiß nie, was sonst noch in der Welt passiert ist. Wie ein Gefangener, so fühlt man sich hier.« Sartorius, ein hochgewachsener, ergrauter, stets ausgesucht freundlicher Herr, musste einräumen, dass auch ihm die Westpresse fehlte, und fragte den anderen, ob es »den örtlichen Gepflogenheiten« entsprach, sich in einer Leningrader Bank über die New Yorker Börsenkurse zu informieren.

Zufällig saß hinter ihm jemand, der ihm genau diese Information beschaffen konnte, denn es gehörte zu seinem Beruf, zu wissen, was hinter dem Eisernen Vorhang geschah, ganz besonders in Amerika. Ein Russe mit Namen Josef (»Nennen Sie mich Joe«) Adamow. Er war für Radio Moskau in Leningrad, sollte Interviews mit der *Porgy-and-Bess*-Truppe machen. Radio Moskau ist die internationale Welle des staatlichen Rundfunks, und Adamows Wirken gilt englischsprachigen Hörern. Das Programm besteht aus Nachrichten und Reportagen, Musik und propagandalastigen Seifenopern. Diese Serien sind wahrhaft bemerkenswert, nicht wegen ihrer kruden Handlung, sondern wegen der wirklichkeitsnahen Präsentation. Die

Stimmen dieser angeblichen Durchschnittsamerikaner sind absolut realistisch. Man glaubt, wenn einer sagt, er sei Farmer aus dem Mittleren Westen, Cowboy aus Texas oder Fabrikarbeiter aus Detroit. Sogar die Stimmen der »Kinder« klingen so echt wie das Geräusch von Cornflakes oder eines Baseballs. Adamow behauptete, dass keiner dieser Sprecher in Russland je einen Fuß über die russische Grenze gesetzt hätte, es seien allesamt Eigengewächse. Da er selbst auch auf eine solche Rolle abonniert war, war sein Akzent so perfekt, dass er sogar waschechte New Yorker wie Lyons täuschen konnte. »Mensch, ich fasse es nicht. Ich frage mich die ganze Zeit, was dieser Kerl hier in Leningrad zu suchen hat.« Denn wenn man Adamow so hört, kommt er scheinbar direkt von der Ecke Broadway und 51st Street und hat eine *Variety* unter dem Arm. Vielleicht ist sein Slang nicht der allerneueste, aber die maulfaule New Yorker Artikulation hat er wunderbar drauf und gerät sprachlich so gut wie nie in Verlegenheit. »Also was mich angeht, ich bin überhaupt keine Museumsratte. Aber wenn Sie auf diesen alten Plunder stehen, dann sind Sie in dem Laden genau richtig, das ist mal amtlich.« Adamow ist Mitte dreißig, hat ein dunkles Mondgesicht, ein sprunghaftes, nervöses Lachen, und sein ohnehin ausweichender Blick wird noch ausweichender, als er schließlich doch zugeben muss, sein Englisch in New York erworben zu haben, wo er zwischen acht und zwölf Jahren bei seinem emigrierten Großvater gelebt hat. Über diesen Lebensabschnitt redet er nicht gerne. »Ich war noch ein Kind«, sagt er dazu, so, als wolle er sagen: »Ich wusste es damals noch nicht besser.«

Ein ausländischer Resident in Moskau, der Adamow gut kannte, beschrieb ihn als »ausgebufften Opportunisten, der überall seine Finger drin hat«. Und ein italienischer Korrespondent, ebenfalls kein Neuling in Moskau, sagte: »Ah, *si*, Signor Adamow, der Lächler mit dem Messer.« Kurz, Adamow ist ein erfolgreicher Mann, was bedeutet, dass er Privilegien genießt, von denen normale Bürger allerhöchstens träumen können, erst recht in Russland. Am meisten schätzt er seine Zweiraumwohnung in der Gorkistraße, wo er seiner Darstellung nach das Leben eines Paschas führt. »Rufen Sie an, wenn Sie in Moskau sind, ich kann Ihnen jederzeit ein paar hübsche Mädels besorgen, gar kein Poblem!« Auch im Ensemble hatte er ein paar hübsche Mädels entdeckt, allen voran die Chorsängerin mit dem somnambulen Blick, Dolores alias Delirious Swann. Im Museum, wo die Besucher in Zwölferriegen aufgeteilt wurden, schloss sich Adamow gleich der Gruppe an, in der sich Miss Swann befand – zusammen mit den Wolferts, Mrs. Gershwin, Nancy Ryan, Warner Watson und mir.

Die Eremitage ist Teil des Winterpalastes, der in den vergangenen Jahren in seiner ursprünglichen Farbe, einem kaltgrünen Pastellton, renoviert wurde. Die endlose Fensterfront überblickt den Park und die Newa. »Arbeit an Winterpalast begann 1764 und brauchte achtundsiebzig Jahre zur fertigen Errichtung«, sagte unsere Führerin, ein burschikoses Mädchen, das die einzelnen Abteilungen geschäftsmäßig abhakte und aufs Tempo drückte. »Er besteht aus vier Gebäuden und enthält, wie Sie sehen, weltgrößtes Museum. Dort, wo wir stehen, ist Botschaftertreppe, die von den Botschaftern benutzt wurde, wenn sie Aufwartung machten.«

Im ektoplasmischen Nachgang dieser Botschafter folgte ihr unsere Gruppe über die gewundene Marmortreppe der filigranen, weiß-goldenen Decke entgegen. Wir kamen durch eine prächtige Halle aus grünem Malachit, die beinahe unterseeisch wirkte. Ein paar von uns blieben an den vereinzelten Verandafenstern stehen, um die Aussicht über die nebelverhangene Newa und die Peter-und-Paul-Festung mit dem berühmten Gefängnis zu genießen. »Beeilung, bitte«, drängte die Führerin. »Es gibt viel zu sehen, und wir schaffen Plan nicht, wenn wir uns zwecklos aufhalten.«

Nächster Punkt auf dem Plan war die Besichtigung der Schatzkammer. »Da haben sie den ganzen Klunker gebunkert, die Kronjuwelen und den ganzen Kram«, sagte Adamow zu Miss Swann. Eine Abteilung stämmiger Amazonen, teils in Uniform und mit Pistolengürtel, bewachte die verrammelten Türen. Adamow wies mit dem Daumen auf die Truppe und sagte zu Warner Watson: »Ich wette, so was haben Sie nicht in Amerika: weibliche Polizisten.«

»Doch, natürlich«, entgegnete Watson eingeschüchtert. »Natürlich haben wir auch Polizistinnen.«

Adamows schwitziges Gesicht war knallrot vor Lachen. »Aber sicher nicht so dicke wie diese hier, oder?«

Als die komplizierten Schlösser der Stahltüren geöffnet wurden, machte unsere Führerin folgende Ankündigung: »Die Damen, bitte, hinterlegen ihre Handtaschen an der Aufsicht.« Dann fügte sie beschönigend hinzu. »Es passiert, dass durch hinfallende Handtaschen Schaden angerichtet wird, wir haben diese Erfahrung gemacht.«

Das Allerheiligste teilt sich in drei kleine, von Kronleuchtern erhellte Räume. Die ersten beiden enthalten wohl das Wertvollste, was das Museum zu bieten hat, das Gold der Skythen, Knöpfe und Armreifen, brutale Waffen, alle möglichen Schriftzeugnisse und Paramente. »Stammt alles aus dem ersten Jahrhundert ...«, erläuterte Adamow, »vor Christus, nach Christus, keine Ahnung.« Das dritte Gelass ist geistesgeschichtlich weniger anspruchsvoll, dafür aber noch faszinierender. In einem Dutzend Vitrinen (noch mit Herstellerplakette: Holland and Sons, 23 Mount Street, Grosvenor Square, London) funkeln aristokratische Preziosen wie Spazierstöcke aus Onyx oder Elfenbein, mechanische Vögelchen, die einst mit smaragdenen Zungen sangen, ein Lilienstrauß aus Perlen, ein Rosenbouquet aus Rubinen, Ringe und Schatullen, die ihren Glanz wie Hitze abstrahlen.

Miss Swann sang: »*But diamonds are a girl's best friend.*« Und jemand, der fragte: »Wo ist eigentlich Earl?«, bekam zur Antwort: »Oh, Earl, der liegt noch im Bett. Schade, hier hat er was verpasst, so wie der auf Glitzerzeug steht.«

Adamow pflanzte sich vor einer Vitrine auf, in der die wenigen Fabergé-Objekte lagen, unter anderem eine Miniaturversion der zaristischen Insignien Krone, Zepter und Weltkugel. »Gott, ist das schön«, seufzte Miss Swann. »Finden Sie nicht auch, Mr. Adamow?« Adamow lächelte nachsichtig. »Wenn du das sagst, Mädchen. Ich persönlich halte es eher für Krempel. Was nutzt dieses Zeug heute noch?«

Ira Wolfert kaute auf seiner kalten Pfeife und war mehr oder weniger derselben Meinung. »Ich hasse Schmuck«, erklärte er mit Blick auf ein ganzes Tablett voll Flitterwerk. »Ich persönlich kenne nicht einmal den Unterschied zwischen Zirkon und Diamant. Bloß dass mir Zirkone besser gefallen, sie leuchten heller.« Er legte den Arm um seine Frau Helen. »Ich bin nur froh, dass ich eine Frau geheiratet habe, die von Schmuck ebenfalls nichts hält.«

»Aber das stimmt nicht, ich mag Schmuck«, sagte Mrs. Wolfert, eine gelassene Frau, die selbst Widerspruch noch unverbindlich vortrug. »Aber nur, wenn er auch künstlerisch gestaltet ist. Das hier, das ist nur Protzerei, das macht mich ganz krank.«

»Mich auch«, sagte Miss Ryan, »aber anders. Ich gäbe alles für so einen Ring, zum Beispiel dieses Tigerauge.«

»Nein, ich mag mir so etwas nicht ansehen«, wiederholte Mrs. Wolfert. »Und von künstlerischer Gestaltung kann wohl ebenfalls keine Rede sein. Das hier ...«, sagte sie und deutete auf ihre Brosche, eine schlichte mexikanische Silberarbeit, »das ist Gestaltung.«

Auch Mrs. Gershwin stellte so ihre Vergleiche an. »Ich wünschte, ich wäre nie hergekommen«, sagte sie melancholisch und befingerte ihre Brillanten. »Da muss man sich ja schämen. Am liebsten würde ich meinem Mann jetzt eine knallen.« Worauf Miss Ryan fragte: »Wenn Sie sich was aussuchen könnten, was würden Sie nehmen?

»*Alles*, Darling, alles«, antwortete Mrs. Gershwin.

Miss Ryan stimmte ihr zu. »Und wenn ich nach Hause käme, würde ich alles auf dem Boden verstreuen und mich nackt darin *wälzen*.«

Wolfert begehrte nichts dergleichen, er sagte nur: »Los, gehen wir, vielleicht gibt es hier ja noch etwas, das wirklich interessant ist.« Ein Wunsch, den er auch an die Führerin weitergab. Die lotste alle wieder zum Ausgang, aber nicht ohne ihre Schäfchen dabei zu zählen. Etwa sechs Kilometer weiter, als sich die Reihen durch akute Erschöpfungsfälle schon deutlich gelichtet hatten, stolperte das Häuflein in die letzte Ausstellungshalle. Die vergangenen beiden Stunden waren anstrengend gewesen. Die ägyptischen Mumien und italienischen Madonnen, die Bilder, die derart hoch aufgehängt waren, dass einem der Nacken wehtat, und nicht zuletzt der Sarkophag von Alexander Newski und die gigantischen Stiefel von Peter dem Großen, alles wollte eingehend gewürdigt werden. »Stiefel«, erklärte die Führerin, »wurden von diesem progressiven Mann *mit eigener Handarbeit* gemacht.« Erst hier, ganz am Schluss, kommandierte sie uns zum Fenster, um die hängenden Gärten zu bestaunen.

»Aber ...«, quakte Miss Swann dazwischen, »wo sind denn die hängenden Gärten?«

»Unter Schnee«, sagte die Führerin. »Und hinten«, setzte sie hinzu und zeigte auf die letzte Sehenswürdigkeit auf ihrem Plan, »hinten ist unser berühmter *Peacock*.«

Der Peacock, ein mechanischer Irrsinn aus dem achtzehnten Jahrhundert, den der Uhrmacher James Cox seinerzeit Katharina II. zum Geschenk gemacht hatte, sitzt in einem Glaskäfig von der Größe eines Gartenpavillons. Mittelpunkt dieser Installation ist ein Pfau im goldenen Geäst eines Bronzebaums. Verteilt auf die anderen Zweige: eine Eule, ein Hahn und ein Eichhörnchen mit Nuss. Unten schießen Pilze aus dem Boden, und einer davon ist eine Uhr. »Bei jedem Schlag von Stunde haben wir mächtige Betriebsamkeit«, sagte die Führerin. »Pfau spreizt Federn, Hahn gackert, Eule zwinkert Auge, und Eichhörnchen knabbert an Nuss.«

»Mir egal, was es tut. So ein Tinnef«, schnaubte Adamow. Miss Ryan stellte ihn zur Rede und wollte wissen, was er eigentlich an so einem »Wunderwerk der Phantasie« auszusetzen habe. Er zuckte die Schultern. »Was hat denn *das* mit Phantasie zu tun? Haufenweise arme Teufel, die blind geworden sind über dieser Arbeit. Und nur damit Ihre Hoheit zusehen kann, wie ein blöder Pfau ein Rad schlägt. Schauen Sie sich diese Blätter an. Ist Ihnen klar, wie viel Arbeit darin steckt? Und wofür das alles? Für nichts. Dieses Ding dient keinem vernünftigen Zweck. He, was soll das?«, fragte er, da Miss Ryan angefangen hatte, in ihr Notizbuch zu kritzeln. »Was machen Sie da? Notieren Sie sich etwa den Blödsinn, den ich hier von mir gebe?« Nein, das täte sie keineswegs, erwiderte sie überrascht, ihr ginge es eher um die Uhr. »Ja, klar«, sagte er, aber seine Stimme war nicht mehr ganz so leutselig wie sein Lächeln. »Sie halten mich für blöd, oder? Nun, dann spitzen Sie mal Ihre Ohren, denn ich nenne Ihnen einen guten Grund, warum ich dieses Ding nicht mag. Weil dieser Pfau nämlich noch dann mit dem Hintern wackelt, wenn ich längst tot bin. Der Mensch schuftet sich sein Leben lang den Arsch ab, und am Ende ist er Staub. Das ist auch der tiefere Sinn von so einem Museum, es erinnert uns an den Tod ... den Tod«, wiederholte er mit einem nervösen Kichern, das sich zu einem freudlosen Lachen verbreitete.

Eine Gruppe Soldaten, auch sie auf einem geführten Rundgang, näherte sich dem Peacock, gerade als die volle

Stunde schlug. Ein Glücksfall, denn so erlebten diese armen Bauernjungen mit ihren rasierten Schädeln und grauen, schlecht passenden Uniformhosen, die im Sitz durchhingen wie eine Windel, gleich eine doppelte Sensation. Einmal die Fremden und dann noch die mächtige Betriebsamkeit der Uhr mit einem Pfau, der seine Bronzefedern spreizte, der Eule, die goldäugig in das vergehende Licht vor dem Winterpalast blinzelte. Die Amerikaner und die Soldaten drängen sich dicht aneinander, um etwas von dem Hahnenschrei mitzubekommen. Der Mensch und die Kunst, für einen Augenblick waren sie in *einem* Dasein vereint und jeder Sterblichkeit enthoben.

Heiligabend nahte. Unter Anleitung ihres Chefs Sawtschenko hatten die Dolmetscher des Kulturministeriums im Astoria-Speisesaal einen kümmerlichen Weihnachtsbaum aufgestellt und mit handgemalten Papierkärtchen und ein bisschen Lametta dekoriert. Die Mitglieder der Kompanie, ganz gerührt ob ihres vierten gemeinsamen Weihnachtsfestes, hatten sich in die Konsumschlacht gestürzt. Ergebnis: ein sechs Meter breiter Wall aus Geschenken rund um den armen Tannenbaum. Bescherung war um Mitternacht, aber Miss Ryan war immer noch dabei, Geschenke einzupacken oder aus ihrer persönlichen Schatulle kleine Sachen auszusuchen, die sie verschenken konnte. »Vielleicht wäre der Hase etwas für die Kinder«, sagte sie und meinte den Gummihasen, den sie von Stefan Orlow bekommen hatte. Im Augenblick saß der Hase noch gemütlich zwischen ihren Kopfkissen. Sie hatte ihm mit Kugelschreiber einen kleinen Schnurrbart gemalt und auf die Seite geschrieben: STEFAN – DER HASE. »Lieber nicht«, entschied sie. Sonst glaubt mir zu Hause kein Mensch, dass ich mir hier einen echten russischen Kavalier geangelt habe.« Orlow hatte nicht wieder angerufen.

Ich half Miss Ryan, die Geschenke in den Speisesaal zu transportieren, wo sich die Bescherung gerade ihrem Ende näherte. Die Kinder hatten aufbleiben dürfen, hielten ihre neuen Puppen im Arm, spritzten mit ihren neuen, mit Himbeerlimo gefüllten Wasserpistolen und liefen knietief durch das bunte Geschenkpapier. Die Erwachsenen tanzten zur Musik der russischen Jazzband, die man vom Saal nebenan hören konnte. Mrs. Breen wirbelte vorbei, ein Stück Geschenkband um den Hals. »Na, ist das nicht schön?«, fragte sie. »Seid ihr zufrieden? Man feiert ja nicht jeden Tag Weihnachten in Leningrad!« Die Kellnerinnen, allesamt junge Anglistikstudentinnen, die sich freiwillig für diesen Einsatz gemeldet hatten, lehnten trotzdem jede Aufforderung zum Tanz züchtig ab. »Ach, sei doch nicht so, Honey«, bekam eine zu hören, »bringen wir den Eisernen Vorhang zum Schmelzen, okay?« Bei den Vertretern des Ministeriums hatte der zur Feier des Tages genossene Wodka längst jede Zurückhaltung aufgehoben. Auch sie waren vom Ensemble beschenkt worden, und Miss Lydia, die eine Puderdose bekommen hatte, wollte jeden küssen, den sie kriegen konnte. »Es ist zu freundlich, zu freundlich«, sagte sie und betrachtete ihr rundliches Gesicht unermüdlich in dem kleinen Spiegel.

Sogar der distanzierte Sawtschenko, ein mürrisch-vereister Weihnachtsmann (oder Väterchen Frost, wie die

Russen sagen), schien nach einer Weile von der Würde seines Amtes Abstand zu nehmen, zumindest protestierte er nicht, als sich ein Mädchen aus dem Ensemble auf seinen Schoß plumpsen ließ und ihn mit den Worten abküsste: »Wie kommt es eigentlich, dass Sie immer so tun wie der böse, böse Brummbär? Wo Sie doch in Wirklichkeit so knuddelig sind. Echt, Mr. Sawtschenko, Sie sind ein total niedlicher Knuddelbär, gar kein Brummbär.« Auch Breen fand nichts als lobende Worte für den Verantwortlichen aus dem Kulturministerium. »Trinken wir auf den Mann, ohne den diese schöne Feier nicht stattfinden würde«, sagte er und erhob ein Becherglas voll Wodka. »Auf einen der besten Freunde, die wir auf dieser Welt haben, Nikolai Sawtschenko.« Sawtschenko wischte sich die Lippenstiftspuren vom Gesicht und revanchierte sich mit einem weiteren Trinkspruch. »Auf den freien Kulturaustausch zwischen den Künstlern unserer beiden Länder.« Auch hier hängte er seinen Klassiker an: »Wenn die Kanonen sprechen, schweigen die Musen. Wenn die Kanonen schweigen, sprechen die Musen.

Der Reporter von Radio Moskau, »Joe« Adamow, war derweil eifrig dabei, Eindrücke der Party auf seinem tragbaren Tonbandgerät mitzuschneiden. Eine der »Stimmen«, die er einfing, gehörte dem achtjährigen Davy Bey, der ihm ins Mikro sprach: »Hallo, ihr da draußen, frohe Weihnachten. Mein Daddy will, dass ich ins Bett gehe, aber alle amüsieren sich hier, deshalb gehe ich auch nicht. Okay, zu Weihnachten habe ich eine Pistole und ein Schiff gekriegt, ich wollte aber eigentlich ein Flugzeug, und auch die vielen Anziehsachen sind doof. Also, wer von den Kindern da draußen das Schiff haben will, soll vorbeikommen, dann spielen wir damit. Wir haben auch Kaugummi, und ich kenne hier ein paar gute Plätze zum Verstecken.« Adamow nahm auch *Stille Nacht, heilige Nacht* auf, welches vom ganzen um den Weihnachtsbaum versammelten Ensemble in einer Lautstärke vorgetragen wurde, dass von der Tanzkapelle nebenan nichts mehr zu hören war. Sogar Ira Wolfert und Gattin stimmten mit ein. Die Wolferts, Eltern mehrerer erwachsener Kinder, hatten ein Ferngespräch nach Amerika angemeldet. »Alle unsere Kinder sind heute Abend zusammen, schon morgen geht jeder wieder seiner Wege«, sagte Mrs. Wolfert nach der Darbietung. »Ach Ira«, sagte sie und drückte ihrem Mann die Hand. »Hoffentlich kommt der Anruf durch, das wäre für mich das schönste Weihnachtsgeschenk.« Er kam nicht durch. Sie warteten noch bis zwei Uhr, dann gingen sie ins Bett.

Kurz nach zwei Uhr verlagerte sich die Weihnachtsfeier in den angrenzenden »Night Club« des Astoria, der an Samstagen auch nach Mitternacht noch geöffnet hat – wenn ausnahmsweise die Zahl der Gäste die des Personals übersteigt. Die sowjetische Gepflogenheit, Fremde willkürlich an ein und denselben Tisch zu platzieren, ist dem persönlichen Gespräch nicht gerade förderlich, und in dem kathedralenhohen Restaurant, rappelvoll mit Leningrads Elite, war es ungewöhnlich still. Nur wenige junge Offiziere aus Heer und Marine trauten sich mit ihrem Schatz auf die Tanzfläche, um zu den hausbackenen Rhythmen der Kapelle übers Parkett zu schieben. Alle anderen, Künstler und Theaterleute, chinesische Militärs und verbissene

Politkommissare in Begleitung ihrer anmutlosen, miederlosen Frauen mit zu vielen Goldzähnen im Frontbereich, alle anderen saßen nur gelangweilt und gleichgültig herum wie Schiffbrüchige auf einem pazifischen Atoll.

Earl Bruce Jackson warf nur einen kurzen Blick auf die Trauergesellschaft und meinte dann: »Mann, da ist vielleicht 'ne Stimmung, da hängen ja die Eiszapfen von der Decke. He, Leute, wollen wir den Leichen nicht mal die Falten aus dem Sack ziehen? Was die brauchen ist jemand, der auf die Kacke haut.« Kurz darauf stürmten fünf Mitglieder der Kompanie auf die Bühne und rissen die Show an sich, wogegen die Hotelmusiker übrigens nichts einzuwenden hatten, denn sie alle liebten die amerikanische Negermusik. Einer, ein Bewunderer von Dizzy Gillespie, besaß sogar eine recht ansehnliche Sammlung von Stücken – samt und sonders von Radiostationen des Klassenfeinds aufgenommen und auf alte Röntgenplatten geschnitten. Junior Mignatt rotzte in eine Trompete, Bananen-Finger Lorenzo Fuller haute in die Tasten und Moses Lamar, das Kraftpaket mit der Reibeisenstimme, stampfte den Rhythmus vor und sperrte seinen Mund alligatorweit auf: »*Grab yo' hat 'n grab yo' coat, leave yo' worry on de do'step ...*« Es war, als sei den Gestrandeten plötzlich ein Segel am Horizont erschienen. Ein Lächeln lief durch den Saal, als würde eine Fahne entrollt, ganze Tische verfügten sich auf die Tanzfläche. »*...just direct yo' feet ...*« Ein chinesischer Kadett tippte den Rhythmus mit dem Fuß, Russen drängelten sich vor dem Podium, wie gebannt von Lamars kratziger Kehle und dem vorwärts drängenden Schlagzeug. »*...to de sunny sunny SUNNY ...*«

Paare wiegten sich im Takt und kamen sich immer näher. »...*side ah de streeeet!*«

»Hey, bei den Zombies geht die Luzie ab!«, sagte Jackson und rief Lamar zu: »Hey, du *hast* sie, du *hast* sie! Jetzt bügel ihnen das Trommelfell. *Ooble-ee-doo!*«

Stolz auf ihre Anbefohlenen wandte sich Mrs. Breen, die Mutter der Kompanie, zu Leonard Lyons. »Da sehen Sie es. Wir haben das Eis gebrochen. Was keinem Diplomaten gelungen ist, Robert hat es geschafft.« Sie erntete nur einen skeptischen Blick und die Bemerkung: »Auch als Rom brannte, spielten die Geigen.«

An einem Tisch entdeckte ich Priscilla Johnson, die College-Freundin von Miss Ryan und mittlerweile Studentin der sozialistischen Rechte, die aber mehr daran interessiert war, Artikel über das sowjetische Liebesleben zu schreiben. Sie saß mit drei Russen zusammen, einer davon ein knorziger, unrasierter Gnom mit fisseligen schwarzen Haaren, der mir sofort ein Glas Sekt aufnötigte. »Er will, dass Sie sich zu uns setzen. Ich empfehle, das zu tun«, riet Miss Johnson. »Er markiert gern den wilden Mann, aber er fasziniert mich.« Genauer gesagt, er war Bildhauer aus Georgien und verantwortlich für die Heldendenkmäler in der neuen Leningrader Metro. Und er legte gleich los: »Siehst du den da mit der grünen Krawatte?«, fragte er auf Englisch und zeigte auf jemanden am anderen Ende des Saals. »Er hat einen dicken Orden von der Armee, ist aber ein Feigling. Dauernd legt er mir Steine in den Weg.« Oder: »Ich liebe den Westen. Ich war auch schon in Berlin und bin Marlene Dietrich begegnet. Sie hat sich sofort in mich verliebt.«

Das andere Paar am Tisch, Mann und Frau, sagte nichts, bis Miss Johnson und der Bildhauer tanzen gegangen waren. Dann sagte die Frau, eine leichenblasse Brünette mit mongolischen Wangenknochen und grünen Mandelaugen: »Was für ein schrecklicher Kerl. Und so schmutzig. Typisch *Georgier*. Diese Leute aus dem Süden!« Sie sprach ein Englisch mit der unechten Eleganz und Präzision einer Liza Doolittle. »Ich bin Madame Nerwitzki. Sie kennen natürlich meinen Mann, den Schlagersänger«, stellte sie ihren Mann vor, der mit über sechzig doppelt so alt war wie sie, ein eitler, angejahrter Schönling mit Spitzbauch und abbrechender Kinnkante. Er war vollständig geschminkt, mit Puder, Rouge und Kajal. Er verstand kein Englisch, sagte aber auf Französisch: »*Je suis Nerwitzki. Le Bing Crosby de Russie.*« Seine Frau war ehrlich überrascht, dass ich noch nie von ihm gehört hatte. »*No?* Nerwitzki? Der berühmte Schlagersänger?«

Ihre Überraschung war berechtigt, denn in der Sowjetunion ist Nerwitzki ein Star, der Schwarm junger Mädchen, die bei seinen Liebesschnulzen regelmäßig in Ohnmacht fallen. In den Zwanziger- und Dreißigerjahren lebte er in Paris und versuchte sich als Cabaret-Künstler, ohne je den großen Durchbruch zu schaffen. Später tingelte er durch den Fernen Osten, lernte dort seine spätere Frau kennen, die ebenfalls aus Russland kam. 1943 zog das Paar nach Moskau, wo la Nerwitzki – nicht allzu erfolgreich – in mehreren Filmen mitspielte. »Eigentlich bin ich ja Malerin. Aber ich wehre mich dagegen, immer nur den wichtigen Leuten gefallen zu müssen. Das ist nötig, wenn man seine Bilder ausstellen will. Und auf Reisen kann man sowieso nicht richtig malen.« Nerwitzki tourt den größten Teil des Jahres durchs Land. Im Augenblick ist er für mehrere Konzerte in Leningrad gebucht. »Nerwitzki ist mehr ausverkauft als die Neger«, sagte mir seine Frau. »Natürlich gehen wir zu der Neger-Premiere«, fügte sie hinzu und war sicher, es würde ein »beglückter« Abend werden, »da die Neger so amüsant sind und es sonst so wenig Amüsantes gibt. Nichts als Arbeit, Arbeit, Arbeit. Wir sind alle viel zu müde, um uns zu amüsieren. Finden Sie Leningrad nicht auch absolut tot? Wie eine schöne Leiche? Und Moskau, Moskau ist nicht ganz so tot, aber so hässlich.« Sie rümpfte die Nase und schüttelte sich. »Ich nehme an, jemand aus New York findet uns alle sehr schäbig. Bitte, sagen Sie die Wahrheit. Finden Sie mich schäbig?« Das fand ich nicht, ganz im Gegenteil, nein. Sie trug ein schlichtes schwarzes Kleid und einigen guten Schmuck, und eine Nerzstola lag auf ihren Schultern. Tatsächlich war sie die bestangezogene, attraktivste Frau, die mir bis dahin in Russland begegnet war. »Sehen Sie, Sie wollen es bloß nicht sagen. Aber ich weiß es. Jedesmal wenn ich mir Ihre Freunde ansehe, die amerikanischen Mädchen, fühle ich mich schäbig. Auch für auf die Haut – ich trage nichts Schönes. Nicht dass ich arm wäre, ich habe Geld ...« Sie zögerte, denn Miss Johnson und der Bildhauer kehrten an den Tisch zurück. »Bitte, ich würde gern mit Ihnen persönlich sprechen. Tanzen Sie?«

Die Band schmuste sich durchs Repertoire, war gerade bei *Somebody Loves Me*. Gebannt und wie verzaubert lauschten die Leute noch immer Lamars kehligem Gesang. »... *who can it be oh may-be ba-by may-be it's you!*« Madame Nerwitzki tanzte gut, war aber völlig verkrampft und hatte eiskalte Hände. »*J'adore le musique des Negres. Sie ist so unanständig. So schmutzig*«, sagte sie und flüsterte mir im selben Atemzug schnell ins Ohr: »Sie und Ihre Freunde finden Russland sicher sehr teuer. Ich rate Ihnen, keine Dollars zu tauschen. Verkaufen Sie Ihre Kleidung, so kommen Sie an Rubel. Verkaufen Sie. Alle werden kaufen, wenn man es diskret macht. Ich wohne hier im Hotel, Zimmer 520. Sagen Sie Ihren Freunden, sie sollen mir alles bringen, was sie haben, Schuhe, Strümpfe, Sachen für auf die Haut, alles«, sagte sie und grub ihre Nägel in meinen Ärmel. »Sagen Sie ihnen, ich kaufe *alles*, wirklich alles.« Dann seufzte sie und erhob ihre Stimme gerade eben über einen Juchzer von Mignatts Trompete. »Die Neger sind so beglückt.«

Gegenüber dem Newski-Prospekt liegt ein Bau mit einem geschwungenen Säulengang, der eine gewisse Ähnlichkeit mit dem Petersdom aufweist. Es ist die Kasan-Kathedrale, Leningrads größtes atheistisches Museum. Das dämmrige Innere ist ein einziges Grand-Guignol antikirchlicher Lehre und präsentiert die lange Reihe der Päpste (sowohl in Öl als auch in Stein) als veritable Hexenprozession. In jeder Ecke krude Darstellungen des religiösen Regimes mit entsprechenden Begleitkommentaren. Faunische Kirchenmänner, die mit Vorliebe unschuldigen Mägdelein nachsteigen, sich an Orgien ergötzen, das Proletariat verachten und mit dekadenten Millionären feiste Gelage feiern. Ad nauseam wird dem Besucher die zentrale These eingehämmert: dass nämlich die Kirche, vom allem die römisch-katholische, nur zum Schutz des Kapitalismus existiert. Auf einem gigantischen Ölbild sieht man Rockefeller, Krupp, Henry Green, Morgan und Ford tief in einen Berg aus Münzen und Stahlhelmen greifen.

Bei Kindern ist die Kasan-Kathedrale aber sehr beliebt – verständlich bei so vielen comicgrellen Horrorbildern. Die Lehrer und Lehrerinnen, die mit ihrer Klasse das Museum besuchen, haben immer wieder Mühe, die Kleinen von brutalen Gewaltdarstellungen wegzulotsen, etwa in der *Schreckenskammer der Inquisitoren*. Die Kammer ist nämlich ein echter Raum mit den lebensgroßen Wachsfiguren von vier Inquisitoren, die sich an den Qualen eines Häretikers weiden. Das nackte, auf einen Tisch gekettete Opfer wird dabei von maskierten Folterknechten mit glühenden Kohlen traktiert. Das Glühen ist echt, denn die Kohlen sind von innen elektrisch illuminiert. Selbst wenn es gelingt, die Kinder aus dem Raum zu bugsieren, so kehren sie heimlich an den Ort des Horrors zurück, die Szene ist einfach zu gut.

Draußen in der Kolonnade mit ihren sechsundneunzig Säulen bietet sich dem Besucher eine andere Art der Ausstellung. Die Säulen sind nämlich allesamt mit Sprüchen bekrakelt, wie man sie auch auf dem Männerklo findet. Das ist, abgesehen von der imposanten Umgebung, zunächst nicht erwähnenswert. Bei genauerem Nachdenken aber eben doch, denn die Schmierereien passen irgendwie dorthin, sind eine Fortsetzung des Museums mit anderen Mitteln.

Allerdings gehörten antireligiöse Museen nicht zum offiziellen Besichtigungsprogramm. Im Gegenteil, am Sonntag, dem Ersten Weihnachtstag, hatten wir die Wahl zwischen katholischer Messe und dem Gottesdienst bei den Baptisten. Elf Leute des Ensembles, darunter die Sopranistin Rhoda Boggs (die Erdbeerverkäuferin im Stück), gingen in die Baptistengemeinde, die in Leningrad etwa zweitausend Mitglieder stark ist. Später sah ich Miss Boggs allein im Speisesaal des Astoria sitzen. Sie ist eine mollige Frau mit honigfarbenem, heiterem Gesicht und stets peinlich genau auf ihr Äußeres bedacht, doch in diesem Moment saß ihr der »gute« Hut für Sonntag leicht schief auf dem Kopf, und das Taschentuch, mit dem sie sich die Augen tupfte, war nass wie ein Spüllappen.

»Ich bin völlig fertig«, sagte sie mit bebender Brust. »Seit ich denken kann, gehe ich in die Kirche, aber noch nie habe ich Jesus so nah an mir gespürt wie heute. Ach, er war einfach da, mitten unter uns, fast greifbar. Er war in den Augen dieser Menschen. Er sang mit uns, und einen solchen Gesang hast du noch nicht gehört. Ich meine, es waren überwiegend alte Leute, und alte Leute können nicht singen, wenn Jesus ihnen nicht hilft. Und der Pastor war ein lieber alter Mann, der fragte, ob wir einen Spiritual singen könnten. Und die alten Leutchen hörten ganz still zu, Reihe und Reihe um Reihe von alten Gesichtern, die zu uns aufsahen, als würden wir ihnen sagen, dass niemand allein ist, weil Jesus eben überall ist, was sie natürlich schon wissen, aber ich hatte den Eindruck, sie hören es trotzdem immer wieder gern. Wer je an der Gegenwart des Heilands gezweifelt hat, der hätte da sein sollen. Na ja, irgendwann mussten wir uns verabschieden. Und weißt du, was dann passierte? Die ganze Gemeinde stand auf und winkte zum Abschied mit weißen Taschentüchern. Und sie sagten: ›Gott sei mit euch bis aufs Wiedersehen‹. Die Tränen liefen uns nur so runter, uns und ihnen. Ach, Mensch, das hat mich völlig geschafft. Ich kann nicht einmal was essen.«

Am selben Abend – weniger als vierundzwanzig Stunden vor der Premiere – blieben die Fenster im Astoria noch lange hell. Überall rannten Leuten durch die Gänge, wurden Türen geschlagen, klingelten die Telefone, als stünde eine Katastrophe bevor.

In Suite 415 gab Botschafter Bohlen mit Gattin einen kleinen Empfang für die Assistenten und Freunde, die ihn im Zug nach Leningrad begleitet hatten. Die Zusammenkunft, bei der auch der Zweite Botschaftssekretär Roye L. Lowry sowie einer der beiden Mitarbeiter aus dem Berliner Briefing zugegen war, lief in aller Stille ab, da die Bohlens ihre Anwesenheit so lange wie möglich geheim halten wollten. Das gelang ihnen auch so gut, dass Warner Watson am nächsten Morgen mit einem großen Blumenstrauß für Mrs. Bohlen zum Leningrader Flughafen aufbrach, weil er dachte, die Diplomaten kämen mit dem Flugzeug. In Suite 315, direkt unter 415, schaukelte Mrs. Breen rückenschonend auf ihrem Relaxer Board, während ihr Mann noch an der Rede feilte, die er vor der Aufführung zu halten gedachte. Man hatte ihm nahegelegt, das kommunistische Propagandapotenzial in *Porgy and Bess* durch den Hinweis zu entschärfen, dass die darin geschilderten Zustände eindeutig der Vergangenheit angehörten. »*Porgy and Bess* spielt im Amerika von gestern und spiegelt die

Gegenwart so wenig wider, als hätte man die Handlung ins zaristische Russland verlegt.« In Zimmer 223 saß Leonard Lyons an der Schreibmaschine und schrieb bereits an dem Premierenbericht, den er an die *New York Post* kabeln wollte. »Die Bühne war mit den Flaggen beider Nationen, UdSSR und USA, geschmückt«, sah er voraus. »Das Sternenbanner wurde hier zuletzt gehisst, als es noch fünfundvierzig Sterne besaß. Ein Repräsentant des Kulturministeriums hatte sich zuvor telefonisch nach der aktuellen Zahl der Unionsstaaten erkundigt, und erst gestern wurde das blaue Feld von einer Kostümschneiderin um drei Sterne komplettiert.« Dieses Detail komplettierte zugleich die Seite, und er spannte frische Blätter mit Kohlepapier in die Maschine. Das alte Kohlepapier warf er ins Klo statt in den Mülleimer, so konnte seine Story weder den Russen noch der Konkurrenz aus der Heimat in die Hände fallen. Denn die befand sich mittlerweile reichlich im Hotel. Die *Saturday Evening Post* hatte Charles R. Thayer geschickt, den Schwager von Botschafter Bohlen. Thayer und C. L. Sulzberger von der *New York Times* waren zusammen mit der Bohlen-Entourage eingetroffen. Horace Sutton von der *Saturday Review* war da, und die Reporter von *Time* und *Life* waren sogar mit eigenen Fotografen angerückt. Mrs. Richard O'Malley vom Moskauer AP-Büro war noch unterwegs, und zwar im schicken Expresszug »Roter Pfeil«, derselbe, mit dem abends zuvor CBS-Korrespondent Dan Schorr gekommen war.

In Zimmer 111 war dieser gerade dabei, zeitgleich ein Manuskript zu korrigieren, seine Pfeife in Gang zu halten und per Telefon einem Stenographen in Moskau seinen

Beitrag zu diktieren. »Okay, hier kommt mein Text, den Durchschuss fügen Sie ein. Also …«, bellte er in den Hörer und las von einer getippten Seite ab. »*Es soll die erste amerikanische Theatertruppe auf russischem Boden sein Komma das Ensemble von* Porgy and Bess *Punkt zwar geht die Premiere erst am morgigen Abend im Kulturpalast von Leningrad vor zweitausendzweihundert ausgewählten Zuschauern ich wiederhole Zwei Zwei Null Null Zuschauern über die Bretter Komma, doch haben sich die sechzig schwarzen Sänger und Schauspieler bereits im Vorfeld in die Herzen der Bürger dieser zweitgrößten Stadt der Sowjetunion …* stimmt doch, oder, zweitgrößte Stadt?« Noch geschlagene zwanzig Minuten orgelte Schorr seine Fakten und Anekdoten heraus. Etwa dass die Leningrader eine ganze Nacht in der Kälte angestanden hatten, um an die begehrten Karten zum Preis von umgerechnet $15 zu kommen, ein Betrag, der sich auf dem schwarzen Markt bald verdreifachte. »Hey, anderes Wort für Schwarzmarkt, das uns die Zensur nicht rausstreicht? Okay, sagen wir Straßenverkaufspreis.« Dann der Schluss: »*Sie haben Leningrad ein Weihnachtsfest geschenkt wie vielleicht nie zuvor in der Geschichte der Stadt Punkt bis vier Uhr früh war man um den Klammer auf von der sowjetischen Regierung freundlicherweise bereitgestellten Klammer zu Weihnachtsbaum versammelt Komma, sang Weihnachtslieder und Spirituals.* Ich weiß, ich bin zu lang, aber das Ganze ist ziemlich aufregend, und das merkt man eben. Aber das Aufeinandertreffen von zwei Kulturen – Wahnsinn. Außerdem macht es Spaß, denn diese *Porgy-and-Bess*-Leute sind ziemlich gut drauf. Ist echt wie im Zirkus hier.«

Am Montagmorgen, dem Tag der Premiere, fand im Kulturpalast die Generalprobe mit vollem Orchester statt. Erst war dafür das weit attraktivere Mariinsky-Theater vorgesehen, aber die hohe Nachfrage nach Karten hatte die Verantwortlichen schnell überzeugt, dass sie den Reingewinn verdoppeln konnten, wenn sie sich für den gigantischen Kulturpalast entschieden, einen schmutziggelben Klotz aus den Dreißigerjahren, der äußerlich ein wenig an die vergammelte Supermarktarchitektur am Hollywood Boulevard erinnerte. Das Innere hingegen hatte viel von einer Eislaufhalle, beispielsweise die Temperatur. Doch Davy Bey und die anderen Kinder fanden den Spielort »super«, vor allem wegen der weitläufigen Hinterbühne mit ihren zahlreichen Verstecken, den Seilzügen, an denen man schaukeln konnte. Super waren auch die Bühnenarbeiter, schwere Kerle und noch schwerere Frauen, die sie mit Zuckerstangen verwöhnten und zärtlich *Aluschka* nannten.

Ich fuhr zusammen mit zwei Dolmetschern vom Ministerium zur Generalprobe, Miss Lydia und dem hochgewachsenen, sympathischen Sascha. Miss Lydia, unser Gourmet, war in einer Stimmung, als würden uns im Theater lukullische Genüsse serviert. »Wir werden es sehen, *no*? Jetzt werden wir diese *Porgy-Bess* sehen?«, sagte sie und rutschte unruhig auf ihrem Sitz hin und her. Erst in diesem Moment wurde mir bewusst, dass sich Miss Lydia und ihre Kollegen aus dem Ministerium erstmals ein eigenes Urteil über »diese *Porgy-Bess*« bilden konnten, die sie bereits so lange auf Trab hielt. Selbst Sawtschenko würde die Produktion zum ersten Mal zu Gesicht bekommen. Immer wieder zeigte Miss Lydia auf die Theaterplakate am Straßenrand. Breens Name erschien dort in größerer Schrift als der von Gershwin, und Blevins Davis, sein Koproduzent, wurde überhaupt nicht genannt. Noch Tags zuvor hatte sich Mrs. Gershwin bei Warner Watson beklagt, dass der Name Gershwin in Russland sozusagen »nur auf dem Notsitz« mitfuhr, worauf Watson gesagt hatte: »Sieh es mal so, Lee, diesmal ist es Roberts Show. Er wünscht es sich so sehr, wenigstens dieses eine Mal.«

»Wie kannst du nur so stillsitzen?«, fragte Miss Lydia, an Sascha gewandt. »Endlich *sehen* wir es. Vor allen anderen.« Sascha rührte sich tatsächlich nicht, er sah blass aus und wie vom Blitz getroffen und das nicht ohne Grund. Am Morgen war von Sawtschenko zu erfahren gewesen, dass die Programmhefte noch in der Druckerei lagen und erst in ein paar Tagen zur Verfügung standen. Breen wäre beinahe ausgerastet, denn das Programmheft enthielt auch eine Inhaltsangabe, ohne die das Publikum mit dem Geschehen auf der Bühne womöglich nichts anfangen konnte. Aber Sawtschenko wusste auch hier Rat. Warum sollte die Handlung nicht vor jedem Aufzug von einem Dolmetscher kurz erklärt werden? Und ausgeguckt hatte man Sascha. »Was mache ich mit meinen Füßen?«, fragte er, und seine Augen waren schon jetzt starr vor Lampenfieber. »Und wie soll ich sprechen, wenn kein Wasser in meinem Mund ist?« Miss Lydia suchte ihn zu beruhigen. »Denk nur daran, welche Ehre. Viele wichtige Leute werden anwesend sein, man wird dich bemerken. Wenn du mein Sohn wärst, Sascha, ich wäre stolz auf dich.«

Innen, im dunklen Zuschauerraum des Kulturpalastes, setzten sich Sascha und Miss Lydia in die vierte Reihe. Ich saß direkt hinter ihnen, zwischen Sawtschenko und »Joe« Adamow, die beide mit einem Zahnstocher in ihrem Mund hantierten. Etwa dreißig weitere Russen hatten eine Einladung für die Generalprobe ergattert und hatten sich über die ersten Sitzreihen verteilt, Journalisten aus Moskau und Fotografen, die Bilder von der Premiere machen sollten. Das Orchester im Graben, ein Import aus dem Moskauer Stanislawski-Theater, brachte die Ouvertüre mit routinierter Gelassenheit. Der Dirigent, Alexander Smallens, Amerikaner mit russischem Hintergrund, der *Porgy and Bess* praktisch zu seiner Lebensaufgabe gemacht und noch jede Inszenierung dirigiert hat, einschließlich der allerersten aus dem Jahr 1935, Smallens sagte, die Stanislawski-Leute seien das einundsechzigste Orchester unter seiner Leitung – und mit Abstand das beste. »Exzellente Musiker. Ein Vergnügen, mit solchen Leuten zu arbeiten. Sie lieben das Stück, sie haben Tempo und Rhythmus. Alles, was sie brauchen, ist ein bisschen mehr *mood*.«

Breen, angetan wie immer mit engen »Frontier pants«, Windjacke und Barett, gab den Schauspielern das Zeichen, Aufstellung zu nehmen zur ersten Szene. Unter dem Probenlicht ließen sich die Gesichter der Schauspieler kaum erkennen, die Farben der Kulisse waren erloschen, dafür kamen die Schrammen groß heraus. Das Szenenbild war tourneetheatertypisch, also eher schlicht und funktional und zeigte eine Ecke der Catfish Row mit ihren Balkonen und verrammelten Fenstern. Aufs Breens Signal hin trat der Sopran auf einen Balkon und sang das Eröffnungslied *Summertime*. Miss Lydia erkannte das Lied sofort, wiegte den Kopf und summte mit, bis ihr Sawtschenko auf die Schulter tippte und sie derart anschnauzte, dass sie augenblicklich in ihrem Sitz versank. Etwas später stieß mir Adamow den Ellbogen in die Seite und sagte: »Ich spreche ja wohl halbwegs gutes Englisch, oder? Aber das hier, ich verstehe kein Wort. Was labern die da? Dieser Scheißdialekt! Also meiner Meinung nach ...« Adamow sollte seine Meinung nicht mehr kundtun, denn Sawtschenko drehte sich um mit einem Blick, der Adamow förmlich pulverisierte. Doch die meisten Russen verhielten sich wie von Sawtschenko gewünscht: Eine stumme Reihe von Profilen, die alles so reglos verfolgten wie der Kopf auf einer Münze. Und als schließlich die letzte Arie gesungen war, verfügte sich alles ebenso geräuscharm hinaus zur Garderobe. Kein Applaus. Sawtschenko und Miss Lydia, Sascha und die beiden anderen vom Ministerium standen noch eine Weile zusammen und warteten, bis jemand ihnen die Mäntel brachte. Ich ging zu ihnen und fragte Miss Lydia, wie sie das Stück gefunden hatte. Sie biss sich auf die Unterlippe, ihr Blick suchte Sawtschenko, der stoisch sagte: »Interessant. Sehr interessant.« Miss Lydia nickte, aber weder sie noch Sascha noch Henry wollten dem Werturteil ein weiteres Adjektiv hinzufügen. »Ja«, fanden alle drei, »interessant. Sehr interessant.«

Die normale Aufführungsdauer von *Porgy and Bess* liegt bei zweieinhalb Stunden, aber einschließlich aller Unterbrechungen für letzte Änderungen dauerte die Generalprobe von zehn Uhr früh bis zwei Uhr nachmittags. Das hungrige Ensemble war sauer, als selbst dann noch nicht Schluss war, da Breen den Vorhang noch proben wollte.

Dieser nahm insgesamt sechs Minuten in Anspruch, wobei nur die beiden Hauptdarsteller sich einzeln verbeugten. Nicht viele Produktionen können auf einen sechsminütigen Beifall hoffen, aber Breen wollte selbst das noch um eine, wie er sagte, »improvisierte Zugabe« strecken. Zu Bongoklängen sollten dabei noch einmal alle hintereinander auf die Bühne, um ihren Einzelapplaus entgegenzunehmen, sogar der Inspizient, die Kostümschneiderin, der Elektriker und natürlich der Regisseur. Das konnte zweierlei bedeuten. Entweder Breen rechnete mit dem berühmten »nichtendenwollenden« Beifall oder mit dem genauen Gegenteil und wollte auf diese Weise das Publikum daran hindern, vorzeitig den Saal zu verlassen. Denn unter den hochsensiblen Umständen dieser Produktion würde es niemand wagen, bei gewissermaßen noch laufender Vorstellung hinauszugehen.

Die Hauptdarsteller hatten allesamt ihren privaten Fahrdienst. Martha Flowers, die sich mit Ethel Ayler in der Rolle der Bess abwechselt und bei der Premiere singen sollte, nahm mich mit ins Astoria. Ich fragte sie, ob sie nervös sei. »Ich? Nein. Ich bin seit zwei Jahren dabei. Das Einzige, das mir Sorgen macht, ist, dass ich mir die Stimme für ernste Musik versaue.« Miss Flowers, eine junge Absolventin der berühmte Juilliard School will nämlich noch »richtige« Konzertsängerin werden. Sie ist klein, sehr selbstbewusst, aber stets etwas muffelig, und sogar wenn sie lächelt, weisen ihre Mundwinkel nach unten, als habe sie gerade in eine grüne Dattelpflaume gebissen. »Aber ich bin erschöpft, das ist mal sicher. Außerdem tut dieses Klima keinem Sänger gut. Man muss wirklich auf seine Kehle aufpassen«, sagte sie und rieb sich den Hals. »Die andere Bess, Sie wissen schon, Ethel, liegt schon mit einer Erkältung im Bett, Fieber und alles. Also muss ich morgen nicht nur die Matinee singen, sondern wahrscheinlich auch die Abendvorstellung. Wenn das nicht anders wird, kann man sich damit seine Stimme für immer ruinieren.« Ihr weiterer Tagesablauf gestaltete sich wie folgt: »Na ja, ich muss was essen. Aber erst einmal ein heißes Bad. Ist Ihre Wanne auch so groß, dass Sie darin schwimmen können? In meiner geht das. Dann lege ich mich eine Weile hin. Abfahrt zum Theater ist um sechs, vielleicht halb sieben. Dort ziehe ich mein Kostüm an und stecke mir eine alte Papierblume ins Haar. Und dann heißt es warten, warten, warten.

Gegen sechs Uhr dreißig – Miss Flowers befand sich vermutlich längst in ihrer Garderobe und hatte die Papierrose im Haar – waren Mrs. Breen und Mrs. Gershwin noch in der Bohlen-Suite und schlürften ihre Drinks. Breen selbst war zu beschäftigt, um der Einladung des Botschafters nachzukommen.

Die Drinks, Scotch mit Leitungswasser, wurden von Mr. und Mrs. Roye L. Lowry serviert, einem Ehepaar, das in seiner konservativen, schulmeisterlichen Art perfekt harmonierte. Zur Unterstützung ebenfalls dabei: Marina Sulzberger, die redegewandte Frau des *Times*-Reporters. Nicht dass Mrs. Bohlen mit ihrer gesunden Gesichtsfarbe und den klugen blauen Augen allein nicht in der Lage gewesen wäre, die Gäste angemessen zu bespaßen, aber Breens Protestschreiben an Bohlen stand noch im Raum und gestaltete die Begegnung zwischen den Everyman-Leuten und Vertretern des State Departments schwierig. Was den Botschafter betraf, ließ er sich jedenfalls nicht anmerken, dass er den fraglichen Brief je erhalten hatte. Überhaupt schien so einiges spurlos an ihm vorüberzugehen. Karriere-Diplomat seit fünfundzwanzig Jahren, den größten Teil davon in Moskau, erst als Zweiter Sekretär (heute Lowrys Posten) und von 1952 an als Botschafter – trotzdem sah Charles E. Bohlen noch mehr oder weniger so aus wie am Tag seiner Graduierung in Harvard, und die war immerhin schon 1927. Langjährige Erfahrung hat seinem attraktiven Sportlergesicht Charakter verliehen, seine Haare grau gefärbt und den verträumten Zug um seine Augenpartie ausradiert, doch jugendliche Direktheit und Energie sind geblieben. Er hatte es sich in einem Sessel bequem gemacht, nippte an seinem Scotch und plauderte so entspannt mit Mrs. Breen, als säße man irgendwo in einem Landhaus vor dem Kamin und die Hunde dösten auf dem Boden.

Doch Mrs. Breen war weit davon entfernt, sich zu entspannen. Sie hockte auf der Sesselkante wie bei einem Einstellungsgespräch. »Es ist ja *so reizend* von Ihnen, dass Sie gekommen sind«, sagte sie mit Kleinmädchenstimme, was sonst überhaupt nicht ihre Art war. »Es bedeutet dem Ensemble ja *so* viel.«

»Sie glauben doch nicht etwa, dass wir uns *das* hätten entgehen lassen?«, erwiderte Bohlen, und seine Frau sekundierte: »Doch um gar nichts auf der Welt! Es ist der Höhepunkt des ganzen Winters. Wir konnten an gar nichts anderes mehr denken, stimmt doch, Chip?« Chip lautete der Spitzname von Charles E.

Bescheiden senkte Mrs. Breen den Blick, und eine leichte Röte stieg in ihre Wangen. »Es bedeutet dem Ensemble ja *so* viel.«

»Und uns erst«, sagte Mrs. Bohlen. »Wissen Sie, das Leben hier hält nicht allzu viele Zerstreuungen bereit, als dass wir uns leisten könnten, diese Aufführung zu verpassen. Notfalls wären wir sogar zu Fuß gekommen. Ach, was sage ich: Auf allen Vieren wären wir angekrochen!«

Mrs. Breen sah sie misstrauisch an, so, als fühlte sie sich verspottet, doch Mrs. Bohlens offene, gänzlich unzweideutige Miene zwang ihren Blick schnell wieder nach unten. »Wie freundlich von Ihnen. Natürlich sind wir auch schon alle gespannt auf die Premierenfeier in Moskau«, hauchte sie.

»Ach ja ... die Feier«, sagte Mrs. Bohlen erkennbar genervt. Zur Feier der Moskauer Premiere zwei Wochen später hatten die Bohlens nämlich einen offiziellen Empfang im Spaso House geplant, der Residenz des Botschafters.

»Robert und ich, wir hoffen, dass auch Mr. Bulganin da sein wird. Wir wollen ihm persönlich für die freundliche Aufnahme in diesem Land danken. Das Kulturministerium hat Robert ein wunderschönes Geschenk gemacht, sieben Elfenbeinelefanten.« Mrs. Breen meinte die Parade der Plastikelefanten für den Kaminsims.

»Ach, wie nett«, sagte Mrs. Bohlen matt, als habe sie irgendwie den Faden verloren. »Tja, die Sache ist die, letztlich weiß man nie, wer am Ende wirklich zu einer Party kommt. Wir haben zweihundert Einladungen verschickt, aber von den Russen kriegt man aus Prinzip keine feste

Zusage. Das heißt, es ist offen, wie viele es am Ende werden.«

»Das ist wohl wahr«, sagte der Botschafter. »Bis sie wirklich vor der Tür stehen, kann man nicht auf sie zählen. Umgekehrt, wenn sie selbst eine Party schmeißen, kriegt man erst in der allerletzten Minute eine Einladung. Keiner im diplomatischen Korps nimmt sich für den Abend etwas vor, wenn bekannt ist, dass irgendwo etwas gefeiert wird. Wir sitzen nur rum und warten auf den Anruf. Oft sind wir schon beim Abendessen, wenn die Einladung kommt. Und dann muss es immer ganz schnell gehen. Zum Glück gibt es keine strenge Kleiderordnung«, sagte er und sprach damit erneut ein Thema an, das bei Mrs. Breen schon zuvor für Enttäuschung gesorgt hatte: Bohlens kategorische Weigerung, zur Premiere einen Smoking zu tragen. In ihrer Entschlossenheit, für einen »festlichen Rahmen« zu sorgen, hatte sie dem Botschafter sogar einen weißen Frack vorgeschlagen, wie ihn ihr Mann anziehen wollte. Aber Bohlen blieb hart: »Ein Smoking ist hier vollkommen unüblich«, sagte er und spielte an einem Knopf seines dunkelgrauen Anzugs, den er für diesen Anlass als ausreichend erachtete. »So etwas trägt hier niemand, nicht einmal zu einer Premiere.«

Hinten in der Ecke waren Mrs. Gershwin und Mrs. Sulzberger beim selben Thema. »Abendgarderobe kann man sich hier schenken. Das sage ich Wilva die ganze Zeit. Neulich waren wir im Ballett und haben uns restlos blamiert. Ich finde überhaupt, sie übertreiben es mit dem ganzen Aufwand. Ich meine, das ist nicht mal eine klassische Oper, sondern bloß der gute alte *Porgy*.«

»Andererseits«, sagte Mrs. Sulzberger, die ursprünglich aus Griechenland stammte, was man am boshaften Blitzen ihrer temperamentvollen Augen auch merkte, »vielleicht keine schlechte Idee, den Russen zu zeigen, wie man es *auch* machen kann. Für das ewige Grau-in-Grau gibt es eigentlich keine Entschuldigung. Ganz zu Anfang taten sie mir sogar leid.« Sie fügte hinzu, dass sie und ihr Mann jetzt seit zwei Wochen bei den Bohlens zu Gast seien. »Erst dachte ich, sie haben diese trostlosen Klamotten am Leib, weil sie so arm sind. Aber das stimmt nicht, sie *wollen* so aussehen, sie machen das mit Absicht.«

»Ja«, bestätigte Mrs. Gershwin, »das kommt mir auch so vor.«

Darauf wieder Mrs. Sulzberger: »Ich frage mich, ob sie so furchtbar angezogen sind, weil sie immer unter der Knute standen. Oder ob sie unter der Knute stehen, weil sie so fruchtbar angezogen sind und nicht mehr aus sich machen.«

»Ganz meine Meinung«, sagte Mrs. Gershwin.

Lowry suchte den Blick des Botschafters und schaute demonstrativ auf die Uhr. Mit schnurrendem Motor stand draußen schon die Limousine bereit, welche die Bohlens ins Theater bringen sollte. Weitere Zivs warteten, um Mrs. Breen und Mrs. Gershwin aufzunehmen, Sawtschenko und Adamow und die Journalisten von AP, Time-Life, CBS. Nicht mehr lang und diese Kolonne würde sich in Bewegung setzen wie ein Leichenzug.

Bohlen trank seinen Scotch aus und begleitete seine Gäste zur Tür. »Aber machen Sie sich um Gottes willen keine Sorgen«, sagte er zu Mrs. Breen. »Die Russen sind alle Musikliebhaber, da rollt der Rubel.«

»So ein attraktiver Mann ... und dabei so liebenswürdig«, bemerkte Mrs. Gershwin zu Mrs. Breen, als sie auf der Treppe waren.

»Du sagst es, liebenswürdig. Trotzdem ...«, sagte Mrs. Breen wieder mit ihrer Erwachsenenstimme, »Robert und ich hätten uns einen festlichen Rahmen gewünscht.«

»Ach, Darling, der festliche Rahmen funktioniert nicht, wenn man damit aus dem Rahmen fällt, sozusagen«, sagte Mrs. Gershwin, deren Brillantschmuck funkelte, als stünde sie im Scheinwerferlicht. »Wenn ich ehrlich sein soll, täte es den Russen sogar ganz gut, mal ein paar elegante Leute zu sehen. Es gibt einfach keine Entschuldigung dafür, in solchen Klamotten herumzulaufen. Am Anfang taten sie mir ja noch leid, aber mittlerweile ...«

Vor dem Kulturpalast standen sich die schneebepuderten Massen von Leningrad die Beine in den Bauch, um die Ankunft der Karteninhaber zu beobachten. Drinnen hatten die Zuschauer größtenteils ihre Plätze eingenommen und wurden unter den Fernsehscheinwerfern langsam gekocht. Körbe mit gelben und weißen Blumen flankierten die Bühne, und über dem Proszenium hingen in verschränkter Girlande und friedlicher Koexistenz Stars and Stripes, Hammer und Sichel. Hinter den Kulissen machten sich trillernde Flöten und nörgelnde Oboen bemerkbar wie Vogelgeschwätz aus dem Wald. Und Martha Flowers, fertig kostümiert und vollständig ruhig, tat den zunehmend lauter werdenden Publikumsgeräuschen zum Trotz genau das, was sie vorausgesehen hatte: Sie wartete und wartete.

Denn es zog sich beträchtlich hin. Anders als angekündigt, hob sich der Vorhang nicht um acht, sondern um fünf nach neun, und fiel erst zwanzig vor zwölf. Gegen Mitternacht war ich wieder im Hotel und wartete auf den vereinbarten Anruf von Henry Shapiro, United-Press-Korrespondent in Moskau, der wissen wollte, »wie es gelaufen ist, also *wirklich* gelaufen, ohne den Propagandakäse«. Und wie war es wirklich gelaufen? Eine absolute Antwort gibt es wohl nicht, nur Meinungen. Während ich darüber nachdachte, was ich Shapiro sagen sollte, legte ich mich aufs Bett und knipste das Licht aus. Meine Augen schmerzten vom Blitzlichtgewitter, und noch immer hatte ich das metallische Surren der Fernsehkameras im Ohr. Tatsächlich lief jetzt vor meinem inneren Auge so etwas wie ein Film ab, mit einer wirren Collage von Eindrücken: Martha Flowers, die ins Rampenlicht tritt und dem Publikum ein Luftküsschen zuwirft; Sawtschenko im Foyer des Kulturpalastes, lobende Reaktionen entgegennehmend; die Angst in Saschas Augen; Miss Ryan, die sich die Hände vors Gesicht hält. Ich zwinge mich, den Film anzuhalten und ganz von vorn abzuspielen.

Alles begann mit dem Publikum, eine Armee in Habachtstellung, während das Orchester die beiden Nationalhymnen intonierte. Großmütig hatte Sawtschenko darauf bestanden, dass *The Star-Spangled Banner* als Erstes erklang. Dann kamen die ersten Gesichter ins Blickfeld: der Botschafter samt Gattin, die Sulzbergers, die Lowrys, Miss Ryan und Leonard Lyons, alle in der ersten Reihe. An der Seite, auf einer Art Pressetribüne, das Heer der Fotografen, die ungeduldig auf das Ende der Nationalhymnen warteten. Die Pressetribüne glich einem belagerten Wehrturm, die Fotografen schossen aus allen Rohren, während die Assistenten nachluden. Manche wie Dan Schorr von CBS flitzten verzweifelt zwischen Kamera und Tonbandgerät hin und her, um die Eröffnungszeremonie möglichst vollständig in den Kasten zu kriegen. Sie hätten sich diesen Eifer sparen können, denn die einzelnen Ansprachen mit nachfolgender Übersetzung dauerten eine geschlagene Stunde.

Dabei fassten sich die Russen noch erfreulich kurz. Konstantin Sergejew, der junge, schnieke Solotänzer am Staatlichen Akademischen Opern- und Balletttheater in Leningrad, schüttelte Breen die Hand und sagte ins Mikrofon: »Liebe Brüder in Kunst, willkommen. Wir in Sowjetunion haben allzeit der Kunst in den Vereinigten Staaten große Aufmerksamkeit und Hochachtung geschenkt. Wir kennen und schätzen die Werke von hervorragenden Künstlern wie Mark Twain, Walt Whitman, Harriet Beecher-Stowe, Jack London und Paul Robeson. Wir haben hohe Meinung von George Gershwin, und deshalb ist diese Begegnung so freudevoll.« Später sollte Mrs. Gershwin über dieses Grußwort sagen: »Ich dachte ja, ich werd' nicht mehr, als er den Namen Gershwin mit den ganzen Kommunisten in einen Hut geworfen hat.«

Aber Breen verbeugte sich vor Sergejew und trat nun seinerseits ans Mikrofon, eine geschniegelte Gestalt in seinem maßgeschneiderten Smoking mit der gestärkten Hemdbrust. »Am Ende hat er doch Fracksausen bekommen«, meinte Miss Ryan, nachdem sich ihr Arbeitgeber in letzter Sekunde gegen den weißen Bratenrock entschieden hatte. Doch so, wie er jetzt auf den Applaus reagierte, hätte man meinen können, er kenne kein Lampenfieber. Sein helles Gesicht, zusätzlich gebleicht von starken Scheinwerfern und Blitzlichtern, besaß jenen Ausdruck von innerer Entrückung, als sei dieser lang erträumte Moment eigentlich noch immer ein Traum. Seine gemessen-sonore Stimme verstärkte diesen Eindruck zusätzlich. Im Grunde sprach er einen Monolog vor einem imaginären Publikum – gewissermaßen als Übung für den narzisstischen Höhepunkt seines Lebens. Nun verhält sich ein imaginäres Publikum notorisch fügsam, doch als Breen einfach kein Ende fand (und der Dolmetscher kaum Schritt halten konnte), wurde es im Zuschauerraum immer unruhiger. Mit grandseigneurhafter Geste stellte Breen den Botschafter samt Frau vor, die aufstanden und sich verbeugten. Eigentlich sollte auch Bohlen noch eine Rede halten, doch zu seinem Bedauern (und Bohlens Erleichterung) verweigerten dies die protokollsensitiven Russen unter Hinweis darauf, dass auf russischer Seite kein Vertreter »von vergleichbarer Bedeutsamkeit« bereitstand, der auf eine solche Rede antworten könne. Ebenfalls vorgestellt wurden Mrs. Gershwin und der Dirigent Alexander Smallens, der besonders viel Applaus erhielt, als Breen sagte, Smallens sei gebürtiger Leningrader und also »ein echter Sohn der Stadt«. Danach waren jene Ensemblemitglieder an der Reihe, die an diesem Abend *nicht* auftraten: Ethel Ayler, die Zweitbesetzung für Bess, die zumindest so weit genesen war, dass sie sich in ihr knappes blaues Abendkleid zwängen konnte. Lorenzo Fuller, Ersatzmann für die Rolle des Sportin' Life, wollte sogar »ein paar eigene Worte anbringen«, darunter einen russischen Satz, den er auswendig gelernt hatte: »*Dobro poschalowat, drusja*« – »Willkommen, Freunde.« Das Publikum tobte vor Begeisterung, doch als es auf neun Uhr zuging, schauten selbst die eifrigsten Fotografen auf die Uhr. »Guter Gott«, sagte ein Korrespondent, »sie sollten hier einen Gong haben wie bei Major Bowes.«[32] Als hätte es Breen gehört, räumte die Feiergesellschaft im selben Moment die Bühne.

Im Saal wurde es stiller als in einem Hühnerstall am Abend, das Publikum in froher Erwartung, nun endlich das ausländische Wunderding zu sehen, für das man so viele Rubel hingelegt hatte. Stattdessen trat Sascha auf die Bühne, steifbeinig und schwankend, so, als liefe er über eine Planke. Mehrere getippte Blätter zitterten in seinen Händen, sein bleiches Gesicht war schweißgebadet. Und tatsächlich, sobald den Leuten klar wurde, weswegen er gekommen war, verwandelte sich der gerade noch so stille Hühnerstall in ein giftiges Hornissennest. Niemand war gewillt, sich auch nur eine einzige weitere Silbe *über* diese Show anzuhören, man wollte endlich etwas sehen. Der Aufstand begann auf den billigen Plätzen, breitete sich aber schnell bis zum Orchestergraben aus. Die Zuschauer klatschten, pfiffen und trampelten mit den Füßen. »O Gott, der arme Sascha«, sagte Miss Ryan und hielt sich die Hände vors Gesicht. »Es ist einfach zu schrecklich, ich mag gar nicht hinsehen.« Ein paar Reihen dahinter gingen Saschas Freunde Igor und Henry vorsichtshalber auf Tauchstation. Nur Miss Lydia war nicht so empfindlich, sie blitzte ihre ungezogenen Nachbarn böse an, als würde sie ihnen am liebsten mit der Handtasche eins überziehen. Derweil kämpfte sich Sascha auf der Bühne weiter durch den Text, leise, mit erstorbener Stimme, als sei es ein Gebet gegen den zunehmenden Tumult. Ähnlich wie zuvor Breen war er in einem Traum gefangen, aber in einem Alptraum, schutzlos und wie nackt auf dieser Bühne und vollkommen bewegungsunfähig. Er war noch nicht zur Seite abgegangen, da klopfte Smallens mit seinem Stab auf den Notenständer, und die Ouvertüre hob an.

Allerdings zeigte sich bald, dass die Leute doch besser aufgepasst hätten, was Sascha über die Handlung zu sagen hatte. Im Kern passiert Folgendes: Der Krüppel Porgy verliebt sich in die leichtlebige Bess. Aber diese neurotische junge Frau steht bereits unter dem Einfluss zweier anderer Gentlemen, einmal des diabolischen Drogendealers Sportin' Life, der sie bereits abhängig gemacht hat, und zum anderen des kriminellen Gewaltmenschen Crown, der sich Bess als Geliebte hält. Im weiteren Verlauf ersticht Porgy seinen Rivalen und wandert dafür ins Gefängnis. Bess tröstet sich mit den Drogen, die Sportin' Life ihr verschafft, und lässt sich überreden, mit ihm nach New York durchzubrennen. »*That's where we belong, sister*«, singt er, als sie in die Lichter von Harlem aufbrechen. In der Schlussszene sieht man Porgy, den man wieder freigelassen hat, auf seinem Ziegenkarren ebenfalls nach Norden aufbrechen, entschlossen, seine Bess wiederzufinden und nach Hause zu holen. Die Handlung ist also nicht sonderlich kompliziert, doch die verschlungene Vokalchoreographie kann ein Publikum, das den Text nicht versteht, leicht überfordern, zumal wenn der Musikstil und die Körpersprache der Tänzer absolutes Neuland sind, und das war für die meisten im Kulturpalast eindeutig der Fall.

Summertime war verklungen, aber der Beifall blieb aus. Totenstille auch beim Auftritt von Porgy. Und selbst am Schluss von *A Woman Is a Sometimes Thing* wartete Leslie Scott (als Porgy) vergebens auf den gewohnten Szenenapplaus. Die Tatsache, dass von dem russischen Publikum aber auch *gar nichts* kam, lähmte zeitweise das gesamte Geschehen auf der Bühne, erst in der jazzigen Würfelspielszene hatte man sich wieder gefangen. Doch auch hier überwog das Unverständnis. Irgendwie begriffen die Leute nicht, was die ganze Aufregung unter den Zockern sollte. Das anfangs noch leise Tuscheln wuchs sich zum hörbaren Schock aus, als Bess bei ihrem ersten Auftritt den Rock hob, um sich das Strumpfband geradezuziehen. Worauf Miss Ryan zu Mrs. Lowry sagte: »Wenn sie *das* schon gewagt finden, dann gute Nacht.« Die Bemerkung bewahrheitete sich unmittelbar darauf – als die rotierenden Hüften des ebenso witzigen wie lüsternen Sportin' Life für neue Unruhe sorgten. Das Würfelspiel endet damit, dass Crown einen Nachbarn von Porgy ersticht. Es folgt die Begräbnisszene, in der die Witwe des Ermordeten *My Man's Gone Now* singt, während die Trauernden aus der Catfish Row nach afrikanischem Brauch einen Kreis um den Leichnam bilden. An dieser Stelle wandte sich ein ranghoher sowjetischer Regierungsvertreter an einen Korrespondenten und sagte auf Russisch: »Ah, jetzt verstehe ich. Sie wollen ihn *essen*!« Der Verstorbene wurde hingegen unverzehrt zu Grabe getragen, und die Oper fand zu optimistischen Tönen zurück, etwa in Porgys berühmtem *I've Got Plenty of Nuttin'*, was bei Scotts solidem Bassbariton normalerweise spontanen Beifall gab. Doch hier geschah nichts.

Die lastende Stille im Publikum hatte aber weniger mit Gleichgültigkeit zu tun als mit höchster Konzentration und dem ängstlichen Wunsch, nur ja kein Wort zu verpassen, um endlich zu verstehen, was sich da auf der Bühne abspielte. Tatsächlich folgte man der Oper wie einer Vorlesung im Hörsaal, freudlos und ziemlich verkrampft. Die Stimmung änderte sich erst gegen Ende des ersten Akts, als sich mit *Bess, You Is My Woman Now*, einem Duett der beiden Hauptdarsteller, langsam herumsprach, dass dieser Porgy diese Bess liebte, und dass dieses Lied ein zärtliches Liebeslied war. Die Folge: Applaus wie ein tropischer Regenguss, kurz, aber heftig. Doch schon bei dem auftrumpfenden Picknick-Marsch (*I Can't Sit Down*) am Ende des ersten Akts setzte erneut die Trockenzeit ein. Zwar deutete die Heiterkeit der Szene darauf hinan, dass es dort um Leute ging, die ihren Spaß hatten, aber als sich der Vorhang senkte, blieb abermals alles still. Die Saalbeleuchtung ging an, und die Leute blinzelten ins Licht, als hätten sie noch nicht verstanden, dass der Aufzug zu Ende war. Langsam wie nach einer Achterbahnfahrt kamen sie wieder zu sich und spendeten brav Applaus – genau zweiunddreißig Sekunden lang.

»Offenbar sind sie noch ganz überwältigt«, lautete Lowrys Kommentar, nicht ganz in Breens Sinn. »So etwas wie das haben sie noch nicht gesehen.«

Sie waren nicht die Einzigen. Mehrere amerikanische Journalisten standen, Notizen vergleichend, beisammen. »Es kommt einfach nicht rüber«, sagte ein ratloser Dan Schorr zu einem Fotografen von *Time-Life*, dem es nicht anders ging. Und Mrs. Bohlen geriet auf dem Weg nach draußen regelrecht ins Grübeln. »Ich schätze mal, hier haben wir verschissen. Was machen wir denn jetzt?«

Unterdessen gab Mrs. Breen im Foyer die Parole aus, die Aufführung liefe »einfach wunderbar«. Einen Korrespondenten, der wissen wollte, warum die Russen dann »geradezu auf ihren Händen sitzen«, sah sie an wie einen Geisteskranken und sagte dann: »Aber sie *sollen* doch gar nicht applaudieren. Robert hat das so und nicht anders geplant. Beifall reißt sie nur aus der Stimmung.«

Dieser Ansicht waren auch die Wolferts, die Premiere, meinten sie, steuere direkt auf einen kolossalen Triumph zu. »Ich habe die Show bisher ja noch nie gesehen«, sagte Wolfert. »Ich meine, ich mag eigentlich keine Musicals. Liegt mir einfach nicht. Aber das hier ist ziemlich gut.«

Priscilla Johnson, die Russisch sprach und sich in der Pause unter die normalen Zuschauer mischte, kam zu einem anderen Ergebnis. »Sie sind geschockt«, berichtete sie. »Sie finden das Stück vollkommen unmoralisch. Aber wer will ihnen daraus einen Vorwurf machen? Die Inszenierung ist wirklich zweitklassig, und das ist eigentlich das Traurigste daran. Wenn die Show wenigstens gut wäre, könnte man ihnen die Schuld geben. Aber so? Nein, es ist traurig«, sagte sie kopfschüttelnd und fuhr sich durch die Haare. »Bei dem ganzen Werberummel vorher, da darf das einfach nicht passieren.«

Ähnlich wie Miss Johnson wanderten auch Sawtschenko und Adamow durch die Menge und suchten ein Meinungsbild zu gewinnen. »Ein großer Erfolg«, fasste Sawtschenko anschließend zusammen, aber Adamow, dessen Slang durch den Kontakt mit den Amerikanern gewonnen hatte, bemerkte trocken: »Diese *squares* raffen das nicht, da ist null Checkung. Aber was soll's, Dumpfbacken gibt's auch in New York.«

Madame Nerwitzki und ihr Gatte, der Schnulzensänger, kamen vorbei. »Nun, wir waren schon etwas überrascht«, sagte sie mir und gestikulierte mit einer ellenlangen Zigarettenspitze. »Nerwitzki hält es ja für *très dépravé*. Aber ich nicht. Mir gefällt gerade das Unanständige daran. Der Rhythmus, der Schweiß. Wirklich, diese Neger sind aber auch zu amüsant. Und so gute Zähne!« Näherkommend sagte sie: »Haben Sie Ihren Freunden erzählt? Zimmer 520. Bitte nicht telefonieren, nur vorbeikommen, aber unauffällig. Sie können bringen, was sie wollen. Ich zahle sehr gut.«

Stefan Orlow stand am Buffet, ein Glas Mineralwasser in der Hand. »Mein Freund«, rief er und klopfte mir auf die Schulter. »Was für ein Abend neulich, *yes*? Am nächsten Morgen meine Frau musste mich aus Bett prügeln. Und Schuhe binden und Krawatte. Aber nicht böse, weißt du, sie sieht das komisch.« Er holte ein Opernglas aus der Tasche und schaute hindurch. »Ich habe Nancy gesehen. Ich habe mich gefragt, ob ich sie ansprechen soll, aber ich sagte zu mir: Nein, sitzt bei eleganten Leuten. Aber sagst du ihr, dass ich sie gesehen habe?« Ich versprach es ihm und fragte, wie ihm *Porgy and Bess* bisher gefiel. »Ich wünschte, ich hätte für jeden Abend ein Karte. Es ist ein Erlebnis, so kraftvoll! Wie Jack London. Wie Gogol. Ich werde es nie vergessen«, sagte er und steckte das Opernglas wieder ein. Dann runzelte er die Stirn und öffnete den Mund, als wollte er etwas sagen, machte aber einen Rückzieher und trank stattdessen einen Schluck Wasser. Schließlich rang er sich aber doch dazu durch. »Weißt du, es ist nicht wichtig, ob ich vergesse oder nicht, darauf kommt es nicht an. Was wir Alten denken ist unwichtig. Es kommt auf die jungen Leute an. Es kommt darauf an, ob in ihren Herzen Neues gepflanzt wird.« Er schaute sich im Foyer um. »Alle diese jungen Leute werden heute Nacht nicht schlafen. Und morgen pfeifen sie diese Musik. In der Klasse ist das ärgerlich. Aber im Sommer werden Sie sie hören, junge Leute unten am Fluss, die spazierengehen und diese Melodien pfeifen. Sie werden es nicht vergessen.«

Hinter den Kulissen bereiteten sich die Schauspieler still auf den zweiten Akt vor. Auch Leslie Scott war enttäuscht, sagte aber: »Na ja, warten wir mal ab. Manche Leute brauchen eben etwas länger. Bis zum Duett (*Bess, You Is My Woman Now*) ist es oft etwas lahm, aber von da an läuft es wie geschmiert.« Martha Flowers, die sich vor dem Spiegel nachschminkte, sagte: »Ach, ich mache da schon längst keine Unterschiede mehr. Für mich ist ein Publikum wie das andere. Ihnen würde es auch so gehen, wenn sie seit zwei Jahren immer dieselbe Rolle spielen.« Sascha, der nicht auf so viel Bühnenerfahrung zurückblicken konnte, bot hingegen einen erschreckenden Anblick. Mit gesenktem Kopf hielt er sich an einer Ballettstange fest und wartete, benommen wie ein Boxer an den Seilen, auf die nächste Runde, während ihm seine Sekundanten Igor und Henry Mut zusprachen.

Doch zu seiner großen Überraschung kam seine Rückkehr auf die Bühne einem Triumph gleich. Die Leute sahen endlich ein, wie wichtig die Handlung war, und lauschten gespannt, wie Sascha immer lebendiger von Crowns Ermordung und Porgys Verhaftung erzählte. Seinen Abgang begleitete ein Applaus, wie er an diesem Abend kaum ein zweites Mal erreicht wurde, Miss Lydia klatschte sogar noch, als die Lichter erloschen waren.

Die Eigenschaft der Oper, die ein russisches Publikum wohl am ehesten verstört, ist die offen zur Schau gestellte Erotik. Sie erreicht in der Mitte des zweiten Aufzugs ihren Höhepunkt. Das Lied *I Ain't got No Shame (doin' what I likes to do)* fasst es ganz gut zusammen, zumal bei dieser Shake-it-Baby-Choreographie mit ihrem drastischen Hinterngewackel. War dies für die Russen schon schwer verdauliche Kost, so setzte die nächste Szene noch einen drauf. Eine Lieblingsstelle des Regisseurs, an der er in jeder Probe neu arbeitete, und zugleich ein Frontalangriff auf die sozialistische Sexualmoral: wie Crown versucht, Bess zu vergewaltigen, sie brutal an sich zieht, dabei ihre Brüste und ihren Hintern knetet – nur, um am Ende gewissermaßen selbst vergewaltigt zu werden. Denn diese Bess ist einfach kein passives Opfer, sondern agiert ihrerseits aggressiv und besitzergreifend. Dass eine Frau einem Mann das Hemd vom Leib reißt und sich gierig an ihm reibt, brach mit allen Konventionen eines Theaters als moralische Anstalt. Die Szene endet übrigens mit einer nachtschwarzen Bühne, und schwarz vor Augen dürfte es auch einigen Zuschauern geworden sein. »Du lieber Himmel«, sagte ein Korrespondent in die plötzliche Stille hinein, »damit kämen sie nicht einmal auf dem Broadway durch!« Worauf eine amerikanische Journalistin erwiderte: »Blödsinn, das ist doch die beste Stelle in der ganzen Show.«

Leslie Scotts Voraussage, dass der zweite Akt von einem gewissen Punkt an laufen würde wie geschmiert, erwies sich in den verbleibenden vierzig Minuten als korrekt. Es begann mit dem Song der Erdbeerverkäuferin. Wie schon bei dem Liebesduett war der Inhalt unschwer zu erraten (eine Straßenhändlerin, die ihre Ware anpreist), entsprechend freundlich reagierte das Publikum. Auch bei den restlichen Szenen schien es keine Probleme zu geben. Vielleicht lief es nicht wirklich »wie geschmiert«, denn dazu hatte es im gegenseitigen Verhältnis zu häufig geknirscht, aber zumindest brachte man die Sache ehrenvoll zu Ende.

Als der Vorhang gefallen war und sich die Schauspieler vor dem Publikum verbeugten, rannten alle Fotografen und Kameraleute in den Mittelgang und hielten abwechselnd die applaudierenden Russen und die ergeben dankenden Schauspieler fest. »Sie sind total überwältigt«, sagte Lowry einmal mehr, und seine Frau lieferte die unvermeidliche Begründung nach: »So etwas wie das haben sie noch nie gesehen.« Der Applaus – laut einem Kenner der russischen Theaterszene »nichts im Vergleich zu einer Premiere im Bolschoi« – hielt eine absehbare Zahl von Vorhängen an und ebbte danach rasch ab. Doch gerade als die Leute gehen wollten, zündete Breen die »spontane« Bongo-Aktion, die er am Nachmittag geprobt hatte. Noch einmal und zum Bongo-Wirbel lief jeder Einzelne aus dem Ensemble beifallheischend auf die Bühne. »Auch das noch«, seufzte Miss Ryan. »Wie arm! Haben wir das nötig?« Es war ein Belastungstest, den das Publikum dadurch überstand, dass es rhythmisch mitklatschte, ohne zu applaudieren. So vergingen drei, vier, fünf, sechs, sieben Minuten. Erst nachdem Miss Flowers ihr allerletztes Küsschen in die Menge geblasen und nicht nur Elektriker & Co. ihren wohlverdienten Künstlerlohn in Empfang genommen hatten, erst dann, nach einer ultimativen, unwiderruflich finalen Verbeugung von Breen, war Schluss.

Mr. und Mrs. Bohlen sowie verschiedene sowjetische Funktionsträger wurden hinter die Bühne gebeten zum Shakehands mit den Darstellern. »Ach Gott«, kreischte Mrs. Gershwin, »ich weiß gar nicht, was die Leute haben. Es ist doch nur der gute alte *Porgy*.« Rigoros bahnte sich Mr. Sawtschenko einen Weg durch das Pandämonium, um Mr. Breen etwas steif die Hand zu reichen: »Gratulation zu diesem außerordentlichen Erfolg.« Und Mrs. Breen tupfte sich die Augen, als seien ihre Tränen nicht echt. »Diese Ovationen! War es nicht einfach wundervoll?«, sagte sie und sah dabei zu ihrem Mann, der sich in diesem Moment mit Bohlen für die Pressefotografen aufgestellt hatte. »So viel Ehre nur für Robert!«

Draußen musste ich ein Stück weit gehen, ehe ich ein Taxi auftreiben konnte. Drei junge Leute, zwei Burschen und ein Mädchen, gingen vor mir. Ich merkte schnell, dass sie in der Vorstellung gewesen waren. Ihre Stimmen hallten durch die dunklen, schneestillen Straßen. Sie redeten alle durcheinander und sangen immer wieder einzelne Melodien an, *Summertime* oder das Lied der Erdbeerverkäuferin. Ich hatte nicht den Eindruck, dass das Mädchen wirklich verstand, was es sang, aber sie hatte sich das große Versprechen von Sportin' Life wohl phonetisch eingeprägt: »*There's a boat that's leaving soon for New York, come with me, that's where we belong, sister...*«, pfeifend begleitet von ihren beiden Freunden. Wie hatte Orlow gesagt? »Im Sommer werden Sie sie hören, junge Leute unten am Fluss, die spazierengehen und diese Melodien pfeifen. Sie werden es nicht vergessen.«

Allein dieses Trio, junge Leute, die nicht vergessen würden und von diesem Abend an womöglich neue Visionen hatten, allein das genügte mir, um den Abend Henry Shapiro gegenüber als Erfolg darzustellen. Zugegeben, die Erwartung, *Porgy and Bess* würde in Russland »wie eine Bombe einschlagen«, hatte sich nicht erfüllt, aber der Erfolg war sensiblerer Natur und seine Folgen würden vielleicht erst nach längerer Reifezeit sichtbar werden. Trotzdem, als ich im Hotel auf meinem Bett lag und den Abend rekapitulierte, kamen mir Zweifel. Im selben Moment klingelte das Telefon. »Wie es wirklich war«, das ist so eine Frage, die sich oberflächlich leicht beantworten lässt. Aber konnte ich Shapiro ehrlicherweise einen Erfolg melden? Ich tendierte dazu, nicht zuletzt weil er verständlicherweise genau das hören wollte. Aber ich ließ das Telefon klingeln und stellte mir vor, was wohl gewesen wäre, wenn einige Dinge anders gelaufen wären. Wenn die Russen im Besitz eines Programmhefts gewesen wären, wenn man auf das diplomatische Protokoll verzichtet, vom Publikum nicht so viel verlangt hätte ... weiter kam ich nicht, denn ich nahm den Hörer ab. Es war Miss Lydia, die mir mitteilte, dass mein Gespräch aus Moskau leider unterbrochen wurde. Weitere Anrufe erwartete ich an diesem Abend nicht mehr.

In zwei Tageszeitungen, in *Smena* und dem *Leningrader Abend*, erschienen Kritiken der Aufführung. Bohlens Meinung dazu: »Im Großen und Ganzen wirklich gut. Durchdacht. Es zeigt, sie haben die Aufführung ernst genommen.«

Der Kritiker des *Leningrader Abend* schrieb: »*Porgy and Bess* ist ein meisterhaftes Musikwerk, das technisch brillant umgesetzt und vom Publikum sehr freundlich aufgenommen wurde.« Die nächsten fünfzehnhundert Wörter nannten Einzelheiten, etwa über die Komposition. (»Gershwins Musik ist melodisch, ehrlich und ganz bewusst von schwarzer Folklore durchdrungen. Die Lieder sind ausdrucksstark und abwechslungsreich.«) Über Breens Regieleistung hieß es: »Das Stück ist gekonnt inszeniert und fesselt durch sein dynamisches Tempo.« Über den Dirigenten: »In musikalischer Hinsicht bewegt sich die Aufführung auf einem sehr hohen Niveau.« Über das Ensemble: »Ein harmonisches Zusammenspiel, wie man es nur selten sieht ...« Einige Minuspunkte gab es für das Libretto, das dem Kritiker zu viele »expressionistische beziehungsweise melodramatische Tendenzen« aufwies und zu sehr »auf polizeiliche Ermittlungsmethoden« einging. Auch versäumte es der *Leningrader Abend* nicht, die politische Karte zu spielen. »Wir, die sowjetischen Zuschauer, konnten den schädlichen Einfluss des Kapitalismus auf das menschliche Bewusstsein, die Mentalität und die moralischen Einstellungen all jener Menschen feststellen, die in bitterster Armut gehalten werden. Dies erhebt das ehemalige Bühnenstück von Dorothy Heyward – auch und gerade mit der Musik von George Gershwin – in den Rang eines Sozialdramas.« Doch das waren vergleichsweise verhaltene Töne, gemessen an den Befürchtungen, welche die Gegner der Tournee anfangs vorgebracht hatten.

Der zweite Kritiker, U. Kowaljew von der *Smena*, ging ausführlich auf einen Aspekt ein, den der *Leningrader Abend* glatt ignoriert hatte: »Die erstaunlich offene erotische Ausrichtung einiger Tanzszenen ist jedenfalls unangenehm. Das liegt aber weniger an der amerikanischen Tanztradition als am Geschmack des Regisseurs und gewissen Gepflogenheiten in Revuetheatern am Broadway. Insgesamt aber«, so Kowaljew weiter, »steht *Porgy and Bess* für eine der interessantesten Produktionen der laufenden Saison, hervorragend gespielt und berstend von Bewegung und Musik. Diese Oper stellt einmal mehr das große Talent der Neger-Bevölkerung unter Beweis. Man darf davon ausgehen, dass nicht jedes inszenatorische Detail bei einem sowjetischen Publikum Anklang oder auch nur Verständnis findet. Wir sind eben nicht an naturalistische Tanzeinlagen oder exzessive Jazzmelodien bei Sinfonieorchestern etc. gewöhnt. Gleichwohl hat diese Aufführung unser Verständnis der zeitgenössischen amerikanischen Kunst erweitert und uns mit bis dahin unbekannten Facetten des Musiktheaters der USA bekannt gemacht.«

Diese Kritiken erschienen aber erst am Donnerstag, drei Tage nach der Premiere, und lösten im Ensemble eher leises Gähnen aus. »Klar ist es schön, wenn sie nett über uns schreiben, aber wen kümmert's?«, sagte einer stellvertretend für die Meisten. »Da steht sowieso nicht, was die Russen wirklich denken. Aber solange man in den USA davon erfährt, soll mir das recht sein. Es ist doch das Einzige, was zählt.«

Und was Amerika erfahren hatte, war da längst bekannt, denn schon am Dienstag nach der Premiere erhielt Breen ein Kabel aus dem New Yorker Büro von Everyman Opera. Miss Ryan hatte es abgetippt, und ich traf sie, als sie einen Durchschlag davon am Schwarzen Brett in der Hotelhalle aufhängte. »Hi«, begrüßte sie mich gutgelaunt, »rat mal, wer angerufen hat? Stefan der Hase. Er will mit mir tanzen gehen. Meinst du, das ist in Ordnung? Ich meine, solange es beim Tanzen bleibt. Und wenn nicht, auch egal. Ich würde sogar mit Jack the Ripper ausgehen, nur um mal von *Porgy and Bess* wegzukommen«, sagte sie, während sie die Reißzwecken ins Holz drückte.

LT ROBERT BREEN HOTEL ASTORIA LENINGRAD UDSSR

HIER IM GANZEN DEZEMBER NUR HERVORRAGENDE PRESSE INSGESAMT 27 ZEITUNGEN STOP ZEHNMINÜTIGE STEHENDE OVATIONEN ÜBERALL GENANNT

NEW YORK JOURNAL SCHLAGZEILE – »LENINGRAD STEHT KOPF WEGEN PORGY AND BESS« STOP

AP ERWÄHNT STARKEN KARTENVERKAUF UND GROSSES PUBLIKUM STOP

TRIBUNE BETONT ERFOLG BEIM PUBLIKUM STOP

SCHLAGZEILE IM TELEGRAM ÜBER AP MELDUNG – »ALLE RUSSEN LIEBEN PORGY«

LEITARTIKEL IM MIRROR – »BOTSCHAFTER DER HERZEN – UNSERE SÄNGER EROBERN LENINGRAD MIT EINEM LIED WIR SIND STOLZ AUF SIE« STOP

AP MELDUNG IN MEHREREN ZEITUNGEN ZITIERT MOSKAU NENNT PREMIERE GROSSEN ERFOLG STOP

HEUTE TIMES EDITORIAL VON SULZBERGER – »PORGY AND BESS STOSSEN WEITERES FENSTER ZUM WESTEN AUF«

HEUTE JOURNAL LEITARTIKEL – »SAGENHAFTEN TREFFER GELANDET«

NBC CBS BERICHTE EINS A

GLÜCKWUNSCH AN SIE UND ALLE ANDEREN

»Natürlich stand das nicht immer *wörtlich* so da«, bemerkte Miss Ryan, als sie das Blatt noch einmal überflog. »Die Breens haben das Ganze noch ein bisschen redigiert und die eine oder andere Kleinigkeit hinzugefügt. Da war eine Zeile, die lautete: ›*Times* spricht von moderatem Erfolg‹. Dass Wilva das nicht so stehen lässt, war ja klar. Wie auch immer«, seufzte sie mit einem Lächeln, »warum unnötig auf die Stimmung drücken? Wilva will ja nur, dass es uns allen gut geht, und das ist doch wieder ganz lieb.«

Den ganzen Nachmittag blieben Ensemblemitglieder vor dem Aushang stehen, lasen schmunzelnd die Neuigkeiten aus der Heimat und gingen beschwingten Schrittes weiter. »Was habe ich gesagt, Mann?«, meinte Earl Bruce Jackson zu Warner Watson, als sie gemeinsam das Telegramm durchgingen. »Wir schreiben Geschichte!« Worauf sich Watson die Hände rieb und erwiderte: »Scheint mir auch so. Zumindest die Geschichte haben wir in trockenen Tüchern.«

HANDGESCHNITZTE SÄRGE

HANDGESCHNITZTE SÄRGE
*Tatsachenbericht über ein
amerikanisches Verbrechen*

März 1975.
Eine Stadt in einem kleinen Bundesstaat im Westen, Anziehungspunkt für die umliegenden Großfarmen und Viehzuchtbetriebe. Ihren zehntausend Einwohnern bietet die Stadt zwölf Kirchen und ganze zwei Restaurants. Auf der Main Street befindet sich, nackt und freudlos, außerdem ein Kino, auch wenn dort seit zehn Jahren kein Film mehr gelaufen ist. Sogar ein Hotel hat es einmal gegeben, aber auch das ist seit langem geschlossen, und ein Zimmer kriegt der Reisende nur noch im Prairie Motel.

Das Motel ist sauber, die Räume sind gut geheizt: Mehr lässt sich über die Unterkunft nicht sagen. Ein Mann namens Jake Pepper lebt seit beinahe fünf Jahren dort. Er ist achtundfünfzig, verwitwet und hat vier erwachsene Söhne. Er ist zirka 1,78 groß, in sehr guter Verfassung und sieht glatt fünfzehn Jahre jünger aus. Er hat angenehme, aber unscheinbare Züge, grünblaue Augen und einen schmalen

Mund, der sich manchmal zu einem unvermittelten Lächeln verzieht, manchmal auch zu etwas ganz anderem. Der jungenhafte Eindruck ergibt sich aber weder aus der schlanken, gepflegten Erscheinung noch aus seinen runden Backen oder dem rätselhaft verschlagenen Lächeln. Nein, dass er immer so aussieht wie irgendjemandes kleiner Bruder, liegt an seinen Haaren, den vielen kleinen Löckchen, an denen jeder Kamm scheitern muss und die er deshalb einfach nass an den Schädel klatscht.

Jake Pepper ist Detective beim State Bureau of Investigation. Wir kannten uns über einen gemeinsamen Freund, der ebenfalls Polizist ist, wenn auch in einem anderen Staat. 1972 schrieb er mir von einem Mordfall, den er gerade bearbeitete und der mich womöglich interessieren könnte. Ich rief zurück, und wir redeten drei Stunden lang. Der Fall interessierte mich tatsächlich, aber dass ich mir vor Ort die Situation ansehen wollte, war ihm gar nicht recht. Es sei zu früh dafür, meinte er, und könnte die Ermittlungen behindern. Er versprach mir aber, mich auf dem Laufenden zu halten. Drei Jahre lang telefonierten wir alle paar Monate miteinander. Die Spuren in diesem Fall waren so komplex wie ein Rattenbau und führten irgendwann gar nicht mehr weiter. Schließlich sagte ich: »Na, dann haben Sie ja nichts mehr zu verlieren. Dann kann ich ja auch kommen und mich selbst ein bisschen umsehen.«

Und so saß ich eines kalten Märzabends in diesem Motelzimmer am Rand dieses gottverlassenen, windumheulten Kaffs im Mittleren Westen mit Jake Pepper zusammen. Das Zimmer selbst war ziemlich gemütlich, immerhin wohnte er jetzt – mit Unterbrechungen – seit fast fünf Jahren hier. Er hatte Regale angebracht, auf denen Familienfotos standen, Bilder von seinen Söhnen und Enkeln, dazu Hunderte Bücher, in der Mehrzahl über den Amerikanischen Bürgerkrieg, sowie die ewigen Klassiker des intelligenten Lesers: Dickens, Melville, Trollope, Mark Twain.

Jake saß im Schneidersitz auf dem Boden, neben sich ein Glas Bourbon, vor sich ein Schachspiel. Gedankenverloren schob er einzelne Figuren hin und her.

TC: Was mich wundert: Niemand scheint irgendetwas über den Fall zu wissen. Auch in den Zeitungen stand fast gar nichts.
JAKE: Nicht ohne Grund.
TC: Ich kann auch nicht erkennen, wie das alles zusammengehört. Mir kommt es vor wie ein Puzzle, bei dem die Hälfte der Teile fehlt.
JAKE: Wo sollen wir anfangen?
TC: Am besten am Anfang.
JAKE: Schauen Sie mal hinten in meinem Schreibtisch nach, die unterste Schublade. Sehen Sie die kleine Schachtel? Nur zu, machen Sie sie auf.
(In der Schachtel befand sich ein Sarg im Miniaturformat, ein schönes Stück, aus leichtem Balsaholz geschnitzt. Der Sarg war schmucklos, aber der Deckel war mit kleinen Scharnieren versehen, und wenn man ihn aufmachte, sah man, dass der Sarg mitnichten leer war. Er enthielt ein Foto, einen Schnappschuss von zwei Leuten mittleren Alters: ein Mann und eine Frau, die gerade eine Straße überqueren. Das Bild war nicht

gestellt, und man hatte unwillkürlich den Eindruck, die beiden seien heimlich fotografiert worden.)

Wenn Sie so wollen, fing alles mit diesem kleinen Sarg an.

TC: Und was ist mit dem Bild?

JAKE: Das sind George Roberts und seine Frau. George und Amelia Roberts.

TC: Natürlich, Mr. und Mrs. Roberts. Die ersten Opfer. Er war Rechtsanwalt, nicht wahr?

JAKE: Stimmt, er war Rechtsanwalt, und eines Morgens, genauer gesagt am 10. August 1970, war ein Päckchen in der Post, eben mit diesem kleinen Sarg. Roberts war eher der unbekümmerte Typ, zeigte den Sarg sogar bei Gericht herum und tat so, als sei alles nur ein Witz. Aber einen Monat später waren George und Amelia tot.

TC: Und wann kamen Sie zu dem Fall?

JAKE: Sofort. Eine Stunde nachdem man sie gefunden hatte, war ich mit zwei Kollegen am Tatort. Bei unserer Ankunft waren die Leichen noch im Auto. Genau wie die Schlangen. Das ist eine Szene, die werde ich im Leben nicht vergessen. Nie.

TC: Können Sie sie noch einmal beschreiben?

JAKE: Die Roberts hatten keine Kinder. Und soweit zu erfahren war, auch keine Feinde. Sie waren in der ganzen Stadt beliebt. Amelia arbeitete als Sekretärin für ihren Mann. Sie hatten nur ein Auto und fuhren immer gemeinsam zur Arbeit. An dem Morgen, an dem es passierte, war es ziemlich heiß. Eine richtige Hitzewelle. Also denke ich mal, sie waren einigermaßen verwundert, als sie zu ihrem Wagen kamen, und alle Fenster waren hochgedreht. Wie auch immer, sie stiegen jedenfalls von zwei Seiten in den

Wagen ein, und als sie drin waren – *bamm!* –, saßen sie mitten in einem Schlangennest. Die Klapperschlangen machten kurzen Prozess. Wir fanden später nicht weniger als neun Schlangen im Auto, Riesenbiester. Sie hatten offenbar Amphetaminspritzen bekommen und waren völlig wahnsinnig. Sie bissen die Roberts überall: an Hals, Armen, Ohren, Wangen, Händen. Die armen Leute. Beiden war der Kopf angeschwollen wie ein grün angemalter Halloween-Kürbis. Beide müssen sofort tot gewesen sein. Das hoffe ich jedenfalls. Das hoffe ich *wirklich*.

TC: Aber Klapperschlangen kommen in der Gegend kaum vor, zumindest nicht Klapperschlangen dieses Kalibers. Jemand muss sie hergebracht haben.

JAKE: Das war auch so. Die Tiere stammten von einer Schlangenfarm in Nogales, Texas. Ich verrate Ihnen aber noch nicht, wie wir das herausgefunden haben.

(Draußen bedeckte verharschter Schnee eine erfrorene Landschaft. Der Frühling war noch weit entfernt, und der Wind, der am Fenster rappelte, machte nur zu deutlich, dass der Winter seinen Griff noch lange nicht zu lockern gedachte. In meiner Vorstellung jedoch war das Geheul des Windes nur ein Lüftchen im Vergleich zu jenem entsetzlichen Rasseln und Zischen der Schlangen. Ich sah den Wagen in der glühenden Sonne, das tödliche Knäuel dieser Schlangen. Ich sah Menschenköpfe, die durch das Gift grünlich anschwollen. Dann horchte ich wieder nur auf den Wind, der dieses Bild aus meinem Kopf fegte.)

JAKE: Wir wissen natürlich nicht, ob die Baxters ebenfalls so einen Sarg bekommen haben. Aber es muss wohl so gewesen sein, andernfalls hätte es nicht in das Muster gepasst. Allerdings haben sie von einem Sarg nie etwas erwähnt, und gefunden wurde später auch keiner.

TC: Vielleicht ist er bei dem Brand zerstört worden. Kam bei dem Anschlag nicht auch noch ein anderes Ehepaar ums Leben?

JAKE: Ja, die Hogans aus Tulsa. Ein mit den Baxters befreundetes Ehepaar, das auf der Durchreise war. Auf sie hatte es der Mörder gar nicht abgesehen, das war ein Unfall.

Das Ganze hat sich folgendermaßen abgespielt: Die Baxters waren dabei, sich ein schönes neues Haus zu bauen, aber fertig war eigentlich erst der Keller, alles andere befand sich noch im Rohbau. Roy Baxter war durchaus ein wohlhabender Mann, er hätte während der Bauzeit mühelos das ganze Motel mieten können, gar kein Problem. Aber er quartierte sich im Keller ein, und der einzige Zugang zum Keller war eine Falltür.

Es war im Dezember, drei Monate nach dem Anschlag mit den Klapperschlangen. Bisher wissen wir nur so viel: Die Baxters haben dieses Ehepaar aus Tulsa in ihren Keller eingeladen, wo man gemeinsam übernachten wollte. Irgendwann in den frühen Morgenstunden brach dann dieses verheerende Feuer aus, und die vier Leute wurden regelrecht eingeäschert. Und ich meine das wörtlich: Von ihnen blieb nicht mehr übrig als ein Häufchen Asche.

TC: Aber hätten sie sich nicht durch die Falltür retten können?

JAKE (er schürzte die Lippen und schnaubte): Eben nicht. Der Mörder, oder wer immer das Feuer legte, hat die Falltür mit großen Betonquadern blockiert. Nicht mal King Kong hätte die weggekriegt.

TC: Aber es musste doch irgendeine Verbindung zwischen dem Feuer und der Sache mit den Klapperschlangen geben.

JAKE: Tja, nachher ist man immer schlauer. Aber damals, verdammt, ich bin einfach nicht darauf gekommen. Wir waren zu fünft an der Sache dran. Wir wussten vermutlich mehr über George und Amelia Roberts, die Baxters und die Hogans, als sie je über sich selbst gewusst hatten. Jede Wette, George Roberts hatte keinen Schimmer, dass seine Frau mit fünfzehn ihr erstes Kind bekommen hatte, das dann zur Adoption freigegeben wurde.

Sicher, in so einem Nest kennt jeder jeden, zumindest vom Sehen. Trotzdem konnten wir keine Verbindungen zwischen den Mordopfern entdecken. Und schon gar kein Motiv. Aus unserer Sicht gab es überhaupt keinen Grund, warum jemand diese Leute umbringen sollte. (Er studierte die Lage auf dem Schachbrett, zündete sich eine Pfeife an, nippte an seinem Bourbon.) Außerdem kannte ich keinen von ihnen. Ich habe erst von ihnen gehört, als sie schon tot waren. Aber das nächste Opfer war ein Freund von mir, Clem Anderson, zweite Generation norwegischer Einwanderer. Er hatte hier von seinem Vater eine Ranch geerbt, ziemlich großer Betrieb. Wir waren zusammen auf dem College, auch wenn ich schon in meinem vierten Jahr war, als er anfing. Er hat eine verflossene Freundin von mir geheiratet, tolles Mädchen, ich habe außer bei ihr noch nie solche Augen gesehen: lavendelfarbene Augen ... fast wie Amethyst. Manchmal, wenn ich ein bisschen zu viel getrunken hatte, fing ich von Amy und ihren Amethystaugen an, und meine Frau fand das überhaupt nicht komisch. Wie auch immer, Clem und Amy haben jedenfalls geheiratet, zogen auf die Farm und hatten sieben Kinder. Ich war noch am Abend vor seinem Tod bei ihnen zum Essen, und Amy sagte später, ihr täte nur leid, dass sie nicht noch mehr Kinder von ihm hätte.

Aber seit ich im Rahmen der Ermittlungen in dieser Stadt war, hatte ich eben auch seine andere Seite mitgekriegt. Er hatte ein ungezügeltes Temperament, außerdem trank er zu viel. Aber er war nicht dumm und hat mir viel darüber beigebracht, wie es in einer Kleinstadt so zugeht.

Eines Abends rief er mich hier im Motel an. Er klang irgendwie sonderbar. Er sagte, er müsse mich sofort sehen. Also sagte ich: Okay, komm rüber. Ich dachte, er wäre betrunken, aber daran lag es nicht. Er hatte Angst, das war es. Und wissen Sie, warum?

TC: Der Weihnachtsmann hatte ihm ein Päckchen geschickt.

JAKE: Genau. Allerdings wusste er nicht, was es war. Vielmehr, was es bedeutete. Das Detail mit dem Sarg und seiner möglichen Verbindung zu dem Schlangenmord hatten wir nicht bekanntgegeben, und es stand deshalb auch in keiner Zeitung. Es war sozusagen unser kleines Geheimnis. Auch Clem gegenüber hatte ich es nie erwähnt.

Dann stand er in meinem Zimmer, zeigte mir den Sarg. Genau so ein Ding hatten die Roberts auch bekommen, und mir war sofort klar, dass sich mein Freund in größter Gefahr befand. Der Sarg war in einem braun eingeschlagenen Päckchen gekommen, Name und Anschrift waren in Druckschrift. Schwarze Tinte.

TC: Und war auch ein Bild von ihm drin?

JAKE: Ja, aber das Foto muss ich Ihnen genauer beschreiben, denn es gibt einen Hinweis darauf, wie Clem später getötet wurde. Ich glaube sogar, der Mörder wollte uns hier auf makabere Weise andeuten, was er vorhatte.

Auf dem Foto sitzt Clem in einer Art Jeep, einer abenteuerlichen Eigenkonstruktion ohne Dach, ohne Windschutzscheibe, ohne jegliche Schutzvorrichtung für den Fahrer. Im Grunde ein Motor auf Rädern. Clem sagte, er hätte dieses Foto vorher noch nie gesehen und keine Ahnung, wer es gemacht hatte oder wann es gemacht wurde.

Ich stand jetzt vor einer schweren Entscheidung. Konnte ich ihm vertrauen, sollte ich ihm verraten, dass die Roberts kurz vor ihrem Tod genau so einen Sarg erhalten hatten, wie vermutlich auch die Baxters? Aus taktischen Erwägungen war es sicher besser, ihm diesen Umstand zu verschweigen. Wenn wir ihn lückenlos observierten, führte er uns womöglich zum Täter – und das desto leichter, je weniger er von seiner eigenen Gefährdung wusste.

TC: Aber Sie entschieden sich dagegen?

JAKE: Ja. Und zwar weil ich jetzt, nach dem zweiten Sarg, sicher war, dass zwischen diesen Morden ein Zusammenhang bestand. Und weil ich der Meinung war, dass Clem das wissen sollte. Ich durfte es ihm nicht verschweigen.

Doch als ich ihm die Bedeutung des Sargs erklärte, geriet er in Panik. So sehr, dass ich ihm eine Ohrfeige geben musste, um ihn wieder zur Vernunft zu bringen. Daraufhin weinte er wie ein Kind. Er legte sich aufs Bett und heulte: »Jemand will mich umbringen. Aber warum? Warum?« Ich sagte ihm: »Niemand bringt dich um, das verspreche ich dir. Aber denk nach, Clem! Was hast du mit den Leuten gemein, die bereits tot sind? Es muss etwas geben, vielleicht etwas, was dir persönlich eher unwichtig vorkommt.« Aber alles, was er darauf sagte, war nur: »Ich weiß es doch auch nicht. Ich weiß es einfach nicht.« Ich drängte ihm noch ein paar Drinks auf, bis er so betrunken war, dass er schlafen konnte. Er verbrachte die Nacht hier. Am nächsten Morgen war er etwas ruhiger. Trotzdem fiel ihm immer noch nichts ein, was ihn mit den bereits geschehenen Morden in Zusammenhang brachte oder wie er überhaupt in das Tatmuster passte. Ich schärfte ihm ein, mit niemandem über diesen Sarg zu reden, nicht einmal mit seiner Frau. Und ich sagte, er solle sich keine Sorgen machen, denn ich wollte eigens zwei Beamte zu seinem Schutz abstellen.

TC: Und wie lange hat es gedauert, bis der Sargschreiner seine Drohung wahr machte?

JAKE: Tja, offenbar hatte er sogar Spaß an dem Spiel. Er hat mit uns gespielt wie mit einer Forelle, die im Aquarium gefangen ist. Denn irgendwann wurden die beiden Beamten abgezogen, und sogar Clem beruhigte sich wieder. So vergingen sechs Monate. Dann rief Amy an und lud mich zum Abendessen ein. Es war ein warmer Sommerabend. Glühwürmchen tanzten in der Luft, und die Kinder versuchten, sie zu fangen und in Einmachgläser zu stecken.

Beim Abschied begleitete mich Clem zum Auto. Neben dem Weg verlief ein schmaler Fluss, und Clem sagte: »Was eine mögliche Verbindung angeht ... mir ist da neulich etwas eingefallen. Und zwar geht es um diesen Fluss.« Ich fragte, welcher Fluss, und er sagte: »Den Fluss, den du hier siehst. Die Geschichte ist etwas kompliziert und wahrscheinlich reiner Schwachsinn. Ich erzähle es dir beim nächsten Mal.«

Natürlich gab es kein nächstes Mal mehr, zumindest keines, an dem er noch lebte.

TC: Das ist ja fast so, als hätte Sie jemand belauscht.
JAKE: Und wer?
TC: Na, der Weihnachtsmann. Ich meine, das ist doch ein eigenartiger Zufall, oder? Sechs Monate lang passiert gar nichts, dann fällt ihm die Sache mit dem Fluss ein, und schon am nächsten Tag, bevor er Ihnen Genaueres dazu sagen kann, schlägt der Mörder wieder zu.
JAKE: Haben Sie einen schwachen Magen?
TC: Geht so.
JAKE: Dann zeige ich Ihnen mal ein paar Tatortbilder. Aber genehmigen Sie sich vorher lieber noch einen Bourbon, Sie werden ihn brauchen.

(Die Bilder, drei an der Zahl, waren Schwarzweißfotos und bei Nacht mit Blitzlicht aufgenommen. Das erste zeigte Clem Andersons Eigenbaujeep, umgestürzt und mit noch leuchtenden Scheinwerfern auf einem schmalen Feldweg. Auf dem zweiten war eine kopflose Leiche, die auf dem Boden lag, angetan mit Levi's, einer Schaffelljacke und Stiefeln. Auf dem dritten schließlich der zugehörige Kopf. Keine Guillotine, kein Chirurg hätten ihn sauberer abtrennen können. Er lag im Laub, als hätte ihn ein Witzbold dort hingeworfen. Clem Andersons helle norwegische Augen waren offen, aber sie wirkten nicht wie die Augen eines Toten, vielmehr völlig ruhig und gelassen, und außer einer klaffenden Wunde auf der Stirn wies auch sein Gesicht kein Anzeichen von Gewalteinwirkung auf. Während ich die Bilder betrachtete, beugte sich Jake über meine Schulter, um sie ebenfalls anzusehen.)

JAKE: Es war gegen Abend. Amy erwartete Clem zum Abendessen und schickte einen der Jungs hinaus, damit dieser ihm entgegenging. Der Junge hat ihn dann auch gefunden.

Das heißt, er sah zunächst nur den umgestürzten Wagen. Dann, hundert Meter dahinter, auch die kopflose Leiche. Er ist nach Hause gerannt, und seine Mutter hat mich angerufen. Ich hätte mich verfluchen können. Auf dem Weg zur Ranch entdeckte einer meiner Leute den Kopf. Er lag ziemlich weit von der Leiche entfernt, anders gesagt, er lag dort, wo der Draht Clem erwischt hatte.

TC: Der Draht, richtig. Das mit dem Draht habe ich nie ganz begriffen. Es ist so ...

JAKE: Clever?

TC: Mehr als das. Grotesk.

JAKE: So grotesk auch wieder nicht. Unser Freund hat lediglich einen eleganten Weg gefunden, Clem Anderson zu enthaupten. Und zwar ganz ohne Zeugen.

TC: Nein, ich denke, es liegt an dem mathematischen Element. So viel Berechnung – Berechnung im wörtlichen Sinn – überfordert mich immer.

JAKE: Tja, auf jeden Fall verstand der Betreffende etwas von räumlicher Geometrie. Zumindest musste er alles sehr genau ausgemessen haben.

TC: Der Draht war also zwischen zwei Bäumen gespannt?
JAKE: Zwischen einem Baum und einem Telefonmast. Ein starker, angeschärfter Stahldraht, dünn wie eine Rasierklinge. So etwas ist sogar bei hellem Tageslicht praktisch unsichtbar. Erst recht nicht in der Dämmerung, als Clem vom Highway abbog und mit diesem verrückten Gefährt über diesen unbefestigten Weg bretterte. Er hat diesen Draht vermutlich nicht mal andeutungsweise gesehen. Der Draht traf ihn übrigens exakt da, wo er sollte: direkt unter dem Kinn. Und wie Sie sehen, hat er den Kopf so mühelos abgetrennt wie ein Mädchen die Blätter von einem Gänseblümchen.
TC: Immerhin hätte auch einiges schiefgehen können.
JAKE: Und wenn? Was ist ein fehlgeschlagener Versuch? Nichts. Er hätte es einfach erneut probiert – bis es klappt.
TC: Das ist ja das Groteske daran. Dass es immer geklappt hat.
JAKE: Ja und nein. Aber dazu kommen wir später.
  (Jake schob die Fotos wieder in den braunen Umschlag. Er zog an seiner Pfeife und fuhr sich mit der Hand durch seine Löckchen. Ich war still, denn ich spürte seine Niedergeschlagenheit. Schließlich fragte ich ihn, ob er müde sei und ob ich nicht lieber gehen sollte. Er verneinte, es war erst neun Uhr, und er ging nie vor zwölf ins Bett.)
TC: Und jetzt sind Sie hier ganz allein.
JAKE: Um Gottes willen, nein, da würde man ja verrückt. Nein, ich wechsle mich mit zwei Kollegen ab. Trotzdem ist das im Wesentlichen mein Fall, und ich will es auch

nicht anders. Ich bin schon zu lange an der Sache dran, um jetzt aufzugeben. Und eines sage ich Ihnen: Ich kriege den Kerl, und wenn es das Letzte ist, was ich tue. Irgendwann begeht der einen richtigen Fehler. Ein paar kleinere hat er schon gemacht. Leider war es bei Dr. Parsons noch nicht so weit. Den hat er noch locker aus dem Weg geräumt.
TC: Dr. Parsons, war das nicht der Leichenbeschauer?
JAKE: Exakt. Dieser bucklige Zwerg von einem Leichenbeschauer.
TC: Okay, aber selbst Sie sind anfangs von Selbstmord ausgegangen.
JAKE: Wenn Sie Dr. Parsons gekannt hätten, hätten Sie zunächst auch auf Selbstmord getippt. Grund genug dazu hatte er. Aber einen Grund, ihn umzubringen, hatten auch viele andere. Er hatte eine attraktive Frau, aber er hat sie an die Nadel gebracht, Morphium. Deswegen hat sie ihn überhaupt geheiratet. Er war ein Kredithai und ein Engelmacher. Mindestens ein Dutzend verwirrte alte Damen haben ihm ihr gesamtes Vermögen hinterlassen. Also ein Schurke, wie er im Buch steht, dieser Dr. Parsons.
TC: Das klingt, als wäre er Ihnen nicht besonders sympathisch gewesen.
JAKE: Nicht nur mir. Den Kerl konnte eigentlich keiner ausstehen. Aber was ich gerade sagte, stimmt nicht ganz. Eigentlich hatte er überhaupt keinen Grund, sich umzubringen. Ich meine, es ist doch so: Gott lässt seine Sonne scheinen über Gute und Böse, und für Ed Parsons schien sie Tag und Nacht. Ihn plagten einzig seine Magengeschwüre und eine chronische Verstopfung. Deshalb hatte

er auch immer eine große Flasche Maalox dabei. Davon brauchte er gleich mehrere pro Tag.

TC: Trotzdem waren zunächst alle sehr überrascht, als Dr. Parsons sich umbrachte.

JAKE: So kann man das nicht sagen. An die Selbstmordtheorie hat ja niemand geglaubt, jedenfalls nicht am Anfang.

TC: Entschuldigung, Jake, aber das verwirrt mich jetzt doch.

> (Jakes Pfeife war erloschen, er legte sie in einen Aschenbecher, wickelte eine Zigarre aus der Folie, zündete sie aber nicht an. Die Zigarre war nicht zum Rauchen gedacht, sondern zum Herumkauen. Auch Hunde brauchen ihren Knochen.)

Okay, der Reihe nach: Wie viel Zeit lag zwischen den Beerdigungen, also der Beerdigung von Clem Anderson und der von Dr. Parsons?

JAKE: Etwa vier Monate.

TC: Und hat der gute Doktor auch ein Päckchen vom Weihnachtsmann bekommen?

JAKE: Langsam, langsam, eins nach dem anderen. Am Tag, an dem Parsons starb, dachten zunächst alle, er habe einfach so den Löffel abgegeben: natürliche Todesursache. Seine Assistentin fand ihn tot auf dem Boden der Praxis. Alfred Skinner, ein anderer Arzt hier in der Stadt, vermutete einen Herzinfarkt, aber Klarheit würde erst die Autopsie bringen.

Am selben Abend rief mich die Arzthelferin an. Sie sagte, Mrs. Parsons wolle mich sprechen, und ich sagte: Okay, ich komme sofort.

Mrs. Parsons empfing mich in ihrem Schlafzimmer, das sie allem Anschein nach nur selten verließ, zu angenehm war offenbar der Morphin-Tran, in dem sie ihre Tage verdämmerte. Aber im eigentlichen Sinne krank war sie nicht, sah auch nicht so aus, im Gegenteil, sie war höchst attraktiv, ein bisschen blass vielleicht, aber das stand ihr. Nur ihre Augen glänzten etwas zu sehr, und ihre Pupillen waren stark erweitert.

Sie saß im Bett, abgestützt von einem Riesenhaufen Kissen mit Spitzenbesatz. Mir fielen ihre langen, sorgsam lackierten Fingernägel auf, sie hatte sehr schlanke, aparte Hände. Aber was sie in diesen Händen hielt, war weniger apart.

TC: Lassen Sie mich raten – ein Geschenk vom Weihnachtsmann?

JAKE: Das gleiche Modell wie bei den anderen.

TC: Und was hat sie gesagt?

JAKE: Sie sagte: »Ich glaube, mein Mann wurde ermordet.« Sie war aber sehr ruhig, es schien sie kaum zu berühren.

TC: Der Droge sei Dank.

JAKE: Nicht nur. Ich glaube, sie war eine Frau, die mit ihrem Leben bereits abgeschlossen hatte. So, als schaute sie sich ihr früheres Leben nur noch von außen an – ohne Reue.

TC: Verstand sie, was es mit dem Sarg auf sich hatte?

JAKE: Kaum. Ebenso wenig wie ihr Mann. Als amtlicher Leichenbeschauer gehörte er theoretisch zwar zur Polizei, aber das bedeutet nicht, dass wir besonderes Vertrauen zu ihm hatten. Auch er wusste nichts von den Särgen.

TC: Und wieso glaubte sie, ihr Mann sei ermordet worden?
JAKE (er kaute grimmig auf seiner Zigarre): Wegen des Sargs. Der Groschen war wohl gefallen. Sie sagte, ihr Mann hätte ihr vor Wochen diesen Sarg gezeigt, ihn aber nicht ernst genommen. Er hielt ihn für eine weitere Gemeinheit seiner zahlreichen Widersacher. Nur ihr, angeblich, sei es gleich so vorgekommen, als hätte sich ein Schatten über ihr Haus gesenkt, als sie den Sarg sah – mit seinem Bild darin. Kaum zu glauben, aber sie muss ihn wohl geliebt haben. Was es alles gibt! Diese schöne Frau und dann dieser widerliche kleine Krüppel.

Beim Abschied nahm ich den Sarg an mich und schärfte ihr ein, niemandem ein Wort davon zu sagen. Wir mussten ohnehin abwarten, was die Autopsie ergab. Der Befund lautete am Ende auf Tod durch Vergiftung, mutmaßlich in suizidaler Absicht.
TC: Aber *Sie* wussten, dass das nicht stimmte.
JAKE: Ich wusste es. Und Mrs. Parsons wusste es auch. Alle anderen dachten, es sei Selbstmord gewesen. Die meisten gehen noch heute davon aus.
TC: Und für welches Gift hatte sich unser Freund entschieden?
JAKE: Für flüssiges Nikotin. Ein Alkaloid, sehr rein, sehr schnell wirksam, farb- und geruchlos. Wir wissen nicht genau, wie es verabreicht wurde, aber ich nehme an, es wurde unter des Doktors geliebtes Maalox gemischt. Ein Schluck genügt, und es heißt: Ade, du schnöde Welt.
TC: Flüssiges Nikotin? Nie gehört.
JAKE: Nun ja, es ist nicht so bekannt wie zum Beispiel Arsen, aber das muss nichts heißen. Übrigens, da wir gerade

über unseren Freund reden, ich habe da neulich etwas entdeckt. Es ist von Mark Twain, und es passt auf ihn wie keine Beschreibung sonst. (Nach einigem Suchen im Regal fand er das Gewünschte. Auf und ab marschierend, las er mir mit einer Stimme vor, die ich so von ihm gar nicht kannte: ein heiser-wütendes Verdammungsurteil. »Von allen Kreaturen, die je geschaffen wurden, ist der Mensch die *verabscheuenswerteste*. Ohne Ausnahme unter allen lebenden Wesen ist er einzig und allein der Bosheit und der Heimtücke fähig. Unter allen Instinkten, Leidenschaften und Lastern sind Bösartigkeit und Heimtücke die niedrigsten und schändlichsten, die sich denken lassen. Der Mensch ist die einzige Kreatur, die zum Spaß Schmerzen zufügt und *weiß*, was sie einem anderen Wesen damit antut. Außerdem ist er der Einzige, der gemeine, niederträchtige Gedanken hegt.« (Jake knallte das Buch wieder zu und warf es aufs Bett.) Verabscheuenswert, bösartig, heimtückisch, ein Mensch mit gemeinen, niederträchtigen Gedanken ... sagen Sie, was Sie wollen, aber das beschreibt ihn perfekt. Allerdings nicht vollständig, denn Mr. Quinn ist ein Mann mit vielen Talenten.

TC: Den Namen höre ich jetzt zum ersten Mal.

JAKE: Ich kenne ihn ja selbst erst seit sechs Monaten. Aber das ist er: Quinn.

(Dabei schlug Jake immer wieder mit der Faust in die hohle Hand, wie ein Strafgefangener mit Zellenkoller. Und auch diese Beschreibung trifft wohl zu, denn der Fall war nach all den Jahren längst zu einer Art Gefängnis geworden. Echter Zorn braucht – wie ein großer Whiskey – viel Zeit zur Reife.)

Robert Hawley Quinn, Esquire, der angesehene, allseits geschätzte Ehrenmann.
TC: Aber auch ein Ehrenmann macht mal Fehler, sonst würden Sie seinen Namen nicht kennen. Sie wüssten nicht, dass *er* unser Freund ist.
JAKE (Er antwortete nicht, er hatte gar nicht zugehört.)
TC: Wie kamen Sie auf ihn? Wegen der Schlangen? Sie sagten, die Schlangen stammten von einer Schlangenfarm in Texas. Aber wenn Sie das wissen, müssen Sie doch auch wissen, wer sie gekauft hat.
JAKE (sein Wutanfall lag hinter ihm, er gähnte): Was?
TC: Und warum waren die Schlangen mit Amphetaminen gedopt?
JAKE: Raten Sie mal. Um sie schärfer zu machen natürlich. Eine Schlange auf Speed, das ist so, als würden Sie ein Streichholz in einen Benzintank werfen.
TC: Ich frage mich allerdings, wie er das geschafft hat: den Schlangen eine Spritze zu geben und sie in den Wagen zu legen und selbst nichts abzukriegen.
JAKE: Na ja, jemand wird ihm gezeigt haben, wie das geht.
TC: Und wer?
JAKE: Die Frau, die ihm die Schlangen verkauft hat.
TC: Eine *Frau* war das?
JAKE: Die Schlangenfarm in Nogales gehört einer Frau. Sie halten das für komisch, was? Mein Ältester hat ein Mädchen geheiratet, die Tiefseetaucherin bei der Miami Police ist. Und der beste Automechaniker, den ich kenne, ist ebenfalls eine Frau.

(Das Telefon unterbrach uns. Jake schaute kurz auf seine Uhr und lächelte. Dieses Lächeln, so ungezwungen und entspannt, verriet mir, dass er wusste, wer der Anrufer war, vielmehr die Anruferin, und dass er sich auf ihre Stimme schon gefreut hatte.)

Hallo, Addie. Ja, er ist noch hier. Er sagt, in New York wäre es bereits Frühling. Ich hab ihm gesagt, er hätte eben dortbleiben sollen. Nein, nichts. Wir haben nur ein paar Drinks gekippt und über die Sache geredet, du weißt schon. Ist morgen schon Sonntag? Ich denke die ganze Zeit, es wäre noch Donnerstag. Ich werde langsam balla-balla. Klar kommen wir zum Essen, gerne. Ach Addie, jetzt mach dir doch deswegen keine Gedanken, es wird ihm schon schmecken. Du bist die beste Köchin diesseits und jenseits der Rocky Mountains, deshalb: nur die Ruhe. Ja, wie wär's mit deinem Rosinenkuchen mit Apfelstreusel? Und schließ die Tür ab, hörst du? Und schlaf gut. Ich dich auch. *Buenas noches*.

(Das Lächeln wirkte fort, selbst nachdem er aufgelegt hatte, wurde sogar noch breiter. Schließlich zündete er sich die Zigarre an und qualmte genüsslich. Glucksend zeigte er auf das Telefon.)

Das da eben war Quinns großer Fehler. Adelaide Mason. Sie lädt uns morgen zum Essen ein.

TC: Und wer ist Mrs. Mason?

JAKE: *Miss* Mason. Sie ist eine phänomenale Köchin.

TC: Und was noch?

JAKE: Auf jemanden wie Addie Mason hatte ich gewartet. Sie war der eigentliche Durchbruch.

Wissen Sie, mein Schwiegervater war methodistischer Pfarrer. Und meine Frau nahm den sonntäglichen Kirchgang entsprechend ernst. Ich habe mich gedrückt, wann immer ich konnte, und nach ihrem Tod ging ich gar nicht mehr hin. Vor etwa sechs Monaten wollten sie den Fall allmählich zu den Akten legen. Wir waren ja schon eine Weile an der Sache dran, mit zum Teil erheblichem Aufwand, hatten aber so gut wie nichts vorzuweisen, nicht die kleinste Spur. Acht Morde und noch immer keinen Anhaltspunkt für eine Verbindung zwischen den Opfern und das mögliche Motiv. Nichts bis auf diese drei geschnitzten Särge.

Ich sagte: Nein, das kann doch nicht sein. Es gibt einen *Grund* für diese Taten, und es gibt jemanden, der sie geplant und ausgeführt hat. Tja, und in dieser Situation bin ich zum ersten Mal wieder in die Kirche gegangen. Was anderes können Sie hier an einem Sonntag ohnehin nicht machen. Dieses Kaff hat nicht einmal einen Golfplatz. Da habe ich gebetet: Bitte, lieber Gott, mach, dass dieser Drecksgerl nicht ungeschoren davonkommt.

Drüben auf der Main Street gibt es einen Diner, der nennt sich Okay Café. Mittlerweile weiß hier jeder, dass ich da morgens zwischen acht und zehn zu finden bin. Ich setze mich in die Ecke ans Fenster und esse mein Frühstück, lese Zeitung, unterhalte mich mit den Einheimischen, meistens Geschäftsleute, die dort auf einen Kaffee vorbeikommen.

So auch an Thanksgiving im vergangenen Herbst. Wegen des Feiertages war ich fast der einzige Gast. Ich war ziemlich niedergeschlagen, denn meine Vorgesetzten machten Druck, den Fall endlich abzuschließen, ihretwegen auch ungelöst. Einerseits gab es nichts, was ich lieber getan hätte, ich hatte die Schnauze voll von diesem Nest.

Aber allein die Vorstellung, dass dieses Schwein dann auf den Gräbern sein Freudentänzchen aufführt, allein von der *Vorstellung* wurde mir schlecht. Wirklich, ich hätte kotzen können. Hab ich sogar einmal.

Na ja, und plötzlich spaziert Adelaide Mason in den Laden und kommt direkt an meinen Tisch. Ich war ihr vorher schon mehrmals begegnet, hatte aber noch nie mit ihr gesprochen. Sie ist Grundschullehrerin. Sie lebt hier mit ihrer verwitweten Schwester Marylee zusammen. Sie sagte: »Mr. Pepper, wollen Sie Thanksgiving wirklich im Okay Café verbringen? Falls Sie nichts anderes vorhaben, kommen Sie doch einfach zum Mittagessen zu uns. Es wird keine große Sache, nur meine Schwester und ich.« Eigentlich ist Addie keine übermäßig schüchterne Frau, aber trotz ihrer herzlichen Art wirkte sie irgendwie, wie soll ich sagen ... angespannt. Ich dachte: Vielleicht hat sie ja Bedenken. In so einem Ort lädt man als ledige Frau nicht ohne Weiteres unverheiratete Herren zu sich nach Hause ein. Aber bevor ich noch antworten konnte, sagte sie: »Um ganz ehrlich zu sein, Mr. Pepper, ich habe da ein Problem. Etwas, über das ich mit Ihnen sprechen muss. Das könnten wir bei dieser Gelegenheit tun. Sagen wir um zwölf?«

Ich habe noch nie besser gegessen als bei ihr, und statt eines vertrockneten Truthahns gab es zarte Jungtauben mit Wildreis, dazu Champagner. Mir fiel aber auf, dass während des ganzen Essens nur Addie redete, sie war kein bisschen nervös. Was man von ihrer Schwester nicht behaupten konnte.

Danach setzten wir uns mit Kaffee und einem Brandy ins Wohnzimmer. Addie entschuldigte sich kurz, verließ das Zimmer, und als sie wiederkam, hatte sie etwas in der Hand ...

TC: Soll ich raten?

JAKE: Sie gab es mir und sagte: »Darüber wollte ich mit Ihnen reden.«

(Jakes dünne Lippen formten erst einen, dann einen zweiten Rauchkringel. Dann seufzte er, und das einzige Geräusch im Raum war der Wind, der an den Fenstern rappelte.)

Sie haben eine lange Fahrt hinter sich. Vielleicht sollten wir hier erst einmal Schluss machen.

TC: Sie meinen, Sie lassen mich im spannendsten Moment hängen?

JAKE (ernst, aber wieder mit diesem rätselhaft-verschlagenen Grinsen): Nur bis morgen. Außerdem sollten Sie diese Geschichte von Addie selbst hören. Kommen Sie, ich begleite Sie zu Ihrem Zimmer.

(Seltsamerweise schlief ich sofort ein – als hätte mir ein Einbrecher eins mit dem Totschläger übergezogen. Die Reise war wirklich sehr lang gewesen, dazu plagten mich meine Nebenhöhlen, und ich war hundemüde. Doch schon nach wenigen Minuten war ich wieder wach. Oder vielmehr in einem Zustand zwischen Wachen und Schlafen, wo sich der Verstand in einen Pendelkristall voller Facetten verwandelte, der vorbeiziehende Bilder dutzendfach reflektierte: ein abgetrennter Kopf im Laub, giftverschmierte Autoscheiben, Schlangenaugen in flirrender Hitze, Feuer, das aus der Erde lodert, verbrannte Fäuste, die an die Falltür trommeln, ein gespannter Draht, der in der Dämmerung leuchtet, der Torso auf dem Feldweg, dann wieder der Kopf im Laub und Feuer, Feuer, Feuer, das mehr und mehr zu einem Strom wird, einem Strom aus Feuer, Strom, Strom, Strom. Dann klingelte ein Telefon.)

MÄNNERSTIMME: Wo bleiben Sie denn? Wollen Sie den ganzen Tag verschlafen?

TC (trotz der zurückgezogenen Vorhänge war das Zimmer vollständig dunkel, ich wusste nicht, wo ich war, ich wusste nicht, wer ich war): Hallo?

MÄNNERSTIMME: Hier ist Jake Pepper. Erinnern Sie sich an den harten Typ mit den blauen, durchtriebenen Augen?

TC: Jake! Wie viel Uhr ist es?

JAKE: Kurz nach elf. Addie Mason erwartet uns in einer Stunde. Also hopp, hopp unter die Dusche. Aber ziehen Sie sich was Warmes an. Draußen schneit es.

(Draußen fielen dicke, schwere Flocken auf dem kürzesten Weg vom Himmel und hatten bereits alles weiß eingedeckt. Jake schaltete die Scheibenwischer ein, als wir vom Hotel losfuhren. Die Main Street war grau und weiß und leer, leblos bis auf die flackernden Lichtsignale einer einzelnen Ampel. Alles war geschlossen, sogar das Okay Café. Die Düsternis, die verhangene Schneestille war ansteckend, keiner von uns sagte ein Wort. Trotzdem spürte ich Jakes gute Laune, ganz offensichtlich sah er den kommenden Stunden freudig entgegen. Sein frisches, wohlrasiertes Gesicht glänzte, und er roch – wie ich fand, etwas zu sehr – nach Aftershave-Lotion. Gut, an dem Kräuselchaos auf seinem Kopf konnte er nichts ändern, dafür hatte er seine Garderobe sorgsam ausgewählt, aber nicht wie für die Kirche. Und die rote Krawatte hätte zu einem festlicheren Anlass gepasst. Sah so jemand auf Freiersfüßen aus? Diese Möglichkeit hatte ich schon am gestrigen Abend in Betracht gezogen, als ich hörte, wie er mit Miss Mason sprach. Da war dieser vertraute Unterton, der einen aufhorchen ließ.

Doch schon bei der ersten Begegnung mit Adelaide Mason verwarf ich diese Möglichkeit wieder. Egal, wie groß Langeweile und Einsamkeit in dieser Stadt sein mochten, sie könnten nie vergessen machen, was für eine graue Maus Miss Mason war. Zumindest war das mein erster Eindruck. Sie war etwas jünger als ihre Schwester, Marylee Connor, vielleicht Mitte vierzig. Sie besaß ein freundliches, ebenmäßiges Gesicht, doch jedes Make-up hätte den männlich-markanten Zug darin noch verstärkt, weswegen sie klug darauf verzichtete. Reinlichkeit war ihre hervorragendste körperliche Eigenschaft. Ihr brauner Pony, ihre Fingernägel, die Haut, alles sah aus wie in Frühlingsregen gebadet. Die Familie der beiden Schwestern war seit vier Generationen in dieser Stadt ansässig, und seit dem College war Miss Mason hier Grundschullehrerin. Man fragte sich allerdings, warum, denn mit ihrer Persönlichkeit und Intelligenz hätte sich jeder andere einen anspruchsvolleren Arbeitsplatz gesucht als ein Klassenzimmer voller ABC-Schützen. »Aber nein«, sagte sie mir, »ich bin sehr glücklich hier. Mein Beruf macht mir viel Freude. Gerade die Arbeit mit den ganz Kleinen gibt mir etwas. Außerdem unterrichtet man sämtliche Fächer, und das schließt Betragen im Unterricht mit ein. Den Kindern die Grundlagen für gutes Benehmen zu vermitteln, ist eminent wichtig. Die meisten bringen das nämlich von Haus aus nicht mehr mit.«

Das weitläufige Haus, das die Schwestern gemeinsam geerbt hatten, spiegelte in seinen unaufgeregten Farben und menschenfreundlichen Details die »weibliche Hand« der Jüngeren, denn Mrs. Connor, so nett sie war, fehlten Geschmack und Kreativität einer Adelaide Mason.

Das Wohnzimmer, überwiegend in Weiß und Blau gehalten, ähnelte mit seinen vielen großen Topfpflanzen und dem riesigen viktorianischen Vogelkäfig, in dem ein halbes Dutzend Kanarienvögel zwitscherten, eher einem Wintergarten. Im Esszimmer herrschten Gelb, Weiß und Grün vor, die nackten Fichtendielen des Bodens waren hochglanzpoliert, und in dem großen Kamin prasselte ein Feuer. Miss Masons Kochkünste übertrafen Jakes Schilderungen bei Weitem. Es gab ein ganz vorzügliches Irish Stew und einen Apple-Pie mit Rosinen, dazu in passender Folge Rot- und Weißwein, schließlich Champagner. Der selige Mr. Connor hatte seiner Frau wohl ein auskömmliches Vermögen hinterlassen.

Während des Essens begann sich meine anfängliche Meinung über unsere Gastgeberin allmählich zu wandeln. Und ganz sicher existierte auch eine intimere Verbindung zwischen Jake und dieser Frau. Keine Frage, sie waren ein Paar. Und als ich sie mir – gewissermaßen durch Jakes Augen – genauer ansah, verstand ich auch sein eindeutig körperliches Interesse an ihr. Zugegeben, ihr Gesicht war nicht makellos, ganz anders dagegen die Figur unter dem engen grauen Jerseykleid. Vor allem bewegte sich Miss Mason so, als sei diese Figur geradezu sensationell und eine echte Konkurrenz für jede Filmdiva. Die geschwungenen Hüften, die weichen Bewegungen ihrer sinnlichen Brüste, die herbe Altstimme und im Gegensatz dazu ihre fragilen Gesten: Alles war auf Verführung ausgerichtet, war Weiblichkeit ohne Verweichlichung. Ihre ganze Anziehungskraft beruhte auf ihrem Auftreten. Sie verhielt sich, als sei sie unwiderstehlich. Ganz gleich wie ihr bisheriges Liebesleben im Einzelnen ausgesehen hatte, ihre Haltung und ihr Stil deuteten auf ein mehrbändiges Erotikon nebst ausführlichem Anhang.

Nach dem Essen schaute ihr Jake ins Gesicht, als wolle er sie ohne viel Federlesens ins Schlafzimmer entführen. Ihr Interesse aneinander war so stark wie der Stahldraht, der Clem Anderson den Kopf abgeschnitten hatte. Stattdessen wickelte er nur eine Zigarre aus der Hülle, und sie, zuvorkommend wie immer, gab ihm Feuer. Ich musste lachen.)

JAKE: Was ist?

TC: Das erinnert mich an eine Szene aus Edith Whartons Roman *Das Haus der Freude*, da geben die Damen den Herren auch ständig Feuer.

MRS. CONNOR (zur Erklärung): Das ist hier eben so üblich. Meine Mutter hat meinem Vater auch immer die Zigarre angesteckt, auch wenn sie den Geruch nicht ausstehen konnte. Ist doch so, Addie?

ADDIE: Das ist wohl wahr, Marylee. Jake, noch etwas Kaffee?
JAKE: Addie, bitte, warum bleibst du nicht einmal still sitzen? Es war so ein tolles Essen, da musst du nicht gleich wieder durchs Haus wirbeln. Und wie ist es bei dir, Addie? Wie denkst du über Zigarren?
ADDIE (beinahe errötend): Oh, ich persönlich mag ja den Geruch. Und wenn ich selbst rauchen würde, dann bestimmt nur Zigarren.
JAKE: Na dann. Aber kommen wir doch mal auf das letzte Thanksgiving zu sprechen, als wir hier schon einmal zusammensaßen ...
ADDIE: ... und ich dir den Sarg gezeigt habe?
JAKE: Kannst du meinem Freund noch mal die ganze Geschichte erzählen? So, wie du sie mir damals geschildert hast?
MRS. CONNOR (sie rückte ihren Stuhl zurück): Ach bitte, nicht schon wieder. Gibt es denn gar kein anderes Thema? Ich habe schon Alpträume davon.
ADDIE (sie stand auf und legte ihr den Arm um die Schulter): Schon gut, Marylee, wir reden ja nicht davon. Gehen wir doch ins Wohnzimmer, dann kannst du uns etwas auf dem Klavier vorspielen.
MRS. CONNOR: Wirklich, es ist eine so abscheuliche Geschichte. (Dann schaute sie mich an.) Jetzt denken Sie sicher, ich wäre eine entsetzliche Heulsuse. Okay, ich geb's zu. Aber ich habe auch zu viel getrunken.
ADDIE: Warum legst du dich nicht ein Weilchen aufs Ohr?
MRS. CONNOR: Und wie? Addie, wie oft soll ich dir noch sagen, dass ich sofort wieder Alpträume bekomme.

(Sie fing sich wieder.) Na gut, ich werd's versuchen. Wenn Sie mich also entschuldigen wollen ...

(Nachdem ihre Schwester gegangen war, goss Addie sich noch ein Glas von dem Roten ein, hob es an und ließ die Glut vom Kamin hindurchscheinen, was das scharlachrote Leuchten verstärkte. Ihr Blick wanderte von dem Feuer zum Wein und dann weiter zu mir. Sie hatte braune Augen, die jedoch durch die verschiedenen Lichtquellen, vor allem durch die Kerzen auf dem Tisch, beinahe katzengelb wirkten. Am anderen Ende des Wohnzimmers zwitscherten die Kanarienvögel, und der Schnee, der vor dem Fenster wirbelte wie eine zerrissene Spitzengardine, verstärkte die gemütliche Atmosphäre und die angenehme Wärme, die von dem Kaminfeuer und dem Wein ausgingen)

ADDIE: Also ... meine Geschichte.

Ich bin vierundvierzig Jahre alt und war nie verheiratet. Ich habe zwei Weltreisen unternommen und fahre noch heute jeden zweiten Sommer nach Europa. Erstaunlicherweise bin ich dabei nie in gefährliche Situationen geraten, wenn man einmal von dem liebestollen schwedischen Seemann absieht, der mich auf einer Frachtschiffreise vergewaltigen wollte. Insofern war das, was im vergangenen Jahr kurz vor Thanksgiving passierte, eine völlig neue Erfahrung.

Meine Schwester und ich besitzen ein Postfach, genauer gesagt eine so genannte »Schublade« bei der Post. Nicht dass wir so viele Briefe bekämen, wir haben nur jede Menge Zeitschriften abonniert. Na egal, jedenfalls ging ich auf dem Heimweg von der Schule noch bei der Post vorbei, und in unserem Postfach lag dieses Päck-

chen – ziemlich groß, aber sehr leicht. Es war in zerknittertes, altes Packpapier eingeschlagen, dem man ansah, dass es schon einmal benutzt worden war, und mit alter Schnur zugebunden. Der Poststempel war von hier, und das Ganze war an mich adressiert, mit einer sehr peniblen schwarzen Druckschrift. Schon vor dem Öffnen dachte ich mir: Was soll denn dieser Blödsinn? Ich gehe mal davon aus, dass Sie über die Särge Bescheid wissen?
TC: Ich habe schon einen gesehen, ja.
ADDIE: Na, ich wusste jedenfalls nicht Bescheid. Keiner im Ort wusste irgendetwas. Das haben Jake und seine Leute immer für sich behalten.

(Sie zwinkerte ihm zu, warf den Kopf nach hinten und stürzte den Wein in einem Zug hinunter, aber mit einer Eleganz und Gewandtheit, die ihren schönen Hals voll zur Geltung brachten. Jake, zurückwinkernd, schickte einen Rauchkringel auf die Reise, und so, wie das leere Oval durch die Luft schwebte, schien es eine erotische Nachricht zu transportieren.)

Offen gestanden habe ich das Päckchen erst spät am selben Abend aufgemacht. Denn als ich nach Hause kam, fand ich meine Schwester hilflos am Treppenabsatz vor. Sie war gestürzt und hatte sich den Knöchel verstaucht. Der Arzt kam, und erst einmal war zu viel los im Haus. Das Päckchen fiel mir erst wieder ein, als ich schon im Bett lag. Ich sagte mir: Ach, das kann gut bis morgen warten. Ich wünschte, ich hätte es dabei belassen, denn dann wäre mir eine schlaflose Nacht erspart geblieben.

Also, der Inhalt des Päckchens ... das war ein richtiger Schock. Ich habe schon einmal einen anonymen

Brief bekommen, wirklich, einen ganz ekelhaften, besonders weil das, was in dem Brief stand, zufällig stimmte, aber das bleibt unter uns, okay? (Lachend schenkte sie sich nach.) Es war auch nicht eigentlich der Sarg, der mich so verstörte, sondern der Schnappschuss im Innern, ein ziemlich neues Bild von mir: Ich auf der Treppe vor dem Postamt. Das war so ... so zudringlich. Ich meine, wenn jemand unbemerkt Bilder von dir macht, das ist wie eine Verletzung deiner Privatsphäre. Deshalb kann ich ja auch Afrikaner mit ihrer Angst vor Kameras ganz gut verstehen. Sie fürchten nicht ohne Grund, dass ihnen der Fotograf die Seele rauben will. Also, es war schon ein Schock, aber Angst hatte ich nicht. Angst hatte eher meine Schwester. Als ich ihr das kleine Präsent zeigte, sagte sie gleich: »Meinst du, das hat irgendwie mit den anderen Sachen zu tun?« Mit »anderen Sachen« meinte sie die vielen mysteriösen Vorfälle aus den vergangenen fünf Jahren, die Morde, Selbstmorde und so genannten tragischen Unfälle, je nachdem, mit wem man gerade redet.

Jedenfalls nahm ich die Sache nicht weiter ernst. Für mich gehörte sie in dieselbe Kategorie wie der anonyme Brief. Aber je länger ich darüber nachdachte, desto mehr kam ich ins Grübeln. Vielleicht hatte meine Schwester ja recht, und das Päckchen kam nicht von einer eifersüchtigen Frau, die es nicht ertragen konnte, dass es anderen besser ging als ihr. Dies hier war eindeutig das Werk eines Mannes. Ein Mann hatte diesen Sarg geschnitzt. Von der starken Hand eines Mannes stammte auch die Druckschrift auf dem Päckchen. Und alles zusammen war eine

Drohung. Aber weswegen? Ich dachte mir: Vielleicht weiß ja Mr. Pepper weiter.

Ich war Mr. Pepper bereits begegnet. Also Jake. Und hatte mich ehrlich gesagt umgehend in ihn verliebt.
JAKE: Bleib sachlich.
ADDIE: Bin ich doch. Der Sarg war ja auch nur der Vorwand, ihn in meine Höhle zu locken.
JAKE: Das stimmt nicht.
ADDIE (unvermittelt ernst und wie als trauriger Kontrapunkt zu dem lustigen Kanariengezwitscher): Nein, da hast du leider recht. Als ich mich entschloss, Jake um Rat zu fragen, war ich längst überzeugt, dass mir einer nach dem Leben trachtete. Und ich hatte sogar jemanden im Verdacht, auch wenn das Motiv auf den ersten Blick eher unwahrscheinlich war, beinahe lächerlich.
JAKE: Weder das eine noch das andere. Nicht für den, der die Vorgehensweise dieser Bestie studiert hat.
ADDIE (ohne ihn zu beachten und so unpersönlich, als bete sie vor ihren Schülern das kleine Einmaleins herunter): Angeblich kennt hier jeder jeden. Zumindest wird das von so einer Kleinstadt immer behauptet. Aber das stimmt nicht. Den Eltern mancher Schüler zum Beispiel bin ich noch nie begegnet. Jeden Tag laufe ich auf der Straße Leuten über den Weg, die mir absolut unbekannt sind. Ich gehöre zur Baptistengemeinde, und die ist nicht einmal besonders groß, aber ... aber du könntest mir eine Pistole auf die Brust setzen, *alle* Namen wüsste ich nicht.

Der Punkt war: Als ich anfing, über die Leute nachzudenken, die schon umgekommen waren, fiel mir auf, dass

ich sie alle gekannt hatte. Alle außer dem Ehepaar aus Tulsa, das bei den Baxters übernachtet hatte ...
JAKE: ... die Hogans.
ADDIE: Genau, aber die waren nur zufällig mit dabei. Zuschauer, die dann – buchstäblich – mit ins Inferno gerissen wurden.

Es war auch nicht so, dass es sich bei den Opfern um enge Freunde gehandelt hätte, außer vielleicht Clem und Amy Anderson, ich hatte ihre Kinder unterrichtet.

Aber die anderen kannte ich alle: George und Amelia Roberts, die Baxters, Dr. Parsons. Ich kannte sie sogar ziemlich gut, aber nur aus einem einzigen Grund. (Sie schaute in das zitternde Rot des Weinglases wie eine Wahrsagerin in ihre unheimliche Kristallkugel.) Der Fluss. (Sie hob ihr Glas und leerte es in einem einzigen, langen, mühelosen Zug.) Haben Sie unseren Fluss schon gesehen? Noch nicht? Na ja, jetzt ist auch nicht die Zeit, aber im Sommer ist es dort sehr schön. Eigentlich ist dieser Fluss das Schönste an diesem Ort. Wir nennen ihn den Blue River. Er ist zwar nicht gerade karibikblau, aber trotzdem sehr klar, und er hat ein sandiges Bett mit verschiedenen ruhigen tiefen Stellen, an denen man gut schwimmen kann. Der Blue River entspringt in den Bergen im Norden und fließt mitten durch diese Landschaft. Er ist unsere wichtigste Bewässerungsquelle und wird von zwei kleineren Zuflüssen gespeist, vom so genannten Big Brother und vom Little Brother.

Der ganze Ärger entzündete sich an diesen Nebenflüssen. Viele Rancher, die von ihnen abhängig waren, meinten, man sollte den Blue River aufstauen, um auf diese Weise Big Brother und Little Brother zu verbreitern. Natürlich waren die Rancher, deren Grund direkt am Blue River lag, kategorisch gegen diesen Vorschlag, zuallererst Bob Quinn, Eigentümer der B.Q.-Ranch, durch dessen Land die breitesten und tiefsten Abschnitte des Blue River verlaufen.

JAKE (er spuckte ins Feuer): Oder Robert Hawley Quinn, *Esquire*, wie er sich nennt.

ADDIE: Nun, der Streit schwelte schon seit Jahrzehnten. Eigentlich war allen klar, dass eine Verbreiterung der Nebenflüsse – auch um den Preis eines niedrigeren Wasserstands und damit der Verschandelung des Blue River – eigentlich die vernünftigste und fairste Lösung gewesen wäre. Aber bislang verhinderten Quinn und die anderen Blue-River-Rancher mit allerlei Tricks, dass das Vorhaben umgesetzt wurde.

Dann hatten wir zwei extrem trockene Jahre, und der Streit spitzte sich zu. Die Rancher, deren Überleben von Big Brother und Little Brother abhing, setzten Himmel und Hölle in Bewegung, denn von der Dürre waren sie besonders stark betroffen. Sie hatten viel Vieh verloren und forderten lautstark ihren Anteil am Blue River.

Schließlich setzte der Stadtrat eine Kommission ein, die sich mit dem Problem befassen sollte. Ich habe keine Ahnung, wie diese Kommission zusammengestellt wurde. Ich persönlich war mit Sicherheit nicht sonderlich qualifiziert, doch ich weiß noch, wie mich der alte Richter Hatfield anrief – er ist längst pensioniert und lebt jetzt in Arizona – und fragte, ob ich mich dafür zur Verfügung stelle. Die erste Sitzung fand im Januar 1970 statt, im Beratungszimmer des Gerichts. Zur Kommission gehörten auch Clem Anderson, George und Amelia Roberts, Dr. Parsons, die Baxters, Tom Henry und Oliver Jaeger ...

JAKE (zu mir gewandt): Er ist der Postmeister und nicht mehr ganz dicht.

ADDIE: Ach komm, das stimmt nicht. Das sagst du nur, weil er ...

JAKE: ... weil er wirklich nicht mehr alle Tassen im Schrank hat.

(Addie sagte nichts darauf. Versonnen betrachtete sie ihr Weinglas, wollte sich nachgießen, aber die Flasche war leer. Aus einem winzigen Damentäschchen, das während der ganzen Zeit auf ihrem Schoß geschlafen hatte, holte sie ein hübsches silbernes Pillendöschen mit blauen Tabletten: Valium. Mit einem Schluck Wasser nahm sie eine davon. Hatte Jake nicht gesagt, Addie sei nicht gerade der ängstliche Typ?)

TC: Und wer ist Tom Henry?

JAKE: Ein weiterer Bekloppter, noch schlimmer als Oliver Jaeger. Er besitzt eine Tankstelle.

ADDIE: Ja, das macht insgesamt neun. Über zwei Monate hinweg traten wir einmal pro Woche zusammen und hörten uns an, was Experten aus beiden Lagern vorzubringen hatten. Viele Rancher erschienen auch persönlich, um ihren Fall darzulegen.

Nicht aber Mr. Quinn, kein einziges Mal. Wir hörten überhaupt nichts von ihm, obwohl er doch als Besitzer der B.Q.-Ranch am meisten zu verlieren hatte, falls wir uns entschlossen, ihm mit einem Stauwehr »seinen« alten Fluss zu nehmen. Ich dachte mir: Na gut, der Herr ist wohl zu fein, sich mit einer dummen Kommission herumzuärgern, er spricht lieber direkt mit dem Gouverneur, den Abgeordneten und Senatoren, weil er meint, er hätte sie in der Tasche. Also, egal wie unsere Entscheidung lautete, seine guten Freunde in der Regierung würden schon dafür sorgen, dass es nicht zum Äußersten kam.

Doch dem war nicht so. Wir beschlossen, unmittelbar an der Grenze zum Quinn-Land den Blue River zu stauen. Dadurch saß er keineswegs auf dem Trockenen, er bekam nur nicht mehr den Löwenanteil des Wassers.

Es wäre auch ein einstimmiger Beschluss geworden, hätte sich Tom Henry am Ende nicht anders entschieden. Du hast recht, Jake, Tom Henry ist ein Blödmann. So ging die Abstimmung acht gegen eins aus. Die Entscheidung stieß in der Stadt auf breite Zustimmung, denn das Stauwehr tat niemandem wirklich weh, machte vielen aber das Leben leichter, und dagegen konnten auch Quinns politische Freunde nichts ausrichten – das heißt, solange sie im Amt bleiben wollten.

Ein paar Tage nach der Abstimmung lief ich auf dem Postamt Bob Quinn über den Weg. Er tippte mit übertriebener Höflichkeit an seinen Hut und erkundigte sich nach meinem werten Befinden. Nicht dass ich erwartet hätte, dass er mir gleich ins Gesicht spuckt, aber so eine Show hatte ich bei ihm noch nicht erlebt. Ich meine, nach menschlichem Ermessen hätte er mindestens stinksauer sein müssen. Was heißt sauer? Ein

Tobsuchtsanfall wäre die angemessene Reaktion gewesen!
TC: Wie sieht er denn aus, dieser Mr. Quinn?
JAKE: *Sag ihm das bloß nicht!*
ADDIE: Warum?
JAKE: Darum.
(Er stand auf, ging zum Kamin und überantwortete den Zigarrenstummel den Flammen. Breitbeinig und mit verschränkten Armen baute er sich dann mit dem Rücken zum Kamin vor uns auf. Ich hatte Jake bis dahin nicht für sonderlich eitel gehalten, aber mit dieser Pose wollte er eindeutig und nicht ohne Erfolg Eindruck schinden. Abermals musste ich lachen.)
Was ist denn?
TC: Jetzt befinden wir uns in einem Roman von Jane Austen. Da wärmen sich die Kavaliere auch immer den Hintern am Kamin.
ADDIE (lachend): Ach Jake, wenn du wüsstest, wie wahr das ist! Wie wahr!
JAKE: Ich habe noch nie diesen Frauenkram gelesen. Noch nie. Werde ich auch nicht.
ADDIE: Umso besser, dann hast du sicher nichts dagegen, wenn ich noch eine Flasche Wein aufmache und sie ganz allein vernichte.
(Jake kehrte an den Tisch zurück und setzte sich neben Addie. Er nahm ihre Hand und griff zwischen ihre Finger, was bei ihr nicht ohne – peinlich sichtbare – Wirkung blieb. Sie errötete heftig, bis zum Hals hinunter. Er selbst hingegen schien sich seiner Aktion gar nicht

bewusst zu sein, denn er sah mich an, als wären wir allein im Zimmer.)
JAKE: Okay, jetzt denken Sie sicher: Alles klar, der Fall ist gelöst. Mr. Quinn ist der Täter.

Das dachte ich nämlich auch erst. Als Addie mir erzählte, was sie gerade Ihnen erzählt hat, schoss ich los wie ein geölter Blitz und fuhr zurück in die Stadt in unser Hauptquartier. Trotz Thanksgiving trat noch am selben Abend der gesamte Stab zusammen. Ich hängte mich gleich ziemlich weit aus dem Fenster: Hier ist das Motiv, hier ist unser Mann. Einwände gab es keine, bloß vom Chief. Der meinte nämlich: »Nicht so hastig mit den jungen Pferden, Pepper. Der Mann, den du dir vornehmen willst, ist kein Leichtgewicht. Und was hast du eigentlich gegen ihn in der Hand? Nichts als Vermutungen. Reine Spekulation.« Allgemeine Zustimmung bei der Frage: »Wo sind die Beweise?«

Ich aber hatte mich derart in die Sache verbissen, dass ich ziemlich laut wurde: »Was glaubt ihr, weswegen ich hier bin? Die Beweise kriegen wir schon zusammen, wenn wir alle an einem Strang ziehen. Ich weiß, dass Quinn es war.« Doch der Chief sagte: »An deiner Stelle wäre ich mit solchen Äußerungen lieber vorsichtig. Herrgott, du bringst uns noch alle um unseren Job.«
ADDIE: Sie hätten ihn sehen sollen, als er am nächsten Tag zurückkam. Ich meine, in meinem Beruf habe ich schon viele kleine Jungs getröstet, aber keiner war je so düster gestimmt wie Jake.
JAKE: Jetzt übertreib mal nicht. Ich war etwas deprimiert, richtig, aber damit hatte es sich.

Außerdem hatte ich Rückendeckung durch meine Vorgesetzten. Wir machten uns daran, Quinns Leben zu durchforsten, und zwar von Anfang an. Das alles musste natürlich unauffällig geschehen, der Chief war höllisch nervös. Ich wollte einen Durchsuchungsbefehl für das gesamte B.Q.-Anwesen. Abgelehnt. Ich durfte den Mann nicht einmal vernehmen.

T.C. Wusste Quinn, dass er unter Verdacht stand?

JAKE (er schnaubte): Aber sicher. Jemand aus dem Büro des Gouverneurs hat ihm einen Tipp gegeben, wahrscheinlich sogar der Gouverneur selbst. Und der eine oder andere von unserer eigenen Dienststelle. Ich traue niemandem mehr. Niemandem, der in irgendeiner Weise mit dem Fall beschäftigt ist.

ADDIE: Die ganze Stadt wusste Bescheid.

JAKE: Ja, dank Oliver Jaeger. *Und* Tom Henry. Das ist meine Schuld. Aber da sie auch in der Kommission gewesen waren, hielt ich es für das Beste, sie einzuweihen, sie vor Quinn und den Särgen zu warnen. Sie haben auch beide hoch und heilig versprochen, diese Information nicht weiterzugeben. Im Nachhinein gesehen hätte ich das auch bei einer Bürgerversammlung verkünden können, es wäre auf dasselbe hinausgelaufen.

ADDIE: Und in der Schule, in meiner Klasse, hat sich mal ein kleiner Junge zu Wort gemeldet und gesagt: »Mein Daddy hat zu meiner Mama gesagt, jemand hat Ihnen einen Sarg geschickt wie für den Friedhof und so. Mein Daddy hat gesagt, der wäre von Mr. Quinn.« Worauf ich sagte: »Ach, Bobby, da hat dein Daddy deiner Mama aber einen schönen Bären aufgebunden.«

JAKE: Ja, und zwar einen von Oliver Jaegers Bären! Das Arschloch hat jeden in der Stadt einzeln angerufen. Und du meinst, er wäre nicht total wahnsinnig?
ADDIE: Du hältst ihn für wahnsinnig, weil er *dich* für wahnsinnig hält. Er glaubt ernsthaft, dass du auf dem Holzweg bist und einen Unschuldigen verfolgst. (Obwohl sie mit mir sprach, sah sie Jake dabei an.) Oliver würde weder für seine Intelligenz noch für sein Aussehen einen Preis gewinnen, außerdem redet er ein bisschen viel. Trotzdem, er ist nicht bösartig und auch nicht dumm. Im Übrigen ist er mit den Quinns verwandt, Bob Quinn ist ein entfernter Vetter. Das erklärt vielleicht seine heftige Reaktion. Er ist eben der Meinung – eine Meinung, die nebenbei bemerkt von den meisten im Ort geteilt wird –, dass es vielleicht tatsächlich eine Verbindung zwischen der Entscheidung der Kommission und den Morden gibt, aber eben nichts, was auf seinen Vetter Bob hinweist. Quinn wäre nicht der Einzige, der auf die Kommission sauer sein könnte. Was ist mit Walter Forbes? Oder Jim Johanssen? Den Throbys. Den Millers. Den Rileys. Warum soll unbedingt Bob Quinn der Bösewicht sein? Was unterscheidet ihn von all den anderen?
JAKE: Ihn unterscheidet, dass er es getan hat.
ADDIE: Ja, er war es. Wir wissen das. Aber du kannst nicht einmal beweisen, dass er die Klapperschlangen gekauft hat. Und selbst wenn ...
JAKE: Ich könnte einen Whiskey vertragen.
ADDIE: Sollen Sie haben, Sir. Noch jemand?
JAKE (als Addie das Zimmer verlassen hatte): Sie hat recht, wir können das mit den Schlangen nicht beweisen,

auch wenn wir wissen, dass er es war. Ich wusste ja auch gleich, dass die Schlangen aus einem professionellen Zuchtbetrieb kamen, also von Farmen, in denen die Schlangen zur Giftgewinnung gehalten werden. Die größten liegen in Florida und Texas, aber kleinere Höfe gibt es im ganzen Land. In den letzten Jahren haben wir die meisten von ihnen angeschrieben, bloß nie eine Antwort erhalten.

Aber irgendetwas sagte mir, dass die Biester aus Texas kamen. Das war nur logisch, denn warum sollte jemand bis nach Florida fahren, wenn er das Gewünschte sozusagen an der nächsten Ecke bekommen konnte. Sobald Quinn als Hauptverdächtiger feststand, beschloss ich, der Schlangenfrage genauer nachzugehen, etwas, das wir schon längst hätten tun sollen. Doch das hätte Reisekosten und viel Lauferei bedeutet, und wenn es um Geld geht, ist der Chief absolut humorlos. Ich kannte aber einen Kollegen aus Texas, der mir noch einen Gefallen schuldig war. Ihm schickte ich das Bildmaterial, das wir hatten: Fotos von Quinn und Fotos der Schlangen, neun an der Zahl, wie sie da an der Wäscheleine hingen, nachdem wir sie gekillt hatten.

TC: Wie haben Sie das denn gemacht?

JAKE: Wir haben ihnen die Köpfe weggeballert. Mit Schrot.

TC: Ich habe mal eine Schlange mit der Hacke erschlagen.

JAKE: Aber nicht solche Viecher. Das hätte denen nichts gemacht. Die Kleinste war über zwei Meter lang.

TC: Neun Schlangen, sagen Sie? Die Kommission hatte neun Mitglieder. Interessante Parallele.

JAKE: Bill, mein Kollege aus Texas, ist ein zäher Hund, er ist ganz Texas abgefahren, hat sogar seinen Urlaub geopfert, um eine Schlangenfarm nach der anderen zu überprüfen und mit den Züchtern zu sprechen. Vor etwa einem Monat rief er mich an und sagte, er hätte eine Spur: eine Mrs. Garcia, eine Frau mexikanischer Abstammung, besitze eine Schlangenfarm in der Nähe von Nogales. Nogales, das ist zehn Autostunden von hier – aber nur mit einem Streifenwagen und mit 150 Sachen über die Landstraße. Dort wollten wir uns treffen.

Addie hat mich begleitet. Wir fuhren über Nacht und frühstückten mit Bill in einem Holiday Inn. Dann statteten wir dieser Mrs. Garcia einen Besuch ab. Ein paar der Schlangenfarmen sind richtige Touristenattraktionen, aber nicht diese. Viel zu weit vom Highway entfernt und eher klein. Aber sie besaß einige recht beeindruckende Exemplare. Immer wieder holte sie eines von diesen Biestern aus seinem Terrarium, wickelte es sich um den Hals oder um ihre Arme und lachte darüber. Sie hatte fast nur Goldzähne im Mund. Erst hielt ich sie für einen Mann. Sie war gebaut wie Pancho Villa und trug eine Cowboyhose mit Eingriff. Ein Auge von ihr hatte den grauen Star, und mit dem anderen konnte sie auch nicht allzu gut sehen, aber sie identifizierte Quinn auf Anhieb. Sie sagte, er wäre im Juni oder Juli 1970 bei ihr gewesen (die Roberts kamen am 5. September 1970 ums Leben), und zwar in Begleitung eines jungen Mexikaners. Auch ihr Pickup-Truck hatte angeblich ein mexikanisches Kennzeichen. Sie gab an, nie direkt mit Quinn gesprochen zu haben, denn der hätte die Verkaufsverhandlungen ganz dem Mexikaner überlassen. Sie sagte, es sei nicht ihre Art, nach dem Verwendungszweck für ihre Ware zu fragen, doch der Mexikaner habe gesagt, er brauche ein Dutzend Tiere für eine religiöse Zeremonie. Auch das habe sie nicht verwundert, so die Frau, Schlangen würden für so etwas oft verlangt. Doch der Mexikaner verlangte quasi eine Garantie dafür, dass ihre Schlangen auch auf einen ausgewachsenen Bullen von einer halben Tonne losgehen würden. Auch das sei kein Problem, sagte sie – vorausgesetzt, man verpasse den Schlangen zuvor eine Amphetaminspritze.

Sie hatte ihm dann sogar gezeigt, wie man das anstellt, und Quinn war die ganze Zeit dabei. Auch uns demonstrierte sie die Methode. Man nimmt eine etwa zwei Meter lange, biegsame Stange mit einer Schlinge am vorderen Ende. Damit fängt man die Schlange am Kopf, hält sie in die Luft und stößt ihr die Spritze in den Bauch. Der Mexikaner durfte das sogar mehrmals ausprobieren; es gelang ihm mit Leichtigkeit.

TC: Hatte sie den Mexikaner vorher schon einmal gesehen?

JAKE: Nein. Ich bat um eine Beschreibung, aber heraus kam der typische Grenzstadt-Mex zwischen zwanzig und dreißig. Damit konnten wir also nichts anfangen. Er hat dann bezahlt, sie hat die Schlangen in einzelne Kisten gepackt, und weg waren sie.

Insgesamt war Mrs. Garcia aber sehr kooperativ. Bis es gewissermaßen zum Schwur kam. Wir haben sie gefragt, ob sie die Aussage unterschreiben würde, dass Robert Hawley Quinn einer jener Männer gewesen war, die an dem gewissen Tag im Jahr 1970 von ihr ein Dutzend Klapperschlangen erstanden hatten. Sie reagierte ziemlich unwirsch darauf und sagte, sie würde gar nichts unterschreiben.

Ich erklärte ihr, dass ihre Schlangen dazu benutzt worden waren, zwei Menschen umzubringen. Sie hätten ihr Gesicht in diesem Moment sehen sollen. Sie ging sofort ins Haus, schloss die Tür hinter sich zu und zog die Jalousien herunter.

TC: Ja, aber eine eidesstattliche Erklärung von ihr hätte vor Gericht auch nicht alle Probleme gelöst.

JAKE: Das stimmt, aber es wäre ein Anfang gewesen, etwas, das wir ihm unter die Nase reiben könnten. Ich glaube sogar, dass es der Mexikaner war, der die Schlangen im Auto der Roberts platziert hat. Quinn macht sich nicht die Finger schmutzig, der hat seine Leute dafür. Wissen Sie was? Ich wette, der Mex ist längst tot und irgendwo in der Prärie verscharrt. Mit freundlichen Grüßen von Mr. Quinn.

TC: Aber dann muss es irgendwas in seiner Lebensgeschichte geben, das auf seine psychotische Gewaltbereitschaft hinweist.

(Daraufhin Nicken von Jake. Einmal, zweimal, dreimal.)

JAKE: Zumindest ist der Herr mit Mord und Totschlag wohlvertraut.

(Addie kam mit dem Whiskey. Er dankte ihr und küsste sie auf die Wange. Sie setzte sich neben ihn, und abermals fanden ihre Hände zueinander.)

Die Quinns zählen zu den alteingesessenen Familien hier. Bob Quinn ist der älteste von drei Brüdern. Die B.Q.-Ranch gehört ihnen gemeinsam, aber er ist der Boss.

ADDIE: Nein, der eigentliche Boss ist seine Frau. Er hat seine Cousine geheiratet, Juanita Quinn. Ihre Mutter war hispanischer Herkunft, und sie hat ein Temperament wie eine scharf gewürzte Tamale. Ihr erstes Kind starb noch während der Geburt, und danach wollte sie kein zweites mehr. Es ist aber allgemein bekannt, dass Bob Quinn noch weitere Kinder hat, von einer anderen Frau in einer anderen Stadt.
JAKE: Er war Kriegsheld, Colonel bei den Marines im Zweiten Weltkrieg. Er selbst redet nie davon, aber wenn man den Leuten hier glauben kann, dann hat er eigenhändig mehr Japaner umgebracht als die Hiroshima-Bombe.

Auch nach Kriegsende konnte er das Töten irgendwie nicht lassen, allerdings entfiel jetzt die patriotische Rechtfertigung. Eines Nachts rief er den Sheriff an, weil draußen auf seiner Ranch ein paar Leichen einzusammeln waren. Angeblich Viehdiebe, die er auf frischer Tat erwischt und erschossen hatte. So jedenfalls seine Darstellung, die damals niemand in Zweifel zog, wenigstens nicht öffentlich. Dabei waren die beiden Kerle gar keine Viehdiebe, sondern Glücksspieler aus Denver, und Quinn schuldete ihnen einen Haufen Geld. Sie waren zur B.Q.-Ranch gefahren, weil sie seine Spielschulden kassieren wollten. Stattdessen kassierten sie eine Ladung Sauschrot.
TC: Haben Sie ihn dazu jemals befragt?
JAKE: Befragt? Wen?
TC: Quinn.
JAKE: Ich sage Ihnen was: Ich habe ihn noch kein einziges Mal über irgendetwas befragt.

(Sein zynisches Lächeln verzerrte seinen Mund. Er ließ das Eis im Glas klingeln, trank einen Schluck und

gluckste, was sich wie ein feuchtes Abhusten anhörte.)
Erst in letzter Zeit habe ich mehrmals mit ihm geredet. Aber in den ersten fünf Jahren – so lange beschäftige ich mich schon mit dem Fall – bin ich ihm kein einziges Mal persönlich begegnet. Ich habe ihn von Weitem gesehen, wusste, wer er war, mehr nicht.
ADDIE: Jetzt sind sie nämlich richtig dicke Freunde geworden.
JAKE: Addie!
ADDIE: War nur ein Witz, Jake.
JAKE: Das ist alles andere als witzig. Für mich ist das die reine Folter.
ADDIE (sie drückte seine Hand): Ich weiß. Entschuldige.
(Jake leerte sein Glas und knallte es auf den Tisch.)
JAKE: Ihn anzusehen, ihm zuzuhören, über seine dreckigen Witze zu lachen ... Wirklich, ich hasse ihn. Und er hasst mich. Wir beide wissen das.
ADDIE: Könnte ein weiterer Whiskey deine Laune verbessern? Sag ja.
JAKE: Bleib sitzen.
ADDIE: Vielleicht sollte ich mal nachsehen, wie es Marylee geht.
JAKE: Bleib sitzen.
(Addie hätte am liebsten das Zimmer verlassen, offenbar fürchtete sie diese Ausbrüche hilfloser Wut, die sein ganzes Gesicht entstellten.)
ADDIE (mit Blick aus dem Fenster): Es hat aufgehört zu schneien.

JAKE: Am Montagmorgen ist es im Okay Café immer brechend voll. Nach dem Wochenende will sich natürlich jeder informieren, was sich so getan hat in der Stadt, Rancher, Geschäftsleute, der Sheriff und seine Truppe, die Angestellten vom Gericht. Aber an diesem Montag, dem Montag nach Thanksgiving, ging nichts mehr. Die Typen saßen teilweise zu zweit auf einem Stuhl und zerrissen sich das Maul wie die alten Weiber.

Worum es ging, können Sie sich wahrscheinlich denken. Tom Henry und Oliver Jaeger hatten am Wochenende ja auch nichts unterlassen, um in der Stadt die Kunde zu verbreiten, dieser Kerl vom State Bureau of Investigation, dieser Jake Pepper, wolle Bob Quinn einen Mord anhängen. Ich saß an meinem Tisch und überhörte den Quatsch nach Möglichkeit. Das ging aber nicht mehr, als Bob Quinn das Lokal betrat. Es war, als würden sie alle den Atem anhalten.

Quinn setzte sich an den Tisch des Sheriffs. Der Sheriff legte den Arm um dessen Schulter und ließ seinen dämlichen Cowboy-Ruf hören: *Yiihaaa!* Die meisten machten es ihm nach, riefen: Hey, Bob, wie geht's? Alles klar, Bob? Keine Frage, das Okay Café stand zu hundert Prozent hinter ihm, und mich beschlich das dumme Gefühl, dass sie mich am liebsten gelyncht hätten. Ja, diese Bande hätte mich eher gelyncht als zugesehen, wie ich Quinn verhaftete – selbst wenn zweifelsfrei feststand, dass dieser Mann ein Serienmörder war.

ADDIE (sie presste die Hand gegen die Stirn wie bei Kopfschmerzen): Er hat recht. Die ganze Stadt steht hinter Bob Quinn. Deshalb mag es meine Schwester auch nicht, wenn wir dauernd darüber reden. Sie meint, Jake irrt sich und Mr. Quinn wäre ein echter Gentleman. Nach ihrer Theorie ist Dr. Parsons der Mörder, deshalb hätte er sich später auch umgebracht.

TC: Aber Dr. Parsons war schon lange tot, als der Sarg hier ankam.

JAKE: Marylee ist ein lieber Mensch, aber nicht allzu helle. Tut mir leid, Addie, aber so ist es nun mal.

> (Addie ließ Jakes Hand los: eine Mahnung, es nicht zu übertreiben, aber keine strenge. Jake nahm die Gelegenheit wahr, um abermals aufzustehen und hin und her zu laufen. Seine Schritte hallten auf den Dielen.)

Um noch einmal auf das Okay Café zurückzukommen: Ich wollte gerade gehen, da packt mich der Sheriff am Arm. Er ist ein dreister irischer Bastard und selbst ein Gauner, wie er im Buch steht. Er sagte: »Hey, Jake, darf ich dir Bob Quinn vorstellen. Bob, das ist Jake Pepper vom Bureau...« Ich gab Quinn die Hand, und Quinn sagte: »Ich habe schon viel von Ihnen gehört. Anscheinend spielen Sie Schach. Das trifft sich gut, denn hier in der Stadt finde ich keine ernstzunehmenden Gegner mehr. Wie wär's mit einer Partie?« Ich sagte: »Warum nicht.« Und er: »Passt Ihnen morgen Nachmittag, sagen wir gegen fünf? Dann trinken wir einen und spielen ein paar Runden.«

So fing es an. Am darauffolgenden Nachmittag fuhr ich zur B.Q.-Ranch hinaus, und wir spielten zwei Stunden lang Schach. Er spielte besser als ich, aber ich gewann zumindest so oft, dass die Partien für ihn spannend blieben. Dabei redete er ohne Punkt und Komma. Er redete über alles: über Politik, Frauen, Sex, Forellenangeln, seine Verdauung, seine Reise nach Russland, über Rinderzucht im Vergleich

zu Getreideanbau, über Gin im Vergleich zu Wodka, Johnny Carson, seine Safari in Afrika, über Religion, die Bibel, Shakespeare, die Genialität von General MacArthur, über die Bärenjagd, die Nutten von Reno verglichen mit denen von Las Vegas, den Aktienmarkt, Geschlechtskrankheiten, über Cornflakes im Vergleich zu Haferflocken, über Gold im Vergleich zu Diamanten, die Todesstrafe (er ist dafür), Football, Baseball, Basketball – wirklich über alles. Nur nicht über den Grund meiner Anwesenheit in dieser Stadt.
TC: Sie meinen, er will über den Fall gar nicht reden?
JAKE (er blieb stehen): Das weiß ich nicht. Er tut so, als gäbe es gar keinen Fall. Ich spreche das Thema an, aber er reagiert nicht. Ich zeige ihm Tatortfotos vom Clem-Anderson-Fall, weil ich irgendwie hoffe, ihn damit aus der Reserve zu locken, ihn zu irgendeiner Reaktion zu bewegen. Doch er schaut einfach wieder auf das Schachbrett, macht einen Zug und gibt einen schmutzigen Witz zum Besten.

Seit mehreren Monaten spielen wir ein paarmal pro Woche, sozusagen eine Partie innerhalb einer Partie. Auch heute ist es wieder so weit, ich muss später noch zu ihm. Und Sie ... (wobei er mit dem Finger auf mich zeigte) Sie fahren mit.
TC: Bin ich denn da willkommen?
JAKE: Ihn habe ihn heute Morgen vorgewarnt, und alles, was er darauf sagte, war: Spielt der Mann Schach?
TC: Sicher, aber ich würde lieber zuschauen.

(Ein Holzscheit fiel prasselnd in sich zusammen und lenkte meine Aufmerksamkeit auf den Kamin. Ich starrte in die säuselnden Flammen und fragte mich, wa-

rum sich Jake vorhin jede nähere Beschreibung von Quinn verbeten hatte. Ich versuchte, mir sein Aussehen vorzustellen, es gelang mir nicht. Stattdessen erinnerte ich mich an die Passage von Mark Twain, die mir Jake vorgelesen hatte: »Von allen Kreaturen, die je geschaffen wurden, ist der Mensch die verabscheuenswerteste ... ist er einzig und allein der Bosheit und der Heimtücke fähig ... Außerdem ist er der Einzige, der gemeine, niederträchtige Gedanken hegt.« Addies Stimme erlöste mich aus meinen unschönen Gedanken.)
ADDIE: Ach herrje, jetzt schneit es schon wieder. Aber wenigstens nicht mehr so stark. (Es schien, als sei das Thema Schneefall unmittelbar mit Vergänglichkeit und abgelaufener Zeit verbunden.) Wissen Sie, das mit dem Sarg ist jetzt fast fünf Monate her. Das ist relativ lang für ihn. Normalerweise lässt er sich nicht so viel Zeit.
JAKE (gereizt): Addie, was soll das Gerede?
ADDIE: Nein, ich meinte nur: wegen des Sargs. Das war vor fünf Monaten. Für gewöhnlich wartet er nicht so lange.
JAKE: Addie, was habe ich dir gesagt? Dir passiert nichts. Ich bin ja hier.
ADDIE: Natürlich, Jake. Ich frage mich eher wegen Oliver Jaeger. Ich frage mich, wann er seinen Sarg bekommen wird. Ich stelle mir das so vor: Er ist ja der Postmeister. Er sortiert gerade die Briefe und Pakete, als ... (Ihre Stimme begann zu zittern und ließ das sorglose Gezirpe der Kanarien nur umso deutlicher werden.) Na ja, so bald wird das auch wieder nicht sein.
TC: Wieso nicht?
ADDIE: Weil Quinn erst *mich* in den Sarg bringen muss.

Wir verließen Addie und ihre Schwester um kurz nach fünf. Die Luft draußen stand still, es hatte aufgehört zu schneien, und am Himmel wich die letzte Abendglut dem blassen Schimmer des aufgehenden Mondes am Horizont. Ein Vollmond wie ein riesiges Käserad oder eine Maske, die durch unser Autofenster spähte. Am Ende der Main Street und kurz vor der offenen Prärie zeigte Jake auf eine Tankstelle. »Da wohnt Tom Henry. Tom Henry, Addie und Oliver Jaeger: Von der ehemaligen Kommission sind nur noch drei übrig. Ich sagte, Tom Henry ist ein Schwachkopf, und das stimmt. Aber er hat Schwein gehabt. Er hat gegen das Wehr gestimmt. Also kommt er davon. Kein Sarg für Tom Henry.«

TC: *Ein Sarg für Dimitrios.*
JAKE: Was?
TC: So heißt ein Buch von Eric Ambler. Ein Krimi.
JAKE: Ein Roman? (Ich nickte bestätigend, und er verzog das Gesicht.) Sie lesen diesen Mist?
TC: O ja. Graham Greene zum Beispiel war ein erstklassiger Schriftsteller. Bis er sich den Katholizismus einfing. Er hat später nie wieder so etwas Gutes geschrieben wie *Am Abgrund des Lebens.* Agatha Christie gefällt mir ebenfalls, ich liebe sie. Und Raymond Chandler ist ein großartiger Stilist, geradezu ein Poet, auch wenn er nie eine schlüssige Handlung hinkriegt.
JAKE: Ohnehin alles Blödsinn. Ich meine, diese Typen sind doch alle nur Träumer. Was machen sie denn? Hocken sich vor eine Schreibmaschine und holen sich einen runter, mehr doch nicht.

TC: Also kein Sarg für Tom Henry. Und wie steht's mit Oliver Jaeger?

JAKE: Keine Angst, der kriegt seinen Sarg noch. Eines schönen Morgens, wenn er die hereingekommenen Postsäcke leert, wird es da sein, das braune Päckchen mit seinem Namen drauf. Dass er ein Vetter von Quinn ist, wird ihm wenig nützen. Auch nicht, dass er ihn zum Heiligen erklärt hat. Mit ein paar Ave-Marias kommt er bei dem heiligen Bob nicht durch. Wenn ich Quinn richtig einschätze, ist der nächste Sarg schon geschnitzt, fix und fertig mit Foto und allem.

(Jake verstummte plötzlich und trat auf die Bremse, als wäre dies die logische Fortsetzung des Verstummens. Der Wagen kam erst ins Rutschen, dann ins Schleudern, ehe er sich wieder nach vorn ausrichtete und wir weiterfahren konnten. Ich ahnte, was geschehen war. Genau wie mir war auch ihm gerade wieder Addies pathetische Klage eingefallen: »Weil Quinn erst *mich* in den Sarg bringen muss.« Ich wollte erst darüber hinweggehen, aber ich musste es sagen.)

TC: Das würde ja bedeuten ...

JAKE: Besser, ich mache das Licht an.

TC: Das hieße ja, dass Addie bald sterben muss.

JAKE: Unsinn! Ich wusste, dass Sie so etwas sagen würden. (Er schlug mit der flachen Hand gegen das Steuer.) Sie können mir glauben, dass ich meine Vorkehrungen getroffen habe. Sie hat eine Kaliber 38 Detective Special, und ich habe ihr beigebracht, wie man damit umgeht. Sie schießt auf fünfunddreißig Meter einem Mann zwischen die Augen. Und sie kann genug Karate, um mit einem

Handkantenschlag ein Brett durchzuhauen. Addie ist nicht dumm, sie lässt sich in keine Falle locken. Außerdem bin ich hier. Ich passe auf sie auf. Ich behalte auch Quinn im Auge, wie übrigens noch ein paar andere Leute.

(Starke Gefühle oder Ängste bis hin zur Panik können selbst das logische Denkvermögen eines so nüchternen Menschen wie Jake Pepper erheblich beeinträchtigen – dessen »Vorkehrungen« sich im Fall von Clem Anderson ja ebenfalls als unzureichend erwiesen hatten. Ich wollte mich nicht mit ihm darüber streiten, aber warum war er so sicher, dass Oliver Jaeger schon so gut wie tot war, Addie hingegen keinesfalls? Woher nahm er die Sicherheit, dass Addie davonkommen würde? Denn wenn Quinn seiner Strategie treu blieb, dann musste er Addie beseitigen, ehe er in einem letzten Schritt auch seinem Vetter und unverbrüchlichen Verteidiger das Päckchen zukommen ließ, dem Postmeister der Stadt.)

TC: Ich weiß, dass Addie schon viel von der Welt gesehen hat. Aber ich denke, es ist an der Zeit, sie wieder auf Reisen zu schicken.

JAKE (scharf): Sie kann hier nicht weg. Nicht jetzt.

TC: Wirklich? Auf mich wirkte sie aber ganz und gar nicht lebensmüde.

JAKE: Ausgeschlossen. Zum einen ist da die Schule. Unterricht ist noch bis Juni.

TC: Herrgott, Jake! Die Schule ist doch völlig unwichtig.

(Selbst im Halbdunkel sah ich die Scham in seinem Gesicht. Gleichzeitig reckte er entschlossen das Kinn.)

JAKE: Wir haben lang und breit darüber gesprochen. Haben sogar die Möglichkeit ins Auge gefasst, dass Marylee und sie eine längere Kreuzfahrt unternehmen. Aber das will sie nicht. Sie sagt: »Der Hai muss seinen Köder haben. Wenn wir den Hai an den Haken kriegen wollen, muss ein Köder verfügbar sein.«

TC: Also ist Addie bloß der Lockvogel, der ruhig abwarten soll, bis ihn das Raubtier anspringt?

JAKE: (Schweigen.)

TC: (Schweigen.)

JAKE: Alles, woran Quinn jetzt denkt, ist Addie. Er will seiner Linie treu bleiben. Und genau dann nageln wir ihn fest: wenn er es versucht. Sobald sich der Vorhang hebt und die Lichter angehen, kriegen wir ihn. Natürlich, das Ganze ist riskant, aber das müssen wir in Kauf nehmen. Ich will ganz ehrlich sein: Es ist vermutlich die einzige Chance, die wir überhaupt haben.

(Ich lehnte meinen Kopf an die Seitenscheibe, sah wieder Addies schönen Hals vor mir, als sie den funkelnden Rotwein in einem einzigen köstlichen Zug leerte. Ich fühlte mich kraftlos, und Jake widerte mich an.)

TC: Ich mag Addie. Sie steht mit beiden Beinen im Leben und hat trotzdem etwas Geheimnisvolles. Ich frage mich, warum sie nie verheiratet war.

JAKE: He, das bleibt jetzt unter uns, okay? Addie wird *mich* heiraten.

TC (in Gedanken noch immer woanders, genauer gesagt bei der bacchantischen Addie): Und wann?

JAKE: Nächsten Sommer, wenn ich Urlaub habe. Außer Marylee weiß bisher noch niemand davon. Verstehen Sie jetzt? Addie ist sicher. Ich lasse nicht zu, dass ihr irgendetwas zustößt. Ich liebe sie nämlich, und ich will sie heiraten.

(Im nächsten Sommer! Das war noch eine Ewigkeit. Der Vollmond – heller und höher inzwischen und gefeiert von den Kojoten – zog über die schneeglänzende Prärie. Gruppen von Rindern standen auf dem kalten Schneefeld eng beisammen und wärmten sich aneinander, auch einzelne Paare. Mir fielen zwei gefleckte Kälber auf, die sich aneinandergedrängt hatten, als wollten sie sich gegenseitig Trost und Schutz spenden: wie Jake, wie Addie.)
TC: Na dann meinen Glückwunsch, das ist ja wunderbar. Ich weiß, Sie werden beide sehr glücklich werden.

Bald schon verlief ein eindrucksvoller, an ein Konzentrationslager erinnernder Stacheldrahtzaun zu beiden Seiten des Highway. Er gab uns zu verstehen, dass wir uns von nun an auf B.Q.-Land befanden, etwa zehntausend Morgen. Ich kurbelte die Scheibe herunter und ließ mir den nach Neuschnee und altem Heu duftenden Wind ins Gesicht blasen. »Da wären wir«, sagte Jake, als er vom Highway abbog und durch ein offenes Ranchtor fuhr. Dort fiel das Scheinwerferlicht auf ein hübsch gemaltes Schild mit der Aufschrift:

B.Q.
RANCH R.H. QUINN
EIGENTÜMER

Darunter zwei gekreuzte Tomahawks. Ich fragte mich, ob dies das Zeichen der Ranch war oder das Familienwappen. So oder so, das ominöse Symbol erschien mir irgendwie passend.

Der Weg war schmal und von kahlen Bäumen gesäumt, zwischen deren schwarzen Zweigen zuweilen Tieraugen aufblitzten. Wir rumpelten über eine Holzbrücke, und ich hörte das dunkle Gurgeln von Wasser. Das musste der Blue River sein, der aber wegen der Bäume und Schneewehen unsichtbar blieb. Das Geräusch begleitete uns weiter, denn der Weg folgte dem Fluss, der abschnittsweise gespenstisch leise dahinströmte, dann wieder mit der unregelmäßigen Musik schäumender Katarakte auf sich aufmerksam machte.

Der Weg wurde breiter. Vereinzelt drangen Lichtsplitter durch das Geäst. Ein schöner Junge mit fliegendem Blondhaar, der uns auf nacktem Pferderücken entgegenkam, winkte uns zu. Wir fuhren an einer Reihe erleuchteter Bungalows vorbei, die von TV-Stimmen vibrierten wie große Boxen: die Unterkünfte der Rancharbeiter. Vor uns, in feudalem Abstand erhob sich das eigentliche Herrenhaus, Sitz von Mr. Quinn. Es war ein großes Schindelgebäude mit Obergeschoss und einer überdachten Veranda, welche sich über die gesamte Vorderseite erstreckte. Das Haus schien verwaist, alle Fenster waren dunkel.

Jake hupte, und augenblicklich erleuchtete wie zur Begrüßung eine Reihe von Flutlichtern die Veranda und erblühten die Lampen in den unteren Fenstern. Die Haustür ging auf, ein Mann trat heraus und wartete auf uns.

Meine erste Begegnung mit dem Besitzer der B.Q.-Ranch ließ allerdings die Frage unbeantwortet, warum Jake Addie daran gehindert hatte, mir den Mann zu beschreiben. Er war zwar eine imposante Erscheinung, aber so ungewöhnlich auch wieder nicht. Dennoch zuckte ich bei seinem Anblick zusammen: *Ich kannte Mr. Quinn*. Ich hätte schwören können, dass ich diesem Robert Hawley Quinn – wenn auch vor sehr langer Zeit – schon einmal begegnet war und mit ihm etwas derart Verstörendes erlebt hatte, dass sich meine Erinnerung daran gnädigerweise selbst gelöscht hatte.

Er trug Cowboystiefel mit hohen Absätzen, doch selbst ohne maß er über einen Meter achtzig, sah man von den hängenden Schultern ab und der halb gebeugten Haltung, in der er sich uns präsentierte. Er hatte lange Affenarme, die Hände baumelten in Kniehöhe, und seine Finger waren lang, sehr beweglich und seltsam aristokratisch. Ich erinnerte mich an ein Rachmaninow-Konzert: Rachmaninow hatte auch solche Hände. Quinns Gesicht war breit, aber abgezehrt, mit hohlen, sonnengegerbten Wangen. Das Gesicht eines Bauern aus dem Mittelalter hinter dem Pflug und beladen mit allen Beschwernissen der Welt. Andererseits war Quinn keine dumpfe Elendsgestalt, seine professorenhafte Nickelbrille und die grauen Augen hinter den dicken Gläsern verrieten ihn. Hellwache, misstrauische, intelligente Augen, der eigenen Überlegenheit gewiss und voll belustigter Bosheit. Er besaß ein freundliches, trügerisch einvernehmliches Lachen und eine ebensolche Stimme. Und in gewisser Weise war er kein Betrüger. Er war ein ehrgeiziger Idealist. Er hatte sich klare

Ziele gesteckt, und diese Ziele waren sein Kreuz, seine Religion, seine Identität. Also kein Betrüger, sondern ein Fanatiker. Und während wir noch auf der Veranda zusammenstanden, kam auch meine gelöschte Erinnerung zurück. Ich wusste auf einmal, wo und in welcher Gestalt ich Mr. Quinn schon einmal begegnet war.

Quinn streckte Jake seine schmale Hand entgegen, während die andere durch die spröde, weißgraue Mähne fuhr, eine Haartracht, die an die alten Pioniere des Westens erinnerte und bei den anderen Ranchern derzeit nicht so beliebt ist. Normalerweise geht man hier einmal pro Woche zwecks Nachschneidens und einer Trockenshampoo-Anwendung zum Friseur. Graues Gestrüpp spross ihm aus Nase und Ohren. Bemerkenswert war auch seine Gürtelschnalle, auf der, in Gold und rotem Email, wieder die gekreuzten Tomahawks zu sehen waren.

QUINN: Hey, Jake. Jetzt habe ich Juanita schon gesagt, Honey, habe ich gesagt, der Kerl kommt garantiert nicht mehr. Macht sich ins Hemd wegen dem vielen Schnee.
JAKE: Was, das nennst du Schnee?
QUINN: Nur ein Witz, Jake. (Und zu mir:) Sie sollten mal sehen, was wir sonst für Schneemengen haben. '52 war das, da konnten wir über eine Woche lang nur durch das Dachfenster aus dem Haus. Hab damals siebenhundert Stück Vieh verloren, meinen gesamten Bestand an Santa Gertrudis. Lustig, was? Tja, das waren Zeiten. Und Sie, Sir, spielen Sie auch Schach?
TC: Na ja, etwa so gut, wie ich Französisch spreche: *un peu*.

QUINN (er lachte und schlug sich vor unechter Heiterkeit auf den Schenkel): Ja, das sagen sie alle, diese Leute aus der Stadt, diese Großstädter, wenn sie uns abziehen wollen. Ich wette, Sie spielen Jake und mich mit verbundenen Augen in Grund und Boden.

(Wir folgten ihm durch die ungeheure Eingangshalle in ein kathedralenartiges Wohnzimmer, vollgestopft mit düster-wuchtigen spanischen Möbeln, Schränken und Sesseln, Tischen und barocken Spiegeln, die allesamt der monströsen Räumlichkeit entsprachen. Auf dem ziegelroten mexikanischen Terracottaboden waren Navajo-Teppiche als Stolperfallen ausgelegt. Eine ganze Wand bestand aus unregelmäßigen Granitblöcken, darin eingemauert ein Kamin, so groß, dass man in ihm einen ganzen Ochsen hätte braten können. Im Vergleich dazu wirkte das Feuerchen darin so kümmerlich wie ein einzelner Zweig in einem Wald.

Ganz und gar nicht kümmerlich dagegen die Person, die vor diesem Feuer saß. Quinn stellte sie mir vor: »Meine Frau Juanita.« Sie nickte, ließ sich aber nicht von dem Fernseher vor ihr ablenken. Dabei war der Ton abgedreht, sodass sich die Hampeleien der heiteren Rateshow als Stummfilm vor ihr abspulten. Der Sessel, in dem sie saß, mochte einst im Thronsaal einer iberischen Burg gestanden haben, und sie teilte sich den Platz mit einem zitternden Chihuahua und einer gelben Gitarre. Letztere lag auf ihrem Schoß.

Jake und unser Gastgeber setzten sich an einen Tisch, auf dem ein prächtiges Schachspiel aus Ebenholz und Elfenbein aufgebaut war. Ich beobachtete ihre ersten Züge, verfolgte ihr lockeres Geplänkel, und es war seltsam: Addie hatte recht, sie erschienen mir wie die besten Kumpel, zwei glorreiche Halunken. Irgendwann wanderte ich hinüber zum Kamin, entschlossen, mehr über die stumme Juanita in Erfahrung zu bringen. Ich setzte mich auf die Kaminbank und suchte nach irgendeinem Thema, mit dem sich ein Gespräch beginnen ließ. Vielleicht die Gitarre? Oder besser der bibbernde Chihuahua, der mich sofort eifersüchtig ankläffte?)

JUANITA QUINN: Pepe! Schnauze, du dummer Moskito!
TC: Ach, lassen Sie ihn. Ich mag Hunde.

(Sie sah mich an. Das unglaublich schwarze Haar mit dem strengen Mittelscheitel klebte eng an ihrem schmalen Kopf. Ihr Gesicht glich einer Faust: winzige Züge, die sich rund um Mund und Nase gleichsam zusammengeballt hatten. Dieser Kopf war eigentlich zu groß für ihren Körper. Sie war nicht direkt dick, wog aber mehr, als sie sollte, und ihr Übergewicht konzentrierte sich auf den Bereich zwischen Busen und Bauch. Dafür hatte sie schlanke, wohlgeformte Beine und trug hübsche, perlenbestickte indianische Mokassins. Erneut gab der Moskito Laut, aber diesmal ignorierte sie ihn und wandte sich wieder der Fernsehunterhaltung zu.)

Ich frage mich, warum Sie die Sendung ohne Ton hören.

(Ihre gelangweilten Onyx-Augen kehrten zu mir zurück. Ich wiederholte die Frage.)

JUANITA QUINN: Trinken Sie Tequila?

TC: Ich kenne da eine hübsche kleine Bar in Palm Springs, wo sie phantastische Margaritas machen.
JUANITA QUINN: Ein richtiger Mann trinkt seinen Tequila pur. Ohne Limettensaft. Ohne Salz. Einfach für sich. Möchten Sie einen?
TC: Sehr gern.
JUANITA QUINN: Ich auch. Leider haben wir keinen im Haus. Es geht einfach nicht. Wenn was im Haus wäre, würde ich es auch trinken, und dann ... verabschiedet sich meine Leber ...

(Sie schnippte mit dem Finger, um diesen Abschied zu versinnbildlichen. Dann griff sie nach der gelben Gitarre, schlug ein paar Saiten an und ließ eine komplizierte Melodie daraus werden, die sie einen Moment lang ganz unbeschwert mitsummte. Hierauf ballte sich ihr Gesicht wieder zur Faust.)

Früher habe ich jeden Abend getrunken. Jeden Abend eine ganze Flasche Tequila, dann ging ich ins Bett und schlief wie ein Baby. Ich war im Leben noch keinen Tag krank, sah gut aus, fühlte mich gut, schlief gut. Aber das ist vorbei. Heute kriege ich eine Erkältung nach der anderen, ich habe chronische Kopfschmerzen und Arthritis. Und schlafen kann ich auch nicht mehr. Und alles, weil der Onkel Doktor mir den Tequila verboten hat. Aber glauben Sie bloß nicht, ich wäre Alkoholikerin. Von mir aus können Sie allen Wein und Whiskey der Welt in den Grand Canyon kippen. Ich stehe bloß auf Tequila – und zwar den dunklen, der ist am besten. (Sie zeigte auf den Fernseher.) Sie fragen, warum ich den Ton ausgeschaltet habe? Ich sage es Ihnen: Alles, was ich hören muss, ist der

Wetterbericht. Ansonsten sehe ich bloß zu und stelle mir vor, was da gesagt wird. Wenn ich den Ton anlasse, schlafe ich gleich ein. Aber mir vorzustellen, was die Leute sagen, davon bleibe ich wach. Und ich muss wach bleiben, wenigstens bis Mitternacht, sonst kriege ich später kein Auge zu. Wo wohnen Sie?

TC: In New York, überwiegend.

JUANITA QUINN: Wir waren früher auch regelmäßig in New York, so alle ein bis zwei Jahre. Zum Beispiel der *Rainbow Room*, mein Gott, was für eine Aussicht man von dort oben hatte. Aber heute würde es vermutlich keinen Spaß mehr machen. Mir macht eigentlich nichts mehr Spaß. Mein Mann sagt, Sie wären ein alter Freund von Jake Pepper?

TC: Ich kenne ihn seit zehn Jahren.

JUANITA QUINN: Aber warum glaubt er, ausgerechnet mein Mann hätte etwas mit der Sache zu tun?

TC: Welcher Sache?

JUANITA QUINN (erstaunt): Aber Sie müssen doch davon gehört haben. Woher kommt also sein Verdacht?

TC: Aber hat Jake Ihren Mann wirklich im Verdacht?

JUANITA QUINN: Die Leute behaupten das jedenfalls. Und meine Schwester hat gesagt ...

TC: Und was glauben Sie?

JUANITA QUINN (sie hob den Chihuahua hoch und drückte ihn an ihre Brust): Jake kann einem leidtun. Er muss sehr einsam sein. Außerdem ist er auf dem Holzweg, hier wird er nichts finden. Warum kann man die Sache nicht einfach auf sich beruhen lassen? Dann könnte er nach Hause gehen. (Mit geschlossenen Augen und unendlich müde.) Aber wer weiß. Und wen kümmert's? »Mein Name ist Hase« ... sagte die Spinne zur Fliege.

Weiter hinten feierte Quinn seinen Sieg über Jake und beglückwünschte sich lautstark selbst: »Was bin ich doch für ein Schelm! Da dachtest du, du hättest mich, aber dein Zug mit der Dame ... Nein, da musst du schon früher aufstehen!« Sein angerauter Bariton hallte im Deckengewölbe wie das Schmetterorgan eines Opernsängers. »Und nun zu Ihnen, junger Mann«, rief er mir zu. »Kleines Spielchen gefällig? Reines Freundschaftsspiel, versprochen. Aber unser guter alter Jake kann uns heute nicht das Wasser reichen.« Ich wollte mich schon herausreden, denn die Aussicht auf eine Partie gegen Quinn war so furchteinflößend wie nervtötend langweilig. Vielleicht hätte ich anders empfunden, wenn ein Sieg möglich gewesen wäre, wenn ich ihn aus seiner Festung der Selbstbeweihräucherung hätte verjagen können. Kurz vor dem College hatte ich einmal eine Schachmeisterschaft gewonnen, das war allerdings tausend Jahre her, und meine Spielfähigkeiten lagen seither in einer mentalen Abstellkammer. Als Jake mir aber zunickte und seinen Platz am Tisch für mich räumte, gab ich nach, überließ Juanita dem Stummfilm auf der Mattscheibe und setzte mich an den Spieltisch. Jake stellte sich unmittelbar hinter mich, was mich enorm beruhigte. Zum Glück durchschaute Quinn meine zögernden Eröffnungszüge ziemlich schnell, und er brach die Partie ab: keine wirkliche Herausforderung für ihn. Stattdessen nahm er das vorausgegangene Gespräch über Kameras und Fotografie wieder auf.

QUINN: Die Krauts machen 1-a-Kameras, das muss man ihnen lassen. Ich habe immer nur Kraut-Kameras gehabt. Leica, Rolleiflex, so was. Aber die Japsen schlafen nicht. Hab mir neulich so ein Japsending zugelegt. Kaum größer als ein Kartenspiel, aber mit Platz für fünfhundert Bilder auf einem einzigen Film.
TC: Kenne ich. Ich habe schon mit vielen Fotografen zusammengearbeitet, und einige hatten genau diese Kamera, unter anderem Richard Avedon. Aber er war nicht gerade begeistert davon.
QUINN: Ehrlich gesagt, habe ich meine noch gar nicht ausprobiert. Ich hoffe, Ihr Freund hat Unrecht, denn für *das* Geld hätte ich auch einen Preisbullen bekommen.
  (Plötzlich spürte ich, wie Jakes Finger meine Schulter kniffen und interpretierte dies als Hinweis darauf, dass ich diese Unterhaltung fortsetzen sollte.)
TC: Ist das Ihr Hobby, Fotografie?
QUINN: Ach, Hobby, ich weiß nicht. Nicht regelmäßig jedenfalls. Ich war es nur leid, immer so genannte Berufsfotografen anzuheuern, wenn ich ein paar aussagekräftige Fotos von meinen Zuchtrindern brauchte. Die verschicke ich dann an potenzielle Käufer. Die Bilder sind auch nicht schlechter als die von einem Fotografen, und man spart sogar noch eine Menge Geld.
  (Jakes Finger griffen wieder zu.)
TC: Machen Sie auch Porträts?
QUINN: Porträts?
TC: Ja, von Menschen.
QUINN (abschätzig): Porträts würde ich das nicht nennen, eher Schnappschüsse. Neben den Rindern mache ich am

liebsten Landschaftsbilder. Wetterphänomene wie Gewitter und dergleichen, der Wechsel der Jahreszeiten auf der Ranch. Weizenfelder, wenn sie noch grün sind und später kurz vor der Ernte. Dann natürlich meinen Fluss. Mir sind ein paar sehr schöne Bilder gelungen von meinem Fluss. Der Fluss bei hohem Wasserstand, das ist schon ein Anblick.

> (Schon wieder der Fluss. Meine Anspannung wuchs, als sich Jake räusperte. Doch er sagte nichts, nur seine Finger schubsten mich noch nachdrücklicher vorwärts.)

TC: Dann machen Sie vermutlich hauptsächlich Farbaufnahmen?

QUINN (nickend): Ja, aber ich entwickle sie selbst. Wenn man die Filme an ein Fotolabor schickt, weiß man nie, was man zurückbekommt.

TC: Ach, haben Sie denn eine Dunkelkammer?

QUINN: Wenn Sie das so nennen wollen. Aber es ist nichts Besonderes.

> (Einmal mehr räusperte sich Jake vielsagend.)

JAKE: Bob, erinnerst du dich noch an die Bilder, von denen ich gesprochen habe? Die in den Särgen? Sie wurden alle mit einer Spiegelreflexkamera aufgenommen.

QUINN: (Schweigen.)

JAKE: Einer Leica.

QUINN: Nicht mit meiner. Meine alte Leica ist mir im tiefsten Afrika abhanden gekommen, irgendein Nigger hat sie geklaut. (Mit sichtlich belustigtem Schrecken schaute er plötzlich auf das Schachbrett.) He, du Gauner, das ist doch die Höhe. Hier, sieh dir das mal an, Jake. Dein Freund hätte mich fast schachmatt gesetzt ... Aber nur fast ...

Das war wahr. Unbewusst musste ich mich auf meine Fähigkeiten besonnen haben und war mit meiner schwarzen Armee so vorgerückt, dass sich sein König in unmittelbarer Gefahr befand. Zwar bedauerte ich, dass Quinn auf diese Weise Gelegenheit bekam, vom eigentlichen Thema abzulenken, gleichzeitig war ich stolz auf meine Spielweise. Gut möglich, dass ich am Ende sogar gewinnen würde. Quinn kratzte sich am Kinn, seine grauen Augen waren ganz auf die Rettung seines Königs konzentriert. Vor mir hingegen verschwamm das Schachbrett, mein Bewusstsein war in einer Zeitschleife gefangen, wie gelähmt von Erinnerungen, die dort beinahe ein halbes Jahrhundert geschlummert hatten.

Es war Sommer, ich war fünf Jahre alt und lebte bei Verwandten in einer Kleinstadt in Alabama. Dort gab es auch einen Fluss, aber der war ziemlich verschlammt und wimmelte von Mokkassinschlangen und Katzenwelsen mit fiesen Barteln. Aber sosehr ich mich vor diesen Fischen ekelte, gebraten und in Ketchup ertränkt schmeckten sie mir sehr gut. Unsere Köchin machte sie ziemlich oft. Die Köchin hieß Lucy Joy, aber der Name besagte nichts, denn ich war selten einem grämlicheren Wesen begegnet als ihr. Sie war eine schwerfällige schwarze Frau, die wenig sprach und alles sehr ernst nahm. Sie schien nur für den Sonntag zu leben, wenn sie im Chor einer bettelarmen Kirchengemeinde sang. Aber eines Tages war sie wie verwandelt. Wir waren allein in der Küche, und auf einmal erzählte sie mir von einem gewissen Reverend Bobby Joe Snow. Sie beschrieb ihn mit einer Begeisterung, die auch meine Phantasie entflammte. Reverend Bobby Joe Snow war nämlich ein Wundertäter, ein berühmter Prediger, und würde bald auch in unsere Stadt kommen, genauer gesagt schon in der darauffolgenden Woche, um zu predigen, Menschen zu taufen und Seelen zu retten! Ich bestürmte Lucy, mich mitzunehmen, und sie lächelte und versprach es mir. Meine Anwesenheit war auch bitter nötig, denn der Reverend war Weißer, und bei seinen Veranstaltungen herrschte Rassentrennung. Aber Lucy dachte sich wohl, mit einem kleinen weißen Täufling im Schlepptau würde an ihrer Gegenwart schon niemand Anstoß nehmen. Natürlich verriet mir Lucy nichts von dem bevorstehenden Wasserbad, und als wir uns am besagten Tag zu dem Camp Meeting unter freiem Himmel aufmachten, erwartete ich eigentlich nur den Auftritt eines himmlischen Gesandten, der Blinde sehend machte und Lahme gehend. Nervös wurde ich erst, als ich merkte, dass wir zum Fluss hinuntergingen, wo sich schon Hunderte Gläubige versammelt hatten, ärmliches Landvolk zumeist, White Trash aus dem hintersten Busch, der sich entsprechend laut aufführte. Ich zögerte angesichts dieses stampfenden, johlenden Mobs, aber Lucy zerrte mich wütend hinein in diesen schwitzenden Organismus voll Glockengebimmel und ekstatisch tanzender Leiber. Und über allem die eine Stimme, der donnernde Bariton, der angehoben hatte zum Lobpreisen des Herrn. Auch Lucy sang, stöhnte, bebte. Wie durch Zauberhand wurde ich plötzlich in die Höhe gelupft, ein wildfremder Mann setzte mich auf seine Schulter, und ich erhaschte einen kurzen Blick auf den Gesandten mit der Donnerstimme. Er trug ein weißes Gewand und stand bis zur Hüfte im Wasser. Sein grauweißes Haar war eine einzige durchnässte Masse, und seine langen Hände, himmelwärts erhoben, beschworen die schwüle Mittagssonne. Ich versuchte, sein Gesicht zu erkennen, denn ich wusste, dies konnte nur der Reverend Bobby Joe Snow sein, doch ehe ich Genaueres sehen konnte, senkte mich mein Wohltäter wieder hinab in die chaotischen Niederungen trampelnder Füße, taumelnd hochgerissener Arme und scheppernder Tamburine. Ich wollte nur noch nach Hause, doch Lucy, regelrecht besoffen von so viel Kraft und Herrlichkeit, hielt mich fest. Die Sonne orgelte am Himmel, in meinem Hals der Geschmack von Erbrochenem. Trotzdem übergab ich mich nicht, sondern schrie und boxte. Lucy zog mich in Richtung Fluss, und die Menge machte bereitwillig Platz. Ich wehrte mich bis zum Ufer, erst dann gab ich auf, überwältigt von der Szene, die sich mir bot. Dort in den Wellen stand noch immer der Mann mit dem weißen Gewand und hielt ein junges Mädchen rücklings über das Wasser. Er rezitierte etwas Biblisches, ehe er das Mädchen – was sehr schnell geschah – erst unter Wasser drückte und sofort wieder herausfischte. Plärrend, heulend krabbelte das Mädchen an Land. Jetzt griffen des Reverends Affenarme nach mir. Ich biss Lucy in die Hand, wollte mich aus ihrem Griff befreien, doch ein Redneck-Bursche schnappte mich und schleifte mich ins Wasser. Ich schloss die Augen. Ich roch das Jesus-Haar, spürte, wie mich der Reverend in das erstickende Dunkel tauchte und erst Stunden später ans Tageslicht zurückholte. Als ich wieder sehen konnte, starrte ich geradewegs in seine grauen, manischen Augen. Sein breites, wenn auch abgezehrtes Gesicht kam immer näher, und er küsste mich auf die Lippen. Ein lautes Lachen drang an mein Ohr, es klang wie eine Gewehrsalve. »Schachmatt!«

QUINN: Schachmatt!
JAKE: Ach was, Bob, er hat dich aus Höflichkeit gewinnen lassen.
(Der Kuss verflüchtigte sich, ebenso wie das Gesicht des Reverend, und wurde durch sein Duplikat ersetzt. Es stimmte also, ich hatte Mr. Quinn schon einmal gesehen – und zwar vor fünfzig Jahren in Alabama. Oder zumindest sein Ebenbild, Bob Joe Snow, den Evangelisten.)
QUINN: Und wie steht's mit dir, Jake? Lust, noch einen Dollar zu verlieren?
JAKE: Danke, nicht heute Abend. Wir fahren morgen früh nach Denver. Mein Freund muss sein Flugzeug kriegen.
QUINN (zu mir): Schade, das war ja ein kurzer Besuch. Kommen Sie doch mal wieder, vielleicht im Sommer, dann gehen wir Forellen angeln. Nicht dass es noch so schön wäre wie in den guten alten Zeiten. Früher konnte man schon beim ersten Versuch eine Regenbogenforelle von sechs Pfund aus dem Wasser ziehen. Aber das ist vorbei, seit sie meinen schönen Fluss kaputtgemacht haben.
(Wir gingen, ohne uns von Juanita zu verabschieden, die mittlerweile schlief und leise schnarchte. Quinn begleitete uns zum Wagen. »Aber fahrt vorsichtig«, sagte er. Dann winkte er uns hinterher, bis unsere Rücklichter in der Dunkelheit verschwunden waren.)

JAKE: Dank Ihnen habe ich heute Abend etwas herausgefunden. Ich weiß jetzt, dass er diese Bilder selbst entwickelt hat.
TC: Aber ... aber warum durfte Addie mir nicht sagen, wie er aussah?
JAKE: Es hätte Ihren ersten Eindruck mit Sicherheit beeinflusst. Ich wollte, dass Sie mir Ihre klare Meinung über ihn sagen.
TC: Ich habe den Mann schon einmal gesehen.
JAKE: *Quinn?*
TC: Nein, nicht Quinn, aber seinen Doppelgänger.
JAKE: Geht's vielleicht etwas genauer?
(Ich erzählte ihm daraufhin von meiner Taufe an jenem Sommertag. Die Ähnlichkeiten zwischen Quinn und Reverend Snow waren aus meiner Sicht unabweisbar, aber meine Schilderung geriet womöglich etwas zu übersinnlich-emotional, denn ich spürte Jakes Enttäuschung. Er hatte eine zweite, unabhängige Meinung erwartet, präzise, verwertbare Beobachtungen, die sein eigenes Bild von Quinn und dessen Motiven abrundeten, nicht diesen Schwank aus meiner Kindheit.
Ich schwieg, selbst enttäuscht über mein Versagen. Doch als wir auf dem Highway waren, ließ Jake durchblicken, dass meine konfuse Geschichte bei genauerer Betrachtung durchaus einen interessanten Aspekt zum Vorschein brachte.)
JAKE: Könnte es sein, dass sich Quinn für Gott den Allmächtigen hält?
TC: Er hält sich nicht nur dafür, für ihn steht das fest.
JAKE: Meinen Sie wirklich?

TC: Ja, das meine ich. Er ist der Mensch, der kleine Särge bastelt, als Herr über Leben und Tod darf er das.
JAKE: Aber eines nicht allzu fernen Tages wird er sich seinen eigenen basteln, so wahr ich Jake Pepper heiße.

In den nächsten Monaten rief ich Jake mindestens einmal pro Woche an, meistens am Sonntag, wenn er bei Addie war, wodurch ich Gelegenheit hatte, mit ihnen beiden zu sprechen. Normalerweise lautete sein erster Satz: »Sorry, Partner, keine neuen Erkenntnisse.« Aber eines Sonntags verriet mir Jake, dass jetzt der Hochzeitstermin feststand, der 10. August. Worauf Addie sagte: »Wir hoffen natürlich, dass Sie kommen können.« Ich versprach es ihnen, auch wenn das Datum mit meiner bereits geplanten dreiwöchigen Europareise kollidierte. Ich wollte deswegen kurzfristig umdisponieren. Am Ende jedoch mussten die Brautleute ihre Pläne ändern, denn Jakes Urlaubsvertretung während der Flitterwochen (»Wir fliegen nach Honululu!«) zog sich eine Hepatitis zu, und die Hochzeit wurde auf den 1. September verschoben. »Na ja«, sagte ich zu Addie, »auf diese Weise bin ich auf jeden Fall da.«

Anfang August flog ich in die Schweiz und legte mich mehrere Wochen lang in einem kleinen Bergdorf in die Sonne. Ich schlief, ich aß, ich las den gesamten Proust noch einmal durch – was einem Sprung in eine gigantische Flutwelle gleichkommt, ohne dass klar wäre, wohin sie einen trägt. Aber oft kreisten meine Gedanken um Mr. Quinn. Manchmal, wenn ich schlief, klopfte er an meine Tür und betrat meine Träume, nicht nur als er selbst mit grau blitzenden Augen hinter der Drahtbrille, sondern auch in Gestalt seines Vorgängers im weißen Gewand: Reverend Snow.

Eigentlich wirkt Bergluft ja stimmungsaufhellend, trotzdem löst jeder längere Aufenthalt im Hochgebirge bei mir klaustrophobische Anfälle und unerklärliche Depressionen aus. Um aus diesem Tief herauszukommen, nahm ich mir einen Mietwagen und fuhr über den Großen Sankt Bernhard nach Italien und weiter nach Venedig. In Venedig herrscht immer Karneval, und man darf sich maskieren, soll heißen, niemand ist mehr er selbst und folglich auch nicht für das eigene Verhalten verantwortlich. Und so war es auch nicht der echte TC, der eines Nachmittags gegen fünf in Venedig eintraf und noch vor Mitternacht den Fernzug nach Istanbul nahm. Wie so viele venezianische Eskapaden begann alles in Harry's Bar. Kaum hatte ich mir den ersten Martini bestellt, als Gianni Paoli durch die Schwingtür kam, der rasende Reporter, den ich in Moskau kennengelernt hatte, wo er als Korrespondent für eine italienische Zeitung arbeitete. Gemeinsam und unter Zuhilfenahme von reichlich Wodka hatten wir so manches Mal die morose Stimmung in einem Moskauer Restaurant aufgemischt. Gianni machte in Venedig nur Station, sein eigentliches Ziel war Istanbul. Sechs Martinis später hatte er mich überredet, ihn zu begleiten. Die Reise dauerte zwei Tage und zwei Nächte. Der Zug schlängelte sich durch Jugoslawien und Bulgarien, aber von den landschaftlichen Schönheiten dieser Länder bekamen wir nur wenig mit – etwa wenn wir ab und an durch die zugezogenen Vorhänge des Schlafwagenabteils spähten. Das Abteil selbst verließen wir nur, um unseren Vorrat an Wein und Wodka aufzustocken.

Das Zimmer drehte sich. Blieb stehen. Drehte sich weiter. Ich kroch aus dem Bett. Mein Hirn war ein Scherbenhaufen und machte sich mit entsprechenden Geräuschen bemerkbar, sobald ich mich rührte. Aber ich konnte aufstehen, ich konnte gehen. Ich wusste sogar, wo ich war, im Hilton von Istanbul. Ramponiert, aber doch guter Dinge trat ich hinaus auf den Balkon mit Blick über den Bosporus. Gianni Paoli saß bereits am besonnten Frühstückstisch und las die *International Herald Tribune*. Ich sah kurz auf das Datum, es war der 1. September. Das war zunächst nicht weiter schlimm, aber es verursachte in mir, untermalt von Übelkeit, die heftigsten Schuldgefühle. Herrgott, ich hatte die Hochzeit verschwitzt! Gianni begriff überhaupt nicht, warum ich mich so aufregte. (Italiener regen sich über alles Mögliche auf, können sich aber nie in andere Menschen hineinversetzen.) Er goss Wodka in seinen Orangensaft, schob mir das Glas zu und riet mir, den alten Alkoholpegel wiederherzustellen. »Aber erst schick ihnen ein Telegramm.« Ich beherzigte beides. Das Telegramm hatte folgenden Wortlaut: ZWANGSWEISE UNABKÖMMLICH, WÜNSCHE EUCH ALLES GLÜCK DER WELT AN EUREM SCHÖNSTEN TAG. Später, als Ruhe und Alkoholabstinenz meine zitternde Hand besänftigt hatten, schrieb ich ihnen einen kurzenBrief. Ich log nicht einmal, ich erklärte nur nicht, worin die erzwungene Unabkömmlichkeit bestanden hatte. Ich schloss mit der Ankündigung, dass der Rückflug nach New York in ein paar Tagen geplant sei und dass ich sie anrufen wollte, sobald sie von ihren Flitterwochen zurück seien. Ich adressierte den Brief an Mr. und Mrs. Jake Pepper und fühlte mich erleichtert, ja entlastet, als ich ihn endlich an der Rezeption abgegeben hatte. Ich stellte mir Addie mit einer Blume im Haar vor, malte mir aus, wie Addie und Jake im Abendrot am Waikiki Beach spazieren gingen, das Meer so nah, die Sterne so weit über ihnen. Ich fragte mich, ob Addie nicht zu alt war, um noch Kinder zu bekommen.

Aber auch diesmal kehrte ich nicht wie geplant nach Hause zurück. Ich traf nämlich einen alten Freund, einen Archäologen, der an einer Grabung an der anatolischen Küste im Süden der Türkei beteiligt war. Er lud mich ein mitzukommen, versprach jede Menge Spaß und sollte recht behalten. Ich ging jeden Tag schwimmen, lernte türkische Volkstänze, trank Ouzo und tanzte jeden Abend auf der Terrasse vor dem örtlichen Bistro. Ich blieb volle zwei Wochen. Danach fuhr ich per Schiff nach Athen und nahm dort ein Flugzeug nach London, wo ich mir einen Maßanzug machen ließ. Es war Oktober, fast Herbst, als ich zum ersten Mal wieder die Tür zu meinem New Yorker Apartment aufmachte.

Ein Freund, der sich auch um die Blumen gekümmert hatte, war so nett gewesen, meine Post auf dem Tisch der Bibliothek vorzusortieren, darunter einige Telegramme, die ich überflog, ehe ich auch nur meinen Mantel ausgezogen hatte. Eines davon war eine Einladung zu einer Halloween-Party, ein anderes enthielt eine Nachricht von Jake: *Bitte ruf mich umgehend an*. Es war auf den 29. August datiert, also schon sechs Wochen alt. Eiligst, ohne meinen schlimmsten Befürchtungen allzu viel Raum zu geben, suchte ich Addies Nummer heraus und wählte. Es ging keiner dran. Dann wollte ich mich im Prairie Motel zu Jake Pepper durchstellen lassen: Nein, Mr. Pepper sei zurzeit nicht Gast des Hauses, aber, so die Rezeption, ich könne es ja mal im State Bureau of Investigation versuchen. Dort rief ich auch an, doch ein muffiger Bastard von einem Beamten setzte mich davon in Kenntnis, dass Detective Pepper beurlaubt sei. Nein, er könne mir nichts über seinen gegenwärtigen Aufenthaltsort sagen, das sei »gegen die Vorschriften«. Als ich ihm meinen Namen nannte und sagte, ich riefe aus New York an, meinte er lapidar: »Interessant.« Und als ich ihn schließlich beschwor, bitte, es sei sehr wichtig, legte dieses Arschloch einfach auf.

Ich musste dringend pinkeln, aber der Drang, der mich vom Kennedy Airport an begleitet hatte, klang sofort ab, als mein Blick auf den Stoß Briefe fiel, der auf dem Tisch lag. Instinktiv und mit der Schnelligkeit eines Postbediensteten blätterte ich durch die Umschläge, auf der Suche nach Jakes Handschrift. Schließlich wurde ich fündig, der Brief trug den Poststempel vom 10. September und war auf dienstlichem Briefpapier geschrieben. Es war ein sehr kurzer Brief, und die druckvoll markante Schreibweise kaschierte die Verzweiflung des Verfassers:

Heute kam Ihr Brief aus Istanbul. Als ich ihn las, war ich nüchtern, jetzt nicht mehr. Im August, an Addies Todestag, habe ich Ihnen ein Telegramm geschickt mit der Bitte, mich anzurufen. Aber ich nehme an, Sie waren zu der Zeit in Europa. Ich wollte Ihnen auch nur sagen: Addie ist tot. Ich kann es immer noch nicht glauben, werde es wahrscheinlich nie. Nicht bis ich weiß, was wirklich geschah. Zwei Tage vor unserer Hochzeit ist sie mit Marylee im Blue River schwim-

men gegangen. Addie ist ertrunken, Marylee hat es nicht direkt gesehen. Ich kann darüber nicht weiter schreiben. Ich muss hier weg. Ich kann mir selbst nicht mehr trauen. Marylee weiß aber immer, wo ich zu erreichen bin. Es grüßt Sie, Ihr ...

MARYLEE CONNOR: Hallo. Ja, aber natürlich erkenne ich Ihre Stimme.
TC: Ich versuche Sie schon den ganzen Nachmittag zu erreichen.
MARYLEE: Wo sind Sie?
TC: In New York.
MARYLEE: Wie ist das Wetter dort?
TC: Es regnet.
MARYLEE: Hier auch. Aber wir können es gebrauchen, der Sommer war so trocken. Der Staub geht gar nicht mehr aus den Haaren heraus. Und Sie haben wirklich die ganze Zeit über angerufen?
TC: Jede halbe Stunde.
MARYLEE: Ich war aber zu Hause. Na ja, ich höre immer schlechter. Ich war erst im Keller und dann oben auf dem Dachboden – packen. Für mich allein ist das Haus doch zu groß. Wir haben eine Cousine – auch sie verwitwet –, sie hat eine Eigentumswohnung in Florida. Ich ziehe zu ihr. Aber sagen Sie, wie geht es Ihnen? Haben Sie mit Jake gesprochen?

(Ich erklärte ihr, ich sei gerade erst aus Europa zurück und könne Jake nicht erreichen. Sie sagte, er sei bei einem seiner Söhne in Oregon, und gab mir die Telefonnummer.)

Armer Jake. Es hat ihn wirklich schwer getroffen. Irgendwie gibt er sich selbst die Schuld an allem. Oh, das wissen Sie ja gar nicht ...
TC: Doch. Jake hat mir geschrieben, aber ich habe den Brief erst heute bekommen. Ich kann Ihnen gar nicht sagen, wie leid mir das alles tut ...
MARYLEE (stockend): Sie haben das mit Addie wirklich nicht gewusst?
TC: Ich habe erst heute davon erfahren.
MARYLEE (misstrauisch): Was hat Jake gesagt?
TC: Er sagte, sie sei ertrunken.
MAYLEE (leicht gereizt, als sei das Gespräch die Fortsetzung eines älteren Streits): Das stimmt. Und es ist mir egal, was Jake denkt. Bob Quinn war nicht einmal in der Nähe, er kann es nicht gewesen sein.
(Ich hörte, wie sie tief Luft holte. Dann eine längere Pause. Offenbar musste sie tief Luft holen und bis zehn zählen, um sich wieder in der Gewalt zu haben.)
Wenn überhaupt jemanden irgendeine Schuld trifft, dann mich. In Sandy Cove schwimmen zu gehen, war meine Idee. Sandy Cove liegt nicht einmal auf Quinns Land, sondern auf der Miller-Ranch. Addie und ich sind früher oft dort gewesen – weil es so schön schattig ist. Es ist der sicherste Abschnitt im Blue River, die Stelle ist wie ein natürlicher Swimmingpool. Als wir klein waren, haben wir dort schwimmen gelernt. An diesem Tag hatten wir das Ufer ganz für uns allein. Wir stiegen zusammen ins Wasser, und Addie sagte noch, dass sie in der nächsten Woche um dieselbe Zeit im Pazifik planschen würde. Addie ist eine gute Schwimmerin, ich dagegen werde ziemlich

schnell müde. Nachdem ich mich abgekühlt hatte, legte ich mich auf ein Handtuch im Schatten und las eine von den Zeitschriften, die wir uns mitgenommen hatten. Addie blieb im Wasser. Ich hörte noch, wie sie sagte: »Ich schwimme zum Wasserfall und setz mich auf die Felsen.« Hinter Sandy Cove macht der Fluss eine Biegung, und dahinter kommt eine Stromschnelle, nicht groß, vielleicht etwas höher als einen halben Meter. Als Kinder haben wir uns gern auf die Felskante gesetzt und zugeguckt, wie das Wasser durch unsere Beine lief.

Wie gesagt, ich habe gelesen und gar nicht gemerkt, wie die Zeit vergeht, bis die Sonne allmählich hinter den Bergen verschwand und mir kalt wurde. Ich habe mir aber keine Sorgen gemacht, ich dachte immer noch, Addie wäre auf den Felsen am Wasserfall. Doch nach einer Weile ging ich ans Ufer und rief nach ihr. Ich dachte, vielleicht spielt sie mir einen Streich. Dann stieg ich auf die Böschung hinter Sandy Cove, von wo aus ich den Wasserfall erkennen konnte. Addie war nirgends zu sehen. Aber hinter dem Wasserfall war etwas, das aussah wie eine Wasserlilie, die in den Wellen schaukelte. Doch dann merkte ich, es war gar keine Lilie, sondern eine Hand mit einem kleinen, glänzenden Brillanten daran, Addies Verlobungsring von Jake. Ich rutschte die Böschung hinunter, watete in den Fluss und kletterte über den kleinen Wasserfall. Das Wasser war klar und nicht sehr tief. Ich konnte Addies Gesicht unter der Wasseroberfläche sehen, ihre Haare hatten sich in den Ästen eines versunkenen Baums verfangen. Es gab eigentlich keine Hoffnung mehr, aber ich ergriff ihre Hand und zog

mit aller Kraft. Sie rührte sich nicht. Wir werden wahrscheinlich nie erfahren, wie es passiert ist, aber sie muss über die Kante des Wasserfalls gerutscht und dann mit den Haaren in diesem Baum hängen geblieben sein, sodass sie nicht wieder hochkam. Der Befund des Leichenbeschauers lautete jedenfalls: *Badeunfall / Tod durch Ertrinken.* Hallo?
TC: Ja, ich bin noch da.
MARYLEE: Meine Großmutter Mason hat übrigens nie das Wort »sterben« in den Mund genommen. Wenn jemand starb, vor allem jemand, den sie gern hatte, dann hieß es immer, er sei »heimgerufen« worden. Sie wollte damit sagen, dass derjenige nicht einfach begraben und für immer weg war, sondern heimgerufen ins glückliche Land der Kindheit, wo alles noch gut war. So empfinde ich auch, wenn ich an meine Schwester denke. Addie wurde heimgerufen, damit sie wieder in der Welt leben kann, die sie liebt. Mit Kindern. Kindern und Blumen. Vögeln. Den Wildblumen aus den Bergen.
TC: Es tut mir ja so leid, Mrs. Connor, ich …
MARYLEE: Danke, es geht schon.
TC: Ich wünschte, ich könnte irgendetwas für Sie tun …
MARYLEE: Es war jedenfalls sehr lieb von Ihnen, dass Sie sich wieder gemeldet haben. Und grüßen Sie Jake von mir, wenn Sie ihn sprechen.

Nachdem ich geduscht hatte, stellte ich eine Flasche Brandy neben das Bett, kroch unter die Decke, verlegte das Telefon vom Nachttisch auf meinen Bauch und wählte die Nummer in Oregon, die Marylee mir gegeben hatte. Jakes Sohn ging dran, sagte aber, sein Vater sei nicht da und er wisse auch nicht, wann er wiederkomme. Ich hinterließ die Nachricht, dass er mich zurückrufen solle, egal wie spät. Dann spülte ich mir den Mund mit Brandy, als wäre es ein Mittel gegen Zähneklappern. Ganz langsam ließ ich ihn durch meine Kehle rinnen. Wie ein murmelnd mäandernder Fluss bahnte sich der Schlaf den Weg durch meinen Kopf. Seltsam, am Ende ging es immer um den Fluss, alles kam auf ihn zurück. Quinn hatte vielleicht die Klapperschlangen besorgt, das Feuer gelegt, den bösen Doktor vergiftet und den Stahldraht gespannt, aber der Fluss war der Anstifter gewesen. Jetzt hatte er sich sogar Addie geholt. Addie, gefangen in Unterwasserpflanzen, die wehenden Haare wie ein Brautschleier, driftete durch meine Träume.

Ein Erdbeben erschütterte mich, es war das Telefon, das nach wie vor auf meinem Bauch lag. Ich wusste, es war Jake. Ich ließ es klingeln, während ich mir einen Muntermacher eingoss, der garantiert wirkte.

TC: Jake?
JAKE: Sie sind also wieder im Lande?
TC: Ja, heute Morgen angekommen.
JAKE: Jetzt haben Sie die Hochzeit doch nicht verpasst ...
TC: Jake, ich habe Ihren Brief bekommen ...
JAKE: Bitte, Sie brauchen jetzt gar nichts zu sagen.
TC: Ich habe Mrs. Connor angerufen. Marylee. Wir haben uns länger unterhalten ...
JAKE (misstrauisch): Tatsache?
TC: Sie hat mir alles erzählt ...

JAKE: Das möchte ich bezweifeln. Sie weiß einen Scheiß!
TC (erschrocken angesichts der brüsken Reaktion): Aber, Jake, sie sagte ...
JAKE: So? Was sagte sie denn?
TC: Sie sprach von einem Unfall.
JAKE: Und das glauben Sie?
(Sein Sarkasmus war hilfreich, mir wieder seinen typischen Gesichtsausdruck vorzustellen: die harten Augen, die dünnen, zuckenden Lippen.)
JAKE: Sie hat keine Ahnung, was wirklich passiert ist. Sie war ja nicht dabei. Sie saß auf ihrem Arsch und hat Zeitung gelesen.
TC: Na ja, wenn es wirklich Quinn war ...
JAKE: Ich höre ...
TC: Dann muss er zaubern können.
JAKE: Nicht unbedingt. Aber das sollten wir später besprechen. Es ist nämlich etwas passiert, das wieder Bewegung in die Sache bringt. Der Weihnachtsmann war wieder da, reichlich früh in diesem Jahr.
TC: Sprechen wir von Jaeger?
JAKE: Genau. Der Postmeister hat sein Päckchen erhalten.
TC: Wann?
JAKE: Gestern. (Er lachte, nicht aus Vergnügen, sondern vor Erregung.) Das sind zwar keine guten Nachrichten für Jaeger, aber für mich. Ursprünglich wollte ich mich bis Thanksgiving beurlauben lassen, aber ich werde hier noch verrückt. Ich habe Angst, mir schwimmen die Felle davon. Dauernd der Gedanke: Was, wenn er Jaeger verschont und mir keine Möglichkeit mehr bietet, ihn zu pa-

cken? Von morgen an bin ich also wieder im Prairie Motel erreichbar.
TC: Moment, Jake, nicht so schnell. Es *muss* ein Unfall gewesen sein. Das mit Addie, meine ich.
JAKE (so nachsichtig wie mit einem zurückgebliebenen Wilden): Wirklich? Dann gebe ich folgende Kleinigkeit zu bedenken: Sandy Cove, wo der so genannte Unfall passiert ist, gehört zwar zum Land eines gewissen A. J. Miller, aber es gibt zwei Wege dorthin. Der kürzere von beiden führt über Quinn-Gebiet. Und den sind die beiden Frauen gegangen. Adios, amigo.

Naturgemäß hielt mich das, was er mir so geduldig »zu bedenken« gegeben hatte, bis zum Morgengrauen wach. Bilder entstanden in meinem Kopf und wurden wieder ausgeblendet. Es war, als würde in meinem Kopf ein Spielfilm geschnitten.

Addie und ihre Schwester fahren mit dem Auto den Highway entlang. Sie biegen auf einen Feldweg ab, der zur B.Q.-Ranch gehört. Quinn steht auf seiner Veranda und schaut gerade aus dem Fenster, jedenfalls bemerkt er das Auto auf seinem Land, erkennt sogar die Insassen und vermutet ganz richtig, dass sie nach Sandy Cove unterwegs sind. Er beschließt, ihnen zu folgen. Mit dem Auto oder zu Pferd? Gar zu Fuß? Wie auch immer, in einem Bogen nähert er sich der Stelle, an der die beiden Frauen baden, und versteckt sich etwas oberhalb zwischen den Bäumen. Marylee liegt auf einem Badetuch und liest, Addie ist im Wasser. Er hört, wie Addie zu ihrer Schwester sagt: »Ich schwimme mal zum Wasserfall und setz mich da auf die Felsen.« Eine ideale Gelegenheit, denn außerhalb des Blickfelds ihrer Schwester ist sie schutzlos. Quinn wartet ab, bis sie sich völlig selbstvergessen dem strömenden Wasser hingibt. Er lässt sich die Böschung hinuntergleiten (dieselbe Böschung, die Marylee auf der Suche nach Addie später erklimmen wird). Addie hört ihn nicht kommen, das Rauschen des Katarakts übertönt seine Schritte. Aber wie vermeidet er, gesehen zu werden? Denn eines ist klar: Sobald sie ihn sieht, wird sie wissen, dass sie sich in Gefahr befindet, und womöglich schreien. Um das zu verhindern, wird er sie zunächst mit einer Waffe bedrohen. Addie hört etwas, schaut hoch, sieht Quinn, der seinen Revolver auf sie gerichtet hat und über die Felskante des Wasserfalls auf sie zukommt. Er stößt sie in den Fluss, springt hinterher, drückt sie unter Wasser und hält sie dort fest: eine finale Taufe.

Möglich wäre es.

Doch der Tagesanbruch und der New Yorker Verkehrslärm dämpften meine Begeisterung über solche überhitzten Phantasien und warfen mich stattdessen in den ernüchternden Abgrund der Realität. Jake hatte keine Wahl. Ganz wie sein Gegenspieler Quinn verfolgte er sein Ziel mit rücksichtsloser Leidenschaft. Dieses Ziel, seine Pflicht als Mensch, bestand darin, zu *beweisen*, dass Quinn diese heimtückischen Morde begangen hatte, zumal sich unter den Opfern nun auch seine Verlobte befand. Solange er keine wirklich schlüssige Theorie über den Tathergang vorzuweisen hatte, wollte ich die Mordversion auch nicht mehr in Betracht ziehen. Nochmals rief ich mir den – recht vernünftigen – Befund des Leichenbeschauers ins

Gedächtnis (Badeunfall / Tod durch Ertrinken) und schlief beruhigt ein.

Eine Stunde später war ich wieder hellwach – die Zeitverschiebung forderte ihren Tribut. Ich war wach und zugleich völlig übermüdet, gereizt und ausgehungert. Aufgrund meiner langen Abwesenheit war jedoch nichts Genießbares mehr im Kühlschrank. Die Milch war sauer, das Brot alt. Zur Wahl standen schwarze Bananen, faule Eier, vertrocknete Orangen, verschrumpelte Äpfel, verdorbene Tomaten und ein Schokoladenkuchen mit einer Glasur aus Schimmel. Ich machte mir eine Tasse Kaffee, abgeschmeckt mit Brandy, und so gestärkt setzte ich mich hin, um meine Post durchzugehen. Am 30. September war mein Geburtstag gewesen, und ein paar nette Leute hatten mir Karten geschickt. Eine davon war von Fred Wilson, dem pensionierten Detective, der mich mit Jake Pepper bekannt gemacht hatte. Ich wusste, dass er über die Einzelheiten von Jakes Fall informiert war, denn Jake beriet sich des Öfteren mit ihm. Ich selbst hatte mich aus irgendeinem Grund nie mit Wilson darüber unterhalten – was ich jetzt nachholen wollte.

TC: Hallo? Könnte ich bitte mit Mr. Wilson sprechen?
FRED WILSON: Am Apparat.
TC: Fred? Du hörst dich an, als hättest du eine böse Erkältung.
FRED: Du sagst es. Husten, Schnupfen, Heiserkeit: das volle Programm.
TC: Danke für die Geburtstagskarte.

FRED: Ach was, deswegen brauchst du die Telefongesellschaft nicht reich zu machen.
TC: Ich wollte mit dir auch eher über Jake Pepper reden.
FRED: Tja, das ist jetzt aber ein eigenartiger Zufall, an dem Telepathiequatsch muss doch was dran sein. Ich dachte nämlich gerade über Jake nach. Keine Ahnung, ob du es schon weißt, aber sie haben ihn suspendiert und wollen ihm den Fall abnehmen.
TC: Da habe ich aber was anderes gehört. Er ist wieder an dem Fall dran.
   (Nachdem ich ihm von meinem Gespräch mit Jake berichtet hatte, wollte Fred Genaueres über die Umstände von Addie Masons Tod und Jakes Meinung darüber wissen.)
FRED: Mich überrascht eigentlich, dass sie ihn weitermachen lassen. Ich meine, Jake ist der besonnenste Mensch, dem ich jemals begegnet bin. Und es gibt auch niemanden in dem ganzen Geschäft, den ich mehr respektiere als Pepper. Aber hier hat er jedes Augenmaß verloren. Er rennt schon so lange mit dem Kopf gegen die Wand, dass er langsam den Verstand verliert. Zugegeben, was seiner Verlobten passiert ist, ist schlimm. Aber es war ein Unfall, sie ist schlicht und ergreifend ertrunken. Doch Jake ist außerstande, die Wahrheit zu akzeptieren. Er läuft lieber überall herum und bezichtigt diesen Quinn.
TC (apodiktisch): Und trotzdem könnte er recht haben. Möglich ist es.
FRED: Aber möglich ist eben auch, dass dieser Mann zu hundert Prozent unschuldig ist. Das ist offenbar auch die

vorherrschende Meinung im Bureau. Ich habe mit den Jungs gesprochen, und sie sagten mir, mit den dürftigen Beweisen kannst du nicht mal eine Fliege erschlagen. Regelrecht peinlich sei das mittlerweile. Und von Jakes eigenem Vorgesetzten weiß ich, dass dieser Quinn bisher noch nie jemanden umgebracht hat.

TC: Bis auf zwei Viehdiebe.

FRED (erst kichernd, dann unter einem Hustenanfall): Nun, Sir, in diesem Teil der Welt definiert man Umbringen traditionell etwas anders. Auf deinem eigenen Grund und Boden darfst du jeden Eindringling umlegen, so läuft das hier.

TC: Und wenn es gar keine Viehdiebe waren, sondern Glücksspieler aus Denver, denen Quinn Geld schuldete? Ich zum Beispiel glaube auch nicht, dass Addies Tod ein Unfall war.

(Trotzig, aber mit bemerkenswertem Selbstbewusstsein trug ich ihm daraufhin meine Phantasieversion des »Mordes« vor. Alle Vermutungen, die ich noch am Morgen verworfen hatte, erschienen mir jetzt nicht nur plausibel, sondern geradezu zwingend. Quinn war tatsächlich den Schwestern bis zu Sandy Cove gefolgt und hatte sich zwischen den Bäumen versteckt. Dann war er die Böschung hinabgeschlichen, hatte Addie mit einer Waffe bedroht, hatte sie überwältigt und ertränkt.)

FRED: Das ist Jakes Story.

TC: Nein.

FRED: Heißt das, du bist von selbst darauf gekommen?

TC: Mehr oder weniger.

FRED: Wie auch immer, so oder so ähnlich geht auch Jakes Story. Kleinen Moment mal, muss mir kurz die Nase schneuzen.
TC: Was meinst du mit »Jakes Story«?
FRED: Wie ich schon sagte, es gibt eben doch so was wie Telepathie. Denn abgesehen von ein paar Details hast du mir gerade Jakes Story erzählt. Er hat mir ja selbst seinen Bericht geschickt, in dem er die Ereignisse rekonstruiert. Demnach hat sich Folgendes abgespielt: Quinn hat den Wagen gesehen und ist ihnen gefolgt ...
   (Und so weiter und so weiter. Die Scham stieg in mir hoch wie eine Hitzewallung. Ich fühlte mich wie ein Schuljunge, den man beim Abschreiben erwischt hat. In einer ersten irrationalen Reaktion gab ich nicht mir, sondern Jake die Schuld dafür. Ich war wütend, dass er keine richtige Beweiskette aufgebaut hatte, enttäuscht, dass ihm letztlich nicht mehr eingefallen war als mir. Ich hatte dem Profi Jake vertraut und konnte es nicht ertragen, wie er sich selbst demontierte. Denn was war das für eine kolportagehafte Konstruktion! Quinn und Addie im Todeskampf vor der malerischen Kulisse des Wasserfalls. Aber trotz Fred Wilsons beißender Kritik war ich überzeugt, dass mein Vertrauen in Jake grundsätzlich gerechtfertigt war.)
Jetzt sind sie im Bureau of Investigation unter Zugzwang, müssen Jake den Fall abnehmen. Er hat sich disqualifiziert. Das wird er zwar nicht widerstandslos hinnehmen, doch für seinen Ruf ist es besser. Und für sein Wohlergehen auch. Einmal nach dem Tod seiner Freundin rief er um vier Uhr morgens bei mir an, voll wie hundert nackte Indianer. Der

Grund: Er wollte Quinn zum Duell herausfordern! Ich rief ihn am nächsten Tag zurück, aber von seinem nächtlichen Anruf wusste er rein gar nichts mehr. Glatter Filmriss.

Angstzustände, so versichert uns jeder teure Therapeut, Angstzustände sind die Folge einer Depression. Und was er uns in der zweiten Sitzung (zu einem ebenfalls horrenden Stundensatz) des Weiteren sagen kann: Depressionen wiederum sind die Folge von Angstzuständen. Einen ganzen Nachmittag lang fuhr ich in diesem elenden Teufelkreis Karussell. Gegen Abend verbündeten sich die beiden Dämonen. Während Angst mit Depression kopulierte, saß ich vor Mr. Bells umstrittener Erfindung und sah mit Schrecken dem Moment entgegen, in dem ich im Prairie Motel anrufen musste, um von Jake zu hören, dass man ihm den Fall abgenommen hatte. Sicher, mit einer guten Mahlzeit im Magen wäre die Situation um einiges erträglicher gewesen, doch den schlimmsten Hunger hatte ich bereits mit dem Schimmelschokokuchen bekämpft. Ich hätte auch ins Kino gehen oder mir einen Joint reinziehen können. Aber in einer solchen Lage gibt es eigentlich nur *ein* Heilmittel: Augen zu und durch. Akzeptiere deine Angst, deine Depressionen, aber dann lass dich treiben und wehre dich nicht gegen die Entwicklung, die die Dinge jetzt nehmen.

REZEPTION: Prairie-Motel-guten-Abend-was-kann-ich-für-Sie-tun? ... Mr. Pepper? ... He, Ralph, hast du Jake Pepper gesehen? ... In der Bar? ... Hallo, Sir ... Der gewünschte Gesprächsteilnehmer ist in der Bar, ich verbinde.
TC: Danke.

(Ich erinnerte mich noch genau an die Prairie Bar. Anders als die Zimmer hatte die Bar einen gewissen comichaften Charme. Die Gäste waren Cowboys, an den Wänden hingen gescheckte Rinderfelle, Pin-up-Poster und mexikanische Sombreros. Toiletten gab es für »Bulls« [Herren] und »Belles« [das schöne Geschlecht, haha], und aus der Jukebox leierte Country und Western. Ein Pfeifton in der Musiktruhe kündete davon, dass der Barman den Telefonhörer abgenommen hatte.)

BARMANN: Jake Pepper, für Sie! ... Hallo, Mister, er will wissen, wer dran ist.

TC: Ein Freund aus New York.

JAKES STIMME (erst weit entfernt, dann näherkommend, lauter werdend): Klar, ich hab Freunde überall auf der Welt. New York, Tokio, Bombay ... Hallooo, werter Freund aus New York!

TC: Na, Ihnen scheint es ja gut zu gehen.

JAKE: Das scheint nicht nur so. Immer lustig und fidel, sag ich immer. Wie das Äffchen vom Leierkastenmann.

TC: Können Sie sprechen, oder soll ich später noch einmal anrufen?

JAKE: Das ist schon okay. Hier ist so ein Krach, dass ohnehin niemand was verstehen kann.

TC (zögernd, nicht gewillt, frische Wunden aufzureißen): Und sonst?

JAKE: Die Lage ist verzweifelt, aber nicht ernst.

TC: Liegt das an Ihren Vorgesetzten?

JAKE (verwirrt): Wieso soll das an meinen Vorgesetzten liegen?

TC: Na ja, vielleicht machen sie Ihnen das Leben schwer.
JAKE: Ach, *die* machen mir nicht das Leben schwer. Eher umgekehrt. Sind eben Idioten. Nein, es liegt an Jaeger, dem Armleuchter, unserem allseits geschätzten Meister der Post. Er hat die Hosen voll, will abhauen. Und ich weiß nicht, wie ich das verhindern kann. Ich brauche ihn hier.
TC: Wieso?
JAKE: »Der Hai muss seinen Köder haben.«
TC: Haben Sie mit Jaeger darüber gesprochen?
JAKE: Stundenlang. Er ist gerade bei mir. Sitzt da hinten in der Ecke wie das berühmte Kaninchen, das sich am liebsten in seinen Bau verkrümeln würde.
TC: Das ist nachvollziehbar.
JAKE: Aber in seinem Bau nutzt es mir nichts. Ich kann den alten Angsthasen nicht so einfach gehen lassen. Aber wie? Er ist jetzt vierundsechzig, hat einen Haufen Kohle auf der Bank und kriegt demnächst noch seine Pension. Er ist Junggeselle, und der nächste Angehörige, verdammt noch mal, ist Bob Quinn. Aber das Schlimmste ist, er glaubt immer noch nicht, dass es Quinn war. Er meint, dass jemand seinem Vetter etwas anhängen will. Kurz und gut, Quinn kann es nicht sein. Begründung: »Er ist ja mein eigen Fleisch und Blut.« Hat man so etwas schon gehört? Nur *eine* Sache macht ihn stutzig.
TC: Und das hat mit dem Päckchen zu tun?
JAKE: Wie wahr.
TC: Die Handschrift vielleicht? Nein, das kann nicht sein. Es muss mit dem Foto zusammenhängen.
JAKE: Bravo. Dieses Foto unterscheidet sich nämlich von den Fotos, die die anderen bekommen haben. Zum einen

ist es zwanzig Jahre alt und auf der State Fair aufgenommen. Es zeigt Jaeger mit Vereinshut bei einer Parade der Kiwanis-Gesellschaft. Aber vor allem: *Quinn hat es aufgenommen.* Jaeger sagt, das wisse er zufällig ganz genau, weil er Quinn noch gebeten habe, ihm einen Abzug davon zu geben, was Quinn aber nie getan habe.
TC: Ja, aber das müsste unserem Postmeister doch eigentlich zu denken geben. Wenn es schon keine Geschworenen überzeugt, dann wenigstens ihn.
JAKE: Tut es aber nicht.
TC: Und trotzdem hat er so viel Angst, dass er die Stadt verlassen will?
JAKE: Wie gesagt, er hat die Hosen voll. Aber selbst wenn nicht, ihn hält hier doch nichts. Er meint, er wollte auf seine alten Tage immer schon reisen. Meine Aufgabe besteht zurzeit darin, die Abreise noch ein wenig hinauszuzögern. Notfalls unbegrenzt. Hören Sie, ich kann meinen Angsthasen nicht so lange allein lassen. Wünschen Sie mir Glück. Wir bleiben in Kontakt.

Ich wünschte ihm Glück, aber er hatte keines. Nach nicht einmal einer Woche trennten sich die Wege von Postmeister und Polizist für immer. Ersterer begab sich auf eine Weltreise, der Zweite packte seine Sachen, weil das Bureau ihm den Fall entzog.

Die folgenden Texte sind Auszüge aus meinen persönlichen Tagebüchern zwischen 1975 und 1979.
20. Oktober 1975: Mit Jake gesprochen. Er ist sehr verbittert und schimpft auf alles und jeden. Würde am liebs-

ten den »ganzen Bettel hinschmeißen« und nur noch auf der Farm seines Sohnes in Oregon arbeiten. »Aber solange ich noch hier bin, mache ich denen Feuer unterm Hintern.« Dazu kommt, dass er seinen Pensionsanspruch verliert, wenn er jetzt kündigt. Das wäre zwar ein effektvoller Abgang, bloß leisten kann er ihn sich nicht.

6. November 1975: Mit Jake gesprochen. Er sagte, sie hätten da eine Serie von organisierten Viehdiebstählen im Nordosten aufzuklären. Die Diebe kommen bei Nacht, laden im großen Stil Rinder auf Viehtransporter und karren sie nach North oder South Dakota. Er sagt, er hätte zusammen mit anderen Agenten mehrere Nächte unter freiem Himmel und trampelnden Rindern verbracht, um den Kerlen aufzulauern, die aber nicht erschienen wären: »Mann, das wird schweinekalt nachts, und ich bin langsam zu alt für diesen Marlboro-Mann-Scheiß.« Erwähnte auch, dass Marylee Connor inzwischen in Sarasota lebt.

25. November 1975: Thanksgiving. Gleich nach dem Aufwachen Gedanken an Jake. Seit seinem »großen Durchbruch« ist genau ein Jahr vergangen. Bei seinem ersten Besuch im Haus der Schwestern hatte er erstmals von Quinn und dem Blue River erfahren. Entschied mich aber dagegen, ihn anzurufen. Dieser Jahrestag birgt möglicherweise so viele schmerzliche Erinnerungen, dass ihn ein Anruf eher belastet als freut. Rief stattdessen Fred Wilson und Frau an, um ihnen *bon appétit* zu ihrem Thanksgiving-Essen zu wünschen. Fred erkundigte sich nach Jake, und ich sagte ihm, was ich wusste: dass er zurzeit nach Viehdieben fahndete. Fred daraufhin: Yeah, das scheint wohl ihre Strategie zu sein. Beschäftigen ihn mit Kleinkram, da-

mit er nicht so sehr an die andere Sache denken muss – sein »Rattlesnake-Baby«, wie die Jungs im Bureau sagen. Den Fall bearbeitet jetzt ein Jungspund namens Nelson, aber das ist nur Theater, wenn du mich fragst. Offiziell ist die Akte zwar noch nicht geschlossen, in Wahrheit haben sie die Ermittlungen aber praktisch eingestellt.«

5. Dezember 1975: Mit Jake gesprochen. Als Allererstes sagte er mir: »Die gute Nachricht: Unser Postmeister weilt glücklich und zufrieden in Honululu und erfreut sich bester Gesundheit. Er schreibt regelmäßig Postkarten, und mittlerweile dürfte auch der Letzte im Ort eine bekommen haben, sehr wahrscheinlich auch Quinn. Das Leben ist schon seltsam. Wir wollten ja auch nach Honululu, und jetzt ist *er* da, und ich sitze immer noch hier.« Er sagte, er sei immer noch hinter den Viehdieben her. »Aber ich habe die Nase voll davon. Ich frage mich manchmal, warum ich nicht für die andere Seite arbeite. Viehdiebstahl ist ein lukratives Geschäft. Die Kerle verdienen hundertmal mehr als ich.«

20. Dezember 1975: Heute Weihnachtskarte von Marylee Connor. Sie schrieb: »Sarasota ist ein Traum! Dies ist mein erster Winter in einer richtig warmen Gegend, und ich muss ganz ehrlich sagen, ich vermisse meine alte Heimat kein bisschen. Wussten Sie eigentlich, dass Sarasota das berühmte Winterquartier des Ringling-Zirkus ist? Meine Cousine und ich fahren oft hinaus und schauen den Artisten beim Üben zu. Das ist sogar noch besser als Zirkus. Wir haben uns mit einer russischen Trainerin angefreundet. Möge Gott Sie durch den harten Winter von New York geleiten, und vielleicht haben Sie ja Freude an

beiliegendem kleinen Präsent.« Bei dem Präsent handelt es sich um ein Amateurfoto aus Addies Mädchenzeit: Addie im Alter von vielleicht sechzehn Jahren. Sie steht im Garten und trägt ein weißes Sommerkleid mit dazu passendem Haarband. Dabei hält sie ein weißes Katzenjunges im Arm, aber so vorsichtig wie eine empfindliche Blüte. Das Kätzchen gähnt. Auf die Rückseite des Fotos hatte Marylee geschrieben: *Adelaide Minerva Mason. Geboren am 14. Juni 1939. Heimgerufen am 29. August 1975.*

1. Januar 1976: Anruf von Jake: »Frohes neues Jahr!« Er klang wie ein Totengräber aus seinem eigenen Grab. Sagte, er hätte Silvester im Bett verbracht und *David Copperfield* gelesen. »Im Bureau hatten sie eine große Silvesterparty, aber ich bin gar nicht erst hingegangen. Hätte mich ohnehin nur betrunken und Streit angefangen. Echt, ich hätte nicht übel Lust, der ganzen Bande die Schnauze zu polieren, ganz besonders dem Chief. Ich muss mich jedesmal sehr beherrschen, dieses fette Schwein nicht zusammenzuschlagen.« Ich erzählte ihm von Marylees Karte und von dem Foto. Es stellte sich heraus, dass er ein ganz ähnliches Bild erhalten hatte. »Kannst du mir erklären, was das heißen soll – *heimgerufen?*« Ich wollte ihm schon darlegen, wie ich diese Formulierung verstand, doch er unterbrach mich schroff. Die Vorstellung vom friedlichen Heimgang war ihm eindeutig zu sentimental. »Du weißt, ich mag Marylee. Ich fand immer, sie ist eine nette Frau. Aber am Ende doch von etwas zu schlichtem Gemüt, meinst du nicht? Einfach zu harmlos, die Gute.«

5. Februar 1976: Habe vergangene Woche einen Rahmen für Addies Fotos gekauft und ihn auf dem Tisch im Schlaf-

zimmer aufgestellt. Das Bild aber gestern in die Schublade gelegt, weil einfach zu verstörend. Das Übermaß an Lebendigem darin, besonders das gähnende Kätzchen.

14. Februar 1976: Drei Karten zum Valentinstag. Eine von einer ehemaligen Lehrerin, Miss Wood. Eine von meinem Steuerberater. Und dann (»mit lieben Grüßen«) noch eine von Bob Quinn! Das konnte nur ein schlechter Scherz sein. Jakes schwarzer Humor.

15. Februar 1976: Jake angerufen. Er gab es gleich zu: Ja, die blöde Karte sei von ihm. Ich sagte, da wäre er aber ganz schön blau gewesen. Er stritt es nicht ab.

20. April 1976: Ein kurzer Brief von Jake auf Prairie-Motel-Papier: »Bin jetzt seit zwei Tagen wieder hier und höre mich um, was so geredet wird, hauptsächlich im Okay Café. Der Postmeister ist immer noch in Honululu. Juanita Quinn hat einen ziemlich schweren Schlaganfall erlitten. Das tat mir leid, denn ich mag sie. Allein ihr Mann ist noch fit wie ein Turnschuh. Meinetwegen gerne. Ich will nicht, dass ihm irgendetwas zustößt, bevor ich ihn fertigmachen kann. Für das Bureau ist die Sache erledigt, für mich noch lange nicht. Ich werde nie aufgeben. Gruß, dein ...«

10. Juli 1976: Gestern Abend Jake angerufen, da ich jetzt seit über zwei Monaten nichts mehr von ihm gehört habe. Ich erlebte einen völlig neuen Jake Pepper – oder vielmehr den alten, optimistischen, energiegeladenen Jake Pepper. Offenbar war er erholt aus seinem alkoholisierten Dämmerzustand aufgewacht und bereit, die Fährte wieder aufzunehmen. Ich erfuhr schnell, was ihn so elektrisierte. »Ich habe einen dicken Brocken an der Angel. Einen echten

Teufel.« Der »dicke Brocken« erwies sich trotz einiger Besonderheiten als ganz gewöhnlicher Mörder, so schien es mir zumindest. Der Tatverdächtige war ein zweiundzwanzigjähriger Mann, der zusammen mit seinem Großvater auf einer bescheidenen Farm lebte. Er soll im Frühjahr den alten Mann ermordet haben, um an das Erbe zu kommen und an das Geld, das dieser unter seiner Matratze versteckt hatte. Nachbarn war das Verschwinden des Alten aufgefallen, gleichzeitig sah man den jungen Mann in einem chromblitzenden Neuwagen herumfahren. Die Polizei wurde verständigt, und sehr bald zeigte sich, dass der junge Mann keine Erklärung für die plötzliche Abwesenheit seines Großvaters hatte und den neuen Wagen überdies mit alten Scheinen bezahlt hatte. Der Verdächtige verhielt sich wenig kooperativ, gab die Tat weder zu, noch leugnete er sie, auch wenn die Polizei überzeugt war, dass sie den Richtigen hatten. Größtes Problem: Es fehlte die Leiche, und ohne Leiche kein Haftbefehl. Trotz intensiver Suche, die Leiche blieb unauffindbar. Die örtliche Polizei bat das Bureau of Investigation um Unterstützung, und Jake wurde der Fall übertragen. »Faszinierend, wie clever der Bursche vorgegangen ist. Aber was immer er dem alten Mann angetan hat, es war diabolisch. Falls wir die Leiche nicht finden, kommt er sogar davon. Ich bin aber sicher, irgendwo auf dem Gelände werden wir fündig. Mein Instinkt sagt mir, dass er Opa erst zu Hackfleisch verarbeitet und dann in kleinen Portionen an verschiedenen Stellen der Farm vergraben hat. Alles, was ich brauche, ist der Kopf. Und ich werde ihn finden, und wenn ich dazu jeden Quadratmeter der Farm einzeln umgraben muss.« Nach dem Gespräch mit Jake kam Zorn in mir auf, auch Neid und Eifersucht, und das nicht wenig. Ich fühlte mich, als habe mich die Liebe meines Lebens schnöde betrogen. Der Grund war banal: Ich wollte, dass Jake sich ausschließlich um jenen Fall kümmerte, der auch mich beschäftigte.

20. Juli 1976: Ein Telegramm von Jake. HABE EINEN KOPF EINE HAND ZWEI FÜSSE STOP GEHE JETZT ANGELN JAKE. Ich frage mich, warum er so ein Telegramm schickt, statt anzurufen. Ahnt er, dass ich ihm seinen Erfolg missgönne? Andererseits freue ich mich natürlich für ihn, denn auf diese Weise kann er sein angeschlagenes Selbstbewusstsein wenigstens teilweise wieder aufbauen. Ich hoffe nur, dass er seine Angel irgendwo im Umkreis des Blue River auswirft.

22. Juli 1976: Habe Jake brieflich beglückwünscht und mitgeteilt, dass ich für drei Monate im Ausland bin.

20. Dezember 1976: Heute Weihnachtskarte aus Sarasota. »Falls Sie jemals in der Gegend sind, müssen Sie uns unbedingt besuchen. *God bless you*. Marylee Connor.«

22. Februar 1977: Kurzer Brief von Marylee: »Ich abonniere ja noch immer unsere alte Lokalzeitung, und ich dachte, dass Sie der beigefügte Ausschnitt vielleicht interessiert. Ich habe ihrem Mann kondoliert, denn er hat mir damals nach Addies Tod ebenfalls einen so reizenden Brief geschrieben.« Der Zeitungsausschnitt war der Nachruf auf Juanita Quinn. Sie war im Schlaf gestorben. Seltsamerweise fanden weder Exequien noch ein eigentliches Begräbnis statt, denn die Verstorbene hatte verfügt, dass ihre Leiche verbrannt und die Asche in den Blue River gestreut werden sollte.

23. Februar 1977: Jake angerufen. Seine Begrüßung eher verlegen: »Hallo, Partner, du hast dich aber rar gemacht.« Was nicht ganz zutraf, denn ich hatte ihm aus der Schweiz geschrieben und zweimal – vergebens – versucht, ihn über die Weihnachtsfeiertage telefonisch zu erreichen. »Ach so, ja, ich war in Oregon.« Dann kam ich zum Punkt: Juanita Quinns Nachruf. Erwartungsgemäß sagte er: »Das gefällt mir ganz und gar nicht.« Als ich ihn fragte, was genau, sagte er: »So eine Einäscherung ist in meinen Augen immer verdächtig.« Wir unterhielten uns noch eine Viertelstunde, allerdings war das Gespräch von seiner Seite aus sehr bemüht. Vielleicht erinnere ich ihn an etwas, das er trotz seiner inneren Stärke lieber vergessen will.

10. Juli 1977: Anruf von Jake, er war in Hochstimmung und fiel gleich mit der Tür ins Haus: »Hab ich es nicht gesagt, Einäscherungen sind immer verdächtig. Und Bob Quinn ist wieder Bräutigam! Es war ja ein offenes Geheimnis, dass er noch eine andere Familie hatte. Eine Frau mit vier Kindern, alle von unserem honetten Quinn. Er hatte sie drüben in Appleton versteckt, etwa hundert Meilen südwestlich. Und letzte Woche hat er die Dame geehelicht und – stolz wie Oskar – sowohl sie als auch die ganze Kinderschar umgehend auf seine Ranch geholt. Juanita würde sich im Grab umdrehen – wenn sie denn eines hätte.« Etwas überfahren von Jakes Redeschwall, fragte ich: »Wie alt sind denn die Kinder?« Und er: »Die Jüngste ist zehn und die Älteste siebzehn, alles Mädchen. Ich sag dir, die ganze Stadt steht kopf, alle entrüsten sich über diese, wie sie meinen, skandalösen Zustände, die braven Bürger. Mit Mord kommen sie klar, ein paar Lei-

chen hier und da stören sie nicht im Geringsten, aber wehe, ihr strahlender Kriegsheld zieht mit seiner Schlampe und ihren vier Blagen zusammen, das verträgt sich ganz und gar nicht mit ihrer presbyterianischen Wohlanständigkeit.« Und ich: »Mir tun bloß die Kinder leid. Und die Frau natürlich auch.« Und er: »Ich spare mir mein Mitleid für Juanita. Ich wette, wenn wir die Leiche noch hätten, würden die von der Gerichtsmedizin eine hübsche Überdosis Nikotin im Gewebe finden.« Ich: »Das bezweifle ich. Er hätte Juanita kein Haar gekrümmt. Sie war Alkoholikerin, und er hat sie immer wieder vor dem Totalabsturz gerettet. Er hat sie geliebt.« Kleinlaut sagte Jake: »Du glaubst also nicht, dass er bei Addies ›Unfall‹ etwas nachgeholfen hat?« Ich: »Sie stand auf seiner Liste, das ist unbestritten, und irgendwann hätte er es auch getan. Aber ihr Tod war ein Unfall.« Und Jake: »Wodurch ihm die Mühe erspart blieb, es selber zu tun. Okay, aber dann erklär mir das mit Clem Anderson oder den Baxters.« Ich: »Das war alles sein Werk. Er musste es tun, er ist Überzeugungstäter, ein Messias mit einer klaren Aufgabe.« Darauf Jake: »Und warum hat er dann den Postmeister entwischen lassen?« Ich: »Hat er das denn? Meine Vermutung ist, dass der alte Jaeger seinen *Treffpunkt Samara* noch erleben wird. Eines Tages wird Quinn vor ihm stehen, er wird keine Ruhe geben, er ist nämlich krank im Kopf.« Bevor Jake auflegte, fragte er noch auf seine sarkastische Art: »Und du?«

15. Dezember 1977: Habe heute im Schaufenster eines Pfandleihers eine Krokobrieftasche gesehen, guter Zustand und mit den Initialen J.P. Habe sie gekauft, weil unser

letztes Gespräch auf einem Misston endete (Misston von ihm, nicht von mir). Ich habe sie Jake geschickt, als Weihnachts- wie als Friedensgabe.

22. Dezember 1977: Weihnachtskarte von Mrs. Connor, der treuen Seele. Sie schreibt: »Stellen Sie sich vor, ich arbeite jetzt beim Zirkus. Nein, nicht als Akrobatin, sondern am Einlass. Aber allemal besser als immer nur Shuffleboard! Meine Segenswünsche zum neuen Jahr.«

17. Januar 1978: Ein Vierzeiler von Jake, der sich – unangemessen knapp – für die Brieftasche bedankt. Nun gut, Hinweis verstanden. Ich denke, ich lasse ihn von jetzt an besser in Ruhe.

20. Dezember 1978: Weihnachtskarte nur mit Unterschrift von Marylee Connor. Kein Wort von Jake.

12. September 1979: Fred Wilson mit Frau vergangene Woche in New York. Sie sind auf dem Weg nach Europa (ihr erstes Mal!) und aufgeregt wie Flitterwöchner. Ich lud sie zum Abendessen ein, und das Gespräch drehte sich zunächst ausschließlich um die bevorstehende Rundreise. Bis Fred (kurz vor dem Dessert) sagte: »Sag mal, du hast ja noch gar nichts von Jake erzählt.« Ich tat überrascht und bemerkte so beiläufig wie möglich, dass ich seit über einem Jahr nichts mehr von ihm gehört hätte. Doch Fred hakte nach: »Habt ihr euch gestritten?« Ich zuckte die Schultern: »Nicht direkt, aber wir sind nicht immer einer Meinung.« Darauf sagte Fred: »Jake ist gesundheitlich sehr angeschlagen. Lungenemphysem. Er geht Ende des Monats in Pension. Ich meine, mir kann es egal sein, aber ich fände es schön, wenn du ihn mal anrufen würdest. Gerade jetzt braucht er Menschen, die zu ihm halten.«

14. September 1979: Ich werde Fred Wilson auf immer dankbar sein. Er hat es mir leicht gemacht, meinen Stolz herunterzuschlucken und Jake anzurufen. Wir haben heute Morgen zum ersten Mal seit langem wieder miteinander gesprochen. Es war, als hätten wir erst gestern telefoniert, die lange Unterbrechung schien nicht zu zählen. Er bestätigte, was Fred bezüglich seiner Pensionierung gesagt hatte. »Noch sechzehn Tage, dann ist Schluss!« Dann wollte er zu seinem Sohn nach Oregon ziehen. »Aber vorher quartiere ich mich noch mal ein, zwei Tage im Prairie Motel ein. Ich habe in dieser Stadt noch ein paar Sachen zu erledigen. Bei Gericht liegen noch ein paar Akten, die ich meinen persönlichen Unterlagen einverleiben will. Hey, warum fahren wir nicht gemeinsam hin – zur Versöhnung? Wir treffen uns in Denver.« Jake brauchte mich nicht zu drängen, ich hätte notfalls denselben Vorschlag gemacht. Ich hatte – bei Tag und bei Nacht – schon oft davon geträumt, in diese freudlose Kleinstadt zurückzukehren, denn ich wollte Quinn noch einmal sehen und ganz allein mit ihm reden.

Am 2. Oktober war es so weit.

Jake hatte mir seinen Wagen geliehen, und nach dem Mittagessen brach ich zur B.Q.-Ranch auf. Er selbst wollte nicht mit. Ich erinnerte mich an das letzte Mal, als ich durch diese Gegend gefahren war: in Mondschein und Eiseskälte, und die Rinder auf der Weide standen in Gruppen zusammen und dampften. Jetzt im Oktober lag die Landschaft in ihrer ganzen Größe vor mir, und der geteerte Highway war wie eine dünne schwarze Wasserstraße quer durch einen goldenen Kontinent. Zu beiden Seiten leuchteten die sonnengebleichten Stoppelfelder mit ihren gelben Tupfen und dunklen Schatten unter dem wolkenlosen Himmel. Stiere schritten gemessen über die Weiden, und Mutterkühe mit ihren Kälbern grasten oder dösten.

Am Einfahrtstor zur Ranch, unter dem Zeichen der gekreuzten Tomahawks, lehnte ein junges Mädchen. Sie lächelte mir zu und hob die Hand, damit ich anhielt.

JUNGES MÄDCHEN: Guten Tag, ich bin Nancy Quinn. Mein Dad hat gesagt, ich soll hier auf Sie warten.
TC: Das ist aber nett.
NANCY QUINN (sie öffnete die Wagentür und stieg ein): Er ist beim Angeln. Ich soll Ihnen den Weg zeigen.
   (Sie war ein aufgeweckter Wildfang mit einem ausgeprägten Gebiss. Ihr falbes Haar war ganz kurz, und sie war von oben bis unten mit Sommersprossen bedeckt. Sie trug nur einen alten Badeanzug. Ein Knie war mit einem schmutzigen Verband bandagiert.)
TC (mit Blick auf die Bandage): Hast du dir wehgetan?
NANCY QUINN: I wo, bin nur abgeworfen worden.
TC: Abgeworfen?
NANCY QUINN: Ja, von Bad Boy. Er hat keinen guten Charakter, deshalb heißt er Bad Boy. Er hat schon jeden hier abgeworfen, auch die meisten der Jungs. Ich dachte, ich kann ihn reiten. Hat auch geklappt, etwa zwei Sekunden lang. Waren Sie schon einmal hier?
TC: Ein einziges Mal, aber das ist Jahre her. Und auch nur bei Nacht. Ich erinnere mich aber an eine Holzbrücke irgendwo ...
NANCY QUINN: Die ist da hinten!

(Wir überquerten die Brücke, und endlich sah ich den Blue River. Doch sah ich sein Wasser wiederum nur kurz aufblitzen, denn jetzt behinderten die herbstlich gestimmten Uferbäume die Sicht.)
Waren Sie schon mal in Appleton?
TC: Nein.
NANCY QUINN: Echt noch nie? Das ist komisch. Ich hab noch nie jemanden getroffen, der noch nie in Appleton war.
TC: Habe ich etwas verpasst?
NANCY QUINN: Es geht. Wir haben früher da gewohnt. Aber hier gefällt es mir besser. Hier hockt man nicht immer so eng zusammen und kann mehr machen, wozu man Lust hat. Angeln zum Beispiel. Oder Kojoten jagen. Mein Dad hat gesagt, für jeden toten Kojoten kriege ich einen Dollar. Aber nach zweihundert Dollar war Schluss, jetzt gibt es nur noch zehn Cent. Na ja, ich brauch das Geld ja auch nicht wirklich. Ich bin nicht wie meine Schwestern, die den ganzen Tag vor dem Spiegel hängen.

Ich habe noch drei Schwestern, aber denen gefällt es hier gar nicht. Das liegt daran, dass sie keine Pferde mögen und das meiste andere auch nicht. Sie haben bloß Jungs im Kopf. Als wir noch in Appleton wohnten, haben wir Dad nur selten gesehen, höchstens einmal die Woche. Also haben sie sich immer total geschminkt und mit Parfum eingenebelt und so, weil sie immer irgendwelche Jungs hatten. Meine Mom hat nichts dagegen gehabt, aber die ist ja auch so, irgendwie. Aber Dad ist ziemlich streng, und Jungs sind verboten. Genau so wie Lippenstift. Einmal kamen ein paar ihrer alten Freunde von Appleton rüber, nur so, zu Besuch, und Dad steht mit seiner Schrotflinte in der Tür. Hat ihnen gesagt, wenn er sie noch einmal auf seinem Grund und Boden erwischt, pustet er ihnen die Rübe weg. Sie hätten mal sehen sollen, wie die gerannt sind! Klar, meine Schwestern waren tagelang nur am Heulen, aber ich fand das lustig.

Sehen Sie die Abzweigung da vorne? Halten Sie da.

(Ich hielt an, und beide stiegen wir aus. Sie zeigte auf eine Bresche in den Bäumen, dort führte ein dunkler, halb zugewachsener Pfad zum Ufer hinunter.)

Einfach den Weg lang.
TC (plötzlich von der Angst ergriffen, ganz allein zu sein): Kommst du nicht mit?
NANCY QUINN: Nein. Dad will keinen dabeihaben, wenn es ums Geschäft geht.
TC: Na dann mal vielen Dank.
NANCY QUINN: Keine Ursache!

Flötend entfernte sie sich.

Zuweilen war der Pfad so überwuchert, dass ich mir schützend die Hände vors Gesicht halten musste. Dornen verhakten sich in meiner Hose, und oben in den Baumkronen krächzten die Krähen. Ich sah auch eine Eule, ein seltsamer Anblick bei Tageslicht. Sie zwinkerte mit einem Auge, rührte sich ansonsten aber nicht. Einmal wäre ich fast in einen Bienenstock getreten, einen hohlen Baumstumpf, umschwirrt von Wildbienen. Und die ganze Zeit über konnte ich den Fluss hören, sein gemächliches Rauschen. Dann, hinter einer Biegung, sah ich ihn endlich – und Quinn ebenfalls.

Er trug eine Wathose und hielt die schlanke, biegsame Angelrute in die Höhe wie ein Dirigent seinen Stab. Er stand bis zur Hüfte im Wasser und wandte mir sein Profil zu. Da er keinen Hut trug, sah ich sofort, dass sein ehemals grau meliertes Haar inzwischen vollkommen weiß geworden war, so weiß wie der Schaum, der um seine Hose strudelte. Am liebsten hätte ich auf dem Absatz kehrtgemacht und wäre davongelaufen, denn die Szene erinnerte fatal an jenen Tag in grauer Vorzeit, als Quinns Doppelgänger, Reverend Billy Joe Snow, in hüfttiefem Wasser meiner harrte. Plötzlich hörte ich meinen Namen, Quinn rief mir etwas zu und winkte mich näher, während er selbst ans Ufer watete.

Ich dachte an die Jungbullen auf der goldenen Weide. Quinn in seiner nass glänzenden Wathose hatte denselben Gang – vital, kraftvoll, einschüchternd. Mit Ausnahme seiner schlohweißen Haare schien die Zeit an ihm vorübergegangen zu sein, er wirkte nicht älter als fünfzig und kerngesund.

Lächelnd setzte er sich auf einen Felsen und bedeutete mir, ebenfalls Platz zu nehmen. Er zeigte mir die Forellen, die er gefangen hatte: »Ein bisschen mickrig sind sie ja, dafür schmecken sie hervorragend.«

Ich sprach ihn auf Nancy an. Er grinste und sagte: »Oh, Nancy. Ja, sie ist ein gutes Kind.« Mehr sagte er nicht, erwähnte weder seine verstorbene Frau noch die Tatsache, dass er erneut geheiratet hatte. Er ging wohl davon aus, dass ich bestens im Bilde war.

Er sagte: »Es hat mich doch überrascht, dass Sie mich angerufen haben.«

»Oh.«

»Keine Ahnung, warum, aber ich war überrascht. Wo sind Sie denn abgestiegen?«

»Im Prairie Motel, wo sonst?

Nach längerem Schweigen fragte er beinahe ängstlich: »Sind Sie mit Jake Pepper gekommen?«

Ich nickte.

»Es heißt, dass er aus dem Polizeidienst ausscheidet.«

»Das stimmt. Er zieht nach Oregon.«

»Na ja, ich glaube ja nicht, dass ich den alten Bastard noch einmal zu sehen kriege ... Eigentlich schade, denn wir hätten echte Freunde werden können. Wenn da bloß nicht diese dauernden Verdächtigungen gewesen wären. Zum Teufel mit ihm, am Ende glaubte er sogar, ich hätte die arme Addie Mason ertränkt!« Er lachte zwar, aber seine Miene verfinsterte sich. »Also meiner Meinung nach war es die Hand Gottes.« Er hob die Hand, und zwischen seinen gespreizten Fingern wand sich der Fluss wie ein dunkles Band. »Es war Gottes Werk. Sein Wille.«

CAPOTE ÜBER CAPOTE

GEISTER AM HELLLICHTEN TAG
Die Verfilmung von Kaltblütig

*E*in heißer Tag im März vergangenen Jahres. Ein Gerichtssaal mitten in den Weizenebenen von Westkansas. Richard Brooks, der Regisseur, drehte sich zu mir und fragte mich übellaunig: »Was ist denn so komisch? Darf man mitlachen?«

»Ach, nichts«, antwortete ich, obwohl mir gerade eine Bemerkung von Perry Smith eingefallen war, einem der beiden Mörder, deren Verhandlung hier nachgestellt werden sollte. Er war damals gerade erst festgenommen worden, und seine Frage lautete: »Waren auch Vertreter der Filmindustrie zugegen?« Ich fragte mich, was er von der augenblicklichen Szene wohl gehalten hätte, den riesigen Scheinwerfern in exakt demselben Gerichtssaal, in dem er und Richard Hickock verurteilt worden waren – sogar die Geschworenenbank war genauso besetzt wie damals. Was hätte er gedacht über die laufenden Generatoren, die surrenden Kameras, die Techniker inmitten des ganzen Kabelsalats?

Zu meinem ersten Gespräch mit Perry Smith kam es Anfang Januar 1960. Es war ein kalter, eisglitzernder Tag. Smith und ich redeten in einem Raum des Sheriff's Office, an dessen Fenstern nervös der Präriewind rüttelte. Ich selbst war nicht weniger nervös, denn seit mehr als einem Monat arbeitete ich jetzt an *Kaltblütig*, einem Buch über den Mord an der Familie Clutter. Doch falls es mir nicht gelang, mit diesem jungen Mann halb irischer, halb indianischer Abstammung in näheren Kontakt zu treten, musste ich das Projekt wohl oder übel wieder aufgeben. Sein Pflichtverteidiger hatte ihn überredet, mit mir zu sprechen, aber ich merkte bald, dass Smith seine Entscheidung bereute. Er war verschlossen, misstrauisch und sah mich meist nur mit müden, mürrischen Augen an. Ich sollte Jahre brauchen und mehrere hundert Briefe und Interviews, bis er mir erlaubte, hinter diese Fassade zu blicken. Zum damaligen Zeitpunkt jedenfalls interessierte ich ihn nicht, er zog sogar meine Berechtigung in Zweifel, überhaupt mit ihm zu reden. Was ich denn für ein Schriftsteller wäre, was für Bücher ich geschrieben hätte? Tja, meinte er, nachdem ich ihm meine Bibliographie gegeben hatte, er für seine Person habe noch nie von mir oder einem meiner Bücher gehört. Ob ich denn keine Filmdrehbücher geschrieben hätte? Doch, eines, sagte ich, *Schach dem Teufel*. Und siehe da, plötzlich kam Leben in seine müden Augen. »Ah, ich erinnere mich. Hab ihn mir aber nur wegen Humphrey Bogart angeguckt. Ähm, kannten Sie ... kannten Sie Bogart persönlich?« Ich sagte ihm, ich sei mit Bogart sogar eng befreundet gewesen, worauf er auf diese fragile, verwirrte Art lächelte, die ich später noch oft an ihm sehen sollte. »Bogart«, sagte er so leise, dass ich ihn wegen des Windes kaum verstand, »ich fand ja immer, er hat was. Er ist mein Lieblingsschauspieler. Ich habe mir sicher tausend Mal den *Schatz der Sierra Madre* angesehen. Aber das vor allem wegen dem alten Mann – Walter Huston, richtig? Der diesen verrückten alten Goldsucher spielt. Der war genau wie mein Vater, Tex Smith, aber so was von genau so. Da bin ich bis heute nicht drüber weg, echt, das hat mich richtig umgehauen.« Dann sagte er: »Waren Sie gestern auch da, als sie uns hergebracht haben?«

Die Frage bezog sich auf den Abend zuvor, als zwei Mörder in Handschellen von einem ganzen Regiment der Staatspolizei von Las Vegas, wo sie verhaftet worden waren, nach Garden City, Kansas, überstellt wurden, wo sie am Gericht von Finney County dem Haftrichter vorgeführt werden sollten. Hunderte Menschen harrten stundenlang bei Dunkelheit und Minustemperaturen auf dem Vorplatz aus, schweigsam, beinahe ehrfürchtig. Presse aus dem gesamten Westen und Mittelwesten war vertreten, sogar etliche Fernsehteams waren vor Ort.

Ja, sagte ich ihm, ich sei da gewesen und hätte mir dabei sogar eine leichte Lungenentzündung geholt. Er bedauerte das: »Mit Lungenentzündung ist nicht zu spaßen. Aber sagen Sie ... ich hatte so viel Angst, dass ich kaum etwas mitgekriegt habe, ich dachte erst, die Leute reißen uns in Stücke. Ich meine, wozu auch auf den Henker warten, wo man das gleich an Ort und Stelle erledigen kann, oder? Wäre wahrscheinlich sogar besser gewesen, ich meine, was soll der ganze Zirkus noch, die Verhandlung und das alles? Sowieso eine einzige Farce, diese primitiven Bauern wollen uns hängen sehen, das ist mal klar.« Er biss sich auf die Unterlippe und machte ein unschlüssig-verlegenes Gesicht, wie ein Kind, das mit dem Zeh etwas in den Boden malt. »Was mich interessieren würde: Waren auch Vertreter der Filmindustrie zugegen?«

Solche gestelzten Formulierungen waren typisch für Perry – die »Filmindustrie« war »zugegen«. Und auch die Eitelkeit dahinter, die jede öffentliche Aufmerksamkeit – und sei es in Form nackter Sensationslust – gierig aufsog. Er versuchte, dieses narzisstische Motiv mit einem Achselzucken zu kaschieren, war aber trotzdem merklich erleichtert, als ich ihm versicherte, dass tatsächlich mehrere Filmkameras auf ihn gerichtet waren.

Jetzt, sieben Jahre später, kam mir dieser Moment komisch vor, dennoch ging ich auf Brooks' Frage nicht ein, weil die jungen Schauspieler in der Nähe waren, welche die Rollen von Perry und Dick spielten. In ihrer Gegenwart fühlte ich mich ohnehin unwohl, unwohl und wie durchschaut. Zwar hatte ich Fotos von ihnen gesehen (Robert Blake als »Perry«, Scott Wilson als »Dick«), ehe sie für die Rolle ausgesucht wurden, aber erst bei den Dreharbeiten in Kansas traf ich sie persönlich. Und diese Begegnung und überhaupt ihre Gegenwart war etwas, das ich kein zweites Mal erleben möchte. Das ist nichts Persönliches, beide sind ernsthafte, einfühlsame, begabte Schauspieler. Doch ihre Casting-Fotos hatten mich – trotz der großen Ähnlichkeit mit ihren realen Vorbildern – nicht im Geringsten darauf vorbereitet, welche hypnotische Wirkung von dieser zweiten Wirklichkeit ausgehen sollte.

Das gilt besonders für Robert Blake. Als ich ihn zum ersten Mal sah, dachte ich, ein Geist, ein Geist mit schwarz glänzenden Haaren und diesem müden Blick sei in mein Leben getreten. Ich wollte nicht wahrhaben, dass Blake nur jemand war, der Perry lediglich spielte, für mich war er Perry – ein Gefühl wie ein Sturz in einen Aufzugschacht. Da waren sie, die wohlvertrauten Augen in dem bekannten Gesicht, die mich wie immer distanziert musterten. Mir schien, als sei Perry von den Toten auferstanden, aber aufgrund eines Gedächtnisverlustes nicht in der Lage, sich an mich zu erinnern. Vor Schreck, Frustration und Hilflosigkeit, kombiniert mit einer beginnenden Grippe, floh ich in mein Motel am Rand von Garden City. Im Wheat Lands Motel war ich in den Jahren, in denen ich an *Kaltblütig* arbeitete, oft abgestiegen, und dort stürzten sogleich die alten Bilder auf mich ein. All die Erinnerungen an endlose Winterabende und das Husten einsamer Handelsvertreter im Zimmer nebenan, sie rissen mich mit wie ein Kansas-Tornado und warfen mich aufs Krankenlager.

Ich zitiere aus meinem Tagebuch: »Innerhalb von dreißig Minuten einen halben Liter Whiskey getrunken und davon glatt weggesackt. Am Morgen mit Fieber aufgewacht, der Fernseher lief noch, aber in meinem Kopf war alles leer. Ich wusste nicht mal, wo ich war oder warum ich hier war. Alles irreal, weil viel zu real, wie das bei den Reflexen der Realität oft der Fall ist. Dann Dr. Maxfield angerufen, der mir eine Spritze gab und mehrere Rezepte. Aber das Problem liegt im Kopf (?).«

Der Begriff »Reflex der Realität« erklärt sich eigentlich von selbst, aber vielleicht sollte ich mein persönliches

Verständnis davon trotzdem kurz erläutern. Reflektierte Realität ist die Essenz der Realität, sozusagen ihre wahrere Wahrheit. Als Kind habe ich mich oft mit einer Art Bilderspiel beschäftigt. Wenn ich zum Beispiel eine Landschaft sah mit Bäumen, Wolken und Pferden auf der Weide, dann suchte ich mir irgendeine Einzelheit, sagen wir ein Stück Gras, das sich im Wind bewegte, und rahmte es mit meinen Händen ein. Dadurch wurde aus diesem Detail die Essenz der ganzen Landschaft, das in prismenartiger Verkleinerung die wahre Atmosphäre eines ganzen Panoramas wiedergab, das viel zu groß war, um es als Ganzes zu begreifen. Oder ich war in einem unbekannten Zimmer und wollte das Zimmer und seine Bewohner verstehen, dann wählte ich ebenfalls irgendein einzelnes Element aus – das konnte ein Lichtstrahl sein, ein altersschwaches Klavier oder das Muster im Teppich –, das für mich das Geheimnis des Ganzen enthielt. Jede Kunst setzt sich aus derart ausgewählten Details zusammen, die entweder der Imagination entstammen oder, wie in *Kaltblütig*, ein Destillat der Wirklichkeit sind. Der Film wiederum destillierte seine Wirklichkeit aus meinem Buch, war also das Destillat des Destillats und damit noch ein Stück reiner und wahrer.

Kurz nach Erscheinen von *Kaltblütig* gab es die ersten Anfragen bezüglich einer Verfilmung. Ich selbst hatte bereits beschlossen, dass der Drehbuchautor und Regisseur Richard Brooks in diesem Fall die Funktion eines Vermittlers zwischen Buch und Leinwand übernehmen sollte. Ich schätzte ihn nicht nur wegen seiner professionellen Art, in Bildern zu denken, er war auch der einzige Regisseur, der riskieren wollte, mein Konzept zu übernehmen, also erstens den Film in Schwarzweiß zu drehen und zweitens nur unbekannte Schauspieler zu nehmen, das heißt Leute, deren Gesichter noch nicht im öffentlichen Bewusstsein waren. Obwohl wir sonst völlig unterschiedlich ticken, wollten wir doch beide, dass der Film die Realität gleichsam duplizierte. Die Schauspieler sollten ihren realen Vorbildern so ähnlich wie irgend möglich sein, und der ganze Film sollte an Originalschauplätzen gedreht werden: im Haus der ermordeten Familie Clutter, in dem Gemischtwarenladen, in dem Perry und Dick das Seil und das Klebeband gekauft hatten, womit sie ihre vier Opfer später fesselten. Dasselbe bei Gerichtssälen, Gefängniszellen, Tankstellen, Hotelzimmern, Straßen und Highways. Alles, was sie vor, während und nach ihrer Tat gesehen hatten, würde auch im Film zu sehen sein. Ein kompliziertes Vorhaben, aber der einzig gangbare Weg, wenn nicht die Phantasie, sondern allein die Reflexe der Realität die beherrschende Kraft dieses Films sein sollten.

Besonders fühlbar wurde dies, als ich vor den Dreharbeiten mit Brooks das Haus der Clutters besuchte, in dem die Mordszene spielte. Um nochmals aus meinem Tagebuch zu zitieren: »War den ganzen Nachmittag auf der Clutter-Farm. Ein eigenartiges Gefühl, wieder in dem Haus zu stehen, in dem ich schon so oft gewesen bin, vor allem da jetzt alles so still war. Das stille Haus, die nüchternen Zimmer, die Bodendielen, auf denen jeder Schritt nachhallte, die Fenster mit Blick auf die Prärie und die braunen Stoppelfelder. Seit dem Mord an dieser Familie hat praktisch niemand mehr hier gewohnt. Das Land wurde von einem Farmer aus Texas gekauft, der es auch bewirtschaftet. Ab und zu wohnt sein Sohn hier. Das Haus ist noch keine Ruine, aber alles wirkt so verlassen wie eine Vogelscheuche ohne Krähen, die sie erschrecken könnte. Der gegenwärtige Besitzer gab Brooks die Erlaubnis, hier zu drehen, viele der alten Möbel waren noch da, und was fehlte, hat Tom Shaw, Brooks' rechte Hand, in mühevoller Kleinarbeit wieder zusammengetragen. Die Zimmer sahen genauso aus wie im Dezember 1959, kurz nach dem Mord, als ich sie zum ersten Mal zu Gesicht bekam. Mr. Clutters Stetson hing am Haken der Garderobe. Nancys Noten standen auf dem Notenhalter. Und auf der Kommode lag die Brille ihres Bruders schimmernd im Sonnenlicht.

Auch diesmal suchte ich einen Bildausschnitt aus, der für mein Gefühl alles zusammenfasste. Es waren die Jalousien in Mr. Clutters Büro, durch das die Mörder ins Haus eingedrungen waren. Dort hatte Dick zuerst die Lamellen auseinandergebogen, um festzustellen, ob sich draußen in der mondhellen Nacht irgendwelche Zeugen aufhielten, und dann noch einmal beim Verlassen des Hauses. Die vier Schüsse aus der Schrotflinte waren unglaublich laut gewesen, und mit klopfendem Herzen peilte Dick die Lage, denn der Lärm hatte womöglich die ganze Gegend aufgeweckt. Und jetzt ist der Schauspieler, der Dick spielt und der ihm geradezu unheimlich ähnlich sieht, im Begriff, das alles ein zweites Mal zu tun. Seit dem Mord sind acht Jahre vergangen, die Clutter-Familie existiert nicht mehr, auch Dick ist tot, aber die Jalousien in diesem Haus hängen immer noch an ihrer alten Stelle.

Über einen einfachen Gegenstand greift die Realität auf die Kunst über, und das ist vielleicht das Beunruhigendste an diesem Film: Realität und Kunst sind so miteinander verwoben, dass eine klare Demarkationslinie nicht mehr auszumachen ist.

Fast die ganze Mordsequenz wird bei totaler Dunkelheit gefilmt, einzige Lichtquelle sind die Taschenlampen. Niemand hat so etwas je versucht, denn ohne zusätzliche Scheinwerfer ist der Schauplatz einfach zu dunkel. Hier aber haben die Filmtechniker die Taschenlampen mit speziellen Batterien und Glühlampen präpariert, sodass sie kräftige Scheinwerferstrahlen abgeben, die sich höchst effektiv durch das dunkle Haus bewegen.

Brooks' Detailversessenheit treibt zuweilen seltsame Blüten. Heute fiel ihm auf, dass sich einige Leute in der Drehpause eine Zigarette angesteckten. Plötzlich klatschte er in die Hände und rief: ›Okay, alle Mann die Zigarette aus! Bei den Clutters wurde grundsätzlich nicht geraucht, also tut ihr das bitte auch nicht.‹«

Aber gequält von einer Grippe und den Gespenstern der Vergangenheit, hielt ich es für das Beste, das Set zu verlassen, damit Brooks in Ruhe weiterdrehen konnte. Ich glaube, kein Regisseur hat es gern, wenn er ständig den Autor im Nacken hat. Obwohl unser Verhältnis eigentlich gut ist, entging mir nicht, dass meine Anwesenheit alle nervös machte, Brooks eingeschlossen. Er wird nicht traurig gewesen sein, als ich nicht mehr da war.

In New York hingegen fragten mich erstaunlich wenige nach dem Fortgang der Verfilmung. Die meisten interessierte viel mehr, wie die Bevölkerung auf die Dreharbeiten in ihrer Stadt reagierte: Wie war denn die Stimmung, feindselig oder eher kooperativ? Die Frage lässt sich nur beantworten, wenn man weiß, wie meine eigenen Erfahrungen während der jahrelangen Recherche in Finney County ausgesehen haben.

Als ich 1959 in dieser gottverlassenen Gegend eintraf, kannte ich dort niemanden, und niemand außer der Bibliothekarin und einigen Lehrerinnen kannte meinen Namen. Komischerweise war der Erste, den ich in der Stadt interviewte, zugleich derjenige, der sich später als mein einziger Widersacher erweisen würde, genauer gesagt der Einzige, der sowohl offen als auch hintenherum gegen mich agierte. (Das klingt zwar wie ein Widerspruch, aber genau so war es.) Dieser Mann war der Herausgeber des *Telegram*, der Tageszeitung von Garden City, und infolgedessen in einer Position, Stimmung gegen mich und meine Arbeit zu machen. Der Autorenname über den Artikeln lautete Bill Brown, und dieser Name entsprach ganz dem Zuschnitt dieses Herrn: ein dünner, zerknitterter Mann mit schlammbraunen Augen und dem Gilb im Gesicht. Natürlich verstand ich seine Missgunst nur zu gut, ich konnte sie ihm zunächst nicht einmal verübeln. Da kam »dieser Schriftsteller aus dem feinen New York«, wie er mich oft umschrieb, wilderte auf seinem Terrain, weil er unbedingt ein Buch schreiben musste über eine »unappetitliche Sache«, die man am besten für immer begraben hätte. Der Tenor war stets derselbe: »Wir wollen diese Tragödie vergessen, aber dieser Schriftsteller aus New York hindert uns absichtlich daran.« Deshalb war es auch nicht weiter überraschend, als Brown eine regelrechte Kampagne gegen die Dreharbeiten in Garden City und Holcomb startete. Nun hieß es, »diese Leute aus Hollywood« würden »unerwünschte Elemente« anlocken, die noch die ganze Gegend kaputtmachten. Aber so sehr er auch gegen die Anwesenheit des Filmteams wetterte, es nützte alles nichts, aus dem einfachen Grund, weil die meisten Leute, die ich in Kansas traf, durchaus vernünftig und hilfsbereit waren. Ich selbst hätte ohne ihre fortgesetzte Unterstützung nie arbeiten können, und einige davon wurden sogar Freunde fürs Leben.

Das alles war im März vergangenen Jahres. Im September reiste ich nach Kalifornien, um mir den Rohschnitt des fertigen Films anzusehen. Einen Tag nach meiner Ankunft traf ich mich mit Brooks, der ein echter Geheimniskrämer ist, was seine Filme angeht. Das Drehbuch wird über Nacht immer weggeschlossen, und niemand außer ihm hat es je vollständig gelesen. Die Dreharbeiten von *Kaltblütig* waren im Juni beendet worden, und seitdem arbeitete Brooks nur noch mit einem Cutter und einem Filmvorführer daran, und wiederum durfte kein Mensch auch nur einen Meter davon sehen. Bei unserem ersten Gespräch war er blass und fahrig, was man bei einem sonst so selbstbewussten und entschlossenen Menschen wie ihm gar nicht gewohnt ist. »Natürlich bin ich nervös«, sagte er. »Wie auch nicht? Schließlich ist es Ihr Buch. Angenommen, der Film gefällt Ihnen nicht?«

Eine berechtigte Frage und zugleich eine, die ich mir selbst nie gestellt hatte, wohl weil ich an so vielen Entscheidungen beteiligt war und meine eigenen Entscheidungen für gewöhnlich nicht mehr anzweifle.

Als ich Tags darauf in den Columbia-Studios eintraf, war Brooks noch nervöser. Mir schien, er steigerte sich da in etwas hinein. Er sagte: »Also, dieser Film hat mir schon viele schlaflose Nächte bereitet, aber so schlimm wie jetzt war es noch nie.« In dieser Stimmung betraten wir den Vorführraum, aber es hätte auch die Todeszelle sein können.

Brooks nahm den Hörer ab und war mit dem Projekttorraum verbunden. »Okay, Film ab!«

Die Beleuchtung erlosch, und auf der weißen Leinwand erschien ein Highway in der Dämmerung: die Route 50, die sich unter diesem riesigen Himmel durch eine Landschaft windet, welche so leer ist wie eine ausgehöhlte Maisschote und so schwermütig wie nasses Laub. Am Horizont taucht ein silberner Greyhound-Bus auf, wird im Näherkommen größer und lauter und fährt vorbei. Musik: eine einzelne Gitarre. Dann beginnt der Vorspann, und das Bild verschwimmt zu einer Innenansicht des Busses. Dort döst noch alles, nur ein kleines Mädchen läuft durch den Mittelgang in den dunkleren hinteren Teil des Fahrzeugs, angelockt vom einsamen Plonkaplonk der Gitarre. Sie entdeckt den Gitarristen, aber wir sehen ihn nicht. Sie sagt etwas zu ihm, aber wir verstehen nicht, was. Der Gitarrist steckt sich mit einem Streichholz eine Zigarette an, und die Flamme beleuchtet teilweise sein Gesicht. Es ist Perrys Gesicht und Perrys müder, distanzierter Blick. In den nächsten Einstellungen sehen wir erst Dick, dann Dick und Perry in Kansas City, dann in Holcomb, dann Herbert Clutter beim Frühstück am Tag seiner Ermordung, anschließend wieder seine Mörder – dieselbe Montagetechnik wie in meinem Buch.

Die einzelnen Szenen entwickeln sich mit erstaunlicher Folgerichtigkeit, trotzdem werde ich das Gefühl nicht los, dass dabei etwas verlorengegangen ist, ein Gefühl, das sich um mein Herz legt wie die eisige Korona eines Herbstmondes. Es liegt nicht daran, was auf der Leinwand zu sehen ist, das hat alles seine Richtigkeit. Es liegt an dem, was alles fehlt. Warum zum Beispiel ist dieses oder jenes Detail rausgeflogen? Wo ist Bobby Rupp? Susan Kidwell? Die Postangestellte und ihre Mutter? Während ich davon noch so abgelenkt war, dass ich gar nicht würdigen konnte, was der Film wiederum alles enthielt, fing der Film Feuer. Wie ein Reißverschluss lief eine kleine gemeine Flamme durch den Filmstreifen und verschmorte das Bild. »Das ist nicht schlimm, nur eine kleine Panne«, sagte Brooks in der darauffolgenden Stille. »Das passiert nicht zum ersten Mal. Das haben wir in einer Minute.«

Ein glücklicher Zufall, könnte man sagen, denn während der Filmvorführer den Schaden reparierte, konnte ich meinen inneren Konflikt beilegen. Jetzt hör mal gut zu, sagte eine Stimme in mir, was du verlangst ist nicht nur unrealistisch, sondern auch unfair. Der Film dauert zwei Stunden, länger darf er nicht sein. Wenn Brooks noch all das hineingestopft hätte, was dir so ans Herz gewachsen ist, jedes Detail, dem du jetzt hinterherheulst, dann wäre das Ding neun Stunden lang! Also hör endlich auf. Schau dir den Film an und genieße ihn als das, was er ist, dann darfst du meinetwegen auch eine Meinung dazu haben.

So habe ich es dann gemacht, und mir kam es vor, als schwimme ich hinaus auf ein wohlvertrautes Meer, wo dennoch Wellen auf mich warteten, die ich in dieser Höhe nicht erwartet hatte, gefährliche Strömungen, die mich nach unten auf den Meeresgrund zogen und mich am Ende völlig fertig und erschlagen an einen einsamen Strand warfen – und unglücklicherweise nicht als das Opfer eines Alptraums oder »nur« eines Films, sondern wie nach einem Angriff der Realität.

Die Leinwand kehrte zu ihrem nüchternen Weiß zurück, das Licht ging an. Aber wie schon in jenem Motel in Garden City erwachte ich, ohne zu wissen, wo ich war. Neben mir saß ein Mann. Wer war er, und warum sah er mich so eindringlich an, als warte er darauf, dass ich jetzt etwas sagte? Richtig, es war Brooks. Schließlich sagte ich: »Ach so, was ich sagen wollte: vielen Dank auch.«

DIE STIMME AUS DER WOLKE

Andere Stimmen, andere Räume (der Titel stammt von mir, er ist kein Zitat) kam im Januar 1948 heraus. Ich hatte zwei Jahre dafür gebraucht, und es war nicht mein erster Roman, sondern der zweite. Der erste, den ich nie einem Verlag angeboten habe und der mittlerweile verschollen ist, hieß *Sommerdiebe* und war eine nüchtern erzählte Geschichte mit New Yorker Hintergrund. Wenn ich mich richtig erinnere, war er gar nicht mal so schlecht, technisch ausgereift, mit einer interessanten Handlung, aber ohne Intensität oder Bezug zu meiner persönlichen Lebenssituation einschließlich ihrer speziellen Leidens- und Angstzustände. *Andere Stimmen, andere Räume* kam dagegen einem höchst persönlichen Exorzismus gleich, auch wenn mir das bis auf wenige Passagen gar nicht bewusst war. Der Roman ist also weitgehend autobiographisch. Dass mir das entgangen ist, finde ich heute, nach erneuter Lektüre, unverzeihlich.

Natürlich gab es eine Ursache für diese beharrliche Ignoranz: Ich wollte mich schützen. Zwischen dem

Schriftsteller und der wahren Quelle seines Materials musste es eine Brandmauer geben. Aber da zu dem verwirrten jungen Mann, der damals das Buch geschrieben hat, kein Kontakt mehr besteht, lässt sich sein damaliger Seelenzustand auch nur noch schwer rekonstruieren. Ich will es trotzdem versuchen.

Nach Erscheinen von *Andere Stimmen, andere Räume* bemerkten Kritiker – wohlgesonnene ebenso wie Gegner –, ich sei von Schriftstellern des amerikanischen Südens beeinflusst, also von Autoren wie Faulkner, Welty oder McCullers, die ich tatsächlich sehr gut kannte und auch bewunderte. Die Herren Kritiker täuschten sich, wenn auch aus verständlichen Gründen. Die wichtigsten amerikanischen Schriftsteller waren für mich (die Reihenfolge spielt keine Rolle): James, Twain, Poe, Cather, Hawthorne, Sarah Orne Jewett. Aus Europa schätze ich: Flaubert, Jane Austen, Dickens, Proust, Tschechow, Katherine Mansfield, E. M. Forster, Turgenew, De Maupassant und Emily Brontë. Doch diese Liste ist für *Andere Stimmen, andere Räume* mehr oder weniger irrelevant, denn mit Ausnahme von Poe (schon damals kaum mehr als eine verschwommene Kindheitserinnerung, ähnlich wie Dickens oder Twain) gibt es keinen direkten Einfluss. Im Grunde waren *alle* gleich wichtig, alle haben zu meiner literarischen Entwicklung beigetragen. Doch der Ursprung lag in mir selbst: meinem unterirdischen, schwierigen Ich, nirgendwo sonst. Diese Erkenntnis machte mich mit einem Schlag frei. Insofern ist der letzte Satz des Romans geradezu prophetisch: Ich stand da und schaute zurück auf den Jungen, den ich hinter mir gelassen hatte.

Geboren bin ich in New Orleans, als Einzelkind. Meine Eltern ließen sich scheiden, als ich vier Jahre alt war. Es war eine komplizierte Scheidung mit viel Bitterkeit auf beiden Seiten, weswegen ich die meiste Zeit zu Verwandten in Louisiana, Mississippi oder dem ländlichen Alabama abgeschoben wurde und abwechselnd in New York und Connecticut zur Schule ging. Aber wichtiger als der offizielle Unterricht war ohnehin meine private Lektüre. Die Schule hielt ich für Zeitverschwendung. Sie war für mich im Alter von siebzehn Jahren beendet, als ich mich beim *New Yorker* bewarb. Das war kein großartiger Job, ich sortierte lediglich die Cartoons und schnitt Zeitungsartikel aus. Trotzdem betrachtete ich meine Arbeit dort als Glücksfall, zumal ich mir fest vorgenommen hatte, nie den Fuß in ein College zu setzen. Ich glaubte, entweder man war Schriftsteller oder eben nicht und dass kein Professor daran wesentlich etwas ändern konnte. Ich halte es noch heute für die richtige Entscheidung, zumindest in meinem Fall, auch wenn mir klargeworden ist, dass die meisten jungen Autoren auf dem College mehr zu gewinnen als zu verlieren haben. Auf jeden Fall könnten ihnen die anderen Seminarteilnehmer als erstes aufmerksames Publikum dienen, denn keine Einsamkeit ist größer als die eines Nachwuchsschriftstellers ohne jeglichen Resonanzraum.

Ich blieb zwei Jahre beim *New Yorker* und veröffentlichte während dieser Zeit eine Reihe Kurzgeschichten in kleinen Literaturzeitschriften. (Ich legte sie natürlich auch der Redaktion des *New Yorker* vor, aber keine wurde je angenommen. Nur einmal bekam ich mein Werk mit dem Kommentar zurück: »Sehr gut. Leider für unsere Zeitschrift etwas zu romantisch.«) Außerdem schrieb ich *Sommerdiebe*. Um dieses Buch auch zu Ende zu bringen, nahm ich meinen ganzen Mut zusammen, kündigte, verließ New York und quartierte mich bei Verwandten ein, einfachen Baumwollfarmern im hintersten Winkel von Alabama. Von da an bestand mein Umfeld aus Feldern, Weiden, Kiefernwäldern, Schotterpisten, Bächen und kleinen, trägen Flüssen. Der nächste Ort war fünf Meilen entfernt: In meinem Buch nannte ich ihn Noon City.

Ich traf im Spätherbst dort ein, und die Atmosphäre in dem großen, noch ausschließlich mit Kaminöfen beheizten Haus war genau die richtige für einen werdenden Autor, der in erster Linie Ruhe und Abgeschiedenheit suchte. Man stand um halb fünf auf, frühstückte bei elektrischem Licht und ging pünktlich zu Sonnenaufgang an die Arbeit. Danach war ich allein mit meinem Buch – und meiner wachsenden Panik. *Sommerdiebe* erschien mir irgendwie zu mager, zu konstruiert, nicht wirklich erlebt. Eine andere Sprache keimte in mir, eine andere geheime Landschaft drängte sich in meine Tag- und meine Nachtträume.

Eines frostigen Dezembernachmittags wanderte ich, weit vom Farmhaus entfernt, am Ufer eines geheimnisvollen, tiefen, sehr klaren Flusses entlang und kam schließlich an einen Fleck namens Hatter's Mill, eine über dem Fluss errichtete Mühle, die schon vor Zeiten aufgegeben worden war. Früher hatten dort die Farmer ihren Mais mahlen lassen, und als Kinder waren wir da oft zum Angeln und Schwimmen. Am Mühlwehr (ein spannender

Ort, der unbedingt genauer untersucht werden musste) hatte mich seinerzeit auch die Wasserschlange gebissen – genau wie Joel Knox aus *Andere Stimmen andere Räume*. Als ich abermals diese halb verfallene Mühle mit ihren silbergrau verwitterten Balken sah, kam der Schock des Schlangenbisses wieder hoch, ebenso wie die Erinnerung an Idabel oder vielmehr das Mädchen, welches das Vorbild für Idabel gewesen war. Erinnerung an die Tage, an denen wir in dem klaren Wasser geschwommen waren. Erinnerung an die tiefen, sonnendurchfluteten Stellen und dicken, gesprenkelten Fische, die Idabel immer mit bloßen Händen fangen wollte.

Erregung – eine Spielart des schöpferischen Komas – stieg in mir auf. Außerdem verirrte ich mich und lief mehrfach im Kreis, denn auch in meinem Kopf drehte sich alles. Für gewöhnlich kommt mir die Idee für eine Geschichte gleich als Ganzes. Wie ein lang anhaltender Blitz, der die so genannte reale Welt verdunkelt und nur die pseudoimaginäre Landschaft erhellt mit allem, was dazugehört: Figuren, Stimmen, Räume, Stimmungen, Wetter. Und alles gebärdet sich im Moment der Geburt wie ein wildes Tigerjunges, das man erst zähmen muss. Worin ja überhaupt die Hauptaufgabe eines Künstlers besteht: die Zähmung und Gestaltung der ersten Vision.

Es war dunkel und kalt, als ich wieder zu Hause ankam, aber davon merkte ich wegen des lodernden Feuers in meinem Innern nicht viel. Meine Tante Lucille sagte, sie hätte sich Sorgen gemacht, und war enttäuscht, als ich kein Abendessen wollte. Ob ich krank sei, wollte sie wissen. Ich sagte nein. Darauf sie: »Du siehst mir aber *gar nicht gut* aus, du bist ja blass wie ein Gespenst.« Ich wünschte ihr nur gute Nacht und schloss mich in mein Zimmer ein. Dort räumte ich das Manuskript von *Sommerdiebe* in die unterste Schublade meines Schreibtischs, suchte mehrere scharfe Bleistifte zusammen, dazu einen neuen Block mit gelbem, liniertem Schreibpapier, legte mich vollständig angezogen ins Bett und schrieb mit anrührendem Pathos: »Andere Stimmen, andere Räume – Roman von Truman Capote.« Dann der erste Satz: »Nach Noon City muss der Reisende sich durchschlagen, so gut er kann …«

So ungewöhnlich es ist, fast jedem Schriftsteller ist es schon einmal passiert: dass sich bestimmte Geschichten ganz mühelos und wie ferngesteuert schreiben. Es ist, als hätte eine Stimme aus den Wolken zum Diktat gebeten. Die Schwierigkeit besteht einzig darin, den Kontakt zu jenem außerweltlichen Diktator aufrechtzuerhalten. Bei mir war der Austausch nachts am intensivsten – so wie Fieber bekanntermaßen auch erst nach Sonnenuntergang so richtig ansteigt. Also schrieb ich nachts und schlief tagsüber, eine Einteilung, welche die ganze Familie beunruhigte und endlose Kommentare nach sich zog. »Aber du stellst dein ganzes Leben auf den Kopf, das *kann* nicht gesund sein.« Deshalb dankte ich meinen gestressten Verwandten im darauffolgenden Frühjahr für die großzügige Aufnahme und ihre Geduld, kaufte mir ein Greyhoud-Ticket und fuhr nach New Orleans.

Dort lebte ich zur Untermiete in der engen Wohnung einer kreolischen Familie in der Royal Street, das ist im French Quarter. Meine Bleibe war nur ein kleines, glühend heißes Schlafzimmer, das gerade einmal Platz für das Messingbett bot, und es war laut wie in einer Fabrikhalle. Straßenbahnen rumpelten unter meinem Fenster vorbei, dazu verwandelte das Gegröle der Touristen und die allnächtlichen Schlägereien zwischen besoffenen Soldaten und Seeleuten die Straße in eine wahre Lärmhölle. Trotzdem blieb ich meinem alten Wach-Schlaf-Rhythmus treu und machte sogar Fortschritte. Im Spätherbst war das Buch zur Hälfte fertig.

Gleichwohl hätte ich nicht so einsam sein müssen, wie ich war. New Orleans war meine Heimatstadt, und noch immer hatte ich viele Freunde dort. Doch statt in die reale Welt einzutreten, verbarrikadierte ich mich in meinem selbstgeschaffenen Universum mit Cousine Zoo, Jesus Fever und dem Cloud Hotel und rief nicht einen meiner Bekannten an. Meine einzige Gesellschaft war die kreolische Familie, einfache, freundliche Leute. (Der Vater war Dockarbeiter, seine Frau Näherin.) Ansonsten nur Begegnungen mit Thekenjungs im Drugstore und den Leuten im Café. Obwohl New Orleans nicht sehr groß ist, bin ich nie jemandem begegnet, den ich kannte – außer zufällig meinem Vater. Ironie des Schicksals: Die Suche nach der im Grunde imaginären Vaterfigur war das Hauptthema von *Andere Stimmen, andere Räume*, auch wenn ich das damals noch nicht durchschaute.

Selten aß ich mehr als einmal am Tag, meistens gegen Morgen, wenn ich mein Nachtwerk beendet hatte. Dann lief ich durch die feuchten, von Balkonen gesäumten Straßen, vorbei an der St. Louis Cathedral bis zum French Market, einem Platz, auf dem sich zu dieser frühen Stunden die Lastwagen der Gemüsefarmer, Fischer, Metzger und Blumenzüchter drängten. Es roch nach Erde, nach Kräutern und exotischen Aromen, und das laute Gescheppe regen Handels klang einem in den Ohren. Ich liebte diesen Markt.

Hauptversammlungsort war ein Café, in dem es nur bitterschwarzen Chicorée-Kaffee gab und frisch ausgebackene Doughnuts mit einer herrlichen Kruste. Ich hatte den Laden schon mit fünfzehn Jahren entdeckt und war ihm seither verfallen. Der Eigentümer des Cafés gab allen Stammgästen einen Spitznamen, mich nannte er – wegen meiner schmächtigen Statur – »Jockey«. Jeden Morgen, wenn ich im Café war, mich über Kaffee und Doughnuts hermachte, meinte er mit sinistrem Kichern: »Aber aufpassen, Jockey, sonst kommst du nie wieder auf dein Renngewicht.«

In diesem Café war ich fünf Jahre zuvor auch dem Prototyp von Vetter Randolph begegnet. Das heißt, eigentlich hatte Vetter Randolph zwei Vorbilder. Als kleines Kind verbrachte ich einmal im Sommer ein paar Wochen in einem alten Haus in Pass Christian, Mississippi. Das meiste habe ich vergessen, außer dass es dort einen alten Mann gab, einen Asthmatiker, der medizinische Zigaretten rauchte und wunderschöne Patchwork-Decken herstellte. Er war einmal Kapitän eines Trawlers gewesen, aber die Krankheit hatte ihn in ein dunkles Zimmer verbannt. Seine Schwester hatte ihm den Umgang mit der Nähmaschine beigebracht, und er entdeckte sein Talent für die Gestaltung von Textilbildern. Ich war oft bei ihm in seinem Zimmer, wo er dann seine gobelinartigen Decken vor mir ausbreitete: Rosenbouquets, Schiffe unter vollen Segeln, eine Schale mit Äpfeln.

Der andere Randolph-Vorgänger war ein Stammgast aus dem Café, ein untersetzter, blonder Mensch, der angeblich Leukämie hatte. Der Besitzer nannte ihn »den Zeichner«, denn er saß immer allein in einer Ecke und bannte andere Gäste, meistens Lastwagenfahrer und Viehzüchter, in seine große Mappe. Aber eines Abends war offenbar ich sein Modell. Nachdem er eine Weile gezeichnet hatte, kam er zu mir an den Tresen und sagte: »Sie sind ein *Wunderkind*, nicht? Ich erkenne das an Ihren Händen.« Ich verstand zunächst nicht, was dieses deutsche Wort zu bedeuten hatte, *Wunderkind*, hielt es erst für einen Witz, dann für eine dubiose Anmache. Aber dann klärte er mich auf, und ich freute mich, denn genau so sah ich das auch. Wir wurden Freunde, trafen uns später nicht nur im Café, sondern unternahmen auch immer wieder gemächliche Spaziergänge entlang den Deichen. Eine echtes Gespräch kam aber nie in Gang, denn er hielt meistens lange Monologe über seine Obsessionen: Tod, betrogene Leidenschaften, unverwirklichte Talente.

All das kam im Verlauf eines Sommers heraus. Im Herbst besuchte ich wieder die Schule an der Ostküste, und als ich im folgenden Juni zurückkehrte und den Inhaber des Cafés nach dem Zeichner fragte, sagte der: »Oh, der ist gestorben. Hab die Todesmeldung in der *Picayune gesehen*. Wusstest du eigentlich, dass er reich war? Ist aber so. Stand in der Zeitung. Seine Familie besitzt das halbe Land rund um den Lake Pontchartrain, stell dir das mal vor. Tja, man steckt halt nicht drin.«

Den Schluss des Romans schrieb ich übrigens wieder in einer völlig anderen Umgebung. Ich zog umher, arbeitete in North Carolina, Saratoga Springs, New York und schließlich in einem kleinen Cottage auf Nantucket Island. An einem Schreibtisch am Fenster, mit Blick auf Himmel und Strand und Wellen, entstanden die letzten Seiten, und ich konnte es erst gar nicht fassen, dass das Buch tatsächlich fertig sein sollte – ein Wunder, traurig und schön zugleich.

Ich lese meine eigenen Bücher später nur ungern wieder. Was erledigt ist, ist erledigt. Ich fürchte auch die Erkenntnis, dass meine Kritiker recht haben könnten und dass das Buch nicht so gut ist, wie ich dachte. Und bis zu dieser Anthologie hatte ich auch keinen ernsthaften Blick mehr in *Andere Stimmen, andere Räume* geworfen. Doch letzte Woche las ich es noch einmal von Anfang bis Ende durch.

Und? Wie bereits angedeutet, war ich überrascht von dem hochsymbolischen Vexierspiel. Natürlich gibt es darin Stellen, die ich nach wie vor für eine Glanzleistung halte, während andere mich eher peinlich berühren. Alles in allem las ich das Buch, als sei es das Manuskript eines vollkommen Unbekannten – und war beeindruckt. Denn was er erreicht hatte, besaß das rätselhafte Funkeln eines eigenartig gefärbten Prismas, das man ins Licht hält. Dies, und eine bestimmte verzweifelte Intensität, wie sie sonst nur Botschaften aufweisen, die gestrandete Seeleute als Flaschenpost ins Meer werfen.

SELBSTPORTRÄT

*F*rage: Wenn du an einem Ort leben müsstest, den du nie wieder verlassen dürftest – wo wäre das?

Antwort: Ach Gott, allein die Vorstellung ist furchtbar, auf ewig an ein und demselben Ort festzuhängen. Immerhin habe ich dreißig Jahre lang überall und nirgends gelebt, hatte Häuser auf der ganzen Welt. Und trotzdem, gleich wo ich gerade lebte, ob in Spanien, Italien, der Schweiz, in Hongkong, Kalifornien, Kansas oder London, ich hatte *immer* auch noch eine Wohnung in New York. Also wenn das nichts bedeutet. Wenn ich mich also entscheiden müsste, würde ich sagen: New York.

F: Aber warum gerade New York? New York ist schmutzig und gefährlich und in jeder Hinsicht schwierig.

A: Hmmm, das stimmt. Aber obwohl ich gern – und meinetwegen auch für länger – in den Bergen oder an der See bin, also dort, wo man allein sein kann, bin ich im Prinzip ein Stadtmensch. Ich liebe das harte Pflaster. Und das Geräusch, das meine Absätze auf diesem Pflaster machen, die vollen Schaufenster, Restaurants, die vierundzwanzig Stunden geöffnet haben, die Polizeisirenen bei Nacht (nicht ganz geheuer, aber immer ein Zeichen von Leben), ich liebe die Buch- und Plattenläden, in die man selbst um Mitternacht noch gehen kann.

In dieser Hinsicht ist New York vielleicht die einzige echte City auf der Welt. Rom ist laut und provinziell, Paris versteht sich als Insel, ist ständig schlecht gelaunt und eigentlich puritanisch bis auf die Knochen. Und London? All meine amerikanischen Freunde, die eine Weile in London gelebt haben, gehen einem auf die Nerven mit dem Satz, es ginge dort ja »so zivilisiert« zu. Ich habe da so meine Zweifel, aber man kann natürlich den scheintoten Allgemeinzustand dieser Stadt als zivilisiert bezeichnen. Doch abgesehen davon herrscht auch in London ein erbarmungsloser Biedersinn. Hier treffen sich immer nur dieselben Leute. Im besten Falle führt man ein Doppelleben.

Der Vorteil von New York und der tiefere Grund für seinen singulären City-Charakter liegt aber gerade darin, dass man dort sozusagen als multiple Persönlichkeit existieren kann – jede einzelne mit ihrem völlig eigenen Bekanntenkreis, ohne Überschneidungen.

F: Ziehst du Tiere den Menschen vor?

A: Ich mag Tiere und Menschen gleich gern. Trotzdem glaube ich, dass Menschen, denen Hunde, Katzen oder Pferde lieber sind, insgeheim etwas Rücksichtsloses haben.

F: Bist *du* rücksichtslos?

A: Manchmal, gesprächsweise. Ich will mal so sagen: Ich hätte mich lieber zum Freund als zum Feind.

F: Hast du viele Freunde?
A: Etwa sieben, aber auf die kann ich mich absolut verlassen. Und dann etwa zwanzig weitere, bei denen das nicht so sicher ist.
F: Welche Eigenschaften suchst du bei Freunden?
A: Zunächst dürfen sie nicht dumm sein. Ich war ein- oder zweimal schon in dumme Menschen verliebt, sehr sogar, aber das ist etwas anders. Man kann jemanden lieben, auch wenn man sich mit dem Betreffenden so gut wie gar nicht unterhalten kann. Ich fürchte, das ist auch der Grund dafür, warum die Leute heiraten und später in ihrer Ehe so unglücklich sind.

Normalerweise merke ich ziemlich schnell, ob ich mit jemandem kann oder nicht. Man sieht das daran, dass man nicht jeden Satz beenden muss, bevor der andere begreift, was man sagen will. Hier reicht eine Art mental-emotionale Kurzschrift.

Neben Intelligenz ist Aufmerksamkeit sehr wichtig. Ich höre meinen Freunden zu und mache mir Gedanken um sie und erwarte umgekehrt dasselbe von ihnen.
F: Bist du oft von deinen Freunden enttäuscht?
A: Eigentlich nicht. Ich habe schon dubiose Bekanntschaften gemacht (wie wir alle, denke ich), aber ich wusste dabei immer, worauf ich mich einließ. Richtige Verletzungen erleidet man ja immer völlig überraschend, und überrascht bin ich eher selten. Aber ein paarmal hat es mich natürlich kalt erwischt.
F: Bist du ein ehrlicher Mensch?
A: Als Schriftsteller ja. Privat, na ja, das ist Ansichtssache. Meine Freunde meinen zum Beispiel, dass ich Ge-

schichten, die ich von ihnen gehört habe, später immer in geänderter und übertriebener Form weitergebe. Meiner Meinung nach kitzle ich diese Geschichten nur ein bisschen und erwecke sie so zum Leben. Anders gesagt, ich mache sie zu einer Kunstform. Aber Kunst und Wahrheit sind nicht unbedingt kompatibel.

F: Womit verbringst du am liebsten deine Freizeit?

A: Also bestimmt nicht mit Sex, auch wenn es solche Zeiten gegeben hat. Sex als abendfüllendes Programm ist viel zu schmerzhaft und kostspielig, egal wie man das zweite Adjektiv jetzt interpretiert.

Nein, im Ernst, ich lese gerne. Habe ich schon immer. Allerdings gibt es wenige Zeitgenossen, die ich wirklich gerne lese. Bewundert habe ich von meinen Landleuten: Flannery O'Connor und Norman Mailer, außerdem William Styron, Eudora Welty, Katherine Ann Porter, den frühen Salinger und noch ein paar andere. Was ich noch nie mochte waren die Romane von Gore Vidal, dafür sind seine nichtfiktionalen Sachen erstklassig. Dasselbe gilt für James Baldwin. Aber seit etwa zehn Jahren lese ich am liebsten Schriftsteller, die ich schon kenne. Da weiß man, was man hat. Proust. Flaubert. Jane Austen. Raymond Chandler, einer der *ganz* Großen, wie ich finde. Dann Dickens. Schon mit sechzehn Jahren hatte ich alles von ihm gelesen – und neulich war ich ein zweites Mal durch.

Ich mag auch Filme, obwohl ich oft mittendrin rausgehe. Aber ich muss allein sein und gehe auch nur tagsüber, wenn das Kino fast leer ist. So kann ich mich besser konzentrieren und gehen, wann ich will, ohne Für und Wider mit jemand anderem zu diskutieren, das führt bei mir nur zu Streit und Irritation.

Ich arbeite meistens morgens, normalerweise vier bis fünf Stunden lang. Wenn ich in einer Stadt allein bin, egal welcher, treffe ich mich mit einer Bekannten zum Mittagessen. (In New York gern im Lafayette, im La Côte Basque, im Orsini, im Eichenzimmer des Plaza oder, bis zu seinem unglücklichen Ende, im Colony.) Viele Leute essen ungern zu Mittag, sie behaupten, es mache dick und müde und verdirbt ihnen den ganzen Tag. Bei mir ist es genau umgekehrt. Es gibt auch einige Männer, mit denen ich gern zu Mittag esse, aber ich ziehe schöne oder zumindest sehr attraktive, kluge Frauen vor, die mitten im Leben stehen. In diese Kategorie gehören zum Beispiel Lally Weymouth, Amanda Burden, Penelope Tree, Louise Melhado, Letztere leider verheiratet mit einem todlangweiligen Börsenmakler. Volle fünf Sterne kriegen von mir aber nur diejenigen, die neben ihrer jugendlichen Ausstrahlung auch Eleganz und stilsicheres Auftreten mitbringen und nicht zuletzt über Humor verfügen. Auf dieser (zugegebenermaßen rein subjektiven) Liste stehen Frauen wie Barbara Paley, Gloria Guinness, Lee Radziwill, Oona Chaplin, Gloria Cooper, Slim Keith, Phyllis Cerf, Kay Meehan, Viola Loewy, D.D. Ryan, Evelyn Avedon, Pamela Harriman, Kay Graham, um nur einige zu nennen. Mehr als fünfzig sind es aber nicht. Wohlgemerkt, bei all diesen Personen handelt es sich immer um die Privatmenschen. Wer nur noch als Person der Zeitgeschichte existiert (die Garbo zum Beispiel, eine unrettbar egoistische und ermüdende Frau, oder Elizabeth Taylor, eine feinfühlige Autodidaktin mit einer zupackenden und dann wieder gänzlich unschuldigen Art [»Um Gottes willen, nein, wenn man mit jemandem schläft, muss man ihn doch heiraten!«], für alle diejenigen gehört die Betörung zum Geschäft.)

Auch wenn ich allgemein als kontaktfreudiger Mensch gelte, der Gott und die Welt kennt (die obige Liste scheint es zu beweisen), bin ich doch auch gern allein. Ich mag schnelle Sportwagen, ich mag einsame Motels mit ihren Eismaschinen vor der Tür und ihrer eigentlich beklemmenden Anonymität. Deshalb setze ich mich manchmal, ohne vorher irgendwem Bescheid zu sagen, ins Auto und fahre bis zu tausend Meilen ins Blaue hinein. Ich war nur ein einziges Mal beim Psychologen: rausgeworfene Zeit. Ich wäre besser mit offenem Verdeck durch Sonne und Wind gebraust.

F: Wovor hast du am meisten Angst?

A: Nicht vor dem Tod. Ich meine, ich will nicht lange leiden. Aber der Gedanke, eines Abends ins Bett zu gehen und nie mehr aufzuwachen, beunruhigt mich kein bisschen. 1966 wäre ich bei einem Autounfall beinahe ums Leben gekommen. Ich bin durch die Windschutzscheibe geflogen und war so schwer verletzt, dass ich mich jenem »erlesenen Etwas« (Henry James' Umschreibung für den Tod) schon sehr nahe wähnte. Ich lag bei vollem Bewusstsein in meinem Blut und sagte mir die Telefonnummern verschiedener Freunde auf. Seitdem hatte ich eine Krebsoperation, bei der das Schlimmste allerdings die einwöchige Wartezeit zwischen der Diagnose und dem Tag der Messerhelden war.

Ansonsten kommt mir der allgegenwärtige Jugendwahn und seine Begleiterscheinungen, Kosmetikindustrie und plastische Chirurgie, absurd vor, absurd und obszön. Wer zum Teufel will schon ewig leben? Wir alle anscheinend, aber das ist vollkommen bescheuert. Irgendwann hat man genug vom Leben, an jenem Punkt nämlich, an dem alles nur noch anstrengend ist und trotzdem reine Wiederholung.

Aber was ist mit Armut? Fanny Brice hat einmal gesagt: »Ich war schon reich, und ich war schon arm. Glaub mir, reich ist besser.« Dem kann ich nicht zustimmen. Zumindest glaube ich nicht, dass Geld der entscheidende Faktor für meine jeweilige Befindlichkeit ist oder, um dieses idiotische Wort zu gebrauchen, für mein »Glück«. Ich kenne eine ganze Reihe ausgesprochen reicher Leute (und reich ist für mich erst jemand, der einfach mal so fünf Millionen Dollar auf den Tisch legen kann), was einige zu der Bemerkung veranlasst, ich würde überhaupt niemand anderen kennen. (Worauf ich wiederum nur sagen kann, es hat seine Vorteile. Millionäre übernehmen unbesehen jede Restaurantrechnung und hauen einen nie um Geld an.) Trotzdem bleibt festzuhalten: Reichtum allein macht weder zufrieden noch erlöst er einen von allgemeinen menschlichen Ängsten, da geht es reichen Leuten nicht anders als dem ganzen Rest. Was mich angeht, so komme ich mit beidem klar, einem möblierten Zimmer in einer Seitenstraße von Detroit oder Cole Porters ehemaliger Suite im Waldorf, die von Innenarchitekt Billy Baldwin in eine Insel des dezenten Luxus verwandelt wurde. Was ich nicht ertrage, ist das Mittelfeld, das Geräusch von Rasenmähern und Rasensprengern vor einem Eigenheim mit Doppelgarage im Ranchhausstil, womöglich noch in Scarsdale oder Shaker Heights. Mag sein, ich bin ein Snob, aber ich stehe dazu. Ich habe ja auch nur gesagt, ich hätte keine Angst davor, arm zu sein.

Und vor Misserfolg? Nun, Misserfolg ist die Würze, die dem Erfolg erst sein Aroma verleiht. Da ich aber auch diese bittere Pille mehr als einmal zu schlucken hatte (vor allem beim Theater), erlaube ich mir jetzt zu sagen: Es ist mir egal. Ehrlich, es kümmert mich nicht, was andere über mich sagen oder schreiben. Natürlich hat man diese Einstellung noch nicht, wenn man jung ist und gerade die ersten Sachen veröffentlicht. Traumatisch ist für mich heute eigentlich nur betrogene Liebe, alles andere trifft mich nicht mehr. Niederlagen und Verrisse sind für mich so weit weg wie die Berge auf dem Mond.

F: Und wovor hast du noch Angst?

A: Davor, dass ich meinen Sinn für Humor einbüße. Dass mein Verstand erst seine Seele und dann sich selbst verliert. Ein verkorkstes Leben, heißt es im Zen, ist wie jemand, der einer einzelnen Hand beim Klatschen zuhört.

F: Gibt es etwas, das dich erschreckt?

A: Ja. Mutwillige Grausamkeit. Brutalität um ihrer selbst willen, gleich ob körperlich oder verbal. Dazu gehört

Mord, aber auch die Todesstrafe. Ich ertrage es nicht, wenn Kinder geschlagen werden. Ich hasse Treibjagden.

Einmal – schon länger her – erfuhr ich, dass mein bester Freund, damals gerade achtzehn Jahre alt, eine Affäre mit seiner Stiefmutter hatte. Damals war das ein richtiger Schock für mich. Heute – man ahnt es – schockiert mich so etwas nicht mehr. Rückblickend könnte man sogar sagen, dass es den beiden eher gutgetan hat. Seitdem regen mich sexuelle Verbindungen grundsätzlich nicht mehr auf, egal, wie sie aussehen. Ich will mich einfach nicht in das Millionenheer der Scheinheiligen einreihen.

F: Seit *Kaltblütig* sind jetzt sechs Jahre vergangen. Was hast du in der Zwischenzeit gemacht?

A: Ich habe eine längere Kurzgeschichte veröffentlicht, *Der Thanksgiving-Gast*. Ich habe am Drehbuch für den Film *Trilogy* mitgeschrieben, das auf drei meiner Kurzgeschichten beruht (*Weihnachtserinnerungen*, *Miriam* und *Wege ins Paradies*) und habe im Auftrag von ABC einen Dokumentarfilm über die Todesstrafe gemacht, *Death Row U.S.A.* Der Film wurde aber aus mysteriösen Gründen in diesem Land nie gezeigt, woanders schon, zum Beispiel in Kananda. Vor einiger Zeit habe ich auch das Drehbuch für die Verfilmung des *Großen Gatsby* fertiggestellt, diesem fast vollkommenen Kurzroman (oder besser, dieser langen Kurzgeschichte). Diesen Roman in ein Drama zu verwandeln, war übrigens die Hölle, denn er besteht fast nur aus Rückblenden und Geschehnissen, die sich sozusagen im Off abspielen. Ich persönlich fand meine Adaption gelungen, aber Paramount war anderer Meinung. Wer immer dieses Ding umschreiben muss, hat schon jetzt mein Mitleid.

Die Arbeit an *Kaltblütig* hat fünf Jahre gedauert, danach brauchte ich ein Jahr Erholung, wenn Erholung das richtige Wort ist. Es vergeht nämlich kein Tag, an dem die Erfahrungen von damals nicht wie ein Schatten auf mir liegen.

Aber bereits unmittelbar nach *Frühstück bei Tiffany* und kurz vor *Kaltblütig* machte ich mir die ersten strukturellen Gedanken über einen Roman, der schon damals so hieß wie heute: *Erhörte Gebete*. Der Titel geht zurück auf eine Sentenz von Teresa von Ávila: »Mehr als über unerhörte werden über erhörte Gebete Tränen vergossen.« Ich glaube, der Satz trifft zu. Egal welche Wünsche uns auch erfüllt werden, sie werden ständig durch neue ersetzt. Es geht uns nicht anders als den Windhunden auf der Rennbahn, den mechanischen Hasen kriegen wir nie, er ist uns grundsätzlich unerreichbar, ein Umstand, der zugleich das Beste am Leben ist und das Schrecklichste. Ich erinnere mich, wie eine Bekannte von Robert Kennedy über dessen Beerdigung sagte: »Es war ein brüllend heißer Tag, und wir alle waren schon ganz durchgeschwitzt. Aber da war dieses offene Grab unter dem kühlen grünen Baum. Und auf einmal habe ich ihn beneidet. Ich beneidete Robert um diesen grünen Frieden. Ich dachte: Mach's gut, Bobby, du brauchst nicht mehr zu kämpfen. Du bist jetzt vor allem gefeit.«

Erhörte Gebete ist technisch gesehen kompliziert und mit Abstand das längste Buch, das ich je geschrieben habe. Tatsächlich ist es dreimal so lang wie alle meine anderen Bücher zusammen. Im vergangenen Jahr wollte ich es auf jeden Fall beenden, aber Literatur funktioniert nach einem eigenen Regelwerk, und daraus gibt es kein Entrinnen. Man tanzt nach ihrer Pfeife – oder gar nicht. *Erhörte Gebete* gleicht einem Wagenrad mit einem Dutzend Speichen. Angetrieben wird das Rad von einer jungen Frau, die fünfzig Affären hat und wirklich jeden dieser fünfzig Männer hätte heiraten können, aber über zwölf Jahre hinweg immer nur einen älteren Mann liebt, den sie aber nicht heiraten kann, weil er schon verheiratet ist, und der sich auch nicht scheiden lassen will, weil er sich berechtigte Hoffnungen auf das Präsidentenamt machen kann.

F: Wenn du kein Schriftsteller geworden wärst, was wäre die Alternative gewesen?

A: Rechtsanwalt. Ich habe schon oft gedacht (und viele Juristen einschließlich des Generalstaatsanwalts und eines Richters am Obersten Bundesgericht haben mir das bestätigt): Aus mir wäre ein erstklassiger Prozessanwalt geworden, auch wenn meine hohe »Kinderstimme« (was noch eine der milderen Umschreibungen ist) eigentlich dagegensteht.

Ich hätte mich auch gern als Liebhaber aushalten lassen, aber das wollte nie jemand tun, jedenfalls nicht länger als eine Woche.

F: Treibst du irgendeinen Sport?

A: Ja. Massage.

F: Kannst du kochen?

A: Nicht für Gäste. Und für mich selbst mache ich immer dasselbe, Kräcker und saure Sahne an Tomatensuppe. Oder eine Ofenkartoffel mit frischem Kaviar.

F: Wenn *Reader's Digest* von dir jemals einen Artikel über eine so genannte »unvergessliche Persönlichkeit« haben wollte, über wen würdest du schreiben?

A: Gott bewahre, dass ich je so einen schäbigen Auftrag annehmen muss. Aber wenn doch, dann ... ja, über wen würde ich schreiben? Vielleicht Robert Frost, Amerikas Dichterfürsten. Fürwahr ein denkwürdiger Mensch, denn einen derart niederträchtigen, miesen alten Sack findet man so leicht kein zweites Mal. Ich bin ihm mal mit achtzehn Jahren begegnet, aber offenbar war mein Kotau vor dem Altar seines Egos nicht tief genug. Jedenfalls schrieb er einen bizarren Brief an Harold Ross, den Herausgeber des *New Yorker*, wo ich damals beschäftigt war, und sorgte dafür, dass ich gefeuert wurde, übrigens mein erster und letzter Lohnjob. Na ja, vielleicht hat er mir damit sogar einen Gefallen getan, denn so schrieb ich meinen ersten Roman, *Andere Stimmen, andere Räume*.

Bis zum Alter von zehn Jahren lebte ich bei einer unverheirateten Verwandten in einem abgelegenen Winkel von Alabama, Miss Sook Faulk. Sie selbst war in ihrer geistigen Entwicklung nicht älter als zwölf, was ihre Reinheit, Ängstlichkeit und ihre zuweilen eigenartige, völlig unerwartete Weisheit erklärt. Ich habe zwei Geschichten über sie geschrieben, *Weihnachtserinnerungen* und *Der Thanksgiving-Gast*, beide wurden fürs Fernsehen verfilmt mit Geraldine Page in der Hauptrolle. Geradezu unheimlich, wie schön und präzise sie Miss Faulk wiedergibt.

Daneben bleibt mir Miss Page unvergesslich, weil sie zwei Seiten hatte, so unterschiedlich wie Dr. Jekyll und Mr. Hyde. Auf der Bühne war sie Jekyll, im Leben Mr. Hyde. Der Unterschied war übrigens nur rein äußerlich. Sie hat schönere Beine als die Dietrich und strahlt als Schauspielerin einen Zauber aus, dem niemand widerstehen kann, doch im Privaten versteckt sie sich – warum auch immer – unter Hexenperücken und Klamotten, bei denen das Wort exzentrisch noch untertrieben ist.

Insgesamt aber habe ich weder für Schauspielerinnen noch für Schauspieler allzu viel übrig. Eine Bekannte – wer genau, weiß ich nicht mehr – hat einmal gesagt: »Jede Schauspielerin ist viel mehr als eine Frau und jeder Schauspieler weniger als ein Mann.« Das ist nicht ganz richtig und doch so etwas wie die Wurzel der ewigen Schauspielerneurosen. Das Problem mit den meisten Schauspielern (und -innen wohlgemerkt) ist jedoch, dass sie tief in ihrem Innern dumm sind. Und häufig sind die Dümmsten sogar die Begabtesten, Sir John Gielgud zum Beispiel, ein echter Gentleman, dabei technisch brillant und mit einer ungeheuren Stimme. Leider steckt auch sein ganzer Verstand in dieser Stimme, für das Oberstübchen hat es nicht mehr gereicht. Oder Marlon Brando. Kein Schauspieler meiner Generation besitzt annähernd sein Talent, und trotzdem ist seine oft behauptete Intellektualität bei Lichte besehen die reinste Lachnummer. Übertroffen wird er darin nur noch von Bob Dylan, dem musikalischen (?) Scharlatan, der sich aufführt wie der gute (?), revolutionäre, aber letztlich hoffnungslos sentimentale Junge vom Land.

Aber genug davon. Ich hätte davon gar nicht erst anfangen sollen.

F: Welches Wort vermittelt in allen Sprachen der Welt die meiste Hoffnung?

A: Liebe.

F: Und welches ist das gefährlichste Wort?

A: Liebe.

F: Wolltest du jemals schon jemanden umbringen?

A: Du nicht? Nicht? Wirklich nicht, Hand aufs Herz? Egal, ich glaube dir sowieso kein Wort. Jeder hat schon einmal einen anderen Menschen umbringen wollen. Der Grund, warum so viele Leute Selbstmord begehen, ist Feigheit. Da sie Angst davor haben, diejenigen umzubringen, die ihnen das Leben zur Hölle machen, bringen sie lieber sich selbst um. Hätte ich alle meine Mordphantasien ausgelebt, wäre ich in derselben Liga wie Jack the Ripper. Aber wie auch immer, solche Phantasien machen jedenfalls Spaß: sich vorzustellen, wie man vorgehen wird, die ganze Planung, schließlich die Ausführung! Das Überraschungsmoment und die Angst in den Augen des verhassten Schurken, der in diesem Augenblick zum Opfer wird. Das baut Stress ab. Mehr zu empfehlen als Schäfchen zählen.

Vor einiger Zeit gab mir mein Hausarzt den guten Rat, mir ein gesünderes Hobby zu suchen. Immer nur Weinproben und Unzucht seien auf Dauer nicht gut für mich. Er fragte mich, ob ich mir so etwas vorstellen könne. Ich sagte: »Klar, Leute abmurksen.« Er lachte, ich auch, aber anders als er dachte. Er ahnte ja nicht, welche exquisiten Torturen ich für ihn ersonnen hatte, als er mich einmal acht Tage lang ohne Hausbesuch schmachten ließ – allein mit dem Schwarzen Tod (oder so).

F: Wo stehst du politisch?

A: Ich habe nur wenige Politiker gekannt, die mir sympathisch waren, aber die Auswahl ergibt ein surrealistisches Bild, eine politische Haltung lässt sich daraus nicht ableiten. Adlai Stevenson war ein Freund von mir und ein großzügiger dazu. Ich weiß noch, wir waren Gast im selben Haus, als er 1965 an einem Herzinfarkt starb. Ich sehe noch vor mir, wie der Diener seine Sachen in die Koffer packte. Die Koffer waren alle schon voll, aber eben noch nicht geschlossen. Ich ging kurz ins Zimmer und nahm mir – Dieb aus Sentimentalität – eine seiner Krawatten. Noch am Abend zuvor hatte ich ihm wegen genau dieser Krawatte ein Kompliment gemacht, und er hatte versprochen, sie mir später zu schenken. Andererseits gefällt mir auch Ronald Reagan. Viele halten das für einen Witz, doch das ist es keineswegs. Natürlich hat so ein demokratischer Freigeist wie Stevenson nicht viel mit jemandem wie Gouverneur Reagan zu tun, und doch teilen sie gewisse Eigenschaften wie Bescheidenheit und jene Geradlinigkeit, die schon unter gewöhnlichen Bürgern selten genug ist, erst recht bei Politikern. So glaube ich ja auch, dass Jacob Javits, der Senator von New York, und Ronald

Reagan sich erst einmal misstrauisch beäugen würden – um dann doch prima miteinander klarzukommen und ein höchst interessantes Gespann zu bilden. (Natürlich spreche ich nur deshalb so gut von den beiden, weil ich ihre Frauen sympathisch finde – obwohl sie noch weniger gemeinsam haben als ihre Männer. In Mrs. Javits steckt bei aller Eleganz nach wie vor die Brooklyner Straßengöre, die verknallte Kindfrau mit dem sexy Blick und einem Vokabular so frisch und salzig wie die Wellen am Strand von Coney Island. Was Mrs. Reagan angeht, also ich weiß nicht, sie umgibt noch immer die Aura eines nostalgischen Kleinstadt-Amerika: die heimkehrende Königin auf ihrer Rosensänfte.)

Am besten von allen Politikern habe ich wohl Präsident Kennedy und seinen Bruder Robert gekannt. Auch sie waren sich sehr unähnlich und standen sich vor allem längst nicht so nah, wie gemeinhin angenommen wird. Und zumindest der Jüngere hatte eine Heidenangst vor dem Älteren ...

F: Müssen wir eigentlich dauernd von diesen Kennedys reden? Außerdem weichst du meiner Frage aus. Ich hatte nicht nach irgendwelchen Politikern gefragt, sondern nach deinem eigenen politischen Standpunkt.

A: Ich habe keinen. Ich habe auch noch nie gewählt. Allerdings, wenn man mich nett bitten würde, wäre ich bei nahezu jedem Protestmarsch dabei: Kriegsgegner, *Free Angela*[33], Schwule und Lesben, Frauenbewegung etc.

F: Wenn du einen Wunsch frei hättest, was würdest du am liebsten sein?

A: Unsichtbar. Je nach Wunsch sichtbar oder unsichtbar. Denk nur mal an die Möglichkeiten, die man dann hätte: Macht, Reichtum, permanentes erotisches Vergnügen.

F: Was sind deine größten Laster bzw. Tugenden?

A: Laster habe ich keine. Der Begriff existiert in meinem Lexikon nicht. Meine größte Tugend ist Dankbarkeit. Soweit mir bekannt ist, habe ich noch nie jemanden hintergangen, der freundlich zu mir war. Aber Kunst ist die Entschädigung für die verdorbenen Freuden des Lebens, und so reserviere ich meine größte Dankbarkeit für all jene Dichter, Maler und Komponisten, die mich am besten entschädigt haben. Jede große Kunst ist Magie und ein einziges Geheimnis, der Rest besteht aus Arithmetik und Biologie. Obwohl ich mir einbilde, eine ganze Menge vom Schreiben zu verstehen, passiert es immer wieder, dass ich, sobald ich etwas Gutes lese (also echte Kunst vor mir habe) mich in einer einzigen Frage verliere: Wie hat der das gemacht? Wie ist so etwas möglich?

F: Insgesamt erscheinen aber viele deiner Antworten nicht sonderlich schlüssig. Einmal erklärst du mutwillige Grausamkeit zur Todsünde, dann wieder gibst du zu, selbst ganz gern die eine oder andere gemeine Bemerkung fallen zu lassen. Und schließlich ergehst du dich sogar in Mordphantasien. Wie darf man das verstehen?

A: Das darf man so verstehen, dass der durchweg konsequente Mensch nichts als Biskuitteig im Kopf hat. Meine eigene Gehirnmasse mag zwar auch reichlich seltsam sein, aber Biskuit ist es nicht.

F: Angenommen, du ertrinkst. Welche Bilder ziehen dann – nach der klassischen Vorstellung – in deinem Kopf vorbei?

A: Ein heißer Tag im Alabama des Jahres – oh! – 1932, ich muss etwa acht Jahre alt sein. Ich bin in einem Gemüsegarten, Bienengesumm und Hitzeflirren, und ich ernte Kohlrabi und matschige dunkelrote Tomaten und lege sie in einen Korb. Dann laufe ich durch einen Kiefernwald voller Geißblatt zu einem tiefen, kühlen Bach, wo ich bade und den Kohlrabi und die Tomaten wasche. Vögel, Vogelmusik, das Licht im Laub, der scharfe Geschmack des rohen Kohlrabi auf meiner Zunge: ewige Seligkeit, Halleluja! Nicht weit davon kräuselt sich eine Schlange über den Wasserspiegel, eine Mokassinschlange. Ich habe aber keine Angst vor ihr.

Zehn Jahre später. Kriegsjahre. New York. Ein Jazzclub auf der West 52nd Street. Name: The Famous Door. Dort tritt die Sängerin auf, die ich von allen am meisten liebe, damals wie heute, überhaupt immer: Miss Billie Holiday, auch Lady Day genannt. Billie mit der weißen Gardenie im Haar, ihr drogentrüber Blick, der langsam durch das billige Lavendellicht der Bühne schweift, ihr Mund, der die Worte hervorbringt: *Good mornin', Heartache – You're here again to stay ...*

Juni 1947. Paris. Ich trinke *eau minerale* in einem Straßencafé mit Albert Camus, der mir sagt, ich soll nicht so empfindlich auf Kritik reagieren. (Ach, wenn er mich jetzt sehen könnte.)

Ich stehe am Fenster einer Pension auf irgendeiner Mittelmeerinsel und beobachte die Ankunft der Fähre vom Festland. Plötzlich sehe ich auf dem Kai jemanden mit einem Koffer. Jemanden, den ich kenne. Na gut. Jemanden, der sich erst wenige Tage zuvor – endgültig, wie ich mir eingestehen musste – von mir getrennt hatte. Okay, wieder die alte, bekannte Frage: Ist das echt oder nur wieder Betrug und Selbstbetrug? Oder wie Cole Porter sagen würde: *Is it the real turtle soup? – Or only the mock? Or is it at long last love?* (Aber genau das war es, Liebe.)

Ein junger Mann mit schwarzen Haaren und Schmachtlocke. Er trägt ein Ledergeschirr, das seine Arme an den Seiten fixiert. Er zittert, aber er spricht mit mir, lächelt sogar. Aber in meinen Ohren höre ich nur das Blut rauschen. Zwanzig Minuten später ist er tot, erhängt an einem Strang.

Zwei Jahre später. Aus dem Aprilschnee alpiner Höhenlagen fahre ich hinunter ins Tal und in den italienischen Frühling.

Auf dem Friedhof Père-Lachaise in Paris besuche ich das Grab von Oscar Wilde. Das Grab wird überschattet von Jacob Epsteins verrenktem Tieffliegerengel. Ich glaube ja nicht, dass Wilde das gefallen hätte.

Paris. Januar 1966. Das Ritz. Ein sonderbarer Besucher bringt mir nicht nur Massen von Flieder mit, sondern auch eine junge Eule in einem Käfig, die mit lebenden Mäusen zu füttern ist. Ein Kellner des Ritz hat das Tier freundlicherweise an seine Familie geschickt, die in der Provence einen Hof betreibt.

Doch jetzt rasen die Bilder nur so vorbei. Die Wellen schlagen über meinem Kopf zusammen. Ich pflücke

Äpfel an einem Herbstnachmittag. Ich ziehe – nicht eben zu meiner Freude – einen Bulldoggenwelpen groß, und, o Wunder, er überlebt. Ein Garten in der kalifornischen Wüste. Die Brandungsgeräusche des Windes in den Palmkronen. Ein Gesicht, ganz nah. Und wieder Cole Porter. *Is it the Taj Mahal I see? Or merely Asbury Park? Or is it at long last love?* (Nein, diesmal nicht, keine Chance, nirgends, nie.)

Plötzlich läuft alles rückwärts. Meine Freundin Miss Faulk näht an einer Patchworkdecke mit Rosen- und Rankenmuster, jetzt zieht sie die Decke bis an mein Kinn hoch. Neben dem Bett eine Petroleumlampe. Sie gratuliert mir zu meinem Geburtstag und bläst die Lampe aus.

Ab Mitternacht, zum Glockenschlag des Kirchturms, bin ich acht Jahre alt.

Einmal mehr der Bach. Der Geschmack von rohem Kohlrabi auf meiner Zunge, das rauschende Wasser, das meinen nackten Körper umarmt. Und da, genau da, tangoschlängelnd auf der sonnenbetupften Wasseroberfläche diese höchst geschmeidige, tödliche Mokassinschlange. Aber davor habe ich keine Angst, oder doch?

ANHANG

EDITORISCHE NOTIZ

Er war kein Grenzgänger, er hob die Grenzen auf.

Bereits mit acht Jahren begann Truman Capote zu schreiben, als Vorlage für seine ersten Geschichten diente ihm die Wirklichkeit: Alltagsbeobachtungen, das Gerede der Leute auf der Straße oder über den Nachbarszaun hinweg, Bruchstücke von Unterhaltungen, die er aufschnappte und in seinem Tagebuch fast Wort für Wort protokollierte. Dabei half ihm damals wie später – ganz besonders während der Arbeit an *Kaltblütig* – sein nahezu fotografisches Gedächtnis. Um seinen Gesprächspartner nicht zu irritieren, notierte er sich das Gesagte nie, sondern rekapitulierte es erst zu Hause am Schreibtisch.

Truman Capote verfasste Kurzgeschichten und Romane, die ihn berühmt machten – aber er schrieb auch immer wieder Reportagen und Porträts, die zunächst in Zeitschriften wie *Esquire*, *Harper's Magazine*, *Atlantic Monthly*, *Story* oder *The New Yorker* publiziert wurden. Das ihnen Eigene ist: Auch diese nicht-fiktionalen Texte sind mit der Hand des Schriftstellers geschrieben. Sie besitzen die erzählerische Kraft von Capotes Prosa, und ihre Poesie. Diese ist vor allem seiner außergewöhnlichen Sprache zu verdanken. »Schlicht sollen sie sein, meine Sätze, und klar wie ein Gebirgsbach«, so lautete Capotes Vorsatz für seine journalistischen Arbeiten. Dabei verwandte er die Techniken, den Stil, die er als Romancier entwickelt hatte; das Material, das ihm die Realität anbot, behandelte er wie einen fiktiven Stoff.

In seinen Reportagen und Porträts experimentierte er mit allen Gattungen, die er bis dahin überhaupt je ausprobiert hatte: der Short Story, dem Roman, dem Gedicht, der Novelle, dem Drehbuch, dem Theaterstück. *Die Musen sprechen*, der Bericht einer Reise des afroamerikanischen Musical-Ensembles von *Porgy and Bess* durch das kommunistische Russland im Jahr 1955, war sein erster großer Versuch, einen »humorvollen Tatsachenroman« zu entwerfen. Er erschien unter dem Titel *Porgy and Bess in Russia* in zwei Teilen im *New Yorker*, mit dem Doppeluntertitel »If The Cannons Are Silent / The Muses Are Heard« und war seinem Schriftstellerkollegen Tennessee Williams gewidmet (dem er beinahe drei Jahrzehnte danach mit *Erinnerung an Tennessee Williams* ein Denkmal setzte).

Indem Capote die Genres, die er sich über die Jahre angeeignet hatte, mischte (»Ich wollte die ganze Farbpalette einsetzen«), indem er dem recherchierten Material einen Resonanzkörper gab, durch den die Sprache und Dramaturgie seiner Prosa klangen, verschob er die Grenze zwischen Nicht-Fiktionalem und Fiktionalem nicht nur, er schuf ein ganz neues Genre: den Tatsachenroman. Ein

Journalismus, der sich wie Literatur liest, eine Literatur, die sich wie Journalismus, wie eine Begebenheit aus dem wahren Leben, liest – was als »new journalism« nachfolgende Generationen von Journalisten beeinflusste, entsprang Capotes Wunsch und Bemühen, alles, was er über das Schreiben wusste, in einen einzigen Text fließen zu lassen. Das beschrieb er 1980 rückblickend in seinem Vorwort zur amerikanischen Ausgabe von *Musik für Chamäleons*, einer Sammlung von Reportagen und Essays: »Bereits seit etlichen Jahren drängte es mich nämlich zum Journalismus, zum Journalismus als Kunstform. Zum einen hatte die Literatur seit den Zwanzigerjahren nicht wirklich Innovatives mehr hervorgebracht, zum anderen war ein künstlerischer Journalismus insofern Neuland, als kaum ein Schriftsteller sich je auf dieses Gebiet begab, es sei denn in Form von Autobiographie oder Reisebericht. *Die Musen sprechen* war also tatsächlich ein vollkommen neuer Ansatz. Ich wollte den journalistischen Roman, eine Story in Breitwandformat mit faktischer Authentizität, filmischer Unmittelbarkeit, mit der Freiheit und Tiefe von Prosa und der Präzision von Lyrik.«

So liegt es in der Natur seines Schreibens, dass die hier versammelten und um ein Stichwortregister ergänzten Texte berühmte Charaktere wie zum Beispiel Marlon Brando, Colette oder Marilyn Monroe nachzeichnen, diese Berühmtheiten aber durchaus Figuren sein könnten, die Capotes Phantasie entsprungen sind. Zwar versuchte er sich als Reporter unsichtbar zu machen (»Zur Steigerung seiner Glaubwürdigkeit lässt ein Reporter nämlich gern die eigene Person als Gewährsmann auftreten. Da mir aber ein neutraler Ton sehr wichtig war, verzichtete ich darauf.«), doch sein Blick auf die Menschen und Dinge ist einer, der sich nur seiner eigenen Wahrheit der charakterisierten Person verpflichtet fühlt.

Die Ausgabe vereint all seine Porträts bekannter Persönlichkeiten, darunter auch jenes der Schriftstellerin Willa Cather, das Capote am Vorabend seines Todes fertigstellte. Direkt aufeinander folgen jene, die im 1959 veröffentlichten Fotoband *Observations* Fotografien von Richard Avedon zur Seite gestellt waren. Das Kapitel »Konversationen« beinhaltet diejenige Sonderform des Porträts, für die sich Capote den Begriff »Konversationsporträt« ausdachte, weil der Porträtierte darin selbst zu Wort kommt. In *Nächtliche Unruhe* treibt er diese in einem amüsanten Selbstgespräch auf die Spitze. Mehr noch über den Mensch und Autor Truman Capote ist im Kapitel »Capote über Capote« zu erfahren.

Innerhalb der einzelnen Kapitel sind die Texte in der Reihenfolge ihrer Erstpublikation angeordnet.

The Dogs Bark, diesen Titel gab Capote seiner Sammlung von »Souvenirs von Orten und Menschen« aus drei Jahrzehnten, die er den Freunden Alan U. Schwartz, seinem Anwalt und Nachlassverwalter, und Joseph M. Fox, seinem Lektor bei Random House, widmete. *Handgeschnitzte Särge* trägt den Untertitel »Tatsachenbericht über ein amerikanisches Verbrechen«. Er erschien 1979, dreizehn Jahre nach *Kaltblütig*, Capotes millionenfach verkauftem Tatsachenroman über den Mord an einer Farmerfamilie, dessen Fakten er in sechs Jahren zusammentrug. In *Handgeschnitzte Särge* lässt sich vielleicht am besten nachvollziehen, dass Capote als Schriftsteller vor allem ein Spieler war, ein Glücksspieler, der allerdings bei seinem Schreiben nicht allein auf das Glück der Eingebung und des Talents baute, sondern ebenso auf das des jahrzehntelang geschulten Handwerks. Für den Leser entsteht daraus das Glück der Lektüre, nie genau zu wissen, wie unwirklich die Fiktion und wie wirklich die Nicht-Fiktion ist.

Anuschka Roshani

ANMERKUNGEN

1 Der Western sollte 1961 als *One-Eyed Jacks* (*Der Besessene*) in die Kinos kommen.
2 »Charles Atlas«, bürgerlicher Name: Angelino Siciliano (1893–1972), einer der Ahnherren des modernen Bodybuilding.
3 *Diamond Lil*, erfolgreiches Bühnenstück von Mae West aus dem Jahr 1928.
4 Aus J. D. Salinger, *Der Fänger im Roggen* [*The Catcher in the Rye*, dt.], übers. Eike Schönfeld, Köln: Kiepenheuer & Witsch, 2003.
5 Denys Finch Hatton, jüngerer Bruder des 14. Earl of Finch Hatton, bekannt geworden als Großwildjäger und Dschungelpilot in Ostafrika, noch bekannter als große Liebe von Karen Blixen in *Jenseits von Afrika* – und der Nachwelt wohl am bekanntesten durch Robert Redford in der Verfilmung des Romans.
6 George Davis, einflussreicher Zeitungsmann der schrillen Sorte (*Harper's Bazaar, Mademoiselle*) und Förderer von Capote und Jane Bowles. Sein Konzept, ernste Literatur in Hochglanzmagazinen zu veröffentlichen, hat vielen jungen Autoren den Weg geebnet.
7 *Don't Ever Leave Me*, aus dem Musical *Sweet Adeline*, gesungen von Helen Morgan.
8 Dr. J. Robert Oppenheimer, Leiter des amerikanischen Atombombenprogramms in Zweiten Weltkrieg. Er sprach sich nach dem Krieg aber deutlich für Rüstungskontrolle aus und landete prompt vor McCarthys berüchtigtem Komitee für unamerikanische Aktivitäten.
9 Debbie Reynolds, amerikanische Sängerin und Schauspielerin (*Singin' In The Rain*), in erster Ehe verheiratet mit Eddie Fisher, was finanziell womöglich nicht zu ihrem Schaden war.
10 Sirhan Bishara Sirhan beging am 5. Juni 1968 das Attentat auf Robert F. Kennedy.

11 Atascadero State Hospital, geschlossene Anstalt des Maßregelvollzugs für psychisch kranke Straftäter in Kalifornien.
12 Dorothy Mae Kilgallen, regierungskritische Journalistin und TV-Persönlichkeit. Sie starb 1965 tatsächlich unter ungeklärten Umständen im Alkoholrausch.
13 Hedda Hopper und Louella Parsons, berüchtigte Klatschkolumnistinnen.
14 Barbara Cushing Mortimer Paley, genannt »Babe«, New Yorker Society-Diva und Stil-Ikone, zu deren Kreis auch Truman Capote zählte. Der Ausspruch »Man kann nie zu reich sein – oder zu schlank« wird ihr zugeschrieben. In zweiter Ehe verheiratet mit dem CBS-Gründer William S. Paley.
15 Amos 'n' Andy, neben Laurel und Hardy bis weit in die Fünfzigerjahre hinein das wohl bekannteste Komikerduo in den USA. Ihre oft denunzierende Darstellung schwarzer Unterschichtcharaktere, wie sie auch Capote an dieser Stelle wiedergibt, war aber schon damals nicht unumstritten.
16 Die gesangliche Darbietung des apollinischen TC stammt aus Cole Porters *At Long Last Love*. Und Asbury Park war zu der Zeit ein heruntergekommener Badeort in New Jersey.
17 Billy Graham, das »Maschinengewehr Gottes«, christlich-fundamentalistischer Erweckungsprediger.
18 Clyde Tolson, Associate Director des FBI und langjähriger, so genannter »enger« Freund des Überwachungsfanatikers und seinerzeit mächtigsten Mannes der USA, FBI-Boss Hoover. Ein Detail, das sich Capote natürlich nicht entgehen lässt.
19 Francis Cardinal Spellman, stockkonservativer Erzbischof von New York. Auch über ihn kursierten Gerüchte, er sei homosexuell.
20 Alice B. Toklas, Lebensgefährtin von Gertrude Stein. Die Memoiren von Gertrude Stein sollten später unter dem Titel *Autobiographie von Alice B. Toklas* herauskommen. Ironischerweise wurde es ihr erfolgreichstes Buch.
21 Billy Carter, erfolgloser, chronisch klammer Bierbrauer und jüngerer Bruder von Präsident Jimmy Carter. Ließ sich später vom libyschen Geheimdienst anwerben, was zur »Billygate«-Affäre führte.
22 Doris Duke, amerikanische Millionenerbin.
23 Hart Crane, schwer alkoholkranker amerikanischer Dichter. Nahm sich im Alter von einunddreißig Jahren das Leben, indem er im Golf von Mexiko von Bord eines Schiffes sprang. Seine Leiche blieb unauffindbar.
24 Esther Williams, amerikanische Schauspielerin (*Die badende Venus*). Neben Johnny Weissmueller der große Schwimmstar ihrer Zeit und bekannt für ihre riskanten Stunts.
25 Salvatore Giuliano, sizilianischer Separatist und Bandit mit Mafia-Kontakten. Er galt lange Zeit als »Robin Hood Siziliens« und kam am 5. Juli 1959 angeblich bei einem Schusswechsel mit Carabinieri ums Leben.

26 Henry Ward Beecher, Bruder von Harriet Beecher Stowe (*Onkel Toms Hütte*) und calvinistischer Reformprediger, der für Sklavenbefreiung, Frauenwahlrecht und die Erkenntnisse von Charles Darwin eintrat.
27 Der berühmte Eisschrank diente Thomas Wolfe als Schreibtisch.
28 Gianni Agnelli, italienischer Industrieller, Herr über Fiat.
29 Lee Radziwill, amerikanische Schauspielerin und Society-Diva, jüngere Schwester von Jacqueline Kennedy Onassis.
30 Luciana Pignatelli, italienische Prinzessin und Mannequin.
31 Paul LeRoy Bustill Robeson, amerikanischer Sportler, Schauspieler (*Ole Man River*) und Sänger (*Go down Moses*), dazu Bürgerrechtskämpfer, Kommunist und Stalin-Verehrer. Er war mehrfach in der Sowjetunion, wo man den schwarzen Sänger wie einen Staatsgast empfing. Robeson hatte 1952, also drei Jahre vor der *Porgy-and-Bess*-Tour, den »Internationalen Stalin-Friedenspreis« erhalten.
32 Edward Major Bowes, in den Dreißiger- und Vierzigerjahren Moderator der populären Radio-Talentshow *Amateur Hour*.
33 Angela Davis, amerikanische Bürgerrechtlerin, Schriftstellerin und Vorkämpferin für die Rechte von politischen Gefangenen. Sie stand Anfang der Siebzigerjahre auf der »Ten Most Wanted List« des FBI und verbrachte sechzehn Monate unschuldig in Haft.

TEXTNACHWEIS

Vorwort
aus: *The Dogs Bark: Public People and Private Places* (1973)

Marlon Brando. Der Fürst in seinem Reich
Orig.: *The Duke in His Domain* (1956) · aus: *The Dogs Bark: Public People and Private Places* (1973)

Richard Avedon
Orig.: *Richard Avedon* (1959) · aus: *Observations* (1959)

John Huston
Orig.: *John Huston* (1959) · aus: *Observations* (1959)

Charlie Chaplin
Orig.: *Charlie Chaplin* (1959) · aus: *Observations* (1959)

Versammlung der Schwäne
Orig.: *A Gathering of Swans* (1959) · aus: *Observations* (1959)

Pablo Picasso
Orig.: *Pablo Picasso* (1959) · aus: *Observations* (1959)

Coco Chanel
Orig.: *Coco Chanel* (1959) · aus: *Observations* (1959)

Marcel Duchamp
Orig.: *Marcel Duchamp* (1959) · aus: *Observations* (1959)

Jean Cocteau und André Gide
Orig.: *Jean Cocteau and André Gide* (1959) · aus *Observations* (1959)

Mae West
Orig.: *Mae West* (1959) · aus: *Observations* (1959)

Louis Armstrong
Orig.: *Louis Armstrong* (1959) · aus: *Observations* (1959)

Humphrey Bogart
Orig.: *Humphrey Bogart* (1959) · aus: *Observations* (1959)

Ezra Pound
Orig.: *Ezra Pound* (1959) · aus: *Observations* (1959)

Somerset Maugham
Orig.: *Somerset Maugham* (1959) · aus: *Observations* (1959)

Isak Dinesen
Orig.: *Isak Dinesen* (1959) · aus: *Observations* (1959)

Marilyn Monroe
Orig.: *Marilyn Monroe* (1959) · aus: *Observations* (1959)

Jane Bowles
Orig.: *Jane Bowles* (1966) · aus: *The Dogs Bark: Public People and Private Places* (1973)

Cecil Beaton
Orig.: *Cecil Beaton* (1968) · aus: *The Dogs Bark: People and Private Places* (1973) · ursprünglich publiziert als Vorwort zu dem Band *The Best of Beaton* (1968)

Colette. Die weiße Rose
Orig.: *The White Rose* (1970) · aus: *The Dogs Bark: Public People and Private Places* (1973)

Elizabeth Taylor
Orig.: *Elizabeth Taylor* · aus: *A Capote Reader* (1987)

Erinnerung an Tennessee Williams
Orig.: *Remembering Tennessee* · aus: *A Capote Reader* (1987)

Erinnerung an Willa Cather
Orig.: *Remembering Willa Cather* · erstmals veröffentlicht in *Vanity Fair* (November 2006)

Und dann ist eben alles passiert
Orig.: *Then It All Came Down* (1979) · aus: *Music for Chameleons* (1980)

Ein Tagewerk
Orig.: *A Day's Work* (1979) · aus: *Music for Chameleons* (1980)

Versteckte Gärten
Orig.: *Hidden Gardens* (1979) · aus: *Music for Chameleons* (1980)

Hallo, Fremder
Orig.: *Hello, Stranger* (1979) · aus: *Music for Chameleons* (1980)

Mutprobe
Orig.: *Derring-do* (1979) · aus: *Music for Chameleons* (1980)

Marilyn Monroe. Ein bildhübsches Kind
Orig.: *A Beautiful Child* (1979) · aus: *Music for Chameleons* (1980)

Nächtliche Unruhe
Orig.: *Nocturnal Turnings* (1979) · aus: *Music for Chameleons* (1980)

Lola
Orig.: *Lola* (1964) · aus: *The Dogs Bark: Public People and Private Places* (1973)

Musik für Chamäleons
Orig.: *Music for Chameleons* (1979) · aus: *Music for Chameleons* (1980)

Geblendet
Orig.: *Dazzle* (1979) · aus: *Music for Chameleons* (1980)

Mr. Jones
Orig.: *Mr. Jones* (1980) · aus: *Music for Chameleons* (1980)

Ein Licht im Fenster
Orig.: *A Lamp in a Window* (1980) · aus: *Music for Chameleons* (1980)

Gastfreundschaft
Orig.: *Hospitality* (1980) · aus: *Music for Chameleons* (1980)

New Orleans
Orig.: *New Orleans* (1946) · aus: *Local Color* (1950)

New York
Orig.: *New York* (1946) · aus: *Local Color* (1950)

Brooklyn
Orig.: *Brooklyn* (1946) · aus: *Local Color* (1950)

Hollywood
Orig.: *Hollywood* (1947) · aus: *Local Color* (1950)

Haiti
Orig.: *Haiti* (1948) · aus: *Local Color* (1950)

Nach Europa
Orig.: *To Europe* (1948) · aus: *Local Color* (1950)

Ischia
Orig.: *Ischia* (1949) · aus: *Local Color* (1950)

Tanger
Orig.: *Tangier* (1949) · aus: *Local Color* (1950)

Fahrt durch Spanien
Orig.: *A Ride Through Spain* (1950) · aus: *Local Color* (1950)

Fontana Vecchia
Orig.: *Fontana Vecchia* (1951) · aus: *The Dogs Bark: Public People and Private Places* (1973)

Stil in Japan
Orig.: *Style: and the Japanese* (1955) · aus: *The Dogs Bark: Public People and Private Places* (1973)

Haus auf den Höhen
Orig.: *A House on the Heights* (1959) · aus: *The Dogs Bark: Public People and Private Places* (1973)

Reise in den Herbst
Orig.: *Extreme Magic* · aus: *A Capote Reader* (1987)

Griechische Skizzen
Orig.: *Greek Paragraphs* (1968) · aus: *The Dogs Bark: Public People and Private Places* (1973)

Die Musen sprechen
Orig.: *The Muses are Heard* (1956)

Handgeschnitzte Särge
Orig.: *Handcarved Coffins* (1979) · aus: *Music for Chameleons* (1980)

Geister am helllichten Tag: Die Verfilmung von *Kaltblütig*
Orig.: *Ghosts in the Sunlight: The Filming of* In Cold Blood (1967) · aus: *The Dogs Bark: Public People and Private Places* (1973)

Die Stimme aus der Wolke
Orig.: *A Voice from a Cloud* (1967) · aus: *The Dogs Bark. People and Private Places* (1973) · ursprünglich publiziert als Vorwort zur Zwanzig-Jahre-Jubiläumsausgabe von *Other Voices, Other Rooms* (1967)

Selbstporträt
Orig.: *Self-Portrait* (1972) · aus: *The Dogs Bark: Public People and Private Places* (1973)

Die meisten Texte in dieser Ausgabe wurden ursprünglich in den folgenden Zeitschriften publiziert: *The Atlantic Monthly, Botteghe Oscure, Cosmopolitan, Esquire, Harper's, Harper's Bazaar, Holiday, Interview, Junior Bazaar, Ladies' Home Journal, Mademoiselle, New York, Redbook, Saturday Evening Post, Playboy, The New Yorker, Travel and Camera, Vanity Fair* und *Vogue*.

REGISTER

Abel, Rudolf 508
Adamow, Josef 673–677, 680, 683f., 697f., 704, 714
Adler, Stella 25, 69
Agnelli, Gianni 525f., 529, 888 Anm. 28
Agnelli, Marella 85, 525f., 530, 532
Aherne, Brian 268
Albee, Edward 140
Algeciras 476
Ambler, Eric 777
Andere Stimmen, andere Räume 129, 870 siehe auch *Die Stimme aus der Wolke*
Anderson, Clem 733, 737f., 741, 753, 759, 761, 775, 779, 825
Anderson, Maxwell 25
Andrézel, Pierre 106 siehe auch Dinesen, Isak
Anger, Kenneth 166, 174
Anne, Princess 290
Arlen, Harold 254
Arletty (Schauspielerin) 55
Armstrong, Louis 77, 98f. (*Louis Armstrong*), 647

Astor, Lady 299
Athen 541, 545f., 800
Atkins, Susan 167
Auden, W. H. 116, 123, 504
Auric, Georges 95
Austen, Jane 148, 322, 368f., 763, 850, 862
Avedon, Evelyn 863
Avedon, Richard 73–79 (*Richard Avedon*), 81, 125f., 790, 884
Ávila, Teresa von 868
Ayler, Ethel 699, 708
Bailey, Pearl 252–263
Balanchine, George 254
Baldwin, Billy 866
Baldwin, James 862
Balenciaga, Cristóbal 88
Bancroft (»Ballermann-Bancroft«) 375f.
Bankhead, Eugenia 545
Bankhead, Tallulah 545
Barnes, Gail 597
Barrault, Jean-Louis 55
Barrow, Clyde 208
Baxter, Mr. und Mrs. 731–733, 735, 759, 761, 825

Beardsley, Aubrey   79
Beaton, Cecil   121–126 (*Cecil Beaton*), 300, 486f.
Beausoleil, Robert   siehe *Und dann ist eben alles passiert*
Beecher, Henry Ward   503, 888 Anm. 26
Beerbohm, Sir Max   264f.
Bellson, Louis   260
Bennett, Joan   665
Bennett, Myrtle   249–251
Bérard, Christian   95
Bergman, Ingmar   79
Bergman, Ingrid   665
Berkowitz, Mr. und Mrs.   194f., 197–199, 201f.
Berle, Milton   274
Bernhardt, Sarah   291
Bey, Davy   597, 627, 683, 695
Blake, Robert   838f.
Blitzstein, Marc   337, 341
Blixen, Karen   300, 886 Anm. 5   siehe auch Dinesen, Isak
Bogart, Humphrey   100f. (*Humphrey Bogart*), 836f.
Boggs, Rhoda   691
Bohlen, Charles E.   658, 692f., 700f., 703f., 708, 718, 720
Bonaparte, Mrs. Allen T.   415f.
Bond, James   169
Boston   207, 222, 417
Bousquet, Marie-Louise   76
Bowie, Jim   209
Bowles, Jane   115–120 (*Jane Bowles*), 504, 886 Anm. 6
Bowles, Paul   116f., 504
Brando, Frances   69
Brando, Marlon   11–13, 17–72 (*Marlon Brando. Der Fürst in seinem Reich*), 156, 256, 871, 883
Braque, Georges   87

Breen, Mr. und Mrs. Robert   549, 552, 555, 559, 561–564, 566–574, 579–581, 583, 595, 603, 626–628, 631f., 635, 639–641, 643, 646, 649, 657–659, 682f., 686, 692, 696–705, 707– 710, 712f., 718, 720, 722f.
Breen, Wilva   siehe Breen, Mr. und Mrs. Robert
Brennan, Ginger   213f.
Brest-Litowsk   596, 600, 602f., 607, 612
Brice, Fanny   865
Britten, Benjamin   116, 504
Brockton, Miss   414f.
Brodovitch, Alexey   74
Brontë, Emily   850
Brook, Peter   254
Brooklyn   116, 132, 215, 285, 388, 406–418 (*Brooklyn*), 522, 584, 874   siehe auch *Haus auf den Höhen* und *Mr. Jones*
Brooklyn Heights   116, 417   siehe auch *Haus auf den Höhen*
Brooks, Richard   835
Broughton, Mr. und Mrs. Philip   502
Brown, Bill   844
Brown, Jerry   290
Brownlowe, Mrs. K. Mackaye   514
Buddy, Mr.   390, 392
Bulganin, Nikolai Alexandrowitsch   564f., 595, 702
Burden, Amanda   863
Burke, Georgia   649
Burrows, Abe   575
Butterfield, Ambrose   216
Buttons, Red   44, 52, 62
Calliope, Professor   543
Calloway, Cab   257f., 571
Camus, Albert   128, 876

Capa, Robert 124
Capri 453f., 490
Caracciolo, Allegra 525
Carroll, Lewis 369
Carter, Jennings 372
Carter, Mary Ida 372, 377
Carter, Mrs. William Alton »Billy« 377
Carter, William Alton »Billy« 292, 887 Anm. 21
Cartier-Bresson, Henri 122, 125f.
Cassini, Oleg 196
Cather, Willa 158–162 (*Erinnerungen an Willa Cather*), 195, 302f., 369, 850, 884
Cerf, Phyllis 863
Chandler, Raymond 369, 777, 862
Chanel, Coco 8f. (*Coco Chanel*)
Chaplin, Charlie 34, 81f. (*Charlie Chaplin*), 265
Chaplin, Oona 82, 863
Chim (David Seymour) 124
Christie, Agatha 291, 369, 450, 777
Christmas, Annie 209
Churchill, Winston 161
Claxton, George siehe *Hallo, Fremder*
Clift, Montgomery 55, 138, 140
Clutter, Familie 836, 841–843, 846
Cocteau, Jean 92–95 (*Jean Cocteau und André Gide*), 123, 128, 131, 299f.
Colette 128–134 (*Colette. Die weiße Rose*), 301, 883
Collier, Constance 264–268, 270f.
Conan Doyle, Arthur 160
Connor, Marylee 751–754, 802, 805f., 818f., 823, 826
Conway, Patrick 83
Cooper, Gary 281

Cooper, Gloria 863
Cooper, Rocky 281
Coquelin (Schauspieler) 265
Corio, Ann 534
Cornell, Katherine 25
Cox, James 679
Crane, Hart 298, 412, 504, 887 Anm. 23
Crawford, Cheryl 31
Crawford, Joan 154
Crocker, Gilbert 414f., 417
Cronin, A. J. 621
Cummings, E. E. 193
Cunard, Lady 299
D'Annunzio, Gabriele 221
Darcy, Father 77
Davis, Blevins 549, 571, 696
Davis, George 116, 505, 886 Anm. 6
Davis, Sammy, Jr. 290
Dean, James 52–54
Death Row USA (Dokumentarfilm von Capote) 867
Derain, Madame 341
Dickens, Charles 110, 160, 369, 729, 850, 862
Dickinson, Emily 14, 302
Dietrich, Marlene 686, 871
Dinesen, Isak 76, 104, 106–111 (*Isak Dinesen*), 300
Dior, Christian 95
Douglas, Kirk 256
Drutman, Irving 281f.
DuBois, Blanche 155, 157
Dubrovnik 530, 533
Duchamp, Marcel 89–92 (*Marcel Duchamp*)
Dufent, Alouette 334
Duke, Doris 295, 887 Anm. 22
Durso, Sandro 525
Dylan, Bob 872

Einstein, Albert 161
Eisenhower, Mamie 256, 569
Eisenstein, Sergei 79
Eliot, T. S. 102, 487
Elizabeth, Queen 272f.
Epstein, Jacob 877
Erhard, Werner 290f.
Erhörte Gebete 868f.
Erinnerung an Tennessee Williams 150–158, 882
Erinnerung an Willa Cather 158–162
Ernst, Max 92
Estelle (Haiti) 435f.
Estelle (Tanger) 465
Fahrt durch Spanien 13, 476–483
Fairbanks, Douglas, Sr. 427
Faulk, Sook 291, 308, 311, 870f., 878
Faulkner, William 302, 850
Fellowes, Daisy 125
Ferguson, Mrs. 344–350, 352, 355–358, 360f.
Fioli, Signor 328–330
Fisher, Eddie 137f., 140, 886 Anm. 9
Fitzgerald, F. Scott 302
Flanders, Neddie 209
Flaubert, Gustave 160, 303, 309, 850, 862
Flowers, Martha 699f., 705f., 715, 718
Flynn, Errol 273f., 279f.
Folger, Abigail 172
Fontana Vecchia 484–497
Forbes, Walter 766
Forio d'Ischia 454 (*Ischia*)
Forster, E. M. 160, 304, 850
Fox, Wally 66
Frost, Robert 193, 870
Frühstück bei Tiffany 868

Frykowski, Voyteck 172
Fuller, Lorenzo 685, 708
Gable, Clark 286
Gabor, Zsa Zsa 191
Gambuzza, Frank 508
Gandhi, Mahatma 161, 256
Garbo, Greta 23, 161, 265, 292, 394–396, 427, 863
Garcia, Mrs. 768f.
Gardner, Stanley 169
Garland, Judy 143f.
Garrison, Jim 217f.
Gastfreundschaft 372–380
Geblendet 344–361
Geister am hellichten Tag: Die Verfilmung von Kaltblütig 835–848
Genet, Jean 95, 128
Gershwin, George 549f., 553, 565, 589, 618, 696, 707, 720f.
Gershwin, Lee (Mrs. Ira) 550f., 556, 559, 569, 577, 588f., 613f., 616, 624, 627, 631–633, 642–656, 664, 675, 678, 696, 700, 703–705, 707f., 718
Gide, André 9, 92–95 (*Jean Cocteau und André Gide*), 128, 491
Gielgud, John 55, 111, 871
Gilbert, John 427
Gioconda 455–459, 462
Goethe, Johann Wolfgang von 489f.
Goetz, William 39f., 42
Graham, Billy 290–292, 307, 887 Anm. 17
Graham, Kay 863
Granada 476
Grant, Cary 56
Graziella (sizilianisches Hausmädchen) 315–317, 319, 321–325

Green, Ferida 470
Green, Miss Jessie 470
Green, Mrs. Ada 470
Greene, Graham 450, 777
Griechische Skizzen 536–546
große Gatsby, Der 867
Guinness, Gloria 863
Haiti 429–443
Hallo, Fremder 225–244
Handgeschnitzte Särge 725–884
Hardy, Thomas 105
Harriman, Pamela 863
Hatter's Mill (Alabama) 852
Haus auf den Höhen 13, 501–524
Hawthorne, Nathaniel 302, 369, 850
Hayward, Leland 135f. siehe auch Keith, Lady »Slim«
Hemingway, Ernest 102, 302
Henry (russischer Übersetzer) 604, 618, 620
Henry, Tom 761f., 765, 773, 777f.
Hepburn, Audrey 44, 147, 265, 271
Hepburn, Katherine 265
Hickock, Richard »Dick« 169, 172, 835
Hilary 400f.
Hilton, Nicky 138
Hinman, Gary 166–168, 170, 177, 181
Hogan, Mr. und Mrs. 732f., 759
Holden, William 31, 105
Holiday, Billie 876
Hollywood 419–428 (*Hollywood*)
Holman, Libby 118
Hoover, J. Edgar 290, 887 Anm. 18
Hopper, Hedda 275, 887 Anm. 13
Horney, Karen 193
House of Flowers (Musical) 254, 259

Huett-Smith, Mrs. T. T. 416f.
Hunde bellen, Die Vorwort zu 9–14
Huston, John 79–81 (*John Huston*), 265, 889
Huston, Walter 837
Huxley, Aldous 266
Hyppolite 429f.
Igor (russischer Übersetzer) 603f., 616, 709, 716
Ike, Reverend 290
Ischia 453–462
Isherwood, Christopher 301
Italien 104, 297, 526, 539, 798, 859 siehe auch *Fontana Vecchia*, *Ischia* und *Nach Europa*
Jackson, Earl Bruce 573, 580–584, 593 595, 600, 613, 616, 618, 623–625, 627, 642, 646, 685f., 724
Jaeger, Oliver 761, 765f., 773, 776–779, 807, 816f., 825
James, Ducky 583, 594
James, Henry 160, 221, 302, 864
James Jesse 218f.
James Jim 378f.
Japan 153, 192, 295, 304, 500 siehe auch *Marlon Brando. Der Fürst in seinem Reich* und *Stil in Japan*
Javits, Jacob 873
Jenkins, Ed 211f., 214
Jewett, Sarah Orne 160, 850
Joachim, Robin 578f., 589, 601
»Jockey« (Truman Capotes Spitzname) 211, 213f., 217, 220, 856
Johanssen, Jim 766
Johnson, Big Junebug 211, 214f., 217–219

Johnson, Priscilla   171, 643f., 686–688, 713f.
Johnson, Samuel   299
Joyce, James   102
Jugoslawien   557, 798   siehe auch *Reise in den Herbst*
Julian, Saint   309–311
Kabuki-Theater   38–41, 499
Kaltblütig   867f., 881, 884
  siehe auch *Geister am Hellichten Tag*
Kanter, Jay   63
Kasbah   115, 117, 125, 464, 468, 471, 545, 635
Kashfi, Anna   63
Kazan, Elia   25f., 61
Keats, Shelley   338
Keith, Lady »Slim«   135, 863
Kelly, Mrs.   368
Kennedy, John F.   170f., 196, 218, 874
Kennedy, Robert   170, 868, 886 Anm. 10
Kennedy-Onassis, Jackie   137, 888 Anm. 29
Kettle, Mrs. Bobby Lee   404
Kidwell, Susan   847
Kilgallen, Dorothy   274, 278, 887 Anm. 12
Kinugasa, Teinosuke   499
Kioto   17f., 22f., 26, 41f., 59f., 71f., 125
Knapp, Florence   510
Knapp, George »Father«   508–511
Kowaljew, U.   721
Krenwinkel, Patricia   167
Kronkite, Mrs.   203
Kruger, Otto   609, 612
Kuegler, Horst   572
Kunze, Mrs. Morris Otto   386
Kurnitz, Harry   301

LaBianca, Leno und Rosemary   166, 176
LaBianca-Massaker   166   siehe auch Tate-LaBianca-Massaker
Lafitte, Jean   208
Lago di Garda   444, 446
Lamar, Moses   685f., 688
Lauder, Sir Harry   105
Laws, Bolitha   104
Laws, Jerry   103f., 550f., 556f., 559
Lee, Gypsy Rose   116, 505
Lee, Nell Harper   141
Leiche zum Dessert, Eine (Spielfilm mit Truman Capote)   298
Leigh, Vivian   265
Leningrad   549–551, 560f., 563f., 572, 578, 587, 596, 611, 615, 617, 624, 626–629, 634, 637, 639, 641, 648, 650, 653, 658, 666, 673f., 682, 684, 686, 688f., 691f., 694, 705, 707f., 720–723
Lewis, Edith   162, 195, 303
Licht im Fenster, Ein   366–371
Lind, Jenny   110
Littlelow, Mr.   414, 416f.
Loewy, Viola   863
Logan, Joshua   23, 36–41, 44, 57
Lokalkolorit   11
Lola   13, 315–330 (*Lola*)
London, Jack   707, 715
Long, Huey   208
Longworth, Alice Roosevelt   299f.
Los Angeles   44, 134, 166, 207, 245, 251, 272, 292, 419, 424f.
Lowry, Roye L.   549, 552, 554f., 557, 559, 692, 700f., 704, 706, 711f., 717
Lucia (italienisches Mädchen)   446–449
Lunt, Mr. und Mrs.   266

Lydia, Miss 603f., 613–616, 633, 638, 641, 649f., 682, 695–698, 709, 716, 720
Lyons, Leonard 574–576, 579, 582, 588–590, 594–596, 602, 605, 613, 615, 618, 627, 631, 637, 639, 647f., 650–653, 655f., 673f., 686, 693, 706
MacBride, Bob 340f.
MacIver, Loren 395
Magnani, Anna 32
Mailer, Norman 862
Mainbocher 88
Mansfield, Katherine 850
Manson, Charles 167, 170, 174–176, 180
Manson-Sekte 166
Marcus, Carol 279
Margaret, Princess 290
Mariani-Bérenger, Josanne 63
Mariko, Frederik 498f.
Marokko 125 siehe auch Tanger
Martinique 333–337, 341f.
Mason, Adelaide 746, 748, 750–753, 805, 811, 820, 832
Masters und Johnson 290f.
Matisse, Henri 87, 91
Maugham, Somerset 79, 104–106 (*Somerset Maugham*)
Maupassant, Guy de 160, 850
Maxfield, Dr. 839
McCullers, Carson 116, 504, 850
McCurry, John 553, 556f., 625, 627, 640f.
McEvoy, Freddie 280
McFadden, Mr. 408f.
McHale, Father 194
Meehan, Kay 863
Melhado, Louise 863
Melville, Herman 160, 729

Menuhin, Hepzibah 303
Menuhin, Yehudi 303
Merlo, Frank 152
Messel, Oliver 140, 254, 341
Meyer, Baron Adolf de 124
Michailow, Nikolai 564
Michener, James A. 35, 40
Mignatt, Junior 592, 685, 689
Mikimoto, Kokichi 39
Miller, A. J. 808
Miller, Arthur 281–283
Mishima, Yukio 152f., 305
Mitford, Nancy 621
Monroe, Marilyn 112–114 (*Marilyn Monroe*), 137, 143f., 264–287 (*Marilyn Monroe. Ein bildhübsches Kind*), 301, 469, 647, 883
Montaban, Ricardo 41
Montgomery, Robert 178
Montherlant, Henri de 128
Moore, Marianne 103, 512
Morgan, Helen 118, 690, 886 Anm. 7
Mr. Jones 362–365
Muncácsi, Martin 74
Muni, Paul 56
Musen sprechen, Die 11f., 549–724, 882f.
Musik für Chamäleons 331–343, 883
Mussolini, Rachele 461
Mutprobe 245–263, 891
Nächtliche Unruhe 288–312, 884
Nader, Ralph 290
Naxos 489
Neapel 326, 453f., 464
Nerwitzki, Madame 687–689, 714
Nesbitt, Cathleen 268

New Orleans 10, 98f., 126, 158, 160, 206–208, 210, 215, 218, 222, 302, 331, 334, 339, 344–346, 349f., 383–393 (*New Orleans*), 417, 498, 517, 668, 851, 854f.
New Orleans: Mr. Marikos Blumenladen in New Orleans 498
New York 25, 31, 42, 48, 65, 68–70, 74, 82, 89, 96, 99f., 110, 112, 116, 119, 133, 135, 145, 150, 152f., 158–160, 182, 207, 225, 245, 249, 251, 253, 258, 260f., 263, 265, 272, 278, 301, 366, 388f., 394–405 (*New York*), 412, 418, 522, 555, 566, 574f., 578, 581, 615f., 620, 631, 657, 662f., 674, 688, 710, 714, 719, 722, 746, 788, 79–802, 809, 815, 819, 826, 843f., 849, 851f., 858–860, 863, 873, 876, 882, 887 Anm. 19
Niarchos, Stavros 539
Nielsen, Eric 525, 527
Nixon, Mrs. Richard 292
Nysa 471f.
O'Brian, Jack 275
O'Connor, Flannery 862
O'Malley, Mrs. Richard 693
O'Meaghan, Mary 118f.
O'Reilly, Jim 215
Observations 4, 73–114, 884
Oistrach, David 620f.
Oliver, Edna May 387
Olivier, Laurence 55
Oosterhuizen, Mrs. Cornelius 511
Oppenheimer, J. Robert 77, 135, 886 Anm. 8
Orient Express 450
Orlow, Stefan 648, 657, 659, 660f., 663–673, 681f., 714, 719
Oswald, Lee Harvey 170f.
Otani, Takejiro 39–41

Oxford, Lady 122
Page, Geraldine 871
Paley, Barbara 277, 863, 902
Paley, William S. 85, 278, 887 Anm. 14
Paoli, Gianni 798f.
Paris 55, 90, 102, 116, 125, 141, 331, 335, 342, 450, 465, 634, 687, 860, 876f. siehe auch *Colette. Die weiße Rose*
Parker, Bonnie 208
Paros 538, 543
Parsons, Dr. und Mrs. 740–743, 759, 761, 774
Parsons, Louella 275, 887 Anm. 15
Paulot, Claudine 334, 342
Pepper, Jake 727f., 748, 750, 758, 764, 773f., 779, 788, 797, 799, 801, 810f., 814f., 821, 832
Père-Lachaise 291, 877
Persons, Rev. L. B. 380
Philip, Prince 273
Philipe, Gérard 55
Piazza, Countess Willie 208
Picasso, Pablo 86f. (*Pablo Picasso*), 95, 123, 426
Pignatelli, Luciana 525, 527, 530, 888 Anm. 30
Plath, Sylvia 192
Plumb, Blossom 63
Poe, Edgar Allan 850
Porgy and Bess (Musical von Gershwin) siehe *Musen sprechen, Die*
Porter, Cole 43, 865, 877f., 887 Anm. 16
Porter, Katherine Ann 862
Porto d'Ischia 454 siehe *Ischia*
Pound, Ezra 101–104 (*Ezra Pound*)
Power, Tyrone 280
Price, Leontyne 571

Princess Z (Pferd) 290f.
Proust, Marcel 84, 98, 123, 160, 291, 338, 797, 850, 862
Putnam, Marilyn 584f., 590, 602, 613f., 616, 624
Quinn, Juanita 771, 786–788, 821, 823f.
Quinn, Nancy 828–830
Quinn, Robert Hawley 744–746, 760–771, 773f., 776, 778–785, 789–797, 803, 806–809, 811–814, 816–819, 821, 824f., 827, 830f.
Rachmaninow, Sergei 75, 783
Radiguet, Raymond 95
Radziwill, Lee 525f., 863, 888 Anm. 29
Radziwill, Stash 530
Raft, George 62, 665
Ray, Man 74
Reagan, Ronald 873f.
Reise in den Herbst 525–535, 893
Renoir, Pierre Auguste 337
Reynolds, Debbie 141, 886 Anm. 9
Rhodos 544f.
Rigaud, M. 432
Rimbaud, Arthur 291
Ritchard, Cyril 268
Roberts, George und Amelia 730f., 733–735, 759, 761, 768, 770
Roberts, Mr. und Mrs. 366, 730
Robeson, Paul 615, 707, 888 Anm. 31
Rom 110, 140, 311, 326, 450, 453, 457, 516, 686, 860
Roosevelt, Alice 299
Ross, Harold 870
Rossi, Theo 526
Rupp, Bobby 847
Russland 529, 774, 882 siehe auch *Musen sprechen, Die*

Ryan, D. D. 292, 863
Ryan, Nancy 555f., 573, 576, 580f., 583f., 586f., 590–592, 597, 599–601, 605, 607–613, 615, 618, 622–637, 641, 642, 643, 644, 647–649, 657–659, 661f., 664, 675, 678, 680–682, 686, 706f., 709, 711, 718, 722f.
Ryland, Zilla 377
Sabartés, Jaime 87
Salinger, J. D. 104, 862, 886 Anm. 4
Sanchez, Mary siehe *Tagewerk, Ein*
Saroyan, Carol 279
Sartorius, Herman 574f., 588, 596, 605, 609, 631, 673
Sascha (russischer Übersetzer) 603 , 616, 624, 695f., 698, 706, 709f., 715f.
Satie, Erik 95
Sawtschenko, Nikolai 603–605, 613, 620, 633, 640f., 656, 681–683, 695–698, 704, 706, 714, 718
Sayonara (Film nach dem Roman von James A. Michener) 18, 21–23, 27, 31, 35–38, 41–43, 57f., 61, 71
Schach dem Teufel 80, 836
Scholokow, Michail 621
Schorr, Dan 693f., 707, 713
Schostakowitsch, Dmitri 620
Schupper, Dr. Fabian 559–561
Scott, Leslie 711f., 715, 717
Sebring, Jay 172
Seeley, Miss 514
Selbstporträt 859–878
Selma 403–405
Selznick, Irene 29, 68
Semple, David 508
Sergejew, Konstantin 707

Seurat, Georges   90
Shapiro, Henry   638, 706, 719
Shaw, Bernhard   25, 110
Shaw, Clay   217f.
Shaw, Edith   190–192, 204
Shaw, Tom   842
Shields, Paul   281
Shotgun (Schauspieler)   392f.
Sickle, Lord   540
Sidi Kacem (Strand in Marokko)   473
Sinatra, Frank   147
Sirhan, Sirhan B.   167, 170, 886 Anm. 10
Sitwell, Dame Edith   96, 117, 122
Sizilien   9, 28, 315, 318, 887 Anm. 25   siehe auch *Fontana Vecchia*
Skinner, Alfred   741
Skolsky, Sidney   275
Smallens, Alexander   697, 708, 710
Smith, Eldrigde   379
Smith, Oliver   116, 505
Smith, Perry   169, 172, 180, 204, 835f.
Smith, Tex   837
Snow, Rev. Bobby Joe   792–796, 798, 831
Snowdon, Lord   341
Sommerdiebe   849, 852–854
Soraya (Kaiserin von Persien)   292
Spanien   10, 13, 859   siehe auch *Fahrt durch Spanien*
Spellman, Francis Cardinal   290, 887 Anm. 19
Spillane, Mickey   622
Stalin, Joseph   161, 641, 888 Anm. 31
Steichen, Edward   74, 124
Steiger, Rod   56f.
Stein, Gertrude   887 Anm. 20

Stevenson, Adlai   873
Stewart, Mrs. William Rhinelander   556
Stil in Japan   498–500
Stimme aus der Wolke, Die   849–858
Stowe, Harriet Beecher   567, 707, 888 Anm. 26
Styron, William   862
Sulzberger, C. L.   693
Sulzberger, Marina   700, 703f.
Sunny (spanisches Mädchen in Tanger)   98, 466
Sutton, Horace   693
Svendsen, Clara   109
Swann, Dolores (»Delirious«)   585, 593, 675–677, 679
Tagewerk, Ein   182–205
Taka, Miiko   44, 58f., 61
Tandy, Jessica   156
Tanger   10, 116f., 125, 463–475
(*Tanger*), 545
Taormina   484f., 488–491, 497 siehe auch *Fontana Vecchia*
Tate, Sharon   166, 172, 177
Tate-LaBianca-Morde   167
Taylor, Elizabeth   135–149
(*Elizabeth Taylor*), 272, 275, 864
Temple, Shirley   256
Thanksgiving-Gast, Der   867, 870
Thayer, Charles R.   693
Thelma   419–421
Thigpen, Helen   573, 580–586, 590–592, 599f., 613f., 616, 619, 622f., 642
Thomas, Bob   275
Thoreau, Henry David   369
Tibeaux, Red   216
Todd, Mike   136–138
Toklas, Alice B.   887
Tolson, Clyde   290, 887 Anm. 18

Tourel, Jennie 445
Tracy, Spencer 55f.
Trask, Andrew 184f., 187–190, 204
Tree, Penelope 863
Tree, Sir Beerbohm 265
Trollope, Anthony 729
Truman, Harry 576
Tschechow, Anton 369, 850
Turgenew, Ivan 850
Twain, Mark 160, 707, 729, 744, 776, 850
Twerp (Hund) 584f., 589f., 593, 597, 613f., 618, 624, 640
Ulanowa, Galina 641
Und dann ist eben alles passiert 165–181
Valentino, Rudolph 427
Van Gogh, Vincent 14, 47, 337
Van Houten, Leslie 167
Van Loon, Willem 558, 631
Vanderbilt, Gloria 279
Venedig 101, 221, 445f., 448f., 525, 533f., 607, 641, 798
Versteckte Gärten 206–225
Victoria, Queen 642
Vidal, Gore 300, 862
Vigo, Jean 79
Vinson, Arthur Veere 514
Vitale, Joe 397–399
Vreeland, Diana 301
Vuillard, Edouard 117
Waley, Arthur 500
Walmsley, Walter N., Jr. 549, 552–559
Warbanks, Lady 465f.
Warfield, William 571
Wassermann, Dr. Bernie 516
Watson, Tex 167, 176
Watson, Warner 559–561, 574, 586–588, 595f., 601, 618, 625, 628, 631f., 641, 675f., 692, 696, 724
Weihnachtserinnerungen 867, 870
Welles, Orson 34
Welty, Eudora 850, 862
Wenn die Hunde bellen 13
West, Mae 96–98 (*Mae West*), 886
Weymouth, Lady 863
Wharton, Edith 160, 753
Whistler, James MacNeill 299
White, Byron »Whizzer« 290
Whitehead, Robert 31
Whitman, Walt 412, 707
Wilbourn, Phyllis 265
Wilde, Oscar 265, 291, 299, 446, 877
Wilding, Michael 138
Williams, Emlyn 148
Williams, Tennessee 25f., 29, 32, 150–156 (*Erinnerung an Tennessee Williams*), 882
Wilson, Colin 20
Wilson, Edmund 503, 621
Wilson, Fred 810, 813, 818, 826f.
Wilson, Scott 838
Winner, Jonny 468
Wolfe, Thomas 302, 504, 888 Anm. 27
Wolfert, Helen 574, 576, 596, 626f., 675, 678, 684, 713
Wolfert, Ira 574, 576, 588, 596, 605, 656f., 675, 677f., 684, 713
Wood, Audrey 152, 821
Worth, Charles 95
Wright, Ellen 116
Wright, Richard 504
Yeats, William Buttler 102
Z, Princess 290f.
Zavattini, Cesare 76, 79

KEIN & ABER POCKET

Truman Capote | Werke

Truman Capote
Wo die Welt anfängt
Erzählungen | Aus dem Amerikanischen von Ulrich Blumenbach
ISBN 978-3-0369-5962-7

Truman Capote
Sommerdiebe
Roman | Aus dem Amerikanischen von Heidi Zerning
ISBN 978-3-0369-5938-2

Truman Capote
Andere Stimmen, andere Räume
Roman | Aus dem Amerikanischen von Heidi Zerning
ISBN 978-3-0369-5943-6

Alle Pockets sind auch als eBook erhältlich.
www.keinundaber.ch/pockets

KEIN & ABER POCKET

Truman Capote
Baum der Nacht
Erzählungen I Aus dem Amerikanischen von Ursula-Maria Mössner
ISBN 978-3-0369-5920-7

Truman Capote
Die Grasharfe
Roman I Aus dem Amerikanischen von Friedrich Podszus
und Anna Seidel
ISBN 978-3-0369-5160-7

Truman Capote
Frühstück bei Tiffany
Roman I Aus dem Amerikanischen von Heidi Zerning
ISBN 978-3-0369-5934-4

Alle Pockets sind auch als eBook erhältlich.
www.keinundaber.ch/pockets

KEIN & ABER POCKET

Truman Capote
Kaltblütig
Tatsachenroman I Aus dem Amerikanischen von Thomas Mohr
ISBN 978-3-0369-5903-0

Truman Capote
Ich bin schwul. Ich bin süchtig. Ich bin ein Genie
Ein intimes Gespräch mit Lawrence Grobel
Aus dem Amerikanischen von Thomas Lindquist
ISBN 978-3-0369-5961-0

Truman Capote
Erhörte Gebete
Roman I Aus dem Amerikanischen von Heidi Zerning
ISBN 978-3-0369-5927-6

Alle Pockets sind auch als eBook erhältlich.
www.keinundaber.ch/pockets